BARBARA RIAS-BUCHER

VEGETARISCHE KÜCHE

VEGETA
KÜC

Barbara Rias-Bucher

RISCHE
CHE

DAS GROSSE BUCH DER REZEPTE

500 einfach-raffinierte
Rezepte, die
sicher gelingen

Südwest

DIE REZEPTE

Beilagen

*Süße Haupt-
gerichte*

Desserts

Backen

Auf einen Blick

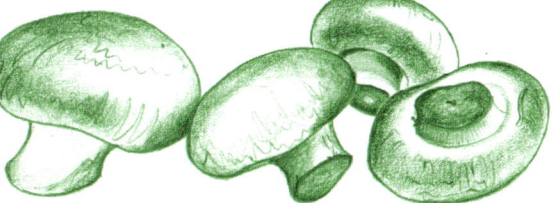

5

Essen ohne Fleisch

Die vegetarische Ernährung ist sehr alt und sehr weit verbreitet: In Asien verbietet der Buddhismus das Töten von Tieren. Der Gläubige darf das Tier wissentlich auch nicht von einem anderen schlachten lassen, um es zu essen. Allerdings darf selbst der Mönch Fleisch oder Fisch essen, wenn es ihm – zum Beispiel als Almosen – angeboten wird.

Buddha

Siddhattha Gotama (geb. ca. 563 v. Chr.), indischer Königssohn und der erste Buddha (der Erleuchtete), dessen Leben und Wirken historisch belegt sind, hat diese Gebote ursprünglich nur auf sich selbst und seine Jünger bezogen. Ein Arzt, berühmt durch seine Heilerfolge und rigoros in Sachen Lebenserhaltung, kam eines Tages zu ihm; er wollte wissen, ob für die Almosenspeisen Tiere getötet würden. Der Buddha belehrte ihn, daß die Mönche Fleisch und Fisch nur zurückweisen müssen, wenn sie vermuten, das Tier sei speziell für sie gefangen und geschlachtet worden. Auch derjenige begehe Unrecht, der einem Mönch zumute, solche Lebensmittel anzunehmen.
Später, als die buddhistische Lehre erweitert wurde und der Weg zur Erlösung nicht nur der Mönchsgemeinschaft offenstand, sondern allen Menschen, die sich um eine moralisch tadellose Lebensweise bemühen, hat man diesen Grundsatz des »Ahimsa«, des Nichtverletzens aller Kreaturen, ins alltägliche Leben übernommen.

Pythagoras

Im europäischen Kulturkreis hat als erster vermutlich der Grieche Pythagoras die vegetarische Ernährung empfohlen. Pythagoras lebte im 6. Jahrhundert vor Christus, war – wie viele Intellektuelle seiner Zeit – umfassend gebildet, wirkte als Philosoph, Lehrer, Mathematiker: Von ihm stammt einer der berühmtesten geometrischen Lehrsätze.

Moderne Vegetarier

Die moderne vegetarische Bewegung begann vor etwa 150 Jahren in Amerika und England. Sie war damals schon, was wir heute ganzheitlich nennen: Den Vegetariern ging es nicht nur ums Essen, sondern um eine vernünftige, gesunde Lebensweise im Einklang mit der Natur. Das war in der »guten alten Zeit« keineswegs selbstverständlich: Noch vor 100 Jahren mußten Kinder in der Fabrik arbeiten, lebten Arbeiterfamilien in Räumen, die wir heute nicht mal als Notunterkunft akzeptieren würden, starben viele Menschen an verdorbenen Lebensmitteln.

Die »Kohlrabiapostel«, wie man Vegetarier noch bis vor etwa 15 Jahren spöttisch nannte, gingen als erste gegen Unsinn und Unmenschlichkeit einer Gesellschaft an, die nur Profit und Konsum sucht. Sie hatten religiöse Motive – das Gebot »Du sollst nicht töten« wurde auch auf die Tiere übertragen –, halfen den Armen – die »Heilsarmee« entstand zu dieser Zeit – und förderten Naturheilweisen.

Mangel und Überfluß

Übrigens lebten früher die meisten Menschen vegetarisch – allerdings ganz unfreiwillig: Tiere zu schlachten war jahrhundertelang einfach unwirtschaftlich. Denn Schafe liefern Wolle, Ochsen ziehen den Pflug, Kühe geben Milch, Pferde dienen dem Menschen als Zug- und Reittiere. Alle Tiere produzieren Dünger, manche fressen Schädlinge, andere waren Statussymbole. Deshalb ließ man sie leben. Das Fleisch von Spanferkel, Kalb und junger Ziege taucht in alten Kochbüchern nur auf, wenn sie für die Oberschicht bestimmt waren. Den Luxus, ein junges Tier zu essen, genoß immer nur der Reiche. Fleisch stand früher nie in großen Mengen zur Verfügung – nirgendwo auf der Erde. Der Westen hat erst genug Fleisch, seit man sich in den reichen Industrienationen leisten kann, Tiere zu mästen. Denn das ist teuer: Für eine einzige Energieeinheit, sprich: Kalorie, die wir mit Fleisch bekommen, müssen wir erst siebenmal soviel Energieeinheiten an das Tier verfüttern. Damit das nicht zu teuer wird, sperren wir die Tiere auf engstem Raum zusammen, geben ihnen Futter, das sie freiwillig nie anrühren würden, und lassen sie nur von der Kette, um sie zum Schlachthof zu transportieren. Gewiß, immer haben die Menschen geleugnet, daß Tiere Leid und Schmerz empfinden können. Doch zum scheinbar leblosen »Produkt« hat sie unsere Überflußgesellschaft degradiert.

Vegetarisch »fasten«

Welche Fantasie der Mensch zu entwickeln vermag, wenn er aus weltanschaulichen Gründen auf Fleisch und Fisch verzichtet, können wir an unseren klösterlichen »Fastenspeisen« sehen. Sie sind – im Gegensatz zur bäuerlichen Küche, die auf schlichtem Mangel an Lebensmitteln beruhte – von ausgefeilter Raffinesse. Ein klösterlicher Küchenchef entwickelte den »Holbraten«, die Urform des »Falschen Hasen« – ein Teig aus Getreide, gemahlenen Mandeln und exotischen Gewürzen, geformt wie ein Hase, ein fetter Kapaun oder gar ein Kalbskopf. Gemüse wurde in Mandelmilch gekocht, Hülsenfrüchte wurden fein püriert und wie Koteletts geformt, Kartoffelkrapfen füllte man mit Käse, Dampfnudeln kochte man in Milch und Zucker. In die Maultaschen kam der erste frische Spinat. Salate, Käse, Obst und Torten ergänzten die Mahlzeit.

Asien – feinste vegetarische Küche

Ähnlich in Asien: Unter dem Einfluß von Hinduismus und Buddhismus hat sich eine vegetarische Küche entwickelt, die den Gourmet nichts vermissen läßt. Gemüsecurrys aus Südindien mit verschiedenen Joghurtmischungen, gewürzter Reis, Fladenbrote aus Getreide oder Hülsenfrüchten, Eierkuchenrollen mit Gemüse stammen ja keineswegs aus den Hütten der Armen, sondern aus Häusern, in denen man nicht nur über eine verschwenderische Fülle von Lebensmitteln, sondern auch über ideenreiche Köche verfügte. Die höfische Küche Thailands unterscheidet sich von der »normalen« durch die aufwendigere Zubereitung der Speisen und die mildere Würze – nicht durch die ausschließliche Verwendung von Fleisch und Fisch. In Japan, wo Fleischverzehr jahrhundertelang verboten war, hat man Tofugerichte von höchster Perfektion erfunden.

Lebensmittel nach der Jahreszeit

Die Harmonie von Essen, Natur und Jahreszeit läßt sich am Vegetarischen besonders gut beobachten: Rapsblütensalat gehört in Japan zum Frühling, Pilze zeigen wie bei uns den Herbst an, knusprig gebackener Tofu mit heißer Sauce ist Winteressen. In China türmen sich im Winter Berge von Chinakohl an den Marktständen. Kommen Spinat und Erdbeeren ins Angebot, naht der Frühling. Bei uns sind es Spargel und Kräuter, die ersten zarten Radieschen fürs Butterbrot, Rhabarber für Kuchen und Kompott. Und ebenfalls die Erdbeeren zu Milch und Schlagsahne...

Dreimal vegetarisch

Bei Vegetariern unterscheiden Ernährungsexperten drei Gruppen – je nach Art der Lebensmittel, die sie verwenden:
• Ovo-Lakto-Vegetarier essen außer pflanzlichen Lebensmitteln auch Produkte von lebenden Tieren, also Eier, Milch und Milchprodukte wie zum Beispiel Käse.
• Lakto-Vegetarier ergänzen die Pflanzenkost durch Milch und Milchprodukte, verzichten jedoch auf Eier.
• Veganer essen überhaupt keine Lebensmittel, die von Tieren stammen – also weder Milch, Eier noch Honig –, sondern nur pflanzliche Produkte.

Was ist vollwertig?

Zur vollwertigen Ernährung gehören auch Fleisch und Fisch, allerdings nur ein- bis höchstens zweimal pro Woche in kleinen Portionen.

Wichtig sind bei vegetarischem und vollwertigem Essen:
• Lebensmittel mit hoher Nährstoffdichte (siehe Seite 15)
• Lebensmittel, die sowenig wie möglich verändert sind;
also ist es zum Beispiel besser, einen frischen Apfel zu
essen, als Apfelsaft zu trinken, Vollkornmehl zu verwenden
statt weißes Mehl, Naturreis zu essen statt weißen Reis,
Vollkornnudeln statt weißen Nudeln
• Pflanzliche Lebensmittel wie Getreide, Vollkornprodukte,
Hülsenfrüchte, Kartoffeln, Gemüse und Obst
• Reichlich Rohkost und Salat mit Gemüse und Obst.

Vegetarisch und vollwertig

In umfangreichen wissenschaftlichen Studien hat sich
ergeben, daß die ovo-lakto-vegetarische Ernährung mit
Milchprodukten und Eiern und die vollwertige Ernährung
viele Vorteile für die Gesundheit haben: Wer so ißt, hat
kaum Probleme mit Körpergewicht, Blutdruck und
Cholesterin, bekommt genügend Vitamine, Mineralstoffe,
Kohlenhydrate und Ballaststoffe.
Lakto-vegetarische dagegen und vor allem veganische
Kost gelten wegen möglicher Mangelerscheinungen als ge-
fährlich – besonders für Kinder und Jugendliche.

Wissenschaftlich empfohlen

Andere alternative Ernährungsformen gleichen der vegetarischen und vollwertigen Küche. Zum Beispiel die
anthroposophische Ernährungsweise von Rudolf Steiner
(1861–1925). Steiner hat Konzepte für den gesamten
Lebensbereich des Menschen entwickelt – von der Päd-
agogik über Kunst und Philosophie bis zur Ernährung. Die
wichtigsten Empfehlungen: weniger Fleisch essen, das
Saisonangebot von Obst und Gemüse berücksichtigen, ab-
wechslungsreich essen und viele Vollkornprodukte auf den
Speisezettel setzen.
Die Makrobiotik wurde im Zenbuddhismus entwickelt.
Auch sie ist Teil einer ganzheitlichen Weltanschauung. Von
westlichen Ernährungsexperten werden wesentliche
Empfehlungen der Makrobiotik abgelehnt: zum Beispiel
die Regel, Gemüse vorwiegend gekocht zu essen, Milch
und Milchprodukte zu meiden, sowenig wie möglich zu
trinken und reichlich Salz zu essen.
Die Schnitzer-Kost stammt vom Zahnarzt Dr. Schnitzer.
Er wollte Zahn- und Gebißschäden durch eine vernünftige
Ernährung vorbeugen. Die »Normalkost« enthält außer
Rohkost auch Vollkorn, Brot, Käse, Vorzugsmilch, Sauer-
milch, Eier, Naturreis und Kartoffeln. Alle Lebensmittel
sollen aus kontrolliert-ökologischem Anbau kommen.

Andere Ernährungs- formen

Weniger Fleisch beugt Krankheiten vor

Dafür gibt es ein paar wichtige Gründe. Der erste und wichtigste: Man lebt gesünder. Viele wissenschaftliche Studien haben das bewiesen: Menschen, die häufig oder ganz auf Fleisch verzichten, leiden seltener an Herz- und Kreislauferkrankungen. Die Blutfettwerte sind deutlich niedriger, denn bei vegetarischer Ernährung bekommt man weniger tierisches Fett, dafür aber mehr Pflanzenöle mit günstiger Fettsäurenzusammensetzung. Gicht ist bei Vegetariern so gut wie unbekannt, weil Purine aus Fleisch fehlen und Purine in pflanzlichen Lebensmitteln wie etwa Hülsenfrüchten kaum eine Rolle spielen. Krebserkrankungen des Verdauungstraktes treten seltener auf, denn fettarme, aber ballaststoff- und vitaminreiche Kost scheint vorbeugend – nicht heilend! – zu wirken.

Gesundheit ohne Aufwand

Wer wenig Fleisch ißt, befolgt die Ratschläge von Experten ganz automatisch, ganz einfach und täglich: Man ißt weniger, aber gesundes Fett. Die Lust auf Süßes wird fast ganz mit Obst und Müsli gestillt. Die Verdauung funktioniert problemlos, weil man mit Vollkornbrot und Kartoffeln, Rohkost, Vollkornnudeln und Hülsenfrüchten genügend Ballaststoffe bekommt. Bluthochdruck ist kein Problem, weil salzhaltige Lebensmittel wie Schinken oder Wurstwaren kaum auf dem Speisezettel stehen. Um den Cholesterinspiegel muß man sich nicht kümmern, weil Obst und Gemüse, Olivenöl und Knoblauch günstig auf das »gute« Cholesterin wirken, das »schlechte« LDL-Cholesterin aber senken.

Vegetarier bleiben schlank

Der zweite Grund: Kalorienzählen und lästige Diäten entfallen, weil fleischlos essen ohnehin schlank hält und auf Dauer auch schlank macht. Denn Vegetarier verzehren mehr Lebensmittel, die zwar viel Volumen, aber wenige Kalorien haben: Gemüse und Salat, Obst und Kartoffeln, Hülsenfrüchte und Vollkornbrot. So kommen sie auf etwa 1000 Kalorien weniger pro Tag als die Durchschnittsbevölkerung. Vegetarisch essen ist also der einfachste Weg zur schlanken Linie.

Fisch nicht vergessen

Natürlich schadet eine kleine Portion Fleisch ein- oder zweimal die Woche nicht. Und Seefisch sollte man sogar regelmäßig essen, damit die Versorgung mit Jod und Eisen stimmt: Jod bekommen wir ausreichend nur mit Fisch aus dem Meer, und Eisen können wir besser aus tierischen als aus pflanzlichen Lebensmitteln aufnehmen.

Es gibt einen dritten Grund, weniger Fleisch zu essen: Massentierhaltung produziert nicht nur ab und zu einen Skandal, sondern ganz regelmäßig eine Menge Mist. Biogas heizt die Atmosphäre auf. Die viele Gülle verdirbt die Böden. Nitrat gelangt ins Trinkwasser. Die Zerstörung der Regenwälder für noch mehr Weideflächen schadet dem Klima. Seit einigen Jahren geht der Verbrauch an Fleisch übrigens stetig zurück. Weil immer mehr Menschen begreifen, daß Tiere keine beliebig verfügbaren Produkte, sondern empfindende Lebewesen sind.

Weniger Fleisch auf dem Teller nützt der Umwelt

Neues geht man am besten behutsam an: Auch wenn Sie sich entschlossen haben, weniger oder gar kein Fleisch mehr zu essen, dürfen Sie Ihren Speisezettel nur langsam ändern. Eine radikale Umstellung nimmt Ihnen vielleicht den Spaß am neuen Essen, weil Sie Verdauungsprobleme bekommen. Der Körper muß sich auf mehr pflanzliche Lebensmittel einstellen und andere Verdauungssäfte aktivieren als mit fleischreicher und ballaststoffarmer Kost. Am besten fangen Sie Schritt für Schritt an, indem Sie
• Zum Frühstück Flocken- oder Frischkornmüsli essen
• Mehr Beilagen wie Kartoffeln, Reis, Nudeln, Gemüse und Salat und weniger Fleisch nehmen
• Mehr Vollkornbrot essen
• Pro Tag 5 kleine statt 3 große Portionen essen und die Hauptmahlzeit mit Salat oder Rohkost beginnen
• Gemüse für Rohkost fein zerkleinern, Hülsenfrüchte in der Suppe pürieren
• Zuerst keine ganzen Getreidekörner, sondern nur Bulgur, Couscous, Hirse, Buchweizen, Naturreis und Frikadellen aus Schrot essen
 • Selbstgebackene Kuchen mit Vollkornmehl und weniger Zucker oder Honig zubereiten.

Aller Anfang ist schwer

Mindestens 1 1/2 bis 2 Liter Flüssigkeit brauchen wir pro Tag. Wer viel Gemüse und Obst ißt, bekommt schon etwa 1 Liter Flüssigkeit. Den Rest müssen wir trinken. Ideal sind Mineralwasser, Kräutertee, Früchtetee und ungesüßte Fruchtsäfte, die keine oder nur wenige Kalorien enthalten. Natürlich können Sie auch mit Kaffee oder Tee ergänzen, wenn Sie ihn gut vertragen. Mit Milch dagegen sollten Sie den Durst nicht stillen: Sie enthält so viele Nährstoffe, daß schon 1/2 Liter eine Zwischenmahlzeit ersetzen kann. Wein und Bier sind natürlich keine Durstlöscher, denn in größeren Mengen schadet Alkohol der Gesundheit.

Viel trinken

Wichtige Lebensmittel

Kein einziges Lebensmittel enthält alle Stoffe, die uns satt und zufrieden machen. Aus vielen verschiedenen Lebensmitteln aber kann unser Körper holen, was er braucht. Deshalb sollten wir unseren Speisezetttel mit Fantasie gestalten. Das macht Spaß und nützt der Gesundheit.

Gemüse und Obst, Rohkost oder Salat ...

... müssen wir jeden Tag essen. Diese Lebensmittel spielen für die Versorgung mit Vitaminen, Mineralstoffen – vor allem Vitamin C, Karotin, Kalium, Phosphor, Magnesium – und verdauungsfördernden Ballaststoffen eine wesentliche Rolle. Bestimmte Stoffe halten den Cholesterinspiegel auf dem gesunden Maß, stärken unser Immunsystem und schützen vor Krebs.

Kaufen Sie Gemüse möglichst der Jahreszeit entsprechend: Was gerade Saison hat, schmeckt besser, ist preiswerter und vor allem gesünder: Freilandgemüse bekommt viel Sonne. Und Sonnenlicht baut Nitrat ab, das in Pflanzen vorkommt. Bei Gemüse und Blattsalat, die in den lichtschwachen Wintermonaten unter Glas wachsen und geerntet werden, finden sich deshalb oft hohe Nitratwerte – vor allem, wenn die Pflanzen zur Ertragssteigerung auch noch mit Stickstoff gedüngt werden. Den Gemüsekalender für den schnellen Überblick finden Sie auf Seite 402.

Obst ist gut für die Versorgung mit Vitaminen, Mineralstoffen – vor allem Vitamin C, Karotin, Kalium, Phosphor, Magnesium – und verdauungsfördernden Ballaststoffen. Frischgepflücktes reifes Obst schmeckt am besten und ist am vitaminreichsten. Außerdem enthält es so viel natürlichen Fruchtzucker, daß Sie mit Zucker und Honig sparen können. Denn voll ausgereiftes Obst und Trockenobst süßen ohnehin: Müsli, Desserts und Gebäck. Deshalb kauft man Obst am besten nach Saison. Den Jahreszeitenkalender für Obst finden Sie auf Seite 404.

Kartoffeln ...

... haben nur wenige Kalorien, aber viele Nährstoffe: hochwertiges Pflanzeneiweiß, das – in Verbindung mit Quark, Käse oder Eiern – dem Körper genausoviel lebenswichtiges Protein gibt wie Fleisch. Kartoffeln enthalten reichlich Vitamin C, viele B-Vitamine und Mineralstoffe. Sie sind leicht verdaulich, frei von Cholesterin und Purinen. Kartoffeln, die von Anfang Juni bis Mitte August auf den Markt kommen, müssen Sie rasch verbrauchen, spätere Sorten können Sie einkellern.

Nehmen Sie nur unbeschädigte, trockene und saubere Kartoffeln. Der Keller muß trocken, dunkel und gerade richtig temperiert sein: am besten zwischen 4 und 7 Grad. Bei Feuchtigkeit faulen die Knollen, bei zuviel Licht bildet sich Solanin. Wärme läßt sie keimen. Kälte oder gar Frost wandelt die Stärke in Zucker um, was den unangenehm süßen Geschmack gefrorener Kartoffeln verursacht.

Kartoffeln einlagern

Außer den bekannten weißen Nudeln gibt es auch noch Sorten mit mehr oder weniger hohem Vollkornanteil, mehr Vitaminen, Mineralstoffen, Ballaststoffen, Fett und Eiweiß. Man bekommt sie in Reformhäusern, Naturkostläden und Supermärkten. Angeboten werden alle Formen – Spaghetti, Makkaroni, Hörnchen, Band- und Suppennudeln –, gefüllte Teigwaren wie Tortellini und Nudeln aus verschiedenen Getreidesorten. Außer Weizennudeln gibt es auch Gersten-, Hafer-, Roggen-, Hirse-, Grünkern- und Dinkelnudeln, außerdem grüne Nudeln oder solche mit Sojamehl oder Weizenkeimen. Bei manchen ist die Qualität ziemlich mäßig: Sie werden beim Kochen matschig und behalten trotzdem einen mehlig-harten Kern. Andere enthalten so viel Kleie, daß sie einfach zu »gesund« schmecken. Vollkornnudeln aus Hartweizengrieß sind am besten, weil sie beim Kochen kernig bleiben – die Zutaten stehen auf der Verpackung. Am besten probieren Sie verschiedene Sorten, bis Sie die gefunden haben, die Sie mögen.

Nudeln

... ist unsere Nahrungsgrundlage: Körner und Brot sind besonders nährstoffreich. Hafer zum Beispiel enthält viel Kalzium, Hirse besonders viel Eisen. Gerste ist reich an B-Vitaminen und Mineralstoffen; Weizen, Bulgur, Couscous, Dinkel und Grünkern enthalten reichlich Eiweiß; Roggenkörner haben viele Ballaststoffe. Naturreis und Polenta aus Maiskörnern sind fettarm und leicht verdaulich. Getreideprodukte wie Brot, Nudeln, Reis, Flocken oder ganze Getreidekörner brauchen wir täglich; einen Teil davon am besten aus dem vollen Korn. Denn Vollkorn ist reich an den Vitaminen B 1 (Thiamin), B 2 (Riboflavin), B 6 (Pyridoxin) und Niacin; diese Wirkstoffe unterstützen den Stoffwechsel. Phosphor sorgt dafür, daß der Körper die Nährstoffe aus der Nahrung auch in Energie umsetzen kann. Essen Sie also mehr Brot, Brötchen oder Baguette aus Vollkornmehl, morgens mal ein Müsli mit Schrot oder Flocken, ab und zu Naturreis oder Vollkornnudeln statt der weißen Pasta.

Getreide ...

Reis...

... ist fettarm, leicht verdaulich, liefert wichtige Vitamine und Mineralstoffe.

Die Grundeinteilung der vielen tausend Reissorten ist ganz einfach: Langkornreis, zum Beispiel Basmati oder Patna, hat lange, schmale Körner. Rundkorn- und Mittelkornreis mit runden bis ovalen Körnern gibt es als Milchreis oder Risottoreis zu kaufen.

Die Bezeichnungen »Naturreis«, »Parboiled«- oder »Weißreis« geben an, ob und wie der Reis bearbeitet worden ist.

• Naturreis oder brauner Reis ist nur von den ungenießbaren Spelzen befreit und enthält alle wertvollen Teile des Reiskorns: Fett, Eiweiß, Ballaststoffe, Vitamine und Mineralstoffe. Die Bezeichnung »ungeschälter Reis«, ist nicht korrekt; auch Naturreis ist geschält, also entspelzt.

• Weißer Reis wird in Reismühlen geschliffen, um Silberhäutchen und Keim zu entfernen. Deshalb ist er nährstoffärmer, aber auch besonders lange haltbar. Polierter Reis war in Asien früher Statussymbol der Wohlhabenden – wie in Europa Feingebäck aus weißem Mehl.

• Parboiledreis ist zwar auch poliert, enthält aber noch reichlich Vitamine und Mineralstoffe. Bei der Verarbeitung weicht man den entspelzten Reis in heißem Wasser ein, damit sich aus den Außenschichten der Körner die Vitamine und Mineralstoffe lösen. Diese preßt man unter Druck wieder in das Innere der Körner. Erst danach wird der Reis poliert. Parboiledreis hält sich genauso lange wie weißer Reis, ist allerdings nicht so aromatisch.

Bohnen, Linsen und Co.

Getrocknete Bohnen, Erbsen und Linsen enthalten wie alle pflanzlichen Lebensmittel eine ganze Menge gesunde Kohlenhydrate, aber wenig Fett; dazu je nach Sorte pro 100 Gramm etwa 15 Gramm Ballaststoffe. Das heißt, daß etwa 15 Prozent der Menge, die Sie an Hülsenfrüchten essen, gar keine Energie liefern. Denn Ballaststoffe können wir nicht verdauen. Und was wir nicht verdauen, belastet uns auch nicht mit Kalorien. Deshalb sind Hülsenfrüchte auch keine Dickmacher.

Nüsse, Kerne und Samen

Welche Sie essen, spielt nur für den Geschmack eine Rolle: Egal, ob Hasel- oder Walnüsse, Mandeln oder Pistazien, Eßkastanien oder Sesam, Cashew- oder Erdnüsse, Pinienkerne oder Sonnenblumenkerne – alle sind besonders nahrhaft und kalorienreich. Nüsse sollte man sich deshalb nur selten zum Knabbern gönnen. Sonst ißt man sie lieber mit anderen Lebensmitteln als komplette Mahlzeit.

Als die Teile der Pflanze, die für die Vermehrung sorgen, liefern sie gleichsam gebündelt eine ganze Menge Nährwert: ungesättigte Fettsäuren, die der Körper nicht selbst bilden kann, hochwertiges Eiweiß, das mit Nudeln, Reis, Brot oder Getreide so wertvoll ist wie ein Essen mit Fleisch. Vorschläge für diese gesunde Kombination finden Sie in den Rezepten: Frühstücksmüslis (Seite 34 und 35) und Walnußbrötchen (Seite 59), Nudeln mit Kürbiskernen (Seite 202) und Pilaw mit Gemüse (Seite 233). Salat oder Rohkost bestreut man mit gerösteten Brotwürfeln und einigen gehackten Nüssen.

Am besten kaufen Sie Nüsse in der Schale; diese natürliche »Verpackung« schont Aroma und Nährstoffe. Außerdem wirkt sie konservierend; geschälte Nüsse werden schneller ranzig und schimmelig. Vom Spätherbst bis in den Winter kommen auch Nüsse aus kontrolliert-ökologischem Anbau auf den Markt. Erkundigen Sie sich im Reformhaus oder Naturkostladen danach. Bei Walnüssen schmecken die kleinen, schrumpeligen mit dunkler Schale am besten.

Viele Nährstoffe

Würze gibt den einfachsten Gerichten besonderen Pfiff. Und fast jedes Gewürz hat auch eine bestimmte Wirkung: Salbei macht Hülsenfrüchte gut verträglich, Thymian und Beifuß helfen, Fett besser zu verdauen, Petersilie liefert viel Vitamin C, Pfeffer wirkt gegen Fieber und Entzündungen, Essig regt den Appetit und Senf die Durchblutung an. Im Sommer nimmt man so oft wie möglich frische Kräuter: Die Auswahl beim Gemüsehändler, auf dem Markt und in vielen Gärtnereien ist ziemlich groß. Manches kann man auf dem Balkon selber ziehen: Petersilie, Thymian, Kresse, Basilikum, Schnittlauch, Borretsch, Kerbel, Majoran, Estragon und Zitronenmelisse gedeihen gut in großen Töpfen oder im Balkonkasten.

Im Winter verwenden Sie lieber tiefgekühlte Kräuter, die es in guter Qualität zu kaufen gibt. Frisches stammt aus dem Treibhaus und ist nicht besonders aromatisch. Gewürze kauft man am besten unzerkleinert und bewahrt sie fest verschlossen in Schraubgläsern auf.

Gewürze und Kräuter

... übertrifft alle anderen Gewürze: Er schützt das Herz, hilft bei der Verdauung, hält die Darmflora gesund und bewahrt vor Infektionen, weil er natürliche Antibiotika enthält. Knoblauch senkt das »schlechte« LDL-Cholesterin, ohne dabei das »gute« HDL-Cholesterin zu beeinflussen. Am besten ist der frische Knoblauch mit saftig grünen Stielen.

Knoblauch ...

Milch, Käse und Co.

Alle liefern leichtverdauliches tierisches Eiweiß: Wer Käse und Quark oder Frischkäse, Joghurt oder Kefir, Milch, Buttermilch oder Dickmilch, Sahne oder Crème fraîche mit Getreide, Nudeln, Brot, Kartoffeln und Hülsenfrüchten kombiniert, bekommt selbst dann noch genügend Eiweiß, wenn er ganz auf Fleisch und Eier verzichtet.

Viele pflanzliche Lebensmittel wie zum Beispiel grünes Gemüse, Vollkornnudeln und -brot, Pilze, Schnittlauch und Petersilie enthalten Eisen. Der Körper kann es besser verwerten, wenn man Milchprodukte dazu ißt. Außerdem nimmt man mit reichlich Milchprodukten auch reichlich Kalzium auf. Das ist nicht nur für Kinder wichtig, wenn Knochen und Zähne noch im Aufbau sind. Stimmt die Kalzium-Zufuhr auch bei Erwachsenen, kommt es im Alter weniger häufig zu Knochenerkrankungen (Osteoporose), Brüchen und Verkrümmungen der Wirbelsäule.

Eier ...

... gehören zu den vitaminreichsten Lebensmitteln mit besonders hochwertigem Eiweiß. Sie enthalten aber auch Cholesterin – Risikofaktor für Herz und Kreislauf. Deshalb sollte man nicht täglich Eier und Eiergerichte essen.

Es gibt Eier aus fünf verschiedenen Haltungsmethoden, nämlich Freilandhaltung und intensiver Auslaufhaltung, Boden-, Volieren- und Käfighaltung, zu kaufen.

Artgerecht sind nur Freilandhaltung und intensive Auslaufhaltung: Es bedeutet, daß die Hühner uneingeschränkt Zugang zu einem Auslauf im Freien haben, der zum größten Teil bewachsen ist und pro Huhn berechnet mindestens zehn Quadratmeter mißt. Die Tiere können picken, nach Getier scharren, im Sand baden und ihrem natürlichen Bewegungsdrang nachgeben. Im Stall für die Nacht muß mindestens ein Drittel der Fläche mit Stroh, Holzspänen, Sand oder Torf bedeckt sein. Außerdem müssen Nester für die Eiablage vorhanden sein.

Intensive Auslaufhaltung entspricht fast der Freilandhaltung; die Hühner leben allerdings viel dichter gedrängt: Jedem Tier stehen nur zweieinhalb Quadratmeter zur Verfügung. Freilandhaltung bedeutet natürlich auch, daß die Hühner ohne genaue Quadratmeterzuweisung im guten alten Hühnerhof leben. Inzwischen halten wieder mehr Landwirte die Tiere im Freien. Bei diesen Höfen kann man Eier direkt kaufen – oft sogar fast so preiswert wie im Supermarkt. Außerdem gibt es Eier aus Freilandhaltung in Naturkostläden, vielen Käseläden, auf Wochenmärkten, in manchen Reformhäusern und Supermärkten.

Bodenhaltung gilt übrigens nicht als artgerecht, denn die Hühner dürfen nicht ins Freie: Sie leben in großen, manchmal riesigen Gebäuden; ihre Anzahl wird so berechnet, daß sich sieben Hühner einen Quadratmeter teilen.

Butter und Co.

Fett brauchen wir zum Braten, Schmoren, Dünsten und Backen. Wir essen es als Butter auf dem Brot, rühren Salatsauce mit Öl. Gute Fette haben feinen Eigengeschmack, alle sind Aromaträger – ohne Fett schmeckt Essen fade. Butter wird aus Milch, Sahne, eventuell auch Wasser und Salz hergestellt. Geschmack und Farbe hängen von der Jahreszeit ab: Sommerbutter ist besonders gelb, wenn die Kühe viele frische Kräuter fressen.

Mit Butterschmalz kann man auch bei starker Hitze braten, ohne daß es spritzt oder verbrennt. Es ist lange haltbar und gibt allen Speisen den feinen Buttergeschmack. Besonders in regionalen Küchen spielt es eine wichtige Rolle.

Margarine

Pflanzenmargarine besteht aus rein pflanzlichen Ölen und Fetten, Haushaltsmargarine aus einer Mischung von pflanzlichem und tierischem Fett. Mit Margarine kann man backen und dünsten. Zum Braten brauchen Sie wasserfreies Margarineschmalz. Halbfettmargarine können Sie nur als Brotaufstrich verwenden: Sie enthält viel Wasser, um den Fett- und damit auch Kaloriengehalt zu verringern.

Öl

Öl ist das flüssige Fett aus Samen (Sonnenblumenkerne), Nüssen (Walnüsse), Früchten (des Olivenbaums, der Ölpalme) oder Getreide (Weizenkeimöl). Viele Pflanzen kann man zu Öl verarbeiten: Kürbiskerne, Raps, Sesam, Maiskeime, Erdnüsse, Sojabohnen.

• »Speiseöl« kann aus einer einzigen Ölsaat oder aus einer Mischung verschiedener Ölpflanzen bestehen.

• Ist ein Öl nach einer Pflanze benannt, darf es auch nur diese Pflanze enthalten: Weizenkeimöl besteht nur aus Weizenkeimen.

Kaltgepreßtes Öl

• »Kaltgepreßte« oder »native« Pflanzenöle werden bei der Gewinnung auf höchstens 50 Grad erhitzt. Dabei bleiben Vitamine und Fettsäuren weitgehend erhalten. Diese Öle haben einen typischen Eigengeschmack. Am besten kostet man verschiedene Sorten, bis man zwei oder drei gefunden hat. Hier ein paar Anhaltspunkte. Ziemlich neutral sind Sonnenblumen- und Rapsöl. Kräftiger schmecken Maiskeim- und Distelöl. Kürbiskernöl und alle Nußöle – außer Erdnußöl – verwendet man so sparsam wie ein Gewürz. Kaufen Sie naturbelassenes Öl möglichst nur in kleinen Gefäßen, denn es wird schneller ranzig als Speiseöl.

Soll man Biolebensmittel kaufen?

Wer es sich leisten kann, sollte es so oft wie möglich tun. Lebensmittel aus alternativem Anbau sind teurer. Dafür schmeckt vieles einfach besser – ob es auch gesünder ist, darüber streiten sich die Experten seit Jahren. Auf jeden Fall bieten Gemüse und Obst, Kartoffeln und Eier, Käse und Milch von Biohöfen meist hohe Qualität, weil man im alternativen Landbau noch schmackhafte Sorten züchtet und nicht nur solche, die viel Ertrag bringen und beim Transport keinen Schaden nehmen. Weil man auf diesen »neuen« landwirtschaftlichen Betrieben die Tiere nicht zu bloßen Milch-, Eier- und Fleischproduzenten degradiert, sondern als die Lebewesen behandelt, die sie sind.
Viele Verbraucher kaufen auch deshalb Biolebensmittel, weil sie eine stetig wachsende Schicht von Landwirten dabei unterstützen wollen, alternativ zu produzieren und Tiere artgerecht zu halten. So können wir alle zu einem humanen Umgang mit Tieren, zur Erhaltung der Böden und Schonung der Natur beitragen.

Beim Einzelhändler kaufen

Lebensmittel für abwechslungsreiches Essen bekommt man vor allem bei Einzelhändlern: beim Bäcker, Gemüsehändler, beim ausländischen Kaufmann, im Naturkostladen, Reformhaus und Feinkostgeschäft, beim Gärtner und auf dem Bauernhof. Richtige Naturkost können Sie auch über Versandhandel beziehen.

Kann man dem Zusatz »Bio« vertrauen?

Nein. Wörter wie »Öko«, »Bio«, »Natur« auf der Verpackung sind nur werbewirksame Begriffe, auf die man sich beim Einkauf nicht verlassen kann. Machen Sie es lieber wie unsere Großmütter und so, wie es türkische, italienische und französische Hausfrauen noch heute tun: Reden Sie mit Ihrem Kaufmann, fragen Sie ihn, woher er die Lebensmittel bezieht, lassen Sie sich beraten, und weichen Sie einfach von Ihrer Einkaufsliste ab, wenn er Ihnen etwas Besonderes anbieten kann. Nur durch den guten Kontakt zwischen Kunde und Händler können wir etwas tun gegen das drohende Einerlei beim Essen.
Nützliche Adressen – zum Beispiel von Naturkostläden in Ihrer Nähe oder Biobauern – finden Sie in »Das alternative Branchenbuch«. Sie bekommen es im Buchhandel und in Naturkostläden. Es wird laufend aktualisiert; zum Beispiel sind darin auch neue Ökosigel der Arbeitsgemeinschaft ökologischer Landbau erfaßt. Denn die Liste rechts kann nur die wichtigsten Erzeugerorganisationen nennen, und die Zahl der Ökobauern und -vertreiber nimmt stetig zu.

Wer garantiert Biolebensmittel?

In der Bundesrepublik gibt es Erzeugerorganisationen, die Lebensmittel aus kontrolliert-ökologischem Anbau und artgerechter Tierhaltung garantieren.
- ANOG: Arbeitsgemeinschaft für naturnahen Obst-, Gemüse- und Feldfruchtanbau
- Biokreis Ostbayern
- Bioland: Fördergemeinschaft organisch-biologischer Land- und Gartenbau e.V.
- BÖLA: Bundesverband für ökologisch-biologische Landprodukte e.V.
- Bundesverband Ökologischer Weinbau e.V.
- Demeter und Biodyn: Forschungsring für Biologisch-Dynamische Wirtschaftsweise
- Naturland: Verband für naturgemäßen Landbau e.V.

Internationale Verbände für alternativen Landbau:
- Australien: NASAA (National Association for Sustainable Agriculture)
- Frankreich: Die Produkte erkennt man am Zeichen »Ab« (Agriculture biologique)
- Großbritannien und Irland: The Soil Association
- Italien: Bioagricoop, Consorzio Friulano Agricoltori Biologici, Coordinamento Toscano Produttorie Biologici, Il salto und Suolo e Salute
- Niederlanden: EKO mit drei Sternen oder zwei Sternen (Umstellungsbetrieb)
- Österreich: Dachverband für ökologische Lebenssicherung, Fördergemeinschaft für gesundes Bauerntum und Verband organisch-biologisch wirtschaftender Bauern Österreichs
- Schweiz: Vereinigung schweizerischer biologischer Landbau-Organisationen
- Spanien: Umbela oder Vidasana
- Ungarn: Biokultúra
- USA: CCOF (California Certified Organic Farmers), Erntedank, FVO (Farm Verified Organic), MOFGA (Maine Organic Farmers and Gardeners Association) und OCIA (Organic Crop Improvement Association).

Garantiert biologische Lebensmittel der oben aufgelisteten Verbände bekommen Sie in Naturkostläden, Reformhäusern, auf (Wochen-)Märkten und bei manchen Einzelhändlern.

In der Bundes-republik

International

Wo bekommt man die Produkte?

Vegetarisch kochen

Die vegetarische Küche kostet nicht mehr Zeit als die »normale«: Es gibt das schnelle Essen mit Nudeln, Reis oder Kartoffeln und den Snack mit Brot und Salat – Rezepte dazu stehen im Kapitel »Kalte Hauptgerichte«. Man kann wie gewohnt für die Famile kochen. Oder das große Festessen für viele Leute zubereiten – Menüvorschläge dazu finden Sie auf Seite 28.

Trotzdem haben viele Einsteiger ins fleischlose Essen erst mal das Gefühl, daß Kochen nun zu ihrer Hauptbeschäftigung geworden ist – einfach, weil sie diese Art der Küche noch nicht kennen. Am Anfang braucht man gewiß mehr Zeit, weil man erst mal nachdenkt, worauf man Lust hat, was man ausprobieren will. Weil man viel häufiger im Kochbuch nachschlägt als sonst. Oder weil man nicht mehr alles im Supermarkt kauft, sondern oft in den Naturkostladen, zum Gemüsehändler, ins ausländische Lebensmittelgeschäft und auf den Wochenmarkt geht. Doch nach einiger Zeit hat man sein Kochrepertoire zusammen. Und dann macht fleischlos kochen viel Spaß und wenig Arbeit.

Lebensmittel vorbereiten

Auch beim gesunden Essen ist es nicht notwendig, jeden Tag alles frisch zu kochen. Viele Lebensmittel lassen sich vorbereiten: Getreide und Hülsenfrüchte kocht man auf Vorrat und friert sie portionsweise in Tiefkühlboxen ein. In Suppen und Ragouts werden sie gefroren verarbeitet, für Klöße und Frikadellen läßt man sie erst auftauen.

Auch bei Kartoffeln lohnt es, die doppelte Menge zu kochen. Eine Portion ißt man als Pellkartoffeln, aus der zweiten kann man Auflauf (Seite 188), Kartoffelschmarren (Seite 194) oder Bratkartoffeln (Seite 275) zubereiten. Eierkuchen für den Vorrat werden abgekühlt, aufgerollt und eingefroren. Zum Essen antauen lassen, in Streifen schneiden und als Suppeneinlage verwenden. Gebraten schmecken sie als Beilage zu Hülsenfrüchten und Gemüse. Polentaschnitten (Seite 243), Gemüsepuffer (Seite 179) und Getreidefrikadellen (Seite 272) können Sie ebenfalls gleich in größeren Mengen backen und portionsweise einfrieren. Zum Essen gibt man sie gefroren in eine Pfanne mit Öl und brät sie bei mittlerer Hitze pro Seite etwa 5 Minuten. Brotaufstriche für Frühstück und Imbiß halten sich fest verschlossen im Kühlschrank bis zu 4 Tagen. Hinweise dazu finden Sie im jeweiligen Rezept. Brötchen und Brot kann man ebenfalls auf Vorrat backen und einfrieren.

In Naturkostläden, ausländischen Lebensmittelgeschäften, Reformhäusern und vielen Supermärkten bekommen Sie gute Produkte für schnelles Essen ohne Fleisch:
- Vegetarische Frühlingsrollen zum Aufbacken
- Tiefkühlblätterteig mit oder ohne Vollkornmehl für die herzhafte Quiche oder den süßen Kuchen
- Pizzavollkornböden für die Single-Pizza
- Vorgegarte Hülsenfrüchte für Salat, kalte Hauptgerichte, Suppen, Eintöpfe und Gemüseragouts
- Ganze oder gehackte Tomaten aus der Dose für Suppen, Saucen, Reis-, Nudel- und Gemüsegerichte
- Instant-Brühe für Suppen und Saucen, fertig gemischtes Pesto für Nudeln und Olivenpaste als Brotaufstrich
- Tiefkühlgemüse und Kräuter für herzhafte Gerichte, Tiefkühlobst für Desserts und Gebäck
- Reis, Hirse, Bulgur, Buchweizen, Vollkornnudeln und rote Linsen für Suppen oder schnelle Beilagen. Diese Lebensmittel garen zwischen 10 bis 45 Minuten – gerade die Zeit, die man zum Putzen und Dünsten von Gemüse braucht.

Vegetarische
Schnellküche

Zum vegetarischen Kochen gibt es einige Zusatzgeräte. Die Getreidemühle für den Handbetrieb lohnt schon im kleinen Haushalt, wenn man häufig Frischkornmüsli, Getreidefrikadellen, herzhafte und süße Kuchen ißt. Eine Schnitzelmühle für den Handbetrieb zum Zerkleinern von Gemüse, Kartoffeln, Nüssen, Obst und Käse braucht man ebenfalls im Ein- und Zweipersonenhaushalt. Die elektrische Küchenmaschine zum Rühren, Schnitzeln, Raspeln, Mixen und Pürieren und die elektrische Getreidemühle oder ein Zusatz zur Küchenmaschine lohnen im Haushalt mit 3 oder 4 Personen. Zum Selbermachen von Lebensmitteln bekommt man in Haushaltwaren- und Naturkostläden zum Beispiel eine Quetsche, mit der man Getreidekörner zu Flocken verarbeiten kann, die Nudelmaschine mit Handkurbel, den Joghurtbereiter und das Keimgerät für Sprossen.

Praktische
Küchenhelfer

Gegartes Getreide kann man als Suppeneinlage essen. Mit etwas Dressing gemischt, schmeckt es auf dem Salat angerichtet. Größere Mengen mischt man mit Eiern, Mehl und Kräutern und brät Frikadellen daraus. Oder man mischt zerkleinertes Gemüse und Reibkäse darunter und backt das Ganze als Auflauf. Getreideklöße werden gebraten – eventuell mit Eiern – und zu Salat serviert. Hülsenfrüchte mischt man mit kleingeschnittenem Gemüse als Salat.

Reste verwerten

Roh oder gegart

Wenn es um gesundes Essen, um vegetarische und vollwertige Ernährung geht, hört man oft, Rohes sei gut und Gekochtes schlecht. Das kommt von einer bestimmten Theorie zur Vollwerternährung, die zwischen »Lebensmitteln« und »Nahrungsmitteln« unterscheidet. Danach gelten zum Beispiel rohes Obst und Gemüse, Frischkornmüsli und kaltgepreßtes Öl als besonders gute »Lebensmittel«. Gegartes Gemüse und Getreide, pasteurisierte Milch werden als »Nahrungsmittel« bezeichnet, auf die man verzichten kann. Bewiesen ist das allerdings bis jetzt noch nicht.

Rohkost ist gesund

Kein Zweifel: Rohes gehört zur gesunden Ernährung. Rohkost und Salat regen Appetit und Verdauung an. Gemüse und Obst enthalten wichtige Stoffe, die unser Immunsystem stärken, vor Infektionskrankheiten und sogar Krebs schützen.

Garen muß sein

Doch Garen ist ebenfalls notwendig: Mikroorganismen und Krankheitskeime werden dabei abgetötet – Sprossen zum Beispiel vertragen viele Menschen besser kurz blanchiert. Manche Lebensmittel sind roh gesundheitsschädlich oder giftig: Wildpilze, Rhabarber, Holunder und Bohnen darf man keinesfalls unter Rohkost und Obstsalat mischen. Kartoffeln – eines der wichtigsten Lebensmittel bei fleischlosem Essen – können wir nur gekocht verdauen. Es gibt noch einen simplen Grund fürs Garen: Vieles schmeckt gekocht erst richtig gut. Regelmäßig aber essen wir nur, was wir gerne mögen. Alles andere kommt vielleicht mal ein paar Wochen als »Diät« auf den Tisch. Dann vergißt man es wieder – mag es auch noch so gesund sein.

Dünsten

Für Gemüse ist Dünsten ideal, weil es Mineralstoffe und Vitamine schont. Sie brauchen dazu fest schließende Kochtöpfe: Bestimmte Vitamine gehen nämlich auch mit dem Dampf aus dem Topf verloren – je weniger entweicht, desto besser. Nehmen Sie nur so viel Wasser oder Gemüsebrühe, daß der Topfboden gerade eben bedeckt ist. Die Flüssigkeit aufkochen und das geputzte, gewaschene und zerkleinerte Gemüse darin zugedeckt auf der höchsten Schaltstufe zum Kochen bringen. Je schneller es kocht, desto geringer ist der Vitaminverlust. Sobald sich am Rand des Topfes eine leichte Dampffahne zeigt, schaltet man die Temperatur zurück und gart bei schwacher bis mittlerer Hitze fertig. In besonders hochwertigem Kochgeschirr kann man sogar

ohne zusätzliche Flüssigkeit garen: Das gewaschene und zerkleinerte Gemüse gibt man tropfnaß in den Topf und erhitzt es zugedeckt bei starker Hitze.
Den Garsud gießt man möglichst nicht weg. Mit Kräutern, etwas Crème fraîche, Sahne und/oder Butter vermischt, wird er zur feinen Sauce.

Sautieren oder Kurzbraten

Aroma, Nährstoffe und »Biß« beim Kochen erhalten – das ist ein Prinzip moderner Küche. Besonders gut gelingt das so: Die Lebensmittel gleichmäßig zerkleinern, damit sie auch gleichmäßig garen. Festes Gemüse wie Möhren oder Kohlrabi in Stifte schneiden. Kohlgemüse, Lauchzwiebeln und Lauch in Ringe teilen. Eine große Pfanne erhitzen, Öl zugeben und ebenfalls erhitzen. Nun die zerkleinerten Lebensmittel darin unter Rühren garen – Gemüse, bis es gerade eben weich, gegarten Reis, gekochte Nudeln und Getreidekörner, bis sie heiß und leicht gebräunt sind. Wichtig beim Sautieren: Das Gemüse nach dem Waschen gut trocknen, sonst spritzt das Öl beim Braten zu stark. In der chinesischen Küche ist das Kurzbraten seit Jahrhunderten üblich – den Wok dazu, einen Topf mit abgerundetem Boden, bekommen Sie inzwischen auch bei uns in jedem Haushaltwarengeschäft.

Braten

Zwiebeln und Knoblauch, Bratkartoffeln und Gemüsescheiben, Frikadellen und Kartoffelpuffer, Eierkuchen und Schmarren gelingen bei mittlerer bis schwacher Hitze am besten. Dann kann auch bei weniger Bratfett nichts anbrennen, und die Lebensmittel haften nicht am Pfannenboden. Übrigens wird alles erst gewendet, wenn es sich wirklich ohne Mühe ablösen läßt: Was am Pfannenboden klebt, ist an der Unterseite noch nicht gar.

Blanchieren

Gemüse zum Einfrieren wird nach dem Putzen und Waschen in reichlich Wasser blanchiert: Durch das kurze Kochen bleiben beim Lagern Farbstoffe und ein Teil des Vitamin C erhalten. Pro 500 Gramm Gemüse etwa 5 Liter Wasser kräftig aufkochen. Das Gemüse in einem Sieb ins sprudelnde Wasser tauchen und so lange kochen lassen, bis es intensiv grün oder leicht glasig ist; das dauert zwischen 1 bis 3 Minuten. Nur Maiskolben brauchen bis zu 10 Minuten. Mit dem Sieb in Eiswasser schwenken, abtropfen lassen, verpacken und einfrieren. Damit Artischocken, Blumenkohl und Fenchel sich nicht verfärben, gibt man den Saft von 1 kleinen Zitrone ins Blanchierwasser.

Sprossen keimen

Sprossen schmecken gut in Salat und Rohkost. Besonders im Winter, wenn es wenig Auswahl an frischem Gemüse gibt, machen sie die Salatschüssel bunt und interessant.

Was braucht man?

In Reformhäusern und Naturkostläden gibt es spezielle Keimgeräte. Einfache (Weck-)Gläser, Verbandmull und Gummibänder tun es aber auch. Samen bekommen Sie in Naturkostläden, Reformhäusern und Gartencentern. Auf der Packungsaufschrift muß vermerkt sein, daß die Samen zum Keimen von frischen Sprossen bestimmt sind.
Leicht keimen alle Hülsenfrüchte, Sonnenblumen- und Kürbiskerne, Weizen, Gerste, Roggen, Hafer, Dinkel, Buchweizen, Alfalfa und Rettich. Keinen Erfolg hat man meist mit Hirse und Reis. Grünkern keimt nicht, weil er unreif geerntet wird. Rote Linsen sind geschält und ebenfalls nicht mehr keimfähig.

Wie geht es?

Bei Keimgeräten liegt eine Anleitung bei. Wenn Sie Gläser verwenden, geben Sie die Samen hinein und verschließen die Öffnung mit Verbandmull und einem Gummiband. Die Gläser mit warmem Wasser füllen und die Samen etwa 6 Stunden quellen lassen. Die Flüssigkeit sorgt dafür, daß der Keimprozeß beginnt. Gläser im Spülbecken umstülpen, bis das Wasser abgelaufen ist. Dann stellt man sie aufrecht und läßt sie an einem warmen, hellen Platz bis zu 5 Tagen keimen. Die Samen müssen Sie täglich mit reichlich Wasser übergießen, etwa 10 Minuten stehenlassen und wie oben beschrieben abgießen.

Richtig gießen

Die Samen sollen weder zu feucht noch zu trocken sein. Wenn man sie zuwenig gießt, keimen sie nicht. Zu nasse Samen schimmeln und werden ungenießbar. Manche Samen, zum Beispiel von Senf und Weizen, bilden während des Wachstums feine Wurzeln, die optisch an Schimmel erinnern. Vorsichtshalber sollte man daran riechen: Wenn Samen unangenehm muffeln, muß man sie wegwerfen.

Wichtige Tips

• Auf allen Sprossen wachsen Keime. Wer einen empfindlichen Magen hat, sollte die Sprossen auf einem Sieb kurz in kochendes Wasser tauchen.
• Gekeimte Hülsenfrüchte werden erst durch Erhitzen gut verträglich. Deshalb die Sprossen von Linsen, Bohnen, Erbsen und Kichererbsen etwa 5 Minuten garen.

Gemüse einlegen

Bevor die Menschen das Tiefkühlen beherrschten, gehörten Einlegen und Marinieren zu den wichtigsten Methoden, Lebensmittel über lange Zeit haltbar zu machen: Milchsauer eingelegtes Sauerkraut essen wir heute noch so gern wie unsere Vorfahren. In Essig konservierte Gurken gibt es in jedem Supermarkt. Die bekannteste Kräuterpaste mit Öl – italienisches Pesto – zählt zu den Klassikern der Nudelküche. Und Mariniertes finden Sie auf dem kalten Buffet.

Zum Marinieren eignet sich jedes ganz frische Gemüse und Kraut. Die Zutaten werden gewaschen, geputzt und gekocht oder in Öl bei sanfter Hitze weich gebraten. In einer Marinade aus Essig oder Zitronensaft und Öl ruht das Gemüse vor dem Servieren einige Stunden.

Marinieren fürs kalte Buffet

Mariniertes zum längeren Aufbewahren schichten Sie in sterilisierte Einmachgläser: Gläser sauber spülen und in einem großen Topf mit Wasser bedeckt aufkochen. Das Wasser etwa 5 Minuten leise kochen lassen. Kochstelle abschalten und die Gläser im heißen Wasser lassen, bis das Marinierte zubereitet ist. Vor dem Füllen stülpen Sie die Gläser auf ein Küchentuch, damit das Wasser ablaufen kann. Gemüse heiß einfüllen, so viel kochendheißen Sud darübergießen, daß alles gut bedeckt ist, und die Gläser sofort verschließen.

Marinieren für den Vorrat

Die Gläser mit eingelegtem Gemüse werden beschriftet: Inhalt und Datum der Zubereitung sind wichtig, damit Sie den Überblick behalten. An einem dunklen, kühlen Ort hält sich in Öl Mariniertes gut verschlossen 3 bis 6 Monate, in Essig Eingelegtes etwa 1 Jahr. Nach dem Öffnen müssen Sie das Gemüse kalt stellen und rasch verbrauchen.

Gut aufgehoben

• Für süß-sauer eingelegte Tomaten brauchen Sie entweder rote Früchte oder Tomaten, die sich bereits gelblich färben. Völlig grüne Tomaten darf man nicht nehmen: Sie enthalten giftiges Solanin, das in größeren Mengen krank machen kann.
• Mariniertes, das nach dem Öffnen unangenehm riecht, müssen Sie wegwerfen: Probieren kann gefährlich sein!
• Verwenden Sie immer nur frische Gabeln und Löffel zum Vorlegen. Bakterien an benütztem Besteck können das Marinierte rasch verderben.

Wichtige Tips

Vegetarisch kochen für 1 Person

Seit man Frisches – egal, ob Gemüse und Kartoffeln, Obst und Salat, Milch, Käse und Eier – auch in kleinen Mengen kaufen kann, geht vegetarisch kochen für Singles einfach und schnell. Von vielen abgepackten Lebensmitteln verbraucht man ohnehin mehr, wenn man kein Fleisch ißt: Das Töpfchen Crème fraîche oder der Becher Sahne reicht für zweimal Nudeln und einmal Gemüseragout, der Beutel Mozzarellakäse für zweimal Auflauf oder Gratin, das Paket Tiefkühlgemüse gibt mit Kartoffeln oder Reis ein warmes Hauptgericht, und aus der kleinen Dose rote Bohnen macht man mit einer Tomate, einem Möhrchen und ein paar gehackten Kräutern den Salat zum Sattessen.

Wie lange aufheben?

Butter oder Margarine hält sich im Kühlschrank 4 Wochen oder bis zum Mindesthaltbarkeitsdatum, Eier halten sich 10 Tage, Käse, Quark und Sauermilchprodukte 1 Woche, süße Sahne und/oder Crème fraîche 1 Woche, Gemüse und Obst etwa 3 Tage, Milch hält sich 4 bis 5 Tage.
In den Vorratsschrank kommen Nudeln, Mehl, Reis, getrocknete Hülsenfrüchte, Tomaten und Hülsenfrüchte in Dosen, Instant-Gemüsebrühe, Essig, Öl, Salz, Gewürze, Müslimischung, Nüsse oder Samen, H-Milch oder Kaffeesahne. All das hält sich bei richtiger Lagerung 1/2 bis 1 Jahr oder bis zum Mindesthaltbarkeitsdatum.

Vorbereiten und aufbewahren

Lebensmittel vorbereiten (Seite 20) spart im kleinen Haushalt genausoviel Arbeit wie im großen. Für mehr Vorrat brauchen Sie Tiefkühlgerät oder Frosterfach im Kühlschrank. Wenn Sie gegarte Lebensmittel wie Pellkartoffeln, Klöße, Reis, Nudeln, Getreidekörner, Hülsenfrüchte oder Gemüsebrühe aber nur 3 Tage aufheben wollen, reicht der Kühlschrank. Die Tips für gute Resteverwertung auf Seite 21 gelten auch für den Singlehaushalt.

Für die kleine Menge …

• Zitronensaft: Die Zitrone nicht halbieren, sondern nur einschneiden. Oder mit einer Stricknadel anpiksen. So hält sie sich länger.
• Kräuter: Kein frisches Bund, sondern streufähige Tiefkühlkräuter nehmen.
• Ei: Das ganze Ei verquirlen, den Rest bis zu 3 Tagen verschlossen im Kühlschrank aufbewahren.
• Zwiebel: Eine halbe Zwiebel hält sich im Kühlschrank einige Tage.

*Schnelle Single-
küche*

• Pizzavollkornboden aus Reformhaus oder Naturkostladen
mit Tomaten- und Mozzarellascheiben belegt backen. Ein
Rezept für vegetarische Pizza finden Sie auf Seite 164.
• Zerkleinertes Gemüse in der Pfanne braten, mit Brühe
aufkochen und mit schnellen Nudeln mischen: Glasnudeln
und chinesische Instant-Eiernudeln gibt es im Supermarkt,
Reisnudeln im Naturkost- oder Asienladen.
• Den Rest Reis oder Nudeln mit zerkleinertem Gemüse in
einer großen Pfanne rösten und zum Schluß ein verquirltes
Ei mitbraten, bis es gerade eben gestockt ist.
• Salatsauce auf Vorrat (Seite 106) zubereiten und im Kühl-
schrank aufbewahren. Man mischt sich dann viel häufiger
mal frischen Salat oder Rohkost.
• Eine große Salatplatte anrichten, mit gehacktem Ei und
gerösteten Brotwürfeln zum Sattessen ergänzen.
• Ein ganzes Blech Quiche oder Pizza selber backen und
portionsweise einfrieren: Rezepte stehen auf Seite 226 und
254. Nach dem Aufbacken mit Rohkost oder Salat essen.
• Nudeln und Gemüse gleich in einem Topf zusammen
kochen und abgetropft mit Butter, fertig gekauftem Pesto,
Sahne oder Crème fraîche mischen.
• Kartoffelgnocchi aus der Kühltheke kochen und abtrop-
fen lassen. Tomatenwürfel, frischgeriebenen Käse und
Kräuter untermischen, mit Salat servieren.

*Fast food
verfeinern*

• Fertige Gemüsesuppe aus Tüte oder Dose mit einem
Schuß Sahne und Tiefkühlkräutern mischen. Vollkornbrot
würfeln, in Öl rösten und auf der Suppe anrichten.
• Quarkmischung aus dem Supermarkt mit zerkleinerter
Tomate, Lauchzwiebel und Tiefkühlkräutern mischen.
• Fertig gekauften Kartoffelsalat mit dünnen Salatgurken-
scheiben oder feingeschnittenem Endiviensalat mischen.
Dazu schmecken geröstete Klöße aus dem Vorrat oder
Tofufrikadellen aus dem Naturkostladen.
• Die fertige Getreidefrikadelle aus dem Naturkostladen
aufbacken und mit frischgemischtem Salat essen.

*Zum Mitnehmen
ins Büro*

Am Vorabend zubereiten und im fest verschlossenen Gefäß
oder gut verpackt in Alufolie mitnehmen können Sie:
Frischkornmüsli; gemischten Quark mit Gemüse; Beeren-
quark (Seite 39); Salat aus Hülsenfrüchten oder Getreide,
zerkleinertem Gemüse und Kräutern; »Doppeldecker« mit
Salatblatt, beidseitig gebratenem Spiegelei und Tomatenscheiben, Brotaufstriche (Seite 46–49), eingelegte Pilze
(Seite 69) und vietnamesische Glücksrollen (Seite 67).

Vegetarisch kochen für Gäste

Ein richtiges Menü, ein großes Buffet ganz ohne Fleisch ist die neue, interessante Art des Festessens. Für jeden gibt es dabei etwas zu entdecken: Wer einlädt und kocht, ist gespannt, ob die ungewöhnliche Speisenfolge ankommt, ob die Gäste aus Überzeugung loben. Wer eingeladen ist, freut sich auf ein kulinarisches Erlebnis. Oder er ist gespannt, wie viele die Lust an der feinen vegetarischen Küche teilen.

Nichts erzwingen

Sie werden einen richtigen Fleischesser nicht von den Vorzügen fleischloser Kost überzeugen – auch wenn Ihr Menü ein Meisterstück ist. Laden Sie lieber Leute ein, die sich gerne überraschen lassen, die selber öfter auf Fleisch verzichten und Neues kennenlernen wollen.

Leichtes nicht vergessen

Nicht jeder ist an vegetarisches Essen gewöhnt: »Einsteiger« können Schwierigkeiten mit größeren Rohkostmengen haben und Getreidegerichte nur in Miniportionen essen. Manche Menschen vertragen keine Hülsenfrüchte, andere keine Sprossen. Damit alle Gäste das Essen wirklich genießen können, serviert man:
• Pro Person nur eine halbe Menge Rohkost als Vorspeise
• Hülsenfrüchte püriert als Suppe oder Beilage (Seite 186: Mexikanische Tortillas)
• Als Zwischengang pro Person eine halbe Portion Risotto oder Nudeln; oder leicht verdauliches Getreide als Frikadellen oder Couscous
• Als Hauptgang Gemüse, Kartoffeln
• Getreide und Hülsenfrüchte als Hauptgang nur für »geübte« Vegetarier
• Frische Sprossen in kleinen Mengen nur von Radieschen, Kresse oder Alfalfa und fertig gekaufte weiße Sojasprossen
• Genug zu trinken – außer Wein und Bier auch reichlich Mineralwasser und Fruchtsäfte. Zum Chinamenü oder Curryessen paßt grüner oder schwarzer Tee.

Richtig planen

Muten Sie sich nicht zuviel zu: Beim vegetarischen Essen sind die Mengen größer als beim herkömmlichen Menü. Für 3 Gänge in verschiedenen Läden einkaufen dauert einen halben Tag. Für viele Leute Rohkost raspeln, Gemüse putzen, Getreidefrikadellen braten oder Obstsalat mischen kostet Zeit – wie lange man ungefähr braucht, steht auf Seite 396. Deshalb: Wer noch nicht so geübt ist, serviert lieber nur 2 Gänge und eine schöne Käseplatte.

Das Menü

Die klassische Regel, daß sich die Hauptzutat in der Menü-
folge nicht wiederholen darf, befolgt man heute nicht mehr
so streng. Und fürs vegetarische Menü gilt sie ohnehin
nicht – schließlich dreht sich alles um Gemüse und Kartoffeln, Nudeln und Reis, Obst und Salat. Im Ostermenü stehen Spargel, Kräuter und neue Kartoffeln im Mittelpunkt,
beim Italienmenü schmecken auch 2 Nudelgerichte, und
im Menü nach indischer Art ißt man verschiedene Currys.
Bei den Zubereitungsarten allerdings wechselt man lieber
ab: Zu den Morcheltörtchen (Seite 80) vorweg paßt keine
Quiche als Hauptgericht. Und wenn es Cremesuppe gibt,
sollte das Dessert nicht ebenfalls cremig sein.

Das Buffet

Es eignet sich gut, wenn Sie mehr Leute bewirten möch-
ten als um Ihren Eßtisch passen, wenn Sie mit dem vegetarischen Kochen erst anfangen und das Essen lieber in
aller Ruhe probieren und abschmecken, wenn Sie beim
Kochen überhaupt nicht so geübt sind und leicht in Streß
geraten. Oder wenn Sie Ihren Gästen Gelegenheit geben
wollen, möglichst viele vegetarische Gerichte zu kosten.

Richtig planen

Planen Sie Ihr Menü so, daß Sie sich Ihren Gästen richtig
widmen können: mit einer Speisenfolge, die sich fast ganz
vorbereiten läßt. Gastgeber, die nach jedem Gang für eine
Weile in der Küche verschwinden, stören die Tafelrunde.
• Vorab zubereiten kann man viele Salate, eingelegte Pilze
(Seite 69), vietnamesische Glücksrollen (Seite 67), gefüllte
Weinblätter (Seite 68), Pasteten und Terrinen, kalte Suppen
und Saucen, Eierkuchen zum Füllen und Überbacken,
Kuchen, Torten, Kekse und Cremes fürs Dessert.
• Gut vorbereiten lassen sich: Aufläufe, Strudel, Heferolle
mit Gemüse (Seite 170), Kartoffelmoussaka (Seite 192),
Ravioli (Seite 216) und Tortellini (Seite 217), Lasagne (Seite
222) und Pilzpie (Seite 252), Currygerichte und Pilaws.
• Frisch zubereiten – à la minute – müssen Sie: Nudeln,
Risotti, viele Gemüsegerichte, Soufflés und aufgeschlagene
Dessertcremes mit Eiern.
• Etwa 10 Minuten zum Anrichten brauchen Sie für viele
Salate und Suppen, Saucen, die mit dem Schmorsud zu-
bereitet werden, Pudding aus dem Wasserbad, Beilagen-
blattsalate und Eisdesserts.
• Manches gart, während Sie einen Gang servieren und
essen: zum Beispiel Kartoffel- und Getreidesuppen, Klöße
und Reis als Beilage, Käsekartoffeln (Seite 189), Dampf-
nudeln und süße Hauptgerichte aus dem Backofen.

DIE RE

ZEPTE

FRÜHSTÜCK

Muß es immer Frischkornmüsli sein?

Nein. Frischkornmüsli ist zwar wirklich gesund (siehe Seite 34). Doch es muß über Nacht quellen, und manche Menschen wissen abends noch nicht, worauf sie morgens Lust haben. Manche reagieren auch allergisch auf rohe Getreidestärke. Gute Alternativen sind die vielen Fertigmüslis. Am besten nimmt man Müslis, die gar kein oder nur ein Süßmittel enthalten.

Joghurt selbermachen

Sie brauchen dazu H-Milch und ein Joghurtferment aus dem Naturkostladen oder Reformhaus. Milch auf etwa 45 Grad erhitzen, Ferment einrühren und den Joghurt in Gläser oder eine Schüssel füllen und bei 36 bis 40 Grad im Backofen, auf der Heizung oder in der Kochkiste 6 bis 8 Stunden reifen und dabei fest werden lassen.

Welches Obst für Marmelade?

Gelee und Marmelade können Sie mit allen Beeren, mit Quitten und Kirschen kochen. Nur für Marmelade eignen sich Aprikosen, Mirabelle, Zwetschen, Pfirsiche, Orangen, Renekloden, Bananen und Feigen. Vor dem Einkochen einfrieren muß man zum Beispiel Schlehen und die Früchte der Eberesche – die Beeren schmecken sonst zu bitter.

Schimmel auf der Marmelade

Er schadet nicht, wenn die Marmelade zur Hälfte aus Zucker besteht: Die verschimmelte Stelle nimmt man mit einem Löffel ab. Kalorienreduzierte Marmelade oder Diabetikermarmelade mit Schimmel muß man wegwerfen.

Brot vom Bäcker

Es wird bei Kälte schneller alt. Gegen Schimmel hilft: Gut durchgebackenes Brot kaufen und im Sommer nicht zuviel Brot lagern, sondern alle 3 Tage frisch einkaufen.

Brot aus Eigenproduktion

Es reißt in der Kastenform dekorativ auf, wenn Sie den Teig der Länge nach mit einem Messer einschneiden. Für die einzelnen Brotsorten gibt es jeweils das richtige Mehl:
• Type 550: Weizenmehl für Brötchen und Weißbrot
• Type 1050: dunkleres Weizenmehl und guter »Einstieg« in die Vollkornbäckerei
• Type 997 und 1150: Roggenmehl
• Type 1700: Weizenbackschrot
• Type 1800: Roggenbackschrot
Vollkornmehl hat keine eigenen Typenbezeichnungen.

Zum Energiesparen die Frühstückseier mit kaltem Wasser aufsetzen, sprudelnd aufkochen lassen und gut zugedeckt auf der abgeschalteten Kochstelle garen. Zur gewohnten Kochzeit gibt man jeweils knapp 1 Minute zu.
Übrigens: Je frischer ein Ei, desto länger ist die Kochzeit.

Eier kochen

Dafür gibt es keine Regel – beide muntern auf, »gesund« aber ist keines. Schaden allerdings richten sie – wie die meisten Lebensmittel – nur an, wenn man zuviel davon bekommt. Trinken Sie, was Sie am liebsten mögen und am besten vertragen.

Was ist besser – Tee oder Kaffee?

Frisch geerntet und in einer Porzellan- oder Glaskanne mit kochendem Wasser übergossen, schmecken Pfefferminze, Salbei, Thymian. Den Aufguß zugedeckt höchstens 10 Minuten ziehen lassen, absieben und mit Honig servieren.

Tee aus dem Kräuterbeet

Hefeteig braucht zum Gehen keine Wärme, sondern nur Ruhe. Deshalb für Brot oder Brötchen zum Frühstück, Napf- oder Blechkuchen zum Kaffee den Teig am Vorabend zubereiten und über Nacht zugedeckt an einen kühlen Ort stellen. Morgens ist der Teig dann genau richtig zum Formen und Backen. Kalt aufgegangener Teig wird sehr feinporig und schmeckt besonders aromatisch.

Der Teig aus der Kälte

• Haferschrot fürs Frühstücksmüsli soll man nicht einweichen, weil es dann bitter schmecken kann. Fürs Müsli lieber Haferflocken oder anderes Getreideschrot nehmen.
• Süße Sahne, die nicht mehr frisch genug für Schlagsahne ist, kann man durch kräftiges Rühren mit den Quirlen des Handrührgerätes zu Butter machen. Zum Schluß das Butterstückchen mit einer Gabel ausdrücken und die Flüssigkeit weggießen.
• Einfachen Joghurt verwandeln Sie mit 1 Löffel Konfitüre in preiswerten Fruchtjoghurt.

Tips und Tricks

Das Schrot muß 5 Stunden
quellen

Für 4 Portionen

80 g Weizen-, Hafer-, Roggen-
und Gerstenkörner gemischt

500 g Joghurt (3,5 %)

500 g gemischtes Obst
der Jahreszeit

125 g beliebige Nußkerne

100 ml Milch

2 EL Obstdicksaft oder Honig

*Frischkornmüsli besteht
immer aus rohen, geschrote-
ten oder zerquetschten Getreidekörnern, die man durch
Einweichen in Wasser oder
Milchprodukten gut verdaulich macht.*

Frischkornmüsli mit Obst und Nüssen

• Die Getreidekörner in der Getreidemühle grob schroten,
mit dem Joghurt verrühren und zugedeckt im Kühlschrank
5 Stunden quellen lassen.
• Das Obst vorbereiten und zerkleinern. Die Nüsse hacken.
Milch erhitzen, aber nicht aufkochen. Mit dem Obstdicksaft
unter den Schrotbrei mischen.
• Müsli auf Tellern verteilen und mit dem Obst belegen.
Die Nüsse darüberstreuen.

Dauert etwa 30 Minuten
1 Portion = 451 kcal/ 18 mg Cholesterin
26 g Fett/ 14 g Eiweiß/ 37 g Kohlenhydrate

Warum ist Frischkornmüsli gesund?

Weil es relativ wenige Kalorien, aber so viele wichtige
Nährstoffe wie eine richtige Hauptmahlzeit enthält: Die
Kombination von Getreide und Milch, Joghurt oder einem
anderen Milchprodukt ist eine perfekte Eiweißversorgung,
liefert wertvolles Fett und Kalzium. Mit dem frischen Obst
bekommt man genügend Vitamine und Kalium. Und die
rohe Getreidestärke nimmt unser Körper so langsam auf,
daß man für eine ganze Zeit angenehm satt ist.

Die Flocken müssen
5 Stunden quellen

Für 4 Portionen

150 g Vollkorngetreideflocken

1/2 l Milch

150 g Joghurt (3,5 %)

4 Äpfel (ca. 600 g)

Saft von 1/2 Zitrone

2 entsteinte Trockenpflaumen

2 EL Honig

50 g Korinthen

50 g gehackte Nußkerne

2 EL Knusperflocken

Flockenmüsli mit Äpfeln

• Flocken mit der Milch und dem Joghurt verrühren und
zugedeckt im Kühlschrank quellen lassen.
• Die Äpfel vierteln, schälen, vom Kerngehäuse befreien,
grob raspeln und mit dem Zitronensaft vermischen. Die
Pflaumen zerkleinern.
• Äpfel und Pflaumen mit den eingeweichten Flocken,
Honig, den Korinthen und Nüssen mischen.
• Das Müsli auf Tellern verteilen und mit den Knusper-
flocken bestreuen.

Dauert etwa 30 Minuten
1 Portion = 502 kcal/ 19 mg Cholesterin
17 g Fett/ 14 g Eiweiß/ 70 g Kohlenhydrate

Müsli nach Bircher-Benner

• Die Flocken mit Wasser, Orangen- und Zitronensaft verrühren und zugedeckt über Nacht oder mindestens 5 Stunden im Kühlschrank quellen lassen.

• Zum Anrichten die Äpfel waschen oder schälen und fein reiben. Bananen schälen und zerdrücken. Beide Zutaten mit Flocken, Rosinen, Nüssen, Joghurt und Honig mischen.

Dauert etwa 20 Minuten
1 Portion = 723 kcal/ 0 mg Cholesterin
26 g Fett/ 13 g Eiweiß/ 106 g Kohlenhydrate

Getreideflocken ...

... werden aus den ganzen Körnern (»kernige Flocken«) oder aus Getreidegrütze (»zarte Flocken«) hergestellt. Die Auswahl ist selbst im Supermarkt groß: Außer Haferflocken gibt es dort auch Weizen- oder Dinkelflocken. In Naturkostläden und Reformhäusern bekommen Sie noch mehr Sorten.

Die Flocken müssen
5 Stunden quellen

Für 3 Portionen

50 g Vollkornhaferflocken
1/8 l Wasser
Saft von 1 großen Orange
1 EL Zitronensaft
2 große säuerliche Äpfel
2 reife Bananen
100 g Rosinen
75 g gemahlene Nußkerne
2 EL Magerjoghurt
1–2 EL Honig

Das Müsli ist nach dem Schweizer Arzt Maximilian Oskar Bircher-Benner (1867–1939) benannt. Er empfahl als Grundlage der Ernährung frische pflanzliche Lebensmittel mit Milchprodukten.

Selbstgemischtes Flockenmüsli

• Getreideflocken, Sonnenblumen- und Kürbiskerne, Nüsse und Sesamsamen in einer Schüssel vermischen.

• Öl und Honig bei schwacher Hitze verrühren, bis sich alles gut verbunden hat. Über die Flockenmischung träufeln und dabei mit einer Gabel rühren.

• Das Müsli auf einem Backblech ausbreiten und in den kalten Backofen (mittlere Schiene) schieben. Bei 160 Grad (Umluft: 150 Grad, Gas: Stufe 2) in etwa 40 Minuten goldbraun und knusprig backen. Dabei immer wieder mit einer Gabel durchrühren und Klümpchen, die sich eventuell bilden, zerdrücken. Müsli erkalten lassen.

• Das Trockenobst fein zerkleinern und mit den Rosinen unter das Müsli mischen.

• Müsli in einem Schraubglas oder einem anderen fest schließenden Gefäß kühl aufbewahren.

Dauert etwa 1 Stunde
Arbeiten müssen Sie etwa 20 Minuten
1 Portion = 221 kcal/ 0 mg Cholesterin
12 g Fett/ 6 g Eiweiß/ 21 g Kohlenhydrate

Für den Vorrat

Für 20 Portionen

400 g Sechskorn-Vollkornflocken
50 g Sonnenblumenkerne
50 g Kürbiskerne
50 g gehackte Haselnußkerne
50 g ungesalzene Erdnußkerne
50 g Sesamsamen
100 ml Erdnußöl
50 g Honig
150 g gemischtes Trockenobst (Pflaumen, Feigen, Datteln, Äpfel)
50 g Rosinen

Zum Essen die Portionen mit Milch, Joghurt, Dickmilch, Buttermilch und/oder frischem Obst mischen.

Porridge mit Obst

Für 4 Portionen

120 g Haferflocken

1 Prise Salz

3/4 l Wasser

1/8 l Milch

100 g entsteinte, getrocknete Pflaumen

2 säuerliche Äpfel

100 g süße Sahne

2 EL Honig

75 g gehackte Cashewnußkerne

Zum Kaloriensparen: Das Porridge nur mit Milch kochen und erst beim Anrichten statt Sahne Milch nehmen.

• Haferflocken mit Salz, Wasser und Milch aufkochen. Zugedeckt bei schwächster Hitze 10 Minuten kochen lassen. Dabei häufig umrühren, damit der Brei nicht anbrennt.
• Pflaumen in kleine Stücke schneiden. Die Äpfel vierteln, schälen, vom Kerngehäuse befreien und grob raspeln.
• Gegartes Porridge auf Suppentellern verteilen, Pflaumen und Äpfel daraufgeben. Jede Portion mit Sahne übergießen, mit Honig beträufeln und mit Nüssen bestreuen.

Dauert etwa 20 Minuten
1 Portion = 460 kcal/ 31 mg Cholesterin
20 g Fett/ 10 g Eiweiß/ 59 g Kohlenhydrate

Hafer gegen Cholesterin

Vollkornhaferflocken, ganze Haferkörner und Hafervollkornmehl enthalten Ballaststoffe, die sich mit Cholesterin verbinden. So »gebundenes« Cholesterin kann der Körper nicht verwerten; es wird ausgeschieden. Wie Sie Hafer essen, spielt dabei keine Rolle – ob im Porridge wie oben, in Waffeln (Seite 50), Klößen (Seite 245), Keksen (Seite 384) oder als Auflauf (Seite 246).

Zwiebackmüsli

Für 2 Portionen

4 Scheiben Vollkornzwieback

1/4 l Milch

1 EL Magerjoghurt

1 EL Apfeldicksaft oder Ahornsirup

2 kleine Äpfel

1 Orange

1 Banane

50 g Nußkerne

Ein schnelles Frühstücksmüsli, das nicht quellen muß. Statt Zwieback schmecken auch Vollkornkekse.

• Den Zwieback zerkrümeln und in einer Schüssel mit der Milch und dem Joghurt vermischen. Zugedeckt 15 Minuten ziehen lassen, bis der Zwieback weich ist.
• Apfeldicksaft zugeben und alles mit einem Schneebesen oder den Quirlen des Handrührgerätes zu einem glatten Brei verrühren. Auf Tellern verteilen.
• Während der Zwieback weich wird, Äpfel waschen oder schälen, vierteln, vom Kerngehäuse befreien und grob raspeln. Mit dem Orangensaft vermischen. Bananen schälen und zerdrücken. Nüsse hacken. Obst und Nüsse mischen und auf den Zwiebackbrei geben.

Dauert etwa 20 Minuten
1 Portion = 504 kcal/
15 mg Cholesterin
22 g Fett/ 12 g Eiweiß/
62 g Kohlenhydrate

Reisgrütze mit Früchten

• Butter in einem Topf zerlassen. Reis darin bei schwacher Hitze unter Rühren etwa 1 Minute rösten. Milch, Wasser, Zitronenschale und Salz zugeben, aufkochen und zugedeckt bei schwächster Hitze 15 Minuten kochen. Anschließend auf der abgeschalteten Kochstelle 10 Minuten quellen lassen.
• Inzwischen Sahne mit Zucker und Vanille steif schlagen. Banane, Kiwi und Ananas schälen und zerkleinern.
• Reisgrütze mit Orangensaft und der Hälfte der Sahne verrühren und auf Portionsteller geben. Obst und Nüsse darauf verteilen. Grütze mit Sahnetupfen garnieren, mit Honig beträufeln und sofort servieren.

Dauert etwa 20 Minuten
1 Portion = 427 kcal/ 47 mg Cholesterin
20 g Fett/ 8 g Eiweiß/ 52 g Kohlenhydrate

Zubereitungs-Tip

Milchgrützen mit frischer Kiwi und Ananas muß man gleich servieren. Bei längerem Stehen werden sie bitter.

Für 4 Portionen

1 EL Butter
125 g Reisflocken
1/4 l Milch
1/4 l Wasser
1 Stück unbehandelte Zitronenschale
1 Prise Salz
100 g süße Sahne
2 EL Zucker
1 TL gemahlene Vanille
1 kleine Banane
1 Kiwi
100 g frische Ananas
Saft von 1 Orange
40 g gehackte Erdnußkerne
2 EL Honig

Buchweizengrütze mit Sahne

• 1 Eßlöffel Butter in einem Topf zerlassen. Buchweizen darin bei mittlerer Hitze anrösten, bis er zart duftet. Wasser und Salz zugeben, einmal kräftig aufkochen und den Buchweizen zugedeckt auf der abgeschalteten Kochstelle etwa 15 Minuten quellen lassen.
• Inzwischen restliche Butter in einer Pfanne erhitzen, Sesamsamen darin unter Wenden rösten. Sahne mit Vanille steif schlagen. 1 Eßlöffel Ahornsirup darunterziehen.
• Orange heiß waschen und abtrocknen. Schale etwa zur Hälfte abreiben, Saft auspressen. Orangenschale, Saft, Sesam und 1 Eßlöffel Ahornsirup unter die Buchweizengrütze mischen. Grütze auf Desserttellern verteilen und mit Sahne überziehen.

Dauert etwa 20 Minuten
1 Portion = 309 kcal/ 52 mg Cholesterin
21 g Fett/ 5 g Eiweiß/ 24 g Kohlenhydrate

Dazu paßt: *Sauerkirsch- oder Pflaumenkompott*

Für 6 Portionen

2 EL Butter
150 g Buchweizenkörner
650 ml Wasser
1 Prise Salz
50 g ungeschälte Sesamsamen
200 g süße Sahne
1 TL gemahlene Vanille
2 EL Ahornsirup
1 unbehandelte Orange

Buchweizen ist kein Getreide, sondern ein Verwandter von Rhabarber und Sauerampfer, wird aber wie Getreide in ganzen Körnern, Grütze, Flocken und Mehl verkauft und auch wie Getreide zubereitet. Er schmeckt sehr kräftig, fast ein wenig bitter.

Sahnegrieß mit Mandeln

Für 4 Portionen

300 ml Milch
1 EL Butter
125 g Grieß
1 Prise Salz
1/4 TL gemahlene Vanille
1 EL Saft und etwas abgeriebene Schale von unbehandelter Zitrone
100 g ungeschälte Mandeln
50 g Korinthen
1 EL Apfelkraut
125 g süße Sahne

• Milch mit Butter zum Kochen bringen. Grieß, Salz, Vanille, Saft und Schale der Zitrone hinzufügen und aufkochen. Grieß zugedeckt bei schwächster Hitze in etwa 10 Minuten ausquellen lassen.

• Inzwischen Mandeln hacken. Mit Korinthen und Apfelkraut unter den Grieß mischen und alles lauwarm abkühlen lassen. Sahne steif schlagen und unterziehen.

Dauert etwa 15 Minuten
1 Portion = 494 kcal/ 55 mg Cholesterin
31 g Fett/ 12 g Eiweiß/ 40 g Kohlenhydrate

Die Vitamine in der Milch
Frische Milch ist die wichtigste Quelle für Vitamin B2 (Riboflavin). Dieses Vitamin ist lichtempfindlich und geht bei Tageslicht oder künstlichem Licht – zum Beispiel in Kühltheken – verloren. Deshalb kauft man Milch am besten in braunen Flaschen und läßt sie nicht offen stehen.

Joghurt mit Flocken und Kirschen

Für 3 Portionen

1 TL Butter
1 EL Hafervollkornflocken
150 g Kirschen
2 Rippen Carobschokolade
400 g Magerjoghurt
3 EL süße Sahne
1 EL Honig
1 Prise Zimt
4 EL Cornflakes

• Butter in einer kleinen Pfanne schmelzen, aber nicht bräunen. Haferflocken darin bei mittlerer Hitze unter Rühren hellbraun rösten. Auf einem Teller abkühlen lassen.

• Kirschen waschen, abzupfen und entsteinen. Die Carobschokolade hacken oder raspeln.

• Kirschen auf Dessertschälchen verteilen. Joghurt, Sahne, Honig und Zimt mit einem Schneebesen schaumig schlagen und darübergießen. Mit gerösteten Haferflocken, Carobschokolade und Cornflakes bestreuen.

Dauert etwa 30 Minuten
1 Portion = 235 kcal/ 17 mg Cholesterin
9 g Fett/ 8 g Eiweiß/ 29 g Kohlenhydrate

Carob (Seite 331), in Tafeln gepreßt wie Schokolade, gibt es in Reformhäusern und Naturkostläden. Die Tafeln enthalten Öl, Sojamehl, Malzextrakt, Lezithin und Vanille, manchmal auch Milchpulver und werden wie normale Schokolade verwendet – für Süßes oder zum Backen.

Beerenquark

• Beeren in einer Schüssel mit kaltem Wasser waschen und auf einem Sieb abtropfen lassen. In einer Schüssel mit dem Zucker vermischen.
• Die Nüsse grob hacken und mit den Flocken im heißen Öl leicht braun rösten.
• Quark mit Sanddornsirup und 1 Eßlöffel Sahne glattrühren. Die restliche Sahne steif schlagen. Mit Beeren und Nußmischung locker unter den Quark ziehen.

Dauert etwa 25 Minuten
1 Portion = 632 kcal/ 56 mg Cholesterin
34 g Fett/ 25 g Eiweiß/ 52 g Kohlenhydrate

Sanddorn

Die dornigen Büsche wachsen wild an Bahndämmen, in Parkanlagen, an Flüssen und Meeresküsten. Sie tragen orangefarbene Beeren und lange silbergrau-grüne Blätter. Genau wie Holunder oder Quitten kann man Sanddorn nur gekocht essen. In Reformhäusern und Naturkostläden gibt es dick eingekochten Saft der Beeren – natur und mit Honig gesüßt. Sanddornsirup hat einen eigenen, feinen Geschmack, paßt zu Süßem, (Gemüse-)Terrinen, Salatsaucen und Dips für ausgebackenes Gemüse.

Für 4 Portionen

500 g gemischte Beeren
100 g Zucker
100 g gemischte Nußkerne
50 g Vollkorngetreideflocken
1 TL Sonnenblumenöl
500 g Magerquark
1 EL Sanddornsirup
200 g Schlagsahne

Ein sahniger Obstquark mit kernigen Nüssen und Flocken. Er schmeckt als kräftiges Frühstück oder Imbiß im Büro: Morgens zubereiten und gut verschlossen in einer Gefrierbox mitnehmen.

Milchreis mit Obst

• Reis mit Zuckerrohrgranulat, Milch, Salz und Zitronenschale aufkochen und zugedeckt bei schwacher Hitze in etwa 40 Minuten weich garen.
• Inzwischen Obst waschen oder schälen und zerkleinern. Abgekühlten Reisbrei mit Fruchtsaft und Obststücken verrühren. Sahne steif schlagen und unterziehen. Den Milchreis sofort servieren, damit er locker und sahnig ist.

Dauert etwa 50 Minuten
1 Portion = 422 kcal/ 63 mg Cholesterin
20 g Fett/ 10 g Eiweiß/ 49 g Kohlenhydrate

Für 4 Portionen

120 g Naturrundkornreis
1–2 EL Zuckerrohrgranulat
3/4 l Milch
1 Prise Salz
abgeriebene Schale von
1/4 unbehandelten Zitrone
400 g gemischtes Obst der Saison
knapp 1/8 l weißer Fruchtsaft
150 g Schlagsahne

Obst der Saison: Kirschen, Pfirsiche, Ananas, Zwetschen, Trauben.

Sahnequark mit Früchten

Für 4 Portionen
250 g Nektarinen, Pflaumen und Himbeeren
250 g süße Sahne
1 TL Zuckerrohrgranulat
1/4 TL gemahlene Vanille
1 Eigelb
1 EL flüssiger Honig
1 EL Zitronensaft
250 g Magerquark
je 1 EL Raspelschokolade und ungesalzene Pistazienkerne

• Obst waschen oder schälen und zerkleinern. Sahne mit Zuckerrohrgranulat und Vanille steif schlagen.
• Eigelb mit Honig und Zitronensaft schaumig schlagen. Quark eßlöffelweise daruntermischen. Sahne unterziehen.
• Quarkcreme locker mit Obst mischen. Mit Raspelschokolade und gehackten Pistazienkernen bestreuen.

Dauert etwa 30 Minuten
1 Portion = 347 kcal/ 172 mg Cholesterin
24 g Fett/ 12 g Eiweiß/ 17 g Kohlenhydrate

Ein frisches Ei erkennen

Das rohe Ei in ein Gefäß mit Wasser legen. Wenn es flach liegen bleibt, ist es ganz frisch. Je mehr es sich aufrichtet, bis es sich schließlich auf die Spitze stellt, desto älter ist es. Denn die Luftkammer am stumpfen Ende des Eies vergrößert sich im Laufe der Zeit und bringt es schließlich zum Schwimmen. Eier, die halb aufgerichtet oder ganz auf der Spitze stehen, dürfen Sie nicht mehr roh essen, sondern nur noch zum Kochen, Braten und Backen nehmen. Eier, die im Wasser schweben, müssen Sie wegwerfen.

Apfeljoghurt

Für 2 Portionen
4 getrocknete Aprikosen
1 großer Apfel
1/2 Orange
300 g Joghurt (3,5 %)
1 EL Ahornsirup
1/2 TL Zimt
1 EL Cashewnußkerne
2 EL Weizenflocken

• Aprikosen waschen, abtropfen lassen und kleinschneiden. Apfel vierteln, vom Kerngehäuse befreien, schälen und auf der Rohkostreibe raspeln. Orange auspressen.
• Joghurt mit einem Schneebesen kräftig durchschlagen, mit Aprikosen, Apfel, Orangensaft, Ahornsirup und Zimt mischen. Mit gehackten Nüssen und Flocken bestreuen.

Dauert etwa 15 Minuten
1 Portion = 244 kcal/
18 mg Cholesterin
8 g Fett/ 8 g Eiweiß/
32 g Kohlenhydrate

Kirschquark

• Die Hälfte der Milch mit dem Puddingpulver verrühren. Restliche Milch mit Zucker aufkochen. Pudding untermischen und kochen, bis er dick ist. Quark untermischen, Creme abkühlen lassen und dabei häufig umrühren.
• Sahne steif schlagen. Kirschen waschen, abzupfen und entsteinen. Zwieback zerbröckeln.
• Quarkcreme locker mit Kirschen, Zwieback, Zitronenschale, Honig und Sahne mischen. In Dessertschälchen geben, Preiselbeerkompott als Klecks daraufsetzen. Pistazien grob hacken und auf den Kirschquark streuen.

Dauert etwa 45 Minuten
1 Portion = 473 kcal/ 62 mg Cholesterin
26 g Fett/ 14 g Eiweiß/ 43 g Kohlenhydrate

Tofucreme mit Zwetschen

• Die Zwetschen waschen, halbieren und entsteinen. Etwa 1/3 davon in kleine Stücke schneiden und beiseite legen. Den Rest mit Tofu, Orangensaft und Apfelkraut pürieren. Sahne steif schlagen und darunterziehen.
• Das Öl in einer Pfanne erhitzen. Haferflocken, Vollzucker, Mandeln und Zimt zugeben. Bei schwacher bis mittlerer Hitze unter Rühren etwa 3 Minuten rösten.
• Zwetschenstückchen und Tofucreme auf Schälchen verteilen. Flockenmischung darüberstreuen.

Dauert etwa 45 Minuten
1 Portion = 366 kcal/ 27 mg Cholesterin
20 g Fett/ 10 g Eiweiß/ 37 g Kohlenhydrate

Zuckeralternativen

Vollzucker besteht aus Zuckerrübensaft, Zuckerrohrgranulat (Vollrohrzucker, Sucanat) aus dem Saft von Zuckerrohr. Beide Süßmittel sind hellbraun, nicht chemisch bearbeitet (raffiniert) und enthalten deshalb noch zum größten Teil die Vitamine und Mineralstoffe, die in den Rüben und im Zuckerrohr vorkommen. Zu kaufen gibt es sie in Naturkostläden und Reformhäusern.

Für den Sonntagsbrunch

Für 4 Portionen

1/4 l Milch
1/2 Päckchen Vanillepuddingpulver
2 EL Zucker
200 g Magerquark
200 g Schlagsahne
400 g Kirschen
3 Stücke Zwieback
1 TL abgeriebene Zitronenschale
1 EL Honig
3 EL Preiselbeerkompott
50 g ungesalzene Pistazienkerne

Süßer Vanillepudding und fein säuerlicher Quark harmonieren besonders gut.

Für 4 Portionen

500 g reife Zwetschen
250 g Tofu
2 EL Orangensaft
2 EL Apfelkraut
100 g süße Sahne
1 TL Sonnenblumenöl
50 g Haferflocken
1 EL Vollzucker oder Zuckerrohrgranulat
50 g Mandelstifte
1 TL Zimtpulver

Vitaminstoß

Für 3 Portionen

1 Stück frische Ananas (ca. 100 g)

1 Kiwi

1/2 l Orangensaft

2 EL ungesüßter Sanddornsirup

1 EL Honig

1/4 TL Zimtpulver

• Ananas und Kiwi schälen. Mit Orangensaft im Mixer pürieren. Sanddornsirup und Honig untermischen.
• Auf Gläser verteilen und mit dem Zimtpulver bestreuen.

Dauert etwa 10 Minuten
1 Portion = 145 kcal/ 0 mg Cholesterin
0 g Fett/ 2 g Eiweiß/ 34 g Kohlenhydrate

Bananenmilch

Für 2 Portionen

1 Banane

1 EL Zucker

1 EL Zitronensaft

500 g Buttermilch

• Banane schälen und mit Zucker, Zitronensaft und Buttermilch im Mixer pürieren. Milch in gutgekühlte Gläser füllen.

Dauert etwa 5 Minuten
1 Portion = 152 kcal/ 10 mg Cholesterin
1 g Fett/ 9 g Eiweiß/ 25 g Kohlenhydrate

Erdbeermilch

Für 2 Portionen

200 g tiefgefrorene Erdbeeren

1 EL Honig

1 EL ungesüßter Sanddornsirup

300 g Dickmilch

1/8 l Milch

• Erdbeeren mit Honig, Sanddornsirup, Dickmilch und Milch im Mixer pürieren. Sofort servieren.

Dauert etwa 10 Minuten
1 Portion = 211 kcal/ 15 mg Cholesterin
5 g Fett/ 8 g Eiweiß/ 33 g Kohlenhydrate

Viel Kalzium

Nehmen Sie für Mixgetränke am besten Milch oder Sauermilchprodukte mit wenig Fett – zum Beispiel Dickmilch, Buttermilch oder Magerjoghurt. Bei weniger Fett ist der Kalziumgehalt höher. Und der Körper kann es besser verwerten.

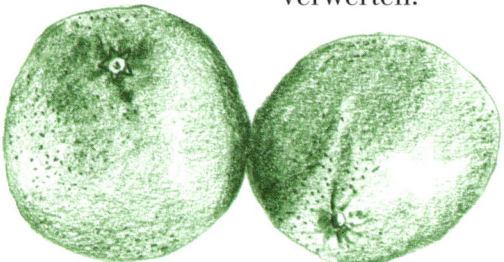

Mandelmilch

• Mandeln, Dickmilch, Eis und Orangensaft in den Mixer geben und pürieren. In Portionsgläsern sofort servieren.

Dauert etwa 5 Minuten
1 Portion = 317 kcal/ 23 mg Cholesterin
19 g Fett/ 14 g Eiweiß/ 19 g Kohlenhydrate

Für 2 Portionen

50 g abgezogene Mandeln
500 g Dickmilch
50 g Vanilleeiscreme
2 EL Orangensaft

Passionsfruchtdrink

• Passionsfrucht quer halbieren, Fruchtfleisch mit den Kernen in eine Schüssel geben. Mit einem Schneebesen oder dem Pürierstab (auf kleinster Schaltstufe) rühren, bis sich Kerne und Fruchtfleisch getrennt haben.
• Durch ein Sieb streichen und den Saft in eine Schüssel laufen lassen. Kerne wegwerfen.
• Die Orange waschen, abtrocknen und etwa 1/4 Teelöffel Schale abreiben. Saft auspressen, mit Orangenschale, Möhren- und Zitronensaft unter den Passionsfruchtsaft in der Schüssel mischen. In gekühlten Gläsern servieren.

Dauert etwa 15 Minuten
1 Portion = 79 kcal/ 0 mg Cholesterin
0 g Fett/ 2 g Eiweiß/ 18 g Kohlenhydrate

Für 2 Portionen

1 gelbe Passionsfrucht (Maracuja)
1 unbehandelte Orange
1/4 l Möhrensaft
2 EL Zitronensaft

Passionsfrucht

Die Blüten der Pflanze aus Mittel- und Südamerika gibt es bei uns schon länger als die Frucht: Passionsblumen sind beliebte Zimmerpflanzen. Die Früchte kommen seit einigen Jahren vor allem im Frühsommer und Sommer frisch aus Afrika, Australien, Neuseeland und von verschiedenen tropischen Inseln auf den Markt. Übrigens: Je schrumpeliger, desto besser – dunkle Passionsfrüchte mit runzeliger Haut schmecken süß und aromatisch. Zum Essen löffelt man das Fleisch einfach aus der halbierten Frucht; die Kerne kann man mitessen. Für Drinks machen Sie es so, wie im Rezept oben beschrieben: Beim Rühren trennen sich Fruchtfleisch und Kerne, so daß der Saft schneller durchs Sieb läuft.

Bananenmarmelade

Mit Weinbrand

Für 4 Gläser à 250 ml

| 500 g sehr reife Bananen |
| 2 Zitronen |
| 400 g Gelierzucker |
| 2 EL Weinbrand |

Heiß eingefüllt und sofort verschlossen, hält sich die Marmelade etwa 1 Jahr.

• Bananen schälen und mit dem ausgepreßten Zitronensaft zerdrücken. In einem Topf mit dem Gelierzucker mischen und aufkochen.
• Unter ständigem Rühren bei schwacher Hitze etwa 3 Minuten kochen, bis die Marmelade dick wird. Weinbrand untermischen.
• Kochendheiße Marmelade in heiß ausgespülte Gläser mit Schraubverschluß geben. Gläser sofort verschließen.

Dauert etwa 45 Minuten
1 Glas = 487 kcal/
0 mg Cholesterin
0 g Fett/ 1 g Eiweiß/
118 g Kohlenhydrate

Preiselbeermarmelade

Für 4 Gläser à 250 ml

| 500 g frische Preiselbeeren |
| 1/8 l Wasser |
| 1 unbehandelte Orange |
| 150 g Korinthen |
| 400 g Zucker |
| 150 g gehackte Walnußkerne |

Die Marmelade hält sich verschlossen im Kühlschrank 3 bis 4 Wochen.

• Preiselbeeren waschen und abtropfen lassen. Mit dem Wasser in einem Topf aufkochen und 15 bis 20 Minuten zugedeckt bei schwacher Hitze kochen lassen, bis die Beeren aufplatzen. Dabei hin und wieder umrühren.
• Orange waschen und abtrocknen. Die Schale ganz dünn abschneiden und hacken. Mit Korinthen und Zucker unter die Beeren mischen. Marmelade weitere 20 Minuten kochen, bis sie dick ist. Nüsse untermischen und in Gläser füllen. Im Kühlschrank aufbewahren.

Dauert etwa 45 Minuten
1 Glas = 797 kcal/ 0 mg Cholesterin
24 g Fett/ 7 g Eiweiß/ 136 g Kohlenhydrate

Marmelade oder Konfitüre

Es gibt keinen Unterschied in der Qualität, nur in den Zutaten: Fertig gekaufte »Marmelade« muß Zitrusfrüchte enthalten. »Konfitüre« besteht aus anderen Früchten.

Beerenmarmelade

• Die gefrorenen Beeren mit dem Gelierzucker mischen und etwa 30 Minuten stehenlassen, bis sie aufgetaut sind und Saft gebildet haben.

• Zimt untermischen. Beeren unter Rühren aufkochen und bei mittlerer Hitze unter ständigem Rühren etwa 2 Minuten kochen lassen, bis die Marmelade dick wird. Kochend heiß in Gläser füllen und sofort verschließen.

Dauert etwa 10 Minuten
1 Glas = 269 kcal/ 0 mg Cholesterin
0 g Fett/ 1 g Eiweiß/ 66 g Kohlenhydrate

Für 5 Gläser à 125 ml

300 g gemischte Tiefkühlbeeren
300 g Gelierzucker
1/4 TL Zimtpulver

Je voller die Gläser und je heißer die Marmelade, desto länger hält sie sich: Beim Abkühlen entsteht ein Vakuum, und in diesem »luftleeren« Raum wachsen nicht so rasch Schimmelpilze oder Keime.

Orangen-Dattel-Butter

• Die Butter mit Orangenschale und Apfelkraut verrühren.
• Datteln waschen, trockentupfen, halbieren und entsteinen. Sehr fein hacken und unter die Butter mischen.

Dauert etwa 10 Minuten
1 Portion = 244 kcal/ 60 mg Cholesterin
21 g Fett/ 0 g Eiweiß/ 12 g Kohlenhydrate

Dazu passen: Buchweizenwaffeln (Seite 50) oder Amerikanische Reispfannkuchen (Seite 52)

Für 4 Portionen

100 g weiche Butter
1 TL abgeriebene Schale von
1 unbehandelten Orange
1 EL Apfelkraut
50 g frische Datteln

Rettichaufstrich

• Rettich und Kartoffeln schälen und ganz fein reiben. Die Zwiebel und die Petersilie fein hacken.
• Alles mit der Sahne vermischen, mit Salz und einer kräftigen Prise Pfeffer herzhaft abschmecken.

Dauert etwa 20 Minuten
1 Portion = 62 kcal/ 7 mg Cholesterin
2 g Fett/ 2 g Eiweiß/ 8 g Kohlenhydrate

Für 4 Portionen

1 weißer oder schwarzer Rettich
200 g gekochte Kartoffeln
1 kleine Zwiebel
1 kleines Bund Petersilie
50 g saure Sahne
Salz
schwarzer Pfeffer aus der Mühle

Zubereitungs-Tip
Damit das Mus nicht zu scharf ist, läßt man es vor dem Servieren etwa 30 Minuten ziehen.

Ein delikater Aufstrich für knusprig frisches Bauernbrot.

Knoblauchcreme

Für 4 Portionen

4 große frische Knoblauchknollen
200 g Rahmfrischkäse
2 EL Zitronensaft
2 EL Crème fraîche
1 Bund Petersilie
Salz
weißer Pfeffer aus der Mühle

Für die Creme brauchen Sie die frischen, möglichst rosavioletten Knoblauchzwiebeln, die im Frühsommer und im Herbst auf den Markt kommen. Knoblauch aus der Lagerung hat meist schon grüne Keime und schmeckt zu intensiv für diesen delikaten Brotaufstrich.

• Knoblauchknollen so schälen, daß die äußeren Häute entfernt sind und die Zehen frei liegen. Knollen einzeln in Alufolie wickeln und auf ein Backblech legen. Im Backofen (mittlere Schiene) bei 180 Grad (Umluft: 160 Grad, Gas: Stufe 2) etwa 1 Stunde backen, bis sie weich sind.
• Aus dem Ofen nehmen, einige Minuten abkühlen lassen und aus der Folie wickeln. Die Zehen trennen, Knoblauchmus durch ein feines Sieb in eine Schüssel drücken.
• Frischkäse, Zitronensaft und Crème fraîche zum Knoblauchmus geben und alles glattrühren.
• Petersilie fein hacken und untermischen. Creme mit Salz und Pfeffer abschmecken.

Dauert etwa 1 1/2 Stunden
Arbeiten müssen Sie etwa 30 Minuten
1 Portion = 215 kcal/ 49 mg Cholesterin
15 g Fett/ 9 g Eiweiß/ 9 g Kohlenhydrate

Servier-Tip
Die Creme eignet sich wie Knoblauchbutter als Aufstrich für Eier-, Tomaten- oder Gurkenbrote. Außerdem ist sie ein guter Dip für Gemüsestifte und gebackene Kartoffeln.

Kräuterquark

Für 4 Portionen

2 Tomaten
1 Handvoll gemischte frische oder 1 Päckchen Tiefkühlkräuter
500 g Magerquark
100 g Rahmfrischkäse
3 EL Milch
1 EL Olivenöl
Salz
weißer Pfeffer aus der Mühle
1 Prise Zucker

Der Quark schmeckt auch mit Knoblauch gewürztem Frischkäse oder Gorgonzola.

• Tomaten waschen oder abziehen und in ganz kleine Würfel schneiden. Dabei die Stielansätze entfernen. Kräuter waschen, trockentupfen und fein hacken.
• Quark und Frischkäse mit Milch und Öl glattrühren. Tomaten und Kräuter untermischen.
• Den Quark mit Salz, Pfeffer und Zucker würzen.

Dauert etwa 20 Minuten
1 Portion = 209 kcal/ 21 mg Cholesterin
9 g Fett/ 21 g Eiweiß/ 8 g Kohlenhydrate

Dazu passen: Vollkornbrot, Pumpernickel oder Vollkornbrötchen

Kräuterkäsecreme

• Kräuter waschen, trockentupfen und fein hacken. Die Gurke schälen und auf der Rohkostreibe fein raspeln. Radieschen waschen und fein zerkleinern.
• Den Kräuterfrischkäse mit Quark und Sahne verrühren. Kräuter, Gurke und Radieschen untermischen.
• Creme mit Salz und Cayennepfeffer abschmecken.

Dauert etwa 10 Minuten
1 Portion = 281 kcal/ 68 mg Cholesterin
21 g Fett/ 16 g Eiweiß/ 4 g Kohlenhydrate

Dazu passen: Baguette, Fladenbrot und Vollkornbrot

Für 4 Portionen

1 Handvoll gemischte Kräuter oder 1 Päckchen gemischte Tiefkühlkräuter
100 g Salatgurke
5 Radieschen
250 g Kräuterfrischkäse
250 g Magerquark
2 EL saure Sahne
Salz
Cayennepfeffer

Kichererbsencreme

• Kichererbsen abgießen und abtropfen lassen. Knoblauch abziehen.
• Beide Zutaten mit gewaschener Petersilie, Sesammus, Fenchelsamen und Gemüsebrühe im Mixer pürieren.
• Schnittlauch waschen, trockentupfen und fein hacken. Mit Zitronensaft, Salz und Paprikapulver unter die Kichererbsencreme mischen.

Dauert etwa 15 Minuten
1 Portion = 139 kcal/ 0 mg Cholesterin
6 g Fett/ 7 g Eiweiß/ 15 g Kohlenhydrate

Dazu passen: Weißbrot, Fladenbrot oder Kartoffeln

Zur Abwechslung
Die Creme mit großen weißen Bohnen aus der Dose zubereiten und mit feingeschnittenem Koriandergrün anrichten.

Hält sich verschlossen im Kühlschrank 4 Tage

Für 6 Portionen

1 Dose Kichererbsen (Einwaage ca. 260 g)
2 Knoblauchzehen
2 Zweige Petersilie
3 EL Sesammus (Tahin)
1/2 TL Fenchelsamen
100 ml kalte Instant-Gemüsebrühe
1/2 Bund Schnittlauch
2–3 EL Zitronensaft
Salz
1/2 TL scharfes Paprikapulver

Die Creme ist eine Abwandlung des »Humus« aus der Küche des Nahen Osten. Tahin, eine Creme aus Sesamkörnern – ähnlich wie Erdnußbutter –, bekommen Sie in Naturkostläden und Reformhäusern.

Hält sich verschlossen im
Kühlschrank etwa 3 Tage

Für 4 Portionen

500 g Kürbis oder kleine Zucchini
3 Knoblauchzehen
Salz
1 Zwiebel
1 grüne Pfefferschote
6 EL Olivenöl
2 EL gehackte Tomaten (Dose)
Saft von 1/2 Zitrone
1 kleines Bund Petersilie
schwarzer Pfeffer aus der Mühle
1 Prise Zucker

Kürbispüree

• Kürbis schälen, von den Kernen befreien und würfeln.
Knoblauch abziehen und mit Salz zerdrücken. Zwiebel ab-
ziehen und fein hacken. Pfefferschote halbieren und die
Kerne entfernen. Schote waschen und fein zerkleinern.
• Öl in einer Pfanne erhitzen. Zwiebel darin bei schwacher
Hitze glasig braten.
• Kürbis, Knoblauch, Pfefferschote, Tomatenstücke und Zi-
tronensaft zugeben. Zugedeckt bei mittlerer bis schwacher
Hitze etwa 20 Minuten garen, bis der Kürbis sehr weich ist.
• Petersilie waschen, trockentupfen und fein hacken.
• Kürbismischung mit dem Mixstab pürieren oder mit dem
Kartoffelstampfer so fein wie möglich zerdrücken. Peter-
silie untermischen, Püree mit Salz, Pfeffer und Zucker ab-
schmecken und abkühlen lassen.

Dauert etwa 35 Minuten
1 Portion = 172 kcal/ 0 mg Cholesterin
15 g Fett/ 2 g Eiweiß/ 6 g Kohlenhydrate

Servier-Tip
Der Brotaufstrich paßt zu weißem Brot so gut wie zu Vollkornbrot. Als zusätzlicher Belag schmecken Tomatenscheiben, gehackte hartgekochte Eier oder Gartenkresse.

Brotaufstrich aus der
vollwertigen Küche

Für 4 Portionen

250 g Tofu
1 EL Crème fraîche
1 kleine Zwiebel
1 Bund Dill
Salz
weißer Pfeffer aus der Mühle
eventuell einige Dillzweige

Tofucreme

• Tofu und Crème fraîche pürieren. Zwiebel abziehen, Dill
waschen und trockentupfen. Beide Zutaten fein hacken
und unter das Püree mischen. Kräftig mit Salz und Pfeffer
würzen und nach Wunsch mit Dillzweigen garnieren.

Dauert etwa 20 Minuten
1 Portion = 68 kcal/ 5 mg Cholesterin
4 g Fett/ 5 g Eiweiß/ 3 g Kohlenhydrate

*»Normalen« weißen Tofu, mit
Kräutern vermischten Tofu
und Räuchertofu bekommen
Sie in Naturkostläden und
Reformhäusern.*

*Dazu paßt: Vollkornbrot
oder Schrotbrötchen,
Tomaten, Radieschen
und Gurken*

Selleriecreme

• Sellerie und Kartoffeln schälen, waschen und würfeln. Petersilienstiele abschneiden, Blätter beiseite legen.
• Stiele und Gemüsewürfel mit Wasser und Salz aufkochen und zugedeckt bei schwacher Hitze 15 Minuten garen.
• Lauwarm abgekühlt mit abgezogener Zwiebel und Petersilienblättern im Blitzhacker oder Mixer pürieren. Zitronensaft, Meerrettich und Öl untermischen.

Dauert etwa 45 Minuten
1 Portion = 42 kcal/ 0 mg Cholesterin
1 g Fett/ 1 g Eiweiß/ 7 g Kohlenhydrate

Hält sich gut verschlossen im Kühlschrank etwa 3 Tage

Für 6 Portionen

200 g Knollensellerie
250 g Kartoffeln (mehlige Sorte)
1/2 Bund Petersilie
3 EL Wasser
Salz
1 kleine Zwiebel
1 EL Zitronensaft
1–2 EL Meerrettich (Glas oder frisch gerieben)
1 TL Olivenöl

Olivencreme

• Oliven entsteinen und zerkleinern. Zwiebel abziehen und ganz fein hacken. Frischkäse mit Quark und Milch verrühren. Alles mischen, mit Salz und Cayennepfeffer würzen.

Dauert etwa 20 Minuten
1 Portion = 352 kcal/ 65 mg Cholesterin
28 g Fett/ 16 g Eiweiß/ 4 g Kohlenhydrate

Für 4 Portionen

100 g schwarze Oliven
1 kleine Zwiebel
250 g Doppelrahmfrischkäse
250 g Magerquark
2 EL Milch
Salz, Cayennepfeffer

Linsencreme

• Die Zwiebel abziehen, fein hacken und im heißen Öl bei schwacher Hitze glasig braten.
• Linsen und den Reis zugeben und rühren, bis alles vom Öl überzogen ist. Wasser, Brühe und Kräuter der Provence zufügen. Aufkochen und zugedeckt bei schwacher Hitze etwa 40 Minuten garen, bis Reis und Linsen ganz weich sind.
• Linsenmischung abkühlen lassen und mit dem gewaschenen Bohnenkraut im Blitzhacker oder Mixer pürieren.
• Creme mit Erdnußöl, Salz und Cayennepfeffer würzen.

Dauert etwa 1 Stunde
Arbeiten müssen Sie etwa 15 Minuten
1 Portion = 232 kcal/ 0 mg Cholesterin
6 g Fett/ 13 g Eiweiß/ 30 g Kohlenhydrate

Hält sich verschlossen im Kühlschrank etwa 4 Tage

Für 4 Portionen

1 große Zwiebel
1 EL Öl
200 g rote Linsen
2 EL Rundkornreis
1/2 l Wasser
1 TL Instant-Gemüsebrühe
1/2 TL getrocknete Kräuter der Provence
1/2 Bund Bohnenkraut oder Petersilie
1 EL Erdnußöl
Salz, Cayennepfeffer

Buchweizenwaffeln

Für 4 Portionen

50 g Butter

2 Eier

500 ml Buttermilch

150 g Buchweizenmehl

150 g Weizenvollkornmehl

1 EL Zucker

2 TL Backpulver

1 Prise Salz

abgeriebene Schale von

1/4 unbehandelten Zitrone

Öl oder Butterschmalz zum

Backen

• Butter bei schwacher Hitze schmelzen. Eier trennen. Buttermilch mit Eigelb und flüssiger Butter verrühren.
• Buchweizenmehl, Weizenmehl, Zucker, Backpulver, Salz und Zitronenschale in einer Schüssel mischen.
• Buttermilchmischung mit den Quirlen des Handrührgerätes unter die Buchweizenmischung rühren. Eiweiß steif schlagen und unterziehen.
• Die Backflächen des Waffeleisens fetten. Jeweils etwa 1 1/2 Eßlöffel Teig hineingeben, das Eisen schließen und jede Waffel 3 bis 4 Minuten backen.

Dauert etwa 1 Stunde
1 Portion = 488 kcal/ 210 mg Cholesterin
18 g Fett/ 14 g Eiweiß/ 62 g Kohlenhydrate

Zur Abwechslung
• **Mit Schlagsahne und Obstsalat als Dessert servieren.**
• **Statt des leicht bitteren Buchweizenmehls feingemahlenen Naturreis verwenden.**

Die Flocken müssen
2 Stunden quellen

Für 4 Portionen

250 g zarte Haferflocken

1/2 l Milch

1/2 EL Zucker

abgeriebene Schale von

1/4 unbehandelten Zitrone

1 TL Zimtpulver

1 Prise Salz

2 Eier

1 EL Erdnußöl oder Butterschmalz

zum Backen

Ahornsirup oder Honig zum

Beträufeln

Haferflockenwaffeln

• Haferflocken in der Milch etwa 2 Stunden quellen lassen.
• Zucker, Zitronenschale, Zimt, Salz und die Eier unter die Flocken mischen.
• Die Backflächen des Waffeleisens fetten. Jeweils etwa 1 1/2 Eßlöffel Teig hineingeben, das Eisen schließen und jede Waffel 3 bis 4 Minuten backen. Die Waffeln mit Ahornsirup oder Honig beträufelt anrichten.

Dauert etwa 2 1/4 Stunden
Arbeiten müssen Sie etwa 30 Minuten
1 Portion = 424 kcal/
189 mg Cholesterin
15 g Fett/ 16 g Eiweiß/
53 g Kohlenhydrate

Zur Abwechslung
Ohne Zucker und Zimt zubereiten;
mit Kaviar oder Lachs und saurer
Sahne zum Brunch oder Sektfrühstück servieren.

Schokoladenwaffeln

• Schokolade in Stücke brechen und bei schwacher Hitze im Wasserbad schmelzen und warm halten. Mehl, Backpulver, Zimt, Muskat, Orangenschale und Salz mischen.
• Butter mit Zucker schaumig rühren. Nacheinander Eier, Vanille und Schokolade untermischen. Mehlmischung mit der Milch in 2 bis 3 Portionen unterrühren.
• Die Backflächen des Waffeleisens fetten. Jeweils etwa 1 1/2 Eßlöffel Teig hineingeben, das Eisen schließen und jede Waffel 3 bis 4 Minuten backen.

Dauert etwa 1 Stunde
1 Portion = 693 kcal/ 244 mg Cholesterin
35 g Fett/ 14 g Eiweiß/ 76 g Kohlenhydrate

Für 4 Portionen

60 g Zartbitterschokolade
250 g Mehl
2 TL Backpulver
1/4 TL Zimtpulver
abgeriebene Muskatnuß
abgeriebene Schale von
1/4 unbehandelten Orange
1 Prise Salz
100 g weiche Butter
75 g Zucker
2 Eier
1/2 TL gemahlene Vanille
300 ml Milch
Öl oder Butterschmalz zum Backen

Hefeeierkuchen

• Mehl, Hefe und Zucker in einer Schüssel mischen. Wasser langsam zugeben. Mit den Knethaken des Handrührgerätes vermischen. Teig zugedeckt in einem kühlen Raum über Nacht oder etwa 10 Stunden ruhenlassen.
• Milch und Butter mit Salz bei schwacher Hitze erwärmen, bis die Butter in der Milch geschmolzen ist. Diese Mischung und das Ei zum Teig geben. Mit den Knethaken etwa 5 Minuten rühren, bis der Teig Blasen bildet.
• Eine mittelgroße Pfanne mit etwas Öl ausstreichen. Pro Kuchen 3 Eßlöffel Teig in die Pfanne geben und auf jeder Seite etwa 3 Minuten bei schwacher bis mittlerer Hitze backen. Die gebackenen Hefeeierkuchen bei 50 Grad im Backofen warm halten.

Dauert etwa 2 Stunden
Arbeiten müssen Sie etwa 1 Stunde
1 Portion = 370 kcal/ 105 mg Cholesterin
13 g Fett/ 11 g Eiweiß/ 50 g Kohlenhydrate

Der Teig kann über Nacht ruhen

Für 4 Portionen

250 g Mehl
1/2 Päckchen Trockenhefe
1 TL Zucker
200 ml lauwarmes Wasser
200 ml Milch
1 EL Butter
1 TL Salz
1 zimmerwarmes Ei
Öl zum Braten

Zubereitungs-Tip

Den Teig kann man auch bei Zimmertemperatur nur etwa 1 Stunde ruhenlassen und bei Tisch im Waffeleisen statt in der Pfanne backen.

Amerikanische Reispfannkuchen

Für 4 Portionen

50 g Rundkornreis
100 ml Wasser
75 g Mehl
75 g feines Maismehl
1 TL Zucker
1 TL Salz
1/2 TL Backpulver
1 Ei
500 g Dickmilch
2 EL Öl
Öl oder Butterschmalz zum Backen

Die Reispfannkuchen machen richtig satt. Mit Apfelmus oder Kompott schmecken sie als süßes Hauptgericht.

• Reis mit Wasser aufkochen und zugedeckt bei schwächster Hitze in 20 Minuten weich garen. In einer Schüssel abkühlen lassen. Dabei immer wieder umrühren, damit die Körner nicht zusammenkleben.
• Mehl, Maismehl, Zucker, Salz und Backpulver mischen. Den kalten Reis darunterrühren.
• Das Ei trennen. Eigelb mit Dickmilch und Öl verrühren und unter die Mehlmischung rühren. Eiweiß steif schlagen und unterziehen.
• Eine Pfanne zunächst ohne Fett erhitzen (siehe unten). Öl oder Butterschmalz zugeben. Pro Kuchen etwa 3 Eßlöffel Teig in die Pfanne geben und pro Seite etwa 3 Minuten backen. Nacheinander 12 Reispfannkuchen backen und bei 50 Grad im Backofen warm halten.

Dauert etwa 1 Stunde
1 Portion = 411 kcal/ 94 mg Cholesterin
19 g Fett/ 11 g Eiweiß/ 45 g Kohlenhydrate

Dazu paßt: *flüssiger Honig, Apfelkraut oder Ahornsirup*

Eierkuchen backen

Eine Pfanne so stark erhitzen, daß ein Wassertropfen darin zischend verdampft. Zuerst Fett, dann Teig in die Pfanne geben und verteilen. Den Eierkuchen zugedeckt bei mittlerer Hitze etwa 3 Minuten backen, bis der Eierkuchen an der Oberseite gerade eben fest ist und sich an den Rändern nach oben biegt. Wenden und in der offenen Pfanne fertigbacken. Die restlichen Eierkuchen bei mittlerer bis schwacher Hitze backen; zwischendurch immer wieder etwas Butterschmalz, Öl oder Pflanzenfett in die Pfanne geben.

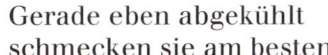
Mandelbrötchen

• Mehl mit Hefe und Salz vermischen. Wasser mit Fett bei schwacher Hitze erwärmen, bis das Fett gerade eben geschmolzen ist. Zur Mehlmischung geben, Eier zufügen.

• Alles mit den Knethaken des Handrührgerätes etwa 5 Minuten durchrühren, bis sich Blasen bilden. Zugedeckt bei Zimmertemperatur etwa 1 1/4 Stunden gehen lassen, bis sich das Teigvolumen verdoppelt hat. Mandeln mit Zuckerrohrgranulat und Zimt vermischen.

• Den Teig auf der bemehlten Arbeitsfläche mit den Händen noch einmal kräftig durchkneten. Zu einer etwa fingerdicken Platte ausrollen und mit der Hälfte der Sahne bestreichen. Die Mandelmischung auf den Teig streuen.

• Die Teigplatte aufrollen und in etwa 2 Zentimeter dicke Scheiben schneiden. Wie Brötchen auf ein gefettetes Backblech legen und mit der restlichen Sahne bestreichen.

• Die Brötchen in den kalten Backofen (mittlere Schiene) schieben und bei 180 Grad (Umluft: 160 Grad, Gas: Stufe 2) in etwa 30 Minuten goldbraun backen.

• Mit dem Johannisbeergelee bestreichen und auf einem Kuchengitter abkühlen lassen.

Dauert etwa 2 1/2 Stunden
Arbeiten müssen Sie etwa 30 Minuten
1 Stück = 402 kcal/ 135 mg Cholesterin
13 g Fett/ 11 g Eiweiß/ 57 g Kohlenhydrate

Mandeln abziehen spart Geld

In der Schale sind Mandeln preiswerter und länger haltbar als bereits geschält und zerkleinert. Zum Abziehen übergießt man die Mandeln mit kochendem Wasser. Dadurch löst sich die Haut. Mandeln kurz ziehen lassen, abgießen und abschrecken. Jede Mandel am »stumpfen« Ende fassen und kräftig zusammendrücken. Das spitze Ende durchstößt die Haut, und die Mandel gleitet leicht heraus. Zum sofortigen Verarbeiten läßt man die Mandeln auf einem Backblech ausgebreitet bei 50 Grad etwa 1 Stunde, zum Aufbewahren etwa 3 Stunden trocknen.

Gerade eben abgekühlt schmecken sie am besten

Für 12 Stück

750 g Weizenmehl Type 550
1 Päckchen Trockenhefe
1 TL Salz
1/4 l Wasser
75 g Butter oder Margarine
4 zimmerwarme Eier
75 g gemahlene Mandeln
75 g Zuckerrohrgranulat
2 gestrichene TL Zimtpulver
4 EL süße Sahne
Fett für das Blech
100 g Johannisbeergelee

Amerikanische Muffins

Für 12 Stück
100 g Butter
400 g Mehl
75 g Zucker
1 1/2 TL Backpulver
1 TL Salz
2 Eier
1/4 l Milch

Für Muffins gibt es spezielle Formen. Wer sie nicht bekommt, nimmt Kaffeetassen aus Porzellan. Wichtig: Die Tassen gut fetten und am Boden mit gefettetem Pergamentpapier auslegen.

• Butter bei schwacher Hitze schmelzen. Mehl mit Zucker, Backpulver und Salz mischen. Eier in einer Schüssel mit einer Gabel wie zu Rühreiern verrühren.
• Die flüssige Butter und die Milch unter die Eier mischen, zur Mehlmischung gießen und alles mit den Quirlen des Handrührgerätes verrühren, bis der Teig einen Kloß bildet.
• Die gefetteten Formen oder Tassen zu etwa 2/3 ihrer Höhe mit dem Teig füllen. Auf den Rost des Backofens stellen und in den kalten Ofen (mittlere Schiene) schieben. Die Muffins bei 180 Grad (Umluft: 160 Grad, Gas: Stufe 2) in etwa 30 Minuten hellbraun backen.
• Aus dem Ofen nehmen, in den Formen oder Tassen 5 Minuten ruhenlassen. Muffins herauslösen und gleich warm servieren oder auf einem Kuchengitter abkühlen lassen.

Dauert etwa 1 Stunde
Arbeiten müssen Sie etwa 30 Minuten
1 Stück = 237 kcal/ 81 mg Cholesterin
9 g Fett/ 6 g Eiweiß/ 32 g Kohlenhydrate

Zur Abwechslung
• 200 Gramm frische Datteln waschen, abtrocknen und halbieren. Kerne herauslösen, Datteln in kleine Stücke schneiden. Mit 1 Teelöffel feingehackter Orangenschale unter die Mehlmischung geben.
• Zucker durch Zuckerrohrgranulat ersetzen und mit 1 Teelöffel Zimt zu Mehl, Backpulver und Salz geben. 2 mittelgroße säuerliche Äpfel gut waschen oder schälen, vierteln, vom Kerngehäuse befreien und in kleine Stücke schneiden. Ebenfalls zur Mehlmischung geben und alles gut verrühren.
• Für herzhafte Muffins den Zucker weglassen. Mehl mit 150 Gramm geriebenem Hartkäse, geriebener Muskatnuß und 1 Teelöffel getrocknetem Majoran mischen.

Laugenbrezeln

• Mehl mit Hefe und Zucker vermischen. Milch und Salz zugeben und alles mit den Knethaken des Handrührgerätes etwa 10 Minuten rühren, bis der Teig Blasen wirft.
• Zugedeckt bei Zimmertemperatur etwa 45 Minuten gehen lassen, bis er sein Volumen verdoppelt hat.
• Teig auf wenig Mehl einige Male kräftig durchkneten und zu einer 20 Zentimeter langen Rolle formen. Rolle in 12 Stücke teilen. Jedes Stück zu einem 50 Zentimeter langen Strang formen und zu einer Brezel zusammenlegen.
• Das Wasser mit Natron 10 Minuten sprudelnd kochen lassen. Brezeln nacheinander in das Wasser geben. Etwa 20 Sekunden kochen, dabei mit einem Schaumlöffel immer wieder untertauchen. Mit dem Schaumlöffel herausnehmen und zum Abtropfen auf ein Kuchengitter legen.
• Gekochte Brezeln auf ein gefettetes Backblech legen und mit grobem Salz bestreuen. In den kalten Backofen (mittlere Schiene) schieben und bei 180 Grad (Umluft: 160 Grad, Gas: Stufe 2) etwa 30 Minuten backen. Zum Abkühlen auf ein Kuchengitter legen.
• Während das erste Blech im Ofen ist, die restlichen Brezeln formen, kochen und auf ein zweites gefettetes Blech legen. Dabei die Zeit so abstimmen, daß die gekochten Brezeln gleich gebacken werden können. Die Brezeln auf dem zweiten Blech etwa 20 Minuten backen.

Dauert etwa 2 3/4 Stunden
Arbeiten müssen Sie etwa 2 Stunden
1 Stück = 168 kcal/ 3 mg Cholesterin
2 g Fett/ 6 g Eiweiß/ 32 g Kohlenhydrate

Brezeln formen und kochen

Hefeteig kann man nicht so leicht wie Mürbeteig zu langen Strängen rollen; der elastische Teig schnurrt dabei wieder zusammen. Machen Sie es deshalb so: Das Stück zu einer etwa zwei Finger langen Wurst auseinanderdrücken. Die Wurst an beiden Enden fassen und wie ein Seil vorsichtig schwingen – entweder auf der Arbeitsfläche oder in der Luft. Dabei dehnt sich der Teig allmählich zu dem Strang, den Sie für die Brezel brauchen.
Das Kochen in Natronwasser ist notwendig, damit aus »normalen« Hefebrezeln knusprige Laugenbrezeln werden: Nach dem Backen sollen sie appetitlich glänzen und an der dicksten Stelle etwas aufgesprungen sein.

Für 12 Stück

500 g Mehl
1 Päckchen Trockenhefe
1/4 TL Zucker
350 ml lauwarme Milch
1/2 EL feines Salz
1 1/2 l Wasser
2 EL Natron
grobes Salz zum Bestreuen

Einkaufs-Tip

Natron gibt es in Supermärkten. Die Tütchen liegen meist im Gewürzregal, denn Natron nimmt man auch zum Garen von Hülsenfrüchten.

Historisches

Brezeln essen die Menschen etwa seit dem 5. Jahrhundert nach Christus – aus dieser Zeit stammt die Abbildung eines Festmahls, bei dem Brezeln auf dem Tisch liegen. Im 10. Jahrhundert tauchen die Brezeln als Fastengebäck in den Klöstern auf. Vielleicht, weil sie mit weißem Mehl ohne Sauerteig gebacken werden – ungesäuertes Brot ist Symbol der Reinheit. Vielleicht auch, weil die Form der Brezel an ein geschlungenes Seil erinnert und die Fesselung Christi darstellen soll. Oder weil Brezeln wie Hände aussehen, die im Gebet vor der Brust gekreuzt sind.

Brioches

Für 6 Stück

500 g Mehl
40 g Hefe
1/4 l Milch
1 EL Zuckerrohrgranulat
175 g Butter
2 zimmerwarme Eier
1 Prise Salz
abgeriebene Schale von
1/2 Zitrone
Butter und Mehl für die Förmchen
1 Eigelb
2 EL Milch

Das knusprige Frühstücks-gebäck stammt aus Frank-reich. Man backt es mit beson-ders fettreichem Hefeteig und serviert es wie Brötchen ganz frisch zu Butter oder Frisch-käse und Marmelade. Die typischen Brioche-förmchen sehen wie große Pralinenmanschetten aus. Sie bekommen sie in Haushalt-warengeschäften.

• Mehl in eine Schüssel geben und eine Mulde hineindrük-ken. Zerbröckelte Hefe darin mit 2 Eßlöffeln lauwarmer Milch, 1 Teelöffel Zuckerrohrgranulat und etwas Mehl vom Rand verrühren, bis sie sich aufgelöst hat. Den Vorteig zu-gedeckt bei Zimmertemperatur 15 Minuten ruhenlassen.

• Butter in der restlichen Milch zerlaufen lassen. Vorteig mit dem gesamten Mehl verrühren. Die Milch-Butter-Mi-schung, restlichen Zucker, Eier, Salz und Zitronenschale zufügen. Teig 10 Minuten mit den Knethaken des Hand-rührgerätes rühren, bis er Blasen bildet.

• Zugedeckt bei Zimmertemperatur etwa 1 Stunde ruhen-lassen, bis sich sein Volumen verdoppelt hat. 6 Brioche-förmchen fetten und mit Mehl ausstreuen.

• Arbeitsfläche mit Mehl bestäuben. Teig in 6 Stücke teilen. Jedes dieser Teigstücke wiederum so teilen, daß man eine große und eine kleine Portion erhält. Portionen mit be-mehlten Händen zu Kugeln formen. Große Kugeln in die Brioheförmchen legen und Vertiefungen hineindrücken. Kleine Kugeln in diese Vertiefungen setzen.

• Brioches zugedeckt bei Zimmertemperatur 15 Minuten ruhenlassen. Eigelb mit Milch verrühren, die Brioches da-mit bestreichen.

• Brioches in den kalten Backofen auf die mittlere Schiene stellen und bei 200 Grad (Umluft: 180 Grad, Gas: Stufe 3) etwa 20 Minuten backen, bis sie hellbraun sind.

Dauert etwa 2 Stunden
Arbeiten müssen Sie etwa 1 Stunde
1 Stück = 367 kcal/
264 mg Cholesterin
31 g Fett/ 7 g Eiweiß/
12 g Kohlenhydrate

Honigbrötchen

• Orange waschen und abtrocknen. Die Schale rundherum abreiben. Etwa 75 Gramm Weizenmehl Type 550 zum Kneten des Teiges in einer Schüssel beiseite stellen.
• Die Hefe zerbröckeln und in einer großen Schüssel mit dem Wasser mischen, bis sie sich gelöst hat. Milch, Salz, Honig, Fett, Orangenschale, Weizenvollkornmehl und etwa 1/3 des Weizenmehls Type 550 zugeben. Mit den Knethaken des Handrührgerätes etwa 2 Minuten durchrühren; dabei nach und nach so viel Mehl Type 550 untermischen, bis der Teig Blasen bildet und sich vom Schüsselrand löst.
• Das übrigbehaltene Mehl aus der Schüssel auf die Arbeitsfläche streuen. Den Teig darauf etwa 10 Minuten kräftig durchkneten, bis er das Mehl ganz aufgenommen hat.
• Eine Schüssel mit heißem Wasser ausspülen, trocknen und mit dem Öl ausfetten. Den Teig darin zugedeckt bei Zimmertemperatur etwa 1 Stunde und 15 Minuten gehen lassen, bis sich sein Volumen verdoppelt hat.
• 2 Backbleche fetten. Die Arbeitsfläche mit Mehl bestreuen. Den Teigkloß vierteln, die Viertel halbieren und so fortfahren, bis der Teig in 24 Stücke aufgeteilt ist.
• Jedes Stück zu einem Strang von etwa 20 Zentimetern rollen und zu einer Spirale legen. Die Spiralen auf den Backblechen zugedeckt weitere 15 Minuten gehen lassen.
• Ei mit Milch verrühren, Brötchen unmittelbar vor dem Backen damit bestreichen. Brötchen auf dem ersten Blech in den kalten Backofen (mittlere Schiene) schieben und bei 180 Grad (Umluft: 160 Grad, Gas: Stufe 2) etwa 30 Minuten backen, bis sie goldbraun sind.
• Die Brötchen auf dem zweiten Blech brauchen etwa 20 Minuten. Im Umluftherd beide Bleche einschieben und die Brötchen etwa 35 Minuten backen.

Dauert etwa 3 Stunden
Arbeiten müssen Sie etwa 1 1/2 Stunden
1 Stück = 253 kcal/ 39 mg Cholesterin
6 g Fett/ 8 g Eiweiß/ 40 g Kohlenhydrate

Für 12 Stück
1 unbehandelte Orange
450 g Weizenmehl Type 550
1 Würfel frische Hefe (ca. 40 g)
50 ml lauwarmes Wasser
200 ml lauwarme Milch
1 TL Salz
2 EL Honig
2 EL weiche Butter oder
Margarine
150 g Weizenvollkornmehl
1 EL Öl
Fett für die Bleche
Mehl zum Formen
1 Ei und 1 EL Milch
zum Bestreichen

Die Brötchen – als Spiralen geformt – werden möglichst noch lauwarm serviert.

Schmecken lauwarm oder
gerade abgekühlt am besten

Für 12 Stück

500 g Mehl Type 1050
1 Päckchen Trockenhefe
1 EL Apfelkraut
1 Prise Salz
abgeriebene Schale von
1/4 unbehandelten Zitrone
1 Messerspitze gemahlene
Vanille
1 zimmerwarmes Ei
1/4 l Milch
1/8 l Wasser
40 g Butter
150 g Rosinen
Mehl zum Formen
Fett für das Blech
2 EL Sahne zum Bestreichen

Rosinenbrötchen

• Mehl, Hefe, Apfelkraut, Salz, Zitronenschale, Vanille und Ei in eine Schüssel geben. Milch, Wasser und Butter erwärmen, bis die Butter gerade eben zerlaufen ist.
• Zur Mehlmischung geben und alles mit den Knethaken des Handrührgerätes etwa 5 Minuten durchrühren, bis der Teig Blasen bildet und sich vom Rand der Schüssel löst.
• Teig zugedeckt etwa 1 Stunde bei Zimmertemperatur gehen lassen, bis sich sein Volumen verdoppelt hat. Auf die bemehlte Arbeitsfläche geben, mit den Rosinen verkneten und zu 12 Brötchen formen. Brötchen nebeneinander auf ein gefettetes Backblech legen und mit der Sahne bestreichen. Zugedeckt 15 Minuten ruhenlassen.
• Brötchen in den kalten Backofen auf die mittlere Schiene schieben und bei 200 Grad (Umluft: 180 Grad, Gas: Stufe 3) etwa 45 Minuten backen.

Dauert etwa 2 Stunden
Arbeiten müssen Sie etwa 1 Stunde
1 Stück = 249 kcal/ 41 mg Cholesterin
6 g Fett/ 7 g Eiweiß/ 39 g Kohlenhydrate

Schmecken lauwarm
am besten

Für 10 Brötchen

500 g Weizenvollkornmehl
1 Päckchen Backpulver
150 g frischgeriebener mittelalter
Goudakäse
2 TL getrockneter Majoran
1/2 TL gemahlener Kümmel
1 1/2 TL Salz
1/2 l Hefeweizenbier
Mehl zum Formen
Fett für das Backblech
3 EL Milch

Schnelle Frühstücksbrötchen

• Mehl mit Backpulver, Käse, Gewürzen und Salz in einer Schüssel mischen. Bier dazugießen und alles zu einem glatten Teig verarbeiten.
• Aus dem Teig mit in Mehl getauchten Händen 10 Brötchen formen und auf ein gefettetes Backblech legen. Brötchen mit einem scharfen Messer oben kreuzweise oder sternförmig einschneiden und mit Milch bestreichen.
• Brötchen in den kalten Backofen (Mitte) schieben und bei 180 Grad (Umluft: 160 Grad, Gas: Stufe 2) etwa 35 Minuten backen. Herausnehmen, auf einem Kuchengitter etwas abkühlen lassen und frisch servieren.

Dauert etwa 35 Minuten
1 Stück = 250 kcal/
17 mg Cholesterin
6 g Fett/ 10 g Eiweiß/
36 g Kohlenhydrate

Walnußbrötchen

• Mehl mit Hefe und Salz mischen. Wasser mit Dickmilch, Kardamom und einer kräftigen Prise Muskat lauwarm erhitzen und zugeben.
• Teig mit den Knethaken des Handrührgerätes etwa 5 Minuten rühren, bis er Blasen bildet. Zugedeckt bei Zimmertemperatur etwa 1 1/4 Stunden gehen lassen, bis sich das Volumen des Teiges verdoppelt hat.
• Den Teig auf der bemehlten Arbeitsfläche mit den Händen noch einmal kräftig durchkneten, dabei die Nüsse unterkneten. 12 Brötchen formen und auf einem gefetteten Backblech weitere 15 Minuten gehen lassen.
• Die Brötchen in den kalten Backofen (mittlere Schiene) schieben und bei 180 Grad (Umluft: 160 Grad, Gas: Stufe 2) etwa 45 Minuten backen.

Dauert etwa 2 1/2 Stunden
Arbeiten müssen Sie etwa 30 Minuten
1 Stück = 250 kcal/ 1 mg Cholesterin
10 g Fett/ 8 g Eiweiß/ 31 g Kohlenhydrate

Für 12 Stück

250 g Weizenvollkornmehl
250 g Weizenmehl Type 1050
1 Päckchen Trockenhefe
1/2 EL Salz
200 ml Wasser
300 g Dickmilch
1/4 TL gemahlener Kardamom
geriebene Muskatnuß
150 g grobgehackte
Walnußkerne
Fett für das Backblech

Zur Abwechslung
Brötchen mit Kürbiskernen, Sonnenblumenkernen, Erdnüssen oder gehackten Cashewnüssen zubereiten.

Vollkornbrot

• Feingemahlenen Weizen und Dinkel mit Hefe, Kümmel und Salz mischen. Öl und lauwarme Buttermilch zugeben. Mit den Knethaken des Handrührgerätes etwa 5 Minuten rühren, bis der Teig Blasen bildet. Zugedeckt bei Zimmertemperatur etwa 1 1/4 Stunden ruhenlassen, bis sich sein Volumen verdoppelt hat.
• Die Kürbiskerne mit einem Kochlöffel unter den Teig mischen. Teig in eine gefettete Kastenform von 30 Zentimeter Länge füllen und glattstreichen. Das Brot mit Milch bestreichen und zugedeckt weitere 15 Minuten gehen lassen.
• Das Vollkornbrot in den kalten Backofen (mittlere Schiene) stellen. Bei 200 Grad (Umluft: 180 Grad, Gas: Stufe 3) etwa 1 1/4 Stunden backen.
• Das Brot herausnehmen, nach 10 Minuten aus der Form lösen und zum Erkalten auf ein Kuchengitter geben.

Dauert etwa 3 1/3 Stunden
Arbeiten müssen Sie etwa 30 Minuten
1 Scheibe = 128 kcal/ 1 mg Cholesterin
4 g Fett/ 6 g Eiweiß/ 17 g Kohlenhydrate

Für 20 Scheiben

250 g Weizen
250 g Dinkel
1 Päckchen Trockenhefe
1 gehäufter TL gemahlener
Kümmel
1/2 EL Salz
1/2 EL Öl
500 g Buttermilch
100 g Kürbiskerne
Fett für die Form
4 EL Milch

In vielen Naturkostläden können Sie Getreide frisch mahlen lassen. Das Mehl enthält dann noch die meisten wertvollen Inhaltsstoffe.

Schwarzes Kaffeebrot

Für 30 Scheiben

4 EL Kaffeesurrogatextrakt
(siehe Tip unten)
1/2 l Wasser
1/8 l Milch
750 g Weizenmehl Type 1050
150 g Roggenvollkornmehl
2 gestrichene EL Kakaopulver
40 g Hefe
1/2 TL Zucker
150 g flüssiger, zimmerwarmer
Sauerteig
1 1/2 EL Salz
5 EL Öl
3 EL Rübenkraut
1–2 EL Brotgewürz
Mehl für die Arbeitsfläche
Fett und Mehl für das Blech
3 EL süße Sahne

Kaffeesurrogatextrakt ist die offizielle Bezeichnung für Instant-»Kaffee« aus Malz, Zichorien oder anderen Pflanzen. Den »Muckefuck« gibt es in Supermärkten, Naturkostläden und Reformhäusern von verschiedenen Herstellern.

• Kaffeesurrogatextrakt mit dem kochenden Waser übergießen. Milch zugeben und alles lauwarm abkühlen lassen.
• Weizen- und Roggenmehl mit dem Kakaopulver in einer Schüssel mischen und eine Mulde hineindrücken. Hefe zerkrümeln und mit dem Zucker in die Mulde geben.
• 5 Eßlöffel Kaffeemischung zur Hefe geben und mit etwas Mehl vom Rand zum Vorteig verrühren. Zugedeckt 15 Minuten bei Zimmertemperatur ruhenlassen, bis der Vorteig aufgegangen ist.
• Den Vorteig mit dem gesamten Mehl verrühren. Die restliche Kaffemischung, Sauerteig, Salz, Öl, Rübenkraut und Brotgewürz zugeben. Mit den Knethaken des Handrührgerätes etwa 10 Minuten durcharbeiten, bis der Teig Blasen wirft und sich vom Schüsselrand löst.
• Teig zugedeckt bei Zimmertemperatur etwa 1 Stunde gehen lassen, bis sich sein Volumen verdoppelt hat. Mit den Händen auf wenig Mehl etwa 10 Minuten kräftig kneten und zu einem Laib oder Wecken formen.
• Das Brot auf ein gefettetes, mit Mehl bestreutes Backblech legen und mit Sahne bestreichen. Zugedeckt weitere 15 Minuten gehen lassen.
• Das Brot in den kalten Backofen auf die mittlere Schiene schieben und bei 200 Grad (Umluft: 180 Grad, Gas: Stufe 3) etwa 1 1/4 Stunden backen; gegebenenfalls mit Alufolie abdecken, damit es nicht zu dunkel wird.
• Herausnehmen und etwa 20 Minuten auf dem Blech abkühlen lassen. Zum Erkalten auf ein Kuchengitter legen.

Dauert etwa 3 1/2 Stunden
Arbeiten müssen Sie etwa 30 Minuten
1 Scheibe = 150 kcal/ 2 mg Cholesterin
3 g Fett/ 5 g Eiweiß/ 25 g Kohlenhydrate

Back-Tip
Auf den Boden des Backofens ein Gefäß mit Wasser stellen, damit das Brot während des Backens genügend Feuchtigkeit bekommt. Dann bildet sich die feste Kruste nur langsam, das Brot geht gut auf und bildet eine lockere Krume.

Süßes Walnußbrot

• Walnüsse grob hacken. Weizen, Dinkel, Hirse, Zuckerrohrgranulat, Salz, Backpulver, Vanille, Lebkuchengewürz
und Zitronenschale in einer Schüssel mischen.
• Ei mit Milch verquirlen und zur Mehlmischung geben.
Alles mit den Knethaken des Handrührgerätes mischen.
Zum Schluß die Walnüsse mit den Händen unterkneten.
• Eine ofenfeste Form von etwa 25 mal 15 Zentimetern gut
fetten und mit dem Teig füllen. Teig 30 Minuten bei Zim-
mertemperaur ruhenlassen.
• Sahne mit Honig unter Rühren erwärmen, bis sich alles
verbunden hat. Walnußbrot damit bestreichen und in den
kalten Backofen (untere Schiene) schieben. Bei 160 Grad
(Umluft: 150 Grad, Gas: Stufe 2) etwa 1 Stunde backen.

Dauert etwa 2 Stunden
Arbeiten müssen Sie etwa 1 Stunde
1 Stück = 209 kcal/ 21 mg Cholesterin
9 g Fett/ 6 g Eiweiß/ 25 g Kohlenhydrate

Backformen nach Belieben wählen

In jedem Gefäß, das hohe Temperaturen verträgt, kann
man backen: in Edelstahlkochtöpfen ohne Kunststoffgriffe,
in Metallschüsseln, Tonformen, Gratinformen oder hitze-
festem Glas. Berechnen Sie zuvor die Größe der Form,
damit der Teig nicht herausquillt: Mit einem Meßbecher
die Form bis knapp unter den Rand mit Wasser füllen und
dabei die Wassermenge von der Skala ablesen. Nun die Gewichtsangaben der Zutaten im Rezept zusammenzählen.
Die Gewichtsmenge soll etwa halb soviel wie die Wassermenge betragen: In eine Form mit 2 Liter Inhalt paßt etwa
1 Kilogramm Teig. Die Form müssen Sie gründlich fetten,
eventuell auch mit Pergamentpapier auslegen, damit Sie
das Gebäck leicht herauslösen können.

Für 20 Stücke

200 g Walnußkerne
450 g Weizenvollkornmehl
75 g feingemahlener Dinkel
75 g feingemahlene Hirse
75 g Zuckerrohrgranulat
1 TL Salz
1 Päckchen Backpulver
1 TL gemahlene Vanille
1 TL Lebkuchengewürz
abgeriebene Schale von
1/2 unbehandelten Orange
1 großes Ei
1/2 l Milch
Fett für die Form
4 EL süße Sahne
1 EL Honig

*Das Frühstücksbrot aus den
USA schmeckt mit Butter oder
Frischkäse und Honig.*

Sonnenblumenbrot

Für 20 Scheiben

500 g Weizenvollkornmehl
200 g Weizenschrot
80 g Hefe
1 Prise Zuckerrohrgranulat
1/2 l Wasser
4 EL Dickmilch
1 1/2 EL Salz
2 EL gemahlener Kümmel
1/2 EL gemahlener Koriander
100 g Sonnenblumenkerne
Fett und Mehl für die Form
3 EL Milch

In der Form ist Brot am einfachsten zu backen, weil die Flüssigkeitsmenge nicht exakt stimmen muß. Auf dem Backblech fließt zu weicher Teig auseinander. Mit zuwenig Flüssigkeit wiederum wird das Brot trocken.

• Mehl und Schrot in einer Schüssel mischen. In die Mitte des Mehls eine Mulde drücken. Die Hefe zerkrümelt in die Mulde geben, Zuckerrohrgranulat zufügen.

• Wasser mit Dickmilch lauwarm werden lassen. 5 Eßlöffel davon zur Hefe geben und mit etwas Mehl vom Rand zum Vorteig verrühren. Zugedeckt 15 Minuten bei Zimmertemperatur gehen lassen.

• Vorteig mit dem gesamten Mehl verrühren. Das restliche Wasser mit Dickmilch, Salz, Kümmel und Koriander zugeben. Mit den Knethaken des Handrührgerätes etwa 10 Minuten rühren, bis der Teig Blasen wirft.

• Zugedeckt bei Zimmertemperatur etwa 1 Stunde gehen lassen, bis sich sein Volumen verdoppelt hat. Die Sonnenblumenkerne untermischen.

• Teig in eine gefettete, mit Mehl ausgestreute Kastenform von 30 Zentimeter Länge füllen und mit Milch bestreichen. Zugedeckt 15 Minuten ruhenlassen.

• Brot in den kalten Backofen (untere Schiene) schieben. Auf den Boden des Backofens ein Gefäß mit Wasser stellen, damit das Brot während des Backens genügend Feuchtigkeit bekommt. Das Brot bei 200 Grad (Umluft: 180 Grad, Gas: Stufe 3) etwa 1 1/4 Stunden backen.

• Herausnehmen, 20 Minuten in der Form stehenlassen. Zum Erkalten auf ein Kuchengitter stürzen.

**Dauert etwa 3 1/4 Stunden
Arbeiten müssen Sie etwa 30 Minuten
1 Scheibe = 144 kcal/ 0 mg Cholesterin
4 g Fett/ 7 g Eiweiß/ 19 g Kohlenhydrate**

Brot richtig abkühlen

Brot in der Form läßt man wie Kuchen 15 bis 20 Minuten ruhen, bevor man es zum Abkühlen auf ein Kuchengitter legt. In dieser Zeit verringert sich das Volumen des Brotes, es löst sich vom Rand der Form und läßt sich gut stürzen.

Sechskornbrot

• Mehl und Flocken in einer Schüssel mischen. In die Mitte des Mehls eine Mulde drücken. Hefe in die Mulde krümeln und mit dem Zucker bestreuen.

• Das Wasser mit der Milch lauwarm werden lassen. 5 Eßlöffel davon zur Hefe geben und mit etwas Mehl vom Rand zum Vorteig verrühren. Den Vorteig zugedeckt 15 Minuten bei Zimmertemperatur ruhen lassen.

• Vorteig mit dem gesamten Mehl verrühren. Das restliche Wasser mit Milch, Sauerteig, Salz und Oregano zugeben. Mit den Knethaken des Handrührgerätes etwa 10 Minuten rühren, bis der Teig Blasen wirft.

• Den Teig zugedeckt bei Zimmertemperatur etwa 1 Stunde gehen lassen, bis sich sein Volumen verdoppelt hat. Mit den Händen auf wenig Mehl etwa 5 Minuten kräftig durchkneten und zu einem Laib oder Wecken formen.

• Brot auf ein gefettetes, mit Mehl bestreutes Backblech legen, mit Sahne bestreichen und mit Sesam bestreuen. Zugedeckt weitere 15 Minuten gehen lassen.

• Blech in den kalten Backofen (mittlere Schiene) schieben. Auf den Boden des Backofens ein Gefäß mit Wasser stellen, damit das Brot während des Backens genügend Feuchtigkeit bekommt. Brot bei 200 Grad (Umluft: 180 Grad, Gas: Stufe 3) etwa 1 1/4 Stunden backen; gegebenenfalls mit Alufolie abdecken, damit es nicht zu dunkel wird.

• Herausnehmen und etwa 20 Minuten auf dem Blech abkühlen lassen. Zum Erkalten auf ein Kuchengitter legen.

Dauert etwa 3 1/2 Stunden
Arbeiten müssen Sie etwa 30 Minuten
1 Scheibe = 164 kcal/ 2 mg Cholesterin
2 g Fett/ 6 g Eiweiß/ 29 g Kohlenhydrate

Zur Abwechslung
• Brot mit je 500 Gramm Roggen- und Weizenmehl zubereiten. Mit 1/2 Teelöffel gemahlenem Koriander und 1 Eßlöffel Kümmelkörnern würzen.
• Teig mit 200 Gramm Magerjoghurt zusätzlich mischen, wie Kuchen auf ein Blech streichen und mit geriebenem Käse bestreuen.

Für 30 Scheiben
1 kg gemahlene Sechskorn-getreidemischung
150 g Weizenvollkornflocken
40 g Hefe
1/2 TL Zucker
1/2 l Wasser
1/4 l Milch
150 g flüssiger, zimmerwarmer Sauerteig
1 1/2 EL Salz
1 EL getrockneter Oregano
Mehl für die Arbeitsfläche
Fett und Mehl für das Blech
3 EL süße Sahne
2 EL Sesamsamen

Alle Zutaten für das Brot bekommen Sie in Naturkostläden und Reformhäusern.

Zum Brunch fertig
Den Teig am Vorabend kneten und zugedeckt über Nacht an einem kühlen Platz gehen lassen. Morgens formen, mit Sahne bestreichen, mit Sesam bestreuen und 20 Minuten bei Zimmertemperatur ruhenlassen. Wie im Rezept beschrieben backen.

VORSPEISEN

Artischocken vorbereiten

Wasser mit dem ausgepreßten Saft von 1/2 Zitrone zum Kochen bringen. Inzwischen eine Schüssel mit kaltem Wasser füllen. Die Artischocke am Stiel fassen und mit dem Blütenstand nach unten kräftig darin schwenken. Stiel direkt am Ansatz abbrechen, dabei löst sich auch ein Teil der harten Fasern aus dem Blütenboden. Die kleinen harten Blätter rund um den Stielansatz abzupfen. Alle anderen stacheligen Blütenspitzen mit der Küchenschere abschneiden. Artischocke rundherum mit der ausgepreßten Zitronenhälfte einreiben; darin ist immer noch so viel Saft, daß sich die Artischocke nicht verfärbt.

Teig für Törtchen

Die Morcheltörtchen auf Seite 80 werden mit Tiefkühlblätterteig zubereitet. Genauso gut eignen sich Pizzateig oder Teigrollen für Brötchen aus dem Kühlregal des Supermarkts und selbstgekneteter Mürbeteig aus 150 Gramm Mehl, 75 Gramm Butter oder Margarine, einer Prise Salz und so viel kaltem Waser, daß der Teig einen Kloß bildet.

Schnelle Dips

• Für Gemüsestifte: 200 Gramm Crème fraîche mit 2 gewürfelten Tomaten, einer Handvoll gehackten Kräutern, Salz und Pfeffer aus der Mühle mischen.
• Für Tortillachips und Vollkorncrackers: 200 Gramm Rahmfrischkäse mit 3 Eßlöffeln fertig gekauftem roten Pesto, Cayennepfeffer und etwas Salz glattrühren.
• Für Frühlingsrollen: Fischsauce aus dem Asienladen mit 1 Eßlöffel entkernter, feingehackter roter oder grüner Pfefferschote mischen.

Abwechslung im Brotkorb

Statt einfachem Weißbrot oder Baguette schmecken zu Vorspeisen Sesamfladen, Walnuß- oder Haselnußbrot, knuspriges Pizzabrot, Kroepoek (Krabbenbrot) oder Olivenbrot. Diese Spezialsorten bekommen Sie in gutsortierten Bäckereien, Feinkostgeschäften und Asienläden.

Weißbrot, Baguette oder Brötchen vom Vortag schmecken aufgebacken wie frisch: Backofen – egal, ob Umluft, Ober- und Unterhitze oder Gas – auf 150 Grad vorheizen. Eine Tasse mit Wasser auf den Boden des Ofens stellen. Brot oder Brötchen rundherum mit kaltem Wasser befeuchten, auf den Backofenrost legen und je nach Größe 5 bis 10 Minuten aufbacken.

Schnell aufgebacken

Carpaccio waren ursprünglich nur zarte rohe Scheibchen von Rinderfilet mit würziger Sauce. Erfunden wurde die berühmte Vorspeise vom italienischen Gastronomen Giuseppe Cipriani. Er benannte sie nach dem Maler Vittore Carpaccio (ca. 1455–1525), der Rot- und Rosatöne liebte. Das vegetarische Carpaccio mit roter Bete (Seite 69) ist genau in diesen Farbtönen gehalten.

Original

Püree für Terrinen ist durch Eier und Sahne sehr locker. Damit die Terrine beim Garen keine großen Löcher bekommt, hilft ein Trick: Ein gefaltetes Küchentuch auf die Arbeitsfläche legen. Die gefüllte Form einige Male kräftig auf das Tuch klopfen. Dabei sackt das Püree etwas zusammen, und eventuelle Luftlöcher schließen sich.

Ohne Löcher

Beim kleinen oder großen Menü braucht man Vorspeisen, die man gut vorbereiten kann, ohne daß die Qualität leidet.
• Terrinen halten sich 2 Tage frisch.
• Vietnamesische Glücksrollen kann man mit einem feuchten Tuch bedeckt bis zu 6 Stunden kühl aufbewahren.
• Eingelegte Pilze und gefüllte Weinblätter halten sich 2 Tage frisch.
• Rote-Bete-Carpaccio kann man angerichtet und mit Folie bedeckt 4 Stunden kühlen.
• Windbeutel kann man backen und ungefüllt einfrieren;
• Tomatenquiche und Zwiebelkuchen schmecken – gerade eben abgekühlt, eingefroren und bei Zimmertemperatur aufgetaut, so gut wie frisch. Eventuell kurz in den vorgeheizten Backofen schieben.

Zum Vorbereiten

Salat mit fritierten Reisnudeln

Für 3 Portionen

50 g dünne Reisnudeln

Fett oder Öl zum Fritieren

je 1 rote und grüne

Paprikaschote

100 g Champignons

1 kleiner Zucchino

5 Blätter Endiviensalat

je 100 g Weißkohl und Rotkohl

1 Stück Salatgurke (ca. 100 g)

2 mittelgroße Möhren

1 Bund gemischte frische oder

1 Päckchen gemischte tief-

gekühlte Kräuter

2 Lauchzwiebeln

3 EL Gemüsebrühe

2 EL Sojasauce

2 EL Apfelessig

2 EL Apfelsaft

Salz

Pfeffer aus der Mühle

4 EL Erdnußöl

2 EL gehackte Erdnußkerne

• Reisnudeln im heißen Fett knusprig fritieren, bis sie leicht gebräunt sind. Mit einem Schaumlöffel herausnehmen und auf Küchenpapier abtropfen lassen.

• Paprikaschoten, Pilze und Zucchino waschen und putzen. Die Schoten in feine Streifen, die Pilze in Scheiben schneiden, Zucchino in dünne Streifen raspeln. Alle diese Zutaten in einer Schüssel mischen.

• Salat- und Kohlblätter waschen, trockentupfen und in ganz feine Streifen schneiden. Gurke und Möhren schälen und ebenfalls in feine Streifen hobeln. Kräuter und Lauchzwiebel waschen, trockentupfen und fein hacken. Alles mit den Zutaten in der Schüssel mischen.

• Für das Dressing die Gemüsebrühe mit Sojasauce, Apfelessig, Saft, Salz und einer kräftigen Prise Pfeffer verrühren. Öl untermischen. Dressing über den Salat geben und mischen. Salat auf Portionstellern anrichten, Reisnudeln und Erdnußkerne darüber verteilen.

Dauert etwa 50 Minuten
1 Portion = 371 kcal/ 0 mg Cholesterin
25 g Fett/ 10 g Eiweiß/ 25 g Kohlenhydrate

Dazu paßt: Knoblauchbrot (Seite 275)

Zur Abwechslung
• Dressing mit 1 Teelöffel scharfer Bohnenpaste mischen.
• Apfelsaft im Dressing durch Fischsauce ersetzen.
• Reisnudeln weglassen, Salat mit Tortillachips anrichten.

Mit Fleisch

• Krabben oder Shrimps unter den Salat mischen.
• Hühner- oder Putenbrust in Streifen schneiden, in Erdnußöl braten, mit Salz und Pfeffer würzen und auf dem Salat anrichten.

Mit Reisnudeln kochen

Rohe, dünne Reisnudeln fühlen sich an wie Draht und splittern beim Zerkleinern. Deshalb zum Durchbrechen am besten in der Packung lassen und mit einer Hand außen fassen. Mit der anderen Hand in die Packung greifen und jeweils einige Nudeln abbrechen und herausnehmen. Gegarte, weiche Reisnudeln kann man mit einer Küchenschere schneiden. Breite Reisnudeln für Suppen und Gemüse sind etwa so brüchig-spröde wie »normale« Weizennudeln und lassen sich gut auseinanderbrechen.

Vietnamesische Glücksrollen

• Tofu trockentupfen. Mit Sojasauce und Zitronensaft rundherum bestreichen und bei mittlerer bis schwacher Hitze im heißen Öl auf beiden Seiten goldgelb braten. Erkalten lassen und in dünne Scheiben schneiden.

• Während der Tofu abkühlt, die anderen Zutaten vorbereiten: Gurke schälen und in etwa 2 Zentimeter lange Stifte schneiden. Radieschen in sehr feine Stifte, gewaschene Paprikaschote in dünne Streifen schneiden. Sprossen, Petersilie, Spinat und Rukola verlesen, waschen, trockentupfen und grob zerkleinern.

• Eine Schüssel mit kaltem Wasser füllen; sie muß so groß sein, daß die Reisblätter flach darin liegen können. Ein Reisblatt einweichen, bis es gerade eben weich ist.

• Das Blatt auf einem Küchentuch ausbreiten. Je eine Portion Tofu, Sprossen, Gemüse und Gemüseblättchen als etwa fingerlangen Streifen in die Mitte des Blattes geben. Das Reisblatt zuerst jeweils an den beiden Schmalseiten des Streifens nach innen schlagen. Nun die Längsseite, die Ihrem Körper am nächsten liegt, über die Füllung legen. Reisblatt vorsichtig, aber möglichst stramm aufrollen.

• Für die Sauce die Ingwerwurzel mit einem kleinen Messer schälen und auf der Rohkostreibe fein reiben oder mit einem Messer sehr fein hacken. Die Zitronenschale ebenfalls fein hacken. Alle diese Zutaten mit Erdnüssen, Gemüsebrühe und Sojasauce verrühren, auf 4 Schälchen verteilen und zu den Glücksrollen servieren.

Für 4 Portionen

150 g Tofu
1 EL Sojasauce
1 EL Zitronensaft
2 EL Öl
300 g Salatgurke
3 Radieschen
1 kleine grüne Paprikaschote
1 Handvoll Sojasprossen
1 Handvoll Petersilie, Spinat und Rukola gemischt
16 Reisblätter von 20 cm Durchmesser

Sauce:

1 Stück frische Ingwerwurzel
1 großes Stück Schale von 1 unbehandelten Zitrone
1 EL gehackte Erdnußkerne
1/8 l kalte Gemüsebrühe
3 EL Sojasauce

Mit Krabben

Tofu weglassen. Statt dessen 100 Gramm Nordseekrabben oder Tiefseegarnelen mit 1 Teelöffel Zitronensaft, Salz und weißem Pfeffer aus der Mühle würzen und mit dem Gemüse in die Rollen füllen.

Dauert etwa 1 1/2 Stunden
1 Portion = 231 kcal/ 0 mg Cholesterin
9 g Fett/ 10 g Eiweiß/ 26 g Kohlenhydrate

Tip
Die Glücksrollen beim Essen einmal durchschneiden, in die Sauce tunken und aus der Hand essen. Wenn man sie ganz mit dem Messer aufschneidet und auf die Gabel spießt, fallen sie auseinander.

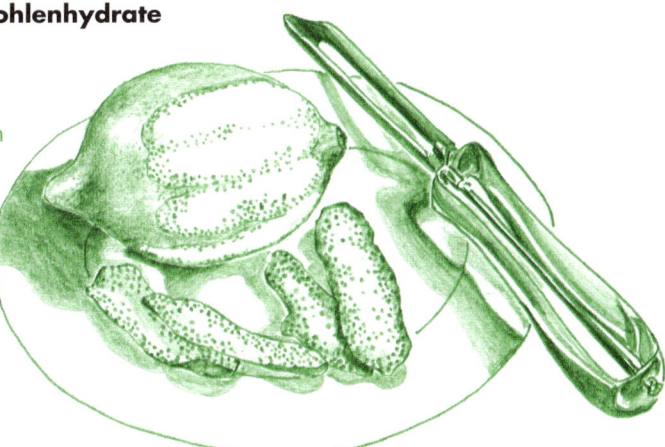

Weinblätter mit Bulgur

Für 4 Portionen
1 kleine Zwiebel
4 EL Olivenöl
100 g Bulgur
1/4 l Wasser
Salz
schwarzer Pfeffer aus der Mühle
1/2 Bund Basilikum
10 eingelegte Tomaten
50 g Cashewnußkerne
etwa 35 Weinblätter in Salzlake
1 Messerspitze Instant-
Gemüsebrühe
2 EL Zitronensaft
1 Limette oder Zitrone

In der Türkei, in Griechenland, im Iran und in Afghanistan gibt es gefüllte Weinblätter bei Festessen. Traditionell füllt man sie mit Reis, Minze, Dill, Pinienkernen und Korinthen.

• Zwiebel abziehen, hacken und in 1 Eßlöffel Öl bei schwacher Hitze glasig braten. Bulgur kurz mitbraten. 200 Milliliter Wasser, Salz und Pfeffer zugeben, aufkochen und zugedeckt bei schwacher Hitze 20 Minuten garen.
• Das Basilikum fein hacken, die Tomaten abtropfen lassen und fein zerkleinern. Die Cashewnußkerne hacken und in 1 weiterer Eßlöffel Öl bei schwacher Hitze unter Rühren goldbraun rösten. Alles mit dem gegarten Bulgur mischen.
• Die Weinblätter kalt abspülen. Ein Blatt flach auf der Arbeitsfläche ausbreiten und mit 1 gehäuften Teelöffel Füllung belegen. Das Blatt rechts und links an den Seiten umschlagen und aufrollen. Die restlichen Blätter ebenso verarbeiten. Blätter, die beim Füllen reißen, hacken und unter die Füllung mischen.
• Den Rest von Öl und Wasser mit Gemüsebrühe und Zitronensaft aufkochen. Die gefüllten Weinblätter nebeneinander hineinlegen, zugedeckt bei schwacher Hitze 20 Minuten ziehen, dann im Sud abkühlen lassen.
• Weinblätter lauwarm oder kalt mit Limetten- oder Zitronenschnitzen anrichten.

Dauert etwa 2 Stunden
1 Portion = 394 kcal/ 0 mg Cholesterin
29 g Fett/ 7 g Eiweiß/ 24 g Kohlenhydrate

Dazu paßt: *Toast oder türkisches Fladenbrot*

Weinblätter ...

... bekommen Sie im Frühling und Sommer frisch im griechischen oder türkischen Laden, manchmal auch auf Gemüsemärkten. Vor der Zubereitung muß man sie einige Minuten in kochendem Salzwasser blanchieren, bis sie geschmeidig genug zum Rollen, aber noch so stabil sind, daß sie nicht reißen. Das ganze Jahr über gibt es die Blätter in Salzlake eingelegt. Vor der Verarbeitung muß man sie kalt abspülen, damit sie nicht zu salzig sind.

Carpaccio von roten Beten

• Für das Dressing Essig, Senf, Salz und 2 Eßlöffel Öl verrühren. Eingelegtes Gemüse und abgezogene Zwiebel fein hacken und untermischen.
• Gewaschenen Schnittlauch in feine Röllchen schneiden. Blättchen der roten Bete abschneiden, waschen und hakken. Mit dem Schnittlauch mischen.
• Rote Beten waschen, schälen und auf dem Gurkenhobel in dünne Scheiben hobeln. Kranzförmig auf Tellern anrichten. Gemüsemischung darauf verteilen, Schnittlauch und Rote-Bete-Blättchen darüberstreuen.
• Mit Pfeffer würzen und mit dem restlichen Öl beträufeln. 30 Minuten bei Zimmertemperatur ziehen lassen.

Dauert etwa 1 Stunde
Arbeiten müssen Sie etwa 30 Minuten
1 Portion = 119 kcal/ 0 mg Cholesterin
8 g Fett/ 2 g Eiweiß/ 10 g Kohlenhydrate

Für 4 Portionen

1 EL Himbeeressig
1 TL scharfer Senf
Salz
3 EL Öl
100 g eingelegtes Essiggemüse, Tomatenpaprika oder Essiggurken
1 kleine Zwiebel
1 kleines Bund Schnittlauch
500 g kleine rote Beten
schwarzer Pfeffer aus der Mühle

Eingelegte Champignons

• Die Pilze waschen und in eine Schüssel geben. Orange waschen und abtrocknen. Ein etwa 5 Zentimeter langes Stück Schale dünn abschneiden und ganz fein hacken.
• Orangen- und Zitronensaft auspressen. Mit Gemüsebrühe, Orangenschale und Kräutern zu den Pilzen geben, alles mischen und zugedeckt ziehen lassen, bis die anderen Zutaten vorbereitet sind.
• Schalotten und Knoblauch abziehen und fein hacken. Öl in einer großen Pfanne erhitzen. Schalotten und Knoblauch darin bei schwacher Hitze in etwa 5 Minuten weich braten.
• Pilzmischung zugeben und einmal aufkochen. Zugedeckt bei schwacher Hitze knapp 5 Minuten kochen lassen. Pilze abkühlen lassen und zugedeckt im Kühlschrank mindestens 5 Stunden marinieren.
• Petersilie waschen, trockentupfen und grob zerkleinern. Unmittelbar vor dem Servieren über die Pilze streuen.

Müssen 5 Stunden ziehen

Für 4 Portionen

500 g feste Champignons mit geschlossenen Köpfen
1 unbehandelte Orange
Saft von 1 kleinen Zitrone
1/8 l Gemüsebrühe
1–2 TL getrocknete Kräuter der Provence
2 Schalotten
2 Knoblauchzehen
100 ml Olivenöl
1/2 Bund Petersilie

Dauert etwa 45 Minuten
1 Portion = 223 kcal/ 0 mg Cholesterin
20 g Fett/ 4 g Eiweiß/ 4 g Kohlenhydrate

Dazu paßt: *Weißbrot oder Baguette*

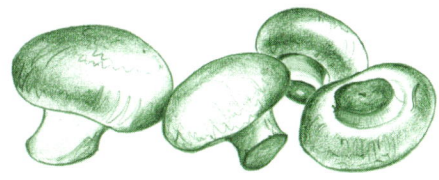

Avocadomus

Für 4 Portionen

1 reife Avocado
4 TL Balsamessig
2 TL Erdnuß- oder Olivenöl
4 große Scheiben Brot
Salz
weißer Pfeffer aus der Mühle
1/4 Bund Schnittlauch

Zur Abwechslung
• **Brote zusätzlich mit Tomaten- und/oder Gurkenscheiben belegen.**
• **Das Mus auf gerösteten Croûtons (Seite 77, Artischockencreme weglassen) anrichten und mit geschnittenem Koriandergrün belegen.**

• Avocado halbieren, den Kern herauslösen. Die eine Hälfte auf die Handfläche legen und die Hälfte von Essig und Öl in die Höhlung der Avocado geben.
• Das Fruchtfleisch mit einem kleinen spitzen Messer längs und quer so oft einschneiden, bis es sich mit Essig und Öl verbunden hat. Dabei darauf achten, daß die Schale nicht verletzt wird.
• Die andere Avocadohälfte ebenso füllen und einschneiden. Fruchtfleisch mit einem Eßlöffel aus den Schalen holen, auf den Broten verteilen, mit Salz und Pfeffer würzen.
• Schnittlauch waschen, trockentupfen, in feine Röllchen schneiden und auf die Brote streuen.

Dauert etwa 20 Minuten
1 Portion = 249 kcal/ 0 mg Cholesterin
16 g Fett/ 5 g Eiweiß/ 19 g Kohlenhydrate

Servier-Tip

Das Mus schmeckt nicht nur auf Brot; es ist ein feiner Dip für fertig gekaufte Tortillachips (Seite 72), Cracker oder knuspriges Pizzabrot mit Kräutern, das es in (italienischen) Feinkostläden zu kaufen gibt.

Avocados ...

... sind nahrhafter als anderes Gemüse und Obst, weil sie mehr Eiweiß und Fett enthalten – vor allem mehrfach ungesättigte Fettsäuren, die unser Körper nicht selbst bildet, und Ölsäure, die den Cholesterinspiegel günstig beeinflußt.
Die Sorten bekommen Sie rund ums Jahr – von September bis Mai meist aus Israel, während der Sommermonate vor allem aus Afrika.
Ob eine Avocado reif zum Essen ist, prüfen Sie durch leichten Fingerdruck: Wenn sie sich etwa so anfühlt wie eine gelbe Banane, ist sie genau richtig. Sehr weiche Avocados können innen bereits braun und matschig sein.

Gemüse mit Knoblauchsauce

• Das Brot entrinden und fein zerkrümeln. Mit der Milch beträufelt stehenlassen, bis es weich ist.

• Knoblauchzehen abziehen und in einer Schüssel mit einer kräftigen Prise Salz zerdrücken. Eigelb, 1 Eßlöffel Zitronensaft und Brot zugeben. Mit den Quirlen des Handrührgerätes nach und nach das Öl, 2 weitere Eßlöffel Zitronensaft und das Wasser unterrühren, bis sich alles zu einer dicken Sauce verbunden hat.

• Zucchini waschen, abtrocknen, vom Stiel- und Blütenansatz befreien und der Länge nach in knapp fingerdicke Stifte schneiden. Geschälte Möhren ebenso aufschneiden. Die Paprikaschoten waschen, abtrocknen und längs halbieren. Kerne und weiße Häute entfernen. Schotenhälften in etwa fingerbreite Streifen schneiden.

• Geschälte Salatgurke längs halbieren, Kerne mit einem Löffel herauskratzen, Gurke in etwa fingerdicke Stifte teilen. Rettich schälen, der Länge nach vierteln und ebenfalls in Stifte schneiden. Lauchzwiebeln putzen und waschen. Welke Blätter entfernen. Champignons putzen, waschen, trockentupfen und halbieren.

• Gemüse auf Tellern oder einer großen Platte anrichten. Aïoli in Schälchen füllen und zum Gemüse servieren.

Dauert etwa 45 Minuten
1 Portion = 597 kcal/ 207 mg Cholesterin
55 g Fett/ 7 g Eiweiß/ 14 g Kohlenhydrate

Dazu paßt: Toastbrot, Vollkornbrot oder Baguette

Wichtig
Die Sauce wird mit rohem Eigelb zubereitet. Deshalb brauchen Sie wirklich frische Eier, die höchstens 7 Tage alt sind. Das Legedatum steht auf der Eierpackung. Wer sich – zum Beispiel bei offen gekauften Eiern – nicht sicher ist, rührt die Sauce lieber mit hartgekochtem Eigelb.

Für 4 Portionen

Knoblauchsauce:

1/2 Scheibe Toastbrot	
2 EL Milch	
4 Knoblauchzehen	
Salz	
2 frische Eigelb	
Saft von 1 Zitrone	
1/4 l Olivenöl	
2 EL lauwarmes Wasser	

Gemüse:

250 g kleine, feste Zucchini	
300 g junge Möhren	
je 1 grüne, gelbe und rote Paprikaschote	
250 g Salatgurke	
1 kleiner weißer Rettich	
4 Lauchzwiebeln	
4 große Champignons	

Die französische Knoblauchsauce Aïoli paßt auch zu gegrilltem Gemüse, dicken Gemüsesuppen und Pellkartoffeln. Traditionell ißt man sie zu Krustentieren und Fischsuppen.

Tortillachips mit scharfer Sauce

Für 4 Portionen

500 g reife Tomaten
1 Fleischtomate
4 milde grüne Pfefferschoten
1 Stück Salatgurke (ca. 100 g)
1 Zwiebel
1 Knoblauchzehe
1/2 Bund Petersilie
1 EL Essig
Salz
1/2 TL Zucker
schwarzer Pfeffer aus der Mühle
3 EL Olivenöl
250 g Tortillachips

• Tomaten abziehen und dabei die Stielansätze entfernen. Die Fleischtomate in kleine Würfel schneiden, die anderen Tomaten hacken und mit einer Gabel zerdrücken.
• Pfefferschoten halbieren, putzen, waschen und fein zerkleinern. Gurke schälen und würfeln. Zwiebel und Knoblauch abziehen und hacken. Petersilie ebenfalls hacken.
• Alles mit Essig, Salz, Zucker, Pfeffer und Öl mischen und in 4 Schälchen füllen. Zum Essen die Tortillachips in die Sauce dippen.

Dauert etwa 30 Minuten
1 Portion = 229 kcal/ 0 mg Cholesterin
9 g Fett/ 5 g Eiweiß/ 31 g Kohlenhydrate

Müssen vor dem Servieren 30 Minuten ziehen

Marinierte Kartoffeln mit Koriander

Für 4 Portionen

500 g festkochende Kartoffeln
1/8 l Wasser
1 gehäufter TL Instant-Gemüsebrühe
1 kleine rote Pfefferschote
2 Korianderkörner
6 schwarze Oliven
1 Lauchzwiebel
1 Scheibe unbehandelte Zitrone (ca. 1/2 cm dick)
1 Handvoll Koriander- oder Petersilienblättchen
Salz

• Kartoffeln schälen, waschen und würfeln. Mit dem Wasser aufkochen. Gemüsebrühe, unzerkleinerte Pfefferschote und Korianderkörner zugeben. Kartoffeln zugedeckt bei schwacher Hitze in etwa 10 Minuten weich kochen.
• Inzwischen Oliven halbieren und entsteinen. Lauchzwiebel putzen, waschen und mit allen saftigen grünen Blättern in dünne Ringe schneiden. Zitronenscheibe mit der Schale in kleine Stücke schneiden. Koriander- oder Petersilienblättchen waschen und trockentupfen. Auf ein Küchenbrett legen und mit einem scharfen Messer grob zerschneiden.
• Kartoffeln in der Brühe gerade eben abkühlen lassen. Oliven, Lauchzwiebel, Zitrone, Koriander und etwas Salz untermischen und die Kartoffeln zugedeckt bei Zimmertemperatur 30 Minuten ziehen lassen.

Die Kartoffeln schmecken auf einer Vorspeisenplatte mit Tomatensalat, Weinblättern mit Bulgur (Seite 68) und eingelegten Pilzen (Seite 69).

Dauert etwa 1 Stunde
Arbeiten müssen Sie etwa 40 Minuten
1 Portion = 102 kcal/ 0 mg Cholesterin
3 g Fett/ 3 g Eiweiß/ 16 g Kohlenhydrate

Salat mit gebratenen Morcheln

• Morcheln im Wasser zugedeckt 3 Stunden einweichen. Pilze herausnehmen und auf einem Sieb kalt abspülen. Einweichwasser durch eine Kaffeefiltertüte gießen, um Erd- und Sandreste aufzufangen, die sich aus den Pilzhüten gelöst haben. Das Wasser für die Salatsauce beiseite stellen.
• Salat und Spinat verlesen, waschen und trockenschwenken. Grünen Salat in mundgerechte Stücke zupfen. Schnittlauch in Röllchen schneiden. Alles auf Tellern anrichten.
• Butter und Nußöl in einer Pfanne erhitzen. Abgetropfte Morcheln darin bei mittlerer Hitze unter ständigem Wenden etwa 3 Minuten braten. Mit Salz und Pfeffer würzen, herausnehmen und auf den Salat legen.
• Für die Salatsauce Pilzwasser und Essig in die Pfanne geben. Die Pfanne von der Kochstelle nehmen und den Bratfond unter Rühren lösen. Senf und Sonnenblumenöl daruntermischen. Sauce über Salat und Morcheln träufeln. Salat sofort servieren.

Dauert etwa 45 Minuten
1 Portion = 124 kcal/ 3 mg Cholesterin
12 g Fett/ 2 g Eiweiß/ 2 g Kohlenhydrate

Die Morcheln müssen
3 Stunden quellen

Für 5 Portionen

1 Päckchen getrocknete Spritzmorcheln (ca. 20 g)
100 ml Wasser
1 Kopf Grüner Salat
100 g Spinat
1 Bund Schnittlauch
1 TL Butter
2 TL Nußöl
Salz
frisch gemahlener weißer Pfeffer
4 EL Himbeeressig
1 TL scharfer Senf
4 EL Sonnenblumenöl

Mit Fleisch
150 Gramm Lammfilet in feine Streifen schneiden und mit den Morcheln braten.

Rukolasalat mit Zuckerschoten

• Zuckerschoten waschen und die Stiel- und Blütenansätze abschneiden. Schoten in 1 Eßlöffel Öl bei schwacher bis mittlerer Hitze etwa 5 Minuten braten, bis sie gerade eben weich sind. Dabei hin und wieder wenden.
• Inzwischen Rukola waschen und trockenschwenken. Auf Portionstellern verteilen.
• Für die Sauce den Zitronensaft, Essig, Salz, Pfeffer, das restliche Öl und die Salatkräuter verrühren. Über die Rukolablätter geben. Nüsse grob hacken und mit den warmen Zuckerschoten auf dem Salat anrichten.

Dauert etwa 30 Minuten
1 Portion = 134 kcal/ 0 mg Cholesterin
11 g Fett/ 2 g Eiweiß/ 5 g Kohlenhydrate

Für 3 Portionen

100 g Zuckerschoten
3 EL Olivenöl
50 g Rukola (ca. 1 Bund)
1 TL Zitronensaft
1 TL Balsamessig
Salz
weißer Pfeffer aus der Mühle
1 EL Tiefkühlsalatkräuter
1 EL Cashewnußkerne

Die Terrine muß vor dem Anschneiden 24 Stunden ruhen

Für 6 Portionen

1 großes Bund Petersilie
2 Möhren
1 Lauchzwiebel
2 EL Öl
Butter und Pergamentpapier für die Form
1 kg Zucchini
2 Schalotten
2 Knoblauchzehen
1 kleine rote Pfefferschote
1 Zitrone
1/2 TL gemahlene Muskatblüte (Macis)
Salz
weißer Pfeffer aus der Mühle
250 g Sahnequark
3 Eier
200 g süße Sahne
2 gestrichene EL Speisestärke

Zucchiniterrine

• Die Petersilie waschen, trockentupfen und fein hacken. Möhre schälen und in kleine Würfel schneiden. Die Lauchzwiebel putzen, waschen und mit allen saftigen grünen Blättern in dünne Ringe schneiden.

• Das Öl in einer Pfanne erhitzen. Petersilie, Möhre und Lauchzwiebel darin unter häufigem Wenden bei schwacher bis mittlerer Hitze etwa 3 Minuten schmoren, bis die Zwiebel intensiv grün ist. Abkühlen lassen.

• Eine Kastenform von 30 Zentimeter Länge fetten, mit Pergamentpapier auslegen und dieses ebenfalls fetten.

• Zucchini waschen, putzen und grob zerkleinern. Schalotten und Knoblauch abziehen und fein hacken. Die Pfefferschote halbieren, alle Kerne entfernen. Die Schotenhälften waschen, trockentupfen und ganz fein hacken. Die Zitrone waschen, abtrocknen, die Schale mit einem Sparschäler dünn abschneiden und ebenfalls fein zerkleinern. Den Saft auspressen und beiseite stellen.

• Zucchini in reichlich Wasser knapp 5 Minuten sprudelnd kochen. Auf ein Sieb abgießen, gut abtropfen lassen und im Mixer oder Blitzhacker pürieren.

• Zucchinipüree mit Schalotten, Knoblauch, Pfefferschote, Zitronenschale und 3 Eßlöffeln Zitronensaft mischen. Mit Muskatblüte, je einer kräftigen Prise Salz und Pfeffer aus der Mühle und dem Quark verrühren.

• Eier trennen. Eigelb unter das Gemüsepüree rühren. Eiweiß und Sahne getrennt steif schlagen. Die Hälfte des Eischnees und 2 Eßlöffel Sahne kräftig unter das Püree mischen. Den Rest daraufsetzen. Speisestärke darübersieben.

• Alles mit einem Spatel mischen. Die Hälfte des Zucchinipürees in der Form glattstreichen. Die Möhrenmischung auf dem Püree verteilen, mit Salz und einer kräftigen Prise Pfeffer würzen. Den Rest des Pürees darauf glattstreichen.

• Ein Blatt Pergamentpapier so zuschneiden, daß es die Terrine gerade eben bedeckt und nicht am Rand der Form übersteht. Das Papier ebenfalls fetten, auf die Terrine legen und ganz leicht andrücken.

• Die Form in die Fettpfanne des Backofens (untere Schiene) stellen. Die Fettpfanne mit so viel heißem Wasser füllen, daß die Form etwa zur Hälfte ihrer Höhe darin steht.

• Terrine bei 180 Grad (Umluft: 160 Grad, Gas: Stufe 2) etwa 1 Stunde garen.

• Für die Garprobe ein Holzstäbchen in die Mitte der Terrine stechen. Wenn nichts daran haftenbleibt, ist die Terrine gar. Die Gemüseterrine herausnehmen, in der Form abkühlen und vor dem Aufschneiden etwa 24 Stunden im Kühlschrank ruhenlassen.

• Zum Servieren auf eine Platte stürzen. Das Pergamentpapier abziehen. Terrine warm oder kalt mit einem scharfen Messer in Scheiben schneiden und mit Pfeffer aus der Mühle bestreut anrichten.

Dauert etwa 3 1/2 Stunden
Arbeiten müssen Sie etwa 1 3/4 Stunden
1 Portion = 321 kcal/ 230 mg Cholesterin
24 g Fett/ 12 g Eiweiß/ 12 g Kohlenhydrate

Dazu paßt: *Toast mit Butter und dick eingekochte, kalte Tomatensauce*

Frisch ist die Terrine so weich, daß sie sich nicht schneiden läßt. Deshalb muß man sie einige Stunden kühlen.

Marinierte Tomaten

• Bohnen in reichlich Wasser bei mittlerer Hitze in etwa 15 Minuten bißfest kochen. Abgießen und kalt abschrecken.
• Lauchzwiebeln putzen, waschen und mit allen saftigen grünen Blättern fein zerkleinern. Tomaten abziehen, die Stielansätze herausschneiden.
• Für die Vinaigrette den Essig mit Salz, Zucker und Pfeffer kräftig verrühren. Öl mit einem Schneebesen unterrühren.
• Bohnen, Lauchzwiebeln und Tomaten mit der Vinaigrette mischen und zugedeckt bei Zimmertemperatur 30 Minuten ziehen lassen.
• Petersilie waschen, trockentupfen und fein hacken. Römersalat waschen, trockenschwenken und in feine Streifen schneiden. Beides locker unter die Tomaten mischen.

Dauert etwa 1 Stunde
Arbeiten müssen Sie etwa 30 Minuten
1 Portion = 334 kcal/ 0 mg Cholesterin
30 g Fett/ 4 g Eiweiß/ 9 g Kohlenhydrate

Für 4 Portionen

250 g grüne Bohnen
1 Bund Lauchzwiebeln
500 g reife kleine Tomaten
4 EL milder Obstessig
1 TL Salz
1/2 TL Zucker
schwarzer Pfeffer aus der Mühle
12 EL Olivenöl
1/2 Bund Petersilie
4 Blätter Römersalat

Zarte grüne Bohnen und reife Tomaten mit viel Aroma gibt es aus heimischer Ernte von Juli bis September. Zu dieser sommerlichen Vorspeise schmecken Vollkornbrötchen mit Butter oder geröstetes Brot mit Knoblauchbutter.

Herzhafte Windbeutel

Für 20 Stück
Teig:
1/8 l Wasser
30 g Butter
1 Prise Salz
75 g Mehl
2 Eier
1/2 TL Backpulver
Fett und Mehl für die Bleche
Füllung:
1/2 Bund Dill
1/2 Bund Schnittlauch
1 Stück Salatgurke (ca. 50 g)
250 g Rahmfrischkäse
1 EL Zitronensaft
2 EL süße Sahne
Salz, Cayennepfeffer

Die kleinen Windbeutel passen gut auf ein kaltes Buffet, schmecken als Vorspeise und sind eine edle Leckerei beim Sektfrühstück.

• Für den Teig das Wasser mit Butter und Salz in einem Topf kochen lassen, bis die Butter geschmolzen ist. Das gesamte Mehl unter Rühren hinzugeben.
• Bei schwächster Hitze so lange weiterrühren, bis sich der Teig zu einem Kloß zusammenballt und sich am Boden des Topfes eine weißliche Schicht bildet.
• Teig in eine Rührschüssel geben. 1 Ei mit den Knethaken des Handrührgerätes unter den heißen Teig mischen. Den Teig lauwarm abkühlen lassen, dann das zweite Ei und das Backpulver untermischen.
• 2 Backbleche fetten und mit Mehl bestäuben. Den Teig mit zwei Eßlöffeln als walnußgroße Häufchen auf die Bleche setzen. Zwischen den Teighäufchen genügend Abstand lassen, denn die Windbeutel gehen beim Backen auf.
• Das erste Blech mit kaltem Wasser besprühen und in den kalten Backofen (mittlere Schiene) schieben. Die Windbeutel bei 180 Grad (Umluft: 160 Grad, Gas: Stufe 2) etwa 40 Minuten backen.
• Windbeutel auf dem zweiten Blech etwa 35 Minuten backen. Dabei während der ersten 20 Minuten den Ofen nicht öffnen, sonst fallen die Windbeutel zusammen.
• Gebackene Windbeutel sofort ablösen, heiß auseinanderschneiden und auf einem Kuchengitter abkühlen lassen.
• Für die Füllung Dill und Schnittlauch waschen, trockentupfen und fein zerkleinern. Gurke schälen und grob raspeln. Frischkäse mit Zitronensaft glattrühren. Sahne, Kräuter und Gurke untermischen. Mit Salz und einer kräftigen Prise Cayennepfeffer abschmecken.
• Die Füllung auf den unteren Hälften der Windbeutel verteilen. Die oberen Hälften locker daraufsetzen.

Dauert etwa 1 1/2 Stunden
Arbeiten müssen Sie etwa 30 Minuten
1 Stück = 80 kcal/ 49 mg Cholesterin
6 g Fett/ 3 g Eiweiß/ 3 g Kohlenhydrate

Gefüllte Tomaten

• Die Tomaten waschen, abtrocknen und quer halbieren. Fruchtfleisch und Kerne mit einem Teelöffel herausholen, fein hacken und in eine Schüssel geben.
• Oliven halbieren und entsteinen. Den Knoblauch abziehen, den Schnittlauch waschen und trockentupfen. Diese Zutaten fein zerkleinern und mit den getrockneten Kräutern zum Tomatenfleisch geben.
• Alles mischen. Mit Zitronensaft, Salz und Cayennepfeffer würzen und in die Tomaten füllen.
• Die gefüllten Tomaten bei Zimmertemperatur 20 Minuten ziehen lassen.

Dauert etwa 1 Stunde
Arbeiten müssen Sie etwa 40 Minuten
1 Portion = 190 kcal/ 0 mg Cholesterin
17 g Fett/ 3 g Eiweiß/ 6 g Kohlenhydrate

Dazu paßt: Baguette oder Fladenbrot

Für 4 Portionen

2 große Fleischtomaten
200 g schwarze Oliven
1 Knoblauchzehe
1/2 Bund Schnittlauch
1/2 TL getrocknete Kräuter der Provence
2–3 TL Zitronensaft
Salz
Cayennepfeffer

Mit Fisch
Die Hälfte der Oliven nehmen und die Füllung mit 2 oder 3 kalt abgespülten, gehackten Sardellenfilets zubereiten.

Kalte Tomatencreme

• Die Tomaten waschen und halbieren, Stielansätze dabei entfernen. Die Zwiebel abziehen und grob hacken.
• Tomatenhälften und Zwiebel mit Wasser, Oregano, reichlich Pfeffer und die Hälfte des gewaschenen Basilikums in einen Topf geben. Unter Rühren aufkochen und zugedeckt bei schwacher Hitze etwa 1 Stunde kochen lassen.
• Suppe lauwarm abkühlen lassen und durch ein feines Sieb drücken oder pürieren. 2 Stunden zugedeckt kühlen.
• Das restliche Basilikum waschen und trockentupfen. Die Blättchen abzupfen und in feine Streifen schneiden.
• Eßlöffelweise die Crème double mit einem Schneebesen unter die Suppe rühren. Tomatenmark, Zucker und Salz untermischen. Suppe mit den Basilikumstreifen bestreut sofort servieren.

Dauert etwa 1 1/2 Stunden
Arbeiten müssen Sie etwa 30 Minuten
1 Portion = 307 kcal/ 65 mg Cholesterin
23 g Fett/ 7 g Eiweiß/ 18 g Kohlenhydrate

Dazu passen: geröstete Weißbrotwürfel oder Knoblauchbrot

Muß vor dem Servieren etwa 2 Stunden kühlen

Für 4 Portionen

2 kg reife Tomaten
1 kleine Zwiebel
1/8 l Wasser
1 TL getrockneter Oregano
schwarzer Pfeffer aus der Mühle
1 Bund Basilikum
200 g Crème double
2 EL Tomatenmark
1 Prise Zucker
Salz

Schmeckt gut als Aperitif

Obstcocktail

Für 4 Portionen

200 g Wassermelone

1 Kiwi

1 Banane

2 Zweige Petersilie

4 Eiswürfel

3/8 l Johannisbeersaft

1/4 l Gemüsesaft

• Die Melone schälen und von allen Kernen befreien. Kiwi und Banane ebenfalls schälen. Petersilie waschen.
• Alle Früchte mit Petersilie, Eiswürfeln und den beiden Säften im Mixer oder Blitzhacker pürieren. Obstcocktail in hohen Gläsern sofort servieren.

Dauert etwa 5 Minuten
1 Portion = 112 kcal/ 0 mg Cholesterin
0 g Fett/ 2 g Eiweiß/ 26 g Kohlenhydrate

Kräuterdrink

Für 2 Portionen

300 g Buttermilch

1/4 l kohlensäurearmes Mineralwasser

1 Bund gemischte Kräuter (zum Beispiel Petersilie, Dill, Garten- oder Brunnenkresse, Borretsch und Zitronenmelisse)

2 TL Zitronensaft

Salz

weißer Pfeffer aus der Mühle

• Buttermilch mit Mineralwasser verrühren und mit dem Schneebesen kräftig durchschlagen.
• Kräuter waschen, trockentupfen und fein hacken. Mit dem Zitronensaft unter den Drink mischen.
• Mit Salz und Pfeffer abschmecken und nach Wunsch mit 1 frischen Kräuterzweig garnieren.

Dauert etwa 5 Minuten
1 Portion = 63 kcal/ 6 mg Cholesterin
1 g Fett/ 6 g Eiweiß/ 8 g Kohlenhydrate

Sauerkrautsaft mit Apfel

Für 2 Portionen

1 Apfel

3/8 l Sauerkrautsaft

einige gehackte Majoran- blättchen

Salz

1 Prise Zucker

weißer Pfeffer aus der Mühle

• Apfel vierteln, vom Kerngehäuse befreien und schälen. Mit dem Sauerkrautsaft im Mixer pürieren. Majoran untermischen, den Drink mit Salz, Zucker und Pfeffer würzen.

Dauert etwa 10 Minuten
1 Portion = 132 kcal/ 0 mg Cholesterin 1 g Fett/ 4 g Eiweiß/ 26 g Kohlenhydrate

Rote-Bete-Saft mit Sellerie

• Selleriestange putzen und waschen. Die Blättchen abzupfen und mit dem Schnittlauch zerkleinern.
• Sellerie mit Rote-Bete-Saft und Joghurt im Mixer pürieren. Mit Salz, Pfeffer und Koriander würzen und in gut gekühlte Portionsgläser geben. Mit den Sellerieblättchen und dem Schnittlauch bestreuen.

Dauert etwa 15 Minuten
1 Portion = 113 kcal/ 19 mg Cholesterin
5 g Fett/ 4 g Eiweiß/ 13 g Kohlenhydrate

Einkaufs-Tip

Eine große Auswahl an guten Gemüse- und Obstsäften gibt es in Naturkostläden. Die Säfte kann man statt Brühe auch als Grundlage für eine Gemüsesuppe nehmen.

Für 2 Portionen

2 kleine Selleriestangen
3 Schnittlauchröhrchen
1/4 l Rote-Bete-Saft
100 g Sahnejoghurt
Salz, weißer Pfeffer
1 Prise gemahlener Koriander

Tomatencocktail

• Tomaten waschen und halbieren. Die Stielansätze herausschneiden. Die Zwiebel abziehen, die Pfefferschote halbieren, von den Kernen befreien und waschen.
• Orangen und Zitrone auspressen. Den Saft mit Tomaten, Zwiebel, Pfefferschote und Öl im Mixer fein pürieren.
• Mit Zucker, Salz und Tomatenketchup abschmecken und in eisgekühlten Gläsern anrichten.

Dauert etwa 30 Minuten
1 Portion = 102 kcal/ 0 mg Cholesterin
2 g Fett/ 3 g Eiweiß/ 18 g Kohlenhydrate

Für 4 Portionen

1 kg Tomaten
1 kleine Zwiebel
1 kleine grüne Pfefferschote
3 Orangen
1 Zitrone
1 TL Oliven- oder Erdnußöl
1 TL Zucker
Salz
2 EL Tomatenketchup

Orangen-Möhren-Saft

• Möhren putzen, schaben, waschen und durch den elektrischen Entsafter geben. Orangen auspressen.
• Den ausgepreßten Möhren- und Orangensaft mit dem Zitronensaft, Öl und Kerbel mischen.

Dauert etwa 15 Minuten
1 Portion = 100 kcal/ 0 mg Cholesterin
3 g Fett/ 2 g Eiweiß/ 17 g Kohlenhydrate

Für 2 Portionen

300 g junge Möhren
3 Orangen
2 EL Zitronensaft
1 TL Erdnußöl
2 TL gehackter Kerbel

Die Morcheln müssen
3 Stunden quellen

Für 6 Portionen

20 g getrocknete Spitzmorcheln
200 ml Wasser
300 g Tiefkühlblätterteig
1 Eigelb
1 Schalotte
1 TL Öl
1/2 Bund Petersilie
200 g süße Sahne
1 TL Zitronensaft
Salz
Pfeffer aus der Mühle
Salatblätter

*Morcheln gehören zu den
feinsten und teuersten Pilzen.
Sowohl bei frischen als auch
bei getrockneten Morcheln
lohnen sich Preisvergleiche.*

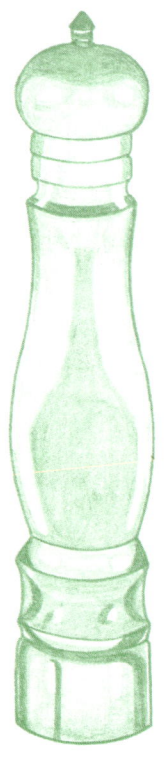

Morcheltörtchen

• Die Morcheln im Wasser zugedeckt etwa 3 Stunden einweichen (siehe unten), abgießen und das Wasser auffangen. Die Pilze fein zerkleinern.
• Blätterteig auftauen lassen. Den Backofen auf 200 Grad (Umluft: 180 Grad, Gas: Stufe 3) vorheizen.
• Für die kleinen Tortenböden aus den Teigplatten Kreise von etwa 5 Zentimeter Durchmesser ausstechen. Teigreste in Streifen schneiden, zu Spiralen drehen und mit Eigelb als Rand um die Kreise kleben.
• Die Teigböden auf ein kalt abgespültes Backblech legen und mit einer Gabel einige Male einstechen. In den heißen Backofen (mittlere Schiene) schieben und in etwa 15 Minuten goldgelb backen. Vom Blech lösen und auf einem Kuchengitter abkühlen lassen.
• Die Schalotte fein hacken und im heißen Öl bei schwacher Hitze glasig dünsten. Petersilie hacken, die Hälfte davon mit den Morcheln zur Schalotte geben und bei starker Hitze unter Rühren schmoren. Dabei nach und nach das Einweichwasser und die Sahne zugießen und schmoren, bis die Sauce dick und cremig ist.
• Mit Zitronensaft, Salz und Pfeffer würzen, mit dem Rest der Petersilie mischen und in die Blätterteigtörtchen füllen. Auf Salatblättern anrichten und sofort servieren.

Dauert etwa 45 Minuten
1 Portion = 338 kcal/ 165 mg Cholesterin
26 g Fett/ 5 g Eiweiß/ 20 g Kohlenhydrate

Morcheln ...

... gibt es das ganze Jahr über getrocknet, im Mai und Juni bei manchen Gemüsehändlern auch frisch. Die Pilze wachsen auf Sand, und in den schrumpeligen Hüten haften eine Menge feiner Sandkörnchen. Frische Pilze müssen Sie deshalb sorgfältig putzen und waschen. Getrocknete Morcheln weicht man vor der Zubereitung in Wasser oder Milch ein. Danach nimmt man sie heraus und spült sie gründlich unter kaltem Wasser ab, bis alle Sandkörnchen entfernt sind. Die aromatische Einweichflüssigkeit braucht man für die Sauce. Damit die darin gelösten Sand- und Erdreste aus den Morcheln nicht in die Sauce geraten, gießt man sie durch eine Kaffeefiltertüte oder durch ein Sieb, das mit einem Stück Küchenpapier ausgelegt ist.

Kichererbsenbällchen mit Joghurtsauce

• Für die Sauce den Schnittlauch waschen, trockentupfen und in feine Röllchen schneiden. Joghurt mit einem Schneebesen kräftig verrühren. Schnittlauch, Salz, Cayennepfeffer und Zucker untermischen.
• Kichererbsen auf einem Sieb abgießen und gut abtropfen lassen. Petersilie waschen und trockentupfen. Knoblauch abziehen. Alle diese Zutaten pürieren.
• Mit Eigelb, Zitronensaft, Kümmel, je einer kräftigen Prise Salz und Cayennepfeffer vermischen. So viel Semmelbrösel unter das Püree mischen, daß es sich mit angefeuchteten Händen wie Frikadellen formen läßt.
• Etwa walnußgroße Bällchen formen und portionsweise im heißen Öl schwimmend ausbacken. Auf Küchenpapier abtropfen lassen. Heiß oder kalt mit der Sauce servieren.

Dauert etwa 1 Stunde
1 Portion = 560 kcal/ 119 mg Cholesterin
33 g Fett/ 19 g Eiweiß/ 44 g Kohlenhydrate

Tip
Die Kichererbsenbällchen, Falafel genannt, sind eine Spezialität in arabischen Ländern. Man legt sie mit Salatblättern und Tomatenscheiben zwischen aufgeschnittenes Fladenbrot.

Schmecken mit Salat und Fladenbrot

Für 4 Portionen

Sauce:
1 Bund Schnittlauch
500 g Joghurt (3,5 %)
Salz
Cayennepfeffer
1 Prise Zucker

Kichererbsenbällchen:
1 Dose Kichererbsen (Füllmenge 400 g)
1 Bund Petersilie
1 Knoblauchzehe
1 Eigelb
1 TL Zitronensaft
1/4 TL gemahlener Kreuzkümmel oder Kümmel
Salz, Cayennepfeffer
etwa 50 g Semmelbrösel
Öl zum Fritieren

Croûtons mit Artischockencreme

• Artischockenböden auf einem Sieb abtropfen lassen und dabei mit einem Löffel ausdrücken. Knoblauch abziehen.
• Artischocken, Knoblauch, Zitronenschale, Käse und Crème double im Blitzhacker pürieren.
• Creme mit Zitronensaft, Cayennepfeffer und Salz würzen.
• Baguette in fingerdicke Scheiben schneiden, nebeneinander auf ein Backblech legen und in den kalten Backofen (mittlere Schiene) schieben. Bei 250 Grad (Gas: Stufe 5) in etwa 5 Minuten goldgelb rösten.
• Die heißen Croûtons mit der Artischockencreme bestreichen, auf Salatblättern anrichten und sofort servieren.

Dauert etwa 30 Minuten
1 Portion = 321 kcal/ 30 mg Cholesterin
12 g Fett/ 16 g Eiweiß/ 37 g Kohlenhydrate

Für 4 Portionen

1 kleines Glas eingelegte Artischockenherzen (Einwaage ca. 200 g)
1 Knoblauchzehe
1 Stück unbehandelte Zitronenschale (ca. 1 cm lang)
100 g geriebener Parmesankäse
2 EL Crème double
1 TL Zitronensaft
Cayennepfeffer
Salz
1 Baguette (250 g)
Salatblätter

Frühlingsrollen mit Chinadip

Für 4 Portionen
China-Dip:
1 daumenlanges Stück frische Ingwerwurzel
1 Knoblauchzehe
Salz
4 EL trockener Sherry
1 EL Zitronensaft
2 EL Sojasauce
1 TL Honig
6 EL Öl
2 EL Erdnußöl
Frühlingsrollen:
12 Blätter tiefgefrorener Frühlingsrollenteig (ca. 24 mal 24 cm; siehe Seite 83)
1 dünne Stange Lauch
1 kleiner Kohlrabi
1 mittelgroße Möhre
3 Blätter Mangold oder Chinakohl
100 g Sojabohnensprossen
1/2 Bund Petersilie
2 EL Öl
2 EL Sojasauce
1 TL Fünf-Gewürze-Mischung (siehe unten)
Salz
weißer Pfeffer aus der Mühle
1 Eiweiß
Öl oder Pflanzenfett zum Fritieren

Fünf-Gewürze-Mischung ...

... gibt es in Asienläden und Supermärkten zu kaufen. Das Pulver besteht meist aus Sternanis, Gewürznelken, Fenchelsamen, Zimt und Anispfeffer.

• Für den Chinadip den Ingwer mit einem kleinen Messer wie eine Kartoffel schälen und auf der Rohkostreibe fein reiben oder mit einem Messer ganz fein hacken. Knoblauch abziehen und mit etwas Salz zerdrücken.

• Beide Zutaten mit dem Sherry, Zitronensaft, Sojasauce, Honig und den beiden Ölsorten kräftig verrühren. Den Dip zugedeckt bei Zimmertemperatur ziehen lassen, bis die Frühlingsrollen zubereitet sind.

• Die Teigblätter für die Frühlingsrollen auftauen lassen.

• Lauch putzen, waschen und mit allen saftigen grünen Blättern in etwa 4 Zentimeter lange Stücke schneiden. Die Stücke längs in feine Streifen schneiden. Kohlrabi und Möhre schälen und in etwa 4 Zentimeter lange, streichholzdünne Stifte schneiden. Mangold waschen und trockentupfen. Die dicken Blattrippen herausschneiden und in feine Streifen teilen. Blätter grob hacken. Die Sprossen kalt abspülen und gut abtropfen lassen. Petersilie waschen, trockentupfen und fein hacken.

• Öl in einer großen Pfanne erhitzen. Das zerkleinerte Gemüse, die Sprossen und die Petersilie darin bei starker Hitze unter ständigem Rühren etwa 2 Minuten braten. Mit Sojasauce, Fünf-Gewürze-Mischung, Salz und einer kräftigen Prise Pfeffer aus der Mühle würzen. Auf einen Teller geben und ganz erkalten lassen. Den Backofen zum Warmhalten der Rollen auf 50 Grad (Gas: Stufe 1/2) schalten.

• Die Teigblätter nacheinander auf der Arbeitsfläche ausbreiten und jeweils etwas unterhalb der Mitte einen etwa 12 Zentimeter langen Streifen Gemüse darauflegen. Die Ränder der Teigblätter rundherum mit verquirltem Eiweiß bestreichen, damit sie beim Aufrollen und Backen gut zusammenhalten.

• Jedes Blatt rechts und links an den Seiten über der Füllung einschlagen. Nun auch die eine Längsseite über die Füllung klappen. Das Teigblatt möglichst fest aufrollen und am Rand gut festdrücken.

• Das Öl in einem hohen Topf oder in einer Friteuse erhitzen. Es ist heiß genug, wenn am Stiel eines Holzkochlöffels, den man ins Fett hält, kleine Bläschen aufsteigen.

• Die Frühlingsrollen portionsweise darin etwa 3 Minuten ausbacken, bis sie goldbraun und knusprig sind. Dabei einmal wenden. Die gebackenen Rollen mit einem Schaumlöffel herausnehmen und auf einer dicken Lage Küchenpapier kurz abtropfen lassen.

• Die Frühlingsrollen auf eine Platte legen und im Backofen bei 50 Grad (Gas: Stufe 1/2) warm halten, bis alle gebacken sind. Möglichst heiß mit dem Dip servieren.

Dauert etwa 1 Stunde
1 Portion = 695 kcal/ 0 mg Cholesterin
56 g Fett/ 10 g Eiweiß/ 30 g Kohlenhydrate

*Dazu passen: geraspelter roher Weißkohl, Fenchelstreifen
und Möhrenraspel*

Die Hülle für die Rollen

Frühlingsrollenteig aus Weizenmehl und Wasser gibt es
tiefgefroren in Asienläden zu kaufen. Quadratische Teigblätter lassen sich leichter füllen und rollen als runde. Wie
man es macht, ist auf vielen Packungen genau gezeigt.

Tip
Das Fett muß beim Fritieren richtig heiß sein, damit die Rollen knusprig
werden. Braten Sie deshalb in einer Portion nur so viele Rollen, daß sie
einander nicht berühren.

*Die Frühlingsrollen beim
Warmhalten im Backofen
nicht zudecken, damit sie
knusprig bleiben.*

Gebratene Auberginen

• Auberginen waschen, abtrocknen, von den Stielansätzen
befreien und in Würfel schneiden. Portionsweise in insgesamt 4 Eßlöffeln Öl bei schwacher Hitze gerade eben
weich braten.
• Während die Auberginen braten, die Tomaten abziehen
und würfeln. Dabei die Stielansätze entfernen. Zwiebel
und Knoblauch abziehen, hacken und im restlichen Öl bei
schwacher Hitze glasig braten.
• Tomaten und Thymian zugeben und zugedeckt bei mittlerer bis schwacher Hitze etwa 10 Minuten schmoren.
Nach Wunsch bei starker Hitze dick einkochen lassen.
• Gebratene Auberginen untermischen. Mit Salz,
frischgemahlenem Pfeffer und Zucker abschmecken und lauwarm abkühlen lassen.

Für 4 Portionen

2 schlanke Auberginen (ca. 800 g)
8 EL Olivenöl
1 kg Tomaten
1 große Zwiebel
1 Knoblauchzehe
1 TL getrockneter Thymian
Salz
schwarzer Pfeffer aus der Mühle
1 Prise Zucker

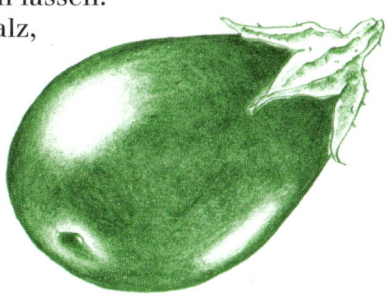

Dauert etwa 1 Stunde
1 Portion = 266 kcal/ 0 mg Cholesterin
21 g Fett/ 4 g Eiweiß/ 14 g Kohlenhydrate

Dazu paßt: Baguette oder Fladenbrot

Kohlrabipiroggen

Piroggen sind kleine oder große Teigtaschen mit beliebigen Füllungen. Sie stammen aus der russischen Küche.

• Für den Hefeteig Mehl in eine Schüssel geben und in die Mitte eine Mulde drücken. Die Hefe zerkrümeln, in die Mulde geben und mit 2 Eßlöffeln lauwarmem Wasser und etwas Mehl vom Rand zum Vorteig mischen. Den Vorteig zugedeckt an einem warmen Ort 15 Minuten gehen lassen.

• Restliches lauwarmes Wasser, Öl, Eigelb und Salz zugeben und alles vermischen. Teig mit den Knethaken des Handrührgerätes etwa 5 Minuten rühren, bis er Blasen bildet. Zugedeckt bei Zimmertemperatur etwa 1 Stunde gehen lassen, bis sich das Teigvolumen verdoppelt hat.

• Inzwischen für die Füllung Kohlrabi schälen und raspeln. Den Schafkäse fein zerbröckeln, Petersilie und Schnittlauch waschen und fein schneiden.

• Alle diese Zutaten mit Käse, Crème fraîche, 1 Ei und Sesamkörnern mischen und mit Salz, Muskat und eine Prise Cayennepfeffer abschmecken.

• Teig noch einmal durchkneten und in 6 Portionen teilen. Jede Portion auf der mit Mehl bestreuten Arbeitsfläche zu einer runden, etwa messerrückendicken Platte ausrollen und weitere 15 Minuten gehen lassen.

• Das zweite Ei trennen. Das Eigelb mit Sahne verquirlen und zum Bestreichen der Piroggen beiseite stellen.

• Jede Teigplatte jeweils zur Hälfte mit der Kohlrabifüllung belegen. Am Rand einen etwa 1 Zentimeter breiten Streifen frei lassen und mit dem Eiweiß bestreichen. Teigplatten zusammenklappen, Ränder gut zusammendrücken und Piroggen mit einem Zahnstocher mehrmals einstechen.

• Piroggen auf 2 gefettete Backbleche legen und mit der Eigelb-Sahne-Mischung bestreichen.

• Das erste Blech in den kalten Backofen (mittlere Schiene) schieben und die Piroggen bei 200 Grad (Umluft: 180 Grad, Gas: Stufe 3) etwa 50 Minuten backen. Die Piroggen auf dem zweiten Blech etwa 40 Minuten backen.

Dauert etwa 3 Stunden
Arbeiten müssen Sie etwa
1 1/2 Stunden
1 Portion = 909 kcal/
280 mg Cholesterin
48 g Fett/ 35 g Eiweiß/
79 g Kohlenhydrate

Tomatenquiche

- Mehl mit Eiern, Öl, Salz und zunächst 2 Eßlöffeln Wasser zu einem geschmeidigen Nudelteig kneten. Falls der Teig noch zu trocken ist, tropfenweise das restliche Wasser unterkneten. Zu einem Kloß formen und in Pergamentpapier gewickelt bei Zimmertemperatur 1 Stunde ruhenlassen.
- Tomaten abziehen und in Scheiben schneiden. Die Stielansätze dabei entfernen. Kräuter fein zerkleinern. Mit den Eiern, Milch, Crème fraîche und Käse mischen, mit Salz, Pfeffer, Cayennepfeffer und Muskatnuß würzen.
- Teig in 4 bis 6 Stücke teilen, auf wenig Mehl ganz dünn ausrollen und ein gefettetes Backblech damit auslegen. Tomatenscheiben darauf verteilen, Eiermilch darübergießen.
- Quiche in den kalten Backofen (mittlere Schiene) schieben und bei 200 Grad (Umluft: 180 Grad, Gas: Stufe 3) 30 bis 40 Minuten backen, bis sie schön goldbraun ist.

Dauert etwa 1 3/4 Stunden
Arbeiten müssen Sie etwa 1 Stunde
1 Portion = 496 kcal/ 337 mg Cholesterin
24 g Fett/ 20 g Eiweiß/ 47 g Kohlenhydrate

Zubereitungs-Tip

Die Teigplatten sollen sich jeweils am Rand etwa 1/2 Zentimeter überlappen und rundherum einen 2 Zentimeter hohen Rand bilden. Dann läuft die Eiermilch nicht aus.

Für 6 Portionen

Teig:
300 g Mehl
2 Eier
1 EL Öl
Salz
2–4 EL Wasser
Belag:
1 kg vollreife Tomaten
je 1 Bund Schnittlauch und Basilikum
6 Zweige frischer Thymian
3 Eier
1/8 l Milch
1 Becher Crème fraîche (200 g)
75 g geriebener Parmesan
weißer Pfeffer
1 Prise Cayennepfeffer
geriebene Muskatnuß
Fett für das Blech
Mehl zum Ausrollen

Zwiebelkuchen mit Nüssen

Für 10 Stücke
Teig:
450 g Weizenvollkornmehl
1 Päckchen Trockenhefe
1 TL Salz
1/2 l lauwarmes Wasser
1 EL Öl
Belag:
2 kg Zwiebeln
4 EL Öl
1 Bund Petersilie
200 g gehackte Haselnußkerne
500 g saure Sahne
3 Eier
Salz, schwarzer Pfeffer
1 TL scharfes Paprikapulver
Fett für das Backblech

Mit Hefeteig, der zum Ausrollen zu weich ist, werden herzhafte und süße Kuchen besonders locker und saftig.

• Mehl, Hefe und Salz in einer Schüssel vermischen. Wasser und Öl dazugießen. Alles mit den Knethaken des Handrührgerätes etwa 5 Minuten rühren, bis der Teig Blasen bildet. Zugedeckt bei Zimmertemperatur etwa 1 Stunde ruhenlassen, bis sich das Teigvolumen verdoppelt hat.
• Für den Belag die Zwiebeln abziehen und fein hobeln. Öl in einer Pfanne erhitzen. Zwiebeln portionsweise darin bei schwacher Hitze weich braten und abkühlen lassen.
• Die Petersilie waschen, trockentupfen und fein hacken. Mit Zwiebeln, Nüssen, Sahne, Eiern, Salz, Pfeffer und Paprikapulver mischen.
• Den Teig mit einem breiten Messer auf ein gefettetes Backblech streichen, Zwiebelmischung darauf verteilen.
• Den Zwiebelkuchen in den kalten Backofen (mittlere Schiene) schieben und bei 180 Grad (Umluft: 160 Grad, Gas: Stufe 2) etwa 40 Minuten backen.

Dauert etwa 2 1/2 Stunden
Arbeiten müssen Sie etwa 1 Stunde
1 Portion = 529 kcal/ 134 mg Cholesterin
31 g Fett/ 15 g Eiweiß/ 45 g Kohlenhydrate

Knoblauchbrot mit Ziegenkäse

Für 4 Portionen
4 Knoblauchknollen
8 frische Salbeiblätter
150 ml Gemüsebrühe
4 EL Olivenöl
Salz
weißer Pfeffer aus der Mühle
1 TL Zitronensaft
1 Baguette (250 g)
200 g weicher weißer Ziegenkäse

• Die äußeren Blätter der Knoblauchknollen entfernen. Knollen quer halbieren. Mit den Schnittflächen nach oben eng nebeneinander in eine Gratinform setzen und mit dem Salbei belegen. Brühe und Öl mischen und zugießen.
• Knoblauch zugedeckt in den kalten Backofen (mittlere Schiene) schieben. Bei 200 Grad (Umluft: 180 Grad, Gas: Stufe 3) in 1 Stunde weich backen.
• Knoblauch mit einer Gabel aus den Häuten streifen, mit Salz, Pfeffer und Zitronensaft mischen.
• Baguette in Scheiben schneiden. Auf einem Backblech etwa 2 Minuten im heißen Ofen knusprig backen. Mit Knoblauchpüree bestreichen. Käsescheiben darauf anrichten.

Dauert etwa 1 1/2 Stunden
Arbeiten müssen Sie etwa 30 Minuten
1 Portion = 473 kcal/ 56 mg Cholesterin
27 g Fett/ 14 g Eiweiß/ 39 g Kohlenhydrate

Artischocken mit Holländischer Sauce

• Reichlich Wasser mit Salz und dem ausgepreßten Saft von 1/2 Zitrone zum Kochen bringen. Artischocken waschen, putzen und rundherum mit der ausgepreßten Zitronenhälfte einreiben, damit sie sich nicht verfärben.
• Im sprudelnden Wasser aufkochen und zugedeckt bei schwacher Hitze in etwa 30 Minuten so weich kochen, daß man ein Blatt leicht abzupfen kann.
• Während die Artischocken garen, die Butter schmelzen und warm halten. In einer Schüssel Eigelb und Wasser mit den Quirlen des Handrührgerätes verrühren.
• Für das Wasserbad einen breiten Kochtopf mit so viel heißem Wasser füllen, daß die Schüssel mit den Eigelben darin steht, ohne zu schwimmen. Einen Teller umgedreht auf den Boden des Topfes legen, damit die Schüssel den heißen Topfboden nicht berührt. Das Wasser erhitzen, bis sich kleine Perlen darin bilden, aber nicht kochen lassen.
• Eigelbmischung über dem heißen Wasserbad zu einer dicken Creme aufschlagen. Flüssige Butter unter Rühren zuerst teelöffelweise, dann in dünnem Strahl zugeben.
• Sauce rühren, bis sie dick und cremig ist. Mit Essig, Salz und Cayennepfeffer abschmecken. Warm zu den gut abgetropften Artischocken servieren.

Dauert etwa 45 Minuten
1 Portion = 365 kcal/ 286 mg Cholesterin
32 g Fett/ 5 g Eiweiß/ 12 g Kohlenhydrate

Artischocken essen

Blatt für Blatt zupft man rundherum mit der Hand ab, tunkt das fleischige untere Ende in die Sauce und streift es mit den Zähnen ab. Wenn Sie diese Blätter gegessen haben, kommen zuerst dünne Blättchen, die man einfach beiseite legt, und dann der Artischockenboden mit dem »Heu«. Das »Heu« wird mit Messer und Gabel abgenommen, der Artischockenboden in mundgerechte Stücke geschnitten, die man ebenfalls in die Sauce tunkt.
Beim Artischockenessen stellt man Extrateller zum Ablegen der Blattreste auf den Tisch. Gut sind auch Schälchen mit kaltem Wasser und Zitronenscheiben darin, um sich zum Schluß die Finger zu reinigen.

Für die Sauce brauchen Sie ganz frische Eigelbe

Für 6 Portionen

Salz
Saft von 1/2 Zitrone
6 Artischocken
holländische Sauce:
200 g Butter
3 frische Eigelb
1 EL heißes Wasser
1 TL Weißweinessig
Salz, Cayennepfeffer

Die klassische Holländische Sauce mit Eigelb und Butter schmeckt auch zu Spargel, Blumenkohl, Pellkartoffeln und Grillgerichten.

Zur Abwechslung
• Die Holländische Sauce mit reichlich abgeriebener Orangenschale und 2 Eßlöffeln Orangensaft mischen.
• Die Sauce mit feingehacktem Senfgemüse (Glas) vermischen.

Tip
Zum Dippen eignen sich die großen runden Artischocken mit den fleischigen Blattwurzeln und großen Böden am besten.

Überbackene Pilze

Für 3 Portionen
250 g Austernpilze
1 Schalotte
1 Knoblauchzehe
1 Bund Petersilie
125 g Mozzarella
1 EL Olivenöl
Salz
weißer Pfeffer aus der Mühle
1 EL Zitronensaft
1 EL ungeschälte Sesamkörner

• Den Backofen auf 200 Grad (Umluft: 180 Grad, Gas: Stufe 3) vorheizen.

• Die Pilze putzen und in Streifen schneiden. Schalotte und Knoblauchzehe abziehen und fein hacken. Petersilie waschen, trockentupfen, die Blättchen abzupfen und ebenfalls fein zerkleinern. Mozzarella abtropfen lassen und in kleine Würfel schneiden.

• Olivenöl erhitzen, Schalotte und Knoblauch darin glasig braten. Pilze dazugeben und bei starker Hitze unter Rühren so lange schmoren, bis die Flüssigkeit, die sich bildet, wieder verdampft ist und die Pilze möglichst trocken sind.

• Pilze mit Salz und weißem Pfeffer würzen und in 4 flache Gratinförmchen geben. Zitronensaft, Petersilie, Mozzarellawürfel und Sesamkörner über den Pilzen verteilen.

• Förmchen in den heißen Backofen (mittlere Schiene) stellen und Pilze etwa 15 Minuten überbacken, bis der Käse zerlaufen und schön gebräunt ist.

Dauert etwa 30 Minuten
1 Portion = 176 kcal/ 24 mg Cholesterin
12 g Fett/ 11 g Eiweiß/ 4 g Kohlenhydrate

Fenchel mit Schalottensauce

Für 4 Portionen
2 Schalotten
3 Zweige Thymian
1 EL Dijonsenf
3 EL Balsamessig
Salz
schwarzer Pfeffer aus der Mühle
8 EL Olivenöl
4 kleine Fenchelknollen

Die Sauce kann man vorbereiten und zugedeckt 1 Tag im Kühlschrank aufbewahren. Der Fenchel schmeckt am besten frisch geschmort.

• Für die Sauce Schalotten abziehen und ganz fein hacken. Thymian waschen, trockentupfen, die Blättchen abzupfen. Beide Zutaten mit Senf, Essig, Salz, Pfeffer und 6 Eßlöffeln Öl verrühren. Sauce zugedeckt bei Zimmertemperatur ziehen lassen, bis der Fenchel gebraten ist.

• Fenchelknollen putzen, längs vierteln, die Strünke herausschneiden. Die Viertel waschen und gut trockentupfen.

• 2 Eßlöffel Öl in einer Pfanne erhitzen. Fenchelstücke darin bei mittlerer Hitze rundherum anbraten. Zugedeckt bei schwacher Hitze etwa 10 Minuten schmoren, bis sie gerade eben weich sind. Auf vorgewärmten Portionstellern anrichten, mit der Sauce beträufeln und sofort servieren.

Dauert etwa 30 Minuten
1 Portion = 282 kcal/ 0 mg Cholesterin
21 g Fett/ 5 g Eiweiß/ 16 g Kohlenhydrate

Dazu paßt: *Baguette oder Toast*

Warmer Pilzsalat mit Käse

• Für die Salatsauce gewaschene Petersilie und abgezogenen Knoblauch fein hacken. Beide Zutaten mit dem Essig, Apfelsaft, Senf, Majoran, Salz, Pfeffer und 6 Eßlöffeln Olivenöl verrühren. Zugedeckt 30 Minuten bei Zimmertemperatur ziehen lassen.

• Inzwischen die Stiele der Pilze abschneiden. Pilzhüte halbieren. Die Salatblätter waschen, trockenschwenken und in Streifen schneiden. Kerbel waschen, trockentupfen und grob zerkleinern. Tomate waschen oder abziehen und in kleine Würfel schneiden. Dabei den Stielansatz entfernen.

• Salat mit der Sauce mischen und auf Portionstellern anrichten. Kerbel und Tomatenwürfel darüber verteilen.

• Käse grob raspeln oder mit einem scharfen Messer in Späne schneiden und auf die Salatportionen streuen.

• Das restliche Öl in einer Pfanne erhitzen. Die Pilze darin bei starker bis mittlerer Hitze etwa 4 Minuten unter Wenden kräftig rösten, bis sie weich und leicht gebräunt sind. Auf dem Salat anrichten, mit Salz und Pfeffer würzen.

Dauert etwa 1 Stunde
1 Portion = 227 kcal/ 17 mg Cholesterin
21 g Fett/ 3 g Eiweiß/ 4 g Kohlenhydrate

Dazu paßt: Weißbrot oder Toast

Pilze aus der Zucht ...

... sind unbelastet von Strahlen und Schadstoffen. Ganz frisch gekauft und zubereitet, schmecken sie beinahe so aromatisch wie Wildpilze. Außerdem kann man sie rasch und leicht vorbereiten: Austernpilze wachsen auf Strohballen. Deshalb muß man sie nicht waschen, sondern nur vom Strunk abschneiden und die eventuell anhaftenden Strohreste entfernen. Bei Shiitakepilzen braucht man sogar nur den zähen Stiel abzuschneiden. Da die Pilze auf Holzstämmen wachsen, sind Waschen und Putzen überflüssig. Nur weiße und braune Champignons müssen Sie putzen und meist auch waschen.

Für 4 Portionen

4 Zweige Petersilie
1 Knoblauchzehe
2 EL milder Obstessig
1 EL Apfelsaft
1/2 TL scharfer Senf
1/2 TL getrockneter Majoran
Salz
schwarzer Pfeffer aus der Mühle
8 EL Olivenöl
150 g frische Shiitakepilze
150 g Austernpilze
1/2 kleiner Kopf Friséesalat oder Lollo rosso
1 Handvoll Kerbelblättchen oder 1/2 Bund Dill
1 große Tomate
100 g Parmesan- oder Pecorinokäse

Frische Pilze ...

... haben festes Fleisch und geschlossene Hüte. Überlagerte Champignons und Shiitakepilze werden schrumpelig, alte Austernpilze bekommen braune Ränder. Der weiße Belag auf Austernpilzen dagegen schadet nicht: Er bildet sich im Kühlschrank und muß nur abgewischt werden.

SALATE UND ROHKOST

Kann man jedes Gemüse roh essen?

Nein. Bei verschiedenen Wildpilzen zum Beispiel würde das sogar zu Vergiftungen führen – wie auch bei Rhabarber und Holunderbeeren. Hülsenfrüchte werden erst nach etwa 8 Minuten Garzeit gut verträglich. Deshalb frische grüne Erbsen, grüne Bohnen und alle frischen oder tiefgekühlten Bohnenkerne (zum Beispiel dicke Bohnen) nicht roh essen.

Was eignet sich gut für Rohkost?

Am besten kombinieren Sie ein Gemüse, das in der Erde wächst, mit einem, das oberhalb wächst:
• Möhren, Kohlrabi und Tomaten
• Radieschen, Rettich und Zucchini
• Fenchel, Paprikaschoten und Eisbergsalat
• Chicorée, Weintrauben, Äpfel und Petersilie
• Orangen, Stangen- und Knollensellerie
• Kopfsalat, Tomaten, Radieschen und Champignons
• Eichblattsalat, dünngeschnittener Spargel und Avocado
• Feldsalat, Frisée, Radicchio und Birnen
• Spinat, Paksoi, Melone, Minze und Sprossen.

Praktische Geräte

Zum Zerkleinern von Rohkost nimmt man eine Gemüsereibe zum Aufrechtstellen mit 4 verschiedenen Reibflächen oder eine Schnitzelmühle für den Handbetrieb mit verschiedenen Scheiben. Für große Rohkostmengen ist eine Küchenmaschine mit verschiedenen Raspelscheiben praktisch. Beim Zerkleinern von Kräutern helfen Kräutermühle oder Haushaltsschere.

Trocken am besten

Salatzutaten müssen trocken sein, sonst hat die Sauce kein Aroma. Deshalb Gemüse für Rohkost nach dem Waschen abtrocknen, Blattsalat in der Salatschleuder, Kräuter im Küchentuch trocknen.

Wenn der Salat zu sauer ist

Oft helfen zerkleinerte Tomaten, etwas süßer Balsamessig oder ein Schuß süße Sahne. Über sehr sauren Salat gießt man 1/2 Tasse Gemüsebrühe oder Kräutertee, läßt ihn auf einem Sieb gut ablaufen und mischt ihn in einer anderen Schüssel mit frischgehackten Kräutern.

• Batavia mit krausen Blättern, oft fest wie Wirsingkohl, manchmal mit lockeren Blättern, ist eine Neuzüchtung von Kopfsalat aus Frankreich – knackig und dickfleischig wie Eissalat, aromatisch wie Kopfsalat.
• Lollo Rossa und Lollo Bionda stammen aus Italien und werden bei uns von Mai bis Dezember geerntet. Der rote – Rossa – krause Salat schmeckt herzhafter als der grüne – Bionda. Beide halten sich länger frisch als Kopfsalat.
• Radicchio di Treviso hat lange Blätter und eine fleischige Wurzel, die man geschält und geraspelt unter den Salat mischen kann. Er ist mit dem bekannten runden Radicchio verwandt und schmeckt relativ bitter.

Neue Sorten

• Eskarol, ein kräftiger Verwandter von Endiviensalat mit glatten, leicht bitteren Blättern, schmeckt mit Kürbiskernen, Vinaigrette, Teedressing oder Dressing mit Gemüsebrühe.
• Römischer Salat, auch Romana-, Lattich- oder Bindesalat genannt, hat lange, kräftige grüne Blätter mit fleischigen Blattstielen. Er schmeckt herzhafter als Kopfsalat und verträgt sich mit pikanten Dressings: mit Käse oder Currypulver, mit Zwiebeln oder Kapern und Oliven.
• Eichblattsalat, Rauke, Spinat und Wildkräuter schmecken mit Knoblauch, Nüssen und Küchenkräutern.

Würze für Blattsalate

... passen besonders gut zusammen. Falls nicht eigens erwähnt: Kräuter, Salz und Pfeffer gehören immer dazu.
• Kohlrabi- oder Rettichraspel mit süßer Sahne, wenig Zitronen- oder Orangensaft und Schnittlauchröllchen.
• Möhren- und Apfelraspel mit Zitronen- oder Orangensaft und etwas Erdnußöl.
• Fenchelstreifen mit Orangenstücken und Maiskeimöl.
• Tomatenachtel mit Zwiebel- oder Schnittlauchröllchen, Balsamessig und Olivenöl.
• Feldsalat mit Möhrenraspel, Kürbiskernen und Olivenöl.
• Hauchfein geschnittener Chinakohl mit Erdnußkernen, Orangensaft, Erdnußöl und Koriandergrün.

Einige Salatzutaten ...

• Getrocknete Kräuter läßt man etwa 10 Minuten in der Salatsauce ziehen.
• Zerkleinerte frische und Tiefkühlkräuter mischt man gleich mit den anderen Salatzutaten.
• Zarte Blattsalate erst kurz vor dem Servieren mischen.
• Für zartes Knoblaucharoma die Salatschüssel mit einer geschälten Knoblauchzehe ausreiben.
• Sherry- und Himbeeressig würzen besonders mild.

Tips und Tricks

Frühlingssalat

Für 4 Portionen

500 g weißer Spargel

Salz

250 g Zuckerschoten

500 g grüner Spargel

200 g Möhren

1 reife Avocado

je 1 Handvoll Kerbel und Sauerampfer (ersatzweise Petersilie und Dill)

1 kleine Zitrone

weißer Pfeffer aus der Mühle

Das Wasser für den Spargel am besten so mild salzen wie für eine Suppe. Dann können Sie es wie frischgekochte Gemüsebrühe verwenden oder zur Frühjahrskur trinken.

• Den weißen Spargel putzen, schälen und waschen. Die Spargelköpfe abschneiden und beiseite legen. Die Stangen in reichlich kochendem Salzwasser 10 Minuten garen.

• Inzwischen Zuckerschoten und grünen Spargel waschen und putzen. Die Köpfe der grünen Spargel ebenfalls abschneiden, mit den weißen Spargelköpfen und den Zuckerschoten zum Spargel im Topf geben, aufkochen und etwa 3 Minuten sprudelnd kochen lassen.

• Das Gemüse abgießen und abtropfen lassen. Die Brühe auffangen. 1/8 Liter Spargelbrühe für die Salatsauce abmessen, den Rest für eine Suppe verwenden.

• Grüne Spargelstangen in etwa fingerbreite Stücke schneiden. Möhren schälen und in Stifte schneiden. Die Avocado halbieren, den Kern herauslösen und die Hälften schälen.

• Für die Salatsauce die Avocado mit den gewaschenen Kräutern, dem ausgepreßten Zitronensaft und der abgemessenen Spargelbrühe pürieren, mit Salz und Pfeffer aus der Mühle abschmecken.

• Das gekochte und das rohe Gemüse auf Tellern anrichten, mit der Sauce überziehen und sofort servieren.

Dauert etwa 45 Minuten
1 Portion = 212 kcal/ 0 mg Cholesterin
14 g Fett/ 7 g Eiweiß/ 14 g Kohlenhydrate

Dazu passen: Toastbrot oder Vollkornbrötchen mit gesalzener Butter

Spargel ...

... kommt aus Europa je nach Witterung von März bis Mitte Juni auf den Markt. Spargel aus außereuropäischen Ländern können Sie auch danach kaufen.
Weißer Spargel ist besonders zart und mild im Geschmack, allerdings auch am teuersten. Er enthält Vitamine und Mineralstoffe, aber nur wenige Kalorien. Grüner Spargel schmeckt herzhafter, liefert Vitamin C und Magnesium. Durch den hohen Gehalt am Mineralstoff Kalium wirkt Spargel entwässernd.

Spargelsalat

• Spargelstangen von oben nach unten dünn schälen, eventuell holzige Stielenden abschneiden. Spargel waschen und in reichlich Salzwasser mit dem Zucker aufkochen. Zugedeckt bei schwacher Hitze in 15 bis 20 Minuten gerade eben bißfest garen.
• Spargel mit einem Schaumlöffel aus dem Sud nehmen und in eine tiefe Platte legen. 1/8 Liter Spargelbrühe abmessen. Mit Essig und Öl vermischen und über den Spargel gießen. Pfeffer aus der Mühle darübermahlen.
• Den Salat zugedeckt bei Zimmertemperatur 30 Minuten ziehen lassen. Zum Servieren mit grobgehackten Kräuterblättchen bestreuen.

Dauert etwa 1 1/2 Stunden
Arbeiten müssen Sie etwa 30 Minuten
1 Portion = 122 kcal/ 0 mg Cholesterin
10 g Fett/ 4 g Eiweiß/ 3 g Kohlenhydrate

Dazu passen: Grünkernfrikadellen (Seite 272) oder neue Kartoffeln und Holländische Sauce (Seite 87, Artischocken weglassen)

Für 4 Portionen

1 kg weißer Spargel
Salz
1 Prise Zucker
2 EL Weißweinessig
4 EL Öl
weißer Pfeffer aus der Mühle
einige Blättchen Kerbel, Zitronenmelisse oder Borretsch

Schalen und holzige Enden der Spargelstangen geben eine gute Brühe: Gewaschen mit 3/4 Liter Wasser, etwas Salz und 1 Prise Zucker aufkochen und 20 Minuten kochen lassen. Brühe sieben und portionsweise einfrieren.

Radieschensalat mit Käse

• Zarte Radieschenblätter abschneiden, Radieschen waschen und in Scheiben schneiden. Zwiebel abziehen und fein hacken. Mit Radieschen, Essig, Öl, Salz und Senf vermischen.
• Radieschenblätter und Kräuter waschen, trockentupfen und fein hacken. Käse klein würfeln. Kräuter, Käse und die Sesamsamen über den Salat streuen.

Dauert etwa 20 Minuten
1 Portion = 342 kcal/ 57 mg Cholesterin
26 g Fett/ 16 g Eiweiß/ 7 g Kohlenhydrate

Dazu paßt: Toast oder Baguette

Für 4 Portionen

4 Bund Radieschen
1 Zwiebel
2 EL milder Kräuteressig
4 EL Öl
Salz
1 TL Kräutersenf
1 Bund Dill
einige Borretsch- oder Pfefferminzblättchen
200 g mittelalter Goudakäse
1 EL Sesamsamen

Rohkost mit Avocadodip

Für 3 Portionen

1 Kohlrabi
1 kleiner weißer Rettich
1/2 Salatgurke
1 großes Bund Schnittlauch
2 reife Avocados
Saft von 1 kleiner Zitrone
100 g Magerjoghurt
1 EL süße Sahne
Salz, Cayennepfeffer

Mit Kern verfärbt sich eine aufgeschnittene Avocado nicht so rasch. Deshalb die kernlose Hälfte erst verbrauchen. Die andere in Folie gewickelt in den Kühlschrank legen und höchstens 1 Tag aufbewahren.

• Kohlrabi und Rettich schälen und in etwa fingerdicke Stifte schneiden. Alle zarten Blättchen der beiden Gemüse abschneiden, waschen und fein hacken. Gurke ebenfalls schälen und in Stifte schneiden. Gemüse auf Portionstellern anrichten.

• Für den Dip den Schnittlauch waschen, trockentupfen und in feine Röllchen schneiden. Avocados halbieren, die Kerne entfernen, Avocadohälften schälen und mit Zitronensaft in einer Schüssel fein zerdrücken. Joghurt, Sahne, Schnittlauch, gehackte Gemüseblättchen, Salz und eine kräftige Prise Cayennepfeffer daruntermischen. Dip in Schälchen verteilen.

Dauert etwa 35 Minuten
1 Portion = 405 kcal/ 4 mg Cholesterin
37 g Fett/ 7 g Eiweiß/ 9 g Kohlenhydrate

Dazu paßt: *Toast oder Baguette*

Löwenzahnsalat mit Schafkäse

Für 4 Portionen

400 g Löwenzahn
1 Lauchzwiebel
12 schwarze Oliven
1 Knoblauchzehe
1 EL Pinienkerne
3 EL milder Kräuteressig
1 EL körniger Senf
Salz
schwarzer Pfeffer aus der Mühle
4 EL Olivenöl
200 g griechischer Schafkäse
(Feta)
einige Blättchen Basilikum

Beim Löwenzahnsammeln in der freien Natur müssen Sie Schuttplätze, Acker- und Straßenränder meiden. Dort kann die Schadstoffbelastung zu hoch sein.

• Löwenzahn putzen, waschen und trockentupfen. Die Blätter wie Endiviensalat in feine Streifen schneiden. Lauchzwiebel putzen, waschen und mit allen saftigen grünen Blättern in dünne Ringe schneiden. Oliven halbieren und entkernen. Alle diese Zutaten auf Tellern anrichten.

• Für das Dressing abgezogene Knoblauchzehe und Pinienkerne fein hacken. Mit Essig, Senf, Salz, Pfeffer und Öl verrühren. Über dem Salat verteilen. Schafkäse zerbröckeln und darüberstreuen. Mit Basilikum garnieren.

Dauert etwa 30 Minuten
1 Portion = 303 kcal/ 30 mg Cholesterin
24 g Fett/ 10 g Eiweiß/ 12 g Kohlenhydrate

Dazu paßt: *Vollkornbaguette oder Fladenbrot mit Sesam*

Löwenzahn

Beim Gemüsehändler und auf dem Markt bekommen Sie ab Frühjahr Löwenzahnstauden mit langen, breiten Blättern. Diese Kultursorten schmecken nicht so bitter wie der wilde Löwenzahn, den man vor der Blüte erntet.

Kichererbsensalat mit Kräutern

• Kichererbsen im Wasser 6 Stunden zugedeckt einweichen. Mit der Gemüsebrühe aufkochen und zugedeckt bei schwacher Hitze in etwa 1 1/2 Stunden weich garen.
• Mit der eventuell verbliebenen Brühe in eine Schüssel geben und lauwarm abkühlen lassen.
• Zwiebel und Kräuter fein hacken. Zitrone waschen, abtrocknen, ein etwa 5 Zentimeter langes Stück Schale abschneiden und fein zerkleinern. Zitronensaft auspressen. Spinat verlesen, waschen und grob hacken.
• Alle diese Zutaten mit Öl und Mandelstiften unter die Kichererbsen mischen. Mit Salz und einer kräftigen Prise Pfeffer abschmecken.

Dauert etwa 1 1/2 Stunden
Arbeiten müssen Sie etwa 30 Minuten
1 Portion = 499 kcal/ 0 mg Cholesterin
26 g Fett/ 20 g Eiweiß/ 42 g Kohlenhydrate

Kichererbsen müssen
6 Stunden quellen

Für 2 Portionen

150 g Kichererbsen
300 ml Wasser
1 TL Gemüsebrüheextrakt
1 rote Zwiebel
1/2 Bund gemischte Kräuter
1 kleine unbehandelte Zitrone
100 g Blattspinat
3 EL Olivenöl
30 g Mandelstifte
Salz
weißer Pfeffer aus der Mühle

Viel schneller geht es mit Kichererbsen aus der Dose. Industriell konservierte Hülsenfrüchte enthalten mehr Vitamine als selbstgekochte.

Petersilien-Möhren-Salat

• Möhren schälen und grob raspeln. Tomaten waschen, abtrocknen und würfeln, dabei Stielansätze herausschneiden. Petersilienblättchen abzupfen, waschen, trockentupfen und grob hacken. Lauchzwiebel putzen, waschen und mit den saftigen grünen Blättern in feine Ringe schneiden. Alles in einer Schüssel mischen.
• Für die Salatsauce den Senf mit Zitronensaft, Salz, Pfeffer und Öl verrühren. Mit dem Salat mischen. Pinienkerne hacken, Salat damit bestreuen.

Dauert etwa 30 Minuten
1 Portion = 166 kcal/ 0 mg Cholesterin
10 g Fett/ 5 g Eiweiß/ 12 g Kohlenhydrate

Dazu passen: Kichererbsenbällchen (Seite 81) oder Kartoffelgratin mit Morcheln (Seite 188)

Vielseitige Petersilie

Petersilie ist in arabischen Ländern nicht nur Küchenkraut, sondern auch Salatzutat wie bei uns Kopfsalat. Dort streut man über Tabouleh, den typischen Petersiliensalat, noch gegarten, kalten Bulgur, Couscous oder Hirse.

Für 2–3 Portionen

300 g mittelgroße Möhren
3 mittelgroße Tomaten
100 g glatte Petersilie
1 Lauchzwiebel
1 TL. scharfer Senf
2 EL Zitronensaft
Salz
weißer Pfeffer aus der Mühle
2 EL Erdnußöl
20 g Pinienkerne

Es spielt keine Rolle, ob Sie glatte oder krause Petersilie verwenden – nur ganz frisch und möglichst aus dem Freiland muß das Kraut sein. Das merken Sie an den sattgrünen Blättern und am aromatischen Duft.

Kräutersalat

Für 3 Portionen

100 g gemischte Kräuter wie
Petersilie, Gartenkresse, Kerbel,
Dill, Löwenzahn, Sauerampfer,
Schnittlauch, Minze und
Zitronenmelisse
100 g beliebige Salatblätter
1 EL milder Obstessig
1 TL Senf
Salz
1 EL süße Sahne
3 EL Olivenöl
1 TL Erdnußöl
schwarzer Pfeffer aus der Mühle
1 EL Sonnenblumenkerne

• Kräuter und Salat waschen, sehr gut trockenschwenken und grob zerkleinern. In eine Schüssel geben.
• Essig mit Senf, Salz, Sahne und den beiden Ölsorten verrühren und über die Salatzutaten geben. Alles mischen. Salat auf Portionstellern anrichten. Mit Pfeffer bestreuen.
• Sonnenblumenkerne in einer Pfanne ohne Fettzugabe bei schwacher bis mittlerer Hitze goldbraun rösten und über den Salat streuen.

Dauert etwa 30 Minuten
1 Portion = 164 kcal/ 4 mg Cholesterin
15 g Fett/ 3 g Eiweiß/ 4 g Kohlenhydrate

Zutaten-Tip

Der Salat schmeckt mit allen Kräutern von Markt oder Wiese, aus Ihrem Garten oder Balkonkasten – nur frisch müssen sie sein.

Gemischte Rohkost mit Kernen

Für 4 Portionen

300 g weißer Rettich
300 g Möhren
1 Bund Radieschen (ca. 300 g)
2 säuerliche Äpfel (Cox Orange
oder Glockenapfel)
Saft von 1/2 Zitrone
2 EL milder Kräuteressig
1 TL Balsamessig
1 EL ungesüßter Apfelsaft
1 TL scharfer Senf
1 Prise gemahlener Koriander
Salz
weißer Pfeffer aus der Mühle
3 EL Sonnenblumenöl
2 Scheiben Vollkornbrot
(etwa 80 g)
100 g Sonnenblumen-, Kürbis-
und Nußkerne gemischt
25 g Butter
2 EL frischgehackte Kräuter

• Den Rettich und die Möhren schälen und grob raspeln. Die Radieschen waschen, abtrocknen und in dünne Scheiben schneiden. Äpfel schälen oder gründlich waschen, vom Kerngehäuse befreien und ebenfalls raspeln.
• Alle diese Zutaten mit Zitronensaft vermischen. Rohkost auf Tellern verteilen.
• Für die Salatsauce die beiden Essigsorten mit Apfelsaft, Senf, Koriander, Salz, einer kräftigen Prise Pfeffer und Öl verrühren und über die Rohkost geben.
• Das Vollkornbrot würfeln. Mit den Kernen und Nüssen in der heißen Butter bei schwacher Hitze unter häufigem Wenden braten, bis es knusprig ist. Über der Rohkost verteilen. Die Kräuter darüberstreuen.

Dauert etwa 30 Minuten
1 Portion = 398 kcal/ 15 mg Cholesterin
27 g Fett/ 10 g Eiweiß/ 27 g Kohlenhydrate

Tip

Welche Nüsse oder Kerne Sie essen, spielt für die gesunde Ernährung keine Rolle. Reichlich ungesättigte Fettsäuren und pflanzliches Eiweiß enthalten alle Sorten.

Mangoldsalat mit Couscous

- Couscous mit etwa 150 Milliliter Brühe vermischen und zugedeckt bei Zimmertemperatur 30 Minuten quellen lassen. Mit einer Gabel umrühren, bis er wieder körnig ist.
- Den Mangold putzen, waschen, trockenschwenken und in feine Streifen schneiden. Mit Zitronensaft, abgeriebener Zitronenschale, Salz, einer Prise Cayennepfeffer und 3 Eßlöffeln Öl in einer Schüssel mischen.
- Salbeiblättchen waschen, trockentupfen und in Streifen schneiden. Knoblauch abziehen und hacken. Beide Zutaten im restlichen Öl bei schwacher Hitze braten, bis sie leicht gebräunt sind. Restliche Brühe zugeben und den Bratfond unter Rühren lösen. Etwas abgekühlt mit dem Essig verrühren und mit Mangold mischen.
- Tomaten waschen, abtrocknen und klein würfeln. Stielansätze dabei entfernen. Tomaten und Couscous locker vermischen. Mit Salz und Pfeffer aus der Mühle würzen.
- Schnittlauch waschen, trockentupfen und in feine Röllchen schneiden. Pinienkerne hacken.
- Mangold auf Portionstellern anrichten. Die Tomaten und das Couscous darüber verteilen. Mit Schnittlauch und Pinienkernen bestreuen.

Dauert etwa 45 Minuten
1 Portion = 229 kcal/ 0 mg Cholesterin
13 g Fett/ 7 g Eiweiß/ 19 g Kohlenhydrate

Für 4 Portionen
75 g Couscous
200 ml Instant-Gemüsebrühe
500 g Mangold
Saft und etwas abgeriebene Schale von 1/2 unbehandelten Zitrone
Salz
Cayennepfeffer
4 1/2 EL Erdnußöl
5 Salbeiblättchen
1 Knoblauchzehe
2 EL milder Kräuteressig
500 g Tomaten
schwarzer Pfeffer aus der Mühle
1 Bund Schnittlauch
1 EL Pinienkerne

Mit einem scharfen Messer sauber in feine Röllchen geschnitten, schmeckt Schnittlauch besonders aromatisch.

Rettich-Ananas-Salat

- Für das Dressing Apfelsaft, Zitronensaft, Crème double, Honig, wenig Salz, Pfeffer und Öl verrühren.
- Rettich schälen und fein raspeln. Ananas schälen und in Stücke schneiden. Beide Zutaten mit der Salatsauce vermischen. Erdnüsse und Schnittlauch fein zerkleinern und über den Salat streuen.

Dauert etwa 20 Minuten
1 Portion = 139 kcal/ 13 mg Cholesterin
11 g Fett/ 2 g Eiweiß/ 8 g Kohlenhydrate

Für 4 Portionen
4 EL Apfelsaft
1 EL Zitronensaft
2 EL Crème double
1 TL Honig
Salz
weißer Pfeffer aus der Mühle
2 EL Olivenöl
1 weißer Rettich
250 g frische Ananas
1 EL Erdnußkerne
1 Bund Schnittlauch

Salat mit Artischocken und Ei

Für 6 Portionen

2 Eier
1 Aufgußbeutel Kräutertee
50 ml kochendes Wasser
1 EL Apfelessig
1 TL Senf
Salz
schwarzer Pfeffer aus der Mühle
3 EL Oliven- oder Maiskeimöl
1 Kopf Grüner Salat
1 Kopf Eichblattsalat
100 g Champignons
6 eingelegte Artischockenherzen
50 g Haselnußkerne
1 Bund Schnittlauch

Eier kann man im Eierschneider würfeln: Das Ei zuerst quer in Scheiben schneiden, dann so drehen, daß es längs im Schneider liegt, und noch mal schneiden.

• Eier in etwa 8 Minuten hart kochen, kalt abschrecken, schälen und fein hacken.

• Für die Salatsauce den Kräutertee mit dem Wasser übergießen und 10 Minuten ziehen lassen. Mit Essig, Senf, Salz, Pfeffer und Öl verrühren.

• Die beiden Salate putzen, waschen, trockenschwenken und in mundgerechte Stücke zupfen. Pilze putzen, waschen und in Scheibchen schneiden. Artischockenherzen abtropfen lassen und vierteln.

• Alle diese Salatzutaten auf Tellern anrichten und mit der Sauce beträufeln. Mit Eiern, gehackten Nüssen und Schnittlauchröllchen bestreuen.

Dauert etwa 45 Minuten
1 Portion = 170 kcal/ 116 mg Cholesterin
13 g Fett/ 6 g Eiweiß/ 6 g Kohlenhydrate

Eichblattsalat

Eichblattsalat ist der Klassiker unter den neuen Salaten – beliebt wegen seines nußartigen, frischen Geschmacks und der dekorativen Blätter. Knoblauch und Kräuter passen gut ins Dressing, Zwiebeln und andere kräftige Gewürze überdecken leicht sein feines Aroma. Nach dem Mischen muß man den Salat gleich anrichten, sonst werden die zarten Blätter lasch. Andere Möglichkeit: Salatzutaten und Dressing in zwei Schüsseln bereitstellen, so daß sich jeder den Salat selbst mischen kann.

Brunnenkresse mit Tofu

Für 2 Portionen

75 g Brunnenkresse
Saft von 1/2 Zitrone
Salz
Cayennepfeffer
3 EL Olivenöl
100 g Tofu

• Brunnenkresse verlesen, waschen und fein zerkleinern. In einer Schüssel Zitronensaft, Salz, Cayennepfeffer und 1 Eßlöffel Öl verrühren und mit der Brunnenkresse mischen.

• Tofu trockentupfen. Restliches Öl in einer Pfanne erhitzen. Tofu darin bei mittlerer Hitze pro Seite etwa 4 Minuten braten, bis er leicht gebräunt ist. In dünne Scheiben schneiden und mit dem Salat auf Portionstellern anrichten.

Dauert etwa 45 Minuten
1 Portion = 189 kcal/ 0 mg Cholesterin
17 g Fett/ 4 g Eiweiß/ 4 g Kohlenhydrate

Bulgursalat mit Gemüse

- Bulgur mit Wasser und Gemüsebrühe aufkochen. Zugedeckt bei schwacher Hitze 25 Minuten garen.
- Lauchzwiebeln putzen, waschen und fein zerkleinern. Tomate waschen, abtrocknen und in kleine Würfel schneiden, dabei Stielansatz entfernen. Zitrone waschen und abtrocknen. Ein etwa 2 Zentimeter langes Stück Schale dünn abschneiden und fein hacken. Saft auspressen.
- Bulgur in einer Schüssel mit je 1 Eßlöffel Zitronensaft und Öl vermischen. Etwa 2/3 der Zwiebeln, Tomate und Zitronenschale daruntermischen. Alles mit Salz und Pfeffer würzen und auf einer großen Platte anrichten.
- Salatblätter waschen, trockenschwenken und in feine Streifen schneiden. Gurke und Möhren schälen und grob raspeln. Pilze putzen, waschen und in Scheiben teilen.
- Für das Dressing Essig mit 1 weiterem Eßlöffel Zitronensaft, Senf, Salz, Pfeffer, Dickmilch, Sahne und restlichem Öl verrühren.
- Salatstreifen, Gurke, Möhren und Pilze mit dem Dressing vermischen und auf dem Bulgur anrichten.
- Die Avocado halbieren, den Kern herauslösen. Die Hälften schälen, mit der Höhlung nach unten auf ein Brett legen und in dünne Scheiben schneiden. Scheiben fächerförmig in 4 Portionen auf dem Salat anrichten. Mit restlichem Zitronensaft beträufeln. Gehackten Dill über den Salat streucn.

Für 6 Portionen
100 g Bulgur (siehe unten)
200 ml Wasser
1/2 TL Gemüsebrüheextrakt
2 Lauchzwiebeln
1 Tomate
1 kleine unbehandelte Zitrone
3 EL Weizenkeimöl
Salz
schwarzer Pfeffer aus der Mühle
200 g Kopfsalatblätter
1/2 Salatgurke
2 mittelgroße Möhren
3 Champignons
1 EL milder Obstessig
1 TL körniger Senf
2 EL Dickmilch
1 EL süße Sahne
1 Avocado
1 Bund Dill

Dauert etwa 1 Stunde
1 Portion = 218 kcal/ 2 mg Cholesterin
15 g Fett/ 4 g Eiweiß/ 15 g Kohlenhydrate

Aus dem Orient

Bulgur, auch Bulghur oder Burghul genannt, ist eine typische Zutat der Küchen des Nahen und Mittleren Osten. Der grob vermahlene, vorgekochte Weizen gart besonders schnell und ist leichter verdaulich als ganze Weizenkörner – gut geeignet also, wenn Sie an Getreidegerichte noch nicht so gewöhnt sind. Bulgur gibt es in Naturkostläden oder türkischen Lebensmittelgeschäften. Man verwendet ihn genau wie Getreidegrütze oder Reis: als Beilage, für Suppen, Eintöpfe, Gratins, Klöße, Frikadellen oder Süßspeisen.

Auberginensalat mit Tomaten

Für 4 Portionen
1 kg Auberginen
10 Salbeiblättchen
1/8 l Olivenöl
Salz
1 unbehandelte Zitrone
1 Knoblauchzehe
1/8 l Instant-Gemüsebrühe
2 EL milder Rotweinessig
250 g Tomaten
schwarzer Pfeffer

Viel schneller geht der Salat mit Zucchini: Die Würfel sind in etwa 5 Minuten gebraten.

• Auberginen waschen, abtrocknen, putzen und würfeln. Salbei in Streifen schneiden.
• Beide Zutaten portionsweise im heißen Öl bei schwacher bis mittlerer Hitze braten, bis die Auberginen weich und leicht gebräunt sind; das dauert pro Portion etwa 10 Minuten. Jede Portion in einer Schüssel mit Salz würzen.
• Zitrone waschen, abtrocknen und die Schale abreiben. Saft auspressen. Knoblauch abziehen und fein hacken. Alle diese Zutaten und Gemüsebrühe in das Bratöl geben und einmal aufkochen. Essig daruntermischen. Diesen Sud über die Auberginen gießen.
• Tomaten würfeln, mit den Auberginen mischen, mit Pfeffer aus der Mühle würzen.

Dauert etwa 1 Stunde
1 Portion = 292 kcal/ 0 mg Cholesterin
26 g Fett/ 4 g Eiweiß/ 10 g Kohlenhydrate

Zubereitungs-Tip
Nur so viele Auberginenwürfel auf einmal anbraten, daß sie nebeneinander in der Pfanne liegen. Dann garen sie gleichmäßig und werden rundherum braun.

Tomatensalat mit Bohnen

Für 3 Portionen
250 g grüne Bohnen
1/2 Bund Bohnenkraut
1 kleine Zwiebel
3 EL Olivenöl
Salz
schwarzer Pfeffer aus der Mühle
500 g Fleischtomaten
3 EL Balsamessig

Wichtig
Grüne Bohnen und alle anderen Hülsenfrüchte kann man nicht roh essen; sie enthalten ein natürliches Gift, das erst durch Garen unschädlich wird.

• Bohnen putzen, waschen, abtropfen lassen und in etwa fingerlange Stücke schneiden. Bohnenkraut ganz fein zerkleinern. Zwiebel abziehen und fein hacken.
• In einer großen Pfanne 1 Eßlöffel Öl erhitzen. Bohnen, die Hälfte des Bohnenkrauts und Zwiebel hinzufügen. Alles mit Salz und Pfeffer würzen und bei mittlerer bis schwacher Hitze etwa 15 Minuten braten, bis die Bohnen gerade eben weich sind. Dabei mehrmals wenden.
• Tomaten waschen und in Scheiben schneiden. Auf Tellern anrichten und mit Salz und Pfeffer würzen.
• Restliches Öl mit Essig vermischen. Gebratene Bohnen auf den Tomaten verteilen und mit Essig-Öl-Mischung beträufeln. Restliches Bohnenkraut darüberstreuen.

Dauert etwa 30 Minuten
1 Portion = 157 kcal/ 0 mg Cholesterin
10 g Fett/ 4 g Eiweiß/ 10 g Kohlenhydrate

Gurkensalat mit Melone

• Gurke schälen, der Länge nach halbieren und Kerne mit einem Löffel herauskratzen. Die Hälften in dünne Scheiben schneiden. Melonenkerne entfernen, Fruchtfleisch mit einem Kugelausstecher oder einem Teelöffel herausstechen. Limette mit einem kleinen scharfen Messer so abschälen, daß auch die weiße Haut entfernt wird, und in kleine Würfel schneiden.

• Alle diese Zutaten in einer Schüssel mischen. Für die Sauce Orangensaft mit Honig, einer Prise Salz, Pfeffer und Öl verrühren und unter die Salatzutaten mischen. Salat auf Portionstellern anrichten und mit Pinienkernen bestreuen.

Dauert etwa 20 Minuten
1 Portion = 104 kcal/ 0 mg Cholesterin
3 g Fett/ 2 g Eiweiß/ 17 g Kohlenhydrate

Zuckermelonen

Dazu gehören die leuchtendgelben, ovalen Honigmelonen, längliche kleine Galiamelonen mit gelbgenetzter Schale, kleine runde Charentais- oder Cavaillonmelonen mit hellgrüner, gerippter Schale und dunkelgrünen Streifen und große runde Kantalupmelonen mit gelb-grüner Schale, die wie ein grobmaschiges Netz aussieht.

Für 4 Portionen
1 Gurke (ca. 400 g)
1/2 Honig- oder Ogenmelone
1 Limette
2 EL Orangensaft
1 TL Honig
Salz
weißer Pfeffer aus der Mühle
1 TL Öl
1 EL Pinienkerne

Ob eine Melone richtig reif ist, prüfen Sie so: Zuckermelonen müssen am Stielende einen intensiven Duft ausströmen, das gegenüberliegende Ende gibt auf leichten Fingerdruck elastisch nach.

Blumenkohlsalat in Kräutersauce

• Für die Sauce die Crème fraîche, Essig, Senf, Salz, Pfeffer und Öl vermischen.

• Blumenkohl putzen, waschen, in Röschen und Strunk teilen und fein zerkleinern. Lauchzwiebeln putzen, waschen, trockentupfen und fein hacken. Abgezogenen Knoblauch und gewaschene Kräuter ebenfalls fein zerkleinern.

• Alle diese Zutaten mit der Sauce vermischen. Salat zugedeckt bei Zimmertemperatur 15 Minuten ziehen lassen.

Dauert etwa 45 Minuten
1 Portion = 198 kcal/ 53 mg Cholesterin
17 g Fett/ 5 g Eiweiß/ 6 g Kohlenhydrate

Dazu passen: Pellkartoffeln oder Butterbrot

Für 4 Portionen
200 g Crème fraîche
2 EL Kräuteressig
1 TL Senf
Salz
weißer Pfeffer aus der Mühle
1 TL Öl
1 Blumenkohl (ca. 600 g)
2 Lauchzwiebeln
1 Knoblauchzehe
2 Handvoll gemischte frische Kräuter wie Kerbel, Schnittlauch, Dill, Petersilie, Borretsch und Zitronenmelisse

Römersalat mit Eierstich

Für 4 Portionen

3 Eier
1 EL gehackte Petersilie
Salz
geriebene Muskatnuß
Cayennepfeffer
3 EL Milch
2 EL geriebener Parmesankäse
Fett für die Form
1 Kopf Römersalat (Romagna)
1 kleine Orange
1 TL Honig
1 EL Dillessig
1 TL körniger Senf
weißer Pfeffer
3 EL Öl
1 Bund Dill

Eierstich kann man aufheben: Zugedeckt im Kühlschrank hält er sich 2 Tage.

• Backofen auf 150 Grad (Umluft: 130 Grad, Gas: Stufe 1) vorheizen. Für den Eierstich Eier mit Petersilie, Salz, Muskat und Cayennepfeffer kräftig verrühren. Milch und Käse untermischen.

• Eine ofenfeste Form mit niedrigem Rand fetten. Die Eier hineingießen. Form in ein heißes Wasserbad stellen und in den Backofen schieben. Eierstich in etwa 45 Minuten stocken lassen. Herausnehmen und in der Form einige Minuten stehenlassen, damit er sich gut aufschneiden läßt.

• Während der Eierstich gart, die Salatblätter waschen, trockenschwenken und in Streifen schneiden. Orange mit einem scharfen Messer so abschälen, daß auch die weiße Haut entfernt wird. Orange in kleine Würfel schneiden, Saft dabei auffangen. Honig mit dem Orangensaft, Essig, Senf, Salz, Pfeffer und Öl verrühren. Mit Salatblättern und Orangen mischen. Den Salat auf Portionstellern anrichten.

• Eierstich mit einem spitzen kleinen Messer vom Rand der Form ablösen, stürzen, in Stücke schneiden und auf den Salat legen. Dill waschen, trockentupfen und fein zerkleinern. Über den Salat streuen.

Dauert etwa 1 Stunde
1 Portion = 223 kcal/ 266 mg Cholesterin
17 g Fett/ 9 g Eiweiß/ 6 g Kohlenhydrate

Zucchinisalat mit Tomaten und Pilzen

Für 4 Portionen

50 ml kalte Gemüsebrühe
1 TL Senf
1 EL milder Obstessig
Cayennepfeffer
3 EL Maiskeimöl
300 g Zucchini
2 mittelgroße Tomaten
100 g Champignons
1 Bund Schnittlauch
eventuell einige Kerbelblättchen
1 EL ungesalzene Pistazienkerne

• Für die Salatsauce Gemüsebrühe mit Senf, Essig, einer kräftigen Prise Cayennepfeffer und Öl verrühren.

• Zucchini und Tomaten waschen und abtrocknen. Zucchini von den Stiel- und Blütenansätzen befreien und grob raspeln. Tomaten würfeln, dabei Stielansätze entfernen. Pilze putzen, waschen und blättrig schneiden. Schnittlauch und Kerbel waschen, trockentupfen und fein zerkleinern.

• Alle diese Zutaten mit der Salatsauce vermischen und auf Portionstellern verteilen. Die Pistazienkerne grob hacken und darüberstreuen.

Dauert etwa 40 Minuten
1 Portion = 113 kcal/ 0 mg Cholesterin
9 g Fett/ 3 g Eiweiß/ 4 g Kohlenhydrate

Paksoisalat mit Möhren

• Paksoiblätter waschen, trockenschwenken und in Streifen schneiden. Zwiebeln abziehen und portionsweise im heißen Öl rundherum gerade eben weich braten.
• Paksoiblätter ebenfalls portionsweise im Bratöl bei mittlerer Hitze anbraten. Mit den Zwiebeln in eine tiefe Platte legen und mit Salz bestreuen.
• Abgeriebene Orangenschale, ausgepreßten Saft, zerdrückte Knoblauchzehen und Brühe in das Bratöl geben und einmal aufkochen. Essig untermischen. Sud über Paksoi und Zwiebeln gießen. Gemüse zugedeckt 30 Minuten ziehen lassen.
• Unmittelbar vor dem Servieren Möhren schälen und raspeln, Schnittlauch in feine Röllchen schneiden. Beide Zutaten auf das Gemüse geben. Mit reichlich Pfeffer aus der Mühle bestreuen.

Dauert etwa 1 Stunde
Arbeiten müssen Sie etwa 30 Minuten
1 Portion = 176 kcal/ 0 mg Cholesterin
13 g Fett/ 5 g Eiweiß/ 10 g Kohlenhydrate

Für 5 Portionen

750 g Paksoi oder Spinat
250 g kleine Zwiebeln
6 EL Olivenöl
Salz
1 unbehandelte Orange
1 Knoblauchzehe
1/8 l Instant-Gemüsebrühe
2 EL Weißweinessig
500 g Möhren
2 Bund Schnittlauch
schwarzer Pfeffer aus der Mühle

Paksoi

Der schöne Kohl mit den weißen Blattrippen und dunkelgrünen Blättern sieht aus wie Mangold, ist aber mit dem Chinakohl verwandt – Mangold gehört zur Familie der roten Beten. Paksoi stammt aus Südostasien und wird seit ein paar Jahren auch bei uns, hauptsächlich in den Niederlanden, angebaut. Sie bekommen ihn von Sommer bis Spätherbst aus dem Freiland. Paksoi kann man roh als Salat essen, kurz gedünstet in etwas Öl oder Butter, gewürzt mit einer Spur Knoblauch, ein paar Kräutern, Salz und Pfeffer aus der Mühle. Seine fleischigen Blattrippen schmecken übrigens auch wie Spargel zubereitet – zum Beispiel mit brauner Butter übergossen, mit Parmesankäse bestreut oder in Vinaigrette angerichtet.

Die Sprossen müssen 3 Tage keimen

Eisbergsalat mit Sprossen und Pfirsich

Für 4 Portionen

50 g Sonnenblumenkerne,
Alfalfa- und Rettichsamen
gemischt

1/8 l Apfelsaft

1 Aufgußbeutel Apfeltee

Salz

frischgemahlener weißer Pfeffer

1 EL süße Sahne

2 EL milder Apfelessig

3 EL Maiskeimöl

1 Kopf Eisbergsalat

2 reife weiße Pfirsiche

1 Handvoll Kerbel- und
Borretschblättchen gemischt

50 g Kürbiskerne

• Sonnenblumenkerne, Alfalfa- und Rettichsamen 3 Tage keimen lassen (siehe Seite 24).
• Gekeimte Sprossen waschen und gut abtropfen lassen. Apfelsaft aufkochen. Teebeutel darin 10 Minuten ziehen lassen. Beutel entfernen, Tee mit Salz, Pfeffer, Sahne, Essig und Öl verrühren.
• Salat putzen, waschen, trockenschwenken und zerpflükken. Die Pfirsiche waschen oder abziehen, halbieren, entsteinen und in kleine Stücke schneiden. Die Kräuter waschen, trockentupfen und grob zerkleinern.
• Salat, Pfirsiche, Kräuter, alle Sprossen und die Salatsauce mischen. Auf Tellern anrichten und mit den Kürbiskernen bestreut servieren.

Dauert etwa 30 Minuten
1 Portion = 279 kcal/ 3 mg Cholesterin
21 g Fett/ 9 g Eiweiß/ 12 g Kohlenhydrate

Eisbergsalat hat sehr feste Blätter. Deshalb eignet er sich gut für Salat, der schon eine Weile vor dem Servieren fertig sein soll. Denn er wird im Dressing nicht so schnell matschig.

Borretsch

Gurkenkraut heißt die Pflanze mit den haarigen Blättern und blauen Blüten auch. Und tatsächlich schmeckt sie so erfrischend wie Gurken. Deshalb paßt sie an alle Salate, kalte Saucen, Käse- und Quarkcreme, Kräuterbutter und fein geschnitten aufs Butterbrot. Beim Mitkochen verliert Borretsch Aroma und schöne Farbe.

Paprikasalat

Für 4 Portionen

je 1 rote, grüne und gelbe
Paprikaschote

1 Bund Schnittlauch

3 EL Essig

1 TL scharfer Senf

Salz, schwarzer Pfeffer

6 EL Öl

• Paprikaschoten putzen, waschen und in feine Ringe, gewaschenen Schnittlauch in feine Röllchen schneiden.
• Essig, Senf, Salz, Pfeffer und Öl verrühren.
• Paprikaschoten und Schnittlauch damit mischen und zugedeckt 10 Minuten ziehen lassen.

Dauert etwa 30 Minuten
1 Portion = 167 kcal/ 0 mg Cholesterin
16 g Fett/ 2 g Eiweiß/ 4 g Kohlenhydrate

Dazu passen: Pellkartoffeln mit Quark, Getreidefrikadellen oder Tofuschnitzel

Gemischter Salat mit Käse

• Gewaschene Salatblätter in mundgerechte Stücke zupfen, Radieschen in dünne Scheiben, Schnittlauch in feine Röllchen schneiden. Alles in eine Schüssel geben.
• Für die Salatsauce die beiden Essigsorten mit Senf, Salz, Pfeffer und Öl verrühren.
• Die Sauce über dem Salat verteilen und leicht mischen. Käse grob zerbröckeln und darüberstreuen.

Dauert etwa 30 Minuten
1 Portion = 267 kcal/ 30 mg Cholesterin
24 g Fett/ 7 g Eiweiß/ 5 g Kohlenhydrate

Dazu paßt: Weißbrot

Balsamessig (Aceto balsamico)
Der süße, besonders milde Essig aus Italien wird aus zukkerreichen Trauben gewonnen: Man kocht den Most ein, lagert ihn wie Wein in Holzfässern und läßt ihn reifen. Die edelsten Sorten von Balsamessig können 20 Jahre alt sein; sie sind dickflüssig wie Sirup und eine Rarität, die teuer gehandelt wird. Der Balsamessig, den Sie bei uns in (italienischen) Feinkostgeschäften und gutsortierten Supermärkten bekommen, liegt im Preis etwa bei gutem Weinessig. Aceto balsamico würzt alle Blattsalate, rundet dunkle Saucen mit Wein und/oder Fond ab und ist Zutat für sommerreife Tomaten mit Basilikum, Mozzarella und Olivenöl.

Für 4 Portionen

1 kleiner Kopf Grüner Salat
2 Blätter Römersalat
1 Bund Radieschen
1 Bund Schnittlauch
2 EL Balsamessig
1 EL Himbeeressig
1 TL körniger Senf
Salz, schwarzer Pfeffer
6 EL Öl
200 g weicher Schafkäse

Der Salat schmeckt mit mildem, süßem Essig besonders gut.

Tomatensalat mit Lauchzwiebeln

• Tomaten waschen und würfeln, Stielansätze dabei entfernen. Lauchzwiebeln putzen, waschen und mit den saftigen grünen Blättern in dünne Ringe schneiden. Basilikum waschen, trockentupfen und grob hacken.
• Alle diese Zutaten mit Oregano, Essig und Öl mischen. Salat mit Salz und Pfeffer aus der Mühle würzen.

Dauert etwa 30 Minuten
1 Portion = 99 kcal/ 0 mg Cholesterin
8 g Fett/ 2 g Eiweiß/ 5 g Kohlenhydrate

Dazu paßt: geröstetes Weißbrot mit Knoblauchbutter

Für 4 Portionen

500 g Fleischtomaten
1 Bund Lauchzwiebeln
1/2 Bund Basilikum
1/2 TL getrockneter Oregano
1 EL Essig
3 EL Olivenöl
Salz, schwarzer Pfeffer

Gemischter Salat mit Brotwürfeln

Für 4 Portionen

1 Kopfsalat
1 Handvoll Spinat
150 g Champignons
150 g Salatgurke
1/2 Rettich
200 g Tomaten
1 Kästchen Gartenkresse
1 EL milder Kräuteressig
1 TL Kräutersenf
Salz, weißer Pfeffer
2 EL Sahne
4 EL Öl
1 Bund Schnittlauch
2 Vollkornbrötchen
1 EL Sonnenblumenkerne

• Salat und Spinat putzen, waschen, trockenschwenken und in mundgerechte Stücke teilen. Pilze putzen, waschen und in Scheiben schneiden. Gurke und Rettich schälen und grob raspeln. Tomaten waschen und achteln, Stielansätze dabei entfernen. Diese Zutaten und die Kresse mischen.
• Für die Sauce Essig mit Senf, Salz, Pfeffer, Sahne und 2 Eßlöffeln Öl verrühren. Salat damit mischen. Schnittlauch waschen, in Röllchen schneiden und darüberstreuen.
• Brötchen würfeln und im restlichen Öl bei schwacher bis mittlerer Hitze knusprig braten. Mit den Sonnenblumenkernen über den Salat streuen.

Dauert etwa 45 Minuten
1 Portion = 191 kcal/ 5 mg Cholesterin
14 g Fett/ 5 g Eiweiß/ 11 g Kohlenhydrate

Salat mit Pilzen und Pinienkernen

Für 6 Portionen

1 kleiner Kopf Lollo rosso oder
Eisbergsalat
4 Radieschen
2 Tomaten
1 mittelgroße Möhre
1 fingerlanges Stück Salatgurke
100 g Austernpilze
1/2 kleine Zwiebel
8 EL Öl
1 EL Pinienkerne
2 EL Himbeeressig
Salz, weißer Pfeffer
1 Prise Zucker
1 EL scharfer Senf
je 2 EL gehackte Petersilie und
Schnittlauchröllchen

• Salat putzen, waschen, trockenschwenken und zerteilen. Radieschen in Scheiben schneiden, Tomaten achteln. Möhre und Gurke schälen und raspeln. Alles mischen.
• Die Hüte der Austernpilze in Streifen schneiden. Zwiebel abziehen und in dünne Ringe schneiden. 2 Eßlöffel Öl in einer Pfanne erhitzen. Austernpilze, Zwiebel und Pinienkerne darin bei mittlerer bis schwacher Hitze braten, bis die Pilze leicht gebräunt und die Zwiebelringe weich sind.
• Für die Vinaigrette Essig, Salz, Pfeffer aus der Mühle, Zucker und Senf mit einer Gabel oder einem Schneebesen kräftig verrühren. Das restliche Öl kräftig unterrühren.
• Salat mit der Vinaigrette mischen und auf Portionstellern verteilen. Pilze darauf anrichten, Kräuter darüberstreuen.

Dauert etwa 40 Minuten
1 Portion = 167 kcal/ 0 mg Cholesterin
15 g Fett/ 3 g Eiweiß/ 5 g Kohlenhydrate

Vinaigrette

Die klassische Salatsauce zu Blattsalaten, Rohkost, Spargel und Artischocken rührt man aus 1 Teil Essig, Salz, Pfeffer aus der Mühle und 3 Teilen Öl. Senf, Zucker, Kräuter, gehackte Zwiebeln oder Knoblauchzehen, süße oder saure Sahne geben noch mehr Aroma.

Salat mit Eiercroûtons

• Spinat verlesen, waschen, trockentupfen und grob hakken. Salat waschen, trockenschwenken und zerteilen.
• Knoblauch abziehen und ganz fein hacken. Mit Ei und lauwarmer Milch verrühren. Brotscheiben darin mehrmals wenden, bis sie sich vollgesogen haben.
• 2 Eßlöffel Öl in einer Pfanne erhitzen. Brotscheiben darin pro Seite etwa 3 Minuten braten, bis sie leicht gebräunt sind. Herausnehmen und diagonal teilen.
• Für die Salatsauce Essig mit Honig, Salz, Pfeffer, dem restlichen Sonnenblumen- und dem Walnußöl verrühren. Spinat und Salat vorsichtig mit der Sauce mischen und auf Tellern verteilen. Die Eiercroûtons daneben anrichten.

Dauert etwa 40 Minuten
1 Portion = 223 kcal/ 91 mg Cholesterin
17 g Fett/ 9 g Eiweiß/ 16 g Kohlenhydrate

Für 4 Portionen
100 g Spinat
1 kleiner Kopf Grüner Salat
1 Knoblauchzehe
1 kleines Ei
1/8 l Milch
2 Scheiben Toastbrot
4 EL Öl
knapp 2 EL Sherry- oder Himbeeressig
1 TL Honig
Salz
weißer Pfeffer aus der Mühle
1 TL Walnußöl

Ersatz für Eier

Wer keine Eier essen mag, mischt den Salat mit Tofu: 250 Gramm Tofu trockentupfen und in 2 Eßlöffeln Erdnußöl bei mittlerer Hitze braten, bis er eine goldbraune Kruste hat. Herausnehmen, würfeln oder in Scheiben schneiden und auf dem Salat anrichten. Den Bratfond in der Pfanne mit 2 Eßlöffeln Gemüsebrühe und 1 Eßlöffel Sojasauce lösen und über den Tofu träufeln.

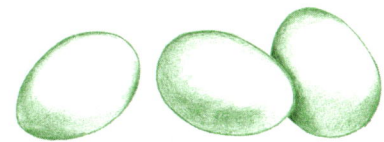

Bunter Salat mit Avocados

• Salatblätter zerpflücken, Radieschen in Scheiben schneiden. Möhren raspeln. Tomaten würfeln. Mischen und auf Tellern anrichten.
• Für die Sauce 1 Avocado halbieren, Kern entfernen, Hälften schälen und mit der Hälfte des Zitronensaftes, Frischkäse, Joghurt und Crème fraîche pürieren. Mit Salz und Cayennepfeffer würzen und auf dem Salat verteilen.
• Die zweite Avocado schälen, würfeln und auf dem Salat anrichten. Mit dem restlichen Zitronensaft beträufeln, mit Kresse und fein zerkleinertem Schnittlauch bestreuen.

Dauert etwa 20 Minuten
1 Portion = 247 kcal/ 10 mg Cholesterin
21 g Fett/ 6 g Eiweiß/ 8 g Kohlenhydrate

Für 6 Portionen
1 Kopf Bataviasalat
2 Bund Radieschen
3 kleine Möhren
2 mittelgroße Tomaten
2 reife Avocados
Saft von 1 kleinen Zitrone
50 g Rahmfrischkäse
100 g Magerjoghurt
1 EL Crème fraîche
Salz, Cayennepfeffer
1 Kästchen Gartenkresse
1 Bund Schnittlauch

Wirsingsalat mit Nüssen

Für 4 Portionen
1 Kopf Wirsing (ca. 750 g)
1 Bund Petersilie
100 g Haselnußkerne
1 Knoblauchzehe
1/8 l Wasser
1 TL Gemüsebrüheextrakt
1 TL scharfer Senf
3 EL Weißweinessig
4 EL Öl
Salz
schwarzer Pfeffer aus der Mühle

• Wirsing putzen, waschen, vierteln und in feine Streifen schneiden. Petersilie, Nüsse und Knoblauch hacken. Alle diese Zutaten in einer Schüssel mischen.
• Für die Salatsauce Wasser mit Gemüsebrühe aufkochen. Senf, Essig und Öl in die Brühe rühren. Salatsauce mit dem Wirsing mischen. Zugedeckt 20 Minuten ziehen lassen. Unmittelbar vor dem Servieren mit Salz und einer kräftigen Prise Pfeffer abschmecken.

Dauert etwa 50 Minuten
1 Portion = 313 kcal/ 0 mg Cholesterin
26 g Fett/ 8 g Eiweiß/ 9 g Kohlenhydrate

Dazu passen: Gemüsepuffer mit Buchweizen (siehe Seite 179), Pellkartoffeln und Crème fraîche oder Vollkornbrötchen mit Butter oder Frischkäse

> **Zubereitungs-Tip**
Wer rohen Knoblauch nicht mag, kocht ihn zerkleinert in der Brühe einmal auf.

Chinakohlsalat mit Weintrauben

Für 4 Portionen
1 kleiner Chinakohl (ca. 300 g)
300 g kernlose Weintrauben
2 EL Zitronensaft
1 TL Honig
1 Prise Salz
Cayennepfeffer
4 EL Erdnußöl
1 EL Kürbiskerne

• Chinakohl putzen, waschen, trocknen und in feine Streifen schneiden. Trauben waschen, abzupfen und halbieren.
• Für die Salatsauce den Zitronensaft mit Honig, Salz, Cayennepfeffer und 3 Eßlöffeln Öl vermischen.
• Das restliche Öl in einer Pfanne erhitzen. Kürbiskerne darin bei schwacher Hitze etwa 3 Minuten rösten. Dabei immer wieder umrühren.
• Chinakohl, Trauben und Salatsauce mischen. Mit den Kürbiskernen bestreut anrichten.

Dauert etwa 30 Minuten
1 Portion = 171 kcal/ 0 mg Cholesterin
12 g Fett/ 2 g Eiweiß/ 14 g Kohlenhydrate

Rote-Bete-Salat

• Für die Salatsauce den Teebeutel mit dem Wasser übergießen und zugedeckt 10 Minuten ziehen lassen. Tee durch ein Sieb in eine Schüssel gießen, Teebeutel ausdrücken und wegwerfen.
• Tee mit Senf, Honig, ausgepreßtem Zitronensaft, etwas abgeriebener Zitronenschale, Fruchtsaft, Crème double, Salz, Pfeffer und Öl verrühren.
• Die roten Beten schälen und raspeln. Den Apfel waschen und abtrocknen oder schälen, vierteln, vom Kerngehäuse befreien und ebenfalls raspeln. Die geschälte Orange in Stücke schneiden. Die Bananen, die entkernten Datteln und die entsteinten Pflaumen zerkleinern.
• Alle diese Zutaten mit der Salatsauce mischen. Die Nüsse grob hacken und über den Salat streuen.

Dauert etwa 45 Minuten
1 Portion = 244 kcal/ 6 mg Cholesterin
12 g Fett/ 4 g Eiweiß/ 29 g Kohlenhydrate

Dazu passen: Vollkornbrötchen mit Butter oder Frischkäse

Für 4 Portionen
1 Aufgußbeutel Kräutertee
50 ml kochendes Wasser
1 EL scharfer Senf
1 TL Honig
1 kleine unbehandelte Zitrone
2 EL weißer Fruchtsaft
1 Crème double
Salz
schwarzer Pfeffer aus der Mühle
1 TL Öl
2 kleine rote Beten
1 säuerlicher Apfel (Boskoop oder Cox Orange)
1 Orange
je 2 getrocknete Bananen, Datteln und Pflaumen
50 g Walnußkerne

Der Salat ist süß-sauer, weil er mit getrocknetem und frischem Obst zubereitet wird.

Sojasprossensalat mit Kiwis

• Sojasprossen auf einem Sieb kalt abspülen und abtropfen lassen. In reichlich sprudelnd kochendem Wasser etwa 3 Minuten kochen, abgießen und abtropfen lassen.
• Lauchzwiebeln putzen, waschen und fein zerkleinern. Kiwis schälen und würfeln. Kräuter waschen, trockentupfen und zerkleinern.
• Sprossen, Zwiebeln, Kiwis und Kräuter in einer Schüssel mit dem Zitronensaft, Pfeffer und dem Öl vermischen. Mit den gehackten Pistazienkernen bestreut servieren.

Dauert etwa 45 Minuten
1 Portion = 106 kcal/ 0 mg Cholesterin
5 g Fett/ 5 g Eiweiß/ 10 g Kohlenhydrate

Für 4 Portionen
250 g Sojasprossen
2 Lauchzwiebeln
3 reife Kiwis
1 Handvoll gemischte frische Kräuter wie Petersilie, Kerbel und Zitronenmelisse
2 EL Zitronensaft
schwarzer Pfeffer aus der Mühle
1 EL Maiskeimöl
1 EL Pistazienkerne

In kochendem Wasser kurz gegart, sind Sprossen besser verdaulich.

Sauerkrautsalat mit Orangen

Für 4 Portionen

500 g Sauerkraut
2 Orangen
1 Bund Schnittlauch
100 g Dickmilch
1 EL milder Apfelessig
1 Prise gemahlener Kümmel
Salz
1/2 EL grüne Pfefferkörner (frisch oder eingelegt)
50 g Korinthen
1 EL Öl
75 g ungesalzene Pistazienkerne

• Sauerkraut abtropfen lassen und mit einer Gabel zerpflücken. Orangen schälen, filieren und in Stücke schneiden. Saft dabei auffangen. Schnittlauch waschen, trockentupfen und in feine Röllchen schneiden.

• Für die Salatsauce Dickmilch mit aufgefangenem Orangensaft, Essig, Kümmel und Salz verrühren.

• Das Sauerkraut mit Orangenstücken, Schnittlauch, Salatsauce, den Pfefferkörnern und den Korinthen mischen und auf Portionstellern verteilen.

• Das Öl in einer Pfanne erhitzen. Pistazienkerne darin bei mittlerer Hitze unter ständigem Wenden rösten, bis sie zart duften. Geröstete Kerne über dem Salat verteilen.

Dauert etwa 30 Minuten
1 Portion = 241 kcal/ 1 mg Cholesterin
13 g Fett/ 8 g Eiweiß/ 21 g Kohlenhydrate

Gemischter Salat mit Kürbiskernen

Für 2 Portionen

1 kleiner Kopf Radicchio (ca. 100 g)
75 g Feldsalat
250 g Möhren
1 Stange Sellerie (ca. 50 g)
2 EL milder Essig
1 TL scharfer Senf
1 EL süße Sahne
Salz, weißer Pfeffer
6 EL Olivenöl
1 kleine Zwiebel
100 g Austernpilze
50 g Kürbiskerne
1/2 Kästchen Gartenkresse

• Radicchio und Feldsalat putzen, waschen, trocknen und eventuell zerkleinern. Möhren schälen und grob raspeln. Selleriestange waschen und in kleine Stücke schneiden; dabei die zarten Blättchen mitverwenden.

• Für die Salatsauce den Essig mit Senf, süßer Sahne, Salz, Pfeffer und 3 Eßlöffeln Öl verrühren. Salat damit mischen und auf Tellern anrichten.

• Zwiebel abziehen und hacken. Pilze putzen und grob zerkleinern. Beide Zutaten und die Kürbiskerne im restlichen

heißen Öl bei starker bis mittlerer Hitze unter Rühren rösten, bis die Pilze gerade eben weich sind.

• Pilzmischung auf dem Salat anrichten. Kresse abschneiden und darauf verteilen.

Dauert etwa 40 Minuten
1 Portion = 508 kcal/
5 mg Cholesterin
44 g Fett/ 12 g Eiweiß/
12 g Kohlenhydrate

Pastinakensalat mit Obst

• Für die Salatsauce Anissamen und Teebeutel in eine Tasse geben, mit dem kochenden Wasser übergießen und zugedeckt 10 Minuten ziehen lassen.

• Teebeutel entfernen, Sud durch ein Sieb in eine Schüssel gießen. Mit Senf, Honig, Zitronensaft, etwas abgeriebener Zitronenschale, Apfelsaft, Crème fraîche und Öl verrühren. Mit Salz und Pfeffer würzen.

• Geschälte Orange in Stücke schneiden. Bananen, Datteln und entsteinte Pflaumen zerkleinern. Pastinaken wie Kartoffeln schälen und in dünne Scheiben schneiden. Die Äpfel schälen oder gründlich waschen, vierteln, vom Kerngehäuse befreien und grob raspeln.

• Alle diese Zutaten mit der Salatsauce mischen. Cashewnüsse grob zerkleinern und über den Salat geben.

Dauert etwa 45 Minuten
1 Portion = 267 kcal/ 10 mg Cholesterin
12 g Fett/ 5 g Eiweiß/ 34 g Kohlenhydrate

Zur Abwechslung

• **Statt der Pastinaken Möhren und/oder Knollensellerie nehmen.**
• **Als Salatsauce eine Vinaigrette aus 2 Eßlöffeln Essig, 1 Teelöffel Senf, Salz, Pfeffer und 6 Eßlöffeln Olivenöl rühren. Mit feingehackten Kräutern mischen.**

Pastinaken ...

... sehen aus wie Petersilienwurzeln oder weiße Möhren und schmecken roh oder gekocht. Sie sind ein sehr altes Gemüse: Vor etwa 1000 Jahren haben Mönche die herben Wildpflanzen zum zart-aromatischen, angenehm süßen Wurzelgemüse veredelt.

Für 4 Portionen

1 EL Anissamen
1 Aufgußbeutel Kräutertee
60 ml kochendes Wasser
1 EL scharfer Senf
1 TL Honig
Saft und etwas abgeriebene Schale von 1 kleinen unbehandelten Zitrone
1 EL ungesüßter Apfelsaft
2 EL Crème fraîche
1 EL Distelöl
Salz
weißer Pfeffer aus der Mühle
1 Orange
je 2 getrocknete Bananen, Datteln und Pflaumen
600 g Pastinaken
2 säuerliche Äpfel
50 g Cashewnußkerne

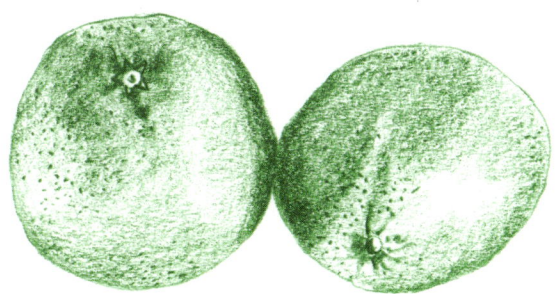

111

Kürbissalat mit Obst

Für 4 Portionen

1 Aufgußbeutel Apfeltee

50 ml kochendes Wasser

400 g Kürbis

2 mittelgroße Äpfel (Cox Orange, James Grieve oder Ingrid Marie)

2. EL milder Apfelessig

300 g weiße und blaue Weintrauben

1/2 Bund Petersilie

1 EL Apfelsaft

Salz, weißer Pfeffer

50 g Crème fraîche

2 EL Öl

50 g gehackte Walnußkerne

Zur Abwechslung

• Nüsse mit zerbröckeltem groben Vollkornbrot in 1 Eßlöffel Erdnuß- oder Olivenöl rösten. Über den Salat streuen.

• Kürbis mit Birnen und Orangen mischen, Sauce mit Kräutern der Provence (aus der Tiefkühltruhe) rühren.

• Apfeltee mit dem kochenden Wasser übergießen und zugedeckt 15 Minuten ziehen lassen.

• Inzwischen den Kürbis von den Kernen befreien, schälen, waschen und grob raspeln. Äpfel schälen oder gründlich waschen, vom Kerngehäuse befreien und raspeln. Mit Kürbis und Essig vermischen.

• Weintrauben waschen, trockentupfen, abzupfen, halbieren und nach Wunsch auch entkernen. Petersilie hacken. Beide Zutaten unter den Salat mischen.

• Teebeutel entfernen. Den Apfeltee mit Saft, Salz, Pfeffer, Crème fraîche und Öl verrühren und über den Salat geben. Nüsse darüberstreuen.

Dauert etwa 30 Minuten
1 Portion = 286 kcal/ 13 mg Cholesterin
17 g Fett/ 4 g Eiweiß/ 27 g Kohlenhydrate

Dazu passen: Vollkornbrötchen mit Käse oder Toast mit gesalzener Butter

Kürbis

Die Erntezeit von Kürbis reicht von Juli bis zum ersten Frost. Riesenkürbisse – die bis zu 50 Kilogramm wiegen und in Stücken verkauft werden – und kleine Speisekürbisse haben eine sehr harte Schale und halten sich deshalb im kühlen Keller bis weit in die Wintermonate. Erst wenn sie angeschnitten sind, muß man sie rasch verbrauchen. Zum Vorbereiten teilt man Kürbis zuerst in Segmente, schält sie großzügig und kratzt die Kerne mit den zähen Fasern heraus. Kürbis verträgt aromatische Begleiter und kräftige Würze: Obst und Nüsse wie im Rezept oben, Sellerie, Zwiebeln oder Fenchel, Zitronen- und Orangensaft, Essig, Cayennepfeffer, getrockneten Thymian und Rosmarin, Oregano und Majoran, frischgeriebenen Meerrettich, Anissamen und Kümmelkörner.

Gemischter Salat mit Sprossen

• Linsen, Weizenkörner, Alfalfa- und Rettichsamen 3 Tage keimen lassen (siehe Seite 24).
• Die gekeimten Sprossen waschen und abtropfen lassen.
• Gemüsebrühe aufkochen. Linsensprossen darin 5 Minuten kochen. Abgießen – die Brühe dabei auffangen – und in einer Schüssel mit den anderen Sprossen mischen.
• Für die Salatsauce die Brühe mit Senf, Salz, Pfeffer, Sahne, Essig und Öl verrühren.
• Beide Salatsorten putzen, waschen und trockenschwenken. Blattsalat sehr fein schneiden. Orange und Möhren schälen. Orange in kleine Stücke, Möhren in Stifte schneiden. Fenchelblättchen abschneiden. Knolle putzen, waschen und in Streifen schneiden.
• Alle diese Zutaten mit den Sprossen und der Salatsauce mischen. Salat auf Tellern verteilen. Fenchelblättchen und Schnittlauch waschen, trockentupfen und fein zerkleinern. Mit den Kürbiskernen über den Salat streuen.

Dauert etwa 45 Minuten
1 Portion = 339 kcal/ 3 mg Cholesterin
23 g Fett/ 10 g Eiweiß/ 21 g Kohlenhydrate

Die Sprossen müssen 3 Tage keimen

Für 4 Portionen

30 g Linsen
50 g Weizenkörner, Alfalfa- und Rettichsamen gemischt
1/8 l Gemüsebrühe
1 TL körniger Senf
Salz, weißer Pfeffer
1 EL süße Sahne
2 EL Himbeeressig
6 EL Maiskeimöl
100 g Feldsalat
100 g beliebiger Blattsalat
1 Orange
200 g Möhren
1 Fenchelknolle
1 Bund Schnittlauch
50 g Kürbiskerne

Wirsingsalat mit Glasnudeln

• Die harten Rippen der Wirsingblätter herausschneiden. Blätter waschen und in feine Streifen schneiden. Mit Salz vermischt zugedeckt ziehen lassen, bis die anderen Zutaten vorbereitet sind.
• Lauchzwiebel putzen, waschen und mit allen saftigen grünen Blättern fein hacken. Glasnudeln mit kochendem Wasser übergießen und darin weich werden lassen.
• Das abgemessene Wasser mit der Brühe aufkochen. Den Essig, Senf und Öl untermischen. Wirsing und Glasnudeln mit dieser Marinade vermischen und zugedeckt bei Zimmertemperatur 30 Minuten ziehen lassen.
• Petersilie hacken und untermischen. Salat mit reichlich Pfeffer würzen und noch einmal mit Salz abschmecken.

Dauert etwa 1 Stunde
Arbeiten müssen Sie etwa 30 Minuten
1 Portion = 159 kcal/ 0 mg Cholesterin
11 g Fett/ 4 g Eiweiß/ 11 g Kohlenhydrate

Für 4 Portionen

400 g Wirsingblätter
Salz
1 Lauchzwiebel
30 g Glasnudeln
1/8 l Wasser
1 TL Instant-Gemüsebrühe
3 EL Weißweinessig
1 TL scharfer Senf
4 EL Öl
1 Bund Petersilie
schwarzer Pfeffer aus der Mühle

Steckrübensalat mit Orangen

Für 4 Portionen

1 kleine Steckrübe (ca. 700 g)
1 Orange
1 unbehandelte Orange
100 g Walnußkerne
2 EL Zitronensaft
100 g Crème double
200 g saure Sahne
1/2 Päckchen Tiefkühl-salatkräuter
Salz, weißer Pfeffer

Crème double ist süße Sahne mit etwa 45 Prozent Fett. Sie schmeckt an kalten und warmen Saucen, Suppen und Gemüse. Weil sie so fett ist, kann man sie cremig einkochen.

• Steckrübe schälen und fein raspeln. Orange schälen und in Stücke schneiden. Saft dabei auffangen. Die unbehandelte Orange waschen und abtrocknen. Etwa 1/4 der Schale mit einem Sparschäler dünn abschneiden und fein hacken. Die Orangen nun schälen und ebenfalls in Stücke schneiden. Die Nüsse grob hacken.
• Steckrübe, Orangenstücke mit dem aufgefangenen Saft, Orangenschale und Nüsse in eine Schüssel geben. Zitronensaft, Crème double, saure Sahne und Kräuter zufügen. Alles mischen, mit wenig Salz und einer kräftigen Prise Pfeffer abschmecken und vor dem Servieren etwa 10 Minuten ziehen lassen.

Dauert etwa 45 Minuten
1 Portion = 462 kcal/ 62 mg Cholesterin
36 g Fett/ 8 g Eiweiß/ 24 g Kohlenhydrate

Dazu passen: Toast, Vollkornbrötchen oder Pellkartoffeln mit Butter oder körnigem Frischkäse

Endivien-Fenchel-Salat

Für 4 Portionen

1 kleiner Kopf Endiviensalat
2 Fenchelknollen
1 unbehandelte Orange
200 g saure Sahne
3 EL Apfelsaft
3 EL Öl
1 TL Senf
1 Bund Petersilie
Salz
weißer Pfeffer
1 reife Avocado
1 EL Haselnuß- oder Walnußkerne

Eine reife Avocado gibt bei sanftem Druck auf die Schale etwa so nach wie eine reife Banane.

• Endiviensalat putzen, waschen und trockenschwenken. Blätter in etwa fingerbreite Streifen schneiden. Fenchelknollen putzen, Fenchelgrün abschneiden und zum Bestreuen des Salates beiseite legen. Knollen halbieren, waschen, den Strunk herausschneiden. Hälften quer zu den Fasern in dünne Streifen schneiden.
• Für die Salatsauce die Orange waschen, abtrocknen und die Schale rundherum etwa zur Hälfte dünn abschneiden. Saft auspressen. Orangensaft, Schale, Apfelsaft, Sahne, Öl, Senf und gewaschene Petersilie im Blitzhacker pürieren. Sauce mit Salz und Pfeffer abschmecken.
• Endiviensalat und Fenchel mit der Sauce vermischen und auf Tellern verteilen. Avocado halbieren, Kern herauslösen, Avocadohälften schälen, in Scheiben schneiden und auf dem Salat anrichten. Das Fenchelgrün grob, die Nüsse fein hacken und über den Salat streuen.

Dauert etwa 40 Minuten
1 Portion = 365 kcal/ 30 mg Cholesterin
32 g Fett/ 5 g Eiweiß/ 12 g Kohlenhydrate

Gemüsesalat für den Winter

• Rote Beten waschen und in wenig Wasser gerade eben weich kochen.

• Inzwischen für die Salatsauce Zitronenschale ganz dünn abreiben. Zitronensaft auspressen. Diese beiden Zutaten mit dem Ei, Senf, Salz und einer kräftigen Prise Cayennepfeffer verrühren, bis sich alles verbunden hat. Öl zuerst tropfenweise, dann in dünnem Strahl hinzugießen und dabei kräftig mit einem Schneebesen rühren, bis eine dicke Mayonnaise entstanden ist. Joghurt darunterrühren.

• Rote Beten abgießen, kurz kalt abschrecken und schälen. Knollen vierteln. Viertel in dünne Scheiben schneiden und mit etwa 1/3 der Mayonnaise vermischen.

• Feldsalat verlesen, gründlich waschen, trockenschwenken und auf Portionstellern verteilen. Die Pilze putzen, waschen, in Scheiben schneiden und auf den Feldsalat legen.

• 1 Eßlöffel der verbliebenen Mayonnaise mit dem Himbeeressig mischen und über Feldsalat und Pilze träufeln.

• Sellerie schälen, waschen und fein raspeln. Schnittlauch in Röllchen schneiden. Beides mit dem Rest der Mayonnaise und dem Orangensaft vermischen.

• Rote Beten und Sellerie getrennt neben Salat und Pilzen anrichten. Alles mit gehackten Nüssen bestreut servieren.

Für 5 Portionen

3 kleine rote Beten
1/2 unbehandelte Zitrone
1 frisches Ei
1 TL. scharfer Kräutersenf
Salz, Cayennepfeffer
6 EL Sonnenblumen- oder Distelöl
150 g Joghurt
150 g Feldsalat
50 g Champignons
1 EL Himbeeressig
1 Stück Knollensellerie
(ca. 250 g)
1 großes Bund Schnittlauch
1 EL Orangensaft
1 EL Walnußkerne

Dauert etwa 1 Stunde
1 Portion = 204 kcal/ 73 mg Cholesterin
16 g Fett/ 5 g Eiweiß/ 8 g Kohlenhydrate

Dazu paßt: Vollkorntoast

Servier-Tip
Als Imbiß schmeckt der Salat zu Vollkornbrot mit Sonnenblumenkernen oder Leinsamen und körnigem Frischkäse.

Fenchel-Frisée-Salat mit Papaya

Für 4 Portionen
2 Fenchelknollen
1 Friséesalat
1 Bund Dill
1 reife Papaya
Saft von 1 Orange
100 g Sahnejoghurt
2 EL süße Sahne
Salz
weißer Pfeffer aus der Mühle
2 EL Öl
1 EL Sesamsamen

Die lackschwarzen Kerne der Papaya werden zum verbotenen »Strecken« von schwarzem Pfeffer verwendet. Denn getrocknet sind sie so schrumpelig und dunkel wie schwarze Pfefferkörner.

• Fenchelknollen putzen, Blättchen abschneiden und zum Bestreuen des Salates beiseite legen. Knollen waschen, halbieren und in dünne Streifen schneiden.
• Friséesalat putzen, waschen und trockenschwenken. Blätter in Streifen schneiden. Dill waschen und fein hakken. Papaya halbieren, Kerne herauslösen, Papayahälften schälen und würfeln. Alle Zutaten in einer Schüssel mit dem Orangensaft vermischen.
• Für die Salatsauce den Joghurt mit Sahne, Salz, Pfeffer und Öl verrühren. Salat damit mischen. Mit gehackten Fenchelblättchen und Sesamsamen bestreuen.

Dauert etwa 40 Minuten
1 Portion = 164 kcal/ 15 mg Cholesterin
11 g Fett/ 4 g Eiweiß/ 12 g Kohlenhydrate

Papaya

Die süße Frucht stammt vermutlich aus Mittelamerika und Mexiko und wird heute in tropischen Ländern aller Kontinente angebaut. Deshalb gibt es sie das ganze Jahr über zu kaufen. Papayas sind sehr gesund: Sie enthalten reichlich Kalzium, Vitamin C und Karotin, fördern die Verdauung und lindern Darmstörungen.

Linsensalat mit gebratenen Pilzen

Für 4 Portionen
100 g Linsen
1/4 l Gemüsebrühe
2 EL milder Kräuteressig
3 EL Öl
200 g Austernpilze
1 Lauchzwiebel
1 Knoblauchzehe
1/4 Bund Petersilie
schwarzer Pfeffer aus der Mühle

• Die Linsen mit der Brühe aufkochen und zugedeckt bei schwacher Hitze in etwa 1 Stunde weich garen. Mit Essig und 1 Eßlöffel Öl vermischt lauwarm abkühlen lassen.
• Pilze putzen, in Streifen schneiden und im restlichen Öl bei schwacher bis mittlerer Hitze unter häufigem Wenden etwa 5 Minuten braten, bis sie leicht gebräunt sind.
• Lauchzwiebel putzen und waschen, Knoblauch abziehen, Petersilie waschen und trockentupfen. Alles fein hacken und unter die Linsen mischen. Salat mit den gebratenen Pilzen anrichten und mit Pfeffer würzen.

Dauert etwa 1 1/4 Stunden
Arbeiten müssen Sie etwa 30 Minuten
1 Portion = 169 kcal/ 0 mg Cholesterin
8 g Fett/ 7 g Eiweiß/ 15 g Kohlenhydrate

Gemüsesalat

• Gewaschene rote Beten, Kartoffeln und Schwarzwurzeln in wenig Wasser weich kochen.

• Inzwischen Sellerie schälen und grob raspeln. Gewaschenen Endiviensalat in feine Streifen schneiden. Zwiebel abziehen und hacken. Petersilie fein zerkleinern.

• Für die Salatsauce Wasser mit Brühe aufkochen. Zitronensaft, Essig, Senf und Öl untermischen.

• Gemüse abgießen, kalt abschrecken, schälen und in kleine Würfel schneiden. Mit Sellerie, Endiviensalat, Zwiebel, Petersilie, Kapern und Salatsauce mischen, mit Salz und Pfeffer abschmecken.

Dauert etwa 1 Stunde
1 Portion = 166 kcal/ 0 mg Cholesterin
11 g Fett/ 4 g Eiweiß/ 12 g Kohlenhydrate

Für 4 Portionen

2 kleine rote Beten
2 kleine festkochende Kartoffeln
4 Schwarzwurzeln
200 g Knollensellerie
5 Blätter Endiviensalat
1 Zwiebel
1/2 Bund Petersilie
1/8 l Wasser
1 EL Instant-Gemüsebrühe
2 EL Zitronensaft
2 EL Essig
1 TL scharfer Senf
4 EL Öl
1 EL Kapern
Salz, schwarzer Pfeffer

Schwarzwurzelsalat

• Die Schwarzwurzeln in einer Schüssel mit kaltem Wasser gründlich waschen. Reichlich Wasser zum Kochen bringen. Schwarzwurzeln darin aufkochen und zugedeckt bei schwacher Hitze in etwa 20 Minuten bißfest garen.

• Die Schwarzwurzeln abgießen, kalt abschrecken und wie Kartoffeln schälen. In etwa fingerlange Stücke schneiden.

• Gemüsebrühe, Essig, Salz, Pfeffer und Öl verrühren. Schwarzwurzeln damit mischen. Salat abkühlen lassen und mit Kresseblättchen bestreut servieren.

Dauert etwa 1 Stunde
Arbeiten müssen Sie etwa 30 Minuten
1 Portion = 134 kcal/ 0 mg Cholesterin
13 g Fett/ 2 g Eiweiß/ 1 g Kohlenhydrate

Zur Abwechslung
Den Salat mit Rosenkohl, kleinen Zwiebeln, Knollensellerie, Möhren oder Pastinaken (Seite 111) zubereiten.

Für 4 Portionen

750 g Schwarzwurzeln
4 EL Gemüsebrühe
3 EL Essig
Salz
schwarzer Pfeffer aus der Mühle
5 EL Öl
1 Kästchen Gartenkresse

Schwarzwurzeln schält man wie Pellkartoffeln lieber erst nach dem Kochen. Dann behalten sie ihre schöne helle Farbe und die meisten Vitamine.

SUPPEN

**Grüne Gemüse-
blätter ...**

... sind oft sehr reich an Vitaminen und Mineralstoffen. Kohlrabigrün zum Beispiel enthält noch mehr Vitamin C, Karotin und Magnesium als die Knolle. Deshalb die Blätter nicht wegwerfen, sondern Suppe damit kochen (Seite 126 Radieschenblättersuppe). Oder fein gehackt wie Kräuter zum Schluß über Salat, Suppe oder Gemüse streuen.

Sanft erhitzen

Käse wird für Suppen und Saucen immer bei schwacher Hitze unter ständigem Rühren geschmolzen. Saure Würzzutaten wie Zitronensaft oder Wein immer erst zum Schluß zugeben, sonst klumpt der Käse.

**Basis für
vegetarische
Suppen**

• Fertig gekaufte Gemüsebrühe als Pulver aus dem Glas oder als Würfel. Das Rezept für selbstgekochte Brühe finden Sie auf Seite 120.
• Mit Béchamelsauce: Man röstet Mehl in Butter oder Margarine, gießt mit Flüssigkeit auf, rührt kräftig, gibt das geschnittene Gemüse dazu und läßt alles etwa 5 Minuten kochen. Dabei quillt das Mehl und macht die Suppe dick. Andere Möglichkeit: Mehl ohne Fett rösten und die fertige Suppe mit einem Stück Butter verfeinern.
• Mit Mehlbutter: Mehl und weiche Butter zu gleichen Teilen werden verknetet und in die kochende Brühe mit dem knapp gegarten Gemüse gerührt. Vorteil: Mit Mehlbutter gibt es keine Klümpchen.
• Mit Gemüsepüree: Weichgekochtes Gemüse mit Schneidestab oder Mixer pürieren und dabei einen kräftigen Schuß Sahne, Crème fraîche oder Crème double unterrühren. Zum Schluß die Suppe so einkochen, wie Sie es gerne mögen. Tomaten, Zucchini, Kohlrabi, Möhren, rote Bete, Kartoffeln, Kürbis, Brokkoli, frische grüne Erbsen und Zwiebeln eignen sich gut für die Suppe.

Nicht zu sanft

Vegetarische Suppen auf der Basis von Gemüsebrühe muß man kräftig würzen. Gut geeignet in klarer Brühe sind Sojasauce, getrocknete Kräuter wie Thymian und Majoran, Cayennepfeffer und alle frischgehackten oder tiefgefrorenen Kräuter. Gebundene Suppen würzt man zum Beispiel mit Zitronen- oder Orangensaft, Muskatnuß und Muskatblüte, frischen oder Tiefkühlkräutern, gemahlenem Kümmel, Kreuzkümmel oder Koriander.

Kräuterbiskuits (Seite 123), Dinkelklößchen (Seite 130) und Spätzle (Seite 139) kann man einfrieren: Biskuits und Klößchen zubereiten und gerade eben abgekühlt auf ein Brett oder eine Platte nebeneinanderlegen und vorfrieren, bis sie hart sind. Möglichst rasch ablösen und in Tiefkühlbeutel verpacken, damit sie nicht auftauen und sich gut einzeln entnehmen lassen.

Gut zum Einfrieren

Klare Gemüsebrühe bekommt mit Sojasauce oder Safranfäden eine schöne Farbe. Für Tomatencreme und Suppen mit Hülsenfrüchten oder Brot nimmt man fertig gekauftes Tomatenmark, für Getreidesuppen Sahne, bunte Gemüseraspel und Kräuter.

Schöne Farbe

• Klare Gemüsebrühe mit Eierkuchenstreifen, gerösteten Brotwürfeln, allen Suppenklößchen, Kräuterbiskuits, feingeschnittenem Gemüse und Kräutern.
• Gemüsesuppe mit Reis, Nudeln, Kartoffelwürfeln, Spätzle und Klößchen; damit nichts zu weich wird, kocht man alle Einlagen extra in Salzwasser und gibt sie abgetropft in die Suppenportionen.
• Getreidesuppen mit geriebenem Käse, frischgekochten kleinen Kartoffelwürfeln, gerösteten Brotwürfeln, frisch gehackten oder gefrorenen Kräutern.
• Bohnen- und Linsensuppe mit gerösteten Brotwürfeln, dünnen Suppennudeln, Spätzle, kurz gebratenen Lauchzwiebelringen und Tomatenwürfeln.
• Kichererbsen- und Erbsensuppe mit Hörnchennudeln, gerösteten Brotwürfeln, frischgeriebenem Meerrettich, feinen Möhren- oder Fenchelstreifen.

Was schmeckt dazu?

... eignen sich Suppen mit Hülsenfrüchten und Getreidekörnern oder Schrot: Sie werden weich gekocht und gekühlt. Zum Servieren rasch erhitzen und – je nach Rezept – mit Sahne, Gemüse und Kräutern ergänzen. Suppen mit Reis, Nudeln oder Gemüse kocht man lieber frisch.

Zum Vorbereiten ...

Klare Gemüsebrühe

Für 5 Portionen

250 g Lauch
350 g Möhren
1 Petersilienwurzel
1 Fenchelknolle
250 g Knollensellerie
1 Zwiebel
2 Knoblauchzehen
2 Bund Petersilie
3 Zweige frischer oder
1 TL getrockneter Thymian
1 Lorbeerblatt
1 TL weiße Pfefferkörner
2 Wacholderbeeren
1 1/4 l Wasser
Salz

Mit ganz fein geschnittenem Gemüse gekocht, schmeckt die Brühe besonders aromatisch.

• Lauch putzen und waschen. Möhren und Petersilienwurzel schälen. Fenchelknolle halbieren, den Strunk herausschneiden, die Hälften waschen. Knollensellerie putzen und schälen. Alle diese Gemüse möglichst fein zerkleinern.
• Die Zwiebel und 1 Knoblauchzehe schälen und hacken. 1 Bund Petersilie und den Thymian waschen und mit dem Lorbeerblatt zu einem Sträußchen zusammenbinden.
• Alle diese Zutaten mit Pfefferkörnern, Wacholderbeeren und eventuell getrocknetem Thymian in einen Topf geben. Wasser zugießen und einmal aufkochen. Brühe salzen und zugedeckt bei schwacher Hitze 30 Minuten kochen lassen.
• Die fertige Gemüsebrühe durch ein Sieb gießen. Gekochtes Gemüse, Kräuter und Gewürze mit einem Löffel ausdrücken und wegwerfen. Brühe mit Salz abschmecken und mit beliebigen Einlagen servieren.

Dauert etwa 1 1/2 Stunden
Arbeiten müssen Sie etwa 1 Stunde
1 Portion = 13 kcal/ 0 mg Cholesterin
1 g Fett/ 1 g Eiweiß/ 1 g Kohlenhydrate

Dazu passen: *feingeschnittenes Gemüse, Tofuklößchen (Seite 125), Flädle oder Suppencroûtons als Einlagen*

Die richtigen Zutaten für Gemüsebrühe
Viel Aroma bekommt die Brühe mit Fenchel, Stangen- und Knollensellerie, Petersilienwurzeln oder Pastinaken. Lauch und Möhren nimmt man in kleinen Mengen, sonst wird die Brühe zu süß. Kohl, Rüben oder Blattgemüse wie zum Beispiel Spinat eignen sich nicht. Gut zum Würzen sind Knoblauch, Wacholderbeeren, Lorbeer und die Sommerkräuter Thymian, Oregano und Majoran – frisch oder getrocknet.

Für den Vorrat
Gemüsebrühe kann man genau wie Fleisch- oder Hühnerbrühe auf Vorrat zubereiten und portionsweise einfrieren. Im Kühlschrank hält sich frischgekochte Brühe in einem gut verschlossenen Gefäß etwa 3 Tage.

Brühe mit Hirse und Safran

• Knoblauch abziehen und sehr fein hacken. Safranfäden zwischen den Fingern oder im Mörser zerreiben. Beide Zutaten mit Gemüsebrühe, Sojasauce und Hirse aufkochen und zugedeckt bei schwacher Hitze 20 Minuten garen.
• Inzwischen Lauchzwiebeln putzen, waschen und in feine Ringe schneiden. Etwa 2 Eßlöffel der grünen Zwiebelröllchen zum Bestreuen der Suppe beiseite legen.
• Restliche Zwiebeln in der Suppe einmal aufkochen und zugedeckt bei schwacher Hitze etwa 2 Minuten garen.
• Tomate abziehen, würfeln und dabei vom Stielansatz befreien. Suppe in heiße Teller geben. Zwiebelgrün und Tomatenwürfel darauf verteilen.

Dauert etwa 40 Minuten
1 Portion = 111 kcal/ 0 mg Cholesterin
2 g Fett/ 5 g Eiweiß/ 18 g Kohlenhydrate

Zur Abwechslung
1 Ei mit Muskatnuß, weißem Pfeffer und 1 Eßlöffel Sojasauce verquirlen und in die kochende Brühe rühren.

Für 3 Portionen
1 Knoblauchzehe
1 TL Safranfäden
3/4 l Gemüsebrühe
1 EL Sojasauce
75 g Hirse
4 Lauchzwiebeln
1 mittelgroße Tomate

Safran ...

... schmeckt nur gegart. Einfach über Suppen oder Salate gestreut, löst er sich nicht richtig. Deshalb Fäden oder Pulver in warmer Brühe, Wasser, Milch oder flüssiger Butter verrühren und dann erst unter die Speisen mischen. Fäden haben mehr Aroma als das Pulver.

Erbsensuppe

• Zwiebel abziehen und fein hacken. Sellerie waschen, putzen und in kleine Stücke schneiden. Sellerieblättchen abzupfen und zum Bestreuen der Suppe beiseite legen.
• Öl in einem Topf erhitzen. Zwiebel und Sellerie darin bei schwacher Hitze braten, bis die Zwiebel glasig ist.
• Die Brühe und die gefrorenen Erbsen zugeben, aufkochen und zugedeckt 10 Minuten garen.
• Sahne mit Eigelb und 2 Eßlöffeln heißer Suppe verrühren und unter die Suppe im Topf mischen. Erhitzen, aber nicht mehr aufkochen. Suppe mit Salz, Pfeffer und Muskat würzen und mit den gehackten Sellerieblättchen bestreuen.

Dauert etwa 30 Minuten
1 Portion = 225 kcal/ 130 mg Cholesterin
16 g Fett/ 8 g Eiweiß/ 11 g Kohlenhydrate

Zur Abwechslung
Statt der Erbsen dünne Kohlrabistifte, geschnippelte grüne Bohnen oder grobgehackten Wurzelspinat verwenden.

Für 4 Portionen
1 Zwiebel
4 Selleriestangen
2 EL Öl
1 l Gemüsebrühe
300 g Tiefkühlerbsen
100 g süße Sahne
1 Eigelb
Salz, weißer Pfeffer
1 Prise Muskat

Eigelb nicht aufkochen

Suppen und Saucen, die Sie mit Eigelb binden, dürfen nur heiß werden, aber nicht mehr kochen. Sonst gerinnt das Eigelb und wird flockig.

Grüne Bohnensuppe mit Tomaten

Für 4 Portionen

400 g grüne Bohnen
1 Bund Bohnenkraut
1 Schalotte
4 EL Olivenöl
3/4 l Gemüsebrühe
200 g Vollkornbrot
250 g Tomaten
100 g Crème fraîche
Salz, weißer Pfeffer

Mit Fleisch

150 Gramm Lammfilet in feine Streifen schneiden. Mit Tomaten und Crème fraîche in der Brühe aufkochen.

• Bohnen waschen, putzen und in etwa 2 Zentimeter lange Stücke schneiden. Bohnenkraut waschen, Stiele und die Hälfte der Blätter ganz fein zerkleinern. Restliche Blättchen zum Bestreuen der Suppe beseite legen. Die Schalotte abziehen und fein hacken.
• Bohnen, das zerkleinerte Bohnenkraut und die Schalotte in 1 Eßlöffel heißem Öl bei mittlerer Hitze unter Rühren schmoren. Brühe zugießen, aufkochen und zugedeckt bei schwacher Hitze 15 Minuten garen.
• Restliches Öl in einer Pfanne erhitzen. Brot würfeln und darin unter häufigem Wenden bei schwacher bis mittlerer Hitze in etwa 5 Minuten knusprig rösten.
• Die Tomaten abziehen und würfeln, Stielansätze dabei entfernen. Mit der Crème fraîche in die Suppe geben und einmal aufkochen.
• Suppe mit Salz und Pfeffer abschmecken und auf heißen Tellern anrichten. Mit den gerösteten Brotwürfeln und den Bohnenkrautblättchen bestreuen.

Dauert etwa 35 Minuten
1 Portion = 320 kcal/ 26 mg Cholesterin
19 g Fett/ 8 g Eiweiß/ 28 g Kohlenhydrate

Dicke-Bohnen-Suppe mit Estragon

Für 4 Portionen

1 kleine Zwiebel
1/2 Bund Estragon
1/2 EL Butter
1/2 l Wasser
1 gehäufter TL Speisestärke
2 Pakete tiefgekühlte
dicke Bohnen (600 g)
1 EL Gemüsebrüheextrakt
1/2 l Milch
weißer Pfeffer
geriebene Muskatnuß
1 Bund Schnittlauch
100 g saure Sahne

• Zwiebel und Estragon fein hacken und in der heißen Butter unter Rühren bei schwacher Hitze anbraten.
• Etwa 6 Eßlöffel Wasser mit der Speisestärke verrühren. Restliches Wasser, Bohnen und Brühe in den Topf geben und unter Rühren einmal aufkochen. Bohnen nach dem Auftauen etwa 5 Minuten garen.
• Angerührte Speisestärke daruntermischen und erneut aufkochen. Milch in die Suppe rühren und bis knapp unter den Siedepunkt erhitzen. Mit Pfeffer und Muskatnuß kräftig abschmecken und auf heißen Tellern verteilen.
• Schnittlauch in Röllchen schneiden. Auf jede Suppenportion 1 Eßlöffel saure Sahne setzen und mit Schnittlauchröllchen bestreuen.

Dauert etwa 25 Minuten
1 Portion = 284 kcal/ 35 mg Cholesterin
12 g Fett/ 16 g Eiweiß/ 28 g Kohlenhydrate

Brühe mit Kräuterbiskuits

• Für die Kräuterbiskuits Eier trennen. Eigelb mit Butter oder Margarine schaumig rühren. Kräuter untermischen und mit Salz und Pfeffer würzen.
• Eiweiß steif schlagen und auf die Masse geben. Mehl mit Speisestärke und Parmesan gemischt unterziehen.
• Eine Springform fetten und mit Semmelbröseln ausstreuen. Teig darin glattstreichen, in den kalten Backofen (mittlere Schiene) stellen und bei 200 Grad (Umluft: 180 Grad, Gas: Stufe 3) etwa 25 Minuten backen. In der Form erkalten lassen, dann in Rauten schneiden.
• Zuckerschoten waschen und putzen. Brokkoli waschen und zerkleinern. Schnittlauch in Röllchen schneiden.
• Brühe aufkochen, Gemüse darin etwa 5 Minuten bißfest garen. Suppe in Teller geben, Biskuits hineinlegen und den Schnittlauch darüberstreuen.

Dauert etwa 1 Stunde
1 Portion = 233 kcal/ 201 mg Cholesterin
15 g Fett/ 9 g Eiweiß/ 14 g Kohlenhydrate

Für 6 Portionen

Kräuterbiskuits:
3 Eier
60 g Butter oder Margarine
3 EL gemischte, fein zerkleinerte Kräuter (zum Beispiel Petersilie, Kerbel, Brennesseln)
Salz, weißer Pfeffer
30 g Mehl
30 g Speisestärke
2 EL geriebener Parmesankäse
Fett und Semmelbrösel für die Form

Brühe:
200 g Zuckerschoten
200 g Brokkoli
1 Bund Schnittlauch
1 1/2 l Gemüsebrühe

Polentasuppe mit Kräutern

• Weißkohl waschen, Blätter in feine Steifen schneiden. Tomate abziehen und würfeln, Stielansatz dabei entfernen.
• Gemüsebrühe aufkochen. Die Polenta unter Rühren hinzugeben, erneut aufkochen und zugedeckt bei schwacher Hitze 5 Minuten garen. Weißkohl zugeben, aufkochen und zugedeckt bei schwacher Hitze etwa 3 Minuten garen.
• Crème double und tiefgefrorene Kräuter daruntermischen und erhitzen, aber nicht mehr kochen lassen. Zum Schluß die abgeschnittene Kresse hinzufügen. Suppe mit Cayennepfeffer abschmecken.

Für 4 Portionen
100 g Weißkohl
1 Tomate
3/4 l Gemüsebrühe
40 g Maisgrieß (Polenta)
100 g Crème double
1 Päckchen gemischte Tiefkühlkräuter
100 g Gartenkresse
Cayennepfeffer

Dauert etwa 30 Minuten
1 Portion = 178 kcal/
32 mg Cholesterin
12 g Fett/ 5 g Eiweiß/
12 g Kohlenhydrate

Gemüsesuppe mit Nudeln

Für 3 Portionen

250 g Weißkohl, Fenchel und
Grünkohl gemischt

1/2 unbehandelte Zitrone

3/4 l Gemüsebrühe

50 g feine Suppennudeln

Salz

1 Kästchen Gartenkresse

Reste-Tip:

Getreidekörner, Bulgur oder
Grütze, die von einer Mahlzeit übriggeblieben sind,
schmecken gut in der Suppe:
Pro Person etwa 1 Eßlöffel
Getreide mit dem Gemüse in
die kochende Brühe geben,
aufkochen und 1 Minute
kräftig kochen lassen.

• Gemüse putzen, waschen und fein zerkleinern. Ein etwa 4 Zentimeter langes Stück Zitronenschale abschneiden und in feine Streifen schneiden. Den Saft auspressen.
• Gemüsebrühe mit dem Zitronensaft aufkochen. Nudeln hinzufügen und etwa 4 Minuten garen. Gemüse dazugeben, erneut aufkochen und etwa 1 Minute garen.
• Suppe mit Salz und Zitronenschale würzen und auf heißen Tellern verteilen. Kresse abschneiden und als Sträußchen auf die Suppenportionen legen.

Dauert etwa 25 Minuten
1 Portion = 103 kcal/ 16 mg Cholesterin
2 g Fett/ 6 g Eiweiß/ 16 g Kohlenhydrate

Zur Abwechslung
• **Feingeschnittene Eierkuchen und Schnittlauch in die fertige Suppe geben.**
• **Suppe mit Dinkelklößchen (Seite 123) oder Kräuterbiskuits (Seite 130) zubereiten.**

Gemüsesuppe mit Erbsen

Für 3 Portionen

2 Bund Suppengrün

1 kleine Zwiebel

2 Scheiben Toastbrot

3 EL Olivenöl

3/8 l Gemüsebrühe

1/2 Paket Tiefkühlerbsen
(150 g)

125 g süße Sahne

3 EL Milch

Salz

Cayennepfeffer

2 EL Schnittlauchröllchen

*In Fett geröstete Brotwürfel
und Getreide machen
Gemüsesuppen so kräftig, daß
man kein Fleisch braucht.*

• Suppengrün putzen, waschen und zerkleinern. Zwiebel abziehen und fein hacken. Brot würfeln.
• In einer Pfanne 2 Eßlöffel Öl erhitzen. Brotwürfel darin bei schwacher Hitze in etwa 10 Minuten knusprig rösten. Dabei mehrmals wenden.
• Restliches Öl in einem Topf erhitzen. Zwiebel mit Suppengrün darin bei mittlerer Hitze unter Rühren glasig braten. Brühe und gefrorene Erbsen zugeben, aufkochen und zugedeckt bei schwacher Hitze 5 Minuten garen.
• Sahne und Milch mischen, zugießen und bis knapp unter den Siedepunkt erhitzen. Suppe mit Salz und einer kräftigen Prise Cayennepfeffer abschmecken, auf Tellern verteilen und mit dem Schnittlauch bestreuen. Die gerösteten Brotwürfel dazu servieren.

Dauert etwa 30 Minuten
1 Portion = 381 kcal/ 47 mg Cholesterin
26 g Fett/ 10 g Eiweiß/ 26 g Kohlenhydrate

Gemüsesuppe mit Tofuklößchen

• Für die Klößchen die gewaschene Petersilie ganz fein hacken. Tofu im Blitzhacker pürieren.
• Beide Zutaten mit Käse, Semmelbrösel, Ei, Eigelb, Salz, Pfeffer und Muskatnuß vermischen. Aus dem Teig mit angefeuchteten Händen walnußgroße Klößchen formen.
• Brühe aufkochen. Suppengemüse zugeben und erneut aufkochen. Tofuklößchen zugeben und im offenen Topf 5 Minuten sanft köcheln lassen.
• Suppe auf heißen Tellern verteilen und mit dem fein zerkleinerten Schnittlauch bestreuen.

Dauert etwa 35 Minuten
Arbeiten müssen Sie etwa 20 Minuten
1 Portion = 132 kcal/ 193 mg Cholesterin
7 g Fett/ 10 g Eiweiß/ 8 g Kohlenhydrate

Zubereitungs-Tip
Zu weicher Klößchenteig läßt sich nicht formen. Mischen Sie dann 1 bis 2 Teelöffel mehr Semmelbrösel darunter.

Für 4 Portionen

1/2 Bund Petersilie
150 g Tofu
1 EL geriebener Käse
1 EL Semmelbrösel
1 Ei
1 Eigelb
Salz, Pfeffer
geriebene Muskatnuß
1 l Gemüsebrühe
1 Paket Tiefkühlsuppengemüse (300 g)
1 großes Bund Schnittlauch

Im Blitzhacker oder Mixer zerkleinert, bindet der Tofu im Kloßteig am besten.

Brunnenkressesuppe

• Brunnenkresse verlesen, waschen und trockenschwenken. Blättchen von den Stielen zupfen, einige Blättchen zum Garnieren beiseite legen. Stiele ganz fein hacken.
• Stiele und Blättchen mit der Brühe in einen Topf geben und zum Kochen bringen. Frischkäse in Stücke teilen, in die Suppe geben und unter Rühren darin auflösen.
• Suppe mit Sahne, Salz und Pfeffer abschmecken. Mit den restlichen Brunnenkresseblättchen bestreut anrichten.

Dauert etwa 20 Minuten
1 Portion = 103 kcal/ 25 mg Cholesterin
8 g Fett/ 4 g Eiweiß/ 2 g Kohlenhydrate

Für 4 Portionen

250 g Brunnenkresse
3/4 l Gemüsebrühe
75 g Doppelrahmfrischkäse
2 EL süße Sahne
Salz, weißer Pfeffer

Radieschenblättersuppe

Für 4 Portionen

3 Bund Radieschenblätter
1 Zwiebel
1 EL Öl
2 TL Mehl
3/4 l Gemüsebrühe
300 g Crème fraîche
Salz
weißer Pfeffer

• Radieschenblätter waschen und abtropfen lassen. Zwiebel abziehen und mit den Blättern im Mixer pürieren. In ein Sieb geben, den Saft auffangen.

• Öl in einem Topf erhitzen. Radieschen-Zwiebel-Püree darin unter Rühren etwa 2 Minuten andünsten. Mehl darüberstreuen und kurz anrösten.

• Abgetropften Saft, Gemüsebrühe und Crème fraîche zugeben. Suppe unter Rühren aufkochen und bei schwacher Hitze 5 Minuten garen. Mit Salz und Pfeffer würzen.

Dauert etwa 30 Minuten
1 Portion = 304 kcal/ 79 mg Cholesterin
26 g Fett/ 6 g Eiweiß/ 11 g Kohlenhydrate

Gut für Muskeln und Nerven

Grünes Gemüse, Gemüseblätter und Kräuter sind wichtige Magnesiumspender. Dieser Mineralstoff sorgt dafür, daß Muskeln und Nerven richtig funktionieren. Bei Mangel an Magnesium kann man sich kribbelig fühlen, unruhig schlafen und »taube« Beine bekommen.

Radieschenblätter – zu schade für den Kompost

Die dunkelgrünen, saftigen Blätter von jungen Radieschen kann man wie Kräuter oder Gemüseblätter für Suppen, Saucen und Ragouts verwenden. Allerdings müssen die Blätter wirklich frisch sein; sobald sie schlaff und gelb werden, schmecken sie nicht mehr. Zum Aufbewahren legen Sie das ganze Bund mit den Radieschenknollen bis zur Verwendung in den Kühlschrank. Bereits abgetrennte Blätter wickelt man in ein feuchtes Küchentuch. Radieschenblätter halten sich im Kühlschrank etwa 1 Tag frisch.

Spinatsuppe

Für 4 Portionen

1 kg Spinat
1 große Zwiebel
1 Bund Petersilie
25 g Sonnenblumenkerne
1 EL Öl
1/2 l Gemüsebrühe
100 g Crème fraîche
Saft von 1 Zitrone
Salz
weißer Pfeffer aus der Mühle
1/4 TL gemahlener Koriander

• Spinat verlesen, waschen, trockenschwenken und grob zerkleinern. Zwiebel abziehen und fein hacken. Petersilie und Sonnenblumenkerne fein zerkleinern.

• Öl erhitzen. Zwiebel darin bei mittlerer Hitze unter Rühren einige Sekunden anbraten. Brühe dazugießen, einmal aufkochen und etwa 1 Minute kochen lassen.

• Spinat und Crème fraîche untermischen und bei starker Hitze aufkochen. Suppe mit Zitronensaft, Salz, Cayennepfeffer und Koriander abschmecken und in vorgewärmten Tellern anrichten. Petersilie-Kerne-Mischung auf den Suppenportionen verteilen.

Dauert etwa 45 Minuten
1 Portion = 182 kcal/ 26 mg Cholesterin
14 g Fett/ 9 g Eiweiß/ 5 g Kohlenhydrate

Petersiliensuppe mit Pilzen

• Champignons putzen, waschen, in Scheiben schneiden und mit Zitronensaft vermischen. Zwiebel hacken, Petersilienstiele abschneiden und fein zerkleinern. Die Blätter ebenfalls fein hacken und auf einem Teller beiseite stellen.
• Butter erhitzen, aber nicht bräunen. Zwiebel, Petersilienstiele und Mehl hinzufügen und bei schwacher Hitze unter Rühren einige Sekunden rösten. Wasser langsam zugießen, aufkochen und rühren, bis die Suppe glatt ist. Brühe zugeben. Zugedeckt bei schwacher Hitze 5 Minuten kochen.
• Pilze, die Hälfte der gehackten Petersilie und die Sahne zugeben. Suppe erhitzen, aber nicht mehr aufkochen und etwa 3 Minuten ziehen lassen. Mit Pfeffer und Muskat würzen und mit dem Rest der Petersilie bestreut servieren.

Für 4 Portionen

150 g Champignons
1 EL Zitronensaft
1 Zwiebel
2 Bund Petersilie
1 EL Butter
1 EL Mehl
3/4 l Wasser
1 TL Gemüsebrüheextrakt
200 g süße Sahne
weißer Pfeffer
geriebene Muskatnuß

Dauert etwa 35 Minuten
1 Portion = 222 kcal/ 76 mg Cholesterin
20 g Fett/ 3 g Eiweiß/ 5 g Kohlenhydrate

Grünkohlsuppe

• Grünkohlblätter vom Strunk streifen, waschen, trockenschwenken und grob hacken. Zwiebel und Knoblauch abziehen und fein hacken.
• Öl in einem Topf erhitzen. Zwiebel und Knoblauch darin bei schwacher Hitze glasig braten. Grünkohl und Gemüsebrühe zugeben, aufkochen und zugedeckt bei schwacher Hitze 5 Minuten kochen lassen.
• Milch mit Eigelb und Käse verquirlen, zum Grünkohl geben und die Suppe mit den Quirlen des Handrührgerätes kräftig durchrühren. Mit Salz, Muskatnuß und Cayennepfeffer abschmecken.

Für 4 Portionen

1 kg Grünkohl
1 große Zwiebel
1 Knoblauchzehe
1 EL Öl
1/4 l Gemüsebrühe
3/8 l Milch
1 Eigelb
2 EL geriebener Emmentaler Käse
Salz
geriebene Muskatnuß
Cayennepfeffer

Dauert etwa 30 Minuten
1 Portion = 175 kcal/
119 mg Cholesterin
11 g Fett/ 12 g Eiweiß/
7 g Kohlenhydrate

Zwiebelsuppe mit Wein

Für 4 Portionen
500 g Zwiebeln
2 EL Öl
3/4 l Gemüsebrühe
1/4 l trockener Weißwein
8 Scheiben Vollkornbaguette
100 g geriebener Bergkäse
1 kleines Bund Petersilie
abgeriebene Schale und Saft von
1/4 unbehandelten Zitrone
Salz
Cayennepfeffer

• Zwiebeln abziehen, in dünne Ringe hobeln und im heißen Öl bei schwacher Hitze unter häufigem Wenden glasig und weich braten, aber nicht bräunen.
• Brühe und Wein dazugießen, aufkochen und zugedeckt bei schwacher Hitze 5 Minuten garen.
• Inzwischen die Brotscheiben toasten und in vorgewärmte Teller legen. Mit der Hälfte des Käses und der feingehackten Petersilie bestreuen.
• Suppe mit Zitronenschale, Zitronensaft, Salz und einer kräftigen Prise Cayennepfeffer abschmecken. Kochend heiß über das Brot gießen. Mit dem Rest von Käse und Petersilie bestreut sofort servieren.

Dauert etwa 30 Minuten
1 Portion = 247 kcal/ 29 mg Cholesterin
13 g Fett/ 11 g Eiweiß/ 20 g Kohlenhydrate

Käsesuppe mit Spargel

Für 3 Portionen
300 g Bruchspargel
1/4 l Wasser
Salz
1 Prise Zucker
3/8 l Milch
100 g geriebener alter
Goudakäse
50 g süße Sahne
Cayennepfeffer
einige Kerbelblättchen
zum Bestreuen

• Spargel putzen und waschen. Wasser mit Salz und Zucker aufkochen. Spargel darin aufkochen und zugedeckt bei schwacher Hitze 15 Minuten garen.
• Inzwischen Milch, Käse und Sahne in einen Topf geben. Bei schwacher bis mittlerer Hitze rühren, bis sich der Käse aufgelöst hat.
• Spargel mit der Kochbrühe in die Käsesahne rühren. Die Suppe mit Cayennepfeffer abschmecken und in heiße Teller geben. Mit Kerbelblättchen bestreut sofort servieren.

Dauert etwa 40 Minuten
1 Portion = 278 kcal/ 82 mg Cholesterin
20 g Fett/ 14 g Eiweiß/ 8 g Kohlenhydrate

Einkaufs-Tip

Frischer Bruchspargel schmeckt so gut wie »normale« Spargelstangen, ist aber viel preiswerter, obwohl er oft eine ganze Menge Spargelköpfe enthält. Er eignet sich für Suppen und Spargelgemüse mit Sauce.

Blumenkohlsuppe mit Petersilie

• Blumenkohl putzen, in Röschen, Strunk und Blätter teilen und waschen. Zwiebel abziehen und fein hacken. Zitronenschale abreiben und auf einem Teller beiseite stellen. Den Saft auspressen.
• Öl in einem Topf erhitzen. Safran und Mehl darin bei schwacher Hitze unter ständigem Rühren einige Sekunden rösten. Wasser langsam zugießen, aufkochen und rühren, bis die Suppe glatt ist.
• Blumenkohl und Zitronensaft zugeben, aufkochen und zugedeckt bei schwacher Hitze 5 bis 10 Minuten garen, bis der Blumenkohl gerade eben bißfest ist.
• Milch mit Sahne und Eigelb verquirlen, in die Suppe geben und unter Rühren erhitzen, aber nicht mehr aufkochen, sonst gerinnt das Eigelb.
• Suppe mit dem Salz, einer kräftigen Prise Cayennepfeffer und Muskatnuß würzen und auf Portionstellern anrichten. Feingehackte Petersilie und Zitronenschale darüberstreuen.

Für 4 Portionen

1 Blumenkohl (ca. 600 g)
1 kleine Zwiebel
1/2 unbehandelte Zitrone
1 EL Öl
1 TL Safranfäden
1 gestrichener EL Mehl
1/4 l Wasser
1/2 l Milch
125 g Sahne
1 Eigelb
Salz
Cayennepfeffer
geriebene Muskatnuß
1/4 Bund Petersilie

Dauert etwa 40 Minuten
1 Portion = 265 kcal/ 152 mg Cholesterin
19 g Fett/ 9 g Eiweiß/ 13 g Kohlenhydrate

Brotsuppe mit Lauch und Tomate

• Brot in kleine Würfel schneiden. Zwiebel fein hacken. Suppengrün putzen, waschen und fein zerkleinern.
• Öl in einem Topf erhitzen. Zwiebel darin bei mittlerer Hitze unter Rühren glasig braten. Brot und Suppengrün zugeben und unter Rühren etwa 1 Minute braten.
• Gemüsebrühe zugießen und aufkochen. Die Suppe zugedeckt bei schwacher Hitze 5 Minuten garen.
• Lauch putzen, waschen und in feine Ringe schneiden. Tomate abziehen und würfeln. Beide Zutaten in der Suppe aufkochen und zugedeckt 1 Minute garen. Mit Salz, Cayennepfeffer und dem Koriander abschmecken.
• Suppe auf vorgewärmten Tellern verteilen. Auf jede Portion einen Klecks Crème fraîche setzen und mit dem feingehackten Dill bestreuen.

Für 4 Portionen

150 g Vollkornbrot
1 Zwiebel
1 Bund Suppengrün
2 EL Olivenöl
1 l Gemüsebrühe
2 dünne Stangen Lauch
1 Tomate
Salz, Cayennepfeffer
1/4 TL gemahlener Koriander
50 g Crème fraîche
1/2 Bund Dill

Nehmen Sie für die Suppe nicht zuviel Roggenbrot, sonst schmeckt sie zu sauer.

Dauert etwa 30 Minuten
1 Portion = 213 kcal/ 13 mg Cholesterin
10 g Fett/ 8 g Eiweiß/ 22 g Kohlenhydrate

Gemüsesuppe mit Dinkelklößchen

Für 4 Portionen

Klößchen:

50 g Butter

50 g geriebener Käse

1 Ei

Salz

Muskatnuß

1 EL gehackte Petersilie

125 g feingemahlener Dinkel

Suppe:

1 kg gemischtes Gemüse wie Weißkohl, Lauch (Porree), Möhren, Grünkohl, Brokkoli

1/2 l Gemüsebrühe

1 TL getrockneter Thymian

1 Bund Lauchzwiebeln

150 g Crème fraîche

Salz

Cayennepfeffer

• Für die Klößchen die Butter mit dem Käse schaumig rühren. Ei, Salz, Muskat, Petersilie und Dinkel untermischen. Teig etwa 30 Minuten ruhenlassen.

• Inzwischen Gemüse waschen oder schälen und putzen und in kleine Stücke schneiden. Brühe mit Thymian aufkochen, Gemüse etwa 10 Minuten darin garen.

• Aus dem Teig mit angefeuchteten Händen walnußgroße Klößchen formen und in die leise kochende Suppe geben. Im offenen Topf bei schwacher Hitze 10 Minuten sanft kochen lassen.

• Lauchzwiebeln putzen, waschen und mit den saftigen grünen Blättern in feine Ringe schneiden. Mit Crème fraîche in die Suppe geben und erhitzen, aber nicht mehr aufkochen. Suppe mit Salz und Cayennepfeffer abschmecken.

Dauert etwa 50 Minuten
1 Portion = 451 kcal/ 171 mg Cholesterin
28 g Fett/ 14 g Eiweiß/ 33 g Kohlenhydrate

Der Probekloß

Bei Kloßteig kann man die Menge von gemahlenem Getreide, Mehl, Grieß oder Semmelbröseln – den Zutaten also, die quellen und für die richtige Bindung sorgen – nicht exakt angeben. Deshalb am besten vorab ein Probeklößchen kochen, um die Konsistenz des Teiges zu prüfen: Ein Klößchen in die sanft kochende Brühe geben und mindestens 5 Minuten garen. Wenn es seine Form behält, ist der Teig richtig. Verliert es aber seine Form oder löst es sich sogar auf, müssen Sie den Teig noch mit 1 bis 2 Eßlöffeln gemahlenem Dinkel oder normalem Weizenmehl mischen. Den Probekloß macht man auch bei großen Klößen, die im Wasser gegart und als Beilage gegessen werden.

Kartoffelsuppe mit Gemüse

• Die Kartoffeln schälen, waschen und würfeln. Die Zwiebel abziehen und fein hacken. Beide Zutaten in der heißen Butter bei mittlerer Hitze unter Rühren anbraten. Majoran und Brühe zugeben, aufkochen und die Suppe zugedeckt etwa 15 Minuten garen, bis die Kartoffeln weich sind.
• Inzwischen den Sellerie und die Möhren schälen, waschen und sehr klein würfeln. Lauchzwiebel putzen, waschen und in etwa 1/2 Zentimeter breite Stücke schneiden.
• Öl in einer Pfanne erhitzen. Gemüsewürfel und Zwiebelstücke darin bei mittlerer bis schwacher Hitze unter häufigem Wenden braten, bis das Gemüse bißfest ist.
• Kartoffeln in der Brühe pürieren. Milch und Sahne zugießen und die Suppe bis knapp unter den Siedepunkt erhitzen, aber nicht mehr aufkochen. Mit Kümmel, Salz und Pfeffer abschmecken und in heißen Tellern verteilen. Das gebratene Gemüse darauf anrichten.

Dauert etwa 35 Minuten
1 Portion = 167 kcal/ 21 mg Cholesterin
10 g Fett/ 4 g Eiweiß/ 15 g Kohlenhydrate

Zur Abwechslung
• **Brotwürfel mit dem Gemüse braten.**
• **Sahne durch 1 Eigelb ersetzen.**
• **Gemüse weglassen, Suppe mit gehackten Kräutern und geriebenem Käse bestreuen.**

Die richtigen Suppenkartoffeln

Für Kartoffelcremesuppen brauchen Sie eine mehlige Sorte, die beim Pürieren sämig wird. Dagegen schmecken Suppen mit Kartoffelwürfeln besser mit vorwiegend festkochenden Sorten. Diese Kartoffeln zerfallen nicht, geben aber so viel Stärke ab, daß die Suppe bindet.

Für 4 Portionen
300 g Kartoffeln (mehlige Sorte)
1 kleine Zwiebel
1 TL Butter
1 TL getrockneter Majoran
1/2 l Gemüsebrühe
1 Stück Knollensellerie
(ca. 150 g)
2 kleine Möhren
1 Lauchzwiebel
1 EL Öl
1/8 l Milch
50 g süße Sahne
1/4 TL gemahlener Kümmel
Salz
weißer Pfeffer aus der Mühle

Kartoffeln pürieren

In reichlich Brühe bleiben sie beim Pürieren sämig und locker. Kartoffelpüree dagegen kann man weder im Blitzhacker noch mit den Quirlen des Handrührgerätes pürieren, weil es viel weniger Flüssigkeit enthält: Die Kartoffelstärke nimmt sie vollkommen auf, und das Püree wird zäh wie kalt angerührter Mehlbrei.

Tomatensuppe mit Knoblauchcroûtons

Für 4 Portionen

1 kg Tomaten
1 Zwiebel
3 Knoblauchzehen
2 Bund Suppengrün
1 Bund gemischte Kräuter (Thymian, Majoran, Oregano, Petersilie)
1/4 l Wasser
1 EL Instant-Gemüsebrühe
2 Scheiben Vollkornbrot
3 EL Öl
100 g Crème fraîche
Salz, Pfeffer
1 Prise Zucker
1 großes Bund Schnittlauch

Die Suppe schmeckt am besten im Sommer mit ganz reifen Freilandtomaten, die zum Rohessen schon zu weich sind.

• Tomaten abziehen und halbieren, Stielansätze herausschneiden.

• Zwiebel und 2 Knoblauchzehen abziehen. Suppengrün und Kräuter waschen. Alle diese Zutaten grob zerkleinern.

• Tomaten, Zwiebel, Knoblauch, Suppengrün und Kräuter mit Wasser und Brühe aufkochen und zugedeckt bei schwacher Hitze 40 Minuten kochen lassen.

• Für die Knoblauchcroûtons das Brot würfeln und im heißen Öl bei mittlerer Hitze knusprig braten. Die restliche Knoblauchzehe abziehen und fein hacken. Einige Sekunden mit dem Brot rösten, aber nicht bräunen.

• Die Suppe pürieren oder durch ein Sieb streichen. Mit der Crème fraîche wieder in den Topf geben und unter Rühren erhitzen. Mit Salz, Pfeffer und Zucker abschmecken und auf heißen Tellern verteilen.

• Schnittlauch in feine Röllchen schneiden und mit den Knoblauchcroûtons auf den Suppenportionen anrichten.

Dauert etwa 1 Stunde
Arbeiten müssen Sie etwa 30 Minuten
1 Portion = 302 kcal/ 26 mg Cholesterin
17 g Fett/ 10 g Eiweiß/ 27 g Kohlenhydrate

Tomaten vorbereiten

Stielansätze von Tomaten bleiben beim Garen in Suppen, Saucen und Gemüse hart. Deshalb schneidet man sie heraus. Die Kerne ißt man lieber mit, denn sie geben Aroma und liefern Vitamin C. Und die Schale der Tomaten ziehen Sie am besten nur dann ab, wenn sie sich ohnehin ablöst und im Essen stört: zum Beispiel als kleine, harte Röllchen in der heißen Suppe. Sonst läßt man sie dran, weil sie viel mehr Ballaststoffe als das Fruchtfleisch enthält.

Reissuppe mit Tomaten

• Knoblauch abziehen und hacken. Thymian waschen, die Blättchen abstreifen. Öl in einem Topf erhitzen. Knoblauch, Thymian und Reis darin bei mittlerer Hitze unter ständigem Rühren etwa 1 Minute anbraten.
• Brühe zugießen, die Suppe aufkochen und zugedeckt bei schwacher Hitze 15 Minuten garen, bis der Reis weich ist.
• Inzwischen die Tomaten abziehen und würfeln, die Stielansätze herausschneiden. Schnittlauch fein zerkleinern.
• Tomaten und Crème fraîche in die Suppe geben, erneut aufkochen und zugedeckt etwa 1 Minute kochen lassen.
• Suppe mit Salz, Zucker und Cayennepfeffer abschmecken und mit dem Schnittlauch bestreut anrichten.

Dauert etwa 30 Minuten
1 Portion = 125 kcal/ 7 mg Cholesterin
4 g Fett/ 3 g Eiweiß/ 18 g Kohlenhydrate

Für 3 Portionen

1 Knoblauchzehe
2 Zweige frischer Thymian
1 TL Öl
50 g Parboiledreis
1/2 l Gemüsebrühe
300 g Tomaten
1 Bund Schnittlauch
1 EL Crème fraîche
Salz
1 Prise Zucker
Cayennepfeffer

Gleich servieren

Suppen mit Reis muß man gleich servieren. Bei längerem Stehen quellen die Körner in der heißen Suppe auf und werden zu weich.

Lauchsuppe mit Dill

• Lauch putzen, waschen und in dünne Ringe schneiden. Knoblauch fein hacken. Beide Zutaten in der heißen Butter bei schwacher Hitze etwa 3 Minuten braten. Das Mehl darüberstäuben und etwas anrösten.
• Brühe langsam zugießen und rühren, bis die Suppe glatt ist. Aufkochen und zugedeckt bei schwacher Hitze etwa 5 Minuten garen, bis der Lauch gerade eben weich ist.
• Crème fraîche untermischen und aufkochen. Suppe mit Zitronensaft, Salz, Pfeffer aus der Mühle, Muskat und Koriander würzen. Dill fein hacken und darüberstreuen.

Dauert etwa 30 Minuten
1 Portion = 232 kcal/ 65 mg Cholesterin
20 g Fett/ 5 g Eiweiß/ 8 g Kohlenhydrate

Dazu passen: Toast und Butter

Für 4 Portionen

700 g Lauch
1 Knoblauchzehe
1 EL Butter
1 gestrichener EL Mehl
1/2 l Gemüsebrühe
200 g Crème fraîche
1 EL Zitronensaft
Salz, weißer Pfeffer
Muskatnuß
1/4 TL gemahlener Koriander
1/2 Bund Dill

Linsensuppe

Für 4 Portionen

1 Stange Lauch (Porree)
1 säuerlicher Apfel
1 EL Öl
100 g rote Linsen
3/4 l Milch
1/8 l Wasser
1 TL Gemüsebrüheextrakt
3 EL Zitronensaft
200 g süße Sahne
Salz
Cayennepfeffer
1/2 TL gemahlener Koriander
1 großes Bund Schnittlauch

Zur Abwechslung

• Pfirsich statt Apfel nehmen.
• Sojamilch (Seite 248) statt Milch verwenden.
• Süße Sahne weglassen, die Suppe zum Schluß mit 150 Gramm Sahnejoghurt mischen und erhitzen, aber nicht mehr aufkochen.
• Die Suppe zusätzlich mit Currypulver würzen: 1 bis 2 Eßlöffel mit Lauch, Apfel und Linsen anbraten.

• Lauch putzen, waschen und sehr fein schneiden. Apfel vierteln, schälen, vom Kerngehäuse befreien und klein würfeln. Öl in einem Topf erhitzen. Lauch, Apfel und Linsen darin bei mittlerer Hitze unter Rühren anbraten.
• Milch, Wasser, Brühe und Zitronensaft dazugeben, aufkochen und die Linsen zugedeckt bei schwacher Hitze in etwa 25 Minuten sehr weich garen.
• Suppe mit den Quirlen des Handrührgerätes kräftig durchrühren, bis sie sämig ist. Sahne daruntermischen und erhitzen, aber nicht mehr aufkochen. Mit Salz, Cayennepfeffer und Koriander würzen. Schnittlauch in Röllchen schneiden und über die Linsensuppe streuen.

Dauert etwa 45 Minuten
1 Portion = 426 kcal/ 76 mg Cholesterin
26 g Fett/ 15 g Eiweiß/ 31 g Kohlenhydrate

Linsen ...

... werden nach Größe verkauft: Riesenlinsen messen etwa 7 Millimeter, »normale« Tellerlinsen, die bei uns am liebsten gegessen werden, haben einen Durchmesser von 6 und 7 Millimetern. Rote Linsen aus Südfrankreich sind am kleinsten, meist sogar geschält und deshalb am schnellsten gar: Nach 10 bis 12 Minuten sind sie weich, aber noch körnig. Danach verkochen sie zu Mus, eignen sich also gut für Cremesuppe und Püree.

Fenchelsuppe mit Linsen

• Fenchel halbieren, vom Strunk befreien und waschen. Die Hälften in knapp fingerbreite Stücke schneiden. Zwiebel abziehen und fein hacken.

• Öl erhitzen, Zwiebel und Linsen darin bei mittlerer Hitze unter Rühren einige Sekunden anbraten. Die Brühe hinzugießen, aufkochen und Linsen zugedeckt bei schwacher Hitze 5 Minuten garen.

• Fenchelstreifen zugeben, erneut aufkochen und in weiteren 3 bis 4 Minuten bißfest garen.

• Während die Linsen kochen, Kürbiskerne in einer Pfanne ohne Fettzugabe bei schwacher Hitze rösten, bis sie zart duften. Dabei hin und wieder umrühren.

• Sahne in die Suppe rühren und erhitzen, mit Salz und Pfeffer abschmecken und auf vorgewärmten Tellern verteilen. Schnittlauch und Kürbiskerne darüberstreuen.

Für 4 Portionen

1 mittelgroße Fenchelknolle
1 kleine Zwiebel
1 EL Öl
50 g rote Linsen
3/4 l Gemüsebrühe
50 g Kürbiskerne
100 g süße Sahne
Salz
weißer Pfeffer aus der Mühle
2 EL Schnittlauchröllchen

Dauert etwa 30 Minuten
1 Portion = 259 kcal/ 27 mg Cholesterin
17 g Fett/ 10 g Eiweiß/ 14 g Kohlenhydrate

Süß-scharfe Gemüsesuppe

• Ananas schälen und in kleine Würfel schneiden. Tomaten abziehen und achteln, dabei die Stielansätze entfernen. Die Möhre schälen und in dünne Stifte schneiden. Lauchzwiebel putzen, waschen und mit allen saftigen grünen Blättern in dünne Ringe schneiden.

• Die Brühe erhitzen, Bohnenpaste, Ananas und das Gemüse untermischen. Einmal aufkochen und bei starker Hitze etwa 1 Minute kochen lassen.

• In vorgewärmte Suppenschalen geben, mit den Röstzwiebeln bestreuen und sehr heiß servieren.

Für 4 Portionen

1 Stück frische Ananas
(ca. 250 g)
2 Tomaten
1 kleine Möhre
1 Lauchzwiebel
3/4 l Gemüsebrühe
1–2 TL scharfe Bohnenpaste
1 EL Röstzwiebeln (fertig gekauft)

Dauert etwa 30 Minuten
1 Portion = 43 kcal/ 0 mg Cholesterin
1 g Fett/ 2 g Eiweiß/ 8 g Kohlenhydrate

Zur Abwechslung
• **Dünne Reisnudeln mit dem Gemüse in der Brühe garen.**
• **Möhre durch Zucchinistreifen ersetzen.**
• **Suppe mit je 1 Eßlöffel Sherry medium dry und Sojasauce abschmecken.**

Mit Fisch
150 Gramm Goldbarschfilet in fingerbreite Streifen schneiden und mit 2 Eßlöffeln Zitronensaft beträufeln. Suppe mit Gemüse kochen, mit 1 Eßlöffel Fischsauce würzen und den Fisch darin 2 bis 3 Minuten ziehen lassen.

Aus der alten Bauernküche

Bayerische Buttermilchsuppe

Für 4 Portionen

2 Lauchzwiebeln
2 Scheiben dunkles Bauernbrot
50 g Butterschmalz
500 g Buttermilch
1/8 l süße Sahne
40 g Mehl
1 Eigelb
Salz
1 Messerspitze gemahlener Koriander
Cayennepfeffer

• Lauchzwiebeln putzen, waschen und mit allen saftigen grünen Blättern in feine Ringe schneiden. Brot in kleine Würfel schneiden. Butterschmalz erhitzen. Zwiebeln und Brot darin bei schwacher Hitze rösten, bis die Suppe fertig ist. Dabei immer wieder umrühren.

• Buttermilch, Sahne und Mehl in einem Topf verrühren. Den Topf auf die Kochstelle setzen und die Buttermilchmischung unter ständigem Rühren erhitzen und aufkochen, bis sie dickflüssig ist.

• Eigelb mit einigen Löffeln heißer Suppe verrühren und unter die Suppe im Topf mischen. Mit Salz, Koriander und einer kräftigen Prise Cayennepfeffer abschmecken.

• Buttermilchsuppe in heiße Teller geben. Zwiebel-Brot-Mischung darauf anrichten.

Dauert etwa 45 Minuten
1 Portion = 368 kcal/ 185 mg Cholesterin
25 g Fett/ 9 g Eiweiß/ 23 g Kohlenhydrate

Dazu passen: Pellkartoffeln

Mit Mehl ganz glatt

Buttermilch, Joghurt und alle anderen Sauermilchprodukte kann man nicht wie Milch einfach aufkochen: Beim Erhitzen werden sie flockig, weil sich Eiweiß und Flüssigkeit, die Molke, trennen. Für Suppen und Saucen rührt man sie deshalb mit Mehl oder Speisestärke glatt und läßt sie unter weiterem Rühren aufkochen.

Die Herbstsuppe aus Bayern

Die Frühstückssuppe der niederbayerischen Bauern ist durch Anna Wilmschneiders Lebenserinnerungen überall bekannt geworden. Die Suppe wurde aus »Hirgstmilli« gekocht: Im Herbst – »Hirgst« – stellten die Bäuerinnen an einem kühlen Ort einen Holzbottich für die Milch – »Milli« – auf, die sie den Tag über nicht verbraucht hatten. Diese gesammelte Milch – gut zugedeckt und häufig umgerührt – wurde sauer und den ganzen Winter hindurch haltbar. Sie kam als Suppe, Tunke für Knödel, Kartoffeln und Brot oder als Getränk auf den Tisch.

Grünkernsuppe

• Grünkern in der Gemüsebrühe eventuell 6 Stunden zugedeckt einweichen (siehe rechts). Die Körner aufkochen und zugedeckt bei schwacher Hitze 20 Minuten garen.
• Inzwischen Lauchzwiebeln putzen, waschen und mit allen saftigen grünen Blättern in feine Ringe schneiden. Pilze ebenfalls putzen, waschen und in Scheiben schneiden. Die Petersilie waschen, trockentupfen und fein hacken.
• Öl in einer Pfanne erhitzen. Lauchzwiebeln und Pilze darin bei starker bis mittlerer Hitze unter ständigem Rühren etwa 2 Minuten rösten, bis die Zwiebeln gerade eben weich sind. In die Suppe geben.
• Crème fraîche zugeben und erhitzen, aber nicht mehr aufkochen. Suppe mit Salz und Cayennepfeffer abschmekken und mit der Petersilie bestreut anrichten.

Dauert etwa 35 Minuten
1 Portion = 209 kcal/ 33 mg Cholesterin
13 g Fett/ 7 g Eiweiß/ 15 g Kohlenhydrate

Für 4 Portionen

75 g Grünkernkörner
1 l Gemüsebrühe
1 Bund Lauchzwiebeln
250 g Champignons
1 kleines Bund Petersilie
1 EL Öl
125 g Crème fraîche
Salz, Cayennepfeffer

Grünkern

Die ganzen Körner sind leichtverdauliches Getreide, weil sie nach der Ernte eingeweicht, wieder getrocknet und dabei geröstet werden. Deshalb müssen sie auch nicht unbedingt quellen, sondern nur richtig garen – ohne Quellen etwa 1 Stunde.

Hafersuppe mit Kräutern

• Haferschrot ohne Fettzugabe in einem Topf unter Rühren bei mittlerer Hitze rösten, bis er duftet.
• Die Gemüsebrühe unter kräftigem Rühren langsam hinzugießen. Suppe unter weiterem Rühren aufkochen, bis sie ganz glatt ist. Zugedeckt bei schwacher Hitze etwa 20 Minuten garen. Dabei immer wieder umrühren, damit das Schrot nicht zu stark am Topfboden anliegt.
• Die gemischten Kräuter und den Schnittlauch waschen, trockentupfen und getrennt fein zerkleinern.
• Die Kräuter, Milch, Crème fraîche und die kalte Butter in die Suppe geben. Suppe erneut bis knapp unter den Siedepunkt erhitzen und dabei mit den Quirlen des Handrührgerätes oder einem Schneebesen kräftig rühren, bis sich die Butter ganz aufgelöst hat.
• Mit Salz, Pfeffer und Muskatnuß abschmecken und auf Tellern verteilen. Mit den Schnittlauchröllchen bestreuen.

Dauert etwa 30 Minuten
1 Portion = 161 kcal/ 29 mg Cholesterin
10 g Fett/ 5 g Eiweiß/ 11 g Kohlenhydrate

Für 4 Portionen

50 g Hafer, mittelfein geschrotet
3/4 l Gemüsebrühe
50 g gemischte Kräuter wie Petersilie, Brennesseln, Löwenzahn, Kerbel und Sauerampfer
1 kleines Bund Schnittlauch
1/8 l Milch
50 g Crème fraîche
20 g kalte Butter
Salz, weißer Pfeffer
geriebene Muskatnuß

Die Bohnen müssen
6 Stunden quellen

Scharfe Bohnensuppe mit Schafkäse

Für 4 Portionen

250 g schwarze Bohnen
1 1/4 l Gemüsebrühe
1–2 frische grüne Pfefferschoten
1 grüne Paprikaschote
(ca. 200 g)
250 g Tomaten
1 große Zwiebel (ca. 150 g)
1 Knoblauchzehe
1 EL Öl
150 g weißer schnittfester
Schafkäse
Salz
1 kleines Bund Petersilie

• Bohnen in der Brühe 6 Stunden zugedeckt einweichen.
• Pfefferschote der Länge nach halbieren. Stielansatz und Kerne entfernen. Schotenhälften kalt abspülen, in Streifen schneiden und zu den eingeweichten Bohnen geben.
• Bohnen einmal aufkochen und zugedeckt bei schwacher Hitze in etwa 1 1/2 Stunden weich garen.
• Inzwischen Paprikaschote putzen, waschen und in Streifen schneiden. Tomaten abziehen und würfeln, Stielansätze dabei entfernen. Zwiebel und Knoblauch fein hacken.
• Öl in einer Pfanne erhitzen. Paprikaschote, Tomaten, Zwiebel und Knoblauch darin bei mittlerer Hitze unter häufigem Wenden etwa 5 Minuten braten.
• Schafkäse zerbröckeln, zu den Bohnen geben und bei schwacher bis mittlerer Hitze rühren, bis er sich in der Suppe aufgelöst hat. Gebratenes Gemüse daruntermischen.
• Suppe mit Salz abschmecken, auf heißen Tellern verteilen und mit der feingehackten Petersilie bestreuen.

Dauert etwa 1 1/2 Stunden
Arbeiten müssen Sie etwa 30 Minuten
1 Portion = 342 kcal/ 23 mg Cholesterin
11 g Fett/ 21 g Eiweiß/ 38 g Kohlenhydrate

Mit Pfefferschoten würzen

Wer scharfes Essen noch nicht so gewohnt ist, sollte beim Würzen vorsichtig sein: Mild schmeckt das Gericht, wenn Sie Pfefferschote oder Peperoni entkernt, aber unzerkleinert mitgaren und vor dem Servieren wieder entfernen. Mittelscharf wird es mit der zerkleinerten Schote ohne Kerne. Sehr scharf schmeckt das Essen, wenn Sie die zerkleinerte Schote und die Kerne verwenden. Andere Möglichkeit: Cayennepfeffer oder Paprikapulver nehmen und nach Geschmack dosieren.

Dreimal Paprika

Milden Gemüsepaprika mit großen roten, gelben oder grünen Schoten (Seite 145) ißt man geschmort, gefüllt und als Salat. Zum Würzen nimmt man seine feurig-scharfen Verwandten: Pfefferschoten, auch Chillis oder Chilischoten genannt, enthalten etwa 20mal soviel scharfes Capsaicin wie Gemüsepaprika; Gewürzpaprika oder Peperoni etwa 10mal soviel. Beides bekommen Sie als frische Schoten oder getrocknet als Pulver: Aus Pfefferschoten wird Cayennepfeffer, aus Gewürzpaprika Paprikapulver gemacht. Bei Paprikapulver können Sie die Schärfe wählen: Rosenpaprika besteht aus der ganzen Schote mit den capsaicin-reichen Kernen. Beim edelsüßen Paprika entfernt man Scheidewände mit Kernen und damit auch einen großen Teil des Capsaicins. Deshalb schmeckt er mild und süß.

Bunte Kichererbsensuppe

• Die Kichererbsen im Wasser zugedeckt 6 Stunden einweichen. Gemüsebrühe und Majoran hinzufügen. Kichererbsen aufkochen und zugedeckt bei schwacher Hitze in etwa 1 1/2 Stunden weich garen.
• Petersilienwurzeln schälen, waschen und in Scheiben schneiden. Im heißen Öl bei schwacher bis mittlerer Hitze in etwa 5 Minuten weich braten; dabei mehrmals wenden.
• Dicke Bohnen gefroren in die Suppe geben. Aufkochen und nach dem Auftauen zugedeckt bei schwacher Hitze etwa 5 Minuten garen, bis sie gerade eben weich sind.
• Petersilienwurzeln und Sahne in die Suppe geben. Suppe mit Salz und einer kräftigen Prise Pfeffer abschmecken und auf heißen Tellern verteilen. Käse darüberstreuen.

Dauert etwa 2 Stunden
Arbeiten müssen Sie etwa 30 Minuten
1 Portion = 361 kcal/ 48 mg Cholesterin
20 g Fett/ 17 g Eiweiß/ 26 g Kohlenhydrate

Die Kichererbsen müssen
6 Stunden quellen

Für 4 Portionen

100 g Kichererbsen
1 l Wasser
1 EL Gemüsebrüheextrakt
1 TL getrockneter Majoran
2 EL Öl
300 g Petersilienwurzeln
1 Paket tiefgekühlte dicke Bohnen (300 g)
125 g süße Sahne
Salz, weißer Pfeffer
50 g frischgeriebener Käse

Viel schneller ist die Suppe mit Kichererbsen, roten oder weißen Bohnen aus der Dose zubereitet.

Sauerkrautsuppe mit Spätzle

• Für den Teig Mehl mit Salz und Eiern zu einem zähflüssigen Teig verrühren. Bei Bedarf tropfenweise kaltes Wasser dazugeben. Teig zugedeckt etwa 30 Minuten ruhenlassen.
• Inzwischen Zwiebel abziehen, fein hacken und im heißen Öl glasig dünsten. Sauerkraut, Kümmel, Brühe, Lorbeerblätter, Nelken und Pfefferkörner zugeben, aufkochen und zugedeckt bei schwacher Hitze 20 Minuten garen.
• Inzwischen reichlich Wasser mit Salz aufkochen. Spätzleteig portionsweise durch den Spätzlehobel geben oder vom Brett in das kochende Wasser schaben. Die Spätzle kochen, bis sie an die Oberfläche steigen, und noch etwa 1 Minute garen. Jeweils mit einem Schaumlöffel herausnehmen und in die Suppe geben.
• Suppe mit Crème fraîche mischen, mit Essig, Salz und Pfeffer würzen und mit der gehackten Petersilie bestreuen.

Dauert etwa 1 Stunde
1 Portion = 375 kcal/ 314 mg Cholesterin
24 g Fett/ 13 g Eiweiß/ 24 g Kohlenhydrate

***Dazu paßt:** Bauernbrot mit Butter und Schnittlauchröllchen*

Mit Brot ein Hauptgericht

Für 4 Portionen

100 g Mehl
Salz
3 Eier
eventuell kaltes Wasser
1 große Zwiebel
1 EL Öl
500 g Sauerkraut
1 TL gemahlener Kümmel
1 l Gemüsebrühe
2 Lorbeerblätter
2 Gewürznelken
1 TL weiße Pfefferkörner
200 g Crème fraîche
2–3 EL Apfel- oder anderer Obstessig
schwarzer Pfeffer
1 Bund Petersilie

Die Bohnen müssen
6 Stunden quellen

Für 6 Portionen

300 g schwarze Bohnen
1 1/2 l Gemüsebrühe
250 g Kartoffeln
1 großer säuerlicher Apfel
250 g rote Paprikaschoten
1 frische grüne Pfefferschote
250 g Zwiebeln
1 Scheibe frische Ananas (ca. 150 g)
1 Stück Ingwerwurzel (ca. 2 cm lang)
2 EL Öl
1 Dose geschälte Tomaten (Einwaage ca. 400 g)
Salz
je 1 TL gemahlene Gelbwurz (Kurkuma), Kreuzkümmel (Kumin) und Koriander
Saft von 1/2 Zitrone

*Die süß-scharfe Suppe mit
Bohnen, exotischen Gewürzen
und Obst schmeckt gut als
Mitternachtsimbiß bei einer
Party. Oder zum Neujahrs-
brunch, wenn man noch ein
bißchen schlapp vom
Silvesterabend ist.*

Exotische Bohnensuppe

• Bohnen in der Gemüsebrühe zugedeckt etwa 6 Stunden quellen lassen. Aufkochen und zugedeckt bei schwacher Hitze etwa 1 Stunde garen.

• Inzwischen Kartoffeln und Apfel schälen und würfeln. Paprikaschoten und Pfefferschote putzen, waschen und in Streifen schneiden, dabei Kerne der Pfefferschote entfernen. Zwiebeln abziehen und hacken. Ananas schälen und in Stücke schneiden. Ingwer schälen und zerkleinern.

• Öl in einem großen Topf erhitzen. Kartoffeln, Apfel, die Hälfte der Paprika- und Pfefferschoten, die Zwiebeln und den Ingwer darin andünsten. Die Tomaten mit Saft, Bohnen mit Brühe und Salz dazugeben.

• Suppe aufkochen und zugedeckt bei schwacher Hitze etwa 1 Stunde garen. Im Blitzhacker oder mit dem Schneidestab des Handrührers pürieren.

• Alle Gewürze und den Zitronensaft untermischen. Ananasstücke und den Rest von Paprika- und Pfefferschoten in die Suppe geben und alles noch etwa 5 Minuten garen.

Dauert etwa 2 1/4 Stunden
Arbeiten müssen Sie etwa 45 Minuten
1 Portion = 277 kcal/ 0 mg Cholesterin
5 g Fett/ 15 g Eiweiß/ 41 g Kohlenhydrate

Ingwer vorbereiten

Eine frische Ingwerwurzel schält man mit einem kleinen scharfen Messer wie eine Kartoffel dünn ab. Wenn Sie richtig kräftiges Ingweraroma mögen, zerkleinern Sie die Wurzel möglichst fein – zum Beispiel auf der Rohkostreibe. Eine sanfte Spur von Ingwer bekommen Sie mit der ganzen Wurzel – mitgekocht und vor dem Servieren entfernt.

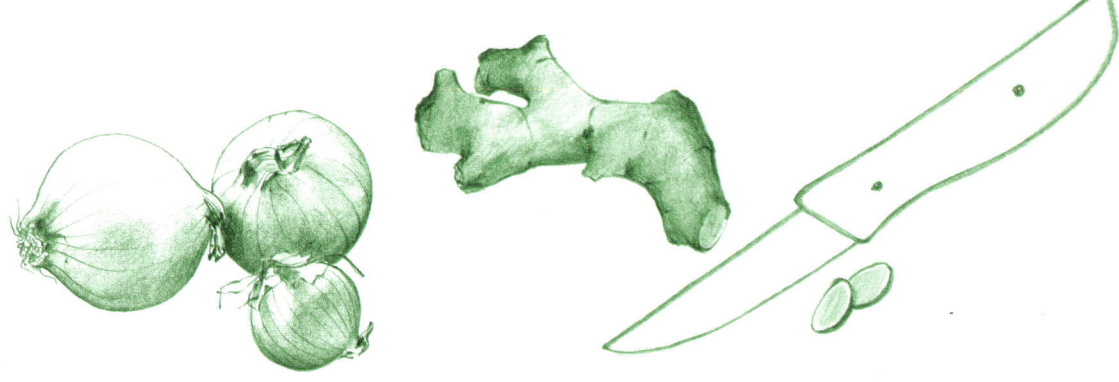

Gemüsesuppe mit pochierten Eiern

• Kartoffeln schälen, waschen und in fingerdicke Scheiben schneiden. Zwiebeln und Knoblauch abziehen, hacken und im heißen Öl bei mittlerer Hitze glasig braten.
• Kartoffelscheiben zugeben und unter häufigem Wenden etwa 2 Minuten mitbraten. Safran darüberstreuen, Thymian und Brühe zugeben. Suppe aufkochen und zugedeckt etwa 15 Minuten garen, bis die Kartoffeln fast weich sind.
• Eier in reichlich Wasser mit dem Essig pochieren, mit einem Schaumlöffel herausnehmen, auf einen gefetteten Teller legen und zugedeckt warm halten.
• Lauch- und Selleriestangen putzen, waschen und in etwa fingerlange Stücke schneiden. Selleriegrün beiseite legen. Tomaten abziehen und grob würfeln. Zitronenschale dünn abschneiden und hacken. Saft auspressen.
• Zerkleinertes Gemüse, Zitronenschale und Saft in der Suppe aufkochen und zugedeckt etwa 8 Minuten garen.
• Inzwischen Brotscheiben kräftig toasten, diagonal halbieren und jeweils 2 Hälften in heiße Suppenteller legen. Petersilie und Sellerieblättchen fein hacken. Die Hälfte davon über das Brot streuen.
• Suppe mit Salz und Pfeffer abschmecken und über dem Brot verteilen. Eier daraufsetzen, mit Pfeffer aus der Mühle würzen und mit dem Rest der Kräuter bestreuen.

Dauert etwa 40 Minuten
1 Portion = 386 kcal/ 349 mg Cholesterin
20 g Fett/ 18 g Eiweiß/ 32 g Kohlenhydrate

Eier pochieren

Sie brauchen ganz frische Eier mit festem Dotter und Eiklar, die beim Aufschlagen nicht verfließen. Zum Garen nimmt man einen großen Topf mit niedrigem Rand. Das Wasser mit Essig darin sprudelnd aufkochen. Eier einzeln auf eine Schöpfkelle schlagen, Kelle knapp über das kochende Wasser halten und rasch, aber behutsam kippen, so daß das Ei ins Wasser gleitet. Eier im offenen Topf bei mittlerer bis schwacher Hitze 4 Minuten garen. Den Teller zum Warmhalten mit etwas Öl einpinseln, damit sich die Eier leicht wieder ablösen.

Für 3 Portionen

2 große Kartoffeln
2 Zwiebeln
2 Knoblauchzehen
3 EL Olivenöl
1/2 TL Safranfäden
2 Zweige frischer Thymian oder
1 TL getrockneter Thymian
1 1/4 l Gemüsebrühe
3 Eier
1 EL Essig
3 dünne Lauchstangen
200 g Stangensellerie
3 mittelgroße Tomaten
1/2 unbehandelte Zitrone
3 Scheiben Vollkorntoastbrot
1 großes Bund Petersilie
Salz
schwarzer Pfeffer aus der Mühle

Mit Fisch
Statt der Eier 300 Gramm Rotbarschfilet in etwa fingerbreite Stücke schneiden. In der fertigen Suppe 2 bis 3 Minuten ziehen lassen.

KALTE HAUPT-GERICHTE

Warum kalte Hauptgerichte?

Roh enthalten Gemüse und Obst einen höheren Anteil wichtiger Inhaltsstoffe als gegart. Vitamine der B-Gruppe, Folsäure und Vitamin C zum Beispiel gehen beim Erhitzen teilweise verloren. Und weil Lebensmittel beim Garen immer etwas Flüssigkeit verlieren, lösen sich dabei auch viele Mineralstoffe, die in rohem Gemüse erhalten bleiben. Außerdem liefern Brote mit vegetarischem Belag und Salate mit Gemüse, Hülsenfrüchten und Getreide viele Ballaststoffe, die gut für Verdauung und schlanke Linie sind.

Salatsaucen zu ...

Salatsaucen kann man in größeren Mengen zubereiten und in einem Schraubglas im Kühlschrank aufbewahren und zum Beispiel ins Büro mitnehmen.

... Gemüse- und Nudeln

1 geschälte Knoblauchzehe mit 1 Bund Basilikum oder Petersilie, Saft von 1 Zitrone und 1/8 Liter Öl im Mixer oder Blitzhacker zerkleinern und dabei mischen. Mit Salz und frischgemahlenem weißem Pfeffer würzen. Hält sich verschlossen im Kühlschrank etwa 2 Wochen.

... Reis- und Getreide

5 Eßlöffel Balsamessig mit 2 Eßlöffeln Rotweinessig, 1 Eßlöffel scharfem Senf und der gehackten Schale von 1/2 unbehandelten Orange vermischen. Salz, frischgemahlenen weißen Pfeffer und 1/8 Liter Öl untermischen. Hält sich verschlossen im Kühlschrank etwa 2 Wochen.

... Hülsenfrüchten und Kartoffeln

1/8 l kräftige Instant-Gemüsebrühe mit 4 Eßlöffeln Essig, 1 Eßlöffel scharfem Senf und 5 Eßlöffeln Öl verrühren, mit Salz und Pfeffer würzen. Zum Servieren mit Kräutern mischen. Hält sich verschlossen im Kühlschrank etwa 5 Tage.

... bildet große, runde Köpfe mit spröden Blättern, die auch im Dressing eine ganze Weile fest und knackig bleiben. Er eignet sich deshalb gut, wenn Sie Salat vorbereiten wollen.

... ist teuer, aber gesund. Gute Qualität ohne unerwünschte Stoffe gibt es in Reformhäusern, Fein- und Naturkostläden.

• Nudelsalate schmecken mit Basilikum, Kerbel, Minze, Estragon, Senf, Currypulver.
• Reis- und Getreidesalate schmecken mit Minze, Kerbel, Estragon, Koriandergrün, Zitrusschalen, Sojasauce.
• Zu roten Beten passen Kümmel, Kreuzkümmel, frischgeraspelter Ingwer, Koriander und reichlich milder Essig.
• Hülsenfrüchte wie Linsen, Bohnen oder Kichererbsen schmecken mit kleingeschnittenem Fenchel, Tomatenwürfeln, reichlich Kräutern und Oliven- oder Erdnußöl.
• Kohl, Wirsing und Mangold brauchen kräftiges Dressing, zum Beispiel mit Gemüsebrühe.

• Selbstgemachte Mayonnaise für Salatsaucen rührt man mit dem ganzen Ei: Sie wird leichter und dünnflüssiger als nur mit Eigelb. Saure Sahne und Joghurt machen sie noch kalorienärmer.
• Crème fraîche, Crème double, Quark oder Rahmfrischkäse schmeckt statt Butter als Brotaufstrich und ist »schlanker«. Zerdrückte, reife Sommertomaten mit etwas Olivenöl, Salz und Pfeffer gemischt sind ein cholesterinfreier Brotaufstrich.

• Nudeln für Salat kocht man am besten frisch: Lauwarm gemischt und serviert, schmecken Nudelsalate am besten.
• Kartoffelsalat schmeckt nur mit frischgekochten Kartoffeln, die man heiß in Scheiben schneidet und lauwarm abgekühlt mit den anderen Zutaten mischt. Beim Servieren muß der Salat Zimmertemperatur haben.
• Für Reis- und Nudelsalate nicht zuviel Dressing nehmen, denn beide Lebensmittel quellen in Flüssigkeit und werden dann matschig. Eventuell die Sauce in einer Schüssel gesondert bereitstellen.
• Salate mit gekochtem Gemüse schmecken am besten lauwarm.
• Quarkcremes schmecken »runder« mit einer Prise Zucker.
• Eier kann man im Eierschneider würfeln: Das Ei zuerst quer in Scheiben schneiden, dann so drehen, daß es längs im Schneider liegt, und noch mal schneiden.

Eisbergsalat ...

Gutes Öl ...

Gute Würze

Viel leichter

Tips und Tricks

Graupensalat mit Sommergemüse

Für 4 Portionen
1 grüne Pfefferschote
150 g Gerstengraupen
400 ml Gemüsebrühe
Salz
2 Zwiebeln
1 Knoblauchzehe
1/4 Bund frischer Majoran
3 EL Essig
1 EL scharfer Senf
3 EL Öl
2 grüne Paprikaschoten
2 große Fleischtomaten
1 Bund Schnittlauch

Graupen spült man auf einem Sieb kalt ab, bis das Wasser ziemlich klar bleibt. Dann kochen sie körnig wie Reis.

• Pfefferschote halbieren, Kerne entfernen, Schotenhälften waschen und in feine Streifen schneiden.
• Graupen kalt abspülen, mit Pfefferschote und Gemüsebrühe aufkochen und zugedeckt bei schwächster Hitze in etwa 25 Minuten weich kochen.
• Für die Salatsauce Zwiebeln und Knoblauch fein hacken. Majoran fein zerkleinern. Essig mit Senf, Salz und Öl verrühren. Alles mit den gegarten, heißen Graupen mischen, die Graupen lauwarm abkühlen lassen.
• Paprikaschoten waschen, abtrocknen, vierteln, Kerne und weiße Häute entfernen, Schoten in Streifen schneiden. Gewaschene Tomaten abtrocknen und würfeln, dabei die Stielansätze herausschneiden. Den Schnittlauch waschen, trockentupfen und in feine Röllchen schneiden.
• Alle diese Zutaten unter die Graupen mischen. Salat mit Salz abschmecken und sofort servieren.

Dauert etwa 40 Minuten
1 Portion = 244 kcal/ 0 mg Cholesterin
9 g Fett/ 7 g Eiweiß/ 32 g Kohlenhydrate

Hirsesalat mit Bohnen

Für 3 Portionen
1 Zwiebel
2 Knoblauchzehen
4 EL Olivenöl
200 g Hirse
1/2 l Wasser
2 TL Gemüsebrüheextrakt
300 g tiefgekühlte grüne Bohnen
1 kleine Dose rote Bohnen
3 EL Rotweinessig
1 EL scharfer Senf
Salz, schwarzer Pfeffer
1 Bund Petersilie

• Zwiebel und Knoblauch abziehen, hacken und in 1 Eßlöffel Öl anbraten. Hirse, 400 Milliliter Wasser und 1 Teelöffel Gemüsebrühe zugeben und aufkochen. Die Hirse zugedeckt bei schwächster Hitze etwa 20 Minuten garen und etwas abkühlen lassen.
• Grüne Bohnen mit dem restlichen Wasser und 1 Teelöffel Brühe bißfest garen. Heiß und nicht abgetropft mit den abgetropften roten Bohnen mischen.
• Essig mit Senf, Salz, Pfeffer und dem restlichen Öl verrühren. Bohnen mit Hirse und Sauce mischen. Die Petersilie fein hacken. Salat damit bestreut servieren.

Dauert etwa 40 Minuten
1 Portion = 529 kcal/ 0 mg Cholesterin
18 g Fett/ 19 g Eiweiß/ 70 g Kohlenhydrate

Dinkelsalat mit Gemüse

• Dinkel mit der Hälfte des Wassers und der Gemüsebrühe aufkochen und zugedeckt bei schwacher Hitze etwa 1 Stunde garen. Auf der abgeschalteten Kochstelle etwa 1 Stunde zugedeckt quellen lassen.

• Inzwischen die Linsen im restlichen Wasser aufkochen und zugedeckt bei schwacher Hitze in etwa 45 Minuten weich garen. Abkühlen lassen.

• Tomaten waschen und würfeln, dabei die Stielansätze entfernen. Paprikaschote waschen, putzen und in Streifen schneiden. Lauchzwiebeln putzen, waschen und mit allen saftigen grünen Blättern in feine Ringe schneiden. Das Basilikum grob zerkleinern.

• Für die Salatsauce beide Essigsorten mit Salz, Pfeffer und Öl verrühren. Weizen und Linsen (nicht abgetropft) mit Sauce, Tomaten, Paprika, Lauchzwiebeln und Basilikum mischen. Mit Kresse und Nüssen garniert anrichten.

Dauert etwa 2 Stunden
Arbeiten müssen Sie etwa 35 Minuten
1 Portion = 458 kcal/ 0 mg Cholesterin
21 g Fett/ 17 g Eiweiß/ 47 g Kohlenhydrate

Paprikaschoten ...

... gibt es aus Freilandanbau von Ende Juli bis zum ersten Frost oft sehr preiswert. Für Salate eignen sich alle langen, schlanken Sorten oder Tomatenpaprika, eine etwa 100 Jahre alte Züchtung aus Ungarn. Diese flach-runden, tief dunkelroten Schoten schmecken am besten roh, kurz gebraten und/oder mariniert; beim Schmoren werden sie zu weich. Zum Füllen nimmt man am besten dickbauchige Schoten, die beim Schmoren aufrecht stehenbleiben.
An der Farbe erkennt man den Reifegrad: Grüne Schoten werden schön rot, gelbe nehmen ein sattes Goldgelb an. Reife Paprikafrüchte schmecken süß und aromatisch.

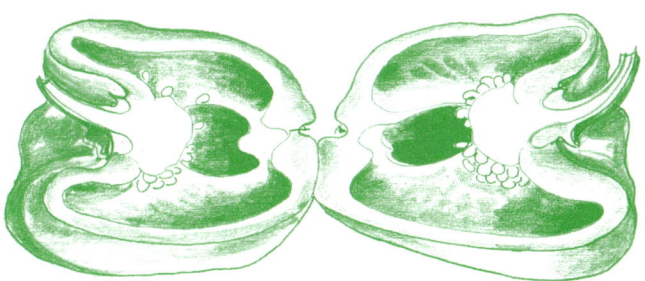

Dinkel muß 2 Stunden garen und quellen

Für 3 Portionen

100 g Dinkelkörner
1/2 l Wasser
1 TL Instant-Gemüsebrühe
100 g Linsen
2 Tomaten
1 Paprikaschote (siehe unten)
1 Bund Lauchzwiebeln
1 Bund Basilikum
3 EL Apfelessig
1 EL Sherryessig
Salz, weißer Pfeffer
5 EL Weizenkeim- oder Maiskeimöl
1 Kästchen Gartenkresse
1 EL gehackte Walnußkerne

Zur Abwechslung
• **Im Winter den Salat mit geraspeltem Rotkohl, Äpfeln und Ananasstückchen zubereiten.**
• **Statt Dinkelkörnern Vollkornnudeln nehmen.**
• **Wenn es keine frischen Kräuter gibt, schmecken gemischte Tiefkühlkräuter.**

Griechische Salatplatte

Für 5 Portionen
250 g Zucchini
4 Knoblauchzehen
1 unbehandelte Zitrone
1 Zweig frischer Thymian
6 EL Olivenöl
500 g Tomaten
1 Salatgurke
2 Bund Radieschen
1 Kopf Romanasalat
2 EL Tomatensaft (fertig gekauft)
3 EL Weißweinessig
Salz, schwarzer Pfeffer
1 Dose gefüllte Weinblätter
(Einwaage ca. 315 g)
250 g griechischer Schafkäse
100 g schwarze Oliven
250 g Magerquark
100 g Crème fraîche
2 EL saure Sahne
1 Bund Dill

• Zucchini waschen, putzen und der Länge nach in Scheiben schneiden. Knoblauchzehen schälen, 2 davon grob hacken. Ein etwa 10 Zentimeter langes Stück Zitronenschale dünn abschneiden und hacken. Zitrone auspressen. Thymian waschen, trockentupfen, Blättchen abstreifen.
• 2 Eßlöffel Öl erhitzen. Zucchinischeiben darin bei mittlerer bis schwacher Hitze auf beiden Seiten goldbraun braten. Pfanne von der Kochstelle nehmen. Gehackten Knoblauch, Zitronenschale, Saft und Thymian vermischen und auf den Zucchini verteilen. Zucchini zugedeckt ziehen lassen, bis die anderen Zutaten vorbereitet sind.
• Tomaten waschen, abtrocknen und achteln. Stielansätze dabei entfernen. Gurke schälen, 2/3 davon in Scheiben schneiden. Radieschen waschen und in Scheiben teilen. Romanasalat zerpflücken, waschen und trockenschwenken. Ein großes Blatt beiseite legen, die anderen quer in fingerbreite Streifen schneiden.
• Für die Salatsauce Tomatensaft, Essig, Salz, Pfeffer und den Rest des Öls verrühren. Tomaten, Gurkenscheiben, Radieschen und Salat damit mischen. Auf eine Platte geben.
• Weinblätter abtropfen lassen, Schafkäse würfeln. Beides mit den Oliven neben dem Salat anrichten.
• Für das Tzatziki den Quark mit Crème fraîche und saurer Sahne verrühren. Die restlichen Knoblauchzehen schälen und zerdrücken, den Rest der Salatgurke grob raspeln. Dill waschen, trockentupfen und fein hacken. Diese Zutaten mit der Quarkmischung verrühren. Tzatziki mit Salz und Pfeffer abschmecken. Das übrigbehaltene Salatblatt auf die Platte legen. Tzatziki darauf anrichten.

Dauert etwa 40 Minuten
1 Portion = 474 kcal/
54 mg Cholesterin
35 g Fett/ 19 g Eiweiß/
19 g Kohlenhydrate

Dazu paßt: grobes Vollkornbrot, griechisches Fladenbrot mit Sesam oder Baguette

Rohkostplatte mit Räuchertofu

• Tofu in Scheiben schneiden und auf Portionsteller legen. Die Lauchzwiebeln putzen, waschen und mit den saftigen grünen Blättern in fingerbreite Stücke teilen. Zitrone waschen und abtrocknen. Ein etwa 10 Zentimeter langes Stück Schale dünn abschneiden und in ganz feine Streifen schneiden. Zitrone auspressen. Basilikum waschen, trockentupfen, Blättchen abzupfen.

• Tofu mit Zitronensaft beträufeln, Zitronenschale, Lauchzwiebeln und Basilikumblättchen darüber verteilen.

• Für die Salatsauce den Kräutertee mit dem Wasser übergießen und etwa 5 Minuten ziehen lassen. Mit Essig, Salz, Pfeffer, Senf, Sahne und Öl verrühren. Kürbiskerne und Basilikumstiele fein hacken und unter die Sauce mischen.

• Rettich, Kohlrabi und Möhren schälen und grob raspeln. Zarte Rettich- und Kohlrabiblättchen abschneiden und beiseite legen. Salat zerpflücken, waschen, trockenschwenken und in mundgerechte Stücke zupfen.

• Alle diese Salatzutaten mit der Sauce mischen. Den Salat neben dem Tofu anrichten, mit Kresse und gehackten Gemüseblättchen bestreuen.

Dauert etwa 45 Minuten
1 Portion = 169 kcal/ 3 mg Cholesterin
10 g Fett/ 9 g Eiweiß/ 10 g Kohlenhydrate

Dazu passen: *Vollkornbrot oder -brötchen mit Butter*

Für 4 Portionen
250 g Räuchertofu
1 Bund Lauchzwiebeln
1 unbehandelte Zitrone
1 Bund Basilikum
1 Aufgußbeutel Kräutertee
50 ml kochendes Wasser
2 EL milder Kräuteressig
Salz, weißer Pfeffer
1 TL körniger Senf
1 EL süße Sahne
2 EL Olivenöl
1 EL Kürbiskerne
1 kleiner weißer Rettich
1 Kohlrabi
300 g Möhren
1 kleiner Kopf Grüner Salat
1 Kästchen Gartenkresse

Zur Rohkostplatte paßt statt »normalem« Tofu auch Räuchertofu, der ähnlich wie Räucherfisch schmeckt. Zu kaufen gibt es ihn in gutsortierten Naturkostläden und Asienläden.

Zitronen- und Orangenschale zum Essen

Unbehandelte Zitronen bekommen Sie überall und das ganze Jahr hindurch, unbehandelte Orangen vor allem im Winter. Denn nur während der Saison sind die Transportwege für die empfindlichen Früchte kurz genug. Eigens gekennzeichnet sind meist nur die Zitrusfrüchte, deren Schale man nicht essen darf – im Zweifelsfall fragt man beim Einkauf nach. Egal, ob Sie die Schale abreiben, den Saft auspressen oder die Frucht schälen: Orangen und Zitronen sollen wie jedes andere Obst vor dem Essen gut gewaschen werden.

Gefüllte Tomaten auf Rohkost

Für 4 Portionen
Tomatenfüllung:
1 kleine Zwiebel
1 Knoblauchzehe
1 kleines Bund Petersilie
1 kleines Bund Basilikum
2 Zweige Thymian
1 EL Kürbiskerne
4 Fleischtomaten
50 g Emmentaler Käse
200 g Tofu
50 g weicher Schafkäse
2 EL Milch
1 EL weiche Butter
2 EL saure Sahne
weißer Pfeffer
Rohkost:
250 g Zucchini
1 kleiner Kohlrabi
1 Salatgurke (ca. 500 g)
1 Bund Radieschen
3 EL milder Apfelessig
Salz
weißer Pfeffer aus der Mühle
4 EL Öl
2 Scheiben grobes Vollkornbrot
1 Bund Schnittlauch

• Für die Tomatenfüllung die Zwiebel und den Knoblauch abziehen und hacken. Petersilie und Basilikum fein zerkleinern. Thymianblättchen von den Stielen streifen. Kürbiskerne hacken. Tomaten waschen und abtrocknen. Von jeder Tomate oben einen Deckel abschneiden. Deckel fein zerkleinern. Fruchtfleisch mit einem Löffel herausholen und hacken. Den Emmentaler Käse reiben.
• Tofu abtropfen lassen, mit Schafkäse und Milch pürieren. Mit Butter, Emmentaler Käse und saurer Sahne verrühren. Zwiebel, Knoblauch, zerkleinerte Kräuter, Kürbiskerne und zerkleinertes Tomatenfleisch untermischen. Mit Pfeffer würzen und in die Tomaten füllen.
• Für die Rohkost Zucchini waschen und putzen, Kohlrabi und Gurke schälen. Alle diese Zutaten grob raspeln. Radieschen waschen und in dünne Scheiben schneiden.
• Essig mit Salz, Pfeffer und 3 Eßlöffeln Öl verrühren. Zucchini, Kohlrabi, Gurke und Radieschen damit mischen.
• Rohkost auf Tellern verteilen, die Tomaten daraufsetzen. Vollkornbrot zerbröseln und im restlichen Öl bei schwacher bis mittlerer Hitze unter ständigem Rühren knusprig braten. Schnittlauch fein zerkleinern und mit dem gerösteten Brot über die Tomaten streuen.

Dauert etwa 1 Stunde
1 Portion = 415 kcal/ 35 mg Cholesterin
26 g Fett/ 17 g Eiweiß/ 27 g Kohlenhydrate

Tofu ...

... ist ein Lebensmittel aus gelben Sojabohnen, das man in Ostasien schon seit Jahrtausenden ißt. Er sieht aus wie fester Quark, enthält viel Eiweiß, wenig Fett und gar kein Cholesterin. Leicht zu bekommen in allen Naturkostläden und Reformhäusern ist »normaler« weißer Tofu. Andere Sorten – zum Beispiel weichen »Seidentofu« für Salatsaucen und Dips, mit Kräutern, Gemüse und Algen gemischten oder geräucherten Tofu (Seite 147) – gibt es in großen Naturkost- und vor allem in Asienläden.
Tofu schmeckt mild und neutral, verträgt sich also gut mit kräftigen Zutaten: Gemüse, Obst, Salat, Hülsenfrüchten, Käse und Nüssen. Würzen ist wichtig – mit aromatischen Kräutern wie Koriandergrün, Thymian, Salbei, Rosmarin und Oregano, mit exotischen Gewürzen wie Kreuzkümmel, Ingwer und Sojasauce.

Mexikanischer Bohnensalat

- Die Bohnen im Wasser etwa 6 Stunden quellen lassen.
- 1 Zwiebel abziehen und hacken. 1 Knoblauchzehe ebenfalls abziehen, aber nicht zerkleinern. Die Pfefferschote halbieren, entkernen und waschen. Bohnenkraut waschen, die Stiele abschneiden. Die Blättchen zum Anrichten auf einem Teller beseite stellen.
- Alle diese Zutaten mit Gemüsebrühe und Tomatensaft zu den Bohnen geben. Aufkochen und zugedeckt bei schwacher Hitze etwa 1 Stunde garen, bis die Bohnen weich sind. Lauwarm abkühlen lassen.
- Restliche Zwiebeln und Knoblauchzehen abziehen und hacken. Paprikaschoten putzen, waschen und in Streifen schneiden. Tomaten abziehen und würfeln.
- Pfefferschote aus den Bohnen nehmen. Die Bohnen mit Zwiebeln, Knoblauch, Paprikaschoten und Tomaten vermischen. Mit Essig, Olivenöl, Salz und einer kräftigen Prise Cayennepfeffer würzen.
- Bohnenkrautblättchen und Petersilie waschen, trockenschwenken und hacken. Den Salat unmittelbar vor dem Servieren damit bestreuen.

Dauert etwa 2 1/4 Stunden
Arbeiten müssen Sie etwa 1 Stunde
1 Portion = 380 kcal/ 0 mg Cholesterin
10 g Fett/ 21 g Eiweiß/ 49 g Kohlenhydrate

Die Bohnen müssen
6 Stunden quellen

Für 6 Portionen

500 g rote, schwarze und braune Bohnen gemischt
1 l Wasser
4 Zwiebeln
2 Knoblauchzehen
1 rote Pfefferschote
1 Bund Bohnenkraut
1 TL Gemüsebrüheextrakt
1 Flasche Tomatensaft (330 ml)
500 g rote und grüne Paprikaschoten
500 g Tomaten
2 EL Rotweinessig
5 EL Olivenöl
Salz
Cayennepfeffer
2 Bund Petersilie

Mit Bohnen aus der Dose brauchen Sie für den Salat nur etwa 30 Minuten. Am besten schmecken rote oder große weiße Bohnen.

Selleriestangen mit Schafkäse

- Selleriestangen putzen, waschen und trockentupfen. Auf einer Platte anrichten. Einige Sellerieblättchen abschneiden und fein hacken.
- Schafkäse fein zerdrücken, mit Milch, Quark und Zitronensaft mischen. Zwiebel und Knoblauchzehe schälen und hacken. Mit den gehackten Sellerieblättchen und den Kräutern unter den Käse mischen und mit Pfeffer würzen. Den Käse neben oder auf den Selleriestangen anrichten.

Dauert etwa 15 Minuten
1 Portion = 167 kcal/ 38 mg Cholesterin
11 g Fett/ 10 g Eiweiß/ 7 g Kohlenhydrate

Dazu passen: Walnußbrötchen oder Leinsamenbrot

Für 4 Portionen

500 g Stangensellerie
250 g weicher Schafkäse
3 EL Milch
1 EL Magerquark
1 EL Zitronensaft
1 kleine Zwiebel
1 Knoblauchzehe
2 EL gehackte frische oder gemischte Tiefkühlkräuter
schwarzer Pfeffer aus der Mühle

Der Salat muß etwa
2 Stunden marinieren

Für 4 Portionen

Salat:

800 g grüner Spargel

Salz

1 Bund Lauchzwiebeln

250 g Champignons

6 EL Olivenöl

Saft und abgeriebene Schale von
1 unbehandelten Zitrone

1 Knoblauchzehe

1/4 l abgemessene Spargelbrühe

2 EL Weißweinessig

1 Bund Petersilie

schwarzer Pfeffer aus der Mühle

Brote:

1 Bund Schnittlauch

1/2 Bund Dill

200 g körniger Frischkäse

2 EL gehackte Pistazienkerne

2 große Scheiben Bauernbrot

1 Bund Radieschen

Salz, weißer Pfeffer

*Weißen und grünen Spargel
kann man einfrieren: Die
Stangen wie gewohnt vorbereiten, portionsweise mit
Küchengarn zusammenbin-
den und in reichlich Wasser
etwa 2 Minuten sprudelnd
kochen lassen. Abtropfen
lassen und einfrieren. Zum
Essen die Portionen gefroren
in kochendes Wasser geben
und 15 Minuten garen.*

Spargelsalat mit Käsebroten

• Für den Salat Spargelstangen waschen und in etwa fingerbreite Stücke schneiden. Dabei die holzigen Enden abschneiden. Spargel in reichlich kochendem Salzwasser in etwa 5 Minuten bißfest garen, abgießen und abtropfen lassen, Spargelbrühe dabei auffangen. Für die Marinade 1/4 Liter abmessen.

• Lauchzwiebeln und Champignons putzen und waschen. Große Pilze halbieren. Alles im heißen Öl portionsweise braten, bis es leicht gebräunt ist. Mit dem Spargel in eine tiefe Platte legen und mit Salz bestreuen.

• Für die Marinade abgeriebene Zitronenschale, den aus-gepreßten Saft, zerdrückte Knoblauchzehen und abgemes-senen Spargelsud in das Bratöl geben und aufkochen. Den Essig untermischen. Die Marinade über das Gemüse gie-ßen und alles zugedeckt etwa 2 Stunden bei Zimmertem-peratur ziehen lassen. Unmittelbar vor dem Servieren mit gehackter Petersilie und Pfeffer aus der Mühle bestreuen.

• Für die Brote Schnittlauch und Dill fein zerkleinern, mit Frischkäse und Pistazien mischen und auf den Broten ver-teilen. Radieschen in Scheiben schneiden und darauflegen. Mit Salz und Pfeffer würzen.

Dauert etwa 50 Minuten
1 Portion = 321 kcal/ 7 mg Cholesterin
20 g Fett/ 15 g Eiweiß/ 17 g Kohlenhydrate

Spargel – grün oder weiß

An der Farbe des Spargel erkennen Sie nur den Zeitpunkt der Ernte: In Deutschland wird er gestochen, sobald er die Erde leicht anhebt. Zu diesem Zeitpunkt hat er noch keine Sonne bekommen; deshalb ist er reinweiß. Wenn er weiter aus der Erde wächst, färben sich zuerst die Köpfe bläulich-violett, und schließlich werden die Stangen grün. Ob Sie weißen oder grünen Spargel wählen, ist also nur eine Fra-ge des Geschmacks, nicht der Qualität: Meist kaufen Sie sogar dieselbe Sorte – nur früher oder später gestochen.

Gebratener Gemüsesalat mit Mozzarella

• Gemüse putzen, waschen und zerkleinern. In 1 Eßlöffel heißem Öl bei mittlerer Hitze anbraten. Brühe zugießen und aufkochen. Gemüse in 5 bis 10 Minuten bißfest garen.
• Essig, Senf, Salz, Pfeffer und das restliche Öl zur Salatsauce verrühren. Gemüse damit mischen, auf Tellern verteilen und abkühlen lassen.
• Mozzarella abtropfen lassen und würfeln. Tomate waschen, abtrocknen und ebenfalls würfeln. Beide Zutaten auf dem Gemüse verteilen. Den Schnittlauch in Röllchen schneiden und darüberstreuen.

Dauert etwa 45 Minuten
1 Portion = 210 kcal/ 18 mg Cholesterin
16 g Fett/ 10 g Eiweiß/ 6 g Kohlenhydrate

Für 4 Portionen

700 g Kohlrabi, Blumenkohl, Brokkoli, Paprikaschoten und Möhren gemischt
4 EL Olivenöl
1/8 l Instant-Gemüsebrühe
2 EL Apfelessig
1 TL scharfer Senf
Salz
schwarzer Pfeffer aus der Mühle
125 g Mozzarella
1 große Fleischtomate
1 Bund Schnittlauch

Käsesalat mit Obst

• Für die Joghurtmayonnaise Eigelb mit Senf, Zitronensaft, Salz und Cayennepfeffer verrühren. Das Öl zuerst tropfenweise, dann in dünnem Strahl zugießen und kräftig zur Mayonnaise verrühren. Joghurt untermischen.
• Die Petersilie und Brunnenkresse waschen und trockentupfen. Alle Blättchen abzupfen und beiseite legen. Die Kräuterstiele ganz fein hacken. Obst schälen und in Stücke schneiden. Saft dabei auffangen und mit der Joghurtmayonnaise verrühren. Käse in kleine Würfel schneiden.
• Obst, gehackte Kräuterstiele und Käse mit der Mayonnaise mischen. Salatblätter waschen, trockenschwenken und auf Teller legen. Käsesalat darauf verteilen. Mit Kräuterblättchen und Walnüssen garnieren.

Dauert etwa 50 Minuten
1 Portion = 413 kcal/
146 mg Cholesterin
25 g Fett/ 15 g Eiweiß/
29 g Kohlenhydrate

Dazu passen:
Vollkornbrötchen
oder kräftiges Voll-
kornbrot

Für 4 Portionen

1 Eigelb
1 TL scharfer Senf
2 EL Zitronensaft
Salz
Cayennepfeffer
50 ml Öl
150 g Magerjoghurt
1 Bund Petersilie
1/2 Handvoll Brunnenkresse
2 feste Bananen
1 Orange
1 große, feste Birne
200 g frische Ananas
2 Kiwis
150 g mittelalter Goudakäse
4 Salatblätter
1 EL gehackte Walnußkerne

Nudelsalat mit Linsen

Für 4 Portionen
1 Zwiebel
2 EL Öl
100 g schwarze Linsen
1/2 TL getrockneter Oregano
1/4 l Wasser
1/4 TL Gemüsebrüheextrakt
300 g Vollkornnudeln
Salz
200 g kleine Zucchini
250 g Möhren
1 große Tomate
100 g Crème fraîche
Saft von 1/2 Zitrone
weißer Pfeffer
50 g Walnußkerne
1 Bund Petersilie

• Zwiebel hacken und in 1 Eßlöffel Öl glasig braten. Linsen mit Oregano, Wasser und Gemüsebrühe zugeben, aufkochen und zugedeckt bei schwacher Hitze in etwa 45 Minuten gerade eben weich garen. Abkühlen lassen.
• Nudeln in reichlich Salzwasser bißfest kochen, abgießen, abtropfen lassen und mit dem restlichen Öl mischen.
• Zucchini waschen, putzen und in dünne Stifte schneiden. Möhren schälen und grob raspeln. Tomate waschen, abtrocknen und würfeln. Stielansatz dabei entfernen.
• Linsen, Nudeln, Zucchini, Möhren, Tomate und Crème fraîche mischen. Mit Zitronensaft, Salz und Pfeffer abschmecken und auf Tellern verteilen. Mit gehackten Nüssen und gehackter Petersilie bestreuen.

Dauert etwa 1 1/4 Stunden
Arbeiten müssen Sie etwa 30 Minuten
1 Portion = 579 kcal/ 74 mg Cholesterin
23 g Fett/ 21 g Eiweiß/ 69 g Kohlenhydrate

Von Juli bis September gibt es dicke Bohnen frisch

Für 4 Portionen
1 kg Kartoffeln
(festkochende Sorte)
1 Paket tiefgekühlte
dicke Bohnen (300 g)
1/4 l Wasser
1 EL Instant-Gemüsebrühe
4 EL milder Essig
1 EL körniger Senf
Salz, weißer Pfeffer
4 EL Öl
1 Zwiebel
1 Knoblauchzehe
1 Bund Bohnenkraut
100 g saure Sahne
75 g Walnußkerne
1/2 Kästchen Gartenkresse

Kartoffelsalat mit dicken Bohnen

• Kartoffeln waschen und in wenig Wasser weich garen. Inzwischen dicke Bohnen mit Wasser und Gemüsebrühe in etwa 20 Minuten gerade eben weich garen. Heiß und nicht abgetropft mit Essig, Senf, Salz, Pfeffer und Öl verrühren.
• Zwiebel und Knoblauchzehe hacken. Kartoffeln schälen und in Würfel schneiden. Mit Bohnen, Zwiebel und Knoblauch mischen und lauwarm abkühlen lassen.
• Bohnenkraut waschen, trockentupfen und fein hacken. Salat auf Tellern verteilen und mit dem Bohnenkraut bestreuen. Jeweils einen Klecks saure Sahne auf die Salatportionen setzen. Mit gehackten Nüssen und abgeschnittenen Kresseblättchen bestreuen.

Dauert etwa 45 Minuten
1 Portion = 492 kcal/
9 mg Cholesterin
27 g Fett/ 14 g Eiweiß/
45 g Kohlenhydrate

Gemischter Salat mit Weizengrütze

• Grütze im Wasser etwa 5 Stunden einweichen. Gemüsebrühe dazugeben, aufkochen und zugedeckt bei schwacher Hitze etwa 10 Minuten garen. Lauwarm abkühlen lassen.
• Tomaten waschen, abtrocknen und klein würfeln, Stielansätze dabei entfernen. Schnittlauch waschen, trockentupfen und in feine Röllchen schneiden. Beides mit der Grütze mischen.
• Salatblätter, Mangold, Paksoi, Spinat und Brunnenkresse waschen und trockenschwenken. Salatblätter in mundgerechte Stücke zupfen, Mangold und Paksoi in Streifen schneiden. Radieschen waschen und in Scheiben schneiden, Möhre schälen und grob raspeln. Apfel vierteln, schälen, vom Kerngehäuse befreien und würfeln. Alle diese Zutaten in einer Schüssel mischen.
• Schalotte und Knoblauch abziehen und fein hacken. Für die Salatsauce beide Essigsorten mit 1 Eßlöffel Crème fraîche, Senf, Salz, Pfeffer und Öl verrühren. Schalotte und Knoblauch untermischen. Die Sauce mit den Salatzutaten in der Schüssel mischen.
• Salat auf Tellern verteilen. Weizengrütze darauf anrichten und mit der restlichen Crème fraîche garnieren.

Dauert etwa 50 Minuten
1 Portion = 305 kcal/ 11 mg Cholesterin
17 g Fett/ 8 g Eiweiß/ 30 g Kohlenhydrate

Die Grütze muß 5 Stunden quellen

Für 4 Portionen

100 g Weizengrütze
200 ml Wasser
1 TL Gemüsebrüheextrakt
2 Tomaten
1 Bund Schnittlauch
je 1 kleiner Kopf Eichblattsalat und Romana
je 2 Blätter Mangold und Paksoi
je 1 Handvoll Spinat und Brunnenkresse
1 Bund Radieschen
1 Möhre
1 säuerlicher Apfel
1 Schalotte
1 Knoblauchzehe
1 EL Sherryessig
1 EL Balsamessig
2 EL Crème fraîche
2 TL körniger Senf
Salz, schwarzer Pfeffer
5 EL Maiskeim- oder Distelöl

Weizensalat

• Weizenkörner mit Wasser und Gemüsebrühe aufkochen und zugedeckt bei schwacher Hitze 1 Stunde garen. Von der Kochstelle nehmen und 1 weitere Stunde quellen und dabei abkühlen lassen.
• Tomatenstücke, die beiden Essigsorten, Salz, eine kräftige Prise Cayennepfeffer und Öl untermischen.
• Schnittlauch waschen, trockentupfen, in feine Röllchen schneiden und über den Salat streuen.

Dauert etwa 2 1/4 Stunden
Arbeiten müssen Sie etwa 15 Minuten
1 Portion = 450 kcal/ 0 mg Cholesterin
31 g Fett/ 7 g Eiweiß/ 31 g Kohlenhydrate

Für 2 Portionen

100 g Weizenkörner
1/4 l Wasser
1 TL Gemüsebrüheextrakt
2 EL Tomatenstücke (Dose)
2 EL Apfelessig
1 EL Sherryessig
Salz, Cayennepfeffer
6 EL Weizenkeimöl
1 großes Bund Schnittlauch

Der Salat muß 2 Stunden marinieren

Für 4 Portionen

Lauchsalat:

800 g dünne Lauchstangen (Porree)

250 g Zucchini

2 mittelgroße Möhren

6 EL Olivenöl

Salz

1 Knoblauchzehe

Saft und abgeriebene Schale von 1 unbehandelten Zitrone

1/4 l Instant-Gemüsebrühe

1/2 Bund Majoran

schwarzer Pfeffer

Tomatenbrote:

2 große Scheiben Vollkornbrot

1 EL geriebener Parmesankäse

40 g weiche Butter

3 hartgekochte Eier

3 mittelgroße Tomaten

1 Bund Schnittlauch

Salz

schwarzer Pfeffer

Lauchsalat mit Tomatenbroten

• Lauch putzen, waschen und mit allen saftigen grünen Blättern in etwa fingerdicke Ringe schneiden. Gewaschene Zucchini und geschälte Möhren der Länge nach in etwa fingerdicke Stifte schneiden.

• Öl erhitzen. Lauch, Zucchini und Möhren darin portionsweise braten, bis das Gemüse leicht gebräunt ist. In eine tiefe Platte legen und mit Salz bestreuen.

• Knoblauch schälen und durch die Presse drücken. Mit Zitronenschale, Saft (1 Eßlöffel für die Butter zurückbehalten) und Brühe in das Bratöl geben und einmal aufkochen. Sud über das Gemüse gießen. Gemüse zugedeckt etwa 2 Stunden ziehen lassen.

• Unmittelbar vor dem Servieren Majoran waschen, trockentupfen und fein hacken. Die Hälfte davon auf das Gemüse geben. Mit reichlich Pfeffer aus der Mühle bestreuen.

• Brote halbieren. Den Parmesankäse und den Rest von Majoran und Zitronensaft mit der Butter vermischen. Die Brote damit bestreichen.

• Geschälte Eier und gewaschene Tomaten in Scheiben schneiden und auf den Broten verteilen. Schnittlauch waschen, trockentupfen und in feine Röllchen schneiden. Brote mit Salz und mit Pfeffer aus der Mühle würzen, mit Schnittlauchröllchen bestreuen.

Dauert etwa 40 Minuten
1 Portion = 432 kcal/ 288 mg Cholesterin
32 g Fett/ 15 g Eiweiß/ 18 g Kohlenhydrate

Richtiges Vollkornbrot ...

... muß mindestens 90 Prozent Gemahlenes aus dem ganzen Getreidekorn enthalten; nur die äußere Fruchtschale des Korns darf abgetrennt werden. Die restlichen 10 Prozent Getreide können niedrig ausgemahlenes, weißes Mehl sein; viele Bäcker bieten aber Brot mit 100 Prozent Vollkorn an. Wenn Sie richtiges Vollkornbrot essen wollen, müssen Sie also auf diese Bezeichnung achten – auch wenn Sie Brötchen, Brezeln, Knäcke kaufen. Ganze Körner, Nüsse, Samen, Flocken, eine dunkelbraune Farbe des Brotes oder Fantasienamen wie »Vollwertbrot«, »Biobrot« oder »alternatives Brot« sagen nichts über die Qualität aus.

Eisbergsalat mit Ei und Käsebrot

• Für den Salat die Eier hart kochen, kalt abschrecken, schälen und halbieren. Aus einer Eihälfte das Eigelb herauslösen und mit den beiden Essigsorten, Salz, Pfeffer, Senf, Sahne und 2 Eßlöffeln Öl verrühren. Die restlichen Eier und die Eiweißhälfte hacken.

• Vollkornbrot würfeln, Nüsse hacken und im restlichen Öl bei schwacher bis mittlerer Hitze unter häufigem Wenden rösten, bis die Brotwürfel knusprig sind.

• Eisbergsalat waschen, trockenschwenken, zerkleinern und auf Tellern verteilen. Mit der Salatsauce beträufeln. Gehackte Eier, Brot und Nüsse darübergeben. Schnittlauch fein zerkleinern und über den Salat streuen.

• Für das Käsebrot den Toast kräftig rösten. Knoblauch abziehen und durch die Presse drücken. Mit Butter, Thymian, Zitronensaft und Käse mischen und auf die Brote streichen. Brote diagonal halbieren und zum Salat servieren.

Dauert etwa 45 Minuten
1 Portion = 1084 kcal/ 792 mg Cholesterin
84 g Fett/ 34 g Eiweiß/ 40 g Kohlenhydrate

Für 2 Portionen

Salat:

4 Eier	
2 EL milder Kräuteressig	
1 EL Balsamessig	
Salz, weißer Pfeffer	
1 EL scharfer Senf	
2 EL süße Sahne	
4 EL Oliven- oder Erdnußöl	
50 g Vollkornbrot	
50 g Nußkerne	
1/2 Kopf Eisbergsalat	
1 Bund Schnittlauch	

Käsebrote:

4 Scheiben Vollkorntoast	
1 Knoblauchzehe	
50 g weiche Butter	
1 TL getrockneter Thymian	
1 EL Zitronensaft	
50 g geriebener Bergkäse	

Gerstensalat mit Tofu und Gemüse

• Gerste mit Wasser und Brühe aufkochen und zugedeckt bei schwacher Hitze etwa 1 Stunde garen. Den Topf von der Kochstelle nehmen, die Gerste 1 weitere Stunde quellen und dabei erkalten lassen.

• Lauchzwiebeln putzen, waschen und in Ringe schneiden. Gurke hacken. Beide Zutaten, Kapern und 1 Eßlöffel Essig unter die Gerste mischen.

• Tofu abtropfen lassen und hacken. Möhren schälen und raspeln, Fenchel putzen, waschen und in dünne Streifen schneiden. Alles in einer Schüssel mischen.

• Restlichen Essig mit Senf, Salz, Pfeffer und Öl verrühren und mit den Salatzutaten in der Schüssel vermischen. Den Schnittlauch in feine Röllchen schneiden.

• Salat auf Portionsteller geben, Gerste darüber verteilen. Mit Schnittlauch und Kresse bestreuen.

Dauert etwa 45 Minuten
1 Portion = 267 kcal/ 0 mg Cholesterin
11 g Fett/ 11 g Eiweiß/ 28 g Kohlenhydrate

Die Gerste muß 2 Stunden garen und quellen

Für 4 Portionen

100 g Gerstenkörner	
1/4 l Wasser	
1 Prise Instant-Gemüsebrühe	
2 Lauchzwiebeln	
1 Essiggurke	
2 EL Kapern	
1 EL milder Essig	
250 g Räuchertofu	
300 g Möhren	
2 Fenchelknollen (ca. 400 g)	
1 EL körniger Senf	
Salz	
schwarzer Pfeffer aus der Mühle	
3 EL Öl	
1 Bund Schnittlauch	
1 Kästchen Gartenkresse	

Wintersalat mit Eierbroten

Für 4 Portionen

Salat:

1 kleiner Kopf Endiviensalat

100 g Feldsalat

1 Fenchelknolle

250 g Möhren

1 Stück Weißkohl (ca. 150 g)

3 EL Tomatensaft (fertig gekauft)

1 EL Joghurt

1 TL Honig

2 EL milder Dillessig

1 TL körniger Senf

Salz

weißer Pfeffer

3 EL Oliven- oder Distelöl

1 Bund Dill

Eierbrote:

4 Eier

je 1 EL gehackte Petersilie und Schnittlauchröllchen

Salz, Cayennepfeffer

geriebene Muskatnuß

1 EL süße Sahne

1 EL Butterschmalz

4 Scheiben Vollkornbrot

50 g Butter

25 g geriebener Parmesankäse

Feldsalat muß man genau wie Wurzelspinat besonders gründlich waschen, weil in den Stengeln und Blättern oft Sandkörnchen sitzen.

• Salatblätter waschen, trockenschwenken und in feine Streifen schneiden. Feldsalat mehrmals gründlich waschen und trockenschwenken. Fenchelblättchen abschneiden und zum Bestreuen beiseite legen, Knolle halbieren, waschen, vom Strunk befreien und in dünne Scheiben schneiden. Möhren schälen und grob raspeln. Weißkohl putzen, waschen und fein hobeln. Alles mischen.

• Für die Salatsauce Tomatensaft, Joghurt, Honig, Essig, Senf, Salz, Pfeffer und Öl verrühren und mit dem Salat mischen. Salat auf Tellern anrichten. Dill waschen, trockentupfen und fein zerkleinern. Über den Salat streuen.

• Für die Eierbrote Eier mit Petersilie, Schnittlauch, Salz, Cayennepfeffer, Muskat und Sahne kräftig verrühren.

• Butterschmalz in einer Pfanne erhitzen. Eier darin zugedeckt bei schwacher bis mittlerer Hitze an der Unterseite stocken lassen. Mit einer Gabel durchrühren, bis die Eier nicht mehr flüssig, aber noch weich und saftig sind.

• Brote mit Butter bestreichen. Rührei darauf verteilen. Mit Käse und den gehackten Fenchelblättchen bestreuen.

Dauert etwa 50 Minuten
1 Portion = 503 kcal/ 403 mg Cholesterin
33 g Fett/ 17 g Eiweiß/ 29 g Kohlenhydrate

Zur Abwechslung
Statt der Eierbrote eine Kichererbsencreme (Seite 47) zubereiten und auf dicke Weißbrotscheiben streichen.

Mit Krabben
150 Gramm Krabben mit 2 bis 3 Eßlöffeln Zitronensaft und weißem Pfeffer aus der Mühle mischen. Nur 2 Eier braten und auf den Broten verteilen. Die Krabben auf den Broten anrichten und mit reichlich Schnittlauchröllchen oder Kressesträußchen bestreuen.

Gemischter Salat mit Nudeln

• Für die Salatsauce Kräutertee und Thymian mit Wasser übergießen und 10 Minuten ziehen lassen. Teebeutel entfernen. Sud mit Essig, Senf, Salz, Pfeffer und Öl verrühren.
• Nudeln in reichlich kochendem Salzwasser bißfest garen. Abgießen, abtropfen lassen und in einer Schüssel mit der Salatsauce mischen.
• Tomaten waschen, abtrocknen und würfeln. Paprikaschoten waschen, putzen und in Streifen schneiden. Pilze putzen, waschen und in dünne Scheibchen teilen.
• Salatblätter, Spinat und Kräuter waschen, trocknen und grob zerkleinern. Mit Nudeln, Tomaten, Paprikastreifen und Pilzen mischen und auf Tellern anrichten.
• Lauchzwiebeln putzen, waschen und mit allen saftigen grünen Blättern in feine Ringe schneiden. Den Käse in kleine Würfel schneiden. Beide Zutaten mit den Sonnenblumenkernen über dem Salat verteilen.

Dauert etwa 50 Minuten
1 Portion = 383 kcal/ 46 mg Cholesterin
24 g Fett/ 19 g Eiweiß/ 19 g Kohlenhydrate

Für 8 Portionen

1 Aufgußbeutel Kräutertee
1 EL getrockneter Thymian
100 ml kochendes Wasser
6 EL milder Essig
2 EL scharfer Senf
Salz, schwarzer Pfeffer
8 EL Oliven- oder Maiskeimöl
150 g Vollkornhörnchennudeln
500 g Tomaten
1 kg grüne und rote Paprikaschoten
200 g Champignons
1 großer Kopf Grüner Salat
200 g Spinat
je 2 Bund Dill, Petersilie und Schnittlauch
1 Bund Lauchzwiebeln
300 g Emmentaler Käse
3 EL Sonnenblumenkerne

Roggensalat mit Gemüse

• Roggenkörner mit Wasser und Gemüsebrühe aufkochen und zugedeckt bei schwacher Hitze 1 1/2 Stunden garen. Topf von der Kochstelle nehmen, Roggen 1 weitere Stunde quellen und dabei erkalten lassen.
• Inzwischen Schafkäse würfeln. Die Fenchelblättchen abschneiden, waschen und hacken. Fenchelknolle halbieren, Strunk herausschneiden, Hälften waschen und quer zu den Fasern in dünne Streifen schneiden. Die Tomaten waschen und würfeln, Stielansätze dabei entfernen.
• Für die Salatsauce den Essig mit Salz, Pfeffer, Senf und Öl verrühren. Roggen einschließlich des verbliebenen Garsuds, Käse, Fenchel, Tomaten und die Salatsauce mischen. Mit Fenchelblättchen und Kresse bestreuen.

Dauert etwa 2 3/4 Stunden
Arbeiten müssen Sie etwa 30 Minuten
1 Portion = 289 kcal/ 15 mg Cholesterin
11 g Fett/ 10 g Eiweiß/ 36 g Kohlenhydrate

Für 4 Portionen

200 g Roggenkörner
1/2 l Wasser
1 TL Instant-Gemüsebrühe
100 g schnittfester Schafkäse
1 Fenchelknolle (ca. 300 g)
300 g Tomaten
4 EL Essig
Salz, schwarzer Pfeffer
1 TL scharfer Senf
2 EL Olivenöl
1 Kästchen Gartenkresse

Bohnensalat mit Käsebroten

Für 3 Portionen
Bohnensalat:
500 g grüne Bohnen
1 Zwiebel
1 Knoblauchzehe
2 EL Olivenöl
1/8 l Wasser
1 TL Gemüsebrüheextrakt
2 EL Rotweinessig
5 Blätter Romanasalat
2 Möhren
100 g saure Sahne
100 g Magerjoghurt
1 TL körniger Senf
Salz
Cayennepfeffer
2 Bund Dill
1 EL Sonnenblumenkerne
Käsebrote:
250 g Edelpilzkäse
1 Lauchzwiebel
3 EL süße Sahne
Salz, schwarzer Pfeffer
3 große Scheiben französisches
Landbrot

• Für den Bohnensalat die Bohnen waschen und putzen. Zwiebel und die Knoblauchzehe abziehen und fein hacken.
• In einem Topf 1 Eßlöffel Öl erhitzen. Zwiebel, Knoblauch und Bohnen darin unter Rühren etwa 1 Minute andünsten. Wasser und Gemüsebrühe zugeben und aufkochen. Die Bohnen zugedeckt bei schwacher Hitze in 15 bis 20 Minuten gerade eben weich garen. Mit Essig mischen und lauwarm abkühlen lassen.
• Inzwischen die Salatblätter waschen, trocknen und in feine Streifen schneiden. Die Möhren schälen und raspeln.
• Für die Salatsauce die saure Sahne mit Joghurt, Senf und dem restlichen Öl verrühren. Mit Salz und einer kräftigen Prise Cayennepfeffer scharf abschmecken.
• Die Bohnen mit den Salatstreifen, Möhren und Sauce vermischen und auf Teller geben. Den Dill waschen, trockentupfen, hacken und mit den Sonnenblumenkernen über die Bohnen streuen.
• Für die Brote den Käse eventuell entrinden und mit einer Gabel zerdrücken. Die Lauchzwiebel putzen, waschen und sehr fein hacken. Mit der Sahne unter den Käse mischen. Die Käsecreme mit wenig Salz und mit Pfeffer würzen und auf den Broten verteilen.

Dauert etwa 45 Minuten
1 Portion = 657 kcal/ 116 mg Cholesterin
45 g Fett/ 27 g Eiweiß/ 31 g Kohlenhydrate

Frische Bohnen ...

... braucht man nicht nach Größe, Form oder Farbe der Hülsen zu kaufen. Denn egal, ob rund, oval, klein oder lang – zum richtigen Zeitpunkt geerntet und ganz frisch zubereitet, sind alle Bohnen zart und aromatisch. Bei zu spät geernteten oder zu lange gelagerten Bohnen zeichnen sich die Samen deutlich auf der Hülse ab. Bohnen aus heimischer Freilandernte gibt es von Juli bis September. Buschbohnen sind preisgünstiger, weil man sie mechanisch erntet. Stangenbohnen müssen mit der Hand gepflückt werden und kosten entsprechend mehr.

Brote mit Apfel und Nußbutter

• Feige und Nüsse fein zerkleinern, mit Butter und Quark vermischen und auf die Brotscheiben streichen.
• Äpfel vierteln, schälen, vom Kerngehäuse befreien und in Schnitze schneiden. Auf den Broten verteilen und mit Zitronensaft beträufeln. Eventuell etwas gehackte Zitronenmelisse darüberstreuen.

Dauert etwa 15 Minuten
1 Portion = 381 kcal/ 36 mg Cholesterin
17 g Fett/ 7 g Eiweiß/ 48 g Kohlenhydrate

Für 2 Portionen

1 getrocknete Feige
1 EL beliebige Nußkerne
30 g weiche Butter
1 EL Magerquark
2 große Scheiben Vollkornbrot
2 kleine säuerliche Äpfel
1 EL Zitronensaft
eventuell einige Blättchen Zitronenmelisse

Käsebrote mit Rettich

• Zwiebel schälen, Petersilie waschen und trockentupfen. Beide Zutaten fein hacken. Mit Butter, Quark und Käse vermischen. Brote damit bestreichen.
• Rettich schälen, raspeln und auf den Broten verteilen. Kleine, zarte Rettichblättchen abschneiden, waschen, hacken und daraufstreuen. Mit Salz und Pfeffer würzen, mit Nüssen bestreuen.

Dauert etwa 20 Minuten
1 Portion = 479 kcal/ 59 mg Cholesterin
24 g Fett/ 22 g Eiweiß/ 40 g Kohlenhydrate

Für 2 Portionen

1 kleine Zwiebel
1 kleines Bund Petersilie
20 g weiche Butter
1 EL Magerquark
75 g geriebener Emmentaler Käse
4 Scheiben Vollkornbrot
1 kleiner weißer Rettich
Salz, weißer Pfeffer
1 EL gehackte Nußkerne

Selleriebrote

• Petersilie waschen, trockenschwenken und fein hacken. Käse reiben. Beide Zutaten mit Butter, Sesam, 1 Eßlöffel Zitronensaft, Salz und Pfeffer aus der Mühle mischen und auf die Brote streichen.
• Sellerie schälen und raspeln. Birne vierteln, schälen, vom Kerngehäuse befreien und ebenfalls raspeln. Beides mit dem restlichen Zitronensaft und Crème fraîche vermischen. Auf den Broten verteilen.

Dauert etwa 30 Minuten
1 Portion = 335 kcal/ 57 mg Cholesterin
21 g Fett/ 9 g Eiweiß/ 26 g Kohlenhydrate

Für 4 Portionen

1/2 Bund Petersilie
50 g Emmentaler Käse
50 g weiche Butter
1 EL Sesamsamen
2 EL Zitronensaft
Salz
weißer Pfeffer aus der Mühle
4 große Scheiben Vollkornbrot
250 g Knollensellerie
1 große, feste Birne
3 EL Crème fraîche

Brote mit Käse und Paprikapüree

Für 6 Portionen

1 kg rote Paprikaschoten
1 Zwiebel
2 Knoblauchzehen
1 kleine rote Pfefferschote
1 Bund Petersilie
2 Zweige Oregano
1 EL Sonnenblumenöl
Salz
6 große Scheiben Vollkornbrot
6 Salatblätter
300 g weicher Schafkäse
schwarzer Pfeffer
2 EL gehackte Kürbiskerne

• Paprikaschoten vierteln, entkernen und mit der Schale nach oben auf ein Backblech legen. In den kalten Backofen (mittlere Schiene) schieben. Schoten bei 220 Grad (Umluft: 200 Grad, Gas: Stufe 4) etwa 20 Minuten backen, bis die Haut große Blasen wirft.

• Herausnehmen, mit zwei feuchten Küchentüchern bedecken und einige Minuten ziehen lassen. Dann die Haut der Paprikaschoten abziehen.

• Zwiebel und Knoblauch abziehen. Pfefferschote halbieren, Kerne entfernen. Kräuter waschen. Alle diese Zutaten mit den Paprikaschoten pürieren. Püree mit Öl mischen und mit Salz würzen.

• Brote mit Salatblättern belegen. Paprikapüree und zerkrümelten Schafkäse darauf verteilen. Mit Pfeffer aus der Mühle und mit Kürbiskernen bestreuen.

Dauert etwa 45 Minuten
1 Portion = 272 kcal/ 30 mg Cholesterin
13 g Fett/ 12 g Eiweiß/ 26 g Kohlenhydrate

Camembertbrote mit Tomaten

Für 4 Portionen

250 g reifer Camembert
1 Zwiebel
30 g weiche Butter
1 EL süße Sahne
1 TL Kümmel
Salz, schwarzer Pfeffer
1 TL Paprika, edelsüß
4 große Scheiben Vollkornbrot
300 g Tomaten
1 Bund Schnittlauch

• Camembert entrinden und mit einer Gabel zerdrücken. Zwiebel abziehen und fein hacken.

• Käse, Butter, Sahne, Zwiebel und Kümmel mischen. Mit Salz, Pfeffer und Paprikapulver kräftig würzen. Auf den Broten verteilen.

• Tomaten waschen, abtrocknen und quer zu den Samenkammern in Scheiben schneiden. Auf die Brote legen. Schnittlauch waschen, trockenschwenken, in feine Röllchen schneiden und darüberstreuen.

Dauert etwa 20 Minuten
1 Portion = 365 kcal/ 59 mg Cholesterin
22 g Fett/ 18 g Eiweiß/ 21 g Kohlenhydrate

Sprossenbrote mit Tofu

• Sprossen auf einem Sieb kalt abspülen und gut abtropfen lassen. Den Schnittlauch waschen, trockentupfen und in feine Röllchen schneiden.
• Sprossen und Schnittlauch mit Zitronensaft, der Crème fraîche und Öl vermischen. Auf den Brotscheiben verteilen.
• Räuchertofu in Scheiben schneiden, die Tomate waschen und würfeln. Beide Zutaten auf die Brote legen. Mit Salz und Pfeffer würzen.

Dauert etwa 15 Minuten
1 Portion = 261 kcal/ 10 mg Cholesterin
11 g Fett/ 14 g Eiweiß/ 25 g Kohlenhydrate

Für 2 Portionen

30 g frische Sprossen
(Alfalfa und Rettich gemischt)
1 Bund Schnittlauch
1 EL Zitronensaft
1 EL Crème fraîche
1 TL Sonnenblumenöl
2 große Scheiben Vollkornbrot
250 g Räuchertofu
1 Tomate
Salz, weißer Pfeffer

Eierbrote mit Gurke und Kapern

• Die Brotscheiben mit Butter bestreichen. Gurke schälen und raspeln. Salatblätter waschen, Dill fein hacken.
• Öl bei schwacher Hitze heiß werden lassen. Eier darin wie Spiegeleier braten. Mit Salz und Pfeffer würzen. Sobald das Eiweiß gestockt ist, die Eier wenden und auf der zweiten Seite ebenfalls braten.
• Zuerst Salatblätter, dann die Eier und zum Schluß die Gurkenraspel auf die Brote geben. Mit Salz und Pfeffer würzen. Den Dill, die Kapern und die Crème fraîche auf den Broten verteilen.

Dauert etwa 25 Minuten
1 Portion = 358 kcal/ 381 mg Cholesterin
23 g Fett/ 12 g Eiweiß/ 22 g Kohlenhydrate

Für 2 Portionen

2 große Scheiben Vollkornbrot
20 g Butter
250 g Salatgurke
2 große Salatblätter
1 Bund Dill
1 EL Olivenöl
2 Eier
Salz, schwarzer Pfeffer
1 EL Kapern
2 TL Crème fraîche

Frischkäsebrote mit Radieschen

• Schnittlauch waschen, trockentupfen und ganz fein zerkleinern. Mit Frischkäse, Quark, Zitronensaft und Nüssen mischen und auf den Broten verteilen.
• Radieschen waschen, in Scheiben schneiden und auf die Brote legen. Mit Salz und Pfeffer bestreuen.

Dauert etwa 15 Minuten
1 Portion = 297 kcal/ 13 mg Cholesterin
11 g Fett/ 20 g Eiweiß/ 26 g Kohlenhydrate

Für 2 Portionen

1 Bund Schnittlauch
200 g körniger Frischkäse
1 EL Magerquark
1 EL Zitronensaft
2 EL gehackte Haselnußkerne
2 große Scheiben Vollkornbrot
1 Bund Radieschen
Salz, weißer Pfeffer

WARME HAUPT-GERICHTE

Richtig geschnitten ...

... schmeckt gedünstetes Gemüse besonders gut:
- Blumenkohl: In Röschen und Stiele teilen, die Stiele in dünne Stifte schneiden.
- Breite grüne Bohnen: Sehr schräg in knapp 1/2 Zentimeter breite Streifen schneiden.
- Champignons, Austernpilze und Shiitake für Gemüse in dünne Scheiben schneiden, zum Rösten vierteln.
- Chinakohl und Mangold: Die Blätter quer in fingerbreite Streifen schneiden, dicke Blattrippen herausschneiden und quer oder in streichholzdünne Streifen schneiden.
- Fenchel: Halbieren und quer in Streifen schneiden.
- Kohlrabi und Knollensellerie: In dünne Stifte schneiden
- Möhren und Zucchini: In dünne Scheiben oder streichholzdünne Stifte schneiden.
- Rotkohl, Weißkohl, Wirsing: Kohlköpfe vierteln und quer in hauchfeine Streifen schneiden oder hobeln.
- Schmorgurken: Halbieren, Kerne entfernen, die Gurken in 1/2 Zentimeter breite Scheiben schneiden.

Nitrat im Gemüse

Nitrathaltig sind: Salat, Spinat, Mangold, Chinakohl, Grünkohl, Weißkohl, Wirsing, rote Bete, Radieschen, Rettich.
Mittleren Nitratgehalt haben: Möhren, Kohlrabi, Sellerie, Blumenkohl, Lauch, Auberginen, Zucchini.
Nitratarm sind: Erbsen, grüne Bohnen, Gurken, Paprikaschoten, Tomaten, Rosenkohl, Knoblauch, Zwiebeln.

Hilfe gegen Nitrat

- Kaufen Sie Gemüse und Salat während der Saison aus dem Freiland. Sonne und Wärme bauen Nitrat ab. In den lichtschwachen Monaten sind vor allem Blattgemüse und -salate aus dem Treibhaus besonders belastet.
- Zitronensaft enthält Vitamin C, das nitrathaltige Gemüse wie Rote Bete, Spinat, Rettich, Radieschen und Kopfsalat »entschärft«. Deshalb geben Sie an Salate und Gemüse am besten 1 oder 2 Löffel Zitronensaft.
- Wasser löst Nitrat. Deshalb gießen Sie den Gemüsesud von Spinat und roten Beten lieber weg – auch wenn dabei ein paar Vitamine und Mineralstoffe verlorengehen.

• Zum Überbacken von Gratin und Auflauf brauchen Sie fetten Käse, der gut schmilzt – zum Beispiel Emmentaler, Roquefort, jungen Gouda, Fontina, Fontal oder Mozzarella.
• Reis und Polenta schmecken mit fettem, frischgeriebenem Hartkäse: Parmesan, Pecorino, Grana padano, Grana trentino, Ragusano und altem Gouda.
• Für Soufflé eignet sich fetter, frischgeriebener Hartkäse wie Parmesan, Pecorino, Greyerzer und alter Gouda.
• Für Waffeln oder Eierkuchenteig nimmt man fetten, geriebenen Käse wie Sbrinz, Greyerzer oder Emmentaler.

Käse zum Kochen

... rutschen lange Nudeln nach: Man stellt sie aufrecht in den Topf mit sprudelnd kochendem Wasser. Nun immer wieder mit leichtem Druck nachschieben, bis alle Nudeln untergetaucht sind. Jetzt mit dem Kochlöffel durchrühren, damit sie gleichmäßig garen und nicht zusammenkleben.

Einmal im Topf ...

Ganze Getreidekörner können Sie etwa 1 Jahr lagern. Nur Hafer wird – weil er mehr Fett als andere Getreidesorten enthält – eher ranzig. Bei gekauftem Vollkornmehl und Getreideschrot steht auf der Packung, wie lange Sie es aufbewahren können. Selbstgemahlenes Mehl verbraucht man möglichst frisch. Nach etwa 4 Wochen verliert es allmählich die wertvollen Inhaltsstoffe, wird ranzig, riecht dann ziemlich muffig und schmeckt bitter. Schrot sollten Sie innerhalb von 2 Wochen verbrauchen, denn grobgemahlenes Getreide enthält mehr Wasser als feingemahlenes und verdirbt deshalb schneller.

Getreide – wie lange hält es sich?

Hülsenfrüchte, Körner, Vollkornmehl und Schrot müssen kühl und trocken gelagert werden – am besten in Gläsern mit festem Schraubverschluß. Wärme begünstigt die Entwicklung von Ungeziefer, Feuchtigkeit die Schimmel- oder Fäulnisbildung.

Wie lagern?

... erkennen Sie an der schrumpeligen Oberfläche. Zum Garen brauchen alte Bohnen, Linsen, Erbsen und Kichererbsen besonders lang.

Überlagerte Hülsenfrüchte ...

Das Wasser, in dem Getreidekörner und Hülsenfrüchte vor dem Garen quellen, enthält gelöste Nährstoffe. Deshalb nimmt man es am besten auch zum Kochen. Wer Hülsenfrüchte schlecht verdauen kann, gießt es lieber weg, denn im Einweichwasser sind auch die unverdaulichen Stoffe gelöst, die Blähungen verursachen.

Einweichwasser weggießen?

Gemüseauflauf

Für 4 Portionen

1 kleiner Blumenkohl
500 g Kohlrabi
500 g Lauch (Porree)
1/4 l Instant-Gemüsebrühe
1 kleine Zwiebel
1 kleines Bund Petersilie
40 g Butter
1 EL Mehl
1/4 l Milch
2 Eier
250 g geriebener Emmentaler Käse
Salz, weißer Pfeffer
1 TL gemahlener Koriander
1/2 TL getrockneter Oregano

• Blumenkohl in Röschen und Stiele teilen. Kohlrabi schälen und würfeln. Lauch putzen und in etwa fingerbreite Stücke schneiden.

• Brühe zum Kochen bringen. Zerkleinertes Gemüse darin aufkochen und zugedeckt bei mittlerer Hitze etwa 4 Minuten garen. Abgießen, Brühe für die Sauce auffangen.

• Zwiebel und Petersilie fein hacken und in der Hälfte der heißen Butter kurz schmoren. Mehl darüberstreuen und anrösten. Zuerst Brühe, dann Milch zugeben und rühren, bis die Sauce glatt ist. Sauce etwas abkühlen lassen. Die Eier, etwa 200 Gramm Käse, Salz, Pfeffer, den Koriander und den Oregano untermischen.

• Gemüse in eine ofenfeste Form geben. Zuerst die Sauce, dann den Rest von Käse und Butter darauf verteilen.

• Auflauf in den kalten Backofen (untere Schiene) stellen. Bei 200 Grad (Umluft: 180 Grad, Gas: Stufe 3) etwa 30 Minuten backen, bis er oben leicht gebräunt ist.

Dauert etwa 1 1/4 Stunden
Arbeiten müssen Sie etwa 45 Minuten
1 Portion = 497 kcal/ 263 mg Cholesterin
33 g Fett/ 30 g Eiweiß/ 14 g Kohlenhydrate

Den Pizzaboden gibt es im Naturkostladen

Pizza vegetarisch

Für 2 Portionen

150 g Brokkoliröschen
2 kleine Zucchini
2 Lauchzwiebeln
3 mittelgroße Tomaten
125 g Mozzarellakäse
1/2 Bund Petersilie
2 EL Tomatensaft
2 EL Tomatenmark
2 EL Olivenöl
1 TL getrockneter Oregano
75 g frischgeriebener Parmesankäse
1 Vollkornpizzaboden
Salz
schwarzer Pfeffer aus der Mühle

• Brokkoli waschen und grob hacken. Zucchini würfeln, Lauchzwiebeln in feine Ringe schneiden. Tomaten abziehen und in Scheiben schneiden. Mozzarella würfeln.

• Petersilie fein hacken. Mit Tomatensaft, Tomatenmark, Öl, Oregano und 1 Eßlöffel Parmesan vermischen und auf den Pizzaboden streichen.

• Das zerkleinerte Gemüse darauf verteilen. Mit Tomaten- und Mozzarellascheiben belegen. Mit Salz und Pfeffer würzen. Den restlichen Parmesankäse darüberstreuen.

• Pizza in den kalten Backofen (mittlere Schiene) stellen und bei 200 Grad (Umluft: 180 Grad, Gas: Stufe 3) etwa 30 Minuten backen, bis der Käse leicht gebräunt ist.

Dauert etwa 1 Stunde
Arbeiten müssen Sie etwa 30 Minuten
1 Portion = 620 kcal/ 62 mg Cholesterin
35 g Fett/ 37 g Eiweiß/ 36 g Kohlenhydrate

Wirsingstrudel

• Für den Teig alle Zutaten zuerst in einer Schüssel vermischen, dann auf der Arbeitsfläche zu einem glatten, elastischen Teig kneten. Zu einem Kloß formen, in Pergamentpapier wickeln und in einen Topf legen, den Sie zuvor mit heißem Wasser ausgespült haben. Teig darin zugedeckt ruhenlassen, bis die Füllung zubereitet ist.

• Für die Füllung Wirsing achteln, Strunk herausschneiden, Stücke waschen, abtrocknen und fein hobeln. Kartoffeln schälen, waschen und würfeln. Beide Zutaten, Nüsse und Petersilie portionsweise im Blitzhacker fein zerkleinern.

• Zwiebel und Knoblauch hacken. Mit Käse und Sahne unter die zerkleinerten Zutaten mischen. Füllung mit Koriander, je einer kräftigen Prise Salz, Pfeffer, Muskat und Cayennepfeffer würzen. Eine flache ofenfeste Form mit der Hälfte der Butter fetten.

• Den Teigkloß in 3 Stücke schneiden. Jedes Stück auf wenig Mehl ausrollen und mit den Fingern vorsichtig so dünn wie möglich ausziehen, ohne daß der Teig dabei reißt.

• Teigstücke mit Öl bestreichen und mit der Füllung belegen. Dabei rundherum am Rand etwa 2 Zentimeter frei lassen, damit die Füllung beim Rollen nicht herausquillt.

• Die beiden Schmalseiten, dann die Längsseiten des Teigstückes über der Füllung falten. Den Strudel von unten her aufrollen und nebeneinander in die Form legen.

• Strudel in den kalten Backofen (mittlere Schiene) stellen und bei 200 Grad (Umluft: 180 Grad, Gas: Stufe 2–2 1/2) etwa 40 Minuten backen. Während des Backens zwei- bis dreimal mit der restlichen Butter und der Flüssigkeit bestreichen, die sich am Boden der Form sammelt. So werden die Strudel braun und knusprig.

Dauert etwa 3 Stunden
Arbeiten müssen Sie etwa 2 1/4 Stunden
1 Portion = 772 kcal/ 79 mg Cholesterin
51 g Fett/ 20 g Eiweiß/ 54 g Kohlenhydrate

Kleine Strudel backen
Ungeübte StrudelbäckerInnen teilen den Teig in 5 Stücke und rollen sie mit dem Nudelholz so dünn wie möglich aus. Das geht viel einfacher als große Teigplatten dünn ausziehen, rollen und in die Form befördern.

Für 6 Portionen

Teig:
300 g Dinkelvollkornmehl
Salz
8 EL Öl
150 ml lauwarmes Wasser

Füllung:
1 Kopf Wirsing (ca. 1,2 kg)
200 g Kartoffeln (mehlige Sorte)
75 g beliebige Nußkerne
1 Bund Petersilie
1 Zwiebel
1 Knoblauchzehe
150 g geriebener Emmentaler Käse
200 g süße Sahne
1 TL gemahlener Koriander
Salz, weißer Pfeffer
geriebene Muskatnuß
Cayennepfeffer
50 g Butter
Mehl für die Arbeitsfläche
2 EL Öl

Viel schneller ist der Strudel mit 600 Gramm Tiefkühl rahmwirsing oder -grünkohl und 600 Gramm Tiefkühl-Vollkornblätterteig zubereitet.

Gemüseauflauf mit Kartoffelhaube

Für 3 Portionen
1 große Zwiebel
2 Knoblauchzehen
2 EL Butter
1 Paket Tiefkühlerbsen und
Möhren gemischt (450 g)
1/4 l Wasser
1 1/4 TL Instant-Gemüsebrühe
2 EL Crème fraîche
Salz, Cayennepfeffer
Muskatnuß
1/4 l Milch
1 Paket Kartoffelpüreepulver
(3 Portionen)
150 g frischgeriebener mittelalter
Goudakäse

Mit Fleisch
100 Gramm gekochten
Schinken in Streifen
schneiden und mit Zwiebeln
und Knoblauch anbraten.

• Zwiebel und Knoblauch abziehen und fein hacken. In 1 Eßlöffel heißer Butter bei schwacher Hitze glasig braten. Erbsen und Möhren zugeben und kurz mitbraten. Wasser und 1/4 Teelöffel Gemüsebrühe zugeben, aufkochen und zugedeckt bei mittlerer Hitze 5 Minuten garen.
• Die Crème fraîche untermischen, das Gemüse mit Salz, Cayennepfeffer und Muskat kräftig würzen und in eine flache ofenfeste Form geben.
• Die Milch und das restliche Wasser mit dem Rest der Gemüsebrühe aufkochen. Kartoffelpüreepulver einrühren und nach Packungsaufschrift zubereiten.
• Das Kartoffelpüree mit der restlichen Butter mischen, über dem Gemüse verteilen und mit dem Käse bestreuen.
• Den Auflauf in den kalten Backofen (mittlere Schiene) stellen und bei 200 Grad (Umluft: 180 Grad, Gas: Stufe 3) etwa 30 Minuten backen, bis der Käse leicht gebräunt ist.

Dauert etwa 1 Stunde
Arbeiten müssen Sie etwa 30 Minuten
1 Portion = 591 kcal/ 113 mg Cholesterin
34 g Fett/ 26 g Eiweiß/ 42 g Kohlenhydrate

Dazu paßt: *gemischter Salat mit Tomaten, Gurken, Rettichstreifen und Kräutervinaigrette*

Zur Abwechslung
• **Auflauf mit tiefgekühltem Brokkoli oder Blattspinat zubereiten.**
• **Rahmporree oder Rahmwirsing aus der Tiefkühltruhe nehmen, Crème fraîche und Gewürze weglassen.**
• **Statt Kartoffelpüree in Scheiben geschnittene Pellkartoffeln nehmen.**

Lauchauflauf mit Möhren

• Lauch putzen, waschen und in etwa 12 Zentimeter lange Stücke schneiden. Dabei die saftigen grünen Blätter mitverwenden. Möhren schälen und jeweils der Länge nach halbieren.
• Gemüse sternförmig in eine ofenfeste Form mit halbhohem Rand legen. Mit Öl beträufeln, mit Salz und Pfeffer würzen. Die Gemüsebrühe zugießen.
• Das Gemüse in den kalten Backofen (mittlere Schiene) schieben und bei 200 Grad (Umluft: 180 Grad, Gas: Stufe 3) 20 Minuten backen.
• Inzwischen Mehl mit Zitronenschale, Majoran, Salz, Pfeffer, Muskat und Backpulver mischen. Die Milch dazugießen und alles zu einem glatten Teig verrühren. Die Eier trennen. Eigelb nacheinander unter den Teig rühren. Eiweiß steif schlagen und unterziehen.
• Den Teig über das Gemüse gießen. Auflauf wieder in den Ofen schieben und 20 bis 30 Minuten backen, bis er hoch aufgegangen und an der Oberfläche leicht gebräunt ist.

Dauert etwa 1 1/4 Stunden
Arbeiten müssen Sie etwa 25 Minuten
1 Portion = 327 kcal/ 358 mg Cholesterin
18 g Fett/ 15 g Eiweiß/ 24 g Kohlenhydrate

Dazu paßt: *gemischter Salat, Tomaten- oder Gurkensalat*

Für 4 Portionen
2 Stangen Lauch (ca. 350 g)
3 lange Möhren (ca. 200 g)
3 EL Öl
Salz, weißer Pfeffer
6 EL Gemüsebrühe
100 g Weizenvollkornmehl
abgeriebene Schale von
1/4 unbehandelten Zitrone
1/2 TL getrockneter Majoran
geriebene Muskatnuß
1 Prise Backpulver
300 ml Milch
4 Eier

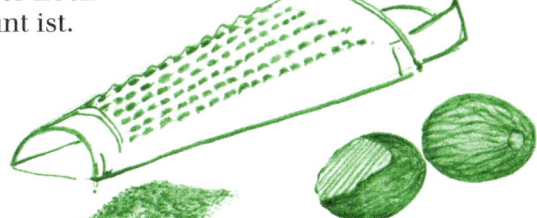

Überbackene Zwiebeln

• Zwiebeln abziehen, halbieren und in eine flache Gratinform geben. Brühe, Crème fraîche, Zitronensaft und Paprika verrühren und darübergießen.
• Zwiebeln mit dem Käse bestreuen und mit der Butter in kleinen Stücken belegen. In den kalten Backofen (mittlere Schiene) stellen und bei 200 Grad (Umluft: 180 Grad, Gas: Stufe 3) etwa 20 Minuten backen.

Dauert etwa 40 Minuten
Arbeiten müssen Sie etwa 20 Minuten
1 Portion = 234 kcal/ 41 mg Cholesterin
14 g Fett/ 10 g Eiweiß/ 15 g Kohlenhydrate

Dazu passen: *Kartoffelrösti (Seite 274) oder Pellkartoffeln*

Für 4 Portionen
1 kg kleine Zwiebeln
Saft von 1/2 Zitrone
Salz
1 EL Paprikapulver, edelsüß
100 g geriebener Emmentaler
Käse
50 g Butter

Gurken mit Buchweizenkruste

Für 3 Portionen

100 g Buchweizenschrot
1/4 l Instant-Gemüsebrühe
100 g süße Sahne
100 g weicher Schafkäse
1 Zwiebel
1 Knoblauchzehe
1 kleine unbehandelte Zitrone
1 TL getrockneter Oregano
Salz
schwarzer Pfeffer aus der Mühle
750 g kleine Schmorgurken
2 EL Öl
1 Dose geschälte Tomaten (Abtropfgewicht 240 g)

Zur Abwechslung
Die Kruste mit Resten von gegartem Bulgur, Couscous oder Weizengrütze mischen.

• Buchweizen mit Gemüsebrühe und Sahne mischen und quellen lassen, bis die anderen Zutaten vorbereitet sind.
• Käse zerbröckeln, Zwiebel und Knoblauchzehe hacken. Ein großes Stück Zitronenschale dünn abschneiden und fein zerkleinern. Saft auspressen. Diese Zutaten mit Oregano, wenig Salz, aber einer kräftigen Prise Pfeffer unter den Buchweizen mischen.
• Gurken schälen, der Länge nach halbieren und die Kerne herauskratzen. Gurkenhälften nebeneinander in eine flache Gratinform legen. Die Buchweizenmischung und das Öl darüber verteilen. Die Tomaten abtropfen lassen (Saft für ein anderes Gericht verwenden), zerdrücken, neben den Gurken verteilen und mit Salz und Pfeffer würzen.
• Gurken in den kalten Backofen (mittlere Schiene) stellen. Bei 200 Grad (Umluft: 180 Grad, Gas: Stufe 3) etwa 40 Minuten backen, bis der Buchweizen knusprig ist.

Dauert etwa 1 1/4 Stunden
Arbeiten müssen Sie etwa 35 Minuten
1 Portion = 432 kcal/ 56 mg Cholesterin
25 g Fett/ 12 g Eiweiß/ 39 g Kohlenhydrate

Zucchinigratin

Für 3 Portionen

750 g kleine Zucchini
1 Bund Lauchzwiebeln (ca. 250 g)
75 g Haselnußkerne
3 Zweige frischer Rosmarin
Salz
weißer Pfeffer aus der Mühle
1/8 l Milch
125 g süße Sahne
150 g geriebener mittelalter Goudakäse

• Zucchini und Lauchzwiebeln putzen, waschen und abtrocknen. Zucchini in Scheiben schneiden, Lauchzwiebeln mit allen saftigen grünen Blättern in fingerlange Stücke schneiden. Beide Zutaten in eine flache Gratinform geben.
• Nußkerne hacken, Rosmarin waschen, Blätter abzupfen. Gemüse mit Nüssen, Rosmarin, Salz und Pfeffer bestreuen. Milch mit Sahne verquirlen und darübergießen. Käse über Gemüse streuen. Butter in Stücke teilen und daraufgeben.
• Gratin in den kalten Backofen (mittlere Schiene) stellen und bei 200 Grad (Umluft: 180 Grad, Gas: Stufe 3) etwa 30 Minuten backen, bis der Käse leicht gebräunt ist.

Dauert etwa 1 Stunde
Arbeiten müssen Sie etwa 30 Minuten
1 Portion = 570 kcal/ 107 mg Cholesterin
46 g Fett/ 23 g Eiweiß/ 12 g Kohlenhydrate

Dazu passen: Pellkartoffeln und Salat

Lauchgratin mit buntem Salat

• Lauch putzen, waschen und mit allen saftigen grünen Blättern in knapp fingerbreite Stücke schneiden. Kartoffeln schälen, waschen, abtrocknen und auf dem Gurkenhobel in dünne Scheiben schneiden.

• Lauch und Kartoffelscheiben in einer flachen Gratinform verteilen und mit Salz und Pfeffer würzen. Milch mit Sahne vermischt darübergießen. Die Butter in Stücke teilen und darauflegen. Mit dem Käse bestreuen.

• Gratin in den kalten Backofen (mittlere Schiene) stellen. Bei 200 Grad (Umluft: 180 Grad, Gas: Stufe 3) etwa 45 Minuten backen, bis das Gemüse weich, die Flüssigkeit fast aufgesogen und das Gratin schön gebräunt ist.

• Während das Gratin im Ofen ist, den Salat zubereiten: Für die Sauce den Joghurt, Crème fraîche, Essig, Salz, Pfeffer und Öl mit dem Schneebesen kräftig verrühren.

• Endiviensalat und Brunnenkresse putzen, verlesen, waschen und fein zerkleinern. Sellerieblättchen abzupfen und dazugeben. Selleriestangen waschen und in kleine Stücke schneiden. Möhre schälen und grob raspeln. Geschälte Orange in Stücke schneiden. Schnittlauch fein zerkleinern.

• Alle diese Zutaten mit der Salatsauce vermischen und mit Nüssen bestreuen. Salat zum Gratin servieren.

Dauert etwa 1 1/4 Stunden
1 Portion = 669 kcal/ 109 mg Cholesterin
45 g Fett/ 24 g Eiweiß/ 37 g Kohlenhydrate

Lauch putzen

Die grünen Blätter von Lauch und Lauchzwiebeln schmecken noch aromatischer als die weißen Stangen. Außerdem sind sie gesund: Grünes enthält Magnesium (Seite 126) und Beta-Karotin, das vermutlich vor krebserregenden Stoffen schützt. Deshalb beim Putzen nur das Nötigste entfernen: den Wurzelansatz, ein oder zwei äußere Hüllblätter, alle welken Blätter und Blattspitzen. Zum Waschen schneidet man die Stangen etwas unterhalb des Blattansatzes längs auf. Nun kann man die Blätter gut auseinanderbiegen und die Erdreste dazwischen abspülen.

Für 3 Portionen
600 g Lauch (Porree)
400 g Kartoffeln (mehlige Sorte)
Salz, schwarzer Pfeffer
1/4 l Milch
125 g süße Sahne
1 EL Butter
100 g geriebener Emmentaler Käse
150 g Magerjoghurt
1 EL Crème fraîche
2 EL Apfelessig
2 EL Öl
200 g Endiviensalat
100 g Brunnenkresse
100 g Staudensellerie
1 kleine Möhre
1 Orange
1 Bund Schnittlauch
2 EL gehackte Haselnußkerne

Lauch ...

... gehört wie Zwiebeln, Schnittlauch, Schalotten und Knoblauch zu den Liliengewächsen. Wir denken heute kaum noch daran, daß alle diese Pflanzen nicht nur im Supermarkt »vorkommen«. Schnittlauch zum Beispiel wächst wild auf Almweiden. Knoblauch ist mit der (giftigen!) Herbstzeitlose und wildem Bärlauch verwandt, den Sie im späten Frühjahr in feuchten Laubwäldern sammeln können.

169

Schmeckt heiß oder lauwarm

Heferolle mit Gemüse

Für 6 Portionen

Teig:

300 g Weizenvollkornmehl

1 Päckchen Trockenhefe

Salz

1 Eigelb

1/8 l Milch

1/8 l Olivenöl

Mehl für die Arbeitsfläche

Füllung:

1 Bund Lauchzwiebeln

1 Knoblauchzehe

250 g Tomaten

300 g Zucchini

150 g Champignons

1 Bund Basilikum

1 Bund Petersilie

2 EL Öl

200 g Bergkäse oder Emmentaler Käse

1 Ei

1 EL Kürbiskerne

Salz, Pfeffer

Fett für das Blech

1 Eigelb

2 EL süße Sahne

1 EL Mohn

• Für den Teig Mehl, Hefe und Salz in einer Schüssel mischen. Eigelb zugeben. Angewärmte Milch und Olivenöl zugießen; dabei mit den Knethaken des Handrührgerätes rühren, bis sich der Teig vom Schüsselboden löst. Auf der gutbemehlten Arbeitsfläche etwa 5 Minuten durchkneten.

• Teigkloß wieder in die Schüssel legen und zugedeckt bei Zimmertemperatur etwa 1 Stunde ruhenlassen, bis er sein Volumen verdoppelt hat.

• Für die Füllung Lauchzwiebeln putzen, waschen und mit allen saftigen grünen Blättern in dünne Ringe schneiden. Abgezogene Knoblauchzehe fein hacken. Tomaten abziehen, Zucchini waschen und putzen. Beide Gemüse würfeln. Champignons putzen, waschen und in Scheiben schneiden. Kräuter waschen, trocknen und fein hacken.

• Öl erhitzen. Zwiebeln, Knoblauch und Gemüse darin anbraten. Kräuter untermischen und alles bei starker Hitze unter Rühren schmoren, bis die Flüssigkeit, die sich gebildet hat, wieder verdampft ist.

• Gemüse abkühlen lassen. Geriebenen Käse, Ei und Kürbiskerne untermischen. Mit Salz und Pfeffer würzen.

• Teig noch einmal durchkneten und auf der bemehlten Arbeitsfläche etwa messerrückendick zu einem Rechteck ausrollen. Die Füllung darauf verteilen, rundherum einen etwa 2 Zentimeter breiten Rand frei lassen. Teigplatte von der Schmalseite her aufrollen, auf ein gefettetes Backblech legen und weitere 15 Minuten gehen lassen.

• Eigelb mit Sahne verquirlen, Heferolle damit bestreichen, mit Mohn bestreuen und in den kalten Backofen (untere Schiene) schieben. Bei 180 Grad (Umluft: 160 Grad, Gas: Stufe 2) etwa 1 1/4 Stunden backen. In Stücke schneiden und heiß oder lauwarm servieren.

Dauert etwa 3 Stunden
Arbeiten müssen Sie etwa 2 Stunden
1 Portion = 636 kcal/ 232 mg Cholesterin
40 g Fett/ 23 g Eiweiß/ 40 g Kohlenhydrate

Tomatensoufflé

• Die Tomaten abziehen und würfeln. Zwiebel und Knoblauch abziehen, fein hacken und im heißen Öl bei schwacher Hitze glasig braten. Oregano, Tomaten und Tomatenmark hinzugeben, aufkochen und unter Rühren bei mittlerer bis starker Hitze zu einem dicken Püree kochen. Mit Salz, Pfeffer und Zucker würzen.

• Für das Mehlmus die Butter schmelzen, Mehl darin hell anrösten. Milch unter Rühren zugießen und aufkochen. Sauce mit Salz und Pfeffer würzen und zugedeckt bei schwacher Hitze 5 Minuten kochen, dabei häufig umrühren. Mit dem Tomatenpüree mischen und abkühlen lassen.

• Den Backofen auf 180 Grad (Gas: Stufe 2) vorheizen. Eine Souffléform von etwa 2 Liter Inhalt am Boden und etwa fingerbreit am unteren Rand fetten.

• Eier trennen. Zuerst nacheinander die Eigelbe, dann die Crème double in das Tomatenpüree rühren. Die Eiweiße steif schlagen. 1/4 davon unter die Tomatencreme rühren. Den Rest daraufsetzen. Den Käse daraufstreuen.

• Alles mit dem Schneebesen mischen. Soufflé in die Form füllen, in den heißen Backofen (mittlere Schiene) stellen und etwa 45 Minuten backen.

Dauert etwa 1 1/2 Stunden
Arbeiten müssen Sie etwa 45 Minuten
1 Portion = 550 kcal/ 428 mg Cholesterin
37 g Fett/ 30 g Eiweiß/ 17 g Kohlenhydrate

Dazu paßt: *Salat und geröstetes Weißbrot*

Für 4 Portionen
250 g Tomaten
1 kleine Zwiebel
1 Knoblauchzehe
1 EL Olivenöl
1 TL getrockneter Oregano
2 EL Tomatenmark
Salz, schwarzer Pfeffer
1 Prise Zucker
30 g Butter
50 g Mehl
1/4 l Milch
4 Eier
3 EL Crème double
200 g geriebener Parmesankäse

Für schnelles Soufflé das Mehlmus mit 100 Gramm Tomatenmark, 1 gehackten Zwiebel, 1 zerdrückten Knoblauchzehe und den Gewürzen mischen.

• Wenn es im Winter und Frühjahr keine frischen Tomaten mit Aroma gibt, nimmt man lieber Tomaten aus der Dose und kocht sie wie im Rezept beschrieben zu dickem Püree.

• Wenn man frische Tomaten ganz klein würfelt, braucht man sie vorher nicht abzuziehen.

• Ganz fein gerieben, verbindet sich der Käse am besten mit den anderen Zutaten.

Auberginenröllchen

Für 4 Portionen

3 lange, schlanke Auberginen
(ca. 800 g)

1/8 l Öl

125 g Mozzarellakäse

4 schwarze Oliven

1 kleine Zwiebel

1 Knoblauchzehe

2 TL getrockneter Oregano

Salz

weißer Pfeffer

1 Packung Tomatenfruchtfleisch
in Stücken (500 g)

1 Prise Zucker

Sambal oelek

1/2 Bund gemischte Kräuter

Gute Auberginen haben glatte, glänzende Haut und wiegen höchstens 300 Gramm.

• Auberginen waschen und der Länge nach in etwa 5 Millimeter dicke Scheiben schneiden. 8 lange Scheiben zum Füllen beiseite legen, den Rest fein hacken. Die Scheiben auf einer Seite mit insgesamt 3 Eßlöffeln Öl bestreichen.
• Für die Füllung den Mozzarella abtropfen lassen und in kleine Würfel schneiden. Oliven entsteinen und fein zerkleinern. Zwiebel und Knoblauch abziehen und hacken. Alles mit 1 Teelöffel Oregano, Salz und Pfeffer mischen.
• Jeweils 2 Auberginenscheiben kreuzweise übereinanderlegen. Füllung in die Mitte setzen. Die Auberginen über der Füllung zusammenklappen und mit Küchengarn wie Päckchen verschnüren.
• Das restliche Öl in einem Schmortopf erhitzen. Die Auberginenröllchen darin bei schwacher Hitze rundherum etwa 5 Minuten anbraten und wieder herausnehmen.
• Das gehackte Auberginenfleisch in der Pfanne etwa 2 Minuten anbraten. Tomaten, den restlichen Oregano, Zucker, Salz, Pfeffer und Sambal oelek nach Geschmack untermischen. Sauce aufkochen.
• Auberginenröllchen in die Sauce legen, erneut aufkochen und zugedeckt bei schwacher Hitze 10 Minuten garen. Mit den feingehackten Kräutern bestreut servieren.

Dauert etwa 1 1/4 Stunden
1 Portion = 409 kcal/ 18 mg Cholesterin
33 g Fett/ 12 g Eiweiß/ 14 g Kohlenhydrate

Dazu paßt: *Reis oder Baguette und Salat*

Nicht mehr bitter

Früher mußte man Auberginenscheiben zuerst mal kräftig salzen und 1/2 Stunde ruhenlassen. Im Wasser, das man dann abtupfen konnte, waren unangenehme Bitterstoffe und gesunde Vitamine gelöst. Bei den Auberginen heute ist diese Vorbereitung nicht nötig: Sie enthalten nur noch so viele Bitterstoffe, daß sie aromatisch schmecken.

Kohlrouladen mit Hafergrütze

• Für die Füllung der Rouladen 1 Eßlöffel Öl erhitzen. Hafergrütze darin unter Rühren anrösten. Etwa 1/3 der Brühe zugießen, Grütze aufkochen und zugedeckt bei schwacher Hitze 15 Minuten garen. Weitere 15 Minuten auf der abgeschalteten Kochplatte zugedeckt quellen lassen.

• Tomaten abziehen und in kleine Würfel schneiden. Dabei die Stielansätze entfernen. Zwiebel abziehen und hacken. Schnittlauch fein zerkleinern. Petersilie hacken, die Hälfte davon zur Hafergrütze geben, den Rest zum Bestreuen der Rouladen auf einem Teller beiseite stellen.

• Grütze mit 1/3 der Tomaten, Quark, Sojasauce, Oregano, Ei, Pfeffer und Salz mischen.

• Weißkohl putzen, welke äußere Blätter entfernen und Strunk so gut wie möglich herausschneiden. Kohlkopf in sprudelnd kochendem Wasser 5 bis 6 Minuten kochen, bis die äußeren Blätter so weich sind, daß man sie ablösen und aufrollen kann. Kohl herausnehmen, 12 Blätter ablösen.

• Weißkohlkopf wieder in das kochende Wasser geben und weitere 5 Minuten garen. Herausnehmen, abtropfen lassen, halbieren und Strunk herausschneiden. Kohl fein zerkleinern und unter die Grütze mischen.

• Die dicken Rippen der abgelösten Kohlblätter flach schneiden. 6 größere Blätter nebeneinander auf der Arbeitsfläche ausbreiten und die restlichen Kohlblätter darauflegen.

• Die Haferfüllung auf den Kohlblättern verteilen, Blätter an den Seiten einschlagen, wie Rouladen aufrollen und mit Küchengarn umbinden.

• Das restliche Öl erhitzen, die Kohlrouladen darin bei mittlerer Hitze rundherum anbraten. Den Rest von Gemüsebrühe und Tomaten dazugeben. Kohlrouladen zugedeckt bei schwacher Hitze etwa 30 Minuten schmoren.

• Rouladen auf einer vorgewärmten tiefen Platte anrichten und warm halten. Crème fraîche in die Schmorflüssigkeit rühren und die Sauce bei starker Hitze cremig einkochen lassen. Kohlrouladen mit der Sauce auf heißen Tellern anrichten und mit der restlichen Petersilie bestreuen.

Dauert etwa 2 Stunden
Arbeiten müssen Sie etwa 1 1/2 Stunden
1 Portion = 267 kcal/ 76 mg Cholesterin
14 g Fett/ 11 g Eiweiß/ 22 g Kohlenhydrate

Dazu passen: Pellkartoffeln

Für 6 Portionen
4 EL Öl
100 g Hafergrütze
1/2 l Gemüsebrühe
600 g Tomaten
1 Zwiebel
je 1 Bund Schnittlauch und Petersilie
150 g Magerquark
1 EL Sojasauce
1 EL getrockneter Oregano
1 Ei
Salz, schwarzer Pfeffer
1 Weißkohl (ca. 1 kg)
100 g Crème fraîche

Vegetarische Kohlrouladen bereitet man genauso zu wie das Traditionsgericht mit Hackfleisch und Reis. Saftig werden sie durch Tomaten und Crème fraîche, würzig durch Hafergrütze, Sojasauce und Kräuter.

Gefüllter Wirsing

Für 4 Portionen

2 Köpfe Frühwirsing (ca. 1 kg)
3 Weizenbrötchen
2 Zwiebeln
1 Knoblauchzehe
1 großes Stück Zitronenschale
1 Bund Petersilie
4 Eier
100 g saure Sahne
Salz
Cayennepfeffer
geriebene Muskatnuß
200 g Crème fraîche
4 EL Gemüsebrühe
2 EL Tomatenmark
weißer Pfeffer

Ein preiswertes Essen der einfachen Küche: Gefülltes Gemüse finden Sie häufig in alten und neuen Kochbüchern. Für dieses Rezept brauchen Sie lockere Kohlköpfe, deren Blätter sich gut auseinanderbiegen lassen: Frühwirsing oder Spitzkohl, die es ab Mai bis in den Winter zu kaufen gibt. Spitzkohl schneidet man zum Füllen längs auseinander, gart die Hälften wie beschrieben vor und legt sie in die Form.

• In einem großen Topf reichlich Wasser zum Kochen bringen. Die äußeren welken Blätter der Wirsingköpfe ablösen. Wirsing in das sprudelnd kochende Wasser legen und zugedeckt bei mittlerer Hitze etwa 3 Minuten garen, bis er sich mit einem spitzen Messer leicht einstechen läßt.

• Abgießen und etwas abkühlen lassen. Die Blätter auseinanderbiegen, die »Herzchen« mit einem kleinen spitzen Messer herausschneiden. Wirsingköpfe in eine ofenfeste Form mit hohem Rand setzen.

• Für die Füllung die Weizenbrötchen in lauwarmem Wasser einweichen und wieder gut ausdrücken. Nacheinander die Wirsingherzchen, 1 Zwiebel, den Knoblauch, die Zitronenschale und Petersilie fein zerkleinern.

• Alle diese Zutaten mit Eiern und saurer Sahne mischen. Füllung kräftig mit Salz, Cayennepfeffer und Muskatnuß würzen und zwischen die Wirsingblätter geben. Die Köpfe rundherum mit Küchengarn umbinden.

• Crème fraîche mit Gemüsebrühe und Tomatenmark verrühren und um die Wirsingköpfe verteilen. Kräftig mit Salz und Pfeffer würzen.

• Die Form in den kalten Backofen (untere Schiene) stellen. Wirsing bei 200 Grad (Umluft: 180 Grad, Gas: Stufe 3) etwa 30 Minuten schmoren. Zum Servieren wie einen Kuchen aufschneiden und auf heißen Tellern anrichten. Tomatensauce danebon verteilen.

Dauert etwa 1 1/2 Stunden
Arbeiten müssen Sie etwa 30 Minuten
1 Portion = 462 kcal/ 416 mg Cholesterin
28 g Fett/ 20 g Eiweiß/ 31 g Kohlenhydrate

Dazu passen: Pellkartoffeln

Zur Abwechslung

• Den Wirsing mit einer Kartoffelfüllung (siehe gefüllte Zwiebeln rechts) zubereiten.

• 150 Gramm Langkornreis mit 1/4 Liter Gemüsebrühe etwa 10 Minuten kochen. 100 Gramm Austernpilze zerkleinern, mit 1 großen gehackten Zwiebel rösten. 1 Bund Petersilie hacken, mit Reis, Pilzen, 1 Ei, 100 Gramm geriebenem Bergkäse und 100 Gramm Crème double mischen, würzen und in den vorbereiteten Kohl füllen. Wie im Rezept beschrieben schmoren.

Gefüllte Zwiebeln

• Kartoffeln waschen und mit der Schale in wenig Wasser weich kochen. Abgießen, kalt abschrecken, pellen und mit einer Gabel fein zerdrücken.

• Während die Kartoffeln kochen, den Spinat verlesen, waschen und tropfnaß in einen großen Topf geben. Zugedeckt erhitzen, bis sich Dampf entwickelt. Spinat auf der abgeschalteten Kochstelle unter Rühren dünsten, bis er zusammenfällt. Auf ein Sieb geben, abtropfen lassen und mit einem Kochlöffel auspressen. Flüssigkeit zum Schmoren der Zwiebeln auffangen. Spinat hacken.

• Zwiebeln quer halbieren. Von den Wurzel- und den Stielansätzen nur so viel abschneiden, daß die Zwiebelhäute noch zusammenhalten. Das Zwiebelinnere herauslösen, so daß nur zwei dicke Außenhäute übrigbleiben. Zwiebelhälften abziehen und innen mit Salz und Pfeffer würzen.

• Für die Füllung das Zwiebelinnere, die abgezogene Knoblauchzehe und ein großes Stück Zitronenschale fein hacken. Alle diese Zutaten mit Kartoffeln, Spinat, Zitronensaft, Käse, Salz, einer kräftigen Prise Pfeffer und Koriander würzen und in die Zwiebelhälften geben.

• Das Kochwasser vom Spinat in einem Topf zum Kochen bringen. Die Zwiebelhälften nebeneinander hineinsetzen, aufkochen und zugedeckt bei schwacher Hitze etwa 45 Minuten garen, bis sie gerade eben bißfest sind. Herausnehmen und auf einer vorgewärmten Platte heiß halten.

• Sud im Topf bci starker Hitze aufkochen. Nach und nach Crème fraîche zugeben und unter Rühren zu einer cremigen Sauce einkochen lassen. Petersilie untermischen, die Sauce zu den Zwiebeln servieren.

Dauert etwa 2 1/4 Stunden
Arbeiten müssen Sie etwa
1 1/2 Stunden
1 Portion = 371 kcal/
49 mg Cholesterin
21 g Fett/ 15 g Eiweiß/
29 g Kohlenhydrate

Für 4 Portionen
3 mittelgroße Kartoffeln (mehlige Sorte)
500 g Spinat
4 gleich große Gemüsezwiebeln (ca. 1,2 kg)
1 Knoblauchzehe
Saft und Schale von
1/2 unbehandelten Zitrone
100 g geriebener Hartkäse
Salz, schwarzer Pfeffer
1/4 TL gemahlener Koriander
2 EL Öl
100 g Crème fraîche
1 EL gehackte Petersilie

Zwiebelgeruch mildern
Die Fingerspitzen und das Messer, mit dem Sie die Zwiebeln vorbereitet haben, unter kaltem Wasser abspülen und dabei einige Male vorsichtig über die Messerklinge reiben. Danach die Hände mit Essig oder Zitronensaft einreiben und kalt abspülen.

Fenchelzwiebeln mit Sesamreis

Für 3 Portionen

1 Knoblauchzehe
2 EL Öl
150 g Langkornreis
300 ml Wasser
Salz
300 g Tomaten
1 kleine Zwiebel
300 g Lauchzwiebeln
1 Fenchelknolle (ca. 200 g)
1 TL getrockneter Oregano
schwarzer Pfeffer aus Mühle
1 Prise Zucker
1 EL Crème fraîche
2 EL Zitronensaft
50 g Sesamsamen
1 kleines Bund Petersilie

• Knoblauch hacken. 1/2 Eßlöffel Öl in einem Topf erhitzen. Reis und Knoblauch hinzufügen und unter Rühren einige Sekunden anbraten. Wasser und Salz dazugeben, einmal aufkochen und Reis zugedeckt bei schwächster Hitze in etwa 25 Minuten körnig weich garen.

• Inzwischen Tomaten abziehen und klein würfeln, Stielansätze dabei entfernen. Zwiebel hacken. Lauchzwiebeln putzen, waschen und in fingerbreite Stücke schneiden. Das Fenchelgrün abschneiden und beiseite legen. Die Knollen halbieren, vom Strunk befreien, waschen und quer zu den Fasern in ganz dünne Streifen schneiden.

• Für die Sauce 1 weiteren Eßlöffel Öl in einem Topf erhitzen. Gehackte Zwiebel darin bei mittlerer Hitze glasig braten. Oregano und Tomatenwürfel hinzufügen und zugedeckt bei mittlerer bis schwacher Hitze etwa 3 Minuten schmoren, bis die Tomaten gerade eben weich, aber nicht zerfallen sind. Mit Salz, Pfeffer und Zucker würzen. Crème fraîche daruntermischen. Sauce zugedeckt warm halten.

• Für das Zwiebelgemüse das restliche Öl in einer Pfanne erhitzen. Lauchzwiebeln und Fenchel darin bei starker Hitze unter ständigem Rühren etwa 4 Minuten braten. Gemüse mit Zitronensaft, Salz und Pfeffer würzen.

• Sesam, gehacktes Fenchelgrün und gehackte Petersilie unter den Reis mischen. Mit dem Gemüse auf heißen Tellern anrichten. Sauce dazu servieren.

Dauert etwa 50 Minuten
1 Portion = 428 kcal/ 7 mg Cholesterin
18 g Fett/ 11 g Eiweiß/ 54 g Kohlenhydrate

Sesam

Zuerst ist er den meisten von uns vermutlich nicht auf dem Teller, sondern im Märchen begegnet: »Sesam, öffne dich«, hört Ali Baba in seinem Versteck den Räuberhauptmann zu einem Felsen sagen. Als er selbst die Zauberformel wiederholt, findet er im »Sesam« einen riesigen Schatz ... Sesam, die Pflanze mit sehr ölhaltigen und eiweißreichen Samen, stammt aus den Ländern im Indischen Ozean. Dort hat man sich die ersten Geschichten von »Tausendundeinen Nächten« erzählt, bevor sie vor 1000 Jahren ins Arabische übersetzt wurden und schließlich nach Europa kamen, wo die bunte Welt des Orients Generationen von Kindern und Erwachsenen faszinierte.

Gemüse mit Brandteigklößchen

• Für die Klößchen Wasser mit Butter und Salz aufkochen und kochen, bis die Butter zerlaufen ist. Das gesamte Mehl unter Rühren hinzugeben. Bei schwächster Hitze weiterrühren, bis sich der Teig zu einem Kloß formt und sich am Boden des Topfes eine weiße Schicht bildet.

• Teig in eine Schüssel geben. 1 Ei mit den Knethaken des Handrührgerätes unter den heißen Teig mischen. Teig lauwarm abkühlen lassen, dann das zweite Ei und das Backpulver daruntermischen.

• Gemüse putzen, schälen, waschen und zerkleinern: Bohnen in etwa 5 Zentimeter lange Stücke und Kohlrabi in fingerdicke Stifte schneiden. Blumenkohl in Röschen teilen, aus dem Wirsing die dicken Blattrippen und den Strunk herausschneiden. Blätter in Streifen schneiden. Lauch putzen, waschen und mit allen saftigen grünen Blättern in fingerbreite Stücke schneiden. Tomaten abziehen und würfeln, Thymian und Salbei fein zerkleinern.

• Gemüsebrühe aufkochen. Bohnen zugeben und erneut aufkochen. Vom Brandteig mit zwei Teelöffeln kleine Klößchen abstechen, zu den Bohnen geben und alles im offenen Topf bei mittlerer Hitze etwa 5 Minuten kochen lassen. Kochstelle abschalten, Bohnen und Klößchen zugedeckt weitere 10 Minuten ziehen lassen.

• Bohnen und Klößchen abgießen – Brühe auffangen – und zugedeckt in einer vorgewärmten Schüssel warm halten.

• Öl erhitzen. Lauch, Thymian und Salbei darin bei mittlerer Hitze unter ständigem Rühren etwa 1 Minute anbraten. Kohlrabi, Blumenkohl und Kohlstifte hinzufügen. 1/8 Liter Bohnenbrühe hinzufügen, aufkochen und zugedeckt bei mittlerer Hitze 5 Minuten garen.

• Kohlblätter und Tomaten dazugeben, erneut aufkochen und zugedeckt weitere 5 Minuten garen, bis das Gemüse gerade eben bißfest ist.

• Schnittlauch waschen und in Röllchen schneiden. Das Gemüse mit Salz und Pfeffer würzen, mit Klößchen und Bohnen auf heißen Tellern anrichten und mit der Hälfte des Schnittlauchs bestreuen.

• Crème fraîche mit Joghurt, Käse, dem Rest des Schnittlauchs, Salz und Pfeffer mischen. Zum Gemüse servieren.

Dauert etwa 1 1/4 Stunden
1 Portion = 570 kcal/ 303 mg Cholesterin
35 g Fett/ 25 g Eiweiß/ 36 g Kohlenhydrate

Für 3 Portionen
Klößchen:
150 ml Wasser
25 g Butter
1 Prise Salz
75 g Weizenvollkornmehl
2 Eier
1 Prise Backpulver
Gemüse:
1 kg gemischtes Gemüse wie grüne Bohnen, Kohlrabi, Blumenkohl und Wirsing
2 Stangen Lauch
2 große Tomaten
1 Zweig Thymian
2 Salbeiblättchen
1/2 l Gemüsebrühe
2 EL Olivenöl
Salz
weißer Pfeffer aus der Mühle
1 Bund Schnittlauch
100 g Crème fraîche
100 g Magerjoghurt
50 g geriebener Emmentaler Käse

Zur Abwechslung
• **Klößchen schwimmend in Fett ausbacken oder wie Windbeutel im Ofen backen.**
• **Frühlingsgemüse wie Spargel, Zuckerschoten, kleine Artischocken (Seite 209) und Löwenzahn nehmen.**
• **Wintergemüse wie Pastinaken, Stangensellerie, Topinambur (Seite 184) und Schwarzwurzeln nehmen.**

Steckrüben mit Kartoffelküchlein

Für 4 Portionen

Frikadellen:

800 g Kartoffeln (mehlige Sorte)
100 g Mehl
1 kleines Ei
Salz, weißer Pfeffer
geriebene Muskatnuß
Mehl zum Formen
3 EL Öl

Gemüse:

1 Steckrübe (ca. 1 kg)
1 große Zwiebel
1 Knoblauchzehe
1 getrocknete rote Pfefferschote
1 EL Öl
1/8 l Gemüsebrühe
100 g Crème double
1 Eigelb
Muskat
2 EL Schnittlauchröllchen

*Ganz wichtig bei Steckrüben:
immer kräftig würzen und
nicht mit Öl oder Fett sparen.*

• Kartoffeln waschen und mit Schale in wenig Wasser zugedeckt bei mittlerer Hitze weich kochen. Abgießen, etwas ausdämpfen lassen, schälen und fein zerdrücken. Kartoffeln abkühlen lassen.

• Kartoffelpüree mit Mehl, Ei, Salz, je einer kräftigen Prise Pfeffer und Muskat verkneten. Hände in Mehl tauchen, aus dem Teig 12 flache Küchlein formen und portionsweise im heißen Öl bei mittlerer bis schwacher Hitze etwa 10 Minuten braten, bis sie an der Unterseite eine Kruste gebildet haben. Wenden und weitere 5 Minuten braten. Herausnehmen und im Backofen bei 50 Grad (Gas: Stufe 1/2) warm halten, bis das Gemüse fertig ist.

• Steckrübe schälen, waschen und würfeln. Zwiebel und Knoblauch abziehen und fein hacken. Pfefferschote von den Kernen befreien, waschen und fein zerkleinern.

• Öl in einem Topf erhitzen. Steckrübenwürfel, Zwiebel, Knoblauch und Pfefferschote darin bei mittlerer Hitze anbraten. Brühe zugießen. Rüben aufkochen und zugedeckt bei schwacher Hitze in etwa 7 Minuten bißfest garen. Mit Salz und Pfeffer würzen.

• Rüben mit einem Schaumlöffel so herausnehmen, daß möglichst viel Flüssigkeit für die Sauce im Topf bleibt. Im Backofen warm halten, bis die Sauce zubereitet ist.

• Crème double mit Eigelb verrühren und zur Garflüssigkeit in den Topf geben. Mit den Quirlen des Handrührgerätes bei mittlerer Schaltstufe zur Sauce aufschlagen. Mit Muskat abschmecken und über die Steckrüben verteilen. Schnittlauch darüberstreuen.

Dauert etwa 1 1/4 Stunden
1 Portion = 549 kcal/ 223 mg Cholesterin
25 g Fett/ 13 g Eiweiß/ 65 g Kohlenhydrate

Steckrüben

Je nach Region heißen die großen Rüben mit dem appetitlich goldgelben Fruchtfleisch auch Kohlrüben, Dotschen oder Wruken. Wegen ihres hohen Gehaltes an Traubenzucker waren sie jahrhundertelang wichtige Energiespender für die ärmere Bevölkerung. Heute schätzt man sie als kalorienarmes, aber vitamin- und mineralstoffreiches Wintergemüse, das ab November auf den Markt kommt. Steckrüben schmecken geschmort wie im Rezept oben oder roh als Salat (Seite 114).

Gemüsepuffer mit Buchweizen

• Kohlrabi und Rettich schälen und auf der Rohkostreibe fein raspeln. Lauch putzen, waschen und mit allen saftigen grünen Blättern fein hacken. Petersilie fein zerkleinern.
• 1 Eßlöffel Öl in einer Pfanne erhitzen. Gemüse, Lauch und Buchweizen darin bei mittlerer Hitze etwa 5 Minuten unter Rühren schmoren, bis die Flüssigkeit, die sich bildet, wieder verdampft ist. Petersilie untermischen. Mit Salz und Pfeffer kräftig würzen und abkühlen lassen.
• Gemüse mit Eiern und Semmelbröseln mischen. Teig wie Fleischfrikadellen in heißes Öl setzen. Bei mittlerer bis schwacher Hitze zugedeckt etwa 4 Minuten backen, bis sie sich gut ablösen lassen. Puffer wenden und in der offenen Pfanne weitere 2 bis 3 Minuten backen.

Dauert etwa 1 1/4 Stunden
1 Portion = 281 kcal/ 175 mg Cholesterin
12 g Fett/ 11 g Eiweiß/ 31 g Kohlenhydrate

Schmecken zu Salat oder Spargelgemüse

Für 4 Portionen

1 mittelgroßer Kohlrabi
200 g Rettich
3 dünne Lauchstangen
1 Bund Petersilie
1 EL Öl
100 g Buchweizenkörner
Salz, weißer Pfeffer
2 Eier
50 g Semmelbrösel
Öl zum Braten

Wer kräftigen, leicht bitteren Buchweizen nicht so gerne mag, nimmt statt dessen Getreidegrütze.

Spargel mit Eier-Dill-Sauce

• Spargel schälen, putzen und waschen. In reichlich Wasser mit Salz und Zucker in 15 bis 20 Minuten bißfest garen. Mit einem Schaumlöffel herausnehmen und auf heißen Tellern zugedeckt warm halten, bis die Sauce fertig ist.
• Zwiebel und Dill getrennt fein hacken. Eier hart kochen, abgießen, kalt abschrecken, schälen und hacken.
• Von der Spargelbrühe 1/4 Liter für die Sauce abmessen und mit Milch vermischen. Butter schmelzen, aber nicht bräunen. Zwiebel darin bei schwacher Hitze glasig braten. Mehl darüberstreuen und unter Rühren hell anrösten.
• Spargelbrühe und Milch unter Rühren zugießen. Sauce aufkochen und weiterrühren, bis sie glatt und sämig ist. Zugedeckt bei schwacher Hitze etwa 5 Minuten kochen.
• Crème fraîche, Eier und Dill untermischen und erhitzen, aber nicht mehr aufkochen. Sauce mit Salz und Pfeffer abschmecken und über den Spargel gießen.

Dauert etwa 1 1/4 Stunden
1 Portion = 366 kcal/ 407 mg Cholesterin
25 g Fett/ 18 g Eiweiß/ 13 g Kohlenhydrate

Dazu passen: *Pellkartoffeln oder Gemüsepuffer (oben)*

Für 2 Portionen

1 kg weißer Spargel
Salz
1 Prise Zucker
1 kleine Zwiebel
1 großes Bund Dill
2 Eier
1/8 l Milch
1 EL Butter
1/2 EL Mehl
50 g Crème fraîche
frischgemahlener schwarzer Pfeffer

Gemüse liefert viel pflanzliches Eiweiß, wenn Sie es wie in diesem Rezept mit Mehl, Milch und/oder Eiern kombinieren.

Petersilienklöße mit Mangold

Für 4 Portionen

Klöße:
100 g Vollkornbrot
100 g Petersilie
300 g Mehl
Salz
ca. 50 ml Wasser
4 Eier

Mangold:
2 kg Mangold (siehe unten)
1 kleine Zwiebel
2 Knoblauchzehen
2 EL Öl
200 g süße Sahne
6 EL Gemüsebrühe
weißer Pfeffer
1 EL Zitronensaft
2 EL beliebige Nußkerne

• Für die Klöße das Brot in etwa fingerdicke Scheiben schneiden, kräftig toasten und würfeln. Petersilie waschen, trockentupfen und fein zerkleinern.
• Mehl mit Salz, Wasser, Eiern, Brotwürfeln und Petersilie zu einem zähflüssigen Teig vermischen.
• In einem großen Topf reichlich Wasser aufkochen. Vom Kloßteig mit einem in kaltes Wasser getauchten Eßlöffel Klöße abstechen, ins Wasser geben und bei schwacher Hitze etwa 10 Minuten sanft kochen lassen. Dabei Deckel halb auf den Topf legen.
• Mangold putzen, waschen, trockentupfen und fein zerkleinern. Zwiebel und Knoblauch hacken. Öl in einem großen Schmortopf erhitzen. Zwiebel darin bei schwacher Hitze unter Rühren glasig braten. Knoblauch, Mangold, Sahne und Gemüsebrühe hinzufügen, einmal aufkochen und zugedeckt bei mittlerer Hitze etwa 5 Minuten garen.
• Gemüse mit Pfeffer und Zitronensaft würzen. Klöße mit einem Schaumlöffel aus dem Wasser nehmen und mit dem Gemüse auf vorgewärmten Tellern anrichten. Die Nüsse hacken und darüberstreuen.

Dauert etwa 1 Stunde
1 Portion = 762 kcal/ 404 mg Cholesterin
33 g Fett/ 29 g Eiweiß/ 82 g Kohlenhydrate

Mangold

Die Haupterntezeit für Mangold dauert von Mai bis Mitte September. Meist gibt es zwei Sorten zu kaufen: Schnittmangold mit zarten Blättern und dünnen Stielen und Stielmangold mit besonders fleischigen Stielen. Schnittmangold bereitet man wie Spinat zu. Stielmangold schmeckt fein zerkleinert roh als Salat und gedünstet als Gemüse wie im Rezept oben. Man kann Blätter und Stiele auch getrennt zubereiten – die einen wie Spinat, die anderen wie Spargel.

Gemüseplatte mit Basilikumsauce

• Für die Sauce Tomaten waschen oder abziehen, vierteln und den Stielansatz entfernen. Tomaten in kleine Würfel schneiden. Basilikum waschen und trockentupfen. Blättchen abschneiden und in feine Streifen schneiden, Stiele für das Gemüse beiseite legen.

• Crème double mit Joghurt, Knoblauchsalz und Pfeffer verrühren. Tomaten und Basilikumblättchen untermischen. Sauce zugedeckt bei Zimmertemperatur ziehen lassen, bis das Gemüse fertig ist.

• Möhren schälen, Bohnen und Lauch putzen. Alle Gemüse waschen. Knoblauch abziehen und fein hacken. Ein großes Stück Zitronenschale abschneiden. Saft auspressen.

• 5 Eßlöffel Öl in einem großen Topf erhitzen. Möhren, Bohnen und Lauch unzerkleinert darin von allen Seiten anbraten. Knoblauch, Zitronenschale, 1 Eßlöffel Saft und die Gemüsebrühe zugeben. Mit Salz, Pfeffer und Muskat würzen, aufkochen und zugedeckt bei mittlerer bis schwacher Hitze in etwa 15 Minuten bißfest garen.

• Inzwischen Pilze putzen, waschen und mit dem restlichen Zitronensaft vermischen. Petersilie fein hacken. Das restliche Öl und die Butter in einer Pfanne erhitzen. Pilze mit der Hälfte der Petersilie darin bei starker bis mittlerer Hitze etwa 4 Minuten rösten, bis sie schön gebräunt sind.

• Gemüse und Pilze auf einer vorgewärmten Platte anrichten und mit der restlichen Petersilie bestreuen. Basilikumsauce dazu servieren.

Dauert etwa 1 1/4 Stunden
Arbeiten müssen Sie etwa 45 Minuten
1 Portion = 489 kcal/ 71 mg Cholesterin
40 g Fett/ 11 g Eiweiß/ 20 g Kohlenhydrate

Dazu passen: Pellkartoffeln oder gebackene Kartoffeln

Für 4 Portionen

Sauce:
1 große Tomate
1 Bund Basilikum
200 g Crème double
200 g Magerjoghurt
Knoblauchsalz
weißer Pfeffer aus der Mühle

Gemüseplatte:
1 Bund Möhren
500 g grüne Bohnen
4 dünne Stangen Lauch
(ca. 400 g)
2 Knoblauchzehen
1/2 unbehandelte Zitrone
6 EL Olivenöl
Salz, weißer Pfeffer
geriebene Muskatnuß
100 ml Gemüsebrühe
250 g große Champignons
1 Bund Petersilie
1 gehäufter TL Butter

Lebensmittel austauschen
Bei den meisten vegetarischen Rezepten brauchen Sie sich nicht exakt an die Zutaten zu halten: Gemüse und Salat, Getreidekörner, Hülsenfrüchte, Obst und Kräuter sind untereinander austauschbar. Nehmen Sie, was Sie gerne mögen oder im Vorrat haben. Bei Gemüse, Kräutern und Obst richtet man sich am besten nach der Jahreszeit: Es ist frisch, aromatisch und dazu meist preiswert. Die Kalender mit dem Marktangebot stehen auf Seite 402.

Süß-saures Gemüse

Für 4 Portionen
200 g Möhren
200 g grüne Bohnen
200 g Brokkoli
200 g Blumenkohl
1 Orange
1 säuerlicher Apfel
1 große, feste Banane
1 Zwiebel
1 Knoblauchzehe
1 Stück frische Ingwerwurzel
3 EL Öl
1/4 l Gemüsebrühe
4 EL milder Obstessig
Cayennepfeffer
50 g Erdnußkerne
1 Bund Petersilie

Gemüse und Obst, süß-sauer abgeschmeckt, stammt aus Japan. Dort nimmt man Sesamöl und milden Reisessig. Beide Zutaten bekommen Sie in Asienläden.

• Die Möhren schälen, die Bohnen waschen und putzen. Brokkoli und Blumenkohl waschen und in Röschen teilen. Orange schälen und in Stücke schneiden. Den Saft dabei auffangen. Apfel vierteln, schälen, vom Kerngehäuse befreien und in Schnitze teilen. Geschälte Banane in fingerdicke Scheiben schneiden. Obst und den aufgefangenen Orangensaft mischen.
• Zwiebel und Knoblauch abziehen und fein hacken. Die Ingwerwurzel schälen und auf der Rohkostreibe raspeln.
• Öl in einem großen Topf erhitzen. Zwiebel und Knoblauch darin bei schwacher Hitze unter Rühren glasig braten. Ingwer, Möhren, Bohnen, Brokkoli und Blumenkohl untermischen. Die Brühe zugeben. Aufkochen und zugedeckt bei schwacher Hitze 5 Minuten garen.
• Das Obst untermischen, erneut aufkochen und weitere 5 Minuten garen. Alles mit Essig und einer kräftigen Prise Cayennepfeffer würzen und auf heißen Tellern anrichten. Erdnüsse und Petersilie fein hacken und darüberstreuen.

Dauert etwa 45 Minuten
1 Portion = 260 kcal/ 0 mg Cholesterin
14 g Fett/ 8 g Eiweiß/ 23 g Kohlenhydrate

Dazu paßt: Reis

Winterlicher Gemüseeintopf

Für 3 Portionen
500 g vorwiegend festkochende Kartoffeln
500 g Grünkohl
1 Zwiebel
2 Knoblauchzehen
1 frische grüne oder rote Pfefferschote
1 EL Butter
1/8 l Gemüsebrühe
1 Dose Kichererbsen (Nettogewicht 400 g)
100 g Crème fraîche
1 Bund Schnittlauch

• Kartoffeln schälen, waschen und würfeln. Grünkohlblätter von den Stielen streifen, waschen und hacken. Zwiebel und Knoblauch fein hacken. Pfefferschote halbieren, von allen Kernen befreien, waschen und zerkleinern.
• Butter erhitzen. Zwiebel, Knoblauch, Pfefferschote, Kartoffeln und Grünkohl darin bei starker Hitze 3 Minuten anbraten. Brühe zugießen, Eintopf aufkochen und zugedeckt bei schwacher Hitze 10 Minuten garen.
• Abgetropfte Kichererbsen und Crème fraîche zugeben und 5 Minuten garen. Eintopf mit Salz abschmecken, mit dem fein zerkleinerten Schnittlauch bestreut servieren.

Dauert etwa 40 Minuten
1 Portion = 512 kcal/ 51 mg Cholesterin
18 g Fett/ 23 g Eiweiß/ 63 g Kohlenhydrate

Schwarzwurzeln in Currysauce

• Schwarzwurzeln waschen, bis das ablaufende Wasser klar bleibt, und in reichlich Wasser 20 Minuten garen. Abgießen, das Kochwasser auffangen und 1/2 Liter für die Sauce abmessen. Die Schwarzwurzeln kalt abschrecken, schälen und in etwa 5 Zentimeter lange Stücke schneiden.
• Zwiebeln und Knoblauchzehe hacken. Die Pfefferschote putzen, von den Kernen befreien, waschen und in Streifen schneiden. Alle Gewürze mischen und in einem Mörser so fein wie möglich zerkleinern. 1 Zitrone waschen, abtrocknen und die Schale rundherum etwa zur Hälfte dünn abreiben. Beide Zitronen auspressen.
• Öl in einem großen Topf erhitzen. Zwiebeln, Knoblauch, Pfefferschote, Gewürzmischung, Mehl und die Schwarzwurzeln darin bei mittlerer Hitze unter Rühren etwa 3 Minuten braten. Das abgemessene Kochwasser langsam hinzugießen und unter Rühren aufkochen. Die Gemüsebrühe dazugeben.
• Die Milch mit der Crème fraîche, den Eiern und einigen Eßlöffeln heißer Sauce verquirlen und unter Rühren zum Gemüse geben. Gemüse erhitzen, aber nicht aufkochen und 5 Minuten ziehen lassen. Mit Salz abschmecken, mit feingehackter Petersilie bestreut servieren.

Dauert etwa 1 1/4 Stunden
1 Portion = 173 kcal/ 126 mg Cholesterin
10 g Fett/ 8 g Eiweiß/ 10 g Kohlenhydrate

Dazu paßt: *Reis, Hirse, gebackene Kartoffeln oder Kartoffelküchlein (Seite 178, Steckrüben weglassen)*

Schwarzwurzeln

Schwarzwurzeln baut man genau wie Spargel etwa seit dem 17. Jahrhundert an. Den Spargel aßen die Reichen, die Schwarzwurzeln blieben den anderen – lange nannte man sie »Spargel des kleinen Mannes«. Inzwischen sind die schwarzbraunen, etwa 30 Zentimeter langen Stangen begehrtes Wintergemüse, weil sie so viele Vitamine, Mineral- und Ballaststoffe liefern. Zu kaufen gibt es sie von Mitte Oktober bis April. Rohe Wurzeln sondern beim Schälen einen milchigen Saft ab, der – ähnlich wie Löwenzahn – schwarze Flecken auf den Händen hinterläßt. Deshalb ist es besser, sie erst nach dem Kochen zu schälen.

Für 6 Portionen

1,2 kg Schwarzwurzeln
2 Zwiebeln
1 Knoblauchzehe
1 kleine rote Pfefferschote
1 je TL Senfkörner, Bockshornklee, gemahlene Gelbwurz (Kurkuma), gemahlener Kreuzkümmel (Kumin) und Koriander
1/2 TL Safranfäden
je 1/4 TL gemahlene Nelken, Zimt- und Ingwerpulver
2 unbehandelte Zitronen
2 EL Öl
50 g Mehl
1 EL Gemüsebrüheextrakt
1/4 l Milch
30 g Crème fraîche
2 Eier
Salz
1 Bund Petersilie

Wem das Mixen der Gewürze zu aufwendig ist, kauft das Currypulver fertig gemischt. Die beste Qualität gibt es in Asienläden.

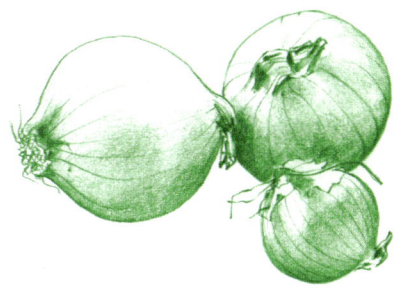

Gebackener Topinambur mit Apfelchutney

Für 4 Portionen

Chutney:

300 g säuerliche Äpfel (Cox Orange oder Boskoop)

300 g Zwiebeln

1 Knoblauchzehe

1 kleine unbehandelte Zitrone

1 großes Stück frische Ingwerwurzel (ca. 4 cm lang)

1 mittelscharfe Pfefferschote

100 g brauner Zucker oder Vollzucker (siehe Seite 41)

4 EL Obstessig

Salz

Topinambur:

75 g Mehl

Salz, Cayennepfeffer

1/8 l helles Bier oder Wasser

1 Ei

500 g Topinamburknollen

Kokosfett oder Öl zum Fritieren

Zubereitungs-Tip

Geschält sehen die ausgebackenen Knollen schön aus und schmecken besonders fein. Wer es eilig hat, kann auch aufs Schälen verzichten: So schmeckt Topinambur wie gebackene Kartoffeln mit der Schale.

• Für das Chutney die Äpfel vierteln, vom Kerngehäuse befreien und in Stücke schneiden. Zwiebeln und Knoblauch abziehen und fein hacken. Zitrone waschen und abtrocknen. Ein etwa 5 Zentimeter langes Stück Schale dünn abschneiden und fein hacken. Etwas Schale für den Ausbackteig abreiben und beiseite stellen. Die Zitrone auspressen. Ingwer schälen und fein reiben. Pfefferschote halbieren, Kerne entfernen, Schotenhälften waschen und hacken.

• Alle diese Zutaten mit Zucker und Essig in einem Topf mischen. Unter Rühren aufkochen und zugedeckt bei schwacher Hitze etwa 15 Minuten kochen lassen. Mit Salz abschmecken und abkühlen lassen.

• Für das Gemüse Mehl mit Salz, Cayennepfeffer, Zitronenschale und Bier oder Wasser verrühren. Ei untermischen.

• Topinamburknollen schälen oder gründlich waschen, in ein Küchentuch geben und trockenreiben. Größere Knollen einmal durchschneiden.

• Fett in einen hohen Kochtopf oder in eine Friteuse geben und zum Fritieren erhitzen. Topinambur mit einer Gabel in den Teig tauchen und im heißen Fett in 4 bis 6 Minuten goldgelb ausbacken. Das gebackene Gemüse mit einem Schaumlöffel herausnehmen, auf Küchenpapier abtropfen lassen. Im Backofen bei 50 Grad warm halten.

• Heißen Topinambur auf gut vorgewärmten Tellern mit dem Chutney servieren.

Dauert etwa 1 3/4 Stunden
1 Portion = 470 kcal/ 87 mg Cholesterin
22 g Fett/ 8 g Eiweiß/ 56 g Kohlenhydrate

Dazu paßt: gemischter Salat, Tomaten- oder Gurkensalat

Topinambur ...

... kam mit den Gemüsen der Neuen Welt zu uns. Die Pflanze ist winterhart und im Garten ganz pflegeleicht, weil sie sich wie Unkraut ausbreitet. Sie trägt im Sommer schöne dottergelbe Blüten und liefert von Mitte September bis Mai vitaminreiche Knollen für Salat und Gemüse. Topinambur bekommen Sie auf Märkten, bei Gemüsehändlern und in Naturkostläden. Die besten Sorten für den eigenen Garten: Bianka, Gute Gelbe und die Rote Zonenkugel.

Gemüse mit gebratenen Äpfeln

• Fenchel der Länge nach vierteln, vom Strunk befreien, waschen und in kleine Stücke schneiden. Möhren schälen und würfeln. Zwiebel hacken.

• Äpfel waschen oder schälen und in fingerdicke Scheiben schneiden. Kerngehäuse herausschneiden. Apfelscheiben mit der Hälfte des Zitronensafts beträufeln.

• Öl in einem großen Topf erhitzen. Zerkleinertes Gemüse und Zwiebel darin bei mittlerer Hitze unter Rühren etwa 3 Minuten anbraten. Sahne, Salz, Cayennepfeffer und Kümmel untermischen. Gemüse aufkochen und zugedeckt bei schwacher Hitze in etwa 10 Minuten bißfest garen.

• Währenddessen Butter in einer großen Pfanne erhitzen. Apfelscheiben darin bei schwacher bis mittlerer Hitze 3 Minuten braten. Restlichen Zitronensaft dazugießen, Äpfel wenden und weitere 2 bis 3 Minuten schmoren.

• Petersilie waschen, trockentupfen und fein hacken und unter das Gemüse mischen. Gemüse und Äpfel auf heißen Tellern anrichten.

Dauert etwa 45 Minuten
1 Portion = 554 kcal/ 106 mg Cholesterin
38 g Fett/ 7 g Eiweiß/ 42 g Kohlenhydrate

Für 2 Portionen
1 große Fenchelknolle
200 g Möhren
1 kleine Zwiebel
400 g säuerliche Äpfel (Boskoop oder Cox Orange)
Saft von 1 Zitrone
1 EL Öl
150 g süße Sahne
Salz
Cayennepfeffer
1 TL Kümmelkörner
1 EL Butter
1 großes Bund Petersilie

Ein schnelles Essen, das gut mit Pellkartoffeln, Reis oder Hirse schmeckt.

Rosenkohl mit Ei

• Rosenkohl putzen, waschen und in die kochende Brühe geben. Aufkochen und zugedeckt bei mittlerer bis schwacher Hitze in 5 bis 10 Minuten bißfest garen.

• Inzwischen die Eier in etwa 8 Minuten hart kochen, kalt abschrecken, schälen und hacken. Die Petersilie waschen, trockentupfen und fein zerkleinern.

• Öl und Butter in einer großen Pfanne erhitzen, Semmelbrösel darin bei mittlerer Hitze unter Rühren hellbraun rösten. Die Hälfte der Petersilie, eine kräftige Prise Muskatnuß und die Zitronenschale untermischen.

• Rosenkohl in tiefen Tellern anrichten. Rest der Petersilie, Eier und Semmelbrösel darüber verteilen. Mit etwas Salz und mit Pfeffer aus der Mühle bestreut servieren.

Dauert etwa 30 Minuten
1 Portion = 553 kcal/ 373 mg Cholesterin
37 g Fett/ 25 g Eiweiß/ 28 g Kohlenhydrate

Für 2 Portionen
800 g Rosenkohl
1/8 l Gemüsebrühe
2 Eier
1 Bund Petersilie
4 EL Olivenöl
1 EL Butter
50 g Semmelbrösel
abgeriebene Muskatnuß
1/4 TL abgeriebene Zitronenschale
Salz
weißer Pfeffer aus der Mühle

Aus Mexiko

Tortillas mit Gemüse

Für 4 Portionen
Bohnenpaste:
1 Dose rote oder schwarze
Bohnen (Einwaage ca. 340 g)
100 g Tomatenketchup
2 TL Zitronensaft
4 frische Koriander- oder
Petersilienblätter
1/2 TL gemahlener Kreuzkümmel
Salz, Cayennepfeffer
Tortillas:
ca. 200 g Mehl
150 g feines Maismehl
1 TL Salz
1 TL Backpulver
1 1/2 EL Öl
ca. 200 ml kaltes Wasser
Mehl für die Arbeitsfläche
Gemüse:
2 mittelgroße Lauchstangen
(Porree)
2 mittelgroße Möhren
2 kleine Zucchini
2 rote Paprikaschoten
2 grüne Paprikaschoten
2 Fleischtomaten
6 EL Öl
Salz, Pfeffer
außerdem:
1/2 Kopf Eissalat
200 g mittelalter Goudakäse

Zum Essen belegt man eine Tortilla mit Gemüse, Salat und Käse, gibt einen Klecks Bohnenpaste darauf, rollt oder faltet die Tortilla und ißt das Ganze aus der Hand. Die Tortillas müssen auch bei Tisch im feuchten Tuch warm gehalten und zugedeckt werden, damit sie weich genug zum Rollen sind.

• Für die Bohnenpaste die Bohnen abtropfen lassen. Mit Tomatenketchup und Zitronensaft pürieren. Koriander mit einem scharfen Messer fein schneiden. Mit Kreuzkümmel, Salz und Cayennepfeffer unter das Püree mischen. Bei Zimmertemperatur bis zum Servieren ziehen lassen.

• Für die Tortillas etwa 150 Gramm Mehl, das Maismehl, Salz und Backpulver in einer Schüssel mischen. Öl und Wasser zugeben. Mit einer Gabel mischen.

• Den Teig nun auf der Arbeitsfläche mit den Händen so lange kneten, bis er glatt ist, sich gut ausrollen läßt und nicht an den Händen klebt. Dabei nach und nach das restliche Mehl unterkneten. Zugedeckt bei Zimmertemperatur ruhenlassen, bis das Gemüse vorbereitet ist.

• Lauch putzen, waschen und mit allen saftigen grünen Blättern zuerst quer in etwa fingerlange Stücke, dann längs in Streifen schneiden. Möhren schälen, Zucchini waschen und putzen. Beide Zutaten der Länge nach in fingerdicke Stifte schneiden. Paprikaschoten waschen, vierteln, putzen und in Streifen schneiden. Tomaten abziehen, achteln und noch einmal teilen.

• Den Salat in Streifen schneiden, den Käse grob raspeln. Ein Küchentuch unter kaltes Wasser halten und wieder gut auswringen. Tuch auf einem Teller in den Backofen legen. Ofen auf 75 Grad (Gas: Stufe 1) heizen.

• Die Arbeitsfläche mit etwas Mehl bestäuben. Tortillateig in 15 Stücke teilen. Jedes Stück mit dem Handballen flach drücken und zu einem dünnen Fladen ausrollen.

• Eine mittelgroße Pfanne bei mittlerer bis schwacher Hitze erhitzen. Tortillas darin nacheinander ohne Fettzugabe pro Seite etwa 2 Minuten backen. In das Küchentuch einschlagen und im Backofen warm halten.

• Für das Gemüse das Öl in einer großen Pfanne erhitzen. Gemüse und Tomatenachtel portionsweise darin bei starker bis mittlerer Hitze unter ständigem Wenden etwa 5 Minuten braten, bis sie richtig angebraten, aber nicht weich sind. Mit Salz und Pfeffer würzen.

• Die heißen Tortillas, das Gemüse, die Bohnenpaste, die Salatstreifen und die Käseraspel getrennt auf vorgewärmten Platten und in Schüsseln anrichten.

Dauert etwa 2 1/2 Stunden
1 Portion = 972 kcal/ 57 mg Cholesterin
37 g Fett/ 39 g Eiweiß/ 114 g Kohlenhydrate

Enchiladas mit Spinat

• Spinat verlesen, waschen und tropfnaß in einen großen Topf geben. Zugedeckt bei starker Hitze etwa 5 Minuten erhitzen, bis der Spinat zusammengefallen ist. Dabei den Topf immer wieder rütteln, damit der Spinat gleichmäßig gart. In eine Schüssel geben und abkühlen lassen.

• Den Backofen auf 250 Grad (Gas: Stufe 5) vorheizen.

• Tomaten abziehen. Alle Pfefferschoten halbieren, Kerne entfernen, Schoten waschen. Mit Tomaten und gewaschener Petersilie im Mixer pürieren.

• 1 Eßlöffel Öl in einer Pfanne erhitzen. Das Tomatenpüree darin bei starker bis mittlerer Hitze unter Rühren 5 Minuten schmoren, bis es dick ist.

• Crème double mit dem Ei verquirlen und in das heiße Tomatenpüree rühren. Pfanne von der Kochstelle nehmen. Püree mit Zucker, Salz und Pfeffer kräftig würzen.

• Spinat ausdrücken, Saft unter das Tomatenpüree rühren. Spinat grob, abgezogene Zwiebel fein hacken. Beides mit dem Frischkäse mischen, mit Salz und Pfeffer würzen.

• Das restliche Öl in einer Pfanne erhitzen. Aufgetaute Tortillas nacheinander einige Sekunden im heißen Öl braten, bis sie weich sind, herausnehmen, in das Tomatenpüree tauchen und auf einen flachen Teller legen.

• Jede Tortilla mit etwas Spinatmischung belegen und aufrollen. Tortillas nebeneinander in eine flache Gratinform legen. Das restliche Tomatenpüree darüber glattstreichen, Käse darüberstreuen.

• Tortillas in den heißen Backofen (mittlere Schiene) schieben. Ofen ausschalten. Tortillas etwa 10 Minuten im Ofen ziehen lassen, bis der Käse gerade eben geschmolzen ist.

Dauert etwa 1 Stunde
1 Portion = 604 kcal/ 162 mg Cholesterin
36 g Fett/ 24 g Eiweiß/ 42 g Kohlenhydrate

Dazu paßt: gemischter Salat mit Tomaten, Gurken und Kräutervinaigrette

Für 4 Portionen
1 kg Spinat
500 g Tomaten
1 scharfe grüne Pfefferschote
2 milde grüne oder rote Pfefferschoten
1/2 Bund Petersilie
3 EL Öl
150 g Crème double
1 frisches kleines Ei
1 Prise Zucker
Salz
schwarzer Pfeffer aus der Mühle
1 Zwiebel
12 Tiefkühltortillas (ca. 12 cm Durchmesser)
100 g körniger Frischkäse
100 g geriebener Bergkäse

Tiefkühltortillas gibt es in Geschäften für mexikanische Lebensmittel, manchen Asien- und Feinkostläden. Wie man sie selbst macht, steht im Rezept auf Seite 186. Wichtig: Fertige Tortillas lassen sich nur heiß rollen. Sobald sie kalt sind, brechen sie wie Kekse. Zum Erhitzen kann man sie noch einmal in die Pfanne legen oder in kleinen Portionen im Mikrowellengerät bei 800 Watt erhitzen, bis sie leicht dampfen.

Kartoffelauflauf mit Kräutern

Für 6 Portionen

1,5 kg Kartoffeln (mehlige Sorte)
1/4 l Milch
1/8 l Brühe
1 Zwiebel
1 Bund Petersilie
1 Bund gemischte Kräuter
1 Bund Schnittlauch
3 Eier
100 g geriebener Hartkäse
50 g gemahlene Nußkerne
Salz
Cayennepfeffer
weißer Pfeffer
Fett für die Form
1 EL Butter

Grundrezept für Auflauf mit Kartoffelpüree und beliebiger Ergänzung aus Gemüse, Schinken, Fleisch und Käse.

• Kartoffeln schälen, waschen und würfeln. Mit Milch und Brühe sehr weich garen. Alles mit dem Kartoffelstampfer fein zerdrücken und abkühlen lassen.
• Zwiebel abziehen und fein hacken. Petersilie, gemischte Kräuter und Schnittlauch fein zerkleinern. Eier trennen.
• Eigelb, Zwiebel und alle Kräuter unter die Kartoffel-mischung rühren. Eiweiß steif schlagen und daraufgeben.
• Käse, Nüsse, Salz, Cayennepfeffer und frischgemahlenen weißen Pfeffer mischen, auf den Eischnee streuen und alles miteinander verrühren. Kartoffelteig in eine gefettete Auflaufform füllen. Butter in kleine Stücke teilen und darauflegen.
• Auflauf in den kalten Backofen (mittlere Schiene) stellen. Bei 180 Grad (Umluft: 160 Grad, Gas: Stufe 2) etwa 45 Minuten backen, bis er schön gebräunt ist.

Dauert etwa 1 1/2 Stunden
Arbeiten müssen Sie etwa 30 Minuten
1 Portion = 389 kcal/ 203 mg Cholesterin
20 g Fett/ 16 g Eiweiß/ 35 g Kohlenhydrate

Dazu paßt: *Tomaten-, Gurken- oder Rettichsalat*

Die Morcheln müssen 3 Stunden quellen

Für 2 Portionen

1/2 Päckchen getrocknete Spitzmorcheln (ca. 10 g)
100 ml Milch
200 g süße Sahne
600 g mehlig kochende Kartoffeln
Salz
weißer Pfeffer aus der Mühle
1 EL Butter

Morcheln gehören zu den feinsten und teuersten Pilzen, Alternative sind Mischpilze.

Kartoffelgratin mit Morcheln

• Morcheln in der Milch zugedeckt 3 Stunden einweichen. Auf einem Sieb kalt abspülen. Die Milch durch eine Kaffee-filtertüte (Seite 80) gießen und mit Sahne mischen.
• Kartoffeln schälen, waschen und auf dem Gurkenhobel in dünne Scheiben hobeln. Mit den Morcheln in einer flachen Gratinform verteilen und mit Salz und Pfeffer würzen.
• Die Milch-Sahne-Mischung darübergießen. Die Butter in kleine Stücke teilen und auf das Gratin legen.
• Gratin in den kalten Backofen (mittlere Schiene) schie-ben und bei 200 Grad (Umluft: 180 Grad, Gas: Stufe 3) etwa 45 Minuten backen, bis die Kartoffeln weich sind, die Flüs-sigkeit fast aufgesogen und das Gratin schön gebräunt ist.

Dauert etwa 1 1/4 Stunden
Arbeiten müssen Sie etwa 30 Minuten
1 Portion = 610 kcal/ 139 mg Cholesterin
42 g Fett/ 10 g Eiweiß/ 45 g Kohlenhydrate

Käsekartoffeln aus dem Ofen

• Kartoffeln waschen und in wenig Wasser etwa 30 Minuten kochen. Backofen auf 220 Grad (Umluft: 200 Grad, Gas: Stufe 4) vorheizen.

• Kartoffeln abgießen, ausdämpfen lassen und der Länge nach halbieren. Hälften mit Schnittflächen nach oben auf ein Backblech legen, mit Salz und Pfeffer bestreuen.

• Rosmarinblätter abstreifen und hacken. Mit Käse vermischen und über die Kartoffeln streuen. Butter in Stücken darauflegen. Kartoffeln in den heißen Backofen (mittlere Schiene) schieben und etwa 10 Minuten backen, bis der Käse zerlaufen und leicht gebräunt ist.

Dauert etwa 45 Minuten
Arbeiten müssen Sie etwa 15 Minuten
1 Portion = 595 kcal/ 93 mg Cholesterin
31 g Fett/ 26 g Eiweiß/ 49 g Kohlenhydrate

Für 3 Portionen

6 große Kartoffeln (ca. 1,2 kg)
Salz
weißer Pfeffer aus der Mühle
1 Zweig frischer Rosmarin
200 g geriebener Emmentaler Käse
2 EL Butter

Zu den Kartoffeln passen gut verschiedene Salate und/oder gebratene Pilze.

Kartoffeln mit Käsekohlrabi

• Kartoffeln waschen und mit der Schale in wenig Wasser 30 Minuten kochen. Herausnehmen, in eine Gratinform legen und in den kalten Backofen (mittlere Schiene) schieben. Bei 220 Grad (Umluft: 200 Grad, Gas: Stufe 4) etwa 30 Minuten backen, bis sie weich sind.

• Das zarte Kohlrabigrün abschneiden und hacken. Knollen schälen und in Stifte schneiden. Schalotte fein hacken. Gorgonzola von der Rinde befreien und klein würfeln.

• Das Öl in einem weiten Topf erhitzen. Schalotte darin bei schwacher Hitze unter Rühren glasig braten. Kohlrabistifte zugeben und bei mittlerer Hitze etwa 5 Minuten schmoren.

• Sahne zugießen und heiß werden lassen, aber nicht aufkochen. Den Käse dabei bei schwacher bis mittlerer Hitze unter Rühren auflösen. Gemüse mit Pfeffer aus der Mühle abschmecken und mit dem Kohlrabigrün bestreuen.

• Kartoffeln auf heiße Teller legen, halbieren und etwas Kartoffelfleisch herausdrücken. Kohlrabigemüse daneben anrichten. Schnittlauch darüberstreuen.

Dauert etwa 1 1/4 Stunden
Arbeiten müssen Sie etwa 45 Minuten
1 Portion = 660 kcal/ 160 mg Cholesterin
49 g Fett/ 18 g Eiweiß/ 33 g Kohlenhydrate

Für 4 Portionen

4 große Kartoffeln (ca. 800 g)
3 Kohlrabiknollen mit Grün
1 Schalotte
200 g Gorgonzola
1/2 EL Öl
400 g süße Sahne
weißer Pfeffer aus der Mühle
Salz
1 EL Schnittlauchröllchen

Schmecken mit Tomatensalat oder gemischtem Salat.

Kartoffelquiche

Für 10 Stücke

200 g Weizenvollkornmehl

Salz

1 Ei

1 EL Öl

2 Eigelbe

eventuell kaltes Wasser

Mehl für die Arbeitsfläche

2 große Zwiebeln (ca. 400 g)

1 Bund Petersilie

800 g Kartoffeln (vorwiegend festkochende Sorte)

weißer Pfeffer aus der Mühle

1/4 l Milch

200 g Crème fraîche

geriebene Muskatnuß

Cayennepfeffer

150 g geriebener Emmentaler Käse

2 EL Butter

Fett für das Blech

Sie schmeckt wie sahniges Kartoffelgratin auf einer knusprigen Teigschicht: Mit Grünem Salat und Kräuter-Knoblauch-Vinaigrette ist die Quiche ein feines und edles Essen für Gäste.

• Aus Mehl, Salz, Ei, Öl und Eigelb einen geschmeidigen Nudelteig kneten, der nicht an den Händen klebt und sich gut ausrollen läßt. Falls der Teig zu trocken ist, tropfenweise Wasser unterkneten.

• Den Teig in Pergamentpapier gewickelt bei Zimmertemperatur 30 Minuten ruhenlassen.

• Die Fettpfanne des Backofens gut fetten. Teig auf Mehl millimeterdünn ausrollen oder durch die Nudelmaschine drehen. Teigplatten von etwa 6 mal 15 Zentimetern schneiden. So in die Fettpfanne legen, daß sie an den Rändern gerade eben übereinanderliegen und den Rand der Fettpfanne rundherum etwa 1 Zentimeter hoch bedecken.

• Für den Belag die Zwiebeln abziehen und in feine Ringe hobeln. Petersilie waschen, trockentupfen und fein zerkleinern. Kartoffeln schälen, waschen und grob raspeln. Alle diese Zutaten mischen, auf dem Teigboden verteilen und mit Salz und weißem Pfeffer würzen.

• Die Milch mit Crème fraîche, Muskat und Cayennepfeffer verrühren und über die Kartoffeln gießen. Den Käse darüberstreuen. Butter in kleine Stücke schneiden und auf die Kartoffelquiche legen.

• Quiche in den kalten Backofen (mittlere Schiene) schieben und bei 200 Grad (Umluft: 180 Grad, Gas: Stufe 3) etwa 45 Minuten backen, bis sie schön gebräunt ist.

Dauert etwa 2 1/2 Stunden
Arbeiten müssen Sie etwa 1 1/4 Stunden
1 Stück = 348 kcal/ 165 mg Cholesterin
20 g Fett/ 12 g Eiweiß/ 29 g Kohlenhydrate

Milchprodukte sind gut für Vegetarier
Die Quiche enthält reichlich Milch, Crème fraîche und Käse. Denn Milch und alle Lebensmittel, die daraus hergestellt werden, sind beim vegetarischen Essen wichtige Nährstofflieferanten. Zum Beispiel kann unser Organismus das Kalzium aus Milchprodukten besonders gut verwerten. Kombiniert mit Kartoffeln, versorgen sie den Körper mit wertvollem Eiweiß. Und wer lieber fleischlos ißt, braucht Milch und Käse, Quark und Joghurt auch der Vitamine wegen: Diese Lebensmittel enthalten Vitamin B12, das man mit pflanzlicher Nahrung allein nicht bekommt. Wer Milch nicht gut verträgt, nimmt statt dessen einfach Sauermilchprodukte wie Joghurt, Dickmilch oder saure Sahne.

Kartoffelkuchen mit Pilzen

• Kartoffeln waschen und mit der Schale in wenig Wasser 20 Minuten kochen. Abgießen, kalt abschrecken, etwas abkühlen lassen und schälen. Kartoffeln längs halbieren und in 1/2 Zentimeter dicke Scheiben schneiden.

• Während die Kartoffeln kochen, Pilzstiele abschneiden. Hüte in fingerbreite Streifen schneiden. Rosmarinblättchen abzupfen und fein zerkleinern. Zwiebel und Knoblauch abziehen und fein hacken.

• Crème double, Gemüsebrühe und Pilzstreifen in einem Topf aufkochen. Bei starker Hitze unter Rühren 5 Minuten kochen, bis die Flüssigkeit etwa zur Hälfte eingekocht ist.

• Rosmarin, Zwiebel, die Hälfte des Knoblauchs und Zitronensaft untermischen und lauwarm abkühlen lassen.

• Pilze und Ei zu den Kartoffeln geben, alles mit Salz und Pfeffer würzen und mischen.

• Butter mit Knoblauch bei schwacher Hitze schmelzen. In eine Kastenform von 30 Zentimeter Länge gießen. Kartoffelmischung in 3 Schichten in die Form geben, jeweils mit Salz und Pfeffer würzen und kräftig in die Form drücken.

• Kartoffelkuchen mit gefetteter Alufolie abdecken und in den kalten Backofen (mittlere Schiene) stellen. Bei 180 Grad (Umluft: 160 Grad, Gas: Stufe 2) etwa 1 1/2 Stunden backen. Herausnehmen, in der Form 5 Minuten ruhenlassen und zum Servieren in dicke Scheiben schneiden.

Dauert etwa 1 1/2 Stunden
Arbeiten müssen Sie etwa 1 Stunde
1 Portion = 282 kcal/ 91 mg Cholesterin
17 g Fett/ 5 g Eiweiß/ 26 g Kohlenhydrate

Dazu paßt: gemischter Salat

Reste ...
... vom Kartoffelkuchen ganz abkühlen lassen und in dicke Scheiben schneiden. In Butterschmalz oder Öl wie Polentaschnitten (Seite 243) braten und heiß mit gemischtem Salat, Gurken- oder Tomatensalat servieren.

Für 8 Portionen

1,5 kg mittelgroße Kartoffeln (mehlige Sorte)
200 g Austernpilze
2 Zweige frischer Rosmarin
1 Zwiebel
2 Knoblauchzehen
200 g Crème double
5 EL Gemüsebrühe
1 EL Zitronensaft
1 großes Ei
Salz
weißer Pfeffer
50 g Butter

Der Kuchen schmeckt mit allen Pilzen, die es gerade frisch gibt: Shiitake, weißen und braunen Champignons. Und natürlich mit selbstgesuchten Wildpilzen.

Aus Griechenland

Moussaka mit Kartoffeln

Für 6 Portionen

1 kleine rote Pfefferschote
40 g Mehl
1/8 l Gemüsebrühe
3/8 l Milch
125 g süße Sahne
175 g mittelalter Goudakäse
Salz
geriebene Muskatnuß
1 kg Kartoffeln (mehlige Sorte)
500 g Tomaten
700 g Spinat
2 Knoblauchzehen
2 Bund Petersilie
250 g Lauchzwiebeln
1 EL Öl
50 g Butter

• Für die Käsesauce die Pfefferschote halbieren, die Kerne entfernen, die Schote waschen und sehr fein zerkleinern. Mit dem Mehl in einem Topf bei mittlerer Hitze unter Rühren etwa 1 Minute anrösten.
• Zuerst die Brühe, dann die Milch langsam zugießen und dabei ständig rühren, bis die Sauce glatt und sämig ist. Zugedeckt bei schwacher Hitze 5 Minuten kochen lassen.
• Topf von der Kochstelle nehmen. Sahne und Käse in die Sauce rühren. Mit Salz und Muskat kräftig abschmecken.
• Kartoffeln schälen, waschen, abtrocknen und auf dem Gurkenhobel in dünne Scheibchen schneiden. Tomaten abziehen und würfeln, Stielansätze dabei entfernen. Spinat verlesen, waschen und mit einem Wiegemesser oder im Blitzhacker grob zerkleinern. Abgezogenen Knoblauch und gewaschene Petersilie ganz fein hacken. Lauchzwiebeln waschen, putzen und in feine Ringe schneiden.
• Öl erhitzen. Spinat, Lauchzwiebeln, Knoblauch und Petersilie darin bei mittlerer Hitze etwa 5 Minuten dünsten.
• Eine halbhohe Auflaufform mit etwas Butter ausstreichen. Schichtweise die Kartoffel- und Tomatenscheiben, Spinatmischung und Käsesauce einfüllen. Jede Schicht mit Salz würzen. Als letzte Schicht den Rest der Käsesauce auf der Moussaka glattstreichen. Die restliche Butter in kleine Stücke teilen und darauflegen.
• Die Moussaka in den kalten Backofen (untere Schiene) schieben und bei 200 Grad (Umluft: 180 Grad, Gas: Stufe 3) etwa 1 Stunde backen, bis die Kartoffeln weich sind.

Dauert etwa 2 Stunden
Arbeiten müssen Sie etwa 1 Stunde
1 Portion = 453 kcal/ 83 mg Cholesterin
27 g Fett/ 18 g Eiweiß/ 33 g Kohlenhydrate

Gutes vom Land

Moussaka stammt, wie viele Spezialitäten – zum Beispiel elsässischer »Bäckerofen«, spanische Paella oder französischer Pot-au-feu –, eigentlich aus der einfachen ländlichen Küche: Man hat zusammengekocht, was man gerade da hatte – im Topf oder im Backofen. Deshalb können Sie Moussaka auch mit allem zubereiten, was Sie gerne mögen – mit Auberginen-, Kohlrabi-, Kürbis- oder Zucchinischeibchen statt der Kartoffeln, mit Grünkohl, Löwenzahn oder Mangold statt Spinat.

...müse

...de Zutaten wa-
...heiben hobeln
...gezogene Zwiebel

...offel- und Zuc-
...d Pfeffer würzen
...Wenden in etwa

...uirlen und dar-
...bis die Eier an
...den und weitere
...te teilen.

...te

...enmesser lösen
...hen zweiten Tel-
...e Tortilla so ge-

Für 2 Portionen

200 g Kartoffeln (festkochende Sorte)
2 kleine Zucchini
1 Zwiebel
3 Zweige Petersilie
5 EL Öl
Salz, weißer Pfeffer
4 Eier

In Spanien gehört ein Stückchen Tortilla zu den »Tapas«, den feinen Kleinigkeiten, die man zwischendurch oder vor dem Essen zu trockenem Sherry genießt. Für 2 Personen ist das kleine Omelett ein Hauptgericht.

...und Käse

• Backofen auf 220 Grad (Umluft: 200 Grad, Gas: Stufe 4) vorheizen. Geschälte Kartoffeln und Tomaten in Scheiben schneiden. Knoblauch hacken. Mozzarella würfeln.
• Kartoffeln und Tomaten schuppenförmig in eine flache Gratinform legen. Mit Salz und Pfeffer würzen. Crème fraîche und Milch verrühren und darübergießen. Knoblauch, Mozzarella und Parmesan darüber verteilen.
• Kartoffeln in den heißen Backofen (mittlere Schiene) stellen und etwa 30 Minuten backen, bis der Käse zerlaufen und leicht gebräunt ist.

Dauert etwa 45 Minuten
Arbeiten müssen Sie etwa 15 Minuten
1 Portion = 475 kcal/ 88 mg Cholesterin
28 g Fett/ 27 g Eiweiß/ 26 g Kohlenhydrate

Dazu paßt: Grüner Salat mit Kräutern und eventuell Brot

Für 3 Portionen

500 g Pellkartoffeln
400 g Tomaten
1 Knoblauchzehe
150 g Mozzarellakäse
Salz, weißer Pfeffer
100 g Crème fraîche
4 EL Milch
100 g geriebener Parmesankäse

Kartoffelschmarren mit Chicorée

Für 4 Portionen

Schmarren:

800 g Kartoffeln (mehlige Sorte)

150 g Mehl

1 Eigelb

Salz, weißer Pfeffer

geriebene Muskatnuß

3 EL Öl zum Backen

Gemüse:

4 Chicoréestauden

1 Zwiebel

1/2 Bund Petersilie

1 EL Butter

Saft von 1 kleinen Zitrone

1 EL scharfer Senf

150 g Crème fraîche

Salz, weißer Pfeffer

Küchen-Tip

Pellkartoffeln läßt man nach dem Abgießen und Abschrekken ein paar Minuten in kaltem Wasser stehen. Dann quillt die Stärkeschicht unter der Schale, und man kann die Kartoffeln leichter abziehen.

• Für den Schmarren die Kartoffeln ungeschält weich garen. Abgießen, kalt abschrecken, schälen und zweimal durch die Kartoffelpresse geben oder mit einer Gabel ganz fein zerdrücken. Mit dem Mehl, Eigelb, Salz, Pfeffer und Muskatnuß verkneten.

• Öl in einer großen Pfanne erhitzen. Kartoffelteig darin glattstreichen und etwas festdrücken. Den Teig zugedeckt bei schwacher Hitze etwa 10 Minuten backen, bis er an der Unterseite fest ist. Mit zwei Gabeln in Stücke teilen und bei mittlerer bis starker Hitze unter häufigem Wenden in etwa 10 Minuten goldbraun und knusprig braten.

• Für das Gemüse den Chicorée putzen, der Länge nach halbieren und den Strunk herausschneiden. Zwiebel und Petersilie getrennt fein zerkleinern.

• Butter in einem Topf schmelzen. Die Zwiebel darin bei schwacher Hitze glasig braten. Den Chicorée zugeben und rundherum anbraten.

• Zitronensaft, Senf und Crème fraîche verrühren und zugeben. Das Gemüse einmal aufkochen und zugedeckt bei schwacher Hitze in etwa 4 Minuten gerade eben weich garen. Mit Salz und Pfeffer abschmecken.

• Schmarren und Chicoréegemüse auf heißen Tellern anrichten und mit der Petersilie bestreut servieren.

Dauert etwa 1 Stunde
Arbeiten müssen Sie etwa 30 Minuten
1 Portion = 513 kcal/ 155 mg Cholesterin
26 g Fett/ 11 g Eiweiß/ 57 g Kohlenhydrate

Kartoffelteig ...

... gelingt nur mit mehligen, stärkereichen Kartoffeln, die es von Herbst bis zum späten Frühjahr gibt. Danach sind die Lagerbestände leer, und die »neuen« kommen. Die aber sind – genau wie festkochende Sorten – für einen Kartoffelteig zu feucht. Nach dem Mischen muß man den Teig gleich verarbeiten, sonst wird er ebenfalls zu feucht.

Kartoffelpuffer mit Apfel-Sellerie-Gemüse

• Kartoffeln schälen, waschen, abtrocknen und fein reiben. Salz, Zitronensaft, Ei, Mehl und Brösel untermischen.
• Fett in einer großen Pfanne erhitzen und pro Puffer 2 Eßlöffel Teig hineingeben. Kartoffelpuffer zugedeckt bei schwacher Hitze etwa 10 Minuten backen, bis sie sich vom Pfannenboden lösen lassen. Puffer wenden und weitere 5 Minuten backen. Gebackene Kartoffelpuffer bei 50 Grad (Gas: Stufe 1/2) im Backofen warm halten.
• Sellerieblättchen abschneiden, waschen und fein hacken. Selleriestangen in fingerbreite Stücke schneiden. Äpfel schälen, achteln, vom Kerngehäuse befreien und mit Zitronensaft mischen. Lauchzwiebeln in feine Ringe schneiden.
• Öl mit Majoran in einem Topf erhitzen. Selleriestücke, Äpfel und Lauchzwiebeln darin kurz anbraten.
• Brühe und Crème fraîche zugeben, aufkochen und zugedeckt bei mittlerer Hitze noch etwa 3 Minuten garen. Mit Salz und Cayennepfeffer abschmecken, mit den Sellerieblättchen mischen und zu den Puffern servieren.

Dauert etwa 1 1/2 Stunden
1 Portion = 420 kcal/ 98 mg Cholesterin
21 g Fett/ 8 g Eiweiß/ 48 g Kohlenhydrate

Für 4 Portionen

Puffer:
750 g Kartoffeln (mehlige Sorte)
Salz
1 EL Zitronensaft
1 Ei
2 EL Mehl
2 EL Semmelbrösel
Öl oder Pflanzenfett zum Braten

Gemüse:
500 g Stangensellerie (mit Blättern)
3 mittelgroße Äpfel
1 EL Zitronensaft
2 Lauchzwiebeln
2 EL Öl
1 TL getrockneter Majoran
1/8 l Gemüsebrühe
2 EL Crème fraîche
Salz, Cayennepfeffer

Semmelbrösel machen die Puffer locker.

Sahnekartoffeln mit Tomaten

• Kartoffeln schälen, waschen und würfeln. Abgezogene Zwiebel hacken, Majoran fein zerkleinern.
• Öl in einem Topf erhitzen. Kartoffeln, Zwiebel und Majoran darin bei mittlerer Hitze und Rühren anbraten. Wasser zugeben, aufkochen und zugedeckt bei schwacher Hitze etwa 15 Minuten garen, bis die Kartoffeln weich sind.
• Tomaten abziehen und würfeln. Mit Crème fraîche, Salz und Pfeffer unter die Kartoffeln mischen und etwa 3 Minuten kräftig kochen lassen, bis die Tomaten heiß sind.

Dauert etwa 45 Minuten
1 Portion = 221 kcal/ 26 mg Cholesterin
13 g Fett/ 4 g Eiweiß/ 22 g Kohlenhydrate

Dazu paßt: Salat oder Gemüsepuffer (Seite 179)

Für 4 Portionen

600 g festkochende Kartoffeln
1 Zwiebel
1/2 Bund Majoran
2 EL Öl
5 EL Wasser
3 mittelgroße Tomaten
100 g Crème fraîche
Salz, Pfeffer aus der Mühle

Gut zum Einfrieren

Béchamelkartoffeln mit Spargel

Für 4 Portionen

750 g Kartoffeln (vorwiegend festkochende Sorte)
1 große Zwiebel
2 Knoblauchzehen
1 Bund Dill
500 g Bruchspargel
40 g Butter
30 g Mehl
1/4 l Milch
1/4 l abgemessene Spargelbrühe
100 g süße Sahne
Salz, weißer Pfeffer

Ein altes Spargericht – höchst wandelbar: Mal mit gekochten Erbsen oder Spargelspitzen, mal mit 2 Eßlöffeln geriebenem Käse oder ganz vielen gehackten Kräutern vermischt, schmeckt es zu Salat.

• Kartoffeln waschen und mit der Schale in wenig Wasser weich kochen. Abgießen, kalt abschrecken, schälen und in etwa 1/2 Zentimeter dicke Scheiben schneiden.
• Während die Kartoffeln kochen, Zwiebel und den Knoblauch schälen und hacken. Dill fein zerkleinern. Spargel putzen und waschen.
• Butter erhitzen. Zwiebel und Knoblauch darin bei mittlerer Hitze etwa 1 Minute schmoren. Spargel zugeben, Mehl darüberstäuben und unter Rühren hellgelb anrösten.
• Milch und Brühe langsam zugießen und dabei ständig rühren, bis die Sauce glatt ist. Sauce zugedeckt bei schwacher Hitze 5 Minuten kochen lassen.
• Kartoffeln zugeben und erhitzen. Sahne und Dill untermischen. Béchamelkartoffeln mit Salz und einer kräftigen Prise Pfeffer abschmecken.

Dauert etwa 50 Minuten
1 Portion = 390 kcal/ 59 mg Cholesterin
19 g Fett/ 10 g Eiweiß/ 43 g Kohlenhydrate

Dazu paßt: *Salat*

Kartoffelgulasch mit Lauch

Für 2 Portionen

500 g Kartoffeln (vorwiegend festkochende Sorte)
300 g dünne Lauchstangen (Porree)
1 EL Öl
1/8 l Wasser
1/4 l Milch
Salz, schwarzer Pfeffer
1 TL getrockneter Thymian
100 g süße Sahne
50 g geriebener Emmentaler Käse
1/2 Bund Petersilie

• Die Kartoffeln schälen, waschen und würfeln. Den Lauch putzen, waschen und mit den saftigen grünen Blättern in fingerbreite Stücke schneiden.
• Öl in einem Topf erhitzen. Kartoffeln und Lauch darin unter Rühren bei starker Hitze anbraten. Wasser, Milch, Salz, Pfeffer und den Thymian zugeben, aufkochen und zugedeckt bei schwacher Hitze etwa 15 Minuten garen, bis die Kartoffeln weich sind.
• Die Sahne und den Käse unter das Kartoffelgulasch mischen. Petersilie waschen, trockentupfen, fein hacken und darüberstreuen.

Dauert etwa 35 Minuten
1 Portion = 552 kcal/ 92 mg Cholesterin
33 g Fett/ 19 g Eiweiß/ 42 g Kohlenhydrate

Dazu paßt: *Tomatensalat*

Currykartoffeln mit Pastinakenpuffern

• Brötchen in einer Schüssel mit lauwarmem Wasser übergießen und ziehen lassen, bis sie ganz weich sind. Die Pastinaken schälen, waschen und fein raspeln. Den Lauch putzen, waschen und fein zerkleinern.

• Brötchen gut ausdrücken und mit einer Gabel zerpflücken. Mit zerkleinertem Gemüse, Mehl, Quark, Ei, Salz und Cayennepfeffer vermischen, bis der Teig wie Frikadellenteig gut bindet. Mit angefeuchteten Händen 12 flache Puffer formen und portionsweise im heißen Öl pro Seite etwa 5 Minuten braten. Herausnehmen und im Backofen bei 50 Grad (Gas: Stufe 1/2) warm halten.

• Kartoffeln schälen, waschen und würfeln. Zwiebel und Knoblauch abziehen und fein hacken. Die Pfefferschote halbieren, alle Kerne entfernen, Schotenhälften waschen und in feine Streifen schneiden.

• In einem Topf 1 Eßlöffel Öl erhitzen. Kartoffeln, Zwiebel, Knoblauch und Pfefferschote darin bei mittlerer Hitze unter Rühren 2 Minuten braten. Currypulver daruntermischen. Kokoscreme, Wasser und Gemüsebrühe dazugießen, unter Rühren aufkochen und Kartoffeln zugedeckt bei schwacher Hitze in etwa 15 Minuten weich garen.

• Schnittlauch in feine Röllchen schneiden und unter die Kartoffeln mischen. Gomasio darüberstreuen. Kartoffeln und Pastinakenpuffer auf vorgewärmten Tellern anrichten.

Dauert etwa 1 1/2 Stunden
1 Portion = 709 kcal/ 88 mg Cholesterin
44 g Fett/ 17 g Eiweiß/ 56 g Kohlenhydrate

Für 4 Portionen
Pastinakenpuffer:
1 Vollkornbrötchen (ca. 40 g)
500 g Pastinaken oder
Knollensellerie
500 g Lauch (Porree)
75 g Weizenvollkornmehl
100 g Magerquark
1 Ei
Salz
Cayennepfeffer
ca. 6 EL Öl zum Backen
Kartoffeln:
1 kg festkochende Kartoffeln
1 Zwiebel
1 Knoblauchzehe
1 grüne Pfefferschote
5 EL Erdnußöl
1 EL Currypulver
150 g Kokoscreme
1/8 l Wasser
1 TL Gemüsebrühe
1 großes Bund Schnittlauch
1 EL Gomasio oder Mandeln

Statt Salz

Gomasio bekommen Sie in Asienläden, Reformhäusern und Naturkostläden. Es ist eine Mischung aus geschälten Sesamsamen und Meersalz, schmeckt fein nach Nüssen und paßt zu allen Gerichten mit Gemüse, Kartoffeln und Getreide. Zum Selbermachen: 100 Gramm Sesamsamen ohne Fettzugabe in einer Pfanne unter Rühren sanft rösten. Mit 2 Eßlöffeln grobem Meersalz in einem Mörser zerreiben.

Kräuterkartoffeln

Für 4 Portionen
1 kg Kartoffeln
1 große Zwiebel
2 Knoblauchzehen
2 EL Öl
1/8 l Instant-Gemüsebrühe
1 EL weiche Butter
1/2 EL Weizenvollkornmehl
150 g Sahnejoghurt
1 Päckchen gemischte Tiefkühlkräuter
1 EL Gomasio (Seite 197) oder
gehackte Mandeln

• Kartoffeln schälen, waschen und würfeln. Zwiebel und Knoblauch abziehen, fein hacken und im heißen Öl bei schwacher Hitze glasig braten. Die Kartoffeln zugeben und unter Rühren kurz mitbraten.
• Brühe zugießen, aufkochen und die Kartoffeln zugedeckt bei schwacher Hitze in etwa 15 Minuten weich kochen.
• Butter mit Mehl verkneten und unter die Kartoffeln mischen. Unter Rühren aufkochen, bis die Sauce dick ist. Sahnejoghurt, Kräuter und Gomasio oder Mandeln untermischen und erhitzen, aber nicht mehr kochen lassen.

Dauert etwa 45 Minuten
1 Portion = 302 kcal/ 26 mg Cholesterin
14 g Fett/ 7 g Eiweiß/ 35 g Kohlenhydrate

Dazu passen: gebratene Austernpilze und Tomaten- oder Gurkensalat

Stampfkartoffeln mit Möhren

Für 4 Portionen
1 kg Kartoffeln (mehlige Sorte)
500 g Möhren
Salz
1/8 l Wasser
1 kleine Zwiebel
100 g Butter
50 g Semmelbrösel
1/2 Bund Petersilie
3/8 l Milch

• Kartoffeln und Möhren schälen, waschen und würfeln. Mit Salz und Wasser aufkochen und zugedeckt bei schwacher Hitze in etwa 15 Minuten weich kochen.
• Inzwischen Zwiebel abziehen, hacken und in der heißen Butter bei schwacher Hitze glasig braten. Semmelbrösel zugeben und bei mittlerer Hitze goldgelb rösten. Petersilie waschen, trockentupfen und fein hacken.
• Kartoffeln und Möhren mit dem verbliebenen Kochwasser zerdrücken. Dabei Milch untermischen. Stampfkartoffeln umrühren und noch einmal heiß werden lassen. Butter und Petersilie darüber verteilen.

Dauert etwa 45 Minuten
1 Portion = 465 kcal/ 71 mg Cholesterin
25 g Fett/ 10 g Eiweiß/ 49 g Kohlenhydrate

Zur Abwechslung
• **Buttermilch statt Milch und Lauchzwiebeln statt »normaler« Zwiebel nehmen.**
• **Statt der Möhren säuerliche Äpfel nehmen.**

Dazu paßt: gemischter Salat oder gebratene Pilze

Buntes Kartoffelgemüse mit Eiern

• Kartoffeln schälen, waschen und würfeln. Zwiebel und Knoblauch hacken und im heißen Öl bei mittlerer Hitze glasig braten. Kartoffeln und Brühe zugeben, aufkochen und zugedeckt bei schwacher Hitze 15 Minuten garen.
• Inzwischen Pilze putzen, waschen und in dünne Scheiben schneiden. Mit Zitronensaft, gefrorenen Erbsen und Crème fraîche unter die Kartoffeln mischen. Mit Salz, Pfeffer und Koriander würzen, erneut aufkochen und zugedeckt bei schwacher Hitze weitere 5 Minuten garen.
• Eier in etwa 5 Minuten wachsweich kochen, kalt abschrecken und schälen. Möhren schälen, waschen und raspeln. Majoran waschen, trockentupfen und fein hacken.
• Kartoffelgemüse auf vorgewärmten Tellern verteilen und mit Möhren und Majoran bestreuen. Eier halbieren, daneben anrichten und mit Salz und Pfeffer würzen.

Dauert etwa 45 Minuten
1 Portion = 365 kcal/ 375 mg Cholesterin
18 g Fett/ 18 g Eiweiß/ 32 g Kohlenhydrate

Für 4 Portionen

600 g Kartoffeln
1 große Zwiebel
2 Knoblauchzehen
1 EL Olivenöl
1/4 l Gemüsebrühe
200 g Champignons
2 EL Zitronensaft
1 Paket Tiefkühlerbsen (300 g)
100 g Crème fraîche
Salz
weißer Pfeffer aus der Mühle
1 Prise gemahlener Koriander
4 Eier
2 kleine Möhren
1/2 Bund Majoran oder Petersilie

Kartoffeln mit Zwiebelsauce

• Kartoffeln waschen und in wenig Wasser weich kochen; das dauert je nach Größe der Kartoffeln 20 bis 40 Minuten.
• Inzwischen Zwiebel abziehen, halbieren und in feine Ringe schneiden. 1 Eßlöffel Butter und 2 Eßlöffel Öl erhitzen. Zwiebelringe darin bei schwacher bis mittlerer Hitze in etwa 5 Minuten glasig braten.
• Wein zugießen und bei starker Hitze dick einkochen. Crème fraîche, Senf, Fenchelsamen und Majoran zugeben und etwa 3 Minuten kochen lassen, bis die Sauce dickflüssig ist. Mit Salz und Pfeffer würzen.
• Petersilie fein hacken. Kartoffeln abgießen, etwas ausdämpfen lassen und halbiert auf gut vorgewärmten Tellern anrichten. Zwiebelsauce darüber verteilen. Mit der Petersilie bestreuen.

Dauert etwa 45 Minuten
1 Portion = 530 kcal/ 83 mg Cholesterin
39 g Fett/ 7 g Eiweiß/ 38 g Kohlenhydrate

Dazu paßt: *Grüner Salat mit Kräutervinaigrette*

Mit Wein zubereitet

Für 4 Portionen

1 kg Kartoffeln (vorwiegend festkochende Sorte)
1 große Gemüsezwiebel
50 g Butter
5 EL Olivenöl
100 ml trockener Weißwein
200 g Crème fraîche
1 EL scharfer Kräutersenf
1 TL Fenchelsamen
1/2 TL getrockneter Majoran
Salz
schwarzer Pfeffer aus der Mühle
1/2 Bund Petersilie

Kartoffelklöße mit Tomaten-Linsen-Gemüse

Für 6 Portionen

Klöße:
1 kg Kartoffeln (mehlige Sorte)
250 g Kartoffelstärke
Salz
2 Weizenbrötchen
2 EL Öl
3/8 l Milch

Gemüse:
500 g Tomaten
2 große Zwiebeln
3 Zweige frischer Rosmarin
3 EL Olivenöl
250 g rote Linsen
400 ml Gemüsebrühe
2 EL Crème double
Salz
Cayennepfeffer
1 Prise Zucker

Die Klöße gelingen nur mit frischgekochten Kartoffeln, die heiß zerdrückt werden. Pellkartoffeln vom Vortag eignen sich nicht.

• Für die Klöße die Kartoffeln waschen und ungeschält in wenig Wasser weich kochen. Abgießen, kalt abschrecken, schälen und zweimal durch die Kartoffelpresse drücken.
• Kartoffelpüree in einer Schüssel mit dem Stärkemehl und einer kräftigen Prise Salz locker vermischen, so daß eine bröcklige Masse entsteht.
• Brötchen würfeln und im heißen Öl bei mittlerer Hitze unter häufigem Wenden goldbraun braten.
• Milch zum Kochen bringen und über die Kartoffeln gießen. Alles mit den Händen zu einem glatten Teig verkneten, der nicht an den Fingern kleben sollte. Gegebenenfalls noch etwas Stärkemehl untermischen.
• Die Hände immer wieder mit Stärkemehl bestäuben und aus dem Teig 12 Klöße formen. Jeden Kloß mit gerösteten Brötchenwürfeln füllen.
• Reichlich Salzwasser zum Kochen bringen. Klöße darin einmal aufkochen und 20 Minuten gar ziehen lassen. Dabei den Deckel nur halb auf den Topf legen.
• Für das Gemüse Tomaten abziehen und achteln. Dabei die Stielansätze entfernen. Zwiebeln abziehen und grob hacken. Rosmarin waschen, die Blättchen von den harten Stielen zupfen und fein hacken.
• Öl und Rosmarin in einem Topf erhitzen. Zwiebeln darin bei schwacher Hitze glasig braten. Tomaten und Linsen zugeben und einige Sekunden schmoren.
• Brühe zugießen, aufkochen und das Gemüse zugedeckt bei mittlerer bis schwacher Hitze 10 bis 15 Minuten kochen, bis die Linsen gerade eben bißfest sind.
• Crème double untermischen, Gemüse mit Salz, Cayennepfeffer und Zucker abschmecken. Klöße herausnehmen und gut abgetropft zum Gemüse servieren.

Dauert etwa 1 1/2 Stunden
1 Portion = 573 kcal/ 16 mg Cholesterin
15 g Fett/ 17 g Eiweiß/ 90 g Kohlenhydrate

Viel schneller
• *Fertigen Kloßteig für rohe Klöße aus der Kühltheke nehmen.*
• *Klöße mit Kartoffelmehl aus der Tüte zubereiten.*
• *Fertige Klöße aus dem Kochbeutel nehmen.*

Pellkartoffeln mit Lauch-Tomaten-Gemüse

• Kartoffeln waschen und ungeschält in wenig Wasser zugedeckt bei schwacher Hitze weich garen; das dauert je nach Größe der Kartoffeln 20 bis 40 Minuten.
• Lauch putzen, waschen und mit allen saftigen grünen Blättern in etwa fingerdicke Ringe schneiden. Tomaten abziehen und würfeln, Essiggurken hacken.
• Öl in einer Pfanne erhitzen. Lauch darin bei mittlerer Hitze unter ständigem Wenden anbraten. Mehl darüberstreuen und unter Rühren kurz mitrösten. Brühe langsam dazugießen und unter Rühren aufkochen.
• Tomaten, Essiggurken, Käse und Crème fraîche untermischen, unter Rühren erneut aufkochen und bei mittlerer Hitze weiterrühren, bis sich der Käse ganz aufgelöst hat. Gemüse mit Salz und Pfeffer abschmecken.
• Basilikum waschen, trockentupfen und hacken. Kartoffeln abgießen, ungeschält auf heißen Tellern verteilen und halbieren. Gemüse daneben anrichten. Sonnenblumenkerne und Basilikum über Kartoffeln und Gemüse streuen.

Dauert etwa 40 Minuten
1 Portion = 445 kcal/ 41 mg Cholesterin
23 g Fett/ 15 g Eiweiß/ 42 g Kohlenhydrate

Ohne Salz kochen

Pellkartoffeln kocht man genau wie Gemüse in möglichst wenig Wasser ohne Salz. Dabei bleiben die Nährstoffe am besten erhalten. Salz im Kochwasser entzieht den Lebensmitteln Mineralstoffe.

Für 4 Portionen

1 kg Kartoffeln
2 dünne Lauchstangen (Porree)
300 g Tomaten
2 Essiggurken
1 EL Öl
25 g Mehl
3/8 l Instant-Gemüsebrühe
50 g geriebener Goudakäse
100 g Crème fraîche
Salz, schwarzer Pfeffer
1/2 Bund Basilikum oder Petersilie
50 g gehackte Sonnenblumenkerne

Zur Abwechslung
• Gemüse zusätzlich mit abgetropften Kapern oder zerkleinerten schwarzen Oliven mischen.
• Statt der Pellkartoffeln Kartoffelpuffer (Seite 195) oder Klöße (Seite 200) servieren.
• Im Winter statt der frischen Tomaten Pizzatomaten aus der Dose nehmen. Die Essiggurken weglassen und das Gemüse mit 1 bis 2 Eßlöffeln tiefgekühlten italienischen Kräutern würzen.

Nudeln mit Kürbiskernen

Für 3 Portionen
1 kleine Zwiebel
2 Knoblauchzehen
1 Bund Petersilie
3 Zweige frischer Rosmarin
50 g Kürbiskerne
1/2 unbehandelte Zitrone
3 EL Öl
250 g Spaghetti
Salz, Cayennepfeffer
geriebene Muskatnuß

• Zwiebel und Knoblauch fein hacken. Petersilie, abgezupfte Rosmarinblättchen, Kürbiskerne und dünn abgeschnittene Zitronenschale fein zerkleinern. Den Zitronensaft auspressen.
• Öl erhitzen. Zwiebel und Knoblauch darin bei schwacher Hitze glasig braten. Zitronensaft, Kräuter, Kürbiskerne und Zitronenschale darin bei schwacher Hitze ziehen lassen, bis die Nudeln fertig sind.
• Nudeln in reichlich Salzwasser bißfest garen, abgießen und abgetropft mit der Kräutermischung verrühren. Mit Cayennepfeffer und Muskatnuß würzen.

Dauert etwa 25 Minuten
1 Portion = 501 kcal/ 78 mg Cholesterin
20 g Fett/ 17 g Eiweiß/ 60 g Kohlenhydrate

Nudeln mit Tomaten und Pilzen

Für 3 Portionen
150 g frische Shiitakepilze oder
Champignons
2 Lauchzwiebeln
1 Knoblauchzehe
400 g Tomaten
1 kleines Bund Petersilie
5 EL Olivenöl
2 EL süße Sahne
Salz
schwarzer Pfeffer aus der Mühle
250 g breite Nudeln
75 g geriebener Pecorino oder
Parmesan

• Pilze putzen und in dicke Scheiben, Lauchzwiebeln in dünne Ringe schneiden. Knoblauch fein hacken. Tomaten abziehen und würfeln. Petersilie fein hacken.
• Öl erhitzen. Pilze, Zwiebeln und Knoblauch darin bei mittlerer Hitze unter häufigem Wenden etwa 5 Minuten braten. Tomaten und Sahne daruntermischen, mit Salz und Pfeffer würzen. Alles zugedeckt auf der abgeschalteten Kochstelle ziehen lassen, bis die Nudeln gekocht sind.
• Nudeln in reichlich Salzwasser in etwa 6 Minuten bißfest kochen. Abgießen, abtropfen lassen, mit Gemüse vermischen und auf heißen Tellern anrichten. Mit Petersilie und Käse bestreut servieren.

Dauert etwa 40 Minuten
1 Portion = 606 kcal/ 102 mg Cholesterin
28 g Fett/ 23 g Eiweiß/ 61 g Kohlenhydrate

Nudeln kochen nicht über ...
... wenn man sie ohne Deckel kocht und einen Kochlöffel quer über den Topf legt. Die Temperatur so regulieren, daß das Wasser kräftig sprudelt.

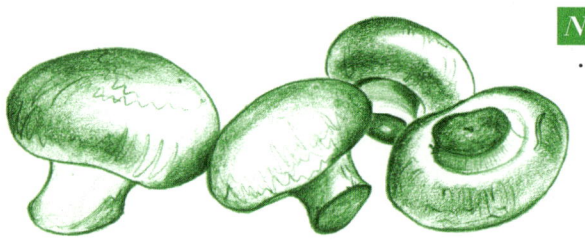

Nudeln mit Fenchel und Tomaten

• Zwiebeln und Knoblauchzehen abziehen und hacken. Fenchelgrün abschneiden, mit dem Basilikum fein hacken und zum Bestreuen auf einem Teller beiseite stellen. Fenchelknollen halbieren, den Strunk herausschneiden. Hälften waschen und quer zu den Fasern in dünne Streifen schneiden. Tomaten abziehen und würfeln.
• Öl erhitzen. Zwiebel und Knoblauch darin glasig braten. Fenchel und Tomaten zugeben, Crème fraîche untermischen, aufkochen und zugedeckt bei schwacher Hitze etwa 5 Minuten garen.
• Nudeln in reichlich kochendem Salzwasser bißfest garen. Abgießen, abtropfen lassen und mit dem Käse unter das Gemüse mischen. Mit Salz und Cayennepfeffer abschmekken, mit Fenchelgrün und Basilikum bestreuen.

Dauert etwa 40 Minuten
1 Portion = 648 kcal/ 154 mg Cholesterin
28 g Fett/ 20 g Eiweiß/ 75 g Kohlenhydrate

Dazu paßt: *gemischter Salat mit Sonnenblumenkernen und Kräutern*

Für 3 Portionen

1 Zwiebel
2 Knoblauchzehen
2 Fenchelknollen
1 Bund Basilikum
500 g Tomaten
1 EL Öl
200 g Crème fraîche
250 g Bandnudeln
2 EL geriebener Bergkäse
Salz
Cayennepfeffer

Nudeln mit Hartweizengrieß bleiben beim Kochen kernig, Eiernudeln kochen locker und zart. Die Zutaten stehen auf der Packung. Nudeln mit Weizenmehlerzeugnissen, zum Beispiel Weichweizen, können beim Garen matschig werden.

Spaghetti mit Zucchinigemüse

• Zucchini waschen, putzen und in etwa 5 Zentimeter lange, bleistiftdicke Stifte schneiden. Zwiebeln in Ringe schneiden, Knoblauch hacken.
• Öl erhitzen. Zucchini, Zwiebeln, Knoblauch und Thymian darin anbraten. Sahne zugießen, aufkochen und die Zucchini zugedeckt bei schwacher Hitze 2 Minuten garen. Tomatenmark und Käse untermischen. Mit Salz und Pfeffer würzen und zugedeckt warm halten.
• Spaghetti in reichlich kochendem Salzwasser bißfest garen, abtropfen lassen, mit Butter und Sonnenblumenkernen mischen. Auf heiße Teller geben. Zucchinigemüse darüber verteilen. Mit gehacktem Basilikum bestreuen.

Dauert etwa 40 Minuten
1 Portion = 832 kcal/ 212 mg Cholesterin
45 g Fett/ 25 g Eiweiß/ 77 g Kohlenhydrate

Dazu paßt: *Tomatensalat*

Für 3 Portionen

500 g Zucchini
2 kleine rote Zwiebeln
1 Knoblauchzehe
1 EL Öl
1 EL getrockneter Thymian
250 g süße Sahne
2 EL Tomatenmark
50 g geriebener Parmesan
Salz
schwarzer Pfeffer aus der Mühle
300 g Spaghetti
1 EL Butter
1 EL Sonnenblumenkerne
1/2 Bund Basilikum

Linguine mit Grünkohl und Brotkrumen

Für 4 Portionen

3 Scheiben italienisches oder
französisches Landbrot (ca. 60 g)

4 Knoblauchzehen

1 kleine Staude Grünkohl

1/8 l Olivenöl

1 EL getrockneter Oregano

150 g geriebener Pecorino- oder
Parmesankäse

abgeriebene Schale von
1/4 unbehandelten Zitrone

Salz

weißer Pfeffer aus der Mühle

400 g Linguine oder dünne
Spaghettini

*Linguine sehen wie »platt-
gedrückte« Spaghetti aus. Sie
schmecken auch gut mit
Käsesahnesaucen.*

• Brot mit der Rinde ganz fein hacken. Knoblauch abziehen und zerdrücken. Grünkohlblätter von den Stielen streifen, waschen, trockentupfen und ganz fein zerkleinern.
• Olivenöl bis auf 2 Eßlöffel in einer Pfanne erhitzen. Brot und Oregano zugeben und in etwa 3 Minuten bei mittlerer Hitze knusprig rösten. In eine Schüssel geben. Die Hälfte des Käses und die Zitronenschale darüberstreuen.
• Das restliche Öl in der Pfanne erhitzen. Knoblauch und Grünkohl darin bei mittlerer bis schwacher Hitze etwa 6 Minuten schmoren, bis der Grünkohl weich ist. Mit Salz und Pfeffer würzen und zugedeckt warm halten.
• Nudeln in reichlich Salzwasser bißfest kochen. Abgießen, abtropfen lassen und in eine heiße Schüssel geben. Grünkohl und den restlichen Käse untermischen.
• Die Nudeln auf gut vorgewärmten Tellern verteilen. Mit den Brotkrumen bestreuen und sofort servieren.

Dauert etwa 45 Minuten
1 Portion = 808 kcal/ 119 mg Cholesterin
38 g Fett/ 31 g Eiweiß/ 79 g Kohlenhydrate

Spaghetti mit Spinat und Käse

Für 4 Portionen

500 g Spinat

150 g weicher Schafkäse

1 kleine Zwiebel

1 TL Öl

weißer Pfeffer aus der Mühle

400 g Spaghetti

Salz

• Spinat verlesen, gründlich waschen, tropfnaß in einen großen Topf geben und auf die Kochstelle setzen. Auf der höchsten Schaltstufe zugedeckt etwa 3 Minuten erhitzen, bis der Spinat zusammenfällt. Dabei den Topf immer wieder rütteln, damit der Spinat gleichmäßig gart.
• Spinat mit der Flüssigkeit, die sich gebildet hat, in eine Schüssel geben und grob zerschneiden.
• Schafkäse zerbröckeln. Zwiebel fein hacken und im heißen Öl glasig braten. Schafkäse und Spinat mit der Flüssigkeit zugeben und bei mittlerer Hitze 3 Minuten schmoren. Mit Pfeffer würzen und zugedeckt warm halten.
• Spaghetti in reichlich Salzwasser bißfest kochen. Abgießen, abtropfen lassen und mit dem Spinat mischen.

Dauert etwa 30 Minuten
1 Portion = 467 kcal/ 116 mg Cholesterin
11 g Fett/ 20 g Eiweiß/ 70 g Kohlenhydrate

Spaghetti mit Pilzen und eingelegten Tomaten

• Tomaten abtropfen lassen, Öl zum Braten auffangen. Tomaten in Streifen schneiden. Die zähen Stiele der Shiitakepilze entfernen, Pilzhüte ein kleine Stücke schneiden. Abgezogene Schalotten fein hacken. Basilikum waschen und trockentupfen. Stiele abschneiden und ganz fein zerkleinern. Blättchen in Streifen schneiden und zum Bestreuen beiseite legen.
• Das aufgefangene Öl der Tomaten gegebenenfalls mit dem Olivenöl auf 6 Eßlöffel ergänzen und in einem Topf erhitzen. Schalotte und Basilikumstiele darin bei schwacher Hitze dünsten, bis die Schalotten glasig sind.
• Tomaten und Pilze zugeben und bei mittlerer Hitze unter Rühren etwa 5 Minuten schmoren. Mit Salz und Pfeffer abschmecken und zugedeckt warm halten.
• Spaghetti in reichlich Salzwasser bißfest kochen, abgießen, abtropfen lassen und mit den Tomaten und Pilzen mischen. Auf vorgewärmten Tellern anrichten. Mit Pfeffer aus der Mühle und den Basilikumblättchen bestreuen.

Dauert etwa 30 Minuten
1 Portion = 500 kcal/ 94 mg Cholesterin
16 g Fett/ 15 g Eiweiß/ 72 g Kohlenhydrate

Eingelegte Tomaten

Sonnengereifte, getrocknete und in Öl eingelegte Tomaten aus Italien bekommen Sie in italienischen Feinkostläden. Gut verschlossen und immer mit Olivenöl bedeckt, halten sie sich im Kühlschrank etwa 3 Monate. Die Tomaten schmecken einfach so als Beilage zu Käse oder kalten Platten. Oder wie im Rezept oben in einer Nudelsauce.

Spaghetti mit Überlänge ...

... bricht man in der Mitte auseinander und gibt sie dann erst ins sprudelnd kochende Wasser. Denn extrem lange Nudeln kann man kaum in mundgerechten Portionen auf die Gabel rollen.

Für 4 Portionen

100 g getrocknete Tomaten in Olivenöl (siehe unten)
100 g frische Shiitakepilze
2 Schalotten
1/2 Bund Basilikum
eventuell 2–3 EL Olivenöl
Salz
weißer Pfeffer aus der Mühle
400 g Spaghetti

Vollkornnudeln mit Gemüse

Für 4 Portionen

2 Auberginen (ca. 400 g)
1 Bund Lauchzwiebeln
2 Knoblauchzehen
600 g Tomaten
6 EL Öl
1 EL Olivenöl
Salz, weißer Pfeffer
1 Prise Zucker
1 Bund Basilikum
400 g Vollkornnudeln
100 g geriebener Parmesankäse

Die Nudeln werden mit Gemüse zubereitet, das im Sommer reif und aromatisch ist. Im Winter schmecken sie besser mit kleingeschnittenem Stangensellerie, Tomaten aus der Dose und reichlich Petersilie.

• Auberginen waschen, abtrocknen und in Würfel schneiden. Lauchzwiebeln putzen, waschen und mit allen saftigen grünen Blättern in feine Ringe schneiden. Knoblauch abziehen und hacken. Tomaten abziehen und achteln.
• Das Öl erhitzen. Auberginen darin zugedeckt bei kleiner Hitze in etwa 20 Minuten weich braten.
• Olivenöl zugeben und erhitzen. Lauchzwiebeln und Knoblauch darin bei kleiner Hitze anbraten. Tomaten zugeben und bei mittlerer bis starker Hitze unter Rühren schmoren, bis die Flüssigkeit, die sich bildet, zum größten Teil wieder verdampft ist. Mit Salz, Pfeffer und Zucker würzen. Basilikum fein hacken und daruntermischen.
• Während das Gemüse schmort, Nudeln in reichlich Salzwasser bißfest garen, abgießen und abgetropft mit dem Gemüse mischen. In eine große, gut vorgewärmte Schüssel füllen und mit dem Parmesan bestreuen.

Dauert etwa 50 Minuten
1 Portion = 659 kcal/ 80 mg Cholesterin
28 g Fett/ 27 g Eiweiß/ 73 g Kohlenhydrate

Dazu paßt: *gemischter Salat*

Vollkornnudeln brauchen viel Sauce

Auch wenn Sie »Pasta al pesto« oder »Spaghetti aglio e olio« besonders gerne essen – mit Vollkornnudeln schmecken sie Ihnen vermutlich nicht so gut. Denn durch den höheren Kleieanteil sind Vollkornnudeln etwas trockener als weiße Nudeln. Deshalb mischt man kräftige Vollkornnudeln entweder mit reichlich saftigem Gemüse wie oben oder mit viel Sauce – aus Tomaten, Sahne, Crème fraîche, Käse und/oder Butter.

Nudeln mit Linsen und Mais

• Suppengrün putzen, waschen und grob zerkleinern. Die Zwiebel abziehen und fein hacken. Beide Zutaten und die Linsen im heißen Öl bei schwacher Hitze etwa 2 Minuten braten. Brühe zugießen und aufkochen. Linsen zugedeckt bei schwacher Hitze in 45 bis 50 Minuten weich kochen.
• Tomaten, abgetropften Mais und Sahne untermischen, mit Salz und Cayennepfeffer würzen.
• Während die Linsen garen, die Nudeln in reichlich Salzwasser bißfest kochen. Schnittlauch in feine Röllchen schneiden. Nudeln abgießen, mit dem Linsengemüse und dem Schnittlauch mischen und sofort servieren.

Dauert etwa 45 Minuten
1 Portion = 612 kcal/ 101 mg Cholesterin
22 g Fett/ 24 g Eiweiß/ 76 g Kohlenhydrate

Dazu passen: *geriebener Käse und gemischter Salat*

Für 4 Portionen

1 Bund Suppengrün
1 Zwiebel
200 g schwarze Linsen
1 EL Öl
1/2 l Gemüsebrühe
2 EL Pizzatomaten (Dose)
1 kleine Dose Zuckermais (Abtropfgewicht 240 g)
200 g Schlagsahne
Salz
Cayennepfeffer
200 g Gabelspaghetti
2 Bund Schnittlauch

Nudeln mit Lauchzwiebeln

• Getrocknete Pfefferkörner mit 2 Eßlöffeln Wasser vermischt ziehen lassen, bis die anderen Zutaten vorbereitet sind. Lauchzwiebeln putzen, waschen und mit allen saftigen grünen Blättern in fingerbreite Stücke schneiden. Zitronenschale fein zerkleinern, Knoblauch fein hacken.
• Reichlich Salzwasser zum Kochen bringen und die Nudeln darin bißfest garen.
• Währenddessen das Öl in einer Pfanne erhitzen. Lauchzwiebeln darin bei starker bis mittlerer Hitze unter Rühren etwa 3 Minuten kräftig rösten.
• Pfefferkörner mit dem Einweichwasser, Zitronenschale, Knoblauch, Senfpulver, Ingwerpulver, Zitronensaft, Balsamessig, Brühe und Crème double untermischen und mit Salz abschmecken. Nudeln abgießen, gut abtropfen lassen, mit dem Lauchzwiebelgemüse mischen und auf heißen Tellern sofort servieren.

Dauert etwa 30 Minuten
1 Portion = 509 kcal/ 107 mg Cholesterin
17 g Fett/ 15 g Eiweiß/ 70 g Kohlenhydrate

Dazu paßt: *Tomatensalat*

Für 4 Portionen

1 EL frische grüne oder getrocknete Pfefferkörner
2 Bund Lauchzwiebeln
1 kleines Stück Zitronenschale
1 Knoblauchzehe
Salz
400 g dünne Bandnudeln
4 EL Olivenöl
1 TL Senfpulver
1/2 TL Ingwerpulver
2 EL Zitronensaft
1 EL Balsamessig
5 EL Gemüsebrühe
2 EL Crème double

Frische Pfefferkörner muß man nicht einweichen: Sie werden gleich mit den Lauchzwiebeln gebraten.

Käsenudeln mit Sommergemüse

Für 4 Portionen

300 g grüne Bohnen
1 kleiner Kohlrabi
200 g Lauchzwiebeln
2 Knoblauchzehen
400 g Tomaten
400 g Paprikaschoten
2 Zweige frischer Thymian
1/8 l Gemüsebrühe
weißer Pfeffer aus der Mühle
1 EL Olivenöl
2 frische Salbeiblättchen
1 TL Butter
100 g Crème fraîche
100 g frischgeriebener
Parmesankäse
250 g breite Nudeln
Salz
1 EL Schnittlauchröllchen

Feine Saucen warm halten
Nudelsaucen mit Sahne oder
Crème fraîche hält man am besten
so warm: Den Topf auf der abge-
schalteten Kochstelle stehenlassen;
bei Gas auf der kleinsten Flamme.
Ein Küchentuch über den Topf brei-
ten und darauf den Deckel legen.
So kann kein Kondenswasser in die
Sauce tropfen.

• Bohnen waschen, putzen und in etwa 5 Zentimeter lange
Stücke teilen. Kohlrabiblätter abschneiden, waschen und
in Streifen schneiden. Knollen schälen und würfeln.
Lauchzwiebeln putzen, waschen und mit den saftigen
grünen Blättern in Stücke schneiden. Knoblauchzehen
hacken. Tomaten abziehen und vierteln, dabei Stielansätze
entfernen. Paprikaschoten putzen, achteln und waschen.
• Alle Gemüse, Kohlrabiblätter und gewaschene Thymian-
zweige in einem Topf vermischen. Gemüsebrühe, eine
kräftige Prise Pfeffer und Öl zugeben. Gemüse aufkochen
und zugedeckt bei schwacher Hitze etwa 20 Minuten garen, bis die Bohnen weich sind. Dabei einige Male umrühren. Garsud abgießen und für die Nudelsauce auffangen.
Gemüse warm halten.
• Für die Sauce Salbei waschen und in Streifen schneiden.
Butter erhitzen. Salbei darin bei schwacher Hitze anbraten.
Gemüsesud, Crème fraîche und Käse zugeben und bei
mittlerer Hitze rühren, bis sich der Käse aufgelöst hat und
die Sauce sämig ist.
• Nudeln in reichlich Salzwasser bißfest kochen, abgießen,
abtropfen lassen und mit der Sauce vermischen. Gemüse
und Nudeln auf heißen Tellern anrichten und mit dem
Schnittlauch bestreut servieren.

Dauert etwa 1 Stunde
1 Portion = 512 kcal/ 106 mg Cholesterin
20 g Fett/ 23 g Eiweiß/ 56 g Kohlenhydrate

Parmesan aus der Tüte ...

... muß nicht der lange gereifte Originalkäse aus Italien
sein; erlaubt sind preiswerte parmesanähnliche Hartkäse,
die viel weniger Aroma haben und überall
produziert werden können. Deshalb
schmeckt Parmesankäse frisch gerieben vom Stück am besten. Übrigens
müssen Sie nicht selbst reiben. In
italienischen Feinkostgeschäften
können Sie ihn so auch kaufen.
Das ist besonders praktisch,
wenn man größere Mengen
braucht, zum Beispiel für
ein Nudelessen mit vielen
Leuten.

Nudeln mit Artischocken

• Die Artischocken waschen, die äußeren harten Blätter und die harten Blattspitzen abschneiden. Artischocken der Länge nach in 3 Scheiben teilen.
• Lauchzwiebeln putzen, waschen und mit allen saftigen grünen Blättern in dünne Scheiben schneiden. Knoblauch abziehen und fein hacken.
• Öl erhitzen. Artischocken, Lauchzwiebeln und Knoblauch darin bei mittlerer Hitze etwa 2 Minuten schmoren. Die Gemüsebrühe zugießen, einmal unter Rühren kräftig aufkochen und alles etwa 5 Minuten bei mittlerer Hitze zugedeckt garen, bis die Artischocken gerade eben weich sind.
• Tomaten abziehen und würfeln, dabei die Stielansätze entfernen. Mit der Crème double unter die Artischocken mischen und erneut kräftig aufkochen. Mit Salz und Pfeffer aus der Mühle abschmecken.
• Nudeln in reichlich Salzwasser bißfest kochen, abgießen, abtropfen lassen und ganz heiß mit dem Artischocken-gemüse mischen. Sofort servieren.

Dauert etwa 45 Minuten
1 Portion = 655 kcal/ 143 mg Cholesterin
18 g Fett/ 22 g Eiweiß/ 98 g Kohlenhydrate

Dazu paßt: frischgeriebener Parmesan- oder Pecorinokäse

Für 2 Portionen

6 kleine Artischocken (ca. 360 g)
4 Lauchzwiebeln (ca. 240 g)
2 Knoblauchzehen
1 EL Öl
1/8 l Gemüsebrühe
2 mittelgroße Tomaten
2 EL Crème double
Salz
weißer Pfeffer aus der Mühle
250 g Nudeln

Gut für die Verdauung

Artischocken enthalten Cynarin, einen Bitterstoff, der den Gallenfluß anregt und so bei der Verdauung von fettem Essen hilft. Deshalb passen Sahne- und Buttersaucen so gut zum feinen Gemüse.

Artischockensorten

Für dieses Gericht schmort man ganze Arti-schocken. Weich werden dabei nur die zarten, kleinen und schlanken Artischok-ken – ob eine grüne oder violette Sorte, spielt keine Rolle. Von den großen runden Artischocken kann man nur die fleischigen Blattenden und die Böden (Seite 87) essen.

Spezialität aus den USA

Nudeln mit Süßkartoffeln und Brokkoli

Für 4 Portionen

1 Süßkartoffel (Yam, ca. 300 g)
200 g Brokkoli
3 Knoblauchzehen
400 g Penne
Salz
1/8 l Olivenöl
1/2 TL getrocknete Kräuter der Provence
1 EL Tomatenstücke aus der Dose
schwarzer Pfeffer aus der Mühle

Italiens Nudeln sind vielgestaltig: Spaghetti und Makkaroni kennen Sie natürlich. Penne, mit denen dieses Essen am besten schmeckt, sehen aus wie dicke, kurze, schräg abgeschnittene Makkaroni. Die Spitze erinnert an alte Schreibfedern – daher auch der Name: Penne heißt Feder.

• Süßkartoffel schälen, waschen, in kleine Würfel schneiden und gut trockentupfen. Brokkoli waschen und putzen. Stiele abschneiden, schälen und in Scheiben schneiden. Knoblauch abziehen und fein hacken.
• Die Nudeln mit reichlich Salzwasser in etwa 12 Minuten bißfest kochen.
• Öl mit den Kräutern erhitzen. Süßkartoffelwürfel darin bei starker bis mittlerer Hitze 3 Minuten braten. Brokkolistiele und Röschen zugeben und alles weitere 2 Minuten braten, bis die Süßkartoffeln weich sind.
• Den Knoblauch und die Tomatenstücke zugeben, mit Salz und Pfeffer abschmecken. Nudeln abgießen, gut abtropfen lassen und mit dem Gemüse vermischt sofort servieren.

Dauert etwa 40 Minuten
1 Portion = 655 kcal/ 94 mg Cholesterin
28 g Fett/ 16 g Eiweiß/ 81 g Kohlenhydrate

Süßkartoffeln

Die Knollen heißen auch Bataten, stammen aus Mittel- und Südamerika, werden heute in allen warmen Ländern angebaut und sind typisch für die Küchen so verschiedener Länder wie USA, Karibik, China, Japan und Nigeria.
Zu uns kommen die Knollen vor allem aus Brasilien und Israel rund ums Jahr – man kann sie auf Märkten und bei gutsortierten Gemüsehändlern kaufen. Ob Sie die lange, rotfleischige Süßkartoffel oder die rundliche mit weißem Fleisch nehmen, spielt keine Rolle. Wichtig ist nur, daß Sie die Knollen bald verbrauchen, sonst werden sie wäßrig. Bataten schmecken am besten in der Pfanne gebraten, fritiert oder im Ofen gebacken.

Chinanudeln mit Currygemüse

• Möhren schälen und in streichholzdünne Stifte schneiden. Äpfel waschen oder schälen, achteln und vom Kerngehäuse befreien. Ingwer schälen und fein zerkleinern.
• Nudeln in reichlich Salzwasser 3 Minuten sprudelnd kochen, abgießen, abtropfen lassen und in einer Schüssel mit 1 Eßlöffel Öl mischen.
• Den Rest des Öls in einer Pfanne oder im Wok erhitzen. Möhren und Äpfel darin bei starker Hitze unter Rühren etwa 1 Minute kräftig anbraten.
• Gewürze, Sojasauce, Brühe und Nudeln zugeben. Gemüse aufkochen und zugedeckt bei starker bis mittlerer Hitze etwa 2 Minuten kochen lassen, bis die Nudeln weich sind.
• Mit Bohnenpaste oder Cayennepfeffer und Salz würzen.

Dauert etwa 30 Minuten
1 Portion = 523 kcal/ 78 mg Cholesterin
13 g Fett/ 14 g Eiweiß/ 84 g Kohlenhydrate

Scharfe Bohnenpaste ...

... gibt es in Asienläden und manchen Feinkostgeschäften zu kaufen. Die rote Creme gehört zur scharf gewürzten Küche im Süden Chinas. Sie besteht meist aus Sojabohnen oder getrockneten dicken Bohnen, die gekocht und gemahlen werden. Dazu kommen gehackte Chilischoten und Salz. Bohnenpaste schmeckt übrigens nicht nur an Chinagerichten – sie macht Tomatenketchup für mexikanische Tortillas feurig-scharf, würzt vegetarische Brotaufstriche und italienische Nudelsaucen, wenn Sie keine frischen Peperoni zur Hand haben. Vorsicht beim Dosieren: Die Paste enthält genau wie Sojasauce ziemlich viel Salz.

Zur Abwechslung
• Glasnudeln oder Reisnudeln statt der Eiernudeln nehmen.
• Das Gemüse mit Kohlrabi und Spinat zubereiten.
• Zum Würzen fertig gemixtes Currypulver nehmen.

Gelingen gut im Wok

Für 3 Portionen

400 g Möhren
3 kleine säuerliche Äpfel (Cox Orange)
1 Stück frische Ingwerwurzel (ca. 2 cm lang)
250 g chinesische Eiernnudeln
Salz
3 EL Erdnußöl
1/2 TL Kurkumapulver (Gelbwurz)
1/2 TL Ingwerpulver
1/4 TL gemahlener Koriander
1/4 TL gemahlener Kreuzkümmel
1 Stück Muskatblüte (Macis)
2 EL Sojasauce
1/8 l Gemüsebrühe
1 TL scharfe Bohnenpaste oder Cayennepfeffer nach Geschmack

Asiennudeln
• Chinesische Nudeln bestehen aus Weizengrieß und Wasser. Manche Sorten enthalten Eier.
• Reisnudeln macht man aus Reismehl und Wasser: Die Zutaten werden zu einer dünnflüssigen Mischung verrührt und mit Dampf vorbehandelt. Dadurch quillt die Reisstärke auf und wird so geschmeidig, daß man sie formen und schneiden kann.
• Glasnudeln bestehen meist aus Sojabohnen oder Mungobohnen. Die Stärke der Hülsenfrüchte macht sie durchscheinend wie Glas und fast so brüchig.

Orangennudeln mit Tofu

Für 3 Portionen
200 g Tofu
1 kleine Zwiebel
1 Knoblauchzehe
1 Stück frische Ingwerwurzel
(ca. 3 cm lang)
5 Zweige Petersilie
1 unbehandelte Orange
3 EL Crème fraîche
5 EL Erdnußöl
1 TL Safranfäden
1 Prise Piment
Salz, weißer Pfeffer
400 g breite Nudeln

So einfach wie edel ist diese Kombination aus Nudeln, Tofu und vielen Gewürzen. Wichtig ist, daß Sie alles gut vorbereiten, damit die Zubereitung schnell geht.

• Tofu abtropfen lassen. Zuerst in fingerdicke Scheiben, dann längs in dünne Streifen schneiden. Zwiebel und Knoblauch abziehen und fein hacken. Ingwerwurzel mit einem kleinen scharfen Messer wie eine Kartoffel schälen und fein zerkleinern. Petersilie fein hacken.
• Orange waschen und abtrocknen. Die Schale rundherum etwa zur Hälfte abreiben. Den Saft auspressen.
• Orangenschale und Saft, Crème fraîche, 2 Eßlöffel Öl, Safran und Piment in ein kleines Pfännchen geben und erhitzen. Auf der abgeschalteten Kochstelle ziehen lassen, bis die Nudeln fertig sind.
• Das restliche Öl erhitzen, Zwiebel und Knoblauch darin bei schwacher Hitze unter Rühren glasig braten. Tofu und Ingwer zugeben und bei starker bis mittlerer Hitze rösten, bis der Tofu gebräunt ist. Mit Salz und Pfeffer würzen.
• Nudeln in reichlich Salzwasser bißfest kochen. Abgießen und abtropfen lassen. In einer Schüssel mit der Orangen-Safran-Mischung verrühren und auf vorgewärmte Teller geben. Tofu daneben anrichten. Mit Petersilie bestreuen.

Dauert etwa 45 Minuten
1 Portion = 759 kcal/ 146 mg Cholesterin
29 g Fett/ 23 g Eiweiß/ 97 g Kohlenhydrate

Spaghetti mit Oliven

Für 4 Portionen
3 mittelgroße Tomaten
150 g schwarze Oliven
1 kleine unbehandelte Orange
1 Orange
1/2 Bund Thymian
400 g dünne Spaghetti
Salz
4 EL Olivenöl
1 EL Butter
schwarzer Pfeffer aus der Mühle

• Tomaten abziehen und klein würfeln, dabei die Stielansätze entfernen. Oliven entsteinen und grob zerkleinern. Die unbehandelte Orange waschen und abtrocknen. Die Schale rundherum dünn abschneiden und fein hacken. Beide Orangen auspressen. Thymianblättchen abzupfen.
• Spaghetti in reichlich Salzwasser bißfest kochen.
• Inzwischen Öl und Butter in einer großen Pfanne erhitzen. Tomaten, Oliven, Orangenschale und Saft zugeben und unter ständigem Rühren etwa 2 Minuten schmoren.
• Spaghetti abgießen, abtropfen lassen und mit der Olivenmischung verrühren. Mit Salz und Pfeffer aus der Mühle würzen und auf gut vorgewärmten Tellern anrichten.

Dauert etwa 45 Minuten
1 Portion = 641 kcal/ 106 mg Cholesterin
30 g Fett/ 15 g Eiweiß/ 74 g Kohlenhydrate

Spaghetti in Käsesahne mit Möhren-Apfel-Rohkost

• Für die Salatsauce Zitrone waschen, abtrocknen und etwa die Hälfte der Schale rundherum dünn abreiben. Mit ausgepreßtem Zitronensaft, Honig, Koriander, einer kräftigen Prise Pfeffer, Apfelsaft, Essig und Öl verrühren.
• Möhren schälen und raspeln. Äpfel waschen oder schälen, vierteln, vom Kerngehäuse befreien und ebenfalls raspeln. Beide Zutaten mit der Salatsauce vermischen.
• Butter, Sahne und Käse in einem Topf bei mittlerer Hitze unter Rühren erhitzen, bis der Käse geschmolzen und die Sauce dickflüssig ist. Majoran fein hacken und daruntermischen. Die Sauce mit Salz und Pfeffer abschmecken.
• Die Spaghetti in reichlich Salzwasser bißfest kochen, abgießen, gut abtropfen lassen und mit der Sauce mischen. Auf vorgewärmten Tellern anrichten. Die Möhren-Apfel-Rohkost dazu servieren.

Dauert etwa 45 Minuten
1 Portion = 831 kcal/ 195 mg Cholesterin
41 g Fett/ 24 g Eiweiß/ 85 g Kohlenhydrate

Für 4 Portionen

Rohkost:
1 kleine unbehandelte Zitrone
1 TL Honig
1/2 TL gemahlener Koriander
frischgemahlener weißer Pfeffer
4 EL ungesüßter Apfelsaft
2 EL Apfelessig
2 EL Maiskeimöl
2 mittelgroße Möhren
2 säuerliche Äpfel (Gloster)

Käsesahne:
50 g Butter
200 g süße Sahne
100 g frischgeriebener Parmesankäse
1 kleines Bund frischer Majoran
Salz, Pfeffer
400 g Spaghetti

Nudeln mit Sprossen

• Mungobohnen, Alfalfasamen und Kürbiskerne getrennt 4 Tage keimen lassen (siehe Seite 24). Gekeimte Sprossen waschen und abtropfen lassen.
• Zwiebel und Knoblauchzehe abziehen, fein hacken und im heißen Öl bei schwacher Hitze glasig braten. Sprossen und Crème fraîche zugeben, aufkochen und zugedeckt bei schwacher Hitze 5 Minuten garen.
• Zucchini waschen, putzen und in Stifte teilen. Mit den Sprossen mischen, mit Salz, Pfeffer und Zitronensaft würzen und zugedeckt heiß halten. Schnittlauch waschen, trockentupfen und in Röllchen schneiden.
• Nudeln in reichlich Salzwasser bißfest garen, abgießen, abtropfen lassen und mit Sprossengemüse mischen. Mit Schnittlauch bestreut servieren.

Dauert etwa 30 Minuten
1 Portion = 706 kcal/ 164 mg Cholesterin
32 g Fett/ 25 g Eiweiß/ 76 g Kohlenhydrate

Die Sprossen müssen 4 Tage keimen

Für 3 Portionen

20 g Mungobohnen
20 g Alfalfasamen
20 g Kürbiskerne
1 Zwiebel
1 Knoblauchzehe
1 EL Olivenöl
200 g Crème fraîche
3 kleine Zucchini
Salz
weißer Pfeffer aus der Mühle
2 EL Zitronensaft
1 Bund Schnittlauch
300 g breite Nudeln

Buchweizenspätzle mit Gemüse

Für 4 Portionen

200 g Buchweizenmehl
Salz
1/4 l Milch
3 Eier
2 große Zwiebeln
1 Handvoll Salbeiblättchen
100 g Spinat
250 g Wirsingblätter
200 g grüne Bohnen
100 g Fontina- oder Greyerzer Käse
3 EL Öl
weißer Pfeffer

Buchweizenspätzle – Pizzoccheri oder Pizokel – ißt man in Italien und in der Schweiz. Typisch dazu ist außer Wirsing und Salbei auch gebratener Räucherspeck. Für die vegetarische Variante vermischt man die heißen Spätzle statt dessen mit Käse.

• Mehl mit einer kräftigen Prise Salz, Milch und Eiern verrühren. Der Teig soll so zähflüssig sein, daß Konturen, die Sie mit dem Kochlöffel ziehen, nur langsam wieder verfließen. Gegebenenfalls noch etwas Milch untermischen. Zugedeckt ruhenlassen, bis die anderen Zutaten vorbereitet sind.

• Zwiebeln abziehen und fein hacken. Salbeiblättchen in Streifen schneiden. Spinat, Wirsing und Bohnen waschen. Wirsing und Bohnen schräg in Streifen schneiden. Käse entrinden und in kleine Würfel schneiden.

• Öl erhitzen. Zwiebel darin bei schwacher Hitze glasig und weich braten.

• Reichlich Wasser mit Salz zum Kochen bringen. Spätzleteig portionsweise vom Brett schaben oder durch den Spätzlehobel in das sprudelnd kochende Wasser geben. Die Spätzle kochen, bis sie an die Oberfläche steigen, und dann noch etwa 1 Minute garen.

• Die jeweils garen Spätzle mit einem Schaumlöffel herausnehmen und in einer vorgewärmten Schüssel mit Zwiebeln vermischt warm halten.

• Bohnen im sprudelnd kochenden Spätzlewasser 5 Minuten garen. Wirsing und Spinat zugeben und weitere 3 Minuten garen. Abgießen – Wasser eventuell für eine Suppe auffangen – und mit den Käsewürfeln zu den Spätzle geben. Alles vermischen, mit Pfeffer aus der Mühle würzen und sofort servieren.

Dauert etwa 1 Stunde
1 Portion = 518 kcal/ 298 mg Cholesterin
23 g Fett/ 21 g Eiweiß/ 51 g Kohlenhydrate

Dazu paßt: gemischter Salat oder Tomatensalat

Spätzle vom Brett schaben

Ein Holzbrett mit Griff kalt abspülen. 2 Eßlöffel Teig auf das vordere Drittel des Brettes streichen. Am Griff über den Topf mit sprudelnd kochendem Wasser halten. Für alle Spätzle einen dünnen Streifen Teig mit einem langen Messer abschneiden, mit Schwung abschaben und ins sprudelnde Wasser befördern. Das Brett zwischendurch ab und zu naß machen, damit der Teig nicht kleben bleibt.

Schweizer Käsenudeln

• Zwiebeln abziehen und in dünne Ringe hobeln. In der heißen Butter unter häufigem Wenden bei mittlerer bis schwacher Hitze weich und goldbraun braten.
• Inzwischen Kartoffeln schälen, waschen, halbieren und in dünne Scheiben schneiden. In der Brühe einmal aufkochen und 3 Minuten kochen lassen.
• Nudeln zugeben und weitere 6 bis 8 Minuten garen, bis die Kartoffeln weich und die Nudeln bißfest sind.
• Abgießen (die Brühe auffangen und für eine Suppe verwenden) und lagenweise mit dem Käse und den Zwiebeln in eine gut vorgewärmte Suppenterrine füllen. Pfeffer aus der Mühle und Petersilie darüberstreuen.

Dauert etwa 40 Minuten
1 Portion = 638 kcal/ 146 mg Cholesterin
32 g Fett/ 30 g Eiweiß/ 54 g Kohlenhydrate

Dazu paßt: Tomatensalat

Zur Abwechslung
• 1 große Möhre und 1 Stück Knollensellerie in Stifte schneiden und mit den Kartoffeln kochen.
• Käse weglassen, Kartoffeln und Nudeln mit fertig gekauftem Pesto mischen.

Reste-Tip
Die Brühe von Kartoffeln und Nudeln kann man für eine Suppe oder zum Kochen von Hülsenfrüchten verwenden.

Der richtige Käse
Zu deftigen Nudelgerichten und Käsespätzle passen fette Käsesorten: Mit Greyerzer, Schweizer Emmentaler oder Fontina vermischt, schmecken die Nudeln sehr würzig, mit jungem Gouda oder Bel Paese eher mild.

Für 4 Portionen

2 große Zwiebeln
50 g Butter
2 große Kartoffeln (vorwiegend festkochende Sorte)
1 1/2 l Gemüsebrühe
250 g Hörnchennudeln
250 g geriebener Greyerzer oder Emmentaler Käse
schwarzer Pfeffer
1 EL gehackte Petersilie

Nudeln und Kartoffeln in einem Essen finden Sie in der einfachen, früher bäuerlichen Küche sehr häufig. Die Frauen kombinierten Lebensmittel, die richtig satt machten, gaben als Würze Gemüse und Käse dazu. Zu solch delikater Hausmannskost gehören auch die Schweizer Nudeln.

Ravioli mit Ricotta und Kräutern

Für 5 Portionen
Teig:
400 g Mehl
Salz
3 mittelgroße Eier
2–4 EL kaltes Wasser
Mehl zum Ausrollen
Füllung:
150 g Ricotta
1 EL Crème fraîche
2 Bund gemischte Kräuter
1 Zwiebel
1 Knoblauchzehe
2 Eier
3 EL Semmelbrösel
Salz, weißer Pfeffer
geriebene Muskatnuß
Butter und geriebener Käse zum Anrichten

• Aus Mehl, 1 Teelöffel Salz, 3 Eiern und zunächst 2 Eßlöffeln Wasser einen Nudelteig kneten. Bei Bedarf tropfenweise das restliche Wasser zugeben. In Pergamentpapier gewickelt 1 Stunde bei Zimmertemperatur ruhenlassen.
• Für die Füllung den Ricotta mit Crème fraîche und den gewaschenen Kräutern im Blitzhacker fein zerkleinern.
• Zwiebel und Knoblauch abziehen und fein hacken. Mit Eiern und Semmelbröseln, Salz, Pfeffer und Muskat unter die Käsecreme mischen.
• Den Teig in 4 Portionen teilen und auf wenig Mehl zu 4 möglichst gleich großen, dünnen Platten ausrollen. Mit Füllung belegen, Ravioli schneiden und ruhenlassen.
• Ravioli in reichlich Salzwasser garen und gut abgetropft mit Butter, Käse und Pfeffer aus der Mühle anrichten.

Dauert etwa 2 Stunden
1 Portion = 579 kcal/ 386 mg Cholesterin
20 g Fett/ 26 g Eiweiß/ 69 g Kohlenhydrate

Dazu paßt: gemischter Salat oder Tomatensalat

Mit Fleisch
100 Gramm feingehacktes, gekochtes Rind- oder Kalbfleisch und 50 Gramm italienische Mortadella fein zerkleinern. Mit Zwiebeln, Knoblauch, Kräutern und Crème fraîche schmoren und abgekühlt mit den anderen Zutaten mischen.

Zur Abwechslung
• Statt Ricotta 100 Gramm Gorgonzola und 50 Gramm Magerquark nehmen.
• Käse durch Gemüse ersetzen: 1 kleine Möhre und 1 kleinen Zucchino fein zerkleinern, mit Zwiebel und Knoblauch in 1 Eßlöffel Öl schmoren und mit Crème fraîche dick einkochen. Abgekühlt mit den anderen Zutaten mischen.

Mit Fisch
150 Gramm Lottefilet mit 1 Hummerkrabbenschwanz, 1 Bund gemischten Kräutern und 1 großen Stück unbehandelter Zitronenschale im Blitzhacker pürieren. 1 Ei, 1 gehackte Schalotte, 1 zerdrückte Knoblauchzehe, 2 Eßlöffel Zitronensaft, Salz, eine Prise Korianderpulver und weißen Pfeffer aus der Mühle untermischen.

Tortellini mit Pilzen

• Aus Mehl, 1 Teelöffel Salz, Eiern und zunächst 2 Eßlöffeln Wasser einen Nudelteig kneten und nach Bedarf tropfenweise das restliche Wasser zugeben. In Pergamentpapier gewickelt 1 Stunde bei Zimmertemperatur ruhenlassen.

• Für die Füllung die Pilze mit dem Wiegemesser ganz fein zerkleinern. Abgezogene Zwiebel und gewaschene Kräuter fein hacken. Käse in sehr kleine Würfel schneiden.

• Öl erhitzen. Pilze, Zwiebel und Kräuter darin bei mittlerer bis starker Hitze unter Rühren etwa 5 Minuten schmoren, bis die Flüssigkeit, die sich bildet, wieder verdampft ist. In eine Schüssel geben und abkühlen lassen.

• Käse untermischen, mit wenig Salz und je einer kräftigen Prise Muskat und Pfeffer würzen.

• Den Teig in 2 Portionen teilen. Die erste Portion auf etwas Mehl zu einer dünnen Platte ausrollen. Mit einem Glas oder einem Plätzchenausstecher etwa handtellergroße Kreise ausstechen.

• In die Mitte jeden Kreises etwa 1 Teelöffel Füllung geben. Teig rund um die Füllung mit kaltem Wasser bestreichen. Teigkreise als Halbmonde zusammenklappen und an den Rändern gut festdrücken und zu Tortellini formen (siehe unten). Fertige Tortellini nebeneinander auf die bemehlte Arbeitsfläche legen.

• Tortellini in reichlich Salzwasser etwa 4 Minuten garen und gut abgetropft auf heißen Tellern mit Butter, Käse und Pfeffer aus der Mühle anrichten.

Dauert etwa 2 Stunden
1 Portion = 549 kcal/ 257 mg Cholesterin
22 g Fett/ 24 g Eiweiß/ 59 g Kohlenhydrate

Tortellini formen

Einen gefüllten Teighalbmond mit beiden Händen über dem Zeigefinger zu einem Ring formen. Dabei soll sich der Teigrand nach oben biegen und der Tortellino die typische Form bekommen. Die Teigenden des »Ringes« muß man gut zusammendrücken, damit sich die Tortellini beim Kochen nicht auflösen.

Für 5 Portionen

Teig:

400 g Weizenvollkornmehl

Salz

3 mittelgroße Eier

2–4 EL kaltes Wasser

Mehl zum Ausrollen

Füllung:

250 g Austernpilze

1 große Zwiebel

1 Handvoll gemischte frische Kräuter

100 g Fontinakäse

1 EL Öl

Salz

geriebene Muskatnuß

weißer Pfeffer

Butter und geriebener Käse zum Anrichten

Die Kräuter für die Füllung sollten kräftig sein: Rosmarin und Majoran, Salbei und Petersilie schmecken gut. Wer sie frisch nicht bekommt, nimmt 1 Päckchen provenzalische Tiefkühlkräuter.

Der richtige Käse
Für Ravioli und Tortellini eignet sich fetter, frischgeriebener Hartkäse: Parmesan, Grana padano, Grana trentino, Ragusano, Pecorino oder alter Gouda.

Südtiroler Schlutzkrapfen mit Spinat

Für 6 Portionen

Teig:

100 g Roggenvollkornmehl

200 g Weizenvollkornmehl

Salz

3 mittelgroße Eier

1 TL Zitronensaft

4–5 EL Wasser

1/2 EL Öl

Mehl für die Arbeitsfläche

Füllung:

1 Paket Tiefkühlblattspinat (300 g)

1 Gemüsezwiebel

1 Bund Petersilie

1 EL Butterschmalz

1/2 TL abgeriebene Zitronenschale

Salz, weißer Pfeffer

1 Ei

50 g Butter

100 g geriebener Parmesankäse

Die großen Nudeltaschen erinnern an Schwäbische Maultaschen (Seite 220) und werden ebenfalls mit Spinat wie hier oder mit Fleisch gefüllt. Doch Schlutzkrapfen bestreut man auf die italienische Art mit frischgeriebenem Parmesan. Zu Maultaschen gibt es immer geröstete Semmelbrösel und oft auch gebratene Zwiebeln.

• Aus den beiden Mehlsorten, Salz, Eiern, Zitronensaft, Wasser und Öl einen Nudelteig kneten, in Pergamentpapier wickeln und bei Zimmertemperatur ruhenlassen, bis die Füllung zubereitet ist.

• Für die Füllung den Spinat auftauen lassen und gut ausdrücken. Die abgezogene Zwiebel und die gewaschene Petersilie fein zerkleinern.

• Butterschmalz erhitzen, Spinat, Zwiebel und Petersilie darin bei schwacher Hitze etwa 5 Minuten schmoren. Mit Zitronenschale, Salz und Pfeffer aus der Mühle kräftig würzen und abkühlen lassen. Das Ei untermischen.

• Den Teig in 2 Portionen teilen und auf wenig Mehl zu 2 möglichst gleich großen, dünnen Platten ausrollen. Platten in Rechtecke von 5 mal 12 Zentimetern schneiden. Jeweils in die Mitte der Rechtecke die Füllung geben.

• Teigränder mit Wasser bestreichen. Jedes Rechteck zusammenklappen und die Ränder mit den Zinken einer Gabel gut festdrücken.

• Butter bei schwacher Hitze schmelzen und bräunen.

• Schlutzkrapfen in reichlich sprudelnd kochendem Salzwasser etwa 3 Minuten garen, bis sie an die Oberfläche steigen. Herausnehmen, auf heißen Tellern anrichten und mit der Butter übergießen. Den Parmesan darüberstreuen und die Schlutzkrapfen sofort servieren.

Dauert etwa 1 1/2 Stunden
1 Portion = 413 kcal/ 275 mg Cholesterin
21 g Fett/ 19 g Eiweiß/ 34 g Kohlenhydrate

Dazu paßt: *Kopfsalat mit Kräutervinaigrette*

Gefüllte Teigrollen mit Pilzen und Gemüse

• Für die Füllung Tomaten abziehen und würfeln, die Stielansätze entfernen. Die Pilze, Zucchino und Sellerie putzen, waschen und fein zerkleinern. Zwiebel und Knoblauch abziehen und fein hacken.
• Olivenöl in einem Topf erhitzen. Thymian, Zwiebel und Knoblauch darin bei mittlerer Hitze unter Rühren anbraten. Zerkleinertes Gemüse zugeben und etwa 3 Minuten schmoren.
• Tomaten, Brühe und Tomatenmark zugeben und bei starker Hitze unter Rühren schmoren, bis die Flüssigkeit auf etwa 2/3 eingekocht ist. Mit Salz, Pfeffer und Zucker abschmecken und lauwarm abkühlen lassen.
• Für den Belag den Schafkäse fein zerkrümeln. Mit je einer kräftigen Prise Cayennepfeffer und Muskatnuß vermischen. Mozzarella abtropfen lassen und würfeln.
• Jede Teigplatte mit Füllung bestreichen, aufrollen und nebeneinander in eine flache Gratinform legen. Schafkäse darüberstreuen. Mozzarella darauf verteilen.
• Teigrollen in den kalten Backofen (mittlere Schiene) stellen und bei 180 Grad (Umluft: 160 Grad, Gas: Stufe 2) etwa 30 Minuten backen, bis sie oben schön gebräunt sind.

Dauert etwa 2 Stunden
Arbeiten müssen Sie etwa 1 1/4 Stunden
1 Portion = 421 kcal/ 93 mg Cholesterin
19 g Fett/ 24 g Eiweiß/ 37 g Kohlenhydrate

Welche Teigplatten?

Den Teig für die Rollen können Sie fertig kaufen: In Asienläden gibt es etwa 24 Zentimeter große Teigplatten für Frühlingsrollen, in türkischen Lebensmittelgeschäften etwas kleinere Teigstücke aus Weizenmehl, Hefe und Wasser. Andere Möglichkeit: Platten wie Cannelloni aus Nudelteig selber machen. Dann müssen Sie die süße Sahne zum Backen noch mit 200 Milliliter Milch ergänzen.

Für 4 Portionen
Füllung:
300 g Tomaten
150 g Champignons
1 kleiner Zucchino
2 Selleriestangen
1 Zwiebel
1 Knoblauchzehe
1 EL Olivenöl
1 TL getrockneter Thymian
4 EL Gemüsebrühe
1 EL Tomatenmark
Salz, schwarzer Pfeffer
1 Prise Zucker
Belag:
100 g weicher Schafkäse
Cayennepfeffer
geriebene Muskatnuß
250 g Mozzarella
12 bis 16 quadratische
Teigplatten (siehe unten)

Vollkornmaultaschen mit Grünkohl

Für 5 Portionen

Teig:	
300 g Weizenvollkornmehl	
Salz	
2 Eier	
5 EL Milch	
3 EL Öl	
Mehl für die Arbeitsfläche	
eventuell Wasser	
Füllung:	
750 g Grünkohl	
250 g Zwiebeln	
2 kleine Kartoffeln	
(mehlige Sorte)	
3 EL Gemüsebrühe	
Salz, weißer Pfeffer	
1 TL getrockneter Majoran	
50 g Butter	

Reste-Tip

Bei den Maultaschen lohnt es sich, wenn man sie auf Vorrat kocht und einfriert. Zum Servieren entweder im Mikrowellengerät auftauen und erhitzen. Oder bei schwacher Hitze in einer Pfanne mit wenig Fett braten.

• Mehl, Salz, Eier, Milch und 2 Eßlöffel Öl zum Nudelteig verkneten und in Pergamentpapier gewickelt 1 Stunde bei Zimmertemperatur ruhenlassen.
• Inzwischen für die Füllung den Grünkohl waschen, Blätter von den Stielen streifen und mit dem Wiegemesser fein hacken. Eine Zwiebel hacken. Die Kartoffeln schälen, waschen und fein reiben.
• Das restliche Öl in einem großen Topf erhitzen. Die Zwiebel darin unter häufigem Wenden bei schwacher Hitze glasig braten. Grünkohl und Kartoffeln unter Rühren einige Minuten mitbraten. Die Brühe, Salz, Pfeffer und den Majoran zugeben. Grünkohl zugedeckt bei schwacher Hitze 15 Minuten garen. Bei starker Hitze unter Rühren schmoren, bis alle Flüssigkeit verdampft ist. In einer Schüssel lauwarm abkühlen lassen.
• Den Teig in 2 Portionen teilen und auf Mehl möglichst dünn ausrollen. In etwa 6 mal 12 Zentimeter große Rechtecke schneiden und rundherum an den Rändern mit etwas Wasser bestreichen. Teigstücke mit Füllung belegen, zusammenklappen und am Rand leicht festdrücken.
• Die restlichen Zwiebeln halbieren, in dünne Scheiben hobeln und in der heißen Butter bei schwacher Hitze in etwa 15 Minuten weich und goldbraun braten. Dabei mehrmals wenden.
• Während die Zwiebeln braten, die Maultaschen in sprudelnd kochendem Salzwasser etwa 3 Minuten garen. Abgießen, gut abtropfen lassen und auf vorgewärmten Tellern anrichten. Die Zwiebeln darüber verteilen.

Dauert etwa 2 1/2 Stunden
Arbeiten müssen Sie etwa 1 1/2 Stunden
1 Portion = 451 kcal/ 165 mg Cholesterin
19 g Fett/ 16 g Eiweiß/ 51 g Kohlenhydrate

Dazu paßt: gemischter Salat

Nudeltäschchen mit roten Beten

• Für den Teig Mehl, Salz, Eier, Milch und 2 Eßlöffel Öl in einer Schüssel vermischen. Zuerst mit den Knethaken des Handrührgerätes vermischen, bis der Teig bröckelig ist. Teig auf die Arbeitsfläche geben und mit den Händen so lange durchkneten, bis er geschmeidig ist, nicht mehr an den Fingern klebt und sich gut ausrollen läßt. Sollte der Teig auch beim Kneten noch zu fest oder bröckelig sein, tropfenweise kaltes Wasser unterkneten.

• Teig in Pergamentpapier gewickelt 1 Stunde bei Zimmertemperatur ruhenlassen.

• Inzwischen für die Füllung 1 Zwiebel hacken. Rote Beten und Kartoffel schälen, waschen und fein reiben. Restliches Öl in einem großen Topf erhitzen. Die Zwiebel darin unter häufigem Wenden bei schwacher Hitze glasig braten. Rote Beten und Kartoffel zugeben und unter Rühren einige Minuten schmoren. Brühe, Salz, Pfeffer und Majoran zugeben. Gemüse zugedeckt etwa 15 Minuten garen. In eine Schüssel geben und lauwarm abkühlen lassen.

• Arbeitsfläche dünn mit Mehl bestäuben. Teig in 2 Portionen teilen und auf der Arbeitsfläche möglichst dünn ausrollen. Mit einer Kaffeetasse Kreise ausstechen. Jeweils etwas Füllung in die Mitte der Kreise setzen. Teigkreise rundherum an den Rändern mit etwas Wasser bestreichen, über der Füllung zu Halbmonden zusammenklappen und am Rand leicht festdrücken.

• Restliche Zwiebeln halbieren, in dünne Scheiben hobeln und in der heißen Butter bei schwacher Hitze unter Wenden in etwa 15 Minuten weich und goldbraun braten.

• Reichlich Wasser mit Salz aufkochen. Nudeltäschchen in das sprudelnd kochende Salzwasser geben und etwa 3 Minuten garen. Abgießen, abtropfen lassen und auf heißen Tellern anrichten. Gebratene Zwiebeln darüber verteilen.

Dauert etwa 3 Stunden
1 Portion = 448 kcal/ 165 mg Cholesterin
19 g Fett/ 13 g Eiweiß/ 54 g Kohlenhydrate

Dazu paßt: Salat

Für 5 Portionen
Teig:
300 g Weizenvollkornmehl
Salz
2 Eier
5 EL Milch
3 EL Öl
eventuell Wasser
Mehl für die Arbeitsfläche
Füllung:
250 g Zwiebeln
300 g rote Beten
1 mehlig kochende Kartoffel
(ca. 150 g)
3 EL Gemüsebrühe
Salz
frischgemahlener weißer Pfeffer
1 TL getrockneter Majoran
50 g Butter

Reste-Tip

Die Nudeltäschchen kann man auf Vorrat kochen – für die Zeit spielt es kaum eine Rolle, wenn Sie gleich die doppelte Menge zubereiten und einfrieren. Zum Servieren wie Vollkornmaultaschen (links) zubereiten.

221

Vollkornlasagne mit Gemüse

Für 6 Portionen

Teig:

200 g Weizenvollkornmehl

Salz

1 Ei

2–3 Eigelbe

1 EL Öl

Mehl für die Arbeitsfläche

Füllung:

1 kg gemischte Gemüse wie Brokkoli, Zucchini, Pilze, Stangensellerie und/oder Möhren

1 Bund Lauchzwiebeln

300 g Mozzarellakäse

2 Knoblauchzehen

2 Bund Petersilie

75 g Parmesankäse

75 g Pistazien- oder Sonnenblumenkerne

3/4 l Milch

40 g Weizenvollkornmehl

1 EL getrockneter Oregano

Salz, weißer Pfeffer

Cayennepfeffer

Reste-Tip

Für die vegetarische Lasagne brauchen Sie nicht eigens Gemüse zu kaufen; sie schmeckt mit Gemüseresten, die Sie gerade zur Hand haben, oder mit Tiefkühlgemüse aus dem Vorrat.

• Für den Nudelteig Mehl mit Salz, Ei, zunächst nur 2 Eigelben und Öl zu einem Nudelteig verkneten. Falls der Teig zu trocken ist, das dritte Eigelb unterkneten. Teig in Pergamentpapier wickeln und bei Zimmertemperatur ruhenlassen, bis die Füllung vorbereitet ist.

• Gemüse putzen, schälen oder waschen und mittelfein zerkleinern. Die Lauchzwiebeln putzen, waschen und mit allen saftigen grünen Blättern in dünne Ringe schneiden. Mozzarella abtropfen lassen und würfeln.

• Für die Gemüsesauce den Knoblauch abziehen, Petersilie waschen und trockentupfen, Käse in Stücke brechen. Diese Zutaten mit 1/3 des Gemüses und den Pistazien oder Sonnenblumenkernen im Blitzhacker pürieren.

• Dieses Püree mit Milch, Weizenvollkornmehl, Oregano, Salz und den beiden Pfeffersorten kräftig verrühren, bis sich das Mehl aufgelöst hat.

• Den Teig in 3 Portionen teilen und auf Mehl oder in der Nudelmaschine zu dünnen Platten ausrollen. Teigplatten in etwa 6 mal 15 Zentimeter große Stücke schneiden.

• Eine flache Gratinform mit etwas Gemüsesauce ausgießen. Abwechselnd die Teigplatten, das zerkleinerte Gemüse, die Lauchzwiebelringe und die Mozzarellawürfel in die Form schichten. Jede Schicht mit Gemüsesauce begießen. Obenauf den Rest der Sauce und die restlichen Mozzarellawürfel geben.

• Die Lasagne in den kalten Backofen (mittlere Schiene) schieben und bei 220 Grad (Umluft: 200 Grad, Gas: Stufe 3–3 1/2) etwa 45 Minuten backen.

Dauert etwa 2 Stunden
Arbeiten müssen Sie etwa 1 1/4 Stunden
1 Portion = 575 kcal/ 248 mg Cholesterin
29 g Fett/ 33 g Eiweiß/ 41 g Kohlenhydrate

Dazu paßt: gemischter Salat

Cannelloni mit Tofu und Spinat

• Mehl mit Salz, Ei, zunächst 1 Eigelb und Öl zu einem Nudelteig verkneten. Falls der Teig zu fest ist, 1 oder 2 weitere Eigelbe unterkneten. In Folie gewickelt bei Zimmertemperatur ruhenlassen, bis die Füllung zubereitet ist.

• Spinat verlesen, von harten Stielen befreien und waschen. Tropfnaß in einen großen Topf geben und zugedeckt bei starker Hitze heiß werden lassen. Auf einem Sieb abtropfen lassen und ausdrücken. Spinat, Zwiebel und Knoblauchzehe fein hacken. Tofu abtropfen lassen. Etwa 3/4 davon mit einer Gabel fein zerdrücken oder im Mixer pürieren. Mit gehacktem Spinat, Zwiebel und Knoblauch mischen und mit Salz, Pfeffer und Muskatnuß abschmecken.

• Restlichen Tofu mit Sahne im Mixer pürieren und mit geriebenem Parmesan mischen.

• Mehl auf die Arbeitsfläche streuen. Teig darauf kräftig durchkneten, bis er nicht mehr klebt und geschmeidig ist. Gegebenenfalls noch etwas mehr Mehl verwenden.

• In 6 Stücke schneiden. Jedes Teigstück auf wenig Mehl oder in der Nudelmaschine zu einem Streifen von etwa 10 mal 30 Zentimetern ausrollen. Die Streifen jeweils in der Mitte teilen, so daß sich 12 Teigplatten ergeben.

• Jede Platte mit Füllung bestreichen und aufrollen. Cannelloni nebeneinander in eine flache, gefettete Gratinform legen. Tofusahne darübergießen. Butter in kleine Stücke schneiden und auf den Cannelloni verteilen.

• Cannelloni in den kalten Backofen (mittlere Schiene) stellen und bei 200 Grad (Umluft: 180 Grad, Gas: Stufe 3) etwa 45 Minuten backen, bis sie oben schön gebräunt sind.

Dauert etwa 2 Stunden
Arbeiten müssen Sie etwa 1 1/4 Stunden
1 Portion = 497 kcal/ 200 mg Cholesterin
33 g Fett/ 22 g Eiweiß/ 25 g Kohlenhydrate

Dazu paßt: gemischter Salat mit Sonnenblumenkernen und Kräutern

Für 6 Portionen

Teig:
150 g Weizenmehl Type 1050
Salz
1 Ei
1–3 Eigelbe
1 EL Öl
Mehl für die Arbeitsfläche

Füllung:
1 kg Spinat
1 Zwiebel
1 Knoblauchzehe
500 g Tofu
Salz, weißer Pfeffer
geriebene Muskatnuß
250 g süße Sahne
100 g geriebener Parmesankäse
Öl für die Form
2 EL Butter

Der richtige Käse
Für überbackene italienische Nudelgerichte wie Cannelloni, Lasagne und gratinierte Polenta nimmt man geriebenen Parmesan oder Pecorino und eventuell gewürfelten Mozzarella.

223

Der Teig muß 1 1/2 Stunden
ruhen

Gratin mit selbstgemachten Nudeln und Gemüse

Für 6 Portionen

Teig:

200 g Mehl

Salz

2 Eier

1 EL Öl

2–4 Eigelbe

Mehl für die Arbeitsfläche

Gemüse:

300 g grüne Bohnen

300 g Kartoffeln (vorwiegend festkochende Sorte)

250 g Spinat

1/2 Paket Tiefkühlerbsen (150 g)

2 mittelgroße Tomaten

1 große Zwiebel

1 Knoblauchzehe

1 Bund Bohnenkraut

100 ml Milch

50 g süße Sahne

150 g geriebener Emmentaler Käse

schwarzer Pfeffer

1 Bund Schnittlauch

Viel schneller

250 Gramm gekaufte breite Vollkornnudeln mit dem Gemüse 5 Minuten garen und das Gratin im Rezept oben weiter zubereiten.

• Für die Nudeln Mehl, Salz, die ganzen Eier und das Öl vermischen. Nach und nach so viele Eigelbe – das letzte eventuell verquirlt – darunterkneten, bis der Teig glatt und formbar ist. In Pergamentpapier gewickelt bei Zimmertemperatur 1 Stunde ruhenlassen.

• Teigkugel in 4 Stücke teilen. Jedes Stück einige Male auf der bemehlten Arbeitsfläche mit den Händen durchkneten oder durch die Nudelmaschine drehen. Stücke zu dünnen Platten ausrollen und auf Küchentüchern etwa 10 Minuten trocknen lassen. Jede Platte zu Nudeln schneiden. Diese wiederum auf Küchentüchern etwa 1 Stunde trocknen lassen, damit sie beim Garen kernig bleiben.

• Inzwischen Bohnen waschen, putzen und in etwa 5 Zentimeter lange Stücke schneiden. Kartoffeln schälen, waschen und in etwa 1 Zentimeter dicke Scheiben schneiden. Spinat verlesen, waschen und trockenschwenken.

• In einem großen Topf reichlich Wasser mit Salz zum Kochen bringen. Bohnen und Kartoffeln darin 10 Minuten garen. Spinat, Erbsen und Nudeln hinzufügen, aufkochen und etwa 1 Minute garen. Gemüse abgießen und in eine ofenfeste Form mit niedrigem Rand geben.

• Backofen auf 220 Grad (Umluft: 180 Grad, Gas: Stufe 4) vorheizen.

• Tomaten abziehen und in Scheiben schneiden. Zwiebel und Knoblauch hacken. Bohnenkraut fein zerkleinern.

• Diese drei Zutaten locker unter das Gemüse und die Nudeln mischen. Alles in der Form gleichmäßig verteilen. Milch mit der Sahne verquirlen und an den Seiten hinzugießen. Tomatenscheiben auf das Gemüse legen, den Käse und Pfeffer aus der Mühle darüberstreuen.

• Gratin in den heißen Backofen (mittlere Schiene) stellen und 15 Minuten backen, bis der Käse zerlaufen ist. Mit fein zerkleinertem Schnittlauch bestreut servieren.

**Dauert etwa 1 1/4 Stunden
1 Portion = 428 kcal/
288 mg Cholesterin
18 g Fett/ 21 g Eiweiß/
42 g Kohlenhydrate**

Geschichtete Nudeln mit Gemüse

• Auberginen waschen, abtrocknen, putzen und längs in etwa 1/2 Zentimeter dicke Scheiben schneiden. Portionsweise im heißen Öl bei schwacher Hitze auf beiden Seiten hellbraun braten.
• Nudeln in reichlich Salzwasser bißfest garen. Tomaten abziehen und würfeln. Zwiebeln und Knoblauch hacken. Rosmarin- und Salbeiblättchen fein zerkleinern. Zwiebeln, Knoblauch und Kräuter mit etwa 2/3 des Käses mischen.
• Auberginen, abgetropfte Nudeln und Tomaten schichtweise in eine große, flache Gratinform geben. Jede Schicht mit der Käsemischung und mit Salz und Pfeffer bestreuen.
• Crème fraîche mit Milch, Eiern, Cayennepfeffer und Muskatnuß verquirlen und darübergießen. Restlichen Käse und Butterflöckchen darüber verteilen.
• Nudeln in den kalten Backofen (mittlere Schiene) schieben und bei 200 Grad (Umluft: 180 Grad, Gas: Stufe 3) etwa 40 Minuten backen, bis sie oben schön gebräunt sind.

Dauert etwa 1 1/2 Stunden
Arbeiten müssen Sie etwa 50 Minuten
1 Portion = 910 kcal/ 367 mg Cholesterin
47 g Fett/ 35 g Eiweiß/ 81 g Kohlenhydrate

Für 4 Portionen

600 g Auberginen
5 EL Olivenöl
400 g Gabelspaghetti oder Spiralnudeln
Salz
750 g Tomaten
2 Zwiebeln
2 Knoblauchzehen
2 Zweige Rosmarin
3 Salbeiblättchen
200 g geriebener mittelalter Goudakäse
schwarzer Pfeffer
100 g Crème fraîche
1/8 l Milch
2 Eier
Cayennepfeffer
geriebene Muskatnuß
1 EL Butter

Schnelles Nudelgratin

• Nudeln mit gefrorenen Erbsen, passierten Tomaten, Crème fraîche, Käse und Kräutern vermischen. Mit Salz und Pfeffer kräftig würzen.
• In eine ofenfeste Form geben und mit abgetropftem gewürfelten Mozzarella belegen. Die Butter in kleine Stücke schneiden und darüber verteilen.
• In den kalten Backofen (mittlere Schiene) schieben und bei 200 Grad (Umluft: 180 Grad, Gas: Stufe 3) etwa 30 Minuten backen, bis der Mozzarella zerlaufen und das Gratin schön gebräunt ist.

Dauert etwa 45 Minuten
Arbeiten müssen Sie etwa 15 Minuten
1 Portion = 737 kcal/ 175 mg Cholesterin
42 g Fett/ 38 g Eiweiß/ 45 g Kohlenhydrate

Dazu paßt: Feldsalat mit Pilzen und gehackten Nüssen

Für 4 Portionen

500 g beliebig gegarte Nudeln
1 Paket Tiefkühlerbsen (300 g)
1 Paket passierte Tomaten (500 g)
200 g Crème fraîche
150 g geriebener Emmentaler Käse
1 Päckchen gemischte Tiefkühlkräuter
Salz
weißer Pfeffer aus der Mühle
250 g Mozzarellakäse
1 EL Butter

Der Teig muß 1 Stunde
kühlen

Nudelquiche mit Lauch und Sprossen

Für 4 Portionen
Teig:
250 g Weizenmehl Type 1050
125 g Butter
1 Eigelb
1 EL kaltes Wasser
Salz
Belag:
4 dünne Lauchstangen
250 g gemischte Sprossen
1 EL Öl
150 g feine Vollkorn-
suppennudeln
Salz
1 Bund Petersilie
1 TL getrockneter Oregano
3 Eier
100 g Crème fraîche
1/8 l Milch
100 g geriebener Emmentaler
Käse
Muskatnuß
Cayennepfeffer
Fett für die Form

Der richtige Käse
Für Quiche, Auflauf und Gratin
nimmt man würzigen, fetten
mittelalten oder jungen Käse, der
cremig zerläuft. Gut geeignet sind
Fontina, Bel Paese, Mozzarella,
Gouda, Fontal und Emmentaler.

• Mehl mit weicher Butter, Eigelb, Wasser und Salz zu einem glatten Mürbeteig verkneten. In Pergamentpapier gewickelt etwa 1 Stunde kühl stellen.
• Inzwischen für den Belag den Lauch putzen, waschen und mit allen saftigen grünen Blättern in feine Ringe schneiden. Die Sprossen waschen und trockenschwenken. Beide Zutaten im heißen Öl bei mittlerer Hitze unter Rühren etwa 5 Minuten schmoren.
• Nudeln in reichlich Salzwasser bißfest garen, abgetropft mit dem Gemüse mischen und etwas abkühlen lassen.
• Petersilie waschen, trockentupfen und zerkleinern. Mit Oregano, Eiern, Crème fraîche, Milch und Käse unter die Nudelmischung rühren. Mit Salz, Muskat und Cayennepfeffer kräftig abschmecken.
• Eine gefettete Springform von 26 Zentimeter Durchmesser mit dem Teig auskleiden, dabei einen etwa 2 Zentimeter hohen Rand formen. Teigboden mehrmals mit einer Gabel einstechen und in den kalten Backofen (mittlere Schiene) schieben. Bei 220 Grad (Umluft: 200 Grad, Gas: Stufe 4) 15 Minuten vorbacken.
• Belag auf dem Quicheboden verteilen. Quiche bei 180 Grad (Umluft: 160 Grad, Gas: Stufe 2) weitere 30 Minuten backen, bis die Oberfläche leicht gebräunt ist.

Dauert etwa 1 1/2 Stunden
Arbeiten müssen Sie etwa 45 Minuten
1 Portion = 980 kcal/ 528 mg Cholesterin
57 g Fett/ 34 g Eiweiß/ 75 g Kohlenhydrate

Dazu paßt: *Grüner Salat mit Knoblauch-Kräuter-Dressing oder Möhrenrohkost mit saurer Sahne und Zitronensaft*

Zur Abwechslung
Den Quicheboden mit Nudelteig oder Hefeteig zubereiten. Wer wenig Zeit hat, nimmt tiefgefrorenen Blätterteig – entweder aus dem Supermarkt oder – mit Vollkornmehl – aus Naturkost- laden und Reformhaus.

Nudelgratin mit Sauerkraut

• Nudeln knapp gar kochen, so daß sie noch einen harten Kern haben. Abtropfen lassen und heiß mit Öl vermischen.
• Sauerkraut und Nüsse grob, Knoblauch und Petersilie fein zerkleinern. Crème fraîche mit Käse, Kümmel, Salz und Pfeffer verrühren. Nudeln mit diesen Zutaten mischen und in eine Gratinform geben.
• Gratin mit Butterstücken belegt in den kalten Backofen (mittlere Schiene) stellen. Bei 200 Grad (Umluft: 180 Grad, Gas: Stufe 3) etwa 30 Minuten backen, bis es gebräunt ist.

Dauert etwa 1 Stunde
Arbeiten müssen Sie etwa 30 Minuten
1 Portion = 571 kcal/ 152 mg Cholesterin
33 g Fett/ 18 g Eiweiß/ 46 g Kohlenhydrate

Dazu paßt: Petersilien-Möhren-Salat (Seite 95)

Für 4 Portionen

250 g breite Vollkornnudeln
Salz
1 EL Öl
250 g Sauerkraut
1 Knoblauchzehe
1 Bund Petersilie
2 EL Erdnüsse
200 g Crème fraîche
100 g geriebener mittelalter Goudakäse
1/2 TL gemahlener Kümmel oder Kreuzkümmel (Kumin)
weißer Pfeffer
1 EL Butter

Tortellinigratin mit Bohnen

• Bohnen waschen, putzen und in Stücke schneiden. Bohnenkrautstiele abschneiden. Blättchen beiseite legen.
• Bohnen, Bohnenkrautstiele und Tortellini in reichlich sprudelnd kochendem Wasser 5 Minuten garen. Abgießen und abtropfen lassen, Kochsud auffangen. 1/4 Liter davon für die Sauce abmessen. Bohnen und Tortellini in eine flache Gratinform geben.
• Zwiebel und Bohnenkrautblättchen fein zerkleinern und im heißen Öl bei schwacher Hitze etwa 2 Minuten braten.
• Mehl darüberstäuben und anrösten. Abgemessenen Bohnensud zugießen und unter Rühren aufkochen. Sahne untermischen, Sauce mit Salz und Pfeffer würzen.
• Über den Bohnen und den Tortellini verteilen und mit dem Käse bestreuen. Tomaten – nach Wunsch abgezogen – in Scheiben schneiden und auf das Gratin legen.
• Das Gratin in den kalten Backofen (mittlere Schiene) stellen und bei 200 Grad (Umluft: 180 Grad, Gas: Stufe 3) etwa 40 Minuten backen.

Dauert etwa 1 1/4 Stunden
Arbeiten müssen Sie etwa 35 Minuten
1 Portion = 630 kcal/ 139 mg Cholesterin
32 g Fett/ 24 g Eiweiß/ 56 g Kohlenhydrate

Für 4 Portionen

600 g grüne Bohnen
1 Bund Bohnenkraut
250 g Tortellini
Salz
1 Zwiebel
2 EL Öl
1 EL Mehl
1/4 l abgemessener Bohnensud
125 g süße Sahne
weißer Pfeffer
150 g geriebener Hartkäse
2 Tomaten
1 EL Butter

Das Gratin wird mit fertig gekauften, trockenen Tortellini zubereitet. Es schmeckt auch mit Makkaroni oder Hörnchennudeln.

Risotto mit Käse und Tomaten

Für 4 Portionen

1 kleine Zwiebel

1 Knoblauchzehe

2 EL Olivenöl

400 g Risottoreis (Avario, Arborio oder Vialone)

1 l Gemüsebrühe

Salz

weißer Pfeffer aus der Mühle

500 g Tomaten

200 g süße Sahne

150 g geriebener Parmesankäse

2 EL gehackte Petersilie

1 EL Butter

Zur Abwechslung

• **Tomaten weglassen, Risotto mit gehacktem Knoblauch, kleingewürfeltem Kürbis, Safran, süßer Sahne und frischgeriebenem Pecorino- käse zubereiten.**

• **Rukola oder Radicchio für den Risotto nehmen.**

• **Den Risotto nach dem Rezept für Nudeln mit Artischocken, Seite 209, zubereiten.**

• Zwiebel und Knoblauch abziehen, fein hacken und mit dem Reis im heißen Öl bei mittlerer Hitze unter Rühren etwa 3 Minuten braten.

• Etwa 1/3 der Gemüsebrühe dazugießen, Salz und Pfeffer dazugeben. Reis aufkochen und zugedeckt bei schwacher Hitze 10 Minuten garen. Die restliche Gemüsebrühe nach und nach zugießen. Den Risotto weitere 20 bis 30 Minuten garen und dabei häufig mit einer Gabel durchrühren.

• Tomaten abziehen und würfeln, dabei Stielansätze entfernen. Tomaten und Sahne zum Reis geben und Risotto bei starker Hitze unter Rühren etwa 3 Minuten schmoren, bis die Tomaten heiß, aber nicht zerfallen sind.

• Käse, Petersilie und Butter mit einer Gabel unter den Risotto ziehen. Risotto mit Salz und Pfeffer abschmecken und auf heißen Tellern anrichten.

Dauert etwa 1 Stunde
1 Portion = 784 kcal/ 92 mg Cholesterin
36 g Fett/ 24 g Eiweiß/ 86 g Kohlenhydrate

Reis für Risotto

Am besten schmeckt Arborio, weißer Rundkornreis aus Italien mit besonders großen Körnern – drei- bis viermal so groß wie von »normalem« Rundkornreis. Andere gute Sorten für Risotto sind Vialone, Roma oder Carnaroli. Wer sie nicht bekommt, nimmt »normalen« Milchreis mit kleineren Körnern. Dieser Rundkornreis wird ebenfalls in Italien angebaut und heißt bei uns nur deshalb Milchreis, weil man damit fast durchweg Süßspeisen mit Milch zubereitet.

Knoblauchrisotto mit Pilzen

• Pilze im Wasser etwa 15 Minuten einweichen. Zwiebel und Knoblauch abziehen und fein hacken. Austernpilze putzen und in Streifen schneiden.

• Öl und Thymian erhitzen, Austernpilze darin bei starker Hitze etwa 2 Minuten kräftig rösten. Herausnehmen und auf einem Teller beiseite stellen. Zwiebel und Knoblauch im heißen Öl bei schwacher Hitze glasig braten.

• Reis und zerriebenen Safran untermischen und einige Male umrühren. Die eingeweichten Pilze mit dem Einweichwasser und etwa 1/3 der Brühe zugießen. Risotto langsam zum Kochen bringen und zugedeckt bei schwacher Hitze 10 Minuten garen. Risotto offen in 20 bis 30 Minuten fertiggaren. Dabei die restliche Brühe zugießen.

• Austernpilze untermischen und erhitzen. Den Risotto mit Butter und Parmesan mischen, mit Salz und Pfeffer aus der Mühle abschmecken.

Dauert etwa 1 Stunde
1 Portion = 634 kcal/ 43 mg Cholesterin
24 g Fett/ 17 g Eiweiß/ 84 g Kohlenhydrate

Risotto zubereiten

• Den Reis nicht waschen: Die anhaftende Stärke löst sich in der Flüssigkeit und macht den Risotto sämig.

• Reis zuerst im geschlossenen Topf, dann ohne Deckel garen. Die Flüssigkeit nach und nach zugießen, damit der Risotto weich, aber nicht matschig wird.

• Während des Garens immer wieder mit einer Gabel umrühren, damit nichts am Topfboden haftenbleibt.

Frisch ist besonders gesund

Knoblauch ist die reinste Medizin: Er senkt den Blutdruck, unterstützt die Verdauung, bekämpft Bakterien und Pilze und wirkt günstig auf den Cholesterinspiegel: Allicin, der Stoff, der für den typischen »Knofel«-Geschmack und Geruch sorgt, senkt das unerwünschte LDL-Cholesterin, ohne dabei das »gute« HDL-Cholesterin zu beeinflussen. Am besten ist der frische Knoblauch mit saftig grünen Stielen, der im Frühjahr und Sommer auf den Markt kommt und sich etwa 2 Wochen frisch hält. In getrocknetem Knoblauch, den Sie das ganze Jahr über bekommen, steckt nur noch wenig Allicin.

Für 4 Portionen

1 Päckchen getrocknete Steinpilze oder Mischpilze (ca. 20 g)
1/8 l lauwarmes Wasser
1 Zwiebel
3 Knoblauchzehen
100 g Austernpilze
3 El Olivenöl
1 TL getrockneter Thymian
400 g Rundkornreis
1 TL Safranfäden
1 1/4 l Gemüsebrühe
50 g Butter
75 g geriebener Parmesankäse
Salz
weißer Pfeffer aus der Mühle

Risotto mit Spargel und Zuckerschoten

Für 4 Portionen
1 Zwiebel
1 Knoblauchzehe
1 El Olivenöl
400 g Rundkornreis
1/8 l trockener Weißwein
1 1/4 l Gemüsebrühe
250 g Zuckerschoten
250 g grüner Spargel
50 g Butter
50 g geriebener Parmesan
Salz, weißer Pfeffer

• Zwiebel und Knoblauch abziehen, fein hacken und im heißen Öl bei schwacher Hitze glasig braten. Reis untermischen und einige Male umrühren. Etwa 1/3 der Brühe zugießen und langsam zum Kochen bringen. Reis zugedeckt bei schwacher Hitze 10 Minuten garen, dann offen in 20 bis 30 Minuten fertiggaren. Dabei Wein und Brühe zugießen.
• Zuckerschoten und Spargelstangen putzen und waschen. Spargel in etwa 3 Zentimeter lange Stücke schneiden.
• Butter in einem Topf schmelzen, aber nicht bräunen. Die Stücke der Spargelstangen darin bei schwacher Hitze anbraten und zugedeckt 10 Minuten schmoren.
• Spargelköpfe und Zuckerschoten zugeben, ebenfalls anbraten und weitere 5 Minuten schmoren. Mit dem Käse unter den Reis mischen. Mit Salz und Pfeffer abschmecken.

Dauert etwa 45 Minuten
1 Portion = 573 kcal/ 39 mg Cholesterin
17 g Fett/ 14 g Eiweiß/ 87 g Kohlenhydrate

Reis mit Kohlrabi

Für 3 Portionen
1 Knoblauchzehe
250 g Langkornreis
1 EL Olivenöl
1/4 l Gemüsebrühe
500 g Kohlrabi
1 Lauchzwiebel
1 Bund Dill
100 g Crème double
Salz
schwarzer Pfeffer aus der Mühle
geriebene Muskatnuß
1 EL Zitronensaft

• Knoblauch schälen und hacken und mit dem Reis im heißen Öl bei mittlerer Hitze unter ständigem Rühren etwa 2 Minuten anbraten. Brühe zugießen, aufkochen und den Reis zugedeckt bei schwacher Hitze 20 Minuten garen.
• Inzwischen Kohlrabi schälen, waschen und grob raspeln. Alle zarten Kohlrabiblättchen waschen und hacken. Lauchzwiebel putzen, waschen und fein zerkleinern. Dill hacken.
• Kohlrabiraspel, gehackte Blätter, die Hälfte der Zwiebeln und Crème double zum Reis geben, erneut aufkochen und zugedeckt etwa 5 Minuten kochen lassen.
• Mit Salz, Pfeffer, Muskat und Zitronensaft abschmecken und auf Tellern verteilen. Den Rest von Lauchzwiebeln und Dill darüberstreuen.

Dauert etwa 45 Minuten
1 Portion = 512 kcal/ 43 mg Cholesterin
19 g Fett/ 11 g Eiweiß/ 74 g Kohlenhydrate

Dazu paßt: *Tomaten- oder Gurkensalat mit Kräutern*

Zitronenreis mit Zucchini

• Zucchini waschen und würfeln. Zwiebel und Knoblauch abziehen und fein hacken. Tomate abziehen und würfeln, dabei die Stielansätze entfernen. Pfefferschote halbieren, Kerne entfernen, Schotenhälften waschen und fein zerkleinern. Pistazienkerne und Petersilie getrennt grob hacken.
• Zucchiniwürfel im heißen Öl rundherum braun anbraten. Die Hälfte von Zwiebel, Knoblauch und Pfefferschote zugeben und mitbraten. Tomatenwürfel auf den Zucchini verteilen, mit Salz würzen und zugedeckt bei mittlerer Hitze schmoren, bis der Reis gegart ist.
• Butter erhitzen. Den Reis und den Rest von Zwiebel, Knoblauch und Pfefferschote darin bei starker Hitze unter Rühren etwa 1 Minute schmoren. Brühe, Zitronensaft und Zitronenschale zugeben und aufkochen. Reis in etwa 20 Minuten weich garen.
• Korinthen, Pistazienkerne und die Hälfte der Petersilie unter den Reis mischen. Zucchini mit dem Rest der Petersilie bestreuen.

Dauert etwa 1 Stunde
1 Portion = 506 kcal/ 12 mg Cholesterin
22 g Fett/ 11 g Eiweiß/ 64 g Kohlenhydrate

Reis kochen

Nehmen Sie Parboiledreis, wenn Sie noch wenig Übung beim Reiskochen haben: Er wird schön körnig und ist in etwa 1/2 Stunde auf dem Tisch. Richtig gegarter Reis hat die Flüssigkeit ganz aufgesogen, ist trocken und kräftig. Ein zwischen den Fingern zerdrücktes Korn gibt weich nach und hat keinen harten Kern mehr in der Mitte. Körner, die ein X bilden, sind zu weich geworden.

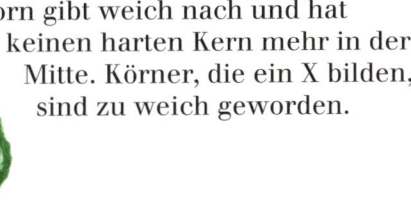

Für 4 Portionen

600 g kleine Zucchini	
1 große Zwiebel	
2 Knoblauchzehen	
1 große Tomate	
1 rote Pfefferschote	
50 g ungesalzene Pistazienkerne	
1/2 Bund Petersilie	
4 EL Öl	
Salz	
1 EL Butter	
250 g Langkornreis	
1/2 l Gemüsebrühe	
2 EL Zitronensaft	
abgeriebene Schale von	
1/2 unbehandelten Zitrone	
50 g Korinthen	

Zur Abwechslung
• Das Gemüse mit Auberginen und Salbei zubereiten. Pistazienkerne weglassen.
• Statt der Zucchini frische Okraschoten nehmen: Okras waschen, Stiel- und Blütenansätze abschneiden. Schoten in reichlich Wasser mit einem Schuß Essig 5 Minuten sprudelnd kochen. Abgießen, abtropfen lassen und wie die Zucchini im Rezept oben zubereiten.

Reis mit Kürbiscurry

Für 4 Portionen
1 kg Kürbis
500 g Lauchzwiebeln
200 g Langkornreis
1/2 l Gemüsebrühe
4 EL Öl
3 gestrichene EL Currypulver
Salz
400 g Joghurt
75 g Kokosraspel
2 EL Schnittlauchröllchen

»Curry« ist das englische Wort für die scharf gewürzten Gerichte der indischen Küche. Die entsprechende Würzmischung heißt Garam Masala und wird von indischen Hausfrauen und Köchen selbst gemischt – ein Rezept dazu steht auf Seite 267.

• Kürbis schälen, putzen und würfeln. Lauchzwiebeln putzen, waschen und in fingerdicke Stücke schneiden.
• Reis mit etwa 400 Milliliter Gemüsebrühe aufkochen und zugedeckt bei schwacher Hitze 20 Minuten garen.
• Öl in einer großen Pfanne erhitzen. Kürbis und Zwiebeln darin bei mittlerer Hitze unter ständigem Wenden 3 Minuten braten. Currypulver und Salz dazugeben und einige Male umrühren. Restliche Gemüsebrühe dazugießen und aufkochen. Gemüsecurry zugedeckt bei schwacher Hitze weitere 3 Minuten garen.
• Reis und Curry vermischen, mit Kokosraspel bestreuen. Joghurt mit Schnittlauch verrühren und dazu servieren.

Dauert etwa 60 Minuten
1 Portion = 521 kcal/ 12 mg Cholesterin
27 g Fett/ 13 g Eiweiß/ 55 g Kohlenhydrate

Currypulver fertig kaufen

Gute Mischungen aus hochwertigen Gewürzen bekommen Sie in Asien- und Feinkostläden, Reformhäusern und manchen Supermärkten. Kaufen Sie möglichst kleine Mengen, die Sie innerhalb von 3 Monaten verbrauchen. Denn gemahlene Gewürze verlieren rasch an Aroma. Currypulver – egal, ob selber gemischt oder gekauft – nicht einfach über die Speisen streuen, sondern in Fett oder Öl sanft anrösten und mit allen anderen Zutaten in Flüssigkeit garen.

Curryreis mit Radicchio

Für 4 Portionen
400 g Radicchio
1 Zwiebel
1 Stück frische Ingwerwurzel
(ca. 2 cm lang)
2 EL Erdnußöl
400 g Langkornreis
2 EL Sojasauce
1–2 EL Currypulver
1 l Gemüsebrühe
Salz, weißer Pfeffer

• Radicchio putzen, waschen und in Streifen schneiden. Zwiebel und Ingwer fein hacken und mit dem Reis im heißen Öl bei starker Hitze etwa 2 Minuten schmoren.
• Sojasauce und Currypulver untermischen. Brühe zugießen und zum Kochen bringen. Reis zugedeckt bei schwacher Hitze in etwa 20 Minuten körnig weich garen. Mit Salz und Pfeffer aus der Mühle abschmecken.

Dauert etwa 1 Stunde
Arbeiten müssen Sie etwa 40 Minuten
1 Portion = 451 kcal/ 0 mg Cholesterin
7 g Fett/ 12 g Eiweiß/ 85 g Kohlenhydrate

Pilaw mit Gemüse

• Pflaumen im Wasser zugedeckt einweichen, bis der Pilaw fast gar ist.

• Zwiebel und Knoblauch abziehen und hacken. 1 Eßlöffel Öl in einem Topf erhitzen. Zwiebel, Knoblauch und Reis darin bei mittlerer Hitze unter Rühren anbraten. Gemüsebrühe, Salz, unzerkleinerte Pfefferschote und Safran dazugeben und einmal aufkochen.

• Den Topf zugedeckt in den kalten Backofen (untere Schiene) stellen und den Pilaw bei 180 Grad (Umluft: 160 Grad, Gas: Stufe 2) etwa 30 Minuten garen.

• Paprikaschoten putzen, waschen und in kleine Stücke schneiden. Spinat verlesen, waschen und trockenschwenken. Kichererbsen abtropfen lassen und mit dem Gemüse unter den Pilaw mischen. Pilaw weitere 15 Minuten garen.

• Restliches Öl in einer Pfanne erhitzen. Pistazienkerne unter Rühren darin bei mittlerer Hitze 3 Minuten rösten, herausnehmen und auf einem Teller beiseite stellen.

• Pflaumen mit dem Einweichwasser und dem Zitronensaft in die Pfanne geben und unter Rühren heiß werden lassen. Pilaw damit mischen und mit Pistazien bestreuen.

Dauert etwa 1 Stunde
1 Portion = 642 kcal/ 0 mg Cholesterin
22 g Fett/ 15 g Eiweiß/ 93 g Kohlenhydrate

Pfefferschoten vorbereiten

Pfefferschoten und Gewürzpaprika (Seite 138) – egal, ob grün oder rot, frisch oder getrocknet – sind sehr scharf. Denn das brennend scharfe Capsaicin bleibt beim Putzen der Schoten auch an den Fingern haften. Deshalb während des Vorbereitens nicht die Augen reiben. Gleich danach die Hände gründlich waschen. Und die Schoten grundsätzlich so aufbewahren, daß Kinder sie nicht erreichen können.

Für 3 Portionen

8 Trockenpflaumen
500 ml Wasser
1 große Zwiebel
2 Knoblauchzehen
300 g Naturlangkornreis
3 EL Öl
3/4 l Gemüsebrühe
Salz
1 rote Pfefferschote
1 TL Safranfäden
1 rote Paprikaschote
1 grüne Paprikaschote
100 g Wurzelspinat
1 Dose Kichererbsen (Einwaage ca. 400 g)
50 g Pistazienkerne
Saft von 1/2 Zitrone

Pilaws ...

... sind Eintopfgerichte aus der orientalischen Küche. Die Grundzutat Reis wird mit Gemüse, Fisch, Fleisch oder Geflügel gekocht. Dazu kommen Gewürze, meist auch Trockenobst und Mandeln. Zu vegetarischen Pilaws gehören außer Gemüse auch Zutaten, die satt machen – Naturreis und Hülsenfrüchte.

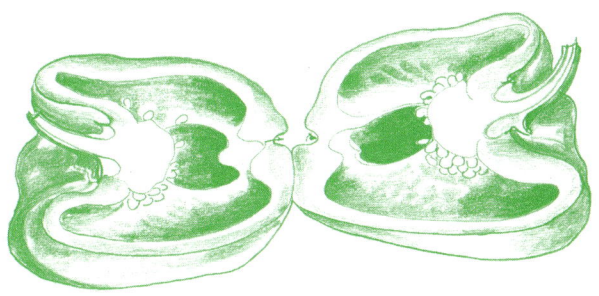

Reisauflauf mit Auberginen

Für 4 Portionen

1 mittelgroße Aubergine
4 Lauchzwiebeln
4 EL Öl
250 g Langkornreis
1/2 l Wasser
150 g geriebener Käse
2 Eier
Salz
Cayennepfeffer
1 TL getrockneter Oregano
1 EL Butter

Grundrezept für herzhaften Reisauflauf mit Gemüse: Reis vorgaren, Gemüse zerkleinern und anbraten. Mit den anderen Zutaten mischen und backen.

• Aubergine waschen, putzen und würfeln. Lauchzwiebeln putzen, waschen und in dünne Ringe schneiden. Beide Zutaten im heißen Öl bei schwacher Hitze etwa 10 Minuten braten, bis sie halb weich ist.
• Reis mit dem Wasser aufkochen und zugedeckt bei mittlerer Hitze 10 Minuten kochen lassen. Auf einem Sieb abgießen und gut abtropfen lassen.
• Reis mit der Aubergine, Lauchzwiebeln, der Hälfte des Käses, Eiern, Salz, einer kräftigen Prise Cayennepfeffer und Oregano vermischen und in eine hohe Auflaufform geben. Restlichen Käse darüberstreuen. Butter in kleine Stücke teilen und auf dem Käse verteilen.
• Auflauf in den kalten Backofen (untere Schiene) stellen und bei 200 Grad (Umluft: 180 Grad, Gas: Stufe 3) etwa 30 Minuten backen, bis er oben schön gebräunt ist.

Dauert etwa 1 Stunde
Arbeiten müssen Sie etwa 30 Minuten
1 Portion = 561 kcal/ 229 mg Cholesterin
29 g Fett/ 19 g Eiweiß/ 52 g Kohlenhydrate

Mit Tomaten und Käse

Überbackener Reis

Für 2 Portionen

1 große Zwiebel
1 Handvoll Salbeiblätter
1 EL Öl
150 g Langkornreis
300 ml Wasser
500 g Tomaten
Salz, schwarzer Pfeffer
150 g Käse in dünnen Scheiben
1 EL Butter

Einmal kochen, zweimal essen: Kochen Sie von Reis als Beilage gleich die doppelte Menge, und heben Sie 400 Gramm davon für den nächsten Tag auf.

• Zwiebel fein hacken, Salbei in Streifen schneiden. Beide Zutaten im heißen Öl bei schwacher Hitze braten, bis die Zwiebel glasig ist.
• Reis und Wasser dazugeben, aufkochen und zugedeckt bei schwächster Hitze 20 Minuten garen. In einer flachen Auflaufform glattstreichen. Tomaten abziehen, in Scheiben schneiden und auf dem Reis verteilen, mit Salz und Pfeffer würzen, mit den Käsescheiben belegen.
• Form in den kalten Backofen (mittlere Schiene) stellen. Reis bei 200 Grad (Umluft: 180 Grad, Gas: Stufe 3) 30 Minuten backen, bis der Käse gleichmäßig zerlaufen und leicht gebräunt ist.

Dauert etwa 1 Stunde
Arbeiten müssen Sie etwa 10 Minuten
1 Portion = 729 kcal/ 110 mg Cholesterin
36 g Fett/ 28 g Eiweiß/ 68 g Kohlenhydrate

Dazu paßt: Salat

Gemüsereis mit gebratenen Bananen

• Reis mit Wasser und Salz in einem Topf aufkochen und bei schwacher Hitze weich garen; Parboiledreis braucht etwa 20, Naturreis etwa 40 Minuten.

• Inzwischen Zwiebel und Knoblauch abziehen und fein hacken. Paprikaschoten halbieren, putzen, waschen und in kleine Stücke schneiden. Zucchini waschen, putzen und in dünne Scheiben schneiden.

• 2 Eßlöffel Öl in einem Topf erhitzen. Zwiebel, Knoblauch, Paprikaschoten und Zucchini darin bei mittlerer Hitze unter Rühren etwa 3 Minuten schmoren. Crème fraîche zugeben und alles zugedeckt bei mittlerer bis schwacher Hitze weitere 3 Minuten schmoren, bis das Gemüse bißfest ist.

• Bananen schälen, einmal quer und einmal längs halbieren. In einer zweiten Pfanne den Rest des Öls erhitzen. Die Bananen mit den Mandelblättchen darin bei mittlerer Hitze etwa 4 Minuten braten. Dabei einmal wenden.

• Den Reis mit dem Gemüse im Topf vermischen, mit Salz, Pfeffer und Muskat abschmecken und mit der Petersilie bestreut auf heißen Tellern verteilen. Die Bananen mit den Mandeln daneben anrichten.

Dauert etwa 45 Minuten
1 Portion = 986 kcal/ 53 mg Cholesterin
44 g Fett/ 18 g Eiweiß/ 125 g
Kohlenhydrate

Parboiledreis ...

... ist genau wie weißer Reis poliert und deshalb schnell gar, enthält aber mehr Vitamine und Mineralstoffe. Bei der Verarbeitung weicht man den entspelzten Reis in heißem Wasser ein, damit sich die Vitamine aus den Außenschichten der Körner lösen. Diese preßt man mit hohem Druck in das Innere der Körner. Erst danach wird der Reis poliert. Parboiledreis hält sich genauso lange wie weißer Reis, ist allerdings nicht so aromatisch. Er läßt sich leicht kochen und gut aufwärmen.

Für 2 Portionen

250 g Parboiled- oder Natur-langkornreis
1/2 l Wasser
Salz
1 Zwiebel
1 Knoblauchzehe
1 rote Paprikaschote
1 gelbe Paprikaschote
2 kleine Zucchini
4 EL Erdnußöl
100 g Crème fraîche
2 feste Bananen
2 EL Mandelblättchen
weißer Pfeffer
geriebene Muskatnuß
2 EL gehackte Petersilie

Naturreis ...

... ist »geschält«, das heißt von der äußersten Schicht des Reiskorns befreit – mit diesen unverdaulichen Spelzen könnte man ihn nicht essen. Wie jedes Vollkorngetreide haben die Körner aber noch wertvolle Bestandteile – vor allem Ballaststoffe und Vitamine der B-Gruppe. Wegen des höheren Fettgehaltes ist Naturreis nicht so lange haltbar wie weißer Reis. Und weil die Körner noch von der kernigen Fruchtschale umgeben sind, brauchen sie ungefähr doppelt so lange zum Garen.

Gebratener Reis mit Gemüse

Für 2 Portionen

100 g Langkornreis
200 ml Wasser
1 rote Zwiebel
1 kleine rote Paprikaschote
1 Knoblauchzehe
2 Eier
2–3 EL Sojasauce
4 EL Öl
1/2 Paket Tiefkühlerbsen
(150 g)
Salz
Cayennepfeffer
2 EL gehackte Petersilie

Bratreis aus China schmeckt mit jedem Gemüse, das Sie übrighaben.

Mit Krabben

Die Eier weglassen, 3 Lauchzwiebeln in dünne Ringe schneiden und mit der Paprikaschote braten. Reis und 150 Gramm Krabben zugeben. Den Bratreis mit Zitronensaft und scharfer Bohnenpaste würzen.

• Reis mit dem Wasser aufkochen und in etwa 20 Minuten körnig weich garen. In einer Schüssel erkalten lassen, dabei einige Male mit einer Gabel umrühren, damit die Körner nicht zusammenkleben.
• Zwiebel abziehen und in dünne Ringe, Paprikaschote in feine Streifen schneiden. Knoblauch abziehen und fein hacken. Eier und Sojasauce in einer Schüssel verrühren.
• Öl in einer Pfanne erhitzen. Zwiebel, Paprikaschote, gefrorene Erbsen und Knoblauch darin unter Rühren 5 Minuten braten.
• Reis und Eier zugeben und alles etwa 2 Minuten braten, bis das Gemüse bißfest, der Reis heiß ist und die Eier gestockt sind. Dabei häufig wenden. Reis mit Salz und Cayennepfeffer würzen, mit Petersilie bestreut servieren.

Dauert etwa 1 Stunde
Arbeiten müssen Sie etwa 30 Minuten
1 Portion = 550 kcal/ 349 mg Cholesterin
28 g Fett/ 18 g Eiweiß/ 53 g Kohlenhydrate

Zur Abwechslung
• **Mit Pilzen und Sprossen zubereiten.**
• **Mit Tofu, Ingwer, Möhren, Stangensellerie und Zucchini zubereiten.**

Den richtigen Reis wählen

Für gebratenen Reis brauchen Sie Langkornreis von guter Qualität – zum Beispiel thailändischen oder indischen Duftreis (Basmati). Diese Sorten bleiben schon beim Kochen fest und körnig, weil sie relativ wenig Flüssigkeit aufnehmen. Vor dem Braten muß der gegarte Reis ganz abkühlen. Sicherste Methode: Reis in einer beschichteten Pfanne braten.

Reis mit Tofu und Kräutern

• Morcheln in 1/8 Liter Wasser 3 Stunden zugedeckt einweichen. Herausnehmen und auf einem Sieb kalt abspülen. Einweichwasser für die Sauce durch eine Kaffeefiltertüte gießen (siehe Seite 80).

• Reis mit dem restlichen Wasser und Salz in einem Topf aufkochen und zugedeckt bei schwächster Hitze in 20 Minuten weich garen.

• Tomaten abziehen und würfeln, dabei Stielansätze entfernen. Zwiebel hacken. Majoran waschen und fein zerkleinern. Tofu in fingerdicke Scheiben, dann in schmale Streifen schneiden.

• 1 Eßlöffel Öl in einer Pfanne erhitzen. Zwiebel darin bei schwacher Hitze unter Rühren glasig braten. Morcheln, Tomaten, Majoran und Pilzwasser dazugeben und aufkochen. Bei starker Hitze unter Rühren etwa 2 Minuten kochen lassen. Zugedeckt warm halten.

• Den Rest des Öls in einer zweiten Pfanne erhitzen. Den Tofu darin bei starker bis mittlerer Hitze etwa 30 Sekunden braten. Zur Morchelmischung geben. Gemüsebrühe und Zitronensaft in die Pfanne geben und Bratfond damit lösen.

• Petersilie fein hacken. Reis in eine heiße Schüssel geben. Tomaten mit Tofu und Bratfond aus der Pfanne darunter mischen. Mit Salz abschmecken, mit Petersilie bestreuen und sofort servieren.

Dauert etwa 50 Minuten
1 Portion = 616 kcal/0 mg Cholesterin
14 g Fett/ 15 g Eiweiß/ 106 g Kohlenhydrate

Zur Abwechslung

• Frische Champignons und nur 2 Tomaten nehmen. Reis zum Schluß mit 2 Eßlöffeln Crème double mischen.

• Tomaten weglassen, Reis mit getrockneten und eingeweichten Mu-Err-Pilzen, reichlich Petersilie, Möhren-, Kohlrabi- und Rettichstiften zubereiten.

Die Morcheln müssen
3 Stunden quellen

Für 4 Portionen

10 g getrocknete Spitzmorcheln
1 1/8 l Wasser
500 g Langkornreis
Salz
500 g Tomaten
1 Zwiebel
1 Bund frischer Majoran
250 g Tofu
4 EL Olivenöl
1/8 l Instant-Gemüsebrühe
Saft von 1/2 Zitrone
1/2 Bund Petersilie

Mit Fleisch
Tofu weglassen, pro Portion 100 Gramm Putenschnitzel, Schweine- oder Rinderfilet in dünne Streifen schneiden und braten.

Mit Fisch
Die Morcheln und den Tofu weglassen. Statt dessen pro Portion 100 Gramm Lottefilet oder 2 Riesengarnelen in Stücke schneiden und braten.

Die Pfannkuchen kann man gut einfrieren

Für 4 Portionen

100 g feingemahlener Reis
100 g Mehl
Salz
300 ml Wasser
3 Eier
100 g schwarze Oliven
1 große Zwiebel
500 g Zucchini
500 g rote, grüne und gelbe Paprikaschoten
500 g Tomaten
Öl oder Pflanzenfett zum Backen
1 EL Olivenöl
Cayennepfeffer
250 g Rahmfrischkäse
1/2 Bund Basilikum oder Petersilie

Mit Fleisch
200 Gramm Hackfleisch oder Schinkenstreifen mit dem Gemüse braten.

Reispfannkuchen mit Gemüse

• Gemahlenen Reis, Mehl und Salz in eine Schüssel geben. Zuerst das Wasser, dann nacheinander die Eier unterrühren. Den Teig zugedeckt 15 Minuten ruhenlassen.

• Inzwischen Oliven entsteinen und zerkleinern. Zwiebel abziehen und fein hacken. Zucchini waschen, putzen und würfeln, Paprikaschoten waschen, putzen und in Streifen schneiden. Tomaten abziehen und würfeln.

• Fett in einer Pfanne erhitzen. Aus dem Reisteig nacheinander 12 Pfannkuchen backen und bei 50 Grad (Gas: Stufe 1/2) im Backofen warm halten.

• Das Olivenöl in der Pfanne erhitzen. Zwiebel darin glasig braten. Oliven, Zucchini, Paprikaschoten und Tomaten zugeben und bei starker Hitze unter Rühren einige Sekunden schmoren. Zugedeckt bei schwacher Hitze etwa 5 Minuten garen. Mit Salz und Cayennepfeffer würzen. Käse in Stücke teilen und locker untermischen. Basilikum fein zerkleinern und darüberstreuen. Zu den Reispfannkuchen servieren.

Dauert etwa 1 Stunde
1 Portion = 687 kcal/ 310 mg Cholesterin
42 g Fett/ 24 g Eiweiß/ 48 g Kohlenhydrate

Zur Abwechslung
• Oliven weglassen, das Gemüse statt dessen mit Kapern und gehackten Cashewnußkernen zubereiten.
• Im Winter die Pfannkuchen mit Kümmel und Weißkohl (Seite 283) oder Schwarzwurzeln in Currysauce (Seite 183) zubereiten.
• Im Frühjahr die Pfannkuchen mit Zuckerschoten in Sahnesauce servieren.

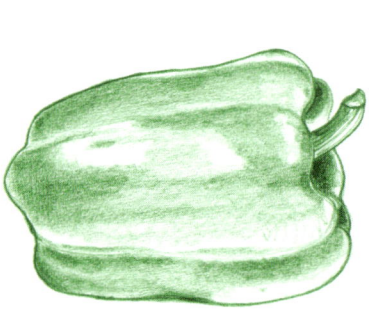
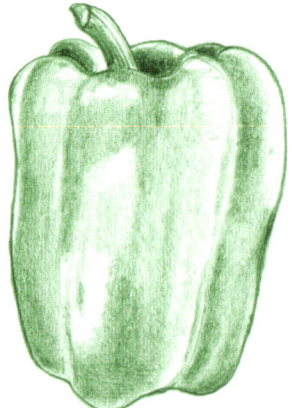

Gefüllte Eierkuchen mit Sprossen

• Für die Eierkuchen Mehl mit Salz und Wasser verrühren. Die Eier nacheinander daruntermischen. Nacheinander im heißen Öl 12 Eierkuchen backen.
• Backofen auf 220 Grad (Umluft: 200 Grad, Gas: Stufe 4) vorheizen. Möhre schälen und in Stifte, Paprikaschote in Streifen schneiden. Sprossen waschen und abtropfen lassen. Kräuter waschen, trockentupfen und fein zerkleinern.
• Butterschmalz erhitzen. Gemüse und Sprossen darin bei mittlerer bis starker Hitze unter ständigem Wenden etwa 2 Minuten schmoren. Kräuter untermischen, mit Salz und Pfeffer würzen und etwas abkühlen lassen.
• Eierkuchen mit der Füllung belegen, zusammenrollen und nebeneinander in eine flache Gratinform legen.
• Milch, Crème double und Ei verrühren. Mit Salz, Pfeffer und Muskat würzen und über die Eierkuchen gießen. In den heißen Backofen (mittlere Schiene) schieben und etwa 20 Minuten backen.

Dauert etwa 1 1/2 Stunden
1 Portion = 609 kcal/ 489 mg Cholesterin
36 g Fett/ 21 g Eiweiß/ 44 g Kohlenhydrate

Dazu paßt: gemischter Salat

Für 4 Portionen

Teig:
200 g Mehl
Salz
1/2 l Wasser
4 Eier
Öl zum Backen
Füllung:
1 mittelgroße Möhre
1 grüne Paprikaschote
250 g Sojasprossen
1 Handvoll gemischte frische Kräuter
1 EL Butterschmalz oder Öl
Salz
weißer Pfeffer aus der Mühle
1/8 l Milch
100 g Crème double
1 Ei
geriebene Muskatnuß

Schnelle Käseeierkuchen

• Mehl mit Wasser, Salz und Eiern verrühren. Backofen auf 100 Grad (Gas: Stufe 1/2) heizen. Eine Platte zum Warmhalten der Eierkuchen hineinstellen.
• Öl in einer Pfanne erhitzen. Pro Eierkuchen 1 Schöpfkelle Teig darin verteilen. Eierkuchen zugedeckt bei mittlerer Hitze backen, bis er an der Oberfläche gestockt ist. Wenden und noch etwa 1 Minute backen.
• Herausnehmen, auf die warme Platte legen, mit Käse bestreuen und in den Backofen schieben. Die restlichen Eierkuchen ebenso backen. Heiß servieren.

Dauert etwa 1 1/2 Stunden
1 Portion = 605 kcal/ 406 mg Cholesterin
37 g Fett/ 26 g Eiweiß/ 37 g Kohlenhydrate

Dazu paßt: Tomaten- oder Gurkensalat

Für 2 Portionen

100 g Mehl
Salz
2 Eier
3 EL Öl
100 g geriebener mittelalter Goudakäse
schwarzer Pfeffer aus der Mühle

Polentagratin mit Gemüse

Für 4 Portionen

150 g Polenta (Maisgrieß)
3/4 l Wasser
Salz
1 Bund Petersilie
1 große Zwiebel
3 Knoblauchzehen
500 g Auberginen
7 EL Öl
schwarzer Pfeffer
1 EL getrockneter Thymian
500 g Tomaten
200 g geriebener Hartkäse
1 EL Butter

*Zum Überbacken eignet sich
Greyerzer, Fontina oder
Schmelzkäsescheiben.*

Polenta ...

... ist feingemahlener Maisgrieß.
Grob gemahlen heißt er Kukuruz.

• Polenta mit Wasser und Salz aufkochen und zugedeckt bei schwacher Hitze 45 Minuten garen, bis sich der Brei vom Topfrand löst. Zwischendurch häufig umrühren.
• Petersilie waschen, trockentupfen und fein hacken. Die Hälfte davon unter die Polenta mischen. Polenta auf ein Backblech streichen und trocknen lassen, bis die anderen Zutaten vorbereitet sind.
• Backofen auf 250 Grad (Gas: Stufe 5) vorheizen. Zwiebel und Knoblauch abziehen und fein hacken. Auberginen waschen, putzen und in Scheiben schneiden. Portionsweise in 5 Eßlöffeln heißem Öl bei schwacher Hitze auf beiden Seiten etwa 5 Minuten braten. In eine flache Gratinform legen und mit Salz und Pfeffer würzen.
• Restliches Öl in die Pfanne geben. Zwiebel und Knoblauch darin bei schwacher Hitze glasig braten. Thymian zugeben, mit Salz und Pfeffer würzen.
• Die Mischung über den Auberginen verteilen. Tomaten waschen, in Scheiben schneiden und darauflegen. Polenta in etwa 5 mal 10 Zentimeter große Stücke schneiden und auf die Tomaten legen. Mit Käse bestreuen, mit Butterstückchen belegen.
• Polenta in den heißen Backofen (mittlere Schiene) schieben und 10 bis 15 Minuten backen, bis der Käse zerlaufen und leicht gebräunt ist.

**Dauert etwa 1 1/2 Stunden
1 Portion = 589 kcal/ 58 mg Cholesterin
38 g Fett/ 21 g Eiweiß/ 36 g Kohlenhydrate**

Dazu paßt: gemischter Salat

Historisches

Mais mit Bohnen war Grundnahrungsmittel der Indios. Sie haben aus jahrhundertelanger Erfahrung das getan, was Experten uns heute empfehlen: pflanzliche Lebensmittel so miteinander zu kombinieren, daß man genauso wertvolles Eiweiß wie mit Fleisch bekommt.

Maisauflauf mit Sprossensalat

• Mungobohnen, Samen und Kerne 3 bis 4 Tage keimen lassen (siehe Seite 24).
• Sprossen und Rukola waschen und gut abtropfen lassen. Möhren schälen und grob raspeln, Schnittlauch in feine Röllchen schneiden. Alles in einer Schüssel mischen.
• Essig mit Salz, Pfeffer, Senf, Crème fraîche und Öl verrühren. Mit den Salatzutaten in der Schüssel mischen.
• Für den Auflauf den Backofen auf 200 Grad (Umluft: 180 Grad, Gas: Stufe 3) vorheizen. Butter in eine hohe Auflaufform geben und in den Backofen (mittlere Schiene) stellen.
• Hüllblätter und Fäden der Maiskolben entfernen. Kolben waschen, Körner abschneiden und im Mixer oder Blitzhacker pürieren. Dabei Milch zugießen.
• Mischung in eine Schüssel geben. Maismehl, Salz, Zucker und Backpulver mischen und mit den Quirlen des Handrührgerätes unterrühren. Zuerst nacheinander die Eier, dann etwa 5 Eßlöffel der geschmolzenen Butter aus der Auflaufform kräftig untermischen.
• Teig in die Form gießen und im heißen Backofen etwa 30 Minuten backen, bis sich die Mitte des Auflaufs nicht mehr sichtbar bewegt. Sofort servieren.

Dauert etwa 1 1/4 Stunden
Arbeiten müssen Sie etwa 45 Minuten
1 Portion = 748 kcal/ 330 mg Cholesterin
44 g Fett/ 24 g Eiweiß/ 56 g Kohlenhydrate

Maiskolben vorbereiten

Zuerst die Hüllblätter entfernen, die den Kolben dicht umschließen. Dabei lösen sich auch schon die meisten weißen Fäden mit ab. Den Rest mit den Fingern abzupfen. Maiskolben auf ein Brett legen und am Stiel fassen. Die Körner rundherum mit einem scharfen Messer abschneiden. Beim Schneiden sollte das Messer immer weg von Ihrem Körper zeigen, damit Sie sich nicht verletzen.

Für 4 Portionen
Salat:
2 EL Mungobohnen
2 EL Rettichsamen
1 EL Alfalfasamen
1 EL Sonnenblumenkerne
100 g Rukola
2 mittelgroße Möhren
1 Bund Schnittlauch
2 EL Essig
Salz, weißer Pfeffer
1 TL scharfer Senf
1 EL Crème fraîche
4 EL Öl
Auflauf:
75 g Butter
4 frische Maiskolben
600 ml Milch
100 g feines Maismehl
1 TL Salz
1 TL Zucker
2 TL Backpulver
3 Eier

Statt selbstgekeimter Sprossen gemischte Sprossen im Naturkostladen oder Reformhaus kaufen. Nehmen Sie nur Beutel aus der Kühltheke.

Gratinierte Polenta mit Zwiebel-Pilz-Gemüse

Für 4 Portionen

2 frische Maiskolben (ca. 1 kg)
1/2 l Wasser
Salz
50 g Butter
250 g Maisgrieß (Polenta)
1 großes Bund Petersilie
1 Tomate
200 g saure Sahne
100 g Magerjoghurt
500 g Zwiebeln
200 g Austernpilze
100 g frische Shiitakepilze
100 g geriebener junger Goudakäse
2 EL Öl
4 EL Gemüsebrühe
2 EL Zitronensaft
weißer Pfeffer aus der Mühle

Zuckermais

Gemüse- oder Zuckermais gibt es erst seit etwa 150 Jahren. Süß schmeckt er, weil der Zucker in den Körnern nur langsam in Stärke umgewandelt wird. Und bevor es soweit ist, sollten die Kolben geerntet sein: Wenn die Körner noch so weich sind, daß Sie den Kolben gut abnagen können, stimmt die Qualität. Zuckermaiskörner gibt es in Dosen und tiefgefroren. Am besten schmecken natürlich die frischen Kolben, die Sie von Ende Juli bis Mitte Oktober bekommen.

• Hüllblätter und weiße Fäden der Maiskolben entfernen, Kolben waschen. Körner abschneiden (siehe Seite 241).
• Wasser mit Salz und der Hälfte der Butter in einem Topf aufkochen. Maisgrieß unter Rühren langsam zugeben. Maiskörner daruntermischen. Zugedeckt in den kalten Backofen (untere Schiene) stellen und die Polenta bei 180 Grad (Umluft: 160 Grad, Gas: Stufe 2) 30 Minuten garen.
• Inzwischen für die Sauce Petersilie fein hacken. Tomate waschen und klein würfeln. Saure Sahne und Joghurt mit einem Schneebesen kräftig verrühren. Etwa 1/3 der Petersilie, Tomate und Salz daruntermischen. Sauce bis zum Servieren zugedeckt bei Zimmertemperatur stehenlassen.
• Für das Gemüse Zwiebeln schälen und achteln. Pilze putzen und grob zerkleinern.
• Polenta aus dem Ofen nehmen, in einer flachen Gratinform glattstreichen und mit Käse bestreuen. Die restliche Butter in Stückchen teilen und darauflegen. Polenta wieder in den Backofen (mittlere Schiene) stellen und weitere 30 Minuten backen, bis der Käse zerlaufen ist.
• Inzwischen Gemüse zubereiten: Öl in einer großen Pfanne erhitzen. Zwiebeln darin bei mittlerer Hitze anbraten. Brühe, Zitronensaft und Salz dazugeben. Zwiebeln zugedeckt bei schwacher Hitze in etwa 8 Minuten weich garen.
• Pilze zugeben und zugedeckt weitere 10 Minuten schmoren. Bei mittlerer bis starker Hitze und ständigem Wenden etwa 3 Minuten kräftig braten, bis die Flüssigkeit, die sich gebildet hat, wieder verdampft ist.
• Gemüse mit Salz und Pfeffer abschmecken, auf heißen Tellern verteilen und mit dem Rest der Petersilie bestreuen. Polenta daneben anrichten, Sauce dazu servieren.

Dauert etwa 1 1/2 Stunden
1 Portion = 706 kcal/
88 mg Cholesterin
35 g Fett/ 20 g Eiweiß/
64 g Kohlenhydrate

Polentaschnitten mit Gemüse

• Gemüsebrühe aufkochen. Topf von der Kochstelle nehmen. Maisgrieß in die Brühe rühren. Wieder auf der Kochstelle zugedeckt bei schwacher Hitze 15 Minuten garen.
• Polenta lauwarm abkühlen lassen. 1/2 Teelöffel Salz und das Ei mit einer Gabel daruntermischen. Eine Kuchenplatte mit 1 Teelöffel Öl einpinseln. Polenta darauf glattstreichen und über Nacht trocknen lassen.
• Die Polenta in 6 Zentimeter große Quadrate schneiden. In 2 weiteren Eßlöffeln Öl bei mittlerer Hitze pro Seite etwa 2 Minuten braten.
• Für das Gemüse Zucchini waschen, putzen und in etwa fingerdicke Scheiben schneiden. Tomaten abziehen und achteln, dabei Stielansätze herausschneiden. Paprikaschoten waschen, vierteln, putzen und in Stücke schneiden. Zwiebel und Knoblauchzehen grob hacken.
• Alle diese Gemüse mit gewaschenem Thymian und restlichem Öl in einen Topf geben. Topf schließen. Gemüse aufkochen und zugedeckt bei schwacher Hitze in etwa 5 Minuten gerade eben bißfest garen.
• Schnittlauch in feine Röllchen schneiden. Gemüse mit Schnittlauch vermischen, mit Salz und einer kräftigen Prise Cayennepfeffer abschmecken und zu den Polentaschnitten servieren.

Dauert etwa 1 Stunde
1 Portion = 531 kcal/ 116 mg Cholesterin
26 g Fett/ 14 g Eiweiß/ 58 g Kohlenhydrate

Zubereitungs-Tip
Teig aus Polenta und anderem steifen Getreidebrei kann man am besten mit einer Gabel oder den Knethaken des Handrührgerätes mischen.

Die Polenta muß etwa
12 Stunden ruhen

Für 3 Personen

1/2 l Gemüsebrühe	
175 g Maisgrieß (Polenta)	
Salz	
1 Ei	
6 EL Öl	
400 g kleine Zucchini	
300 g vollreife Tomaten	
je 1 rote und grüne	
Paprikaschote	
1 Gemüsezwiebel	
2 Knoblauchzehen	
1 Bund Thymian	
1 Bund Schnittlauch	
schwarzer Pfeffer	
Cayennepfeffer	

Die lange Trockenzeit ist notwendig, damit man die Polentaschnitten gut in der Pfanne braten kann.

Buchweizenfrikadellen mit Rosenkohlgemüse

Für 4 Portionen

Frikadellen:

200 g Buchweizengrütze

400 ml Gemüsebrühe

200 g Möhren

1 Zwiebel

1 Knoblauchzehe

25 g vollfettes Sojamehl

1 Ei

50 g Magerjoghurt

1/2 TL gemahlener Kreuzkümmel (Kumin)

Salz

Cayennepfeffer

geriebene Muskatnuß

Öl zum Braten

Gemüse:

500 g Rosenkohl

2 Lauchstangen (Porree)

1 Bund Petersilie

2 EL Öl

1/8 l Gemüsebrühe

2 EL Zitronensaft

Salz

Cayennepfeffer

100 g süße Sahne

Rosenkohl wird schneller weich, wenn Sie die Strünke kreuzweise einschneiden.

• Für die Frikadellen die Buchweizengrütze mit der Gemüsebrühe aufkochen und zugedeckt bei schwacher Hitze 3 Minuten garen. Topf von der Kochstelle nehmen, Grütze 1 Stunde quellen und dabei abkühlen lassen.

• Möhren schälen und fein raspeln. Zwiebel und Knoblauchzehe abziehen und hacken. Alle diese Zutaten mit Sojamehl, Ei, Joghurt, Kreuzkümmel, Salz, je einer kräftigen Prise Cayennepfeffer und Muskat unter die Grütze mischen, bis der Teig wie für Frikadellen bindet.

• Mit angefeuchteten Händen 12 Frikadellen formen und portionsweise in heißem Öl bei mittlerer bis schwacher Hitze auf der Unterseite etwa 10 Minuten braten, bis sie sich leicht vom Pfannenboden lösen, wenden und auf der zweiten Seite weitere 6 bis 8 Minuten braten. Frikadellen bei 50 Grad (Gas: Stufe 1) im Backofen warm halten.

• Rosenkohl und Lauch putzen und waschen. Lauchstangen mit allen saftigen grünen Blättern in etwa fingerbreite Stücke schneiden. Petersilie fein hacken.

• Öl in einem Topf erhitzen. Rosenkohl und Lauch darin bei mittlerer Hitze unter ständigem Rühren anbraten. Brühe und Zitronensaft zugeben, aufkochen und das Gemüse zugedeckt bei schwacher bis mittlerer Hitze etwa 10 Minuten garen. Sahne untermischen und erhitzen. Mit Salz und Cayennepfeffer würzen, mit Petersilie bestreut zu den Frikadellen servieren.

Dauert etwa 2 Stunden

Arbeiten müssen Sie etwa 1 Stunde

1 Portion = 477 kcal/ 115 mg Cholesterin

23 g Fett/ 16 g Eiweiß/ 50 g Kohlenhydrate

Historisches

Im Süden Deutschlands heißt Buchweizen Heidenkorn. Dafür gibt es zwei Erklärungen: Erstens brachten es die Tataren, die »Heiden« aus Zentralasien, im 14. Jahrhundert bei ihren Kriegszügen nach Rußland mit. Von dort breitete sich der Buchweizenanbau langsam in Mittel- und Nordeuropa aus. Zweitens wächst Buchweizen auf kargen Böden – zum Beispiel auf ehemaligem Heideland, das zu Ackerland wurde.

Haferklöße mit Tomatensauce und Spitzkohlgemüse

• Für die Klöße die Haferkörner in der Brühe aufkochen und zugedeckt bei schwacher Hitze 1 Stunde garen. Den Hafer 1 Stunde quellen und lauwarm abkühlen lassen.
• Zwiebel und Knoblauch hacken, Petersilie fein zerkleinern. Diese 3 Zutaten mit Mehl, Quark, Ei, Salz und Pfeffer zum Hafer geben und mit den Händen zu einem lockeren, formbaren Teig vermischen.
• Mit nassen Händen 8 Klöße formen, in das kochende Salzwasser geben und Temperatur zurückschalten, so daß die Klöße nur schwach kochen. Dabei Deckel halb auf den Topf legen. Klöße etwa 25 Minuten garen.
• Für Gemüse und Sauce den Spitzkohl vierteln, putzen, waschen, abtropfen lassen und in feine Streifen schneiden oder hobeln. Tomaten abziehen und würfeln. Zwiebel und Knoblauch fein hacken. Nüsse und Dill fein zerkleinern.
• In einem großen Schmortopf 2 Eßlöffel Öl und die Butter erhitzen. Spitzkohl darin bei mittlerer Hitze unter Rühren anbraten. 4 Eßlöffel Kochwasser der Klöße hinzufügen und den Spitzkohl zugedeckt bei schwacher Hitze etwa 10 Minuten garen. Mit Salz und Pfeffer würzen.
• Für die Sauce in einem zweiten Topf das restliche Öl mit Oregano erhitzen. Zwiebel und Knoblauch darin bei schwacher Hitze unter Rühren glasig braten. Tomaten dazugeben und bei mittlerer Hitze etwa 3 Minuten schmoren. Crème fraîche, Salz und Pfeffer untermischen.
• Klöße abgetropft auf heiße Teller legen. Tomatensauce um die Klöße verteilen, Spitzkohl daneben anrichten und mit Nüssen und Dill bestreuen.

Für 4 Portionen

Klöße:
100 g Haferkörner
1/4 l Gemüsebrühe
1 Zwiebel
1 kleine Knoblauchzehe
1/2 Bund Petersilie
100 g Mehl
100 g Magerquark
1 Ei
Salz
schwarzer Pfeffer

Gemüse und Sauce:
1 Spitzkohl (ca. 600 g)
750 g Tomaten
1 Zwiebel
1 Knoblauchzehe
60 g Nußkerne
1/2 kleines Bund Dill
4 EL Olivenöl
1 EL Butter
Salz, Pfeffer
1 TL getrockneter Oregano
2 EL Crème fraîche

Dauert etwa 2 1/2 Stunden
Arbeiten müssen Sie etwa 2 Stunden
1 Portion = 565 kcal/ 110 mg Cholesterin
31 g Fett/ 19 g Eiweiß/ 48 g Kohlenhydrate

Körnerklöße für den Vorrat
Nach diesem Grundrezept schmecken Klöße aus jedem Getreide. Die gegarten Klöße kann man einfrieren. Zum Essen in kochendes Wasser legen und 10 Minuten ziehen lassen. Klöße aus dem Vorrat schmecken als Hauptgericht mit Sauce und Gemüse, gebraten mit Ei und Salat oder als Suppeneinlage in Gemüsebrühe mit Kräutern.

Frischkäseauflauf mit Hafer

Für 3 Portionen

1 kleine Zwiebel
1 TL Öl
50 g Haferschrot
1/4 l Gemüsebrühe
100 g Petersilie
4 Eier
200 g körniger Frischkäse
Salz, Cayennepfeffer
1/2 TL gemahlener Koriander
100 g Schlagsahne
50 g geriebener Hartkäse
Fett für die Form

Getreideschrot bekommen Sie in vielen Reformhäusern und Naturkostläden frisch gemahlen. Abgepackt heißt grobes Schrot meist Grütze.

• Die Schalotte abziehen und fein hacken. Mit dem Haferschrot im heißen Öl anbraten. Brühe zugießen, den Hafer aufkochen und zugedeckt bei schwächster Hitze 10 Minuten garen. Dabei häufig umrühren, damit das Schrot nicht zu stark am Topfboden anliegt. Haferbrei von der Kochstelle nehmen und lauwarm abkühlen lassen.
• Petersilie fein hacken. Eier trennen. Zuerst die Eigelbe, dann eßlöffelweise den Frischkäse und zum Schluß die Petersilie unter den Haferbrei rühren. Mit Salz, Cayennepfeffer und Koriander würzen.
• Eiweiß und Sahne getrennt steif schlagen, auf den Teig geben und etwa die Hälfte des Käses darüberstreuen. Alles mit einem Kochlöffel vermischen.
• Eine hohe Auflaufform von etwa 1 1/2 Liter Inhalt fetten und mit dem restlichen Käse ausstreuen. Auflauf darin glattstreichen. In den kalten Backofen (mittlere Schiene) schieben und bei 180 Grad (Umluft: 160 Grad, Gas: Stufe 2) etwa 50 Minuten backen, bis er leicht gebräunt ist.

Dauert etwa 1 Stunde 40 Minuten
Arbeiten müssen Sie etwa 50 Minuten
1 Portion = 511 kcal/ 534 mg Cholesterin
33 g Fett/ 29 g Eiweiß/ 20 g Kohlenhydrate

Brotgratin mit Tomaten

Für 3 Portionen

500 g Tomaten
500 g Toastbrot
1 Handvoll frische Salbei- oder Petersilienblätter
150 g Käsescheiben
Salz
schwarzer Pfeffer aus der Mühle
1/8 l Tomatensaft
2 EL Crème fraîche

Fetter Käse wie Mozzarella, würziger Edelpilz- oder milder Schmelzkäse zerläuft beim Überbacken cremig.

• Backofen auf 250 Grad (Gas: Stufe 5) vorheizen. Tomaten abziehen und in Scheiben schneiden.
• Brot, Tomaten, die Kräuterblätter und die Käsescheiben schuppenförmig in eine flache Gratinform legen. Mit Salz und Pfeffer würzen. Tomatensaft mit Crème fraîche verrühren und an den Seiten des Gratins zugießen.
• Gratin in den heißen Backofen (mittlere Schiene) stellen und etwa 20 Minuten backen, bis es oben gleichmäßig gebräunt ist.

Dauert etwa 30 Minuten
Arbeiten müssen Sie etwa 10 Minuten
1 Portion = 706 kcal/ 71 mg Cholesterin
26 g Fett/ 28 g Eiweiß/ 87 g Kohlenhydrate

Dazu paßt: Salat

Gratinierte Dinkelgnocchi

• Schrot mit Wasser aufkochen und zugedeckt bei schwacher Hitze 20 Minuten garen. Kochstelle abschalten, Schrot 1 Stunde quellen und dabei abkühlen lassen.
• Mehl, Grieß, Eier, die saure Sahne, etwa 2/3 der Kräuter, Salz, Pfeffer aus der Mühle und Muskatnuß zugeben und zu einem weichen, aber formbaren Teig mischen.
• Backofen auf 220 Grad (Gas: Stufe 4) vorheizen. Reichlich Wasser mit Salz aufkochen. Vom Teig mit zwei Teelöffeln Klößchen – Gnocchi – abstechen und portionsweise im sprudelnd kochenden Wasser garen, bis sie an die Oberfläche steigen. Abgetropfte Gnocchi nebeneinander in eine flache Auflaufform legen.
• Butter, zerbröckelten Käse, Sahne und Milch in einem Topf unter Rühren erwärmen, bis sich der Käse aufgelöst hat. Den Rest der Kräuter untermischen.
• Käsesauce über die Gnocchi gießen. Gnocchi in den heißen Backofen (mittlere Schiene) stellen und etwa 15 Minuten gratinieren, bis die Käsesahne leicht gebräunt ist.

Dauert etwa 2 Stunden
Arbeiten müssen Sie etwa 30 Minuten
1 Portion = 681 kcal/ 272 mg Cholesterin
35 g Fett/ 23 g Eiweiß/ 64 g Kohlenhydrate

Dazu paßt: Salat

Für 4 Portionen

150 g Dinkelschrot
300 ml Wasser
150 g Weizenvollkornmehl
50 g Weizengrieß
2 Eier
2 EL saure Sahne
1 Päckchen gemischte Tiefkühlkräuter
Salz, weißer Pfeffer
geriebene Muskatnuß
30 g Butter
150 g Gorgonzola oder Roquefort
125 g süße Sahne
1/8 l Milch

Italiens feine Klößchen, vollwertig zubereitet. Dazu schmeckt gemischter Salat mit Kräutern und Radieschen, vollreifen Tomaten und kleinen aromatischen Sommergurken.

Hirse mit Tomaten und Käse

• Zwiebel und Knoblauch abziehen, hacken und im heißen Öl glasig braten. Hirse einige Sekunden mitbraten. Wasser und Instant-Brühe zugeben, aufkochen und zugedeckt etwa 20 Minuten garen, bis die Hirse körnig weich ist.
• Tomaten abziehen und fein zerkleinern, Stielansätze dabei entfernen. Petersilie hacken. Mit Crème fraîche unter die Hirse mischen und etwa 5 Minuten schmoren.
• Käse untermischen, Hirse mit Salz und Pfeffer würzen.

Dauert etwa 30 Minuten
1 Portion = 455 kcal/ 14 mg Cholesterin
14 g Fett/ 16 g Eiweiß/ 63 g Kohlenhydrate

Dazu paßt: Salat

Für 4 Portionen

1 Zwiebel
1 Knoblauchzehe
2 EL Öl
400 g Hirse
800 ml Wasser
1 TL Instant-Gemüsebrühe
300 g Tomaten
1 Bund Petersilie
1 EL Crème fraîche
50 g geriebener Parmesankäse
Salz, schwarzer Pfeffer

Bulgur mit Gemüse

Für 4 Portionen

1 rote Pfefferschote
1 Zwiebel
3 EL Maiskeimöl
300 g Bulgur
600 ml Gemüsebrühe
500 g Mangold
500 g Tomaten
1/8 l Sojadrink
Salz, schwarzer Pfeffer
1 Bund Schnittlauch
200 g Crème fraîche

Sojamilch ...

... wird wie Tofu aus Sojabohnen gemacht, sieht aus wie Milch, enthält Eiweiß und Fettsäuren, jedoch weder Milchzucker noch Cholesterin – gut für alle, die Milch nicht vertragen oder auf ihren Cholesterinspiegel achten müssen. Verkauft wird sie in Reformhäusern und Naturkostläden als Sojadrink.

• Pfefferschote waschen und halbieren, Kerne entfernen. Die Schotenhälften in feine Streifen schneiden. Zwiebel abziehen und fein hacken. Alle diese Zutaten in 2 Eßlöffeln heißem Öl bei schwacher Hitze anbraten.
• Bulgur und Brühe zugeben und aufkochen. Zugedeckt bei schwacher Hitze 20 Minuten garen.
• Mangold putzen, waschen, trockenschwenken und in dünne Streifen schneiden. Tomaten abziehen und würfeln.
• Das restliche Öl in einem Topf erhitzen. Mangold darin bei mittlerer Hitze unter Rühren 2 Minuten braten. Tomaten und den Sojadrink untermischen und aufkochen. Zugedeckt bei schwacher Hitze in etwa 5 Minuten weich garen.
• Mit Salz und Pfeffer abschmecken. Schnittlauch fein zerkleinern. Die Hälfte davon unter das Gemüse mischen.
• Gemüse und Bulgur auf vorgewärmten Tellern anrichten. Die Crème fraîche auf die Bulgurportionen setzen und mit dem restlichen Schnittlauch bestreuen.

Dauert etwa 45 Minuten
1 Portion = 520 kcal/ 53 mg Cholesterin
25 g Fett/ 15 g Eiweiß/ 55 g Kohlenhydrate

Graupen mit Pilzen

Für 4 Portionen

250 g Graupen
1 EL getrockneter Majoran
3 EL Olivenöl
1/2 l Gemüsebrühe
200 g Austernpilze
1 rote Zwiebel
1 Bund Suppengrün
200 g Crème fraîche
1 EL Zitronensaft
2 EL geriebener Käse
Salz, schwarzer Pfeffer
1/2 Bund Schnittlauch

• Graupen auf einem Sieb kalt abspülen, bis das Wasser klar bleibt. Mit Majoran in 1 Eßlöffel Öl bei mittlerer Hitze unter Rühren anbraten. Brühe zugießen, aufkochen und zugedeckt bei schwacher Hitze 25 Minuten garen.
• Pilzhüte in Streifen schneiden. Zwiebel in feine Ringe schneiden. Suppengrün fein zerkleinern.
• Restliches Öl in einer Pfanne erhitzen. Pilze, Zwiebelringe und Suppengrün darin bei starker bis mittlerer Hitze kräftig rösten, bis die Pilze weich und gebräunt sind.
• Mit Crème fraîche, Zitronensaft und Käse unter die Graupen mischen, mit Salz und Pfeffer abschmecken und mit dem fein zerkleinerten Schnittlauch bestreut servieren.

Dauert etwa 35 Minuten
1 Portion = 476 kcal/ 58 mg Cholesterin
26 g Fett/ 12 g Eiweiß/ 47 g Kohlenhydrate

Dazu paßt: Salat

Grünkern mit Currygemüse

• Grünkern mit Wasser übergießen und zugedeckt im Kühlschrank 6 Stunden quellen lassen.

• Brühe und Thymian zugeben, Grünkern aufkochen und zugedeckt bei schwacher Hitze 40 Minuten garen.

• Zwiebel abziehen, fein hacken und auf einem Teller beiseite stellen. Möhren schälen und in dünne Stifte schneiden. Lauchzwiebeln putzen, waschen und mit allen saftigen grünen Blättern in dünne Ringe schneiden. Paprikaschote waschen, putzen und in Streifen schneiden.

• Petersilie und Schnittlauch getrennt fein zerkleinern. Ingwer schälen und fein reiben oder hacken. Zitronenschale in feine Streifen schneiden.

• 1 Eßlöffel Öl erhitzen. Gehackte Zwiebel darin bei schwacher Hitze glasig braten. Gegarten Grünkern mit dem verbliebenen Kochwasser zugeben und einmal kräftig aufkochen. Mit Balsamessig, Salz und Pfeffer würzen und zugedeckt auf der abgeschalteten Kochstelle ziehen lassen, bis das Gemüse zubereitet ist.

• Das restliche Öl in einer Pfanne erhitzen. Möhren, Lauchzwiebeln, Paprikaschote, die Hälfte der Petersilie, Ingwer und Zitronenschale darin bei starker Hitze kurz anbraten. Kurkuma und Koriander zugeben und bei mittlerer Hitze weitere 3 bis 4 Minuten braten, bis das Gemüse bißfest ist.

• Joghurt und Zitronensaft untermischen und erhitzen, aber nicht mehr aufkochen. Gemüse mit Salz und Pfeffer abschmecken und mit dem Grünkern auf heißen Tellern anrichten. Grünkern mit dem Schnittlauch, Gemüse mit dem Rest der Petersilie bestreuen.

Dauert etwa 1 Stunde
1 Portion = 345 kcal/ 19 mg Cholesterin
14 g Fett/ 10 g Eiweiß/ 41 g Kohlenhydrate

Grünkern

Im 14. Jahrhundert verschlechterte sich das Klima, die Sommer waren kalt und naß, die Winter lang. Das Getreide wurde nicht mehr reif, drohte auf den Feldern zu faulen. Doch die Bauern wußten sich zu helfen: Sie ernteten den noch unreifen Dinkel und trockneten ihn über dem Feuer. Die Körner verloren an Feuchtigkeit, wurden hart und haltbar. So ist Grünkern, das grüne Korn, entstanden. Er schmeckt kräftig, ein bißchen nach Nuß und muß nach dem Einweichen kürzer als andere Körner kochen.

Die Grünkernkörner müssen 6 Stunden quellen

Für 4 Portionen

200 g Grünkernkörner
1/2 l Wasser
1 TL Instant-Gemüsebrühe
1 weiße Zwiebel
4 mittelgroße Möhren
1 Bund Lauchzwiebeln
1 kleine grüne Paprikaschote
1 Bund Petersilie
1 Bund Schnittlauch
1 Stück Ingwerwurzel
(ca. 3 cm lang)
1 Stück unbehandelte
Zitronenschale
3 EL Sonnenblumenöl
2 EL Balsamessig
Salz, weißer Pfeffer
1 TL Kurkumapulver (Gelbwurz)
1/2 TL gemahlener Koriander
200 g Sahnejoghurt
1 EL Zitronensaft

Buchweizen mit Gemüse

Für 4 Portionen

1 rote Paprikaschote
2 kleine Zucchini
2 mittelgroße Möhren
200 g Champignons
2 EL Zitronensaft
1 Stück unbehandelte
Zitronenschale (ca. 5 cm lang)
1 große Zwiebel
2 Knoblauchzehen
1/2 Bund Petersilie
6 EL Öl
300 g Buchweizen
600 ml Gemüsebrühe
50 g Korinthen
50 g Pinienkerne
Salz
schwarzer Pfeffer aus der Mühle

• Die Paprikaschote in feine Streifen, Zucchini und Möhren in Scheiben schneiden. Pilze putzen, waschen, halbieren und mit Zitronensaft mischen. Zitronenschale, Zwiebel, Knoblauch und Petersilie fein zerkleinern.
• 1 Eßlöffel Öl in einem Topf erhitzen. Buchweizen darin anbraten. Brühe zugießen und aufkochen. Zugedeckt bei schwacher Hitze 20 Minuten garen.
• Das restliche Öl in einer großen Pfanne erhitzen. Zwiebel und Knoblauch darin bei schwacher Hitze anbraten. Paprikaschoten, Zucchini, Möhren, Pilze, Zitronenschale, Korinthen und Pinienkerne zugeben und bei starker bis mittlerer Hitze unter Rühren in etwa 5 Minuten weich braten.
• Buchweizen und Petersilie unter das Gemüse mischen, mit Salz und Pfeffer abschmecken.

Dauert etwa 45 Minuten
1 Portion = 561 kcal/ 0 mg Cholesterin
23 g Fett/ 15 g Eiweiß/ 70 g Kohlenhydrate

Graupen mit Maisgemüse

Für 3 Portionen

250 g Graupen
3 EL Olivenöl
1/2 l Gemüsebrühe
1 große rote Paprikaschote
1 Bund Lauchzwiebeln
1 Bund Basilikum
1 kleine Dose Zuckermais
1 EL Zitronensaft
Salz, schwarzer Pfeffer

Graupen
kochen körnig wie Reis, wenn man sie auf einem Sieb kalt wäscht. Dabei wird die Getreidestärke abgespült, die den Eintopf sämig wie Risotto machen würde.

• Graupen auf ein Sieb geben und kalt abspülen, bis das Wasser klar bleibt. Im heißen Öl bei mittlerer Hitze unter Rühren anbraten. Brühe zugießen und aufkochen. Graupen zugedeckt bei schwacher Hitze 20 Minuten garen.
• Paprikaschote würfeln. Lauchzwiebeln mit allen saftigen grünen Blättern in dünne Ringe schneiden. Basilikum fein zerkleinern. Maiskörner auf einem Sieb kalt abspülen.
• Paprikaschoten, Lauchzwiebelringe und Maiskörner unter die Graupen mischen, erneut aufkochen und 5 Minuten garen, bis die Graupen weich sind.
• Mit Zitronensaft, Salz und Pfeffer abschmecken und mit dem Basilikum mischen und auf vorgewärmten Tellern servieren.

Dauert etwa 30 Minuten
1 Portion = 471 kcal/ 0 mg Cholesterin
13 g Fett/ 14 g Eiweiß/ 72 g Kohlenhydrate

Noch schneller
1 Paket Tiefkühlmischgemüse mit Mais und Paprikaschoten nehmen.

Couscous mit Gemüse

Spezialität aus Nordafrika

- Couscous in eine Schüssel geben. Etwa 450 Milliliter Wasser dazugießen. Couscous zugedeckt 45 Minuten quellen lassen.
- Trockenpflaumen in einer anderen Schüssel im restlichen Wasser einweichen, bis das Gemüse fast fertig ist.
- Couscous mit einer Gabel durchrühren, bis es wieder körnig ist; dabei salzen. Den Boden eines Topfes mit hohem Rand gerade eben mit Wasser bedecken. Die Hälfte der Butter darin erhitzen, bis sie aufschäumt.
- Couscous so hineinschütten, daß es den Topfboden bedeckt und wie eine Pyramide aufgeschichtet ist. Topfdeckel mit einem Küchentuch umwickeln, fest auf den Topf drükken und eventuell beschweren, damit der Topf wirklich dicht schließt. Couscous bei schwacher bis schwächster Hitze 1 Stunde garen.
- Inzwischen für das Gemüse Lauchzwiebeln putzen, waschen und mit den saftigen grünen Blättern in etwa fingerlange Stücke schneiden. Brokkoli waschen, Röschen abschneiden und beiseite legen. Stiele mit einem kleinen Messer schälen. Möhren ebenfalls schälen und in etwa streichholzdünne Stifte schneiden. Knoblauch hacken.
- Öl in einem Schmortopf erhitzen. Lauchzwiebeln, Brokkolistiele, Möhren und Knoblauch hinzufügen und bei mittlerer Hitze unter Wenden etwa 2 Minuten anbraten.
- Brokkoliröschen, Erbsen und das Einweichwasser der Pflaumen zugeben. Gemüse aufkochen und zugedeckt bei schwacher bis mittlerer Hitze 5 Minuten garen.
- Eingeweichte Pflaumen halbieren oder vierteln, unter das Gemüse mischen und erhitzen. Gemüse mit Zitronensaft, Salz und einer kräftigen Prise Pfeffer abschmecken.
- Mandeln grob hacken und in der restlichen Butter rösten. Joghurt mit saurer Sahne in einer Schüssel kräftig verrühren, mit etwas Salz und Cayennepfeffer nach Geschmack würzen. Schnittlauch zerkleinern und daruntermischen.
- Gemüse in die Mitte einer großen Platte geben und mit Mandeln bestreuen. Couscous in Häufchen um das Gemüse setzen. Schnittlauchjoghurt dazu servieren.

Dauert etwa 1 1/2 Stunden
1 Portion = 702 kcal/ 42 mg Cholesterin
32 g Fett/ 23 g Eiweiß/ 76 g Kohlenhydrate

Für 4 Portionen

300 g Couscous
1/2 l Wasser
50 g Trockenpflaumen
Salz
20 g Butter
1 Bund Lauchzwiebeln
500 g Brokkoli
300 g Möhren
1 Knoblauchzehe
3 EL Öl
1 Paket Tiefkühlerbsen (300 g)
3 EL Zitronensaft
weißer Pfeffer aus der Mühle
75 g Mandeln
150 g Magerjoghurt
200 g saure Sahne
Cayennepfeffer
1 Bund Schnittlauch

Reste-Tip

Übriggebliebenes Couscous im Mikrowellengerät bei 700 Watt etwa 1 1/2 Minuten aufwärmen. Falls es sehr trocken ist, befeuchten Sie es mit ein paar Tropfen Wasser und wärmen es zugedeckt. Feuchtes Couscous dagegen, das kleine Klümpchen bildet, nicht abdecken, damit es körnig wird.

Der Teig muß 12 Stunden ruhen

Für 10 Stücke

Teig:

500 g Weizenvollkornmehl

1 Würfel Hefe (ca. 40 g)

1/4 l lauwarmes Wasser

250 g Butter

1 Ei

1 TL Salz

Füllung:

500 g Austernpilze

500 g Champignons

1 unbehandelte Zitrone

500 g Zwiebeln

2 Knoblauchzehen

2 Bund Petersilie

2 EL Öl

250 g süße Sahne

Salz

weißer Pfeffer aus der Mühle

außerdem:

1 Eigelb

2 EL Milch

Die Hülle der Pilzpie besteht aus Plunderteig, auch Hefeblätterteig genannt: In den Teig wird viel Butter eingearbeitet, die das Gebäck blättrig macht. Plunderteig braucht reichlich Zeit zum Ruhen und Kühlen, damit er gut gelingt.

Pilzpie

• Mehl in eine Schüssel geben. In die Mitte eine Mulde drücken. Darin die zerbröckelte Hefe mit 4 Eßlöffeln Wasser und etwas Mehl vom Rand verrühren. Diesen Vorteig zugedeckt bei Zimmertemperatur 15 Minuten ruhenlassen.

• Vorteig mit dem gesamten Mehl verrühren. 50 Gramm Butter im restlichen Wasser schmelzen lassen. Diese Mischung, Ei und Salz zum Teig geben. Mit den Knethaken des Handrührgerätes etwa 5 Minuten durchrühren, bis der Teig Blasen bildet und sich vom Schüsselrand löst. Zugedeckt im Kühlschrank etwa 12 Stunden gehen lassen, bis sich sein Volumen verdoppelt hat. Die restliche Butter in Scheiben schneiden und ebenfalls kühlen.

• Aufgegangenen Teig rechteckig und knapp 1 Zentimeter dick ausrollen. Eine Hälfte der Teigplatten mit den Butterscheiben belegen. Die andere Hälfte darüberklappen und nur vorne leicht andrücken; an den Seiten offenlassen.

• Die Teigplatte drehen, so daß die »offenen« Seiten parallel zu Ihrem Körper liegen. Zu einer länglichen, etwa 1/2 Zentimeter dicken Platte ausrollen. Beide Schmalseiten so nach innen schlagen, daß sie sich in der Mitte berühren. Platte noch einmal falten, damit sich 4 Lagen bilden.

• Den Teig mit einem Küchentuch bedeckt im Kühlschrank 30 Minuten ruhenlassen. Teig erneut in Richtung der »offenen« Seiten ausrollen, wie oben falten und kühlen. Diesen Vorgang noch zwei- bis dreimal wiederholen.

• Während der Kühlzeiten die Füllung vorbereiten: Austernpilze fein zerkleinern. Champignons putzen, waschen und in kleine Stücke schneiden. Zitronen waschen, abtrocknen, ein etwa 5 Zentimeter langes Stück Schale abschneiden und fein hacken. Saft auspressen, Champignons damit mischen. Zwiebeln und Knoblauch abziehen und fein hacken. Petersilie fein zerkleinern.

• Öl in einer großen Pfanne erhitzen. Zwiebeln und Knoblauch darin bei schwacher Hitze glasig braten.

• Pilze und Zitronenschale zugeben und bei starker Hitze unter ständigem Rühren etwa 10 Minuten schmoren. Dabei nach und nach die Sahne zugeben und dick einkochen.

• Von der Kochstelle nehmen, mit Salz und Pfeffer würzen, mit Petersilie mischen und abkühlen lassen.

• Teig etwa 1/2 Zentimeter dick ausrollen. Eine Pieform oder eine andere ofenfeste Form von etwa 2,5 Liter Inhalt auf den Teig setzen und eine Platte ausschneiden; dieser »Deckel« für die Pie muß etwas größer als die Form sein.

In der Mitte der Platte ein kleines Loch ausstechen, damit der Dampf abziehen kann.
• Den restlichen Teig zusammenfalten, wieder ausrollen und die Form damit auslegen. Die Pilze einfüllen, Teigdeckel darauflegen und rundherum am Rand der Form leicht andrücken. Eigelb mit der Milch verrühren. Die Pie damit bestreichen.
• Die Pilzpie in den kalten Backofen (untere Schiene) stellen. Bei 220 Grad (Umluft: 200 Grad, Gas: Stufe 4) etwa 45 Minuten backen. Heiß servieren.

Dauert etwa 4 Stunden
Arbeiten müssen Sie etwa 3 1/4 Stunden
1 Stück = 520 kcal/ 164 mg Cholesterin
34 g Fett/ 12 g Eiweiß/ 39 g Kohlenhydrate

Dazu paßt: *Salat*

Wer Zeit sparen will, knetet gleich die doppelte Teigmenge und friert die Hälfte davon für die nächste Pie ein.

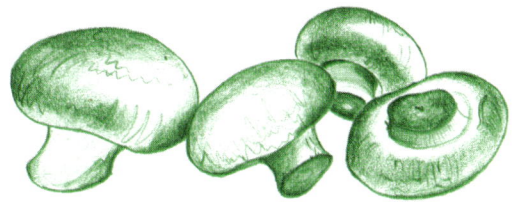

Vollkornpie mit Spinat

• Blätterteig und Spinat auftauen lassen. Die Teigplatten auf wenig Mehl ausrollen. Eine Springform von 26 Zentimeter Durchmesser mit kaltem Wasser ausspülen und so mit den Teigplatten auslegen, daß ein etwa 2 Zentimeter hoher Rand entsteht.
• Spinat gut ausdrücken, grob zerschneiden und in eine Schüssel geben. Lauchzwiebeln putzen, waschen und mit allen saftigen grünen Blättern in dünne Ringe schneiden. Knoblauch hacken. Roquefort mit einer Gabel zerdrücken. Joghurt mit Mehl, Salz, Pfeffer und Muskat verrühren.
• Spinat mit Lauchzwiebeln, Knoblauch, Roquefort, Joghurt und Eiern verrühren und auf den Blätterteigboden geben. Geriebenen Käse darüberstreuen.
• Form in den kalten Backofen (untere Schiene) stellen. Pie bei 200 Grad (Umluft: 180 Grad, Gas: Stufe 3) etwa 50 Minuten backen. Gegebenenfalls mit Alufolie abdecken, damit die Oberfläche nicht zu stark bräunt.

Dauert etwa 1 1/2 Stunden
Arbeiten müssen Sie etwa 40 Minuten
1 Portion = 621 kcal/ 388 mg Cholesterin
37 g Fett/ 26 g Eiweiß/ 44 g Kohlenhydrate

Dazu paßt: *Salat*

Schmeckt am besten lauwarm

Für 4 Portionen
300 g Vollkorn-Tiefkühl-blätterteig
2 Pakete Tiefkühlblattspinat (je 300 g)
Mehl zum Ausrollen
3 Lauchzwiebeln
1 Knoblauchzehe
100 g Sahneroquefort
150 g Magerjoghurt
50 g Mehl
Salz
weißer Pfeffer aus der Mühle
geriebene Muskatnuß
3 Eier
50 g geriebener Käse

Vollkornpizza mit Tomaten und Käse

Für 4 Portionen
Teig:
300 g Weizenvollkornmehl
1/2 Päckchen Trockenhefe
Salz
1/8 l Milch
1/8 l Wasser
3 EL Öl
Belag:
1 Zwiebel
1 Knoblauchzehe
ca. 10 Salbeiblättchen
2 EL Öl
1 Dose Pizzatomaten
(Einwaage 400 g)
Salz
weißer Pfeffer aus der Mühle
400 g Mozzarella
200 g Fontinakäse
750 g Eiertomaten
Fett für das Blech
Mehl zum Ausrollen

Für Pizzabelag eignet sich fetter, weicher Käse wie Fontina, Provolone und Mozzarella.

• Mehl, Hefe, 1/2 Teelöffel Salz, Milch, Wasser und Öl mit den Knethaken des Handrührgerätes 5 Minuten rühren. Zugedeckt bei Zimmertemperatur 45 Minuten ruhenlassen, bis sich das Teigvolumen etwa verdoppelt hat.
• Inzwischen für den Belag Zwiebel, Knoblauch und Salbei hacken. Das Öl erhitzen, die Zwiebel, den Knoblauch und den Salbei darin bei mittlerer Hitze anbraten. Die Tomaten mit dem Saft zugeben und bei starker bis mittlerer Hitze unter häufigem Rühren schmoren, bis der Saft verdampft ist. Das Tomatenpüree mit Salz und Pfeffer abschmecken und abkühlen lassen.
• Den abgetropften Mozzarella in kleine Stücke schneiden. Fontina grob reiben oder in ganz kleine Würfel schneiden. Tomaten abziehen und in Scheiben schneiden.
• Ein Backblech fetten. Den Teig daraufgeben und mit Mehl bestreuen. Mit dem Nudelholz auf dem Blech ausrollen. Das Tomatenpüree auf den Teig streichen. Zuerst den Mozzarella, dann die Tomatenscheiben und zum Schluß den Fontina auf dem Teig verteilen.
• Die Pizza weitere 15 Minuten gehen lassen. In den kalten Backofen (mittlere Schiene) schieben und bei 200 Grad (Umluft: 180 Grad, Gas: Stufe 3) etwa 30 Minuten backen.

Dauert etwa 1 1/4 Stunden
Arbeiten müssen Sie etwa 45 Minuten
1 Portion = 911 kcal/ 119 mg Cholesterin
49 g Fett/ 47 g Eiweiß/ 63 g Kohlenhydrate

Der schnelle Teig aus der Kühlung

Pizza- und Blätterteig gibt es fertig ausgerollt auf Backpapier in den Kühltheken vieler Supermärkte. Man legt sie nur noch aufs Blech und belegt sie nach Wunsch. Vollkornpizzaboden für eine Portion bekommt man in Naturkostläden und Reformhäusern. Der Teigboden ist vakuumverpackt und hält sich ohne Kühlung etwa 1 Monat. Wie man ihn zubereitet, steht auf Seite 164: Pizza vegetarisch.

Maiskuchen mit Erbsen

• Mehl, Hefe und Salz in einer Schüssel vermischen. Wasser und Öl lauwarm erwärmen und dazugießen. Alles mit den Knethaken des Handrührgerätes etwa 5 Minuten durchrühren, bis der Teig Blasen bildet. Teig zugedeckt bei Zimmertemperatur etwa 1 Stunde ruhenlassen, bis sich das Teigvolumen verdoppelt hat.

• Inzwischen für den Belag Wasser mit Salz zum Kochen bringen. Die Erbsen darin aufkochen und zugedeckt bei mittlerer Hitze 5 Minuten garen. Im Garsud abkühlen.

• Die Maiskolben putzen, waschen und die Körner abschneiden. Die Tomaten abziehen und würfeln. Mais und Tomaten mit Erbsen, Mandeln, Käse, Crème fraîche, Salz und Cayennepfeffer vermischen.

• Den Teig auf einem gefetteten Backblech verstreichen, Gemüsemischung darauf verteilen. Den Kuchen in den kalten Backofen (mittlere Schiene) schieben und bei 180 Grad (Umluft: 160 Grad, Gas: Stufe 2) etwa 40 Minuten backen. Herausnehmen, auf dem Blech etwa 10 Minuten abkühlen lassen, in Stücke schneiden und heiß servieren.

Dauert etwa 2 Stunden
Arbeiten müssen Sie etwa 1 Stunde
1 Portion = 608 kcal/ 55 mg Cholesterin
32 g Fett/ 22 g Eiweiß/ 53 g Kohlenhydrate

Dazu paßt: Salat

Tiefkühl- oder Dosengemüse – was ist besser?
Tiefkühlgemüse, denn es wird gleich nach der Ernte fachgerecht tiefgefroren. Deshalb enthält es sogar noch mehr Vitamine als frisches Gemüse nach 2 Tagen im Kühlschrank. Damit die Vitamine auch erhalten bleiben, wird es noch gefroren in wenig kochendes Wasser gegeben und gut zugedeckt so kurz wie möglich gedünstet.
Die meisten Dosengemüse sind durch die Hitzebehandlung nicht sehr vitaminreich. Außerdem schmecken sie fast alle ziemlich fade. Nur bei Tomaten, Hülsenfrüchten und Maiskörnern bekommt man wirklich gute Qualität.

Für 6 Portionen

Teig:
300 g Weizenvollkornmehl
1/2 Päckchen Trockenhefe
Salz
1/4 l Wasser
3 EL Öl
Belag:
50 ml Wasser
Salz
1 Paket Tiefkühlerbsen (300 g)
4 Maiskolben (ca. 2 kg)
200 g Tomaten
100 g Mandelstifte
150 g geriebener Käse
150 g Crème fraîche
Cayennepfeffer
Fett für das Backblech

Zur Abwechslung
• Teigboden mit gegarten Linsen, Apfelstückchen, Walnußkernen, Käse und Crème fraîche belegen.
• Den Belag mit beliebigem zerkleinerten und kurz geschmorten Gemüse, 2 Eiern und saurer Sahne mischen.

Mit Fleisch
200 Gramm Hackfleisch mit Zwiebelringen, gehacktem Knoblauch und 1 Eßlöffel getrocknetem Oregano anbraten. Mit den anderen Zutaten mischen und nur die Mandeln weglassen.

Linsenauflauf mit Lauch

Für 4 Portionen

300 g braune oder rote Linsen
3/4 l Wasser
1 EL Instant-Gemüsebrühe
1/2 unbehandelte Zitrone
500 g Lauch (Porree)
1 Bund Petersilie
2 Eier
Salz, Cayennepfeffer
100 g geriebener Hartkäse
75 g geriebenes Knäckebrot

Am schnellsten ist der Auflauf mit roten Linsen fertig. Er schmeckt mit Kartoffelpuffern (Seite 195) und Salat und eventuell Tomatensauce.

• Linsen mit Wasser und Brühe aufkochen und zugedeckt bei schwacher Hitze weich garen. Mit abgeriebener Zitronenschale und Zitronensaft vermischt abkühlen lassen.
• Lauch putzen, waschen und mit allen saftigen grünen Blättern fein zerkleinern. Petersilie hacken, Eier trennen.
• Linsen, Lauch, Petersilie und Eigelb mischen. Mit Salz und einer kräftigen Prise Cayennepfeffer würzen.
• Eiweiß steif schlagen und auf die Linsen geben. Käse und Brot auf den Eischnee streuen und alles mischen.
• Teig in einer hohen Auflaufform glattstreichen. Auflauf in den kalten Backofen (untere Schiene) stellen. Bei 180 Grad (Umluft: 160 Grad, Gas: Stufe 2) etwa 1 Stunde backen, bis er oben leicht gebräunt ist.

Dauert etwa 2 1/2 Stunden
Arbeiten müssen Sie etwa 30 Minuten
1 Portion = 484 kcal/ 198 mg Cholesterin
13 g Fett/ 34 g Eiweiß/ 54 g Kohlenhydrate

Linsen mit Spätzle

Für 4 Portionen

200 g braune Linsen
1/2 l Gemüsebrühe
1 TL getrockneter Majoran
200 g Mehl
Salz
3 große Eier
4 EL Wasser
1 Gemüsezwiebel
1 EL Butter
2 EL Olivenöl
schwarzer Pfeffer aus der Mühle
1/4 Bund Petersilie

• Linsen mit Brühe und Majoran aufkochen und zugedeckt bei schwacher Hitze in etwa 1 Stunde weich kochen.
• Inzwischen für den Spätzleteig das Mehl mit einer kräftigen Prise Salz, Eiern und Wasser verrühren.
• Zwiebel abziehen und in dünne Ringe schneiden. Butter und Öl in einer Pfanne erhitzen. Zwiebeln darin bei schwacher Hitze weich und goldgelb braten.
• Reichlich Wasser mit Salz aufkochen. Den Spätzleteig portionsweise vom Brett schaben oder durch den Spätzlehobel in das sprudelnd kochende Wasser geben. An die Oberfläche steigen lassen und noch etwa 1 Minute garen. Mit einem Schaumlöffel herausnehmen und in einer heißen Schüssel mit den Linsen vermischt warm halten.
• Zum Schluß die gebratenen Zwiebeln mit dem Bratfett auf die Spätzle geben. Gehackte Petersilie darüberstreuen.

Dauert etwa 1 1/4 Stunden
1 Portion = 517 kcal/ 274 mg Cholesterin
16 g Fett/ 24 g Eiweiß/ 66 g Kohlenhydrate

Dazu paßt: *gemischter Salat oder Tomatensalat*

Vollkornlinsen-Strudel

• Für den Teig alle Zutaten in einer Schüssel vermischen. Auf der Arbeitsfläche so lange kräftig durchkneten, bis ein elastischer, glatter Teig entstanden ist.

• Zu einem Kloß formen, in Pergamentpapier wickeln und in einen Topf legen, den Sie zuvor mit heißem Wasser ausgespült haben. Teig darin zugedeckt ruhenlassen, bis die Füllung zubereitet ist.

• Linsen mit der Gemüsebrühe aufkochen und zugedeckt etwa 1 Stunde garen, bis sie sehr weich sind und die Brühe ganz aufgesogen haben. Lauwarm abkühlen lassen.

• Den geputzten Weißkohl und die geschälten Möhren portionsweise im Blitzhacker fein zerkleinern. Zwiebeln und Knoblauch abziehen und hacken.

• Alle diese zerkleinerten Zutaten mit Linsen, Ei, Sahne und Kümmel mischen. Die Füllung kräftig mit Salz, Pfeffer und Cayennepfeffer würzen.

• Eine flache Gratinform mit der Hälfte der Butter fetten.

• Teig in 5 Stücke schneiden. Jedes Stück auf wenig Mehl so dünn wie möglich ausrollen und nur rundherum an den dickeren Rändern mit den Fingerspitzen ausziehen.

• Die Teigstücke mit Öl bestreichen und mit der Füllung belegen. Dabei rundherum einen Rand frei lassen, damit die Füllung beim Zusammenfalten nicht herausquillt. Zuerst die beiden Schmalseiten, dann die Längsseiten des Teigstückes über der Füllung falten. Die Strudel von unten her aufrollen und nebeneinander in die Form legen.

• Strudel in den kalten Backofen (mittlere Schiene) schieben und bei 200 Grad (Umluft: 180 Grad, Gas: Stufe 3) etwa 50 Minuten backen. Während des Backens zwei- bis dreimal mit der restlichen Butter und der Flüssigkeit bestreichen, die sich am Boden der Form sammelt.

Dauert etwa 2 1/2 Stunden
Arbeiten müssen Sie etwa 1 Stunde 20 Minuten
1 Portion = 536 kcal/ 88 mg Cholesterin
28 g Fett/ 16 g Eiweiß/ 53 g Kohlenhydrate

Dazu paßt: Salat

Hülsenfrüchte kochen

Die Garzeit bei Hülsenfrüchten hängt mit der Dauer der Lagerung zusammen – je länger die Lagerzeit, desto länger auch die Kochzeit.

Für 6 Portionen

Teig:
200 g Roggenvollkornmehl
100 g Weizenvollkornmehl
Salz
7 EL Öl
150 ml lauwarmes Wasser
1 EL Zitronensaft

Füllung:
150 g Linsen
300 ml Gemüsebrühe
500 g Weißkohl
500 g Möhren
2 Zwiebeln
1 Knoblauchzehe
1 Ei
100 g saure Sahne
1 EL Kümmelkörner
Salz
frischgemahlener weißer Pfeffer
Cayennepfeffer
50 g Butter
Mehl für die Arbeitsfläche
2 EL Öl

Strudelteig mit Vollkornmehl kann man nicht hauchdünn ausziehen. Am besten füllen Sie also statt einer großen Teigplatte mehrere kleine; diese Ministrudel gelingen ganz leicht und schmecken genauso gut wie der klassische Strudel.

Die Pilze müssen 1 Stunde quellen

Für 6 Portionen

20 g getrocknete Mischpilze
1/8 l Wasser
250 g feines Roggenvollkornbrot
300 ml Milch
50 g Butter
Salz
2 große Zwiebeln
1 Knoblauchzehe
1 Bund Petersilie
3 Eier
300 g Mehl
1 TL getrockneter Thymian
500 g Linsen
1 1/4 l Gemüsebrühe
1 EL Öl
200 g Crème fraîche
abgeriebene Schale und Saft von
1 kleinen unbehandelten Zitrone
weißer Pfeffer aus der Mühle
1 Bund Schnittlauch

Hülsenfrüchte kalt aufsetzen

Getrocknete Linsen, Bohnen und Erbsen muß man immer in kaltes Wasser geben und zum Kochen bringen. Setzt man sie in kochendem Wasser auf, bleiben sie hart. Dagegen spielt Salz im Kochwasser fürs Weichwerden keine Rolle: In gutgesalzenem Wasser oder kräftiger Brühe gegart, schmecken alle Hülsenfrüchte sogar besonders aromatisch.

Linsengemüse mit Serviettenkloß

• Die Pilze mit Wasser 1 Stunde zugedeckt einweichen.
• Für den Serviettenkloß das Brot in etwa 1/2 Zentimeter große Würfel schneiden. In der heißen Butter bei schwacher Hitze unter häufigem Wenden in etwa 10 Minuten knusprig braten. Auf einem Teller erkalten lassen.
• Reichlich Salzwasser in einem großen Topf aufkochen.
• Zwiebeln und Knoblauch hacken. Petersilie fein zerkleinern. Eier trennen. Mehl mit Salz und Thymian in eine Schüssel geben. Milch und Eigelb dazugeben und alles mit den Knethaken des Handrührgerätes zu einem glatten Teig vermischen. Eiweiß steif schlagen und daraufgeben. Brotwürfel und die Hälfte von Zwiebel, Knoblauch und Petersilie zugeben und alles mit einem Kochlöffel mischen.
• Ein Küchentuch in kaltes Wasser tauchen, gut auswringen und auf der Arbeitsfläche ausbreiten. Teig in die Mitte des Tuches geben und Tuch so darüber zusammenfalten, daß sich der Teig zu einem länglichen Wecken formt. Beide Enden des Tuchs mit Küchengarn zubinden.
• Serviettenkloß ins kochende Wasser legen und bei mittlerer bis schwacher Hitze 1 Stunde kochen lassen. Dabei den Topf nicht ganz schließen. Den Kloß einmal wenden.
• Linsen mit Brühe aufkochen und zugedeckt bei schwacher Hitze 45 Minuten garen.
• Pilze auf einem Sieb kalt abspülen. Das Einweichwasser für die Sauce durch eine Kaffeefiltertüte gießen, um Erdreste, die sich aus den Pilzhüten gelöst haben, aufzufangen.
• Öl in einem Topf erhitzen. Pilze und den Rest von Zwiebel, Knoblauch und Petersilie darin bei mittlerer Hitze unter ständigem Rühren 3 Minuten schmoren. Dabei nach und nach das Einweichwasser zugießen und unter Rühren etwas einkochen lassen. Linsen mit der verbliebenen Brühe und Crème fraîche dazugeben. Alles bei starker Hitze unter Rühren dickflüssig einkochen lassen. Mit Zitronenschale, Saft, Salz und Pfeffer abschmecken.
• Serviettenkloß aus dem Wasser nehmen, auf ein Brett legen und aus dem Tuch wickeln. Kloß in Scheiben schneiden und auf heißen Tellern verteilen. Linsengemüse daneben anrichten. Schnittlauch fein zerkleinern und darüberstreuen.

Dauert etwa 2 Stunden
1 Portion = 815 kcal/ 235 mg Cholesterin
27 g Fett/ 37 g Eiweiß/ 102 g Kohlenhydrate

Linseneierkuchen mit mexikanischem Gemüse

Der Eierkuchenteig muß
6 Stunden ruhen

• Für die Eierkuchen die Linsen im Blitzhacker so fein wie Mehl zerkleinern. Pfefferschote halbieren, Kerne entfernen, Schotenhälften waschen und fein hacken.

• Gemahlene Linsen, Pfefferschote, Mehl, Salz und Buttermilch in einer Schüssel verrühren. Zugedeckt bei Zimmertemperatur etwa 6 Stunden stehenlassen.

• Die Eier unter den Teig rühren. Fett in einer Pfanne erhitzen. Jeweils 1 Schöpfkelle Teig in die Pfanne geben und zugedeckt 3 Minuten backen, bis sich der Eierkuchen leicht vom Pfannenboden lösen läßt. Wenden und auf der zweiten Seite etwa 2 Minuten backen. 7 weitere Eierkuchen backen und bei 50 Grad im Backofen warm halten.

• Für das Gemüse die Lauchzwiebeln putzen, waschen und mit allen saftigen grünen Blättern fein zerkleinern. Bohnen und Mais auf ein Sieb abgießen und kurz kalt abspülen.

• Maiskeimöl in einem Topf erhitzen. Lauchzwiebeln darin glasig braten. Bohnen, Mais und Tomatenstücke zugeben und bei starker Hitze unter Rühren etwa 5 Minuten schmoren. Mit Salz und Sambal oelek würzen.

• Koriandergrün waschen, trockentupfen, mit einem scharfen Messer fein schneiden und in das Gemüse mischen. Eierkuchen und Gemüse auf gut vorgewärmten Tellern anrichten.

**Dauert etwa 1 1/2 Stunden
1 Portion = 728 kcal/ 267 mg Cholesterin
24 g Fett/ 38 g Eiweiß/ 84 g Kohlenhydrate**

Sambal oelek

Die indonesische Spezialität Sambal oelek bekommen Sie auch bei uns in jedem Supermarkt. Es ist nur eine der brennend scharf bis milder schmeckenden Würzpasten, die in heißen Regionen so beliebt sind. Sie werden aus grünen oder roten, frischen oder getrockneten Pfefferschoten hergestellt und je nach Sorte mit Knoblauch, Zwiebeln, Öl und/oder verschiedenen Gewürzen gemixt.

Für 4 Portionen

Eierkuchen:
200 g rote Linsen
1 grüne Pfefferschote
100 g Weizenvollkornmehl
Salz
500 g Buttermilch
3 Eier
Öl oder Pflanzenfett zum Backen

Gemüse:
1 Bund Lauchzwiebeln
1 kleine Dose rote oder schwarze Bohnen
1 kleine Dose Zuckermais
2 EL Maiskeimöl
1 kleine Dose Tomatenfleisch in Stücken
Salz
Sambal oelek nach Geschmack
1 Handvoll Koriandergrün oder Petersilienblättchen

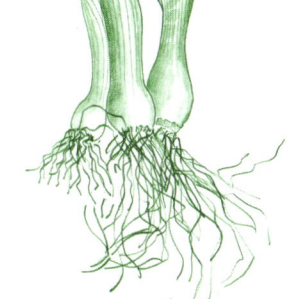

Die Bohnen müssen
6 Stunden quellen

Für 4 Portionen
400 g rote Bohnen
1 l Wasser
500 g Tomaten
1 Zwiebel
1 Knoblauchzehe
2 frische grüne Pfefferschoten
1 Handvoll Salbeiblättchen
1 EL Öl
Salz
50 g Semmelbrösel
50 g Kokosflocken
50 g Butter

*Der gebackene Bohneneintopf
aus Frankreich schmeckt mit
Kartoffeln oder Knoblauchbrot und gemischtem Salat.*

Vegetarisches Cassoulet

• Bohnen im Wasser 6 Stunden zugedeckt einweichen. Mit dem Einweichwasser aufkochen und zugedeckt bei schwacher Hitze 50 Minuten garen.
• Tomaten abziehen und würfeln. Zwiebel und Knoblauch fein hacken. Pfefferschoten der Länge nach halbieren. Stielansatz und Kerne entfernen. Schotenhälften kalt abspülen und in Streifen schneiden. Salbei waschen, trockentupfen und grob hacken.
• Öl in einem großen Schmortopf erhitzen. Zwiebel und Knoblauchzehe darin bei schwacher Hitze glasig braten. Bohnen einschließlich der Garflüssigkeit, Tomaten, Pfefferschote und Salbei zugeben, mit Salz würzen und mischen.
• Bohnen zugedeckt in den kalten Backofen (untere Schiene) stellen und bei 180 Grad (Umluft: 160 Grad, Gas: Stufe 2) 45 Minuten backen.
• Semmelbrösel mit Kokosflocken und Butter in einer Schüssel vermischen und über den Bohnen verteilen. Bohnen im offenen Topf weitere 45 Minuten backen.

Dauert etwa 2 3/4 Stunden
Arbeiten müssen Sie etwa 25 Minuten
1 Portion = 570 kcal/ 30 mg Cholesterin
23 g Fett/ 25 g Eiweiß/ 62 g Kohlenhydrate

Tofu mit Sprossen

Für 2 Portionen
200 g Sojasprossen
250 g Tofu
50 g beliebige Nußkerne
2 Knoblauchzehen
1 Stück frische Ingwerwurzel
(ca. 2 cm lang)
4 EL Öl
Salz, Cayennepfeffer
2 EL Zitronensaft

• Sprossen kalt abspülen und abtropfen lassen. Tofu würfeln, Nüsse grob hacken. Knoblauchzehen abziehen und hacken. Ingwerwurzel schälen und fein zerkleinern.
• In einer großen Pfanne 2 Eßlöffel Öl erhitzen. Sprossen, Knoblauch und Ingwer darin bei starker bis mittlerer Hitze unter Rühren etwa 3 Minuten braten. Herausnehmen und warm halten.
• Restliches Öl in der Pfanne erhitzen. Tofu darin bei mittlerer Hitze unter Wenden etwa 5 Minuten braten, bis er eine Kruste hat. Sprossen und Nüsse zugeben und kräftig erhitzen. Mit Salz, Cayennepfeffer und Zitronensaft abschmecken.

Dauert etwa 45 Minuten
1 Portion = 504 kcal/ 0 mg Cholesterin
41 g Fett/ 18 g Eiweiß/ 12 g Kohlenhydrate

Dicke Bohnen mit Kartoffeln und Nudeln

• Für die Basilikumpaste die Knoblauchzehen abziehen. Basilikum grob zerschneiden. Pecorinokäse zerbröckeln.
• Alle diese Zutaten, die Pinienkerne und das Öl im Blitzhacker pürieren. Püree mit einer kräftigen Prise Cayennepfeffer abschmecken.
• In einem großen Topf reichlich Salzwasser zum Kochen bringen. Dicke Bohnen hinzugeben, aufkochen und zugedeckt bei schwacher Hitze 8 Minuten garen.
• Inzwischen Kartoffeln schälen, waschen und würfeln. Zu den Bohnen geben, aufkochen und weitere 5 Minuten bei schwacher Hitze kochen lassen.
• Bohnen mit Kartoffeln erneut sprudelnd aufkochen, Nudeln hinzufügen und alles im offenen Topf bei mittlerer Hitze etwa 6 Minuten garen, bis die Nudeln bißfest sind.
• Tomaten häuten und würfeln. Mit der Basilikumpaste und 4 Eßlöffeln Kochwasser in eine vorgewärmte Schüssel geben. Dicke-Bohnen-Mischung abgießen, zugeben und alles vermischen. Sofort auf heißen Tellern servieren.

**Dauert etwa 50 Minuten
1 Portion = 594 kcal/ 76 mg Cholesterin
24 g Fett/ 27 g Eiweiß/ 62 g Kohlenhydrate**

Dicke Bohnen

Im Mittelalter waren dicke Bohnen, Puffbohnen, Pferdebohnen oder Saubohnen ein wichtiges Nahrungsmittel, das auch diejenigen mit wertvollem Eiweiß versorgte, die sich teures Fleisch nicht leisten konnten. Deshalb galten sie als Armeleuteessen – in Süddeutschland sogar als Viehfutter. Erst seit sich die großen Köche der feinen Hülsenfrüchte annehmen und Ernährungsfachleute den hohen Eiweißgehalt der zarten, großen Bohnen loben, sind sie tischfähig geworden. Leider kann man dicke Bohnen frisch nur schwer bekommen, denn sie werden meist gleich nach der Ernte – von Ende Mai bis Juli – eingefroren oder in Gläsern konserviert. Nehmen Sie am besten Tiefkühlware, die von guter Qualität ist.

Für 4 Portionen

2 Knoblauchzehen
2 Bund Basilikum
100 g Pecorinokäse
50 g Pinienkerne
4 EL Olivenöl
Cayennepfeffer
Salz
1 Paket tiefgefrorene dicke Bohnen (300 g)
250 g Kartoffeln (festkochende Sorte)
250 g Spaghetti
300 g Tomaten

Das Essen ist die Abwandlung einer Spezialität aus der Toskana. Dort bereitet man den bäuerlichen Eintopf mit grünen Bohnen zu.

Für die Suppe

Das Kochwasser von Bohnen, Kartoffeln und Nudeln enthält gelöste Nährstoffe. Sie können es für eine Suppe mit Gemüse und/oder Hülsenfrüchten verwenden.

Vegetarisches Fast food

Bohnenfrikadellen mit Fencheljoghurt

Für 4 Portionen

2 Dosen große weiße Bohnen
(Einwaage je 400 g)
1 Bund Suppengrün
1 Bund Bohnenkraut oder
Petersilie
50 g Nußkerne
1 Zwiebel
1 Knoblauchzehe
1 Ei
Salz, Cayennepfeffer
Öl zum Braten
2 Fenchelknollen
1 Bund Dill
300 g Magerjoghurt
100 g Crème fraîche

• Bohnen abtropfen lassen, Suppengrün putzen und waschen, Bohnenkraut waschen. Alle diese Zutaten und die Nüsse im Blitzhacker pürieren.
• Abgezogene Zwiebel und Knoblauchzehe hacken und mit dem Bohnenpüree mischen. Ei, Salz und Cayennepfeffer unterrühren. Den Teig durchkneten, bis er wie Frikadellenteig bindet, und 12 Frikadellen daraus formen.
• Die Frikadellen bei mittlerer Hitze im heißen Öl auf jeder Seite etwa 4 Minuten braten.
• Währenddessen die Fenchelknollen halbieren, waschen, Strunk herausschneiden. Die Fenchelhälften und den gewaschenen Dill fein zerkleinern. Mit Joghurt und Crème fraîche mischen, mit Salz und Cayennepfeffer abschmekken und zu den heißen Frikadellen servieren.

Dauert etwa 30 Minuten
1 Portion = 679 kcal/ 114 mg Cholesterin
24 g Fett/ 34 g Eiweiß/ 76 g Kohlenhydrate

Dazu passen: Kartoffel- und Tomatensalat

Tofuschnitzel

Für 4 Portionen

400 g Tofu
1/2 unbehandelte Zitrone
50 g gemahlene Mandeln
geriebene Muskatnuß
Salz
schwarzer Pfeffer aus der Mühle
4 EL Öl

• Den Tofu abtropfen lassen und in Scheiben schneiden. Zitronenschale abreiben, Saft auspressen.
• Mandeln, Muskatnuß, Salz und eine kräftige Prise Pfeffer auf einem Teller vermischen.
• Die Tofuscheiben zuerst im Zitronensaft, dann in der Mandelmischung wenden und portionsweise im heißen Öl bei mittlerer Hitze pro Seite etwa 3 Minuten braten.

Dauert etwa 40 Minuten
1 Portion = 249 kcal/ 0 mg Cholesterin
21 g Fett/ 9 g Eiweiß/ 5 g Kohlenhydrate

Das Wiener Schnitzel stand Pate bei den knusprig gebratenen Tofuschnitzeln.

Bohnengemüse mit Mais und Zwiebelcrêpes

Die Bohnen müssen
6 Stunden quellen

• Für das Gemüse die Bohnen in der Gemüsebrühe zugedeckt 6 Stunden einweichen.

• Rosmarin und abgezogenen Knoblauch zu den Bohnen geben, aufkochen und zugedeckt bei schwacher Hitze in 1 bis 1 1/2 Stunden gerade eben weich garen.

• Paprikaschoten waschen, putzen und in Streifen schneiden. Tomaten abziehen und würfeln, dabei die Stielansätze entfernen. Beide Zutaten zu den Bohnen geben und aufkochen. Zugedeckt bei schwacher Hitze etwa 5 Minuten garen. Mit Salz und Paprikapulver abschmecken.

• Für die Crêpes die Lauchzwiebeln waschen, putzen und mit den saftigen grünen Blättern fein hacken.

• Milch mit Sahne vermischen. Mehl durch ein Sieb in die Milch geben und dabei mit den Quirlen des Handrührgerätes auf niedriger Schaltstufe rühren. Salz, Zitronenschale, Eier und Butter untermischen. Zum Schluß die Lauchzwiebeln mit einem Löffel unterrühren.

• In einer Pfanne von 22 Zentimeter Durchmesser 1/2 Teelöffel Öl erhitzen. Knapp 2 Eßlöffel Teig darin verteilen.

• Crêpe zugedeckt bei mittlerer Hitze backen, bis sie an der Oberseite fest ist. Wenden und ohne Deckel fertigbacken. 7 weitere Crêpes backen und jeweils warm halten.

• Maiskolben von Hüllblättern und Fäden befreien und waschen. In reichlich sprudelnd kochendem Wasser aufkochen und zugedeckt bei schwacher bis mittlerer Hitze etwa 20 Minuten kochen lassen, bis die Körner weich sind.

• Abgetropft mit dem Gemüse und den Crêpes auf heißen Tellern anrichten. Die Butter auf den Maiskolben verteilen, Mais mit dem Schnittlauch, Salz und mit Pfeffer aus der Mühle bestreuen.

Dauert etwa 2 1/2 Stunden
Arbeiten müssen Sie etwa 1 1/2 Stunden
1 Portion = 602 kcal/ 228 mg Cholesterin
29 g Fett/ 24 g Eiweiß/ 58 g Kohlenhydrate

Für 4 Portionen
Bohnengemüse:
200 g rote Bohnen
1/2 l Gemüsebrühe
1 Zweig Rosmarin
1 Knoblauchzehe
2 grüne Paprikaschoten
3 mittelgroße Tomaten
Salz
1 TL scharfes Paprikapulver
Zwiebelcrêpes:
2 Lauchzwiebeln
100 ml Milch
75 g Schlagsahne
60 g Weizenvollkornmehl
Salz
abgeriebene Zitronenschale
2 Eier
1 EL flüssige Butter
Öl zum Backen
4 frische Maiskolben
2 EL Butter
2 EL Schnittlauchröllchen
weißer Pfeffer aus der Mühle

Geschmorter Tofu mit Pilzen

Für 4 Portionen
250 g Tofu
1 Zwiebel
2 Salbeiblättchen
1 EL Öl
1 EL Mehl
1/4 l Gemüsebrühe
300 g Tomaten
150 g Champignons
2 Essiggurken
2 EL Kapern
30 g geriebener Käse
100 g Crème fraîche
Salz, schwarzer Pfeffer
50 g gehackte Kürbiskerne oder
beliebige Nußkerne
1 Bund Petersilie

• Abgetropften Tofu, Zwiebel und Salbei grob hacken. Im heißen Öl bei mittlerer Hitze unter Wenden anbraten. Mehl darüberstreuen und unter Rühren kurz mitrösten.
• Brühe langsam zugießen. Unter Rühren aufkochen und zugedeckt bei schwacher Hitze kochen lassen, bis die anderen Zutaten vorbereitet sind.
• Tomaten abziehen, Pilze putzen und waschen. Gurken abtropfen lassen. Alles fein zerkleinern. Mit Kapern, Käse und Crème fraîche unter den Tofu mischen, aufkochen und bei mittlerer Hitze rühren, bis sich der Käse aufgelöst hat. Mit Salz und Pfeffer würzen, mit Kürbiskernen und gehackter Petersilie bestreuen.

Dauert etwa 30 Minuten
1 Portion = 290 kcal/ 35 mg Cholesterin
21 g Fett/ 14 g Eiweiß/ 10 g Kohlenhydrate

Dazu passen: Pellkartoffeln oder Reis

Gewürzter Tofu auf Paksoi

Für 3 Portionen
300 g Tofu
1 kleine grüne Pfefferschote
1 TL Safranfäden
1/2 EL Currypulver
2 EL Zitronensaft
4 EL Erdnußöl
750 g Paksoi oder Mangold
1 Zwiebel
1 Knoblauchzehe
Salz, weißer Pfeffer
2 EL fein zerkleinerte Koriander-
oder Petersilienblättchen

Gute Beilagen sind Couscous, Hirse oder Reis.

• Abgetropften Tofu in kleine Würfel schneiden. Pfefferschote putzen, von Kernen befreien und hacken. Safran zerreiben. Alle diese Zutaten in einer Schüssel mit Currypulver, Zitronensaft und 3 Eßlöffeln Öl vermischen und ziehen lassen, bis der Paksoi zubereitet ist.
• Paksoi putzen, waschen, trockenschwenken und in feine Streifen schneiden. Zwiebel und Knoblauch fein hacken.
• Restliches Öl in einer Pfanne erhitzen. Zwiebel und Knoblauch darin bei mittlerer Hitze unter Rühren glasig braten. Paksoi zugeben und zugedeckt bei mittlerer Hitze 5 Minuten garen. Einmal umrühren, mit Salz und Pfeffer würzen und unter Rühren weitere 2 bis 3 Minuten garen, bis er gerade eben weich ist. Gemüse zugedeckt warm halten.
• Pfanne wieder erhitzen. Tofu mit der Marinade hinzufügen und bei mittlerer Hitze unter ständigem Rühren etwa 5 Minuten rösten, bis er leicht gebräunt ist. Auf dem Paksoi anrichten und mit dem Koriandergrün bestreuen.

Dauert etwa 45 Minuten
1 Portion = 256 kcal/ 0 mg Cholesterin
18 g Fett/ 12 g Eiweiß/ 11 g Kohlenhydrate

Schwarze Bohnen mit Käsefladen

• Die Bohnen in Wasser 6 Stunden zugedeckt einweichen.
• Für die Käsefladen Mehl mit Trockenhefe, zimmerwarmem Joghurt, Wasser und Salz mischen. Mit den Knethaken des Handrührgerätes etwa 5 Minuten durchrühren, bis der Teig Blasen bildet und sich vom Schüsselrand löst. Zugedeckt bei Zimmertemperatur etwa 1 Stunde ruhenlassen, bis sich das Teigvolumen etwa verdoppelt hat.
• Lorbeerblatt, die Hälfte des Bohnenkrauts, die ungeschälte Knoblauchzehe und die Gemüsebrühe zu den eingeweichten Bohnen geben und aufkochen. Bohnen zugedeckt bei schwacher Hitze in etwa 1 1/2 Stunden weich garen.
• Käse und Kümmel unter den Teig kneten. Arbeitsfläche mit Mehl bestäuben. Den Teig in 12 Stücke teilen. Jedes Stück zu einem etwa fingerdicken Fladen ausrollen. Die Fladen auf 2 gefettete Backbleche legen und 30 Minuten zugedeckt gehen lassen.
• Die Fladen auf dem ersten Blech in den kalten Backofen (mittlere Schiene) schieben und bei 200 Grad (Umluft: 180 Grad, Gas: Stufe 3) 30 Minuten backen. Mit Öl bestreichen und in weiteren 5 bis 10 Minuten leicht braun backen. Die Fladen auf dem zweiten Blech etwa 30 Minuten backen, dabei ebenfalls einmal mit Öl bestreichen.
• Während die Fladen auf dem Blech ruhen und backen, Zwiebeln abziehen und in dünne Ringe hobeln. Tomaten abziehen und würfeln, dabei die Stielansätze entfernen. Das restliche Bohnenkraut fein hacken.
• Das Öl in einer großen Pfanne erhitzen. Zwiebeln darin bei schwacher Hitze unter häufigem Wenden etwa 15 Minuten braten, bis sie weich und goldbraun sind.
• Tomaten und Bohnen mit dem Kochsud hinzufügen und einmal aufkochen. Das Gemüse mit dem Essig, Salz und Pfeffer abschmecken und mit dem gehackten Bohnenkraut mischen. Zu den heißen Fladen servieren.

Dauert etwa 2 Stunden
Arbeiten müssen Sie etwa 1 1/4 Stunden
1 Portion = 835 kcal/ 31 mg Cholesterin
21 g Fett/ 42 g Eiweiß/ 113 g Kohlenhydrate

Servier-Tip
Die Fladen schmecken am besten frisch aus dem Ofen. Das Bohnengemüse dagegen können Sie vorbereiten, denn es ist kalt oder lauwarm genauso gut wie heiß.

Die Bohnen müssen
6 Stunden quellen

Für 6 Portionen

Bohnengemüse:

500 g schwarze Bohnen

1 1/4 l Wasser

1 Lorbeerblatt

1 Bund Bohnenkraut

1 Knoblauchzehe

1 EL Instant-Gemüsebrühe

500 g Zwiebeln

500 g Tomaten

3 EL Öl

2 EL Essig

Salz

schwarzer Pfeffer

Käsefladen:

500 g Mehl

1 Päckchen Trockenhefe

250 g Magerjoghurt

1/4 l lauwarmes Wasser

1 TL Salz

200 g geriebener Hartkäse

1 TL gemahlener Kümmel

Mehl zum Formen

Fett für das Blech

Öl zum Bestreichen

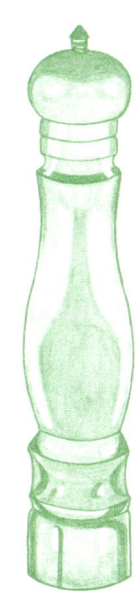

Kichererbsencurry mit Nüssen

Für 6 Portionen

400 g Kartoffeln
(festkochende Sorte)
1 grüne Pfefferschote
1 große Zwiebel
2 Knoblauchzehen
1 Stück frische Ingwerwurzel
1 Tomate
200 g Cashewnußkerne
150 g Joghurt
1/4 l Sojadrink (siehe Seite 248)
1 TL Kurkumapulver (Gelbwurz)
1 TL Senfpulver
1/2 TL gemahlener Koriander
1/2 TL gemahlener Kreuzkümmel
7 EL Erdnußöl
Salz, Cayennepfeffer
2 kleine Dosen Kichererbsen
1 Bund Petersilie

• Kartoffeln schälen, waschen und würfeln. Pfefferschote putzen, waschen und in Streifen schneiden. Zwiebel und Knoblauch fein hacken. Ingwerwurzel schälen und reiben. Tomate abziehen und in Scheiben schneiden.
• Die Hälfte der Nüsse fein mahlen. Mit Ingwer, Tomate, Joghurt, Sojadrink, Kurkuma, Senfpulver, Koriander und Kreuzkümmel verrühren.
• Öl in einer großen Pfanne erhitzen. Kartoffeln, Pfeffer-schote, Zwiebel, Knoblauch, die ganzen Cashewnüsse und die abgetropften Kichererbsen darin bei starker Hitze etwa 3 Minuten unter Rühren schmoren.
• Joghurtmischung unterrühren, Curry mit Salz und Cayennepfeffer würzen, aufkochen und zugedeckt bei schwacher Hitze etwa 10 Minuten garen, bis die Kartoffeln weich sind. Petersilie waschen, trockentupfen und fein hacken und zum Schluß unter das Curry mischen.

Dauert etwa 1 Stunde
1 Portion = 526 kcal/ 0 mg Cholesterin
27 g Fett/ 19 g Eiweiß/ 47 g Kohlenhydrate

Tofu-Gemüse-Curry

Für 3 Portionen

250 g Tofu
150 g Kokoscreme
1/4 l heißes Wasser
250 g Bulgur
1/2 l Gemüsebrühe
1 Zwiebel
1 frische grüne Pfefferschote
2 EL Erdnußöl
1 Paket tiefgefrorene Erbsen und
Möhren (450 g)
Salz
1 TL Kurkumapulver (Gelbwurz)
1/4 TL gemahlener Koriander
1/4 TL Zimtpulver
3 EL Zitronensaft
1 Bund Petersilie
50 g gehackte Nußkerne

• Tofu würfeln. Kokoscreme mit dem Wasser verrühren, bis sie sich gelöst hat, und für die Sauce beiseite stellen.
• Bulgur mit der Brühe aufkochen und zugedeckt in etwa 20 Minuten garen.
• Zwiebel fein hacken. Pfefferschote putzen und die Kerne entfernen. Schote waschen und in feine Streifen schneiden. Beide Zutaten mit Tofu und tiefgefrorenem Gemüse im heißen Öl bei starker Hitze unter Wenden anbraten, bis der Tofu leicht gebräunt ist.
• Salz, Kurkuma, Koriander, Zimt, Zitronensaft und Kokos-creme zugeben und aufkochen. Das Gemüse zugedeckt bei schwacher Hitze in etwa 5 Minuten bißfest garen.
• Petersilie waschen, trockentupfen, fein hacken und unter das Gemüse mischen. Vor dem Servieren Nüsse mit dem Bulgur mischen.

Dauert etwa 45 Minuten
1 Portion = 788 kcal/ 0 mg Cholesterin
41 g Fett/ 27 g Eiweiß/ 72 g Kohlenhydrate

Erbsencurry mit süßem Joghurt

• Erbsen mit Wasser und Salz aufkochen und zugedeckt bei schwacher Hitze in etwa 1 Stunde weich garen.

• Inzwischen für den Joghurt die Möhre schälen und fein raspeln. Die Selleriestange waschen und fein zerkleinern. Ananas in kleine Stücke schneiden. Alles mit Joghurt, Muskatnuß, Zimt und Cayennepfeffer mischen und zugedeckt kühlen, bis das Curry fertig ist.

• Fenchelgrün abschneiden und zum Bestreuen beiseite legen. Knolle putzen, halbieren, waschen, Strunk herausschneiden. Die Hälften quer zu den Fasern in dünne Streifen schneiden. Tomaten abziehen und würfeln, dabei die Stielansätze entfernen.

• Zwiebel und Knoblauch hacken und im heißen Öl glasig braten. Currypulver darüberstäuben und einige Sekunden unter Rühren mitbraten. Gegarte Erbsen mit dem verbliebenen Kochsud, die Gemüsebrühe und den Fenchel dazugeben, Curry aufkochen und zugedeckt bei schwacher Hitze etwa 4 Minuten garen. Tomaten untermischen und aufkochen, damit sie heiß werden.

• Das Fenchelgrün und den Schnittlauch fein zerkleinern. Curry damit bestreuen und auf heißen Tellern anrichten. Den Joghurt dazu servieren.

Dauert etwa 1 1/2 Stunden
Arbeiten müssen Sie etwa 45 Minuten
1 Portion = 410 kcal/ 15 mg Cholesterin
11 g Fett/ 22 g Eiweiß/ 53 g Kohlenhydrate

Dazu paßt: Reis oder Fladenbrot

Currygewürze mischen für den Vorrat

Für etwa 4 Currygerichte brauchen Sie 3 Eßlöffel gemahlene Gelbwurz, je 1 Teelöffel Cayennepfeffer und weißen Pfeffer aus der Mühle, je 1/2 Teelöffel Koriander-, Ingwer-, Kreuzkümmel-, Zimtpulver, gemahlene Nelken, gemahlenes Kardamom und Macis. Alle diese Gewürze vermischen und in einem Gefäß aus dunklem Glas gut verschlossen aufbewahren.

Für 4 Portionen
Curry:
250 g grüne Trockenerbsen
1/2 l Wasser
Salz
1 Fenchelknolle
2 große Tomaten
1 Zwiebel
2 Knoblauchzehen
2 EL Öl
3 EL Currypulver
200 ml Gemüsebrühe
1 Bund Schnittlauch
Joghurt:
1 große Möhre
1 Selleriestange
200 g frische Ananas
500 g Joghurt (3,5 %)
geriebene Muskatnuß
1/4 TL Zimtpulver
Cayennepfeffer

Joghurt mit zerkleinerten Kräutern, Obst und/oder Gemüse gibt es in der indischen Küche oft zu Currys. Es mildert die Schärfe der Gewürze und bildet einen erfrischend kühlen Kontrast zum heißen Currygericht.

BEILAGEN

Nicht zu weich

Bratkartoffeln und Rösti gelingen besser mit Kartoffeln, die noch einen harten Kern haben: Die Knollen lassen sich gut in Scheiben schneiden oder raspeln und zerbrechen beim Braten nicht so leicht. Wichtig: Immer müssen Kartoffeln vor dem Braten ganz abgekühlt sein.

Kartoffeln zum Braten

Für Röstis, Bratkartoffeln und Puffer nimmt man vorwiegend festkochende Kartoffeln, weil sie ziemlich trocken sind, zum Beispiel Atica, Berber, Clivia, Granola, Grata und Jetta.

Kartoffeln für Püree und Klöße

Man braucht mehlige Kartoffeln wie Aula, Datura, Irmgard und Monza. Diese Kartoffeln zerfallen beim Kochen und enthalten besonders viel Stärke. Püree wird damit schön cremig, Teig für Klöße und Frikadellen hält gut zusammen und ist so trocken, daß man zum Formen nur wenig Mehl braucht.

Schnelle Beilagen

• Im Schnellkochtopf brauchen Getreidekörner nur etwa 1/3 der Kochzeit. Einweichen ist gar nicht nötig.
• Klöße aus dem Tiefkühlgerät läßt man bei Zimmertemperatur etwa 2 Stunden auftauen. Dann in reichlich kaltes Wasser legen und zum Kochen bringen. Nach dem Aufkochen sind die Klöße gar.
• Gemüse schmeckt gut mit frisch aufgebackenen Brötchen – Rezepte zum Selberbacken finden Sie im Kapitel »Frühstück« – oder schnellem Knoblauchbrot (Seite 275).

Neue Beilagen

In Naturkostläden und Reformhäusern gibt es Quinoa (sprich: Kienwa) und Amaranth, winzige Samenkörnchen, die in Süd- und Mittelamerika traditionell zu den Grundnahrungsmitteln gehören. Die Blätter von Amaranth ißt man in Afrika und Thailand auch als Gemüse. Amaranthkörnchen schmecken ähnlich wie rote Bete, Quinoa nußartig und leicht bitter. Bei uns werden beide Lebensmittel für die alternative Ernährung empfohlen, weil sie ziemlich nährstoffreich sind: Quinoa enthält mehr Eiweiß als Getreide, reichlich Kalzium und Eisen.
In Ländern der dritten Welt wird der Anbau forciert – um den Hunger zu bekämpfen, um den Export zu steigern und Devisen zu bekommen.

Reis – egal, ob Langkornreis oder Milchreis – mit reichlich Wasser und Salz aufkochen und 5 Minuten sprudelnd kochen, bis die Körner bißfest, aber ohne harten, mehligen Kern sind. Auf einem Sieb abgießen, kalt abspülen und abtropfen lassen. Den Topf auswischen und 1/2 Eßlöffel Butter darin schmelzen lassen. Reis zugeben und mit einem Kochlöffel zu einer Pyramide formen, die den Topfboden bedeckt und sich nach oben verjüngt. 1/2 Eßlöffel Butter in Flöckchen teilen und auf den Reis legen. Topfdeckel mit einem Küchentuch umwickeln, fest auf den Topf drücken und beschweren, damit der Topf dicht schließt. Reis bei schwächster Hitze etwa 1 Stunde garen. Die Temperatur ist richtig, wenn es währenddessen im Topf leise knistert.

So gelingt Reis garantiert

... von Reis und Nudeln kann man mit Tofustreifen, Lauchzwiebelringen, Möhrenstiften und Streifen von Chinakohl braten. Zum Schluß ein verquirltes Ei mitbraten. Mit zerkleinertem Koriander oder Schnittlauch bestreut servieren.

Reste ...

Manche Lebensmittel passen besonders gut zusammen:
• Weißkohl-, Wirsing- oder Spitzkohlgemüse und Tomaten – frisch oder aus der Dose
• Spargel- und/oder Zuckerschotengemüse und Reis, Couscous, Hirse oder Bulgur
• Breite Nudeln oder Spätzle und Linsengemüse
• Grünkern und Pilze oder Grünkern und Erbsen
• Reis und geröstete Nüsse oder Samen, Korinthen und zerkleinerte Trockenfrüchte
• Kürbisgemüse und Currypulver, geriebener Meerrettich oder Obst mit mildem Essig
• Tofu und Nüsse oder Samen, Currygewürze, Knoblauch, Zitronensaft und Sommerkräuter wie Salbei und Majoran.
• Grüne Bohnen und Tomaten als Salat
• Maiskolben, grüne Bohnen, braune Butter und Kartoffeln.
• Salatgurken roh mit Dill, Minze oder Borretsch
• Schmorgurken mit Salbei oder Thymian.

Gute Partner

Einige Zuchtpilze schon: Wenn Gemüse mit Austernpilzen, Champignons oder Shiitake übrigbleibt, wird es rasch abgekühlt, zugedeckt in den Kühlschrank gestellt und spätestens am nächsten Tag aufgewärmt und dabei gründlich erhitzt. Wildpilze dagegen darf man nicht aufwärmen. Man kennt nämlich noch nicht all ihre Inhaltsstoffe und deshalb auch nicht eventuell schädliche Abbauprodukte, die beim Aufbewahren und Erhitzen entstehen können.

Darf man Pilze aufwärmen?

Quarkfrikadellen vom Blech

Für 4 Portionen
1 Zwiebel
1 Bund Petersilie
500 g Magerquark
50 g Joghurt
1 Ei
100 g vollfettes Sojamehl
50 g Mehl
Salz, weißer Pfeffer
Cayennepfeffer
geriebene Muskatnuß
1 EL getrockneter Thymian
2 Tomaten
100 g frischgeriebener
Emmentaler Käse
Butter für das Blech

• Abgezogene Zwiebel und gewaschene Petersilie fein zerkleinern. Mit Quark, Joghurt, Ei, den beiden Mehlsorten, Salz, weißem Pfeffer, Cayennepfeffer, Muskat und Thymian vermischen. Tomaten abziehen und quer zu den Samenkammern in Scheiben schneiden.
• Aus dem Teig 8 flache Frikadellen formen und nebeneinander auf ein gefettetes Backblech legen. Tomatenscheiben auf die Frikadellen legen und mit Käse bestreuen.
• Blech in den kalten Backofen (mittlere Schiene) schieben. Frikadellen bei 180 Grad (Umluft: 160 Grad, Gas: Stufe 2) etwa 40 Minuten backen, bis der Käse zerlaufen und leicht gebräunt ist.

Dauert etwa 1 Stunde
Arbeiten müssen Sie etwa 20 Minuten
1 Portion = 401 kcal/ 119 mg Cholesterin
17 g Fett/ 38 g Eiweiß/ 18 g Kohlenhydrate

Frikadellen sind im Ofen schneller gar
Alle festen Frikadellen aus Hülsenfrüchten, Tofu, Kartoffeln,Quark, Gemüse, Getreideschrot und Polenta können Sie im Backofen garen. Das geht schneller und macht weniger Mühe als das Braten in der Pfanne. Außerdem brauchen Sie weniger Backfett. Damit die Frikadellen gelingen, muß der Teig gut zusammenhalten: Vorgegarte Hülsenfrüchte und Tofu werden püriert, Kartoffeln fein zerdrückt, Gemüse fein geraspelt, Schrot und Polenta vorgegart. Wichtig ist, daß Sie das Blech fetten und die Puffer mit etwas Öl beträufeln. Flüssige Teige, zum Beispiel für Kartoffelpuffer oder Waffeln, kann man nicht im Backofen zubereiten.

Käsewaffeln

Für 4 Portionen
200 g Mehl
1/4 l Milch
60 g saure Sahne
2 Eier
100 g geriebener Emmentaler
Käse
100 g Sesamsamen
2 TL getrockneter Thymian
schwarzer Pfeffer
Fett für das Waffeleisen

• Mehl mit Milch, Sahne, Eiern, Käse, Sesam, Thymian, Salz und Pfeffer verrühren.
• Die Backflächen des Waffeleisens fetten. Jeweils etwa 1 1/2 Eßlöffel Teig hineingeben und 3 bis 4 Minuten backen. Waffeln heiß und frisch aus dem Eisen servieren.

Dauert etwa 1 Stunde
1 Portion = 590 kcal/ 214 mg Cholesterin
34 g Fett/ 24 g Eiweiß/ 44 g Kohlenhydrate

Dazu passen: Dicke-Bohnen-Gemüse (Seite 285), Sauerkraut oder Pilzgemüse (Seite 286)

Rübenkartoffelpuffer

• Zwiebeln und Knoblauch fein hacken. Steckrübe und Kartoffeln schälen, waschen und fein raspeln. Alle diese Zutaten mit Zitronensaft, Mehl, Eiern, Majoran und je einer kräftigen Prise Salz und Pfeffer mischen.
• In einer großen Pfanne 2 Eßlöffel Öl erhitzen. Pro Puffer 2 Eßlöffel Teig hineingeben. Puffer bei mittlerer Hitze etwa 3 Minuten backen, bis sie sich vom Pfannenboden lösen lassen, wenden und auf der zweiten Seite weitere 3 bis 4 Minuten braten. Rest des Teiges im restlichen Öl ebenso backen. Gebackene Puffer im Backofen warm halten.

Dauert etwa 1 1/2 Stunden
1 Portion = 305 kcal/ 116 mg Cholesterin
16 g Fett/ 7 g Eiweiß/ 31 g Kohlenhydrate

Für 6 Portionen
2 Zwiebeln
2 Knoblauchzehen
1 Steckrübe (ca. 1 kg)
500 g Kartoffeln (mehlige Sorte)
Saft von 1 Zitrone
75 g Mehl
2 Eier
1 EL getrockneter Majoran
Salz, schwarzer Pfeffer
etwa 8 EL Öl zum Backen

Im Waffeleisen gebacken, brauchen die Puffer weniger Fett, werden allerdings auch nicht so knusprig.

Kürbisfrikadellen

• Zwiebel abziehen und fein hacken und in 1/2 Eßlöffel Öl bei schwacher Hitze glasig braten. Hafergrütze unter Rühren kurz mitrösten. Wasser zugießen, aufkochen und Grütze zugedeckt bei schwacher Hitze 10 Minuten garen. Den Brei 1 Stunde quellen und dabei abkühlen lassen.
• Kürbis schälen, von den Kernen befreien und fein reiben. Petersilie waschen, trockentupfen und fein hacken. Beide Zutaten mit Eiern, Salz und je einer kräftigen Prise Pfeffer und Muskatnuß unter den Getreidebrei mischen.
• Vom Teig mit einem Eßlöffel 12 Frikadellen abstechen und portionsweise im heißen Öl bei mittlerer bis schwacher Hitze auf der Unterseite etwa 10 Minuten braten, bis sie sich leicht vom Pfannenboden lösen. Kürbisfrikadellen wenden und weitere 6 bis 8 Minuten braten.

Dauert etwa 2 Stunden
Arbeiten müssen Sie etwa 1 1/2 Stunden
1 Portion = 280 kcal/ 175 mg Cholesterin
15 g Fett/ 9 g Eiweiß/ 24 g Kohlenhydrate

Für 4 Portionen
1 Zwiebel
4 EL Öl
125 g Hafergrütze
200 ml kaltes Wasser
250 g Kürbisfleisch
1/2 Bund Petersilie
2 Eier
Salz, weißer Pfeffer
geriebene Muskatnuß

Schmecken wie Fleisch-frikadellen mit Kartoffelsalat und Grünem Salat.

Grünkernfrikadellen

Für 4 Portionen

1 Zwiebel
4 EL Öl
200 g Grünkernschrot
3/8 l kaltes Wasser
1/2 Bund Petersilie
2 Eier
Salz, weißer Pfeffer
geriebene Muskatnuß

Frikadellen aus Grünkern-schrot sind ein altes Fastengericht für die Karwoche, vor allem für Gründonnerstag.

• Zwiebel abziehen, fein hacken und in 1/2 Eßlöffel Öl bei schwacher Hitze glasig braten. Schrot unter Rühren kurz mitrösten. Wasser zugießen und aufkochen. Schrot zuge-deckt bei schwacher Hitze 10 Minuten garen. Brei 1 Stunde quellen und dabei abkühlen lassen.
• Petersilie waschen, trockentupfen und fein hacken. Mit Eiern, Salz und je einer kräftigen Prise Pfeffer und Muskat unter den Grünkernbrei mischen.
• Vom Teig mit einem Eßlöffel 12 Frikadellen abstechen und portionsweise im heißen Öl bei mittlerer bis schwa-cher Hitze auf der Unterseite etwa 10 Minuten braten, bis sie sich leicht vom Pfannenboden lösen. Die Frikadellen wenden und weitere 6 bis 8 Minuten braten.

Dauert etwa 2 1/4 Stunden
Arbeiten müssen Sie etwa 1 Stunde
1 Portion = 311 kcal/ 175 mg Cholesterin
15 g Fett/ 10 g Eiweiß/ 32 g Kohlenhydrate

Herzhafter Quarkschmarren

Für 4 Portionen

1 kleine Zwiebel
4 Salbeiblättchen
500 g Magerquark
150 g Weizenvollkornmehl
50 g Weizenvollkorngrieß
3 Eier
Salz
geriebene Muskatnuß
Cayennepfeffer
8 EL Öl zum Backen

Paßt zu Gemüse, Pilzen, Hülsenfrüchten oder Salat.

• Zwiebel und Salbei fein zerkleinern. Beide Zutaten mit Quark, Mehl, Grieß und Eiern vermischen. Den Teig mit Salz, Muskat und Cayennepfeffer kräftig abschmecken.
• 2 Eßlöffel Öl in einer großen Pfanne bei mittlerer bis kleiner Hitze heiß werden lassen. Die Hälfte des Teiges als Fladen darin glattstreichen und zugedeckt bei schwacher Hitze etwa 10 Minuten backen, bis der Fladen eine Kruste hat und sich leicht vom Pfannenboden löst.
• 1 Eßlöffel Öl in die Pfanne geben, Teigfladen wenden, etwa 5 Minuten backen und mit dem Pfannenmesser in Stücke teilen. 1 weiteren Eßlöffel Öl zugeben. Stücke bei mittlerer Hitze unter häufigem Wenden in etwa 3 Minuten knusprig braten. Im Backofen bei 50 Grad (Gas: Stufe 1) warm halten. Die zweite Portion Schmarren im restlichen Öl ebenso backen.

Dauert etwa 45 Minuten
1 Portion = 527 kcal/ 263 mg Cholesterin
26 g Fett/ 29 g Eiweiß/ 39 g Kohlenhydrate

Kräuterschnitten

• Kräuter waschen, gut trockentupfen und fein hacken. Die Butter schmelzen, aber nicht bräunen. Eier trennen. Eiweiß mit Salz steif schlagen. Abwechselnd Eigelb, Kräuter und teelöffelweise die flüssige Butter untermischen.
• Mehl mit Speisestärke und Käse mischen, auf den Teig streuen und mit einem Schneebesen unterheben.
• Die Saftpfanne des Backofens oder ein Backblech mit hohem Rand fetten und mit Semmelbröseln ausstreuen. Den Teig darin glattstreichen.
• Das Blech in den kalten Backofen (mittlere Schiene) schieben. Den Teig bei 180 Grad (Umluft: 160 Grad, Gas: Stufe 2) etwa 25 Minuten backen, bis er wie ein Kuchenboden oben leicht gebräunt, durchgebacken und locker ist.
• Auf dem Blech kurz ruhenlassen, in Rauten schneiden und warm anrichten.

Dauert etwa 45 Minuten
Arbeiten müssen Sie etwa 20 Minuten
1 Portion = 380 kcal/ 385 mg Cholesterin
21 g Fett/ 12 g Eiweiß/ 31 g Kohlenhydrate

Im Original
Die Schnitten heißen in Österreich Schöbel und sind wie Klößchen Einlage für klare Fleischbrühen. Dort wird der Teig außer mit Kräutern auch mit pürierter Leber, feingehacktem Schinken oder Rindermark gemischt.

Kräuter aufbewahren
Im Kühlschrank hält sich ein frisches Kräuterbündel etwa 3 Tage: Gleich nach dem Einkauf kalt abspülen und mit einem Küchentuch so abtupfen, daß die Kräuter noch leicht feucht, aber nicht mehr naß sind. In eine verschließbare Kühlschrankbox oder ein großes Schraubglas geben. Andere Möglichkeit: Das Kräuterbund wie Blumen mit den Stielen im Wasser in einen kühlen Raum stellen.

Für 4 Portionen

1 Handvoll gemischte Kräuter oder Petersilie
50 g Butter
4 Eier
Salz
100 g Mehl
50 g Speisestärke
2 EL geriebener Käse
Fett und Semmelbrösel für das Blech

Servier-Tip
In der vegetarischen Küche ißt man Kräuterschnitten als Beilage zu Dicke-Bohnen-Gemüse (Seite 285), Kichererbsen mit Gemüse (Seite 284) oder Spargel in Eiersauce (Seite 179).

Schweizer Kartoffelrösti

Für 2 Portionen

500 g Kartoffeln
(festkochende Sorte)
1/2 kleines Bund Petersilie
1 TL Salz, weißer Pfeffer
1 EL Butterschmalz
1/2 EL Öl

Rösti gelingen besonders leicht mit übriggebliebenen Pellkartoffeln vom Vortag. In kalten Kartoffeln haben sich Stärke und Flüssigkeit gut verbunden, die Raspel sind ziemlich trocken und halten in der Pfanne zusammen.

• Kartoffeln waschen und ungeschält in wenig Salzwasser etwa 15 Minuten nicht ganz weich garen. Abgießen, kalt abschrecken, schälen und abkühlen lassen.
• Kartoffeln grob raspeln. Mit der feingehackten Petersilie, Salz und Pfeffer mischen.
• Butterschmalz und Öl in einer großen Pfanne erhitzen. Pfanne von der Kochstelle nehmen, die Temperatur auf mittlere Hitze schalten.
• Kartoffeln in die Pfanne geben, mit dem Pfannenmesser zu einem etwa fingerdicken Kuchen formen und zugedeckt 15 Minuten braten. Rösti wenden und weitere 15 Minuten in der offenen Pfanne braten.

Dauert etwa 1 Stunde
Arbeiten müssen Sie etwa 30 Minuten
1 Portion = 257 kcal/ 34 mg Cholesterin
13 g Fett/ 4 g Eiweiß/ 31 g Kohlenhydrate

Dazu paßt: Pilzgemüse in Sahnesauce (Seite 286), Hülsenfrüchte in Sahnesauce oder Salat und Sauerkraut

Maispfannkuchen

Der Teig muß etwa 12 Stunden ruhen

Für 4 Portionen

150 g feines Maismehl
1/2 TL Salz
1/2 TL Backpulver
2 Eier
175 ml Milch
1 EL Butter
Öl zum Backen

Schmecken gut zu Schwarzwurzeln in Currysauce (Seite 183) oder Tofu-Gemüse-Curry (Seite 266).

• Mehl mit Salz und Backpulver in einer Schüssel mischen.
• Eier verquirlen, Milch untermischen. Zur Mehlmischung geben und gründlich verrühren. Teig zugedeckt im Kühlschrank etwa 10 Stunden ruhenlassen.
• Teig aus dem Kühlschrank nehmen und etwa 2 Stunden bei Zimmertemperatur stehenlassen. Butter schmelzen, aber nicht bräunen und kräftig in den Teig rühren.
• Eine Pfanne von 21 Zentimeter Durchmesser erhitzen. 1 Teelöffel Öl darin verteilen. 5 Eßlöffel Teig zugeben und zu einem dünnen Pfannkuchen auseinanderfließen lassen. Bei mittlerer Hitze etwa 3 Minuten backen, bis er Blasen bildet. Wenden und nur noch einige Sekunden backen.

Dauert etwa 45 Minuten
1 Portion = 303 kcal/ 192 mg Cholesterin
15 g Fett/ 9 g Eiweiß/ 30 g Kohlenhydrate

Dazu paßt: Salat, mexikanisches Gemüse (Seite 259; Linseneierkuchen weglassen) oder Tomatengemüse (Seite 287)

Bratkartoffeln aus gekochten Kartoffeln

• Kartoffeln pellen und in etwa 1/2 Zentimeter dicke Scheiben schneiden. Fett erhitzen. Die Kartoffeln zugedeckt darin bei schwacher Hitze 10 Minuten braten, bis sie eine Kruste haben und sich leicht vom Pfannenboden lösen.
• Kümmel, Salz und Pfeffer aus der Mühle zugeben. Kartoffeln in der offenen Pfanne bei mittlerer Hitze unter häufigem Wenden etwa 5 Minuten braten, bis sie gebräunt und knusprig sind.

Dauert etwa 30 Minuten
1 Portion = 326 kcal/ 0 mg Cholesterin
20 g Fett/ 4 g Eiweiß/ 31 g Kohlenhydrate

Zubereitungs-Tip
Bratkartoffeln gelingen am besten mit Pellkartoffeln vom Vortag. Die Pfanne muß so groß sein, daß die Kartoffelscheiben höchstens schuppenförmig, aber nicht in zwei Schichten darinliegen.

Ernährungs-Tip
Mit Ei, mit Gemüse oder Salat in Sahnesauce sind die Kartoffeln ein Essen, das soviel Eiweiß wie Fleisch liefert.

Für 2 Portionen

500 g Pellkartoffeln (festkochende Sorte)
4 EL Öl
1/2 TL Kümmelkörner
Salz, schwarzer Pfeffer

Zur Abwechslung
• 1 Zwiebel in Ringen mit den Kartoffeln braten.
• Bratkartoffeln mit reichlich Schnittlauch bestreuen.
• 2 verquirlte Eier mit geriebener Muskatnuß, Salz und Pfeffer würzen, über die fertigen Kartoffeln gießen und braten, bis die Eier gestockt sind.

Knoblauchbrot

• Backofen auf 220 Grad (Umluft: 200 Grad, Gas: Stufe 4) vorheizen. Abgezogenen Knoblauch und gewaschene Petersilie ganz fein hacken. Mit der Butter, Salz, Pfeffer und dem Zitronensaft vermischen.
• Baguette der Länge nach halbieren, mit Knoblauchbutter bestreichen, mit Käse bestreuen und wieder zusammensetzen. In eine Gratinform legen, in den heißen Backofen (mittlere Schiene) schieben und 15 Minuten backen.

Dauert etwa 30 Minuten
1 Portion = 501 kcal/ 102 mg Cholesterin
36 g Fett/ 9 g Eiweiß/ 32 g Kohlenhydrate

Für 4 Portionen

3 Knoblauchzehen
1/2 Bund Petersilie
150 g weiche Butter
Salz, schwarzer Pfeffer
2 EL Zitronensaft
1 Vollkornbaguette (250 g)
50 g geriebener Bergkäse

Semmelklöße

Für 4 Portionen

250 g altbackenes Vollkornbrot (ohne Nüsse oder ganze Körner)
Salz
1/8 l Milch
1 Zwiebel
1 Bund Petersilie
2 Eier
1–2 EL Semmelbrösel

Servier-Tip

Semmelklöße sind feine Beilage zu Pilzgemüse (Seite 286), Dicke-Bohnen-Gemüse (Seite 285), Tomatengemüse (Seite 287) oder Tomatensauce und gemischtem Salat.

Der Probekloß

Am besten kochen Sie immer zuerst einen Probekloß im Miniformat: Wenn er nach 5 Minuten noch immer die Form hat, ist der Teig richtig. Wird er weich oder löst er sich beim Kochen gar auf, mischen Sie Semmelbrösel oder Paniermehl unter Semmelklößeteig, Kartoffelmehl unter Kartoffelteig.

• Brot in sehr dünne Scheiben schneiden, in eine Schüssel geben und mit 2 Teelöffeln Salz bestreuen. Lauwarme Milch darübergießen. Zugedeckt etwa 20 Minuten ziehen lassen, bis die Milch aufgesogen ist.

• Abgezogene Zwiebel und gewaschene Petersilie sehr fein hacken. Mit den Eiern zu den Brötchen geben und alles mit den Händen verkneten, bis der Teig bindet. Mit nassen Händen 8 bis 12 Klöße formen.

• In einem großen Topf reichlich Salzwasser zum Kochen bringen. Semmelklöße ins sprudelnd kochende Wasser geben und zugedeckt bei starker Hitze zum Kochen bringen. Temperatur zurückschalten, Klöße bei schwacher bis mittlerer Hitze in etwa 20 Minuten gar ziehen lassen. Dabei den Deckel nur halb auf den Topf legen.

Dauert etwa 1 1/4 Stunden
Arbeiten müssen Sie etwa 50 Minuten
1 Portion = 202 kcal/ 178 mg Cholesterin
5 g Fett/ 10 g Eiweiß/ 27 g Kohlenhydrate

Klöße richtig zubereiten

Klöße müssen locker sein und gut zusammenhalten. Die Mengen für die Zutaten lassen sich aber nicht exakt angeben: Sehr trockene Brötchen saugen mehr Milch auf, bis der Teig richtig bindet; das merkt man beim Kneten und Formen der Semmelklöße. Mit besonders großen Eiern oder reichlich Petersilie kann der Teig auch zu locker sein. Da helfen Semmelbrösel oder Paniermehl. Bei Klößen aus gekochten Kartoffeln (Seite 200) ist es genau umgekehrt: Für Kartoffeln, die nach dem Zerdrücken feucht sind, braucht man mehr Kartoffelstärke und weniger Milch. Feuchten Teig für Semmel- oder Getreideklöße formt man mit nassen Händen, weichen Teig zum Beispiel für Käseklößchen (Seite 278) mit zwei Teelöffeln. Für trockene Teige aus gekochten Kartoffeln oder aus Hefeteig (Seite 317) bestäubt man die Hände mit Mehl.

Klöße müssen in einem großen, weiten Topf und reichlich Wasser garen: Den Deckel nur halb auf den Topf legen und die Klöße nach dem kräftigen Aufkochen knapp unter dem Siedepunkt gar ziehen lassen. Nur Hefeklöße müssen ganz zugedeckt sanft kochen. Bei Klößen aus fertigem Kloßteig, Kochbeutel oder Packung richtet man sich nach der Anleitung des Herstellers.

Grüne Kartoffelklöße

• Zucchino waschen, putzen und raspeln. Zwiebel abziehen, Petersilie waschen und trockentupfen. Beide Zutaten getrennt fein hacken.

• Öl in einer Pfanne erhitzen. Zwiebel darin bei schwacher Hitze glasig braten. Zucchiniraspel und Petersilie zugeben und bei starker Hitze unter Rühren schmoren, bis die Flüssigkeit, die sich bildet, wieder verdampft ist.

• Abkühlen lassen und unter den Kartoffelteig mischen. Den Teig zu Klößen formen und in reichlich kochendem Wasser bei starker bis mittlerer Hitze 5 Minuten kräftig kochen lassen. Weitere 20 Minuten bei schwacher Hitze garen. Mit einem Schaumlöffel herausnehmen und abgetropft in einer heißen Schüssel anrichten.

Dauert etwa 1 Stunde
Arbeiten müssen Sie etwa 30 Minuten
1 Portion = 229 kcal/ 0 mg Cholesterin
3 g Fett/ 4 g Eiweiß/ 47 g Kohlenhydrate

Dazu paßt: Pilzgemüse (Seite 286), Dicke-Bohnen-Gemüse (Seite 285) oder Tomatengemüse (Seite 287)

Für 4 Portionen

1 kleiner Zucchino
1 große Zwiebel
1 Bund Petersilie
1 EL Öl
1 Packung rohe Klöße (für 0,5 l Wasser)

Mit Fleisch
Statt Zucchini 100 Gramm gekochten Schinken fein hacken, mit Zwiebel und Petersilie schmoren und mit dem Kartoffelteig mischen.

Sauerkrautklöße

• Kartoffelkloßteig nach Packungsanweisung zubereiten und quellen lassen.

• Inzwischen Sauerkraut gegebenenfalls abtropfen lassen und grob zerschneiden. Zwiebel abziehen und fein hacken.

• Kartoffelkloßteig mit Sauerkraut, Zwiebel, Semmelbröseln und Kräutern vermischen und 8 Klöße formen.

• Klöße in reichlich kochendem Salzwasser kräftig aufkochen und halb zugedeckt bei schwacher bis mittlerer Hitze 20 Minuten knapp unter dem Siedepunkt ziehen lassen.

Dauert etwa 40 Minuten
1 Portion = 199 kcal/ 0 mg Cholesterin
0 g Fett/ 4 g Eiweiß/ 45 g Kohlenhydrate

Dazu paßt: Pilzgemüse (Seite 286), Dicke-Bohnen-Gemüse (Seite 285), Lauchgemüse (Seite 284) oder Salat

Für 4 Portionen

1 Packung Kartoffelklöße halb und halb (für 0,5 l)
200 g Sauerkraut
1 Zwiebel
1 EL Semmelbrösel
2 EL gemischte Tiefkühlkräuter

Zur Abwechslung
Kartoffelkloßteig vom Rezept Seite 200 (das Gemüse weglassen) zubereiten, mit Sauerkraut und Zwiebeln mischen.

Käseklößchen

Für 4 Portionen

60 g weiche Butter

2 Eier

60 g geriebener Käse

Salz, schwarzer Pfeffer

geriebene Muskatnuß

knapp 200 g Mehl

• Butter schaumig rühren. Ei, Käse, Salz, Pfeffer und Muskat unterrühren. Zum Schluß das Mehl untermischen. Teig 10 Minuten ruhenlassen.
• Vom Teig mit zwei Teelöffeln Klößchen abstechen und in Salzwasser etwa 10 Minuten garen.

Dauert etwa 30 Minuten
1 Portion = 398 kcal/ 228 mg Cholesterin
21 g Fett/ 13 g Eiweiß/ 37 g Kohlenhydrate

Dazu paßt: Gemüseplatte mit Basilikumsauce (Seite 181) oder Tomatengemüse (Seite 287) und Salat

Toastbrote mit Kaperncreme

Für 4 Portionen

50 g Pinienkerne

100 g Kapern

50 g Parmesankäse

3 Salbeiblätter

1 EL Olivenöl

Salz

8 Scheiben Vollkorntoastbrot

schwarzer Pfeffer aus der Mühle

• Pinienkerne mit Kapern, Parmesankäse und Salbei im Blitzhacker pürieren. Olivenöl untermischen, Creme mit Salz abschmecken.
• Die Brotscheiben auf einem Backblech oder im Toaster rösten, mit Kaperncreme bestreichen und mit Pfeffer aus der Mühle bestreut servieren.

Dauert etwa 30 Minuten
1 Portion = 281 kcal/ 9 mg Cholesterin
14 g Fett/ 12 g Eiweiß/ 25 g Kohlenhydrate

Dazu paßt: Salat, Tomatengemüse (Seite 287) oder Gemüsesuppe

Kapern ...

... sind die Blütenknospen des etwa meterhohen Kapernstrauches aus dem Mittelmeerraum. Große und mittelgroße Kapern gibt es in jedem Supermarkt. Besonders feine »Nonpareilles«, fest geschlossene, zwischen 4 und 7 Millimeter kleine Knospen, kann man gewöhnlich nur im Feinkostladen kaufen. Dort und in italienischen Lebensmittelgeschäften bekommt man auch »Kapernäpfel«, die wunderbar aromatischen Früchte des Kapernstrauches. Diese ovalen Kapern sind in Salz- oder Essiglake eingelegt, unterschiedlich groß – zwischen Stecknadel bis Daumennagel – und schmecken kurz gekocht in Saucen, Suppen und Gemüse oder kalt als Beilage zu Käse und Wein.

Selbstgemachte Nudeln

• Mehl mit einer kräftigen Prise Salz in einer Schüssel mischen. Eier und zunächst 3 Eßlöffel Wasser zugeben. Mit den Knethaken des Handrührgerätes zu einem bröckeligen Teig vermischen.

• Teig auf der Arbeitsfläche kneten, bis er geschmeidig ist. Dabei nach Bedarf tropfenweise das restliche Wasser unterkneten. Den Teig in Folie wickeln und 50 Minuten bei Zimmertemperatur ruhenlassen.

• In 3 Portionen teilen, auf Mehl dünn ausrollen und die Platten 10 Minuten trocknen lassen.

• Teigplatten aufrollen und zu breiten oder schmalen Nudeln schneiden. Nudeln auf Küchentüchern ausbreiten und 1 Stunde ruhenlassen.

• Nudeln in reichlich Salzwasser aufkochen und in 1 bis 2 Minuten bißfest garen. Abgießen, abtropfen lassen und mit Butter und/oder Käse vermischt anrichten.

Dauert etwa 2 3/4 Stunden
Arbeiten müssen Sie etwa 45 Minuten
1 Portion = 258 kcal/ 175 mg Cholesterin
4 g Fett/ 11 g Eiweiß/ 41 g Kohlenhydrate

Tips für Nudelteig

• Am besten gelingt Nudelteig mit Weizenmehl, egal, ob weißes Mehl oder Vollkornmehl.

• Besonders gut schmecken Nudeln, wenn Sie den Teig mit reichlich Eiern und Eigelb, aber wenig Wasser zubereiten.

• Die Wassermenge hängt in erster Linie vom Mehl ab – Vollkornmehl nimmt mehr Flüssigkeit auf als weißes Mehl.

• Nach etwa 5 Minuten kräftigem Kneten sehen Sie, ob der Teig richtig ist: Er soll auf Fingerdruck leicht nachgeben, aber nicht am Finger haftenbleiben. Wenn er klebt, stäuben Sie etwas Mehl auf die Arbeitsfläche und kneten den Teig damit kräftig durch. Zu trockenen Teig erkennen Sie so: Ziehen Sie ihn mit beiden Händen auseinander – er muß zuerst elastisch nachgeben und reißt schließlich wie Kaugummi. Wenn er gleich reißt und die Teigschichten wie Schuppen übereinanderliegen, müssen Sie tropfenweise Wasser unterkneten.

• Nach dem Kneten sollte der Teig 1 Stunde bei Zimmertemperatur ruhen, damit sich der Kleber im Mehl entwickeln kann. So wird der Teig elastischer. Die Stärke im Mehl bindet die Flüssigkeit – das macht ihn geschmeidig.

Die Nudeln müssen insgesamt 2 Stunden ruhen

Für 4 Portionen

250 g Weizenvollkornmehl
Salz
2 Eier
3–4 EL kaltes Wasser

Servier-Tip

Selbstgemachte Nudeln schmecken einfach mit Butter oder Olivenöl, Kräutern und/oder Käse vermischt zu Salat. Als Beilage passen sie zu Gemüse, Hülsenfrüchten oder Pilzen in Sahnesauce.

Weizengrütze mit Gemüse

Die Grütze muß 6 Stunden quellen

Für 3 Portionen

250 g Weizengrütze
1/2 l Wasser
1 Zwiebel
1/2 Bund Petersilie
2 EL Öl
1 Paket Tiefkühlerbsen (300 g)
50 g geriebener Parmesan
Salz
Cayennepfeffer

• Weizengrütze mit dem Wasser in einen Topf geben und zugedeckt etwa 6 Stunden einweichen.
• Zwiebel abziehen, Petersilie waschen. Beide Zutaten fein hacken. Öl in einer Pfanne erhitzen. Zwiebeln darin glasig braten. Grütze, gefrorene Erbsen und die Hälfte der Petersilie zugeben und alles aufkochen. Zugedeckt bei schwacher Hitze 5 Minuten garen, bis die Erbsen gerade eben weich sind.
• Parmesan untermischen, Grütze mit Salz und Cayennepfeffer abschmecken und mit dem Rest der Petersilie bestreut servieren.

Dauert etwa 20 Minuten
1 Portion = 463 kcal/ 11 mg Cholesterin
13 g Fett/ 22 g Eiweiß/ 61 g Kohlenhydrate

Roggen mit Sahne

Die Roggenkörner müssen 6 Stunden quellen

Für 2 Portionen

150 g Roggenkörner
300 ml Wasser
Salz
1 Zwiebel
1 Knoblauchzehe
1 EL Öl
2 EL süße Sahne
weißer Pfeffer aus der Mühle
geriebene Muskatnuß
50 g Haselnußkerne
1 Bund Schnittlauch

• Roggen im Wasser 6 Stunden zugedeckt einweichen. Mit Salz aufkochen und zugedeckt bei schwacher Hitze 1 1/2 Stunden garen.
• Zwiebel und Knoblauch hacken und im heißen Öl bei schwacher Hitze glasig braten. Roggen mit dem verbliebenen Kochwasser zugeben und aufkochen. Sahne zugießen und erhitzen. Mit Salz, Pfeffer und Muskatnuß abschmecken.
• Nüsse hacken, Schnittlauch in feine Röllchen schneiden. Beide Zutaten mit Roggen mischen. Auf vorgewärmten Tellern anrichten.

Dauert etwa 1 1/2 Stunden
Arbeiten müssen Sie etwa 30 Minuten
1 Portion = 461 kcal/ 11 mg Cholesterin
25 g Fett/ 11 g Eiweiß/ 45 g Kohlenhydrate

Dazu paßt: Gemüse oder Salat

Brotkuchen

• Mehl, Hefe und Salz in einer Schüssel vermischen. Brot würfeln und in eine andere Schüssel geben. Die Hälfte des Wassers zum Mehl, den Rest über das Brot gießen.
• Mehlmischung mit den Knethaken des Handrührgerätes etwa 5 Minuten durchrühren, bis der Teig Blasen bildet. Zugedeckt bei Zimmertemperatur etwa 45 Minuten ruhenlassen, bis sich das Teigvolumen verdoppelt hat.
• Zwiebel und Petersilie fein hacken. Mit eingeweichtem Brot, Eiern, Käse und je einer kräftigen Prise Cayennepfeffer und Muskatnuß zum Teig geben und alles mit einem Kochlöffel daruntermischen.
• Teig in einer gefetteten Springform von 26 Zentimeter Durchmesser glattstreichen und zugedeckt 15 Minuten gehen lassen.
• Brotkuchen in den kalten Backofen (untere Schiene) stellen und bei 180 Grad (Umluft: 160 Grad, Gas: Stufe 2) etwa 1 Stunde backen.

Dauert etwa 3 Stunden
Arbeiten müssen Sie etwa 45 Minuten
1 Portion = 378 kcal/ 190 mg Cholesterin
11 g Fett/ 17 g Eiweiß/ 50 g Kohlenhydrate

Der Teig muß 1 Stunde ruhen

Für 6 Portionen
300 g Weizenmehl
1 Päckchen Trockenhefe
1 TL Salz
1/2 l lauwarmes Wasser
200 g altbackenes
Roggenvollkornbrot
1 Zwiebel
1 Bund Petersilie
3 zimmerwarme Eier
100 g geriebener Bergkäse
Cayennepfeffer
geriebene Muskatnuß
Fett für die Form

Servier-Tip
Den Brotkuchen schneidet man wie eine Torte auf und serviert ihn warm zu Salat, Pilz- oder Tomatengemüse (Seite 286 und 287).

Ananassauerkraut

• Schalotten abziehen und fein hacken. Sauerkraut abtropfen lassen und grob zerschneiden.
• Öl erhitzen. Schalotten darin bei schwacher Hitze glasig braten. Sauerkraut, Salz, reichlich Pfeffer aus der Mühle, Lorbeer und Wein zugeben. Aufkochen und zugedeckt bei schwacher Hitze 30 Minuten garen.
• Ananas in Scheiben schneiden, Schale großzügig abschneiden, den harten »Kern« entfernen. Ananas in Stücke schneiden. Suppengrün waschen, putzen und fein schneiden. Beide Zutaten unter das Kraut mischen.
• Zugedeckt bei mittlerer bis schwacher Hitze weitere 15 Minuten garen. Mit der Petersilie bestreuen.

Dauert etwa 50 Minuten
Arbeiten müssen Sie etwa 15 Minuten
1 Portion = 109 kcal/ 0 mg Cholesterin
3 g Fett/ 4 g Eiweiß/ 16 g Kohlenhydrate

Für 4 Portionen
2 Schalotten
500 g Sauerkraut
1 EL Öl
Salz, schwarzer Pfeffer
4 Wacholderbeeren
2 frische oder getrocknete
Lorbeerblätter
1/8 l trockener Weißwein
500 g frische Ananas
1 Bund Suppengrün
1 EL gehackte Petersilie

Servier-Tip
Ananassauerkraut schmeckt zu Kartoffelpuffern oder Käsewaffeln (Seite 270).

Rosenkohlgratin

Für 4 Portionen

600 g Rosenkohl

1/8 l Gemüsebrühe

250 g geriebener Käse

1 EL Butter

geriebene Muskatnuß

schwarzer Pfeffer aus der Mühle

Kräftig gewürzt schmeckt das Gratin am besten. Deshalb die Brühe am besten mit Instant-Pulver oder -Würfel kochen.

• Den Rosenkohl putzen, waschen und in der Brühe 5 Minuten garen. Backofen auf 220 Grad (Umluft: 180 Grad, Gas: Stufe 4) vorheizen.

• Rosenkohl abgießen – die Brühe auffangen – und in eine flache Gratinform geben.

• Die Brühe mit etwa 50 Gramm Käse und der Butter zu einer dicken Sauce verrühren. Mit Muskat und Pfeffer würzen und über den Rosenkohl geben.

• Den restlichen Käse über das Gemüse streuen. Rosenkohl in den heißen Backofen (mittlere Schiene) schieben und etwa 15 Minuten gratinieren, bis der Käse geschmolzen und leicht gebräunt ist.

Dauert etwa 45 Minuten
1 Portion = 320 kcal/ 83 mg Cholesterin
23 g Fett/ 21 g Eiweiß/ 5 g Kohlenhydrate

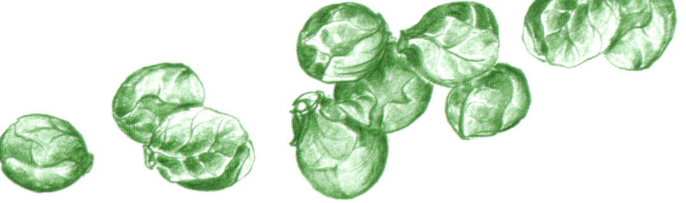

Zwiebelgratin

Für 4 Portionen

1 kg kleine Zwiebeln

1/8 l Milch

100 g Crème fraîche

Saft von 1 Zitrone

Salz

1 EL Paprika, edelsüß

100 g frischgeriebener

Emmentaler Käse

50 g Butter

• Backofen auf 200 Grad (Umluft: 180 Grad, Gas: Stufe 3) vorheizen.

• Abgezogene Zwiebeln in reichlich Wasser 5 Minuten kochen. Abgießen, abtropfen lassen und in eine flache Gratinform geben. Milch und Crème fraîche verrühren und darübergießen. Zitronensaft, Salz, Paprika, Käse und Butterflöckchen darüber verteilen.

• In den heißen Backofen (mittlere Schiene) schieben und 20 Minuten backen.

Dauert etwa 40 Minuten
Arbeiten müssen Sie etwa 20 Minuten
1 Portion = 371 kcal/ 83 mg Cholesterin
27 g Fett/ 12 g Eiweiß/ 18 g Kohlenhydrate

Dazu passen: *Pellkartoffeln und Salat*

Kümmelweißkohl

- Den Kohl achteln, waschen, den Strunk herausschneiden. Die Kohlachtel in fingerbreite Streifen schneiden. Die Möhren schälen und in fingerbreite Scheiben schneiden.
- Gemüse mit Brühe und Kümmel in einem Topf mischen, aufkochen und zugedeckt bei schwacher Hitze etwa 10 Minuten garen, bis es weich ist.
- Butter untermischen, Gemüse mit Salz und Pfeffer abschmecken. Schnittlauch waschen, trockentupfen, zerkleinern und darüberstreuen.

Dauert etwa 30 Minuten
1 Portion = 125 kcal/ 24 mg Cholesterin
9 g Fett/ 3 g Eiweiß/ 8 g Kohlenhydrate

Für 4 Portionen

1 mittelgroßer Kopf Weißkohl
250 g Möhren
1/8 l Fleischbrühe
1–2 EL Kümmelkörner
2 EL Butter
Salz, weißer Pfeffer
1 Bund Schnittlauch

Servier-Tip
Kümmelweißkohl paßt zu Pellkartoffeln oder Semmelklößen und Tomatensauce.

Meerrettichgemüse

- Brötchen in dünne Scheiben schneiden und mit der heißen Milch übergießen. Petersilie waschen, trockentupfen und fein hacken. Meerrettichstange schälen, waschen und auf der Rohkostreibe oder in der Küchenmaschine fein reiben. Meerrettich mit dem Zitronensaft vermischen, damit er sich nicht verfärbt.
- Den Apfel vierteln, schälen, vom Kerngehäuse befreien und fein reiben. Mit dem Meerrettich mischen.
- Butter in einem Topf erhitzen. Mehl und eingeweichte Brötchen zugeben. Bei mittlerer Hitze unter Rühren etwa 1 Minute schmoren. Brühe unterrühren und aufkochen. Zugedeckt bei schwacher Hitze 5 Minuten garen.
- Die Meerrettich-Apfel-Mischung, Sahne, Salz, Zucker und Petersilie untermischen. Mit Salz abschmecken.

Dauert etwa 50 Minuten
1 Portion = 253 kcal/ 35 mg Cholesterin
12 g Fett/ 6 g Eiweiß/ 29 g Kohlenhydrate

Für 4 Portionen

2 Weizenbrötchen vom Vortag
1/8 l Milch
1 Bund Petersilie
1 große Stange Meerrettich
2 EL Zitronensaft
1 säuerlicher Apfel
30 g Butter
1 EL Mehl
1/4 l Fleischbrühe
50 ml Schlagsahne
Salz
1/4 TL Zucker

Frischgeriebener Meerrettich, in Butter mit Äpfeln und Brötchen geschmort, ist eine bayerische Spezialität. Er paßt gut zu Pellkartoffeln, Bratkartoffeln (Seite 275) oder Kartoffelrösti (Seite 274).

Die Kichererbsen müssen
6 Stunden quellen

Für 4 Portionen

100 g Kichererbsen

300 ml Wasser

1 Zweig frischer Rosmarin

1 Knoblauchzehe

Salz

200 g Lauchzwiebeln

2 grüne Paprikaschoten

400 g Tomaten

1 EL Öl

weißer Pfeffer

1 Bund Basilikum

100 g saure Sahne

Mit Kichererbsen aus der Dose geht es schneller: Frisches Gemüse anbraten, abgetropfte Kichererbsen untermischen und etwa 5 Minuten garen.

Kichererbsen mit Gemüse

• Kichererbsen im Wasser 6 Stunden zugedeckt einweichen.
• Rosmarin und abgezogenen, gehackten Knoblauch zugeben, alles aufkochen und zugedeckt bei schwacher Hitze 1 bis 1 1/2 Stunden kochen, bis die Kichererbsen gerade eben weich sind. Rosmarin herausnehmen.
• Lauchzwiebeln putzen, waschen und mit allen saftigen grünen Blättern in etwa fingerdicke Scheiben schneiden. Paprikaschoten vierteln, putzen, waschen und in Streifen schneiden. Tomaten abziehen und würfeln, dabei die Stielansätze herausschneiden.
• Öl in einem Topf erhitzen, Lauchzwiebeln und die Paprikaschoten darin bei schwacher Hitze anbraten.
• Tomaten und Kichererbsen mit dem Kochsud zugeben und kräftig aufkochen. Mit Salz und Pfeffer abschmecken.
• Basilikum grob zerkleinern. Kichererbsen auf Tellern verteilen, jeweils einen Klecks Sahne daraufsetzen und mit dem Basilikum bestreuen.

Dauert etwa 1 3/4 Stunden
Arbeiten müssen Sie etwa 30 Minuten
1 Portion = 190 kcal/ 15 mg Cholesterin
8 g Fett/ 8 g Eiweiß/ 19 g Kohlenhydrate

Dazu passen: Kartoffelschmarren und Salat

Lauchgemüse

Für 3 Portionen

600 g dünne Lauchstangen

2–3 Knoblauchzehen

1/2 unbehandelte Zitrone

2 EL Öl

Salz

weißer Pfeffer aus der Mühle

50 g Kürbiskerne

1/2 Bund Petersilie

• Lauch putzen, waschen und in fingerbreite Stücke schneiden. Knoblauch und ein etwa 10 Zentimeter langes Stück Zitronenschale hacken.
• Öl erhitzen. Lauch mit Knoblauch, Zitronenschale und ausgepreßtem Saft zugedeckt darin bei mittlerer Hitze etwa 5 Minuten schmoren. Mit Salz und einer kräftigen Prise Pfeffer würzen. Kürbiskerne und gewaschene Petersilie darüberstreuen.

Dauert etwa 20 Minuten
1 Portion = 198 kcal/ 0 mg Cholesterin
15 g Fett/ 8 g Eiweiß/ 7 g Kohlenhydrate

Dazu passen: Pellkartoffeln oder Kartoffelklöße und Salat

Dicke-Bohnen-Gemüse

• Lauchzwiebeln putzen, waschen und mit allen saftigen grünen Blättern fein zerkleinern. Bohnenkrautblättchen abzupfen und beiseite legen, Stiele fein hacken.
• Öl erhitzen. Lauchzwiebeln und Bohnenkrautstiele darin bei mittlerer Hitze unter ständigem Rühren etwa 3 Minuten schmoren.
• Dicke Bohnen und Tomatenmark untermischen. Brühe zugießen, Lorbeerblätter und Nelken zugeben. Aufkochen und zugedeckt bei kleiner Hitze etwa 20 Minuten garen.
• Sahne untermischen, Bohnen mit Salz und einer kräftigen Prise Pfeffer abschmecken. Mit den Bohnenkrautblättchen bestreut servieren.

Dauert etwa 35 Minuten
Arbeiten müssen Sie etwa 15 Minuten
1 Portion = 124 kcal/ 3 mg Cholesterin
6 g Fett/ 6 g Eiweiß/ 12 g Kohlenhydrate

Dazu passen: Pellkartoffeln, Reis oder Brot

Für 4 Portionen

1/2 Bund Lauchzwiebeln
1 Bund Bohnenkraut
1 Paket tiefgekühlte dicke Bohnen (300 g)
2 EL Öl
1 Dose Tomatenmark (70 g)
1/8 l Instant-Gemüsebrühe
2 Lorbeerblätter
3 Gewürznelken
1 EL süße Sahne
Salz, weißer Pfeffer

Rote Bohnen mit Äpfeln

• Bohnen im Wasser 6 Stunden einweichen. Im Einweichwasser aufkochen und zugedeckt bei schwacher Hitze in etwa 1 1/2 Stunden weich kochen.
• Äpfel vierteln, schälen, vom Kerngehäuse befreien und in Schnitze teilen. Die Zwiebeln abziehen und in dünne Ringe schneiden.
• Das Öl erhitzen. Majoran, die Äpfel und die Zwiebeln darin bei schwacher Hitze anbraten, bis die Zwiebelringe glasig und weich sind.
• Bohnen abgießen und abtropfen lassen. Zu den Äpfeln geben, Apfelwein zugießen, aufkochen und bei starker Hitze etwa 5 Minuten kochen. Mit Salz und einer kräftigen Prise Cayennepfeffer abschmecken.

Dauert etwa 1 3/4 Stunden
Arbeiten müssen Sie etwa 30 Minuten
1 Portion = 292 kcal/ 0 mg Cholesterin
6 g Fett/ 11 g Eiweiß/ 42 g Kohlenhydrate

Die Bohnen müssen
6 Stunden quellen

Für 4 Portionen

200 g rote Bohnen
1/2 l Wasser
3 kleine säuerliche Äpfel
2 Zwiebeln
2 EL Öl
1 TL getrockneter Majoran
1/8 l Apfelwein
Salz, Cayennepfeffer

Nehmen Sie Cox Orange oder Boskoopäpfel für die Bohnen: Sie kochen schön weich, aber nicht musig.

Pilzgemüse in Sahnesauce

Passen zu Semmelklößen (Seite 276) oder Kartoffelrösti

Für 4 Portionen

1 kg Champignons, Austern- und
Shiitakepilze, gemischt
1 kleine Zwiebel
1/2 Bund Petersilie
2 EL Butter
1 EL Mehl
250 g süße Sahne
Salz
weißer Pfeffer aus der Mühle
1 EL Zitronensaft

Zubereitungs-Tip

Pilze in Sahne schmecken am besten mit süßer Sahne. Crème double ist zu fett, und saure Sahne oder Crème fraîche paßt nicht so gut zum zarten Pilzaroma.

• Champignons putzen, waschen und blättrig schneiden. Die Hüte der Austern- und Shiitakepilze in schmale Streifen schneiden. Strünke der Austernpilze in dünne Scheibchen schneiden. Die zähen Stiele der Shiitake wegwerfen. Zwiebel fein hacken. Petersilie waschen, trockentupfen und fein zerkleinern.
• Die Butter erhitzen, Zwiebel darin bei schwacher Hitze glasig braten. Alle Pilze zugeben und bei starker Hitze unter ständigem Rühren etwa 2 Minuten braten. Das Mehl unterrühren, Pilze zugedeckt bei schwacher Hitze 5 Minuten garen. Sahne untermischen und aufkochen.
• Pilze mit Salz, Pfeffer und Zitronensaft abschmecken, auf vorgewärmten tiefen Tellern verteilen und mit der Petersilie bestreut servieren.

Dauert etwa 50 Minuten
1 Portion = 325 kcal/ 92 mg Cholesterin
29 g Fett/ 9 g Eiweiß/ 6 g Kohlenhydrate

Wildpilze würzen
Ein paar getrocknete Scheibchen von Wildpilzen pro Portion geben Zuchtpilzen ein feines Pilzaroma. Die Trockenpilze entweder fein zerreiben oder getrocknet mit den anderen Pilzen garen.

Kürbisgemüse

Für 4 Portionen

500 g Kürbis
3 Knoblauchzehen
1 Bund Petersilie
7 EL Öl
1 EL Kürbiskerne
1 kleine unbehandelte Zitrone
Salz, schwarzer Pfeffer

Servier-Tip

Das Gemüse paßt zu Nudeln, Käsewaffeln (Seite 270) oder Kartoffelrösti (Seite 274).

• Kürbis schälen, Kerne entfernen, Fruchtfleisch in kleine Würfel schneiden. Knoblauch abziehen und hacken. Petersilie waschen, trockentupfen und fein hacken.
• Öl erhitzen. Kürbiswürfel portionsweise darin unter ständigem Wenden bei mittlerer Hitze braten, bis sie gerade eben weich sind.
• Knoblauch, Kürbiskerne und die Hälfte der Petersilie zugeben und unter Rühren erhitzen.
• Gemüse mit Zitronensaft, etwas abgeriebener Schale, Salz und Pfeffer aus der Mühle abschmecken. Mit der restlichen Petersilie bestreut servieren.

Dauert etwa 30 Minuten
1 Portion = 203 kcal/ 0 mg Cholesterin
19 g Fett/ 2 g Eiweiß/ 5 g Kohlenhydrate

Rettichgemüse mit Nüssen

• Rettiche schälen, waschen und halbieren. Die Hälften zuerst in knapp fingerdicke Scheiben, dann in Stifte schneiden. Zwiebeln abziehen und fein hacken.
• Öl erhitzen. Zwiebeln darin bei schwacher Hitze glasig
braten. Rettichstifte zugeben und kurz mitbraten. Mit Salz
und Pfeffer würzen. Sahne zugeben und einmal aufkochen.
Gemüse zugedeckt bei schwacher Hitze etwa 5 Minuten
garen, bis der Rettich gerade eben bißfest ist.
• Nüsse und Petersilie hacken. Gemüse damit mischen und
servieren.

Dauert etwa 20 Minuten
1 Portion = 229 kcal/ 34 mg Cholesterin
20 g Fett/ 4 g Eiweiß/ 6 g Kohlenhydrate

Rettich
Dunkelschalige, haltbare Winterrettiche gibt es ab Oktober.
Allerdings werden sie nur selten angeboten, weil sie weniger
attraktiv aussehen als die weißen Rettiche und sich deshalb
nicht so gut verkaufen lassen. Auch der weiße, ovalrunde
Rettich gehört zu den späten Sorten. Winterrettiche sind mild
im Geschmack und – wie alle anderen Sorten – sehr vitamin-
und mineralstoffreich.

Schmeckt zu Pellkartoffeln
oder Eierkuchen

Für 4 Portionen

2 schwarze Winterrettiche (je ca. 400 g)
2 kleine Zwiebeln
1 EL Öl
Salz
weißer Pfeffer aus der Mühle
125 g Schlagsahne
50 g Nußkerne
1/2 Bund Petersilie

Tomatengemüse

• Tomaten abziehen und vierteln. Dabei die Stielansätze
entfernen. Zwiebeln und Knoblauch abziehen. Zwiebeln in
dünne Scheiben schneiden. Knoblauch und Rosmarinblättchen hacken.
• Öl erhitzen. Zwiebeln und Rosmarin darin bei schwacher
Hitze braten, bis die Zwiebeln glasig sind.
• Tomaten und Knoblauch bei mittlerer Hitze etwa 5 Minuten schmoren. Gemüse mit Salz, einer kräftigen Prise Pfeffer und Balsamessig abschmecken.

Dauert etwa 45 Minuten
1 Portion = 144 kcal/ 0 mg Cholesterin
10 g Fett/ 3 g Eiweiß/ 9 g Kohlenhydrate

Dazu passen: Spätzle, Nudeln, Käseklößchen (Seite 278)
oder Quarkfrikadellen (Seite 270)

Für 4 Portionen

1 kg Tomaten
2 große Zwiebeln
3 Knoblauchzehen
4 Zweige Rosmarin
4 EL Olivenöl
Salz
schwarzer Pfeffer aus der Mühle
1 TL Balsamessig

SÜSSE HAUPT-GERICHTE

Nach einer Seite rühren?

Die Meinung, daß Teig für Auflauf und Kuchen nur gelingt, wenn man ihn nach einer Seite rührt, ist falsch. Beweis: Die Quirle des Handrührgerätes und der Küchenmaschine drehen sich gegeneinander.

Welches Fett?

Auflauf, Soufflé und gekochter Pudding aus dem Wasserbad schmecken mit Butter oder Margarine am besten. Kokosfett oder Öl macht den Teig glitschig. Hefeteig, Strudelteig und Brandteig dagegen gelingen auch mit Öl.

Damit nichts rutscht

Korinthen oder zerkleinerte Trockenfrüchte, die Sie gewaschen, in Rum oder Saft eingelegt haben, müssen Sie in Mehl wälzen, bevor sie in den Auflauf- oder Puddingteig kommen. Naß rutschen sie in fettreichem Teig nach unten.

Vanillezucker selber machen

Die zerkleinerte Vanilleschote – mit oder ohne Mark – und Zucker in einem Schraubglas mischen und verschließen. Bei Bedarf Zucker nachfüllen und die Schote einmal pro Jahr auswechseln.

Locker mit Eiweiß

Mit Eischnee wird Teig schön locker: Für feinen Kaiserschmarren, luftige Omeletts (Seite 303) oder Obst mit leichter Teighülle verrührt man Mehl, Flüssigkeit und Eigelb. Eiweiß steif schlagen – eine Prise Salz oder ein Tropfen Zitronensaft macht ihn noch stabiler. 1/3 des Schnees kräftig in den Teig rühren, den Rest mit dem Schneebesen unterziehen. Eischneeteig müssen Sie gleich verarbeiten.

Gleich backen oder garen?

Das ist wichtig bei Auflauf, Soufflé und Pudding, weil die eingerührte Luft für die Lockerheit sorgt. Auch Brandteig wird zäh, wenn man ihn nicht gleich backt oder brät (Seite 308). Andere Teige können Sie auch stehenlassen: Hefeteig für Dampfnudeln wird beim »Gehen« im Kühlschrank sogar aromatischer. Eierkuchen und Schmarren backen knuspriger, wenn der Teig einige Stunden ruht. Strudelteig oder Nudelteig – zum Beispiel für süße Maultaschen (Seite 319) – wird bei Zimmerwärme elastisch.

Auflauf- und Puddingformen kann man nur bis zu 2/3 ihrer Höhe, Souffléformen nur zur Hälfte füllen. Sonst läuft der Teig beim Backen oder Garen über. Den Inhalt berechnet man so: Mit einem Meßbecher die Form bis knapp unter den Rand mit Wasser füllen und dabei die Wassermenge von der Skala ablesen. Nun die Gewichtsangaben der Zutaten im Rezept zusammenzählen. Die Gewichtsmenge soll etwa halb soviel wie die Wassermenge betragen: In eine kleine Form mit 1 Liter Inhalt passen etwa 500 Gramm Teig.

Die Größe berechnen

Am besten gelingt Quarkteig für süße Klöße mit trockenem Schichtkäse, einer Variante von Quark. Wer ihn nicht bekommt, nimmt »normalen« Magerquark: Ein Sieb mit einem feinen Tuch auslegen, Quark darin gut abtropfen lassen.

Trockenes für Klößchen

Für Mus und Kompott eignen sich Boskoop, Cox Orange, Glockenapfel, Gloster und Jonathan. Als Bratäpfel, Strudelfüllung und Kuchenbelag schmecken Cox Orange, Gloster und Ingrid Marie. Für Beignets und Pfannkuchen nimmt man Roten Boskoop, Cox Orange und Glockenapfel.

Äpfel für Strudel

Eigelb und Eiklar kann man fest verschlossen im Kühlschrank 2 bis 3 Tage aufbewahren. Mit übriggebliebenem Eiklar backt man Mandel-, Nuß- und Kokosmakronen oder Baiser: Das Gebäck schmeckt zum Tee oder in Desserts. Reste von Eigelb verdünnt man mit Wasser und nimmt sie zum Beispiel für Spätzle oder Kartoffelpuffer.

Ei, das übrigbleibt

Likör, Weinbrand und Rum würzen Aufläufe und Soufflés, Puddings, Cremes und süße Saucen. Doch wenn Kinder mitessen, muß man auf Alkohol verzichten: Er verbrennt nicht ganz beim Flambieren und ist auch nach einer halben Stunde Koch- oder Backzeit nicht völlig verflogen. Ein Hauch Alkohol bleibt also immer, und an den Geschmack können Kinder sich rasch gewöhnen.

Ohne Alkohol

Nie in den Ausguß: Öl und Fett lösen sich nicht im Wasser und werden auch in der Kläranlage nicht ganz abgebaut. Deshalb Fritierfett und -öl, das Sie nicht mehr brauchen, in ein Schraubglas füllen und in die Mülltonne werfen. Einmal gebrauchtes Fett können Sie ganz normal zum Braten nehmen. Also ebenfalls in ein Schraubglas füllen und nach und nach verwenden. Übrigens sollten auch kleine Fettmengen nicht ins Abwaschwasser; am besten auch die Pfanne nach dem Braten mit Haushaltspapier auswischen.

Fritierfett – wohin damit?

Apfelstrudel mit Mohn

Für 6 Portionen

Teig:
250 g Mehl
1 Prise Salz
1/8 l lauwarmes Wasser
5 EL Öl
1 Eigelb

Füllung:
1/8 l Milch
1 Prise Salz
abgeriebene Schale von
1/2 unbehandelten Zitrone
1/2 TL Lebkuchengewürz
100 g gemahlener Mohn
600 g säuerliche Äpfel
2 EL Zitronensaft
100 g Zuckerrohrgranulat
1 TL Zimtpulver
2 EL Rum oder Apfelsaft
50 g Rosinen
50 g gehackte Haselnußkerne
70 g Butter
3 EL süße Sahne
200 g saure Sahne

Servier-Tip

Strudel schmeckt warm als süßes Hauptgericht oder üppiges Dessert. Kalten Strudel bestreut man dünn mit Puderzucker und ißt ihn wie Kuchen zum Kaffee.

• Für den Teig alle Zutaten verkneten: Der Teig soll glatt sein, beim Eindrücken mit dem Finger elastisch nachgeben und nicht kleben. Zu einem Kloß formen, in Pergamentpapier wickeln und in einen Topf legen, den Sie zuvor mit heißem Wasser ausgespült haben. Teig darin zugedeckt ruhenlassen, bis die Füllung zubereitet ist.

• Für die Füllung Milch, Salz, Zitronenschale und Lebkuchengewürz aufkochen. Mohn einrühren. Topf von der Kochstelle nehmen, Mohn zugedeckt 10 Minuten quellen, dann abkühlen lassen.

• Äpfel vierteln, schälen, vom Kerngehäuse befreien und in dünne Schnitze teilen. Mit dem Zitronensaft, Zuckerrohrgranulat, Zimt, Rum, Rosinen und Nüssen vermischen.

• Etwa die Hälfte der Butter zerlassen, aber nicht bräunen. Den Rest in Stücke teilen und mit der süßen Sahne in eine ofenfeste Form mit niedrigem Rand geben.

• Ein Küchentuch auf der Arbeitsfläche ausbreiten und mit Mehl bestäuben. Teig in 3 Stücke schneiden. Jedes Stück auf wenig Mehl ausrollen, hochheben und über beide Handrücken legen. Die leichtgewölbten Hände auseinanderführen und so die Teigplatte gleichmäßig dehnen.

• Die Teigplatte glatt auf dem Küchentuch ausbreiten. Den Rand rundherum nach außen ziehen, bis der Teig möglichst dünn ist. Mit etwas flüssiger Butter bestreichen. Je 1/3 der Mohnmischung, der Apfelmischung und der sauren Sahne darauf verteilen. Dabei am Rand 2 Zentimeter frei lassen, damit die Füllung beim Rollen nicht herausquillt.

• Die Teigplatte an den Schmalseiten über der Füllung nach innen falten. Küchentuch am unteren Rand leicht anheben, Strudel aufrollen, mit dem Tuch anheben und in die Form gleiten lassen.

• Die restlichen Teigstücke ebenso füllen, aufrollen und nebeneinander in die Form geben. Form in den kalten Backofen (mittlere Schiene) stellen. Strudel bei 200 Grad (Umluft: 180 Grad, Gas: Stufe 3) etwa 1 Stunde und 10 Minuten backen. Dabei zwei- bis dreimal mit der Flüssigkeit bestreichen, die sich am Boden der Form sammelt. Strudel im abgeschalteten Backofen 5 Minuten ziehen lassen.

Dauert etwa 2 3/4 Stunden
Arbeiten müssen Sie etwa 1 1/2 Stunden
1 Portion = 705 kcal/ 124 mg Cholesterin
41 g Fett/ 12 g Eiweiß/ 60 g Kohlenhydrate

Zwetschenstrudel

• Für den Teig alle Zutaten verkneten: Der Teig soll glatt sein, beim Eindrücken mit dem Finger elastisch nachgeben und nicht kleben. Zu einem Kloß formen, in Pergamentpapier wickeln und in einen Topf legen, den Sie zuvor mit heißem Wasser ausgespült haben. Teig darin zugedeckt ruhenlassen, bis die Füllung zubereitet ist.

• Für die Füllung die Zwetschen waschen, vierteln und entsteinen. Mit Nüssen und Semmelbröseln mischen.

• Die Eier trennen. Eigelb mit Quark, Crème fraîche, Zuckerrohrgranulat, Vanillezucker, Zitronenschale und Salz verrühren. Eiweiß steif schlagen und darunterziehen.

• Eine ofenfeste Form mit niedrigem Rand mit der Hälfte der Butter fetten. Die restliche Butter in der Milch erhitzen, bis sie geschmolzen ist.

• Den Teigkloß in 2 Stücke schneiden, ausziehen, mit Quarkcreme bestreichen und mit Zwetschen belegen. Dabei rundherum einen Rand frei lassen, damit die Füllung beim Zusammenrollen nicht herausquillt.

• Strudel aufrollen und in die Form legen. Die Milch mit Honig und Ei verrühren und rundherum dazugießen.

• Strudel in den kalten Backofen (mittlere Schiene) stellen und bei 200 Grad (Umluft: 180 Grad, Gas: Stufe 3) etwa 50 Minuten backen. Dabei zwei- oder dreimal mit der Flüssigkeit begießen, die sich am Boden der Form sammelt.

Dauert etwa 1 Stunde 50 Minuten
Arbeiten müssen Sie etwa 1 Stunde
1 Portion = 828 kcal/ 304 mg Cholesterin
40 g Fett/ 28 g Eiweiß/ 85 g Kohlenhydrate

Für 6 Portionen

Teig:
250 g feines Mehl
1 Prise Salz
ca. 1/8 l lauwarmes Wasser
3 EL Öl
1 Eigelb

Füllung:
600 g Zwetschen
100 g gemahlene Haselnußkerne
100 g Semmelbrösel
2 Eier
500 g Magerquark
200 g Crème fraîche
75 g Zuckerrohrgranulat
2 EL Vanillezucker
abgeriebene Schale von
1/2 unbehandelten Zitrone
1 Prise Salz

zum Backen:
50 g Butter
1/4 l Milch
50 g Honig
1 Ei
Mehl für die Arbeitsfläche

Zubereitungs-Tip

Strudel schmeckt mit vielen Obstsorten: Typisch sind zum Beispiel Heidelbeeren, Johannisbeeren, Weintrauben und Kirschen. Für saftiges Obst braucht man mehr Semmelbrösel und Nüsse. Oder rührt man eine Creme aus Magerquark, Eiern und süßer Sahne, die man auf den Teig streicht, bevor man das Obst darauf verteilt. Bei saurem Obst wie Johannisbeeren nimmt man statt der Semmelbrösel fein zerkleinerte Löffelbiskuits oder trockene Kuchenreste.

Gratinierte Quarkklößchen

Für 4 Portionen
500 g Magerquark
1 Ei
75 g Zucker
abgeriebene Schale und Saft von
1 kleinen unbehandelten Zitrone
Salz
150 g Weizenvollkornmehl
1/4 l Milch
1 Eigelb

Zur Abwechslung
**Klößchen nicht überbacken,
sondern mit brauner Butter,
gerösteten Semmelbröseln,
Zimt und Zucker anrichten.**

• Quark mit dem Ei, etwa 1/3 des Zuckers, etwa der Hälfte der abgeriebenen Zitronenschale, dem Saft und einer Prise Salz verrühren. Mehl unterrühren, Teig zugedeckt 30 Minuten ruhenlassen.
• Reichlich Wasser mit Salz zum Kochen bringen. Vom Quarkteig Klößchen abstechen, in das kochende Wasser geben und bei schwacher Hitze etwa 15 Minuten sanft kochen lassen. Dabei Deckel nur halb auf den Topf legen.
• Während die Klößchen garen, Milch mit Eigelb und dem Rest von Zucker und Zitronenschale verquirlen.
• Klößchen mit einem Schaumlöffel herausnehmen, abtropfen lassen und in eine flache Gratinform geben. Milch darübergießen.
• Klößchen in den kalten Backofen (mittlere Schiene) schieben und bei 220 Grad (Umluft: 200 Grad, Gas: Stufe 4) etwa 25 Minuten backen, bis sie oben schön gebräunt sind.

Dauert etwa 1 3/4 Stunden
1 Portion = 392 kcal/ 199 mg Cholesterin
7 g Fett/ 26 g Eiweiß/ 52 g Kohlenhydrate

Überbackene Äpfel

Für 4 Portionen
700 g säuerliche Äpfel
(Boskoop, Gravensteiner oder
Glockenapfel)
1/4 l Milch
200 g Crème fraîche
1 Ei
100 g Korinthen
100 g Vollkornkekse
100 g Haselnußkerne
1 EL Zucker
2 TL Zimtpulver

• Äpfel vierteln, schälen, vom Kerngehäuse befreien und in dünne Schnitze teilen. Schuppenförmig in eine flache Gratinform legen.
• Milch, Crème fraîche und Ei verquirlen und über die Äpfel gießen. Korinthen daraufstreuen. Die Kekse fein zerbröckeln. Nüsse grob hacken. Beide Zutaten mit Zucker und Zimt mischen und auf die Äpfel streuen.
• Äpfel in den kalten Backofen (mittlere Schiene) stellen und bei 200 Grad (Umluft: 180 Grad, Gas: Stufe 3) etwa 30 Minuten backen, bis sie oben schön gebräunt sind und die Flüssigkeit aufgesogen haben.

Dauert etwa 1 Stunde
Arbeiten müssen Sie etwa 30 Minuten
1 Portion = 665 kcal/ 156 mg Cholesterin
38 g Fett/ 12 g Eiweiß/ 66 g Kohlenhydrate

Überbackene Quarkeierkuchen

• Mehl mit Salz und Milch in einer Schüssel verrühren. Eier daruntermischen. Pro Eierkuchen etwa 1/2 Schöpfkelle Teig in einer großen Pfanne mit heißem Fett backen.
• Nacheinander auf diese Weise bei mittlerer bis schwacher Hitze noch 7 Eierkuchen backen; zwischendurch die Pfanne leicht fetten.
• Quark mit Zucker, Zitronenschale, Vanille und Orangenkonfitüre verrühren. Das Ei trennen, das Eigelb unter den Quark mischen. Eiweiß und Sahne getrennt steif schlagen. Mit den Nüssen zum Quark geben und alles verrühren.
• Jeweils einen Eierkuchen auf die Arbeitsfläche legen, mit Quarkcreme bestreichen und zweimal zur Mitte hin falten. Eierkuchen dachziegelförmig in eine flache Gratinform legen. In den kalten Backofen (mittlere Schiene) schieben und bei 200 Grad (Umluft: 180 Grad, Gas: Stufe 3) 15 Minuten backen.
• Milch und Butter erhitzen, bis die Butter geschmolzen ist. Mischung über die Eierkuchen gießen und weitere 15 bis 20 Minuten backen, bis die Milch fast aufgesogen ist.

Dauert etwa 1 3/4 Stunden
Arbeiten müssen Sie etwa 1 1/4 Stunden
1 Portion = 773 kcal/ 324 mg Cholesterin
45 g Fett/ 34 g Eiweiß/ 51 g Kohlenhydrate

Dazu paßt: Zwetschen-, Kirsch- oder Aprikosenkompott

Zubereitungs-Tip

Eierkuchen aus Vollkornmehl sind genauso einfach zu backen wie »normale« Pfannkuchen: Die Pfanne zuerst ohne Fett so heiß werden lassen, daß ein Wassertropfen darin zischend verdampft. Etwa 1 Eßlöffel Öl, 1/2 Eßlöffel festes Pflanzenfett oder Butterschmalz darin erhitzen, bis es sich leicht kräuselt. Teig zugeben und durch Schwenken der Pfanne gleichmäßig verteilen. Eierkuchen zugedeckt bei mittlerer Hitze auf der Unterseite etwa 3 Minuten backen, bis der Eierkuchen an der Oberseite fest ist und die Ränder sich nach oben biegen. Eierkuchen wenden und in der offenen Pfanne fertigbacken.

Für 4 Portionen

Teig:
100 g Weizenvollkornmehl
Salz
1/4 l Milch
2 Eier
Fett zum Backen

Füllung:
500 g Magerquark
50 g Zucker
abgeriebene Schale von
1/2 unbehandelten Zitrone
1/2 TL gemahlene Vanille
50 g Orangenkonfitüre
1 Ei
125 g Schlagsahne
100 g gemahlene Haselnußkerne

zum Überbacken:
1/4 l Milch
1 EL Butter

293

Mandelsoufflé

Für 4 Portionen

Soufflé:

1 EL Butter für die Form

75 g Zuckerrohrgranulat

300 ml Milch

1 TL Vanillezucker

abgeriebene Schale von

1/2 unbehandelten Zitrone

1 Prise Salz

50 g Mehl

4 Eier

100 g gemahlene Mandeln

Sauce:

300 g reife Aprikosen

1–2 EL Honig

4 EL weißer Fruchtsaft

eventuell 1 EL Aprikosenlikör

Zur Abwechslung

• **Soufflé mit beliebigen gemahlenen Nüssen, Kokosflocken oder ungesalzenen Pistazienkernen zubereiten.**
• **Mehlmus mit 2 Eßlöffeln Orangenlikör oder Orangensaft verrühren.**

• Eine hohe Auflaufform von etwa 2 Liter Inhalt dünn und gleichmäßig mit Butter ausstreichen und mit 1 Eßlöffel Zuckerrohrgranulat ausstreuen.
• Milch, Vanillezucker, Zitronenschale, Salz und Mehl in einem Topf mit dem Schneebesen kräftig verrühren. Topf auf die Kochstelle setzen. Mehlmischung unter ständigem Rühren aufkochen, bis sie dick ist. In eine Schüssel geben. 1 ganzes Ei untermischen, Mus abkühlen lassen.
• Die restlichen Eier trennen. Eiweiß mit 1 Eßlöffel Zuckerrohrgranulat steif schlagen. 1 weiterer Eßlöffel Zuckerrohrgranulat zum Bestreuen des Soufflés abnehmen und auf einem Teller beiseite stellen.
• Zuerst die Eigelbe, dann das restliche Zuckerrohrgranulat und zuletzt 1/4 des Eischnees mit dem Schneebesen in das Mehlmus rühren. Restlichen Eischnee mit dem Spatel auf die Soufflémasse setzen. Mandeln darüberstreuen. Alles mit dem Schneebesen mischen und in die Form füllen. Das übrigbehaltene Zuckerrohrgranulat darüberstreuen.
• Soufflé in den kalten Backofen (untere Schiene) stellen und bei 175 Grad (Gas: Stufe 2) etwa 45 Minuten backen, bis es hoch aufgegangen, an der Oberfläche aufgeplatzt und schön gebräunt ist.
• Während das Soufflé im Ofen ist, Aprikosen waschen, abtrocknen, halbieren und entsteinen. Mit Honig, Fruchtsaft und Likör im Mixer pürieren.

Dauert etwa 1 1/2 Stunden
Arbeiten müssen Sie etwa 1 Stunde
1 Portion = 524 kcal/ 370 mg Cholesterin
27 g Fett/ 17 g Eiweiß/ 47 g Kohlenhydrate

So gelingt Soufflé

• Ein Soufflé muß immer gleich aus dem Backofen serviert werden. Beim ersten Anstich sollte es etwas zusammenfallen: Dann ist es innen noch cremig weich.
• Für Soufflé brauchen Sie ganz frische Eier: Das Eiweiß hält die Luft besser, und das Soufflé geht hoch auf.
• Die Form nur bis zu 3/4 ihrer Höhe füllen, sonst läuft das Soufflé beim Backen über.
• Den Backofen während der angegebenen Backzeit nicht öffnen: Solange das Soufflé innen noch flüssig ist, fällt es beim geringsten Luftzug zusammen.

Erdnußauflauf

• Brötchen in dünne Scheiben schneiden, in eine Schüssel geben und mit kochend heißer Milch übergießen. Zugedeckt ziehen lassen, bis die Milch aufgesogen ist.
• Eier trennen. Erdnußmus mit Zuckerrohrgranulat schaumig rühren. Nacheinander Eigelb, Salz, abgeriebene Orangenschale und Zimt untermischen. Eßlöffelweise Quark, saure Sahne und eingeweichte Brötchen unterrühren.
• Eiweiß steif schlagen und auf den Teig geben, Erdnüsse darüberstreuen. Alles vorsichtig mit einem Kochlöffel vermischen und in einer gefetteten Auflaufform mit hohem Rand glattstreichen.
• Auflauf in den kalten Backofen (mittlere Schiene) stellen und bei 180 Grad (Umluft: 160 Grad, Gas: Stufe 2) etwa 45 Minuten backen.

Dauert etwa 1 1/4 Stunden
Arbeiten müssen Sie etwa 30 Minuten
1 Portion = 449 kcal/ 128 mg Cholesterin
22 g Fett/ 18 g Eiweiß/ 42 g Kohlenhydrate

Für 4 Portionen
5 Vollkornbrötchen
1/8 l Milch
3 Eier
60 g Erdnußmus
50 g Zuckerrohrgranulat
1 Prise Salz
1 unbehandelte Orange
1 Prise Zimtpulver
75 g Magerquark
50 g saure Sahne
50 g ungesalzene, gemahlene Erdnußkerne
Fett für die Form

Ein Auflauf ist gar, sobald sich seine Oberfläche nicht mehr bewegt.

Tofuauflauf mit Heidelbeeren

• 1 Teelöffel Butter in einer Pfanne zerlassen und Sesamsamen darin unter Rühren anrösten, bis sie einen zarten Duft ausströmen. Die Heidelbeeren verlesen, waschen und trockentupfen. Tofu mit Crème fraîche im Mixer pürieren.
• Die restliche Butter mit dem Zuckerrohrgranulat schaumig rühren. Eier trennen. Eigelbe nach und nach unterrühren. Zuerst das Tofupüree, dann die Zitronenschale und den Saft untermischen.
• Eiweiß mit Salz sehr steif schlagen und auf den Teig geben. Sesamsamen, Heidelbeeren und Semmelbrösel darüber verteilen und alles mischen.
• In einer gefetteten, mit Semmelbrösel ausgestreuten, hohen Auflaufform glattstreichen und in den kalten Backofen (untere Schiene) schieben. Bei 180 Grad (Umluft: 160 Grad, Gas: Stufe 2) etwa 1 Stunde backen.

Dauert etwa 1 1/2 Stunden
Arbeiten müssen Sie etwa 30 Minuten
1 Portion = 656 kcal/ 438 mg Cholesterin
44 g Fett/ 18 g Eiweiß/ 44 g Kohlenhydrate

Für 4 Portionen
50 g Butter
50 g ungeschälte Sesamsamen
300 g frische Heidelbeeren (Blaubeeren)
250 g Tofu
200 g Crème fraîche
50 g Zuckerrohrgranulat
4 Eier
abgeriebene Schale und Saft von 1/2 unbehandelten Zitrone
1 Prise Salz
60 g Semmelbrösel
Butter und Semmelbrösel für die Form

Kirschauflauf

Für 4 Portionen

8 Weizenbrötchen vom Vortag
knapp 1/4 l Milch
750 g Kirschen
75 g Butter
75 g Zucker
1 TL Vanillezucker
3 Eier
abgeriebene Schale von
1/2 unbehandelten Zitrone
1 Prise Salz
1 EL Butter
1 EL Puderzucker

• Brötchen in dünne Scheiben schneiden. Milch erwärmen (lauwarm) und darübergießen. Brötchen darin weich werden lassen.
• Inzwischen die Kirschen waschen, von Stielen zupfen und entsteinen.
• Butter mit Zucker und Vanillezucker schaumig rühren. Eier trennen. Zuerst Eigelb, Zitronenschale und Salz, dann nach und nach die eingeweichten Brötchen darunterrühren, bis sich alles miteinander verbunden hat. Eiweiß steif schlagen und unter den Teig ziehen. Zum Schluß die Kirschen untermischen.
• Den Teig in eine gefettete Auflaufform mit hohem Rand füllen, mit einigen Butterflöckchen belegen und mit Puderzucker bestreuen. In den kalten Backofen (untere Schiene) schieben und bei 180 Grad (Umluft: 160 Grad, Gas: Stufe 2) etwa 45 Minuten backen.

Dauert etwa 1 1/4 Stunden
Arbeiten müssen Sie etwa 30 Minuten
1 Portion = 685 kcal/ 326 mg Cholesterin
29 g Fett/ 17 g Eiweiß/ 84 g Kohlenhydrate

Überbackene Ananas

Für 4 Portionen

1 kleine Ananas (ca. 500 g)
100 g Mehl
1 Prise Backpulver
1 Prise Salz
300 ml Milch
5 Eier
abgeriebene Schale von
1/4 unbehandelten Zitrone
75 g Puderzucker
1 TL Vanillezucker
200 g süße Sahne
1 EL Zucker
1/2 TL gemahlener Zimt
Butter für die Form

• Ananas in Scheiben schneiden, Schale abschneiden, Scheiben würfeln und in eine gefettete, flache Gratinform mit niedrigem Rand geben.
• Mehl mit Backpulver, Salz und Milch verrühren. Eier trennen. Eigelb, Zitronenschale, Puder- und Vanillezucker unter den Teig mischen. Eiweiß steif schlagen und mit dem Schneebesen unter den Teig ziehen. Teig über der Ananas glattstreichen.
• Ananas in den kalten Backofen (untere Schiene) stellen und bei 200 Grad (Umluft: 180 Grad, Gas: Stufe 3) etwa 50 Minuten backen.
• Sahne mit Zucker steif schlagen. Zimt daruntermischen. Zimtsahne zur Ananas servieren.

Dauert etwa 1 Stunde 10 Minuten
Arbeiten müssen Sie etwa 20 Minuten
1 Portion = 576 kcal/ 506 mg Cholesterin
29 g Fett/ 16 g Eiweiß/ 57 g Kohlenhydrate

Hirseauflauf mit Pflaumensauce

• Für die Pflaumensauce Orangen waschen und abtrocknen. Schale von 1 Orange rundherum mit dem Sparschäler dünn abschneiden und grob hacken. Von der anderen Orange etwa 1/4 der Schale für den Hirseauflauf dünn abreiben. Beide Orangen auspressen.

• Trockenpflaumen grob zerschneiden und in eine Schüssel geben. Mit der gehackten Orangenschale, etwa 3/4 des Orangensaftes, Apfelsaft, Honig, Zimt, Ingwer und Vanille vermischen und zugedeckt ziehen lassen, bis der Auflauf im Backofen ist. Die Mischung pürieren und nach Wunsch mit Orangenlikör würzen.

• Korinthen mit dem Rest des Orangensaftes vermischen und ebenfalls ziehen lassen, bis der Teig zubereitet ist.

• Hirse mit Milch, abgeriebener Orangenschale und Salz aufkochen und zugedeckt bei schwacher Hitze 10 Minuten garen. Den Topf von der Kochstelle nehmen, den Deckel entfernen und Hirse lauwarm abkühlen lassen.

• Butter mit Granulat schaumig rühren. Eier trennen. Zuerst die Eigelbe, dann eßlöffelweise Hirsebrei und zum Schluß die Korinthen unterrühren.

• Eiweiß steif schlagen und auf den Teig geben. Die Nüsse darüberstreuen. Alles zuerst mit einem Kochlöffel, dann mit dem Schneebesen vermischen.

• Eine Auflaufform mit hohem Rand mit Butter ausstreichen und mit Semmelbröseln ausstreuen. Teig darin glattstreichen. Auflauf in den kalten Backofen (mittlere Schiene) stellen. Bei 180 Grad (Umluft: 160 Grad, Gas: Stufe 2) etwa 45 Minuten backen. Heiß mit der Sauce servieren.

Für 4 Portionen

Sauce:

2 unbehandelte Orangen

250 g entsteinte Trockenpflaumen

1/4 l ungesüßter Apfelsaft

1 TL Honig

je 1/2 TL Zimt, Ingwer und gemahlene Vanille

1 EL Orangenlikör

Auflauf:

100 g Korinthen

200 g Hirse

1/2 l Milch

1 Prise Salz

50 g Butter

50 g Zuckerrohrgranulat

4 Eier

100 g gemahlene Haselnußkerne

Butter und Semmelbrösel für die Form

Dauert etwa 1 3/4 Stunden
Arbeiten müssen Sie etwa 1 Stunde
1 Portion = 966 kcal/ 400 mg Cholesterin
42 g Fett/ 23 g Eiweiß/ 117 g Kohlenhydrate

Zur Abwechslung
• **Statt der Korinthen den Auflauf mit frischen Zwetschen, Äpfeln, abgezogenen Aprikosen oder entsteinten Kirschen zubereiten. Das Obst zerkleinern und mit dem Hirsebrei unter die Buttermischung rühren.**
• **Grieß, Bulgur oder Couscous statt der Hirse nehmen.**

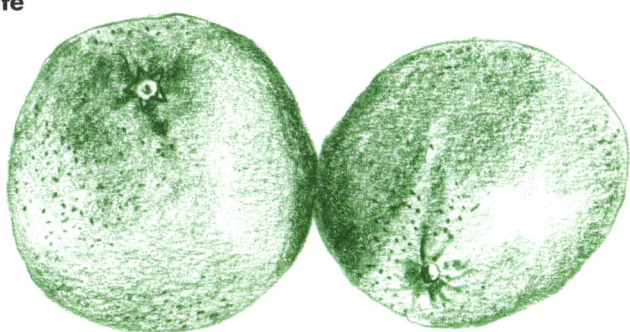

Grießgratin mit Stachelbeeren

Für 4 Portionen

1 Vanilleschote
1/2 l Milch
1 Prise Salz
150 g Zuckerrohrgranulat
125 g Weizenvollkorngrieß
2 Eier
2 EL Crème fraîche
600 g Stachelbeeren
Fett für die Form
1 EL Zitronensaft
1 TL Zuckerrohrgranulat

• Vanilleschote längs aufschneiden und das Mark herauskratzen. Milch mit Vanillemark, -schote, Salz und 2 Eßlöffeln Zuckerrohrgranulat aufkochen. Grieß unter Rühren zugeben und zugedeckt bei schwacher Hitze 5 Minuten garen. Vanilleschote entfernen, Grieß etwas abkühlen lassen.

• Eier trennen, Eigelb und Crème fraîche mit den Quirlen des Handrührgerätes unter den Grießbrei rühren. In einer gefetteten, flachen Gratinform glattstreichen.

• Stachelbeeren waschen, trockentupfen, auf den Grießbrei geben und mit der Hälfte des verbliebenen Zuckerrohrgranulats bestreuen. Gratin in den kalten Backofen (mittlere Scheine) schieben und bei 200 Grad (Umluft: 180 Grad, Gas: Stufe 3) 40 Minuten backen.

• Eiweiß mit Zitronensaft und den restlichen Zuckerrohrgranulat sehr steif schlagen und über den Stachelbeeren glattstreichen. Gratin wieder in den Backofen schieben und bei 250 Grad (Umluft: 230 Grad, Gas: Stufe 5) etwa 5 Minuten überbacken, bis der Eischnee schön gebräunt ist.

Dauert etwa 1 1/2 Stunden
Arbeiten müssen Sie etwa 45 Minuten
1 Portion = 504 kcal/ 200 mg Cholesterin
14 g Fett/ 13 g Eiweiß/ 80 g Kohlenhydrate

Zwiebackkuchen

Für 4 Portionen

150 g Haselnuß- und Cashewnußkerne, gemischt
2 EL weiche Butter
20–25 Scheiben Zwieback
3/8 l Milch
200 g süße Sahne
2 Eier
2 EL Ahornsirup
1 TL gemahlene Vanille
abgeriebene Schale von 1/2 unbehandelten Orange
1 TL Zimtpulver
1 Prise frischgeriebene Muskatnuß

• Den Backofen auf 220 Grad (Gas: Stufe 4) vorheizen.

• Nüsse fein hacken. Die tiefe Fettpfanne des Backofens oder ein tiefes Blech mit der Butter ausfetten und mit Zwiebackscheiben auslegen.

• Milch mit Sahne, Eiern, Ahornsirup, Vanille, Orangenschale, Zimt und Muskatnuß verquirlen und über den Zwieback gießen. Nüsse darüberstreuen.

• Kuchen in den heißen Backofen (mittlere Schiene) schieben und etwa 20 Minuten backen.

Dauert etwa 30 Minuten
1 Portion = 796 kcal/ 264 mg Cholesterin
52 g Fett/ 19 g Eiweiß/ 56 g Kohlenhydrate

Dazu paßt: Obstsalat, Apfelmus, Kirsch-, Zwetschen- oder Aprikosenkompott

Süßer Kartoffelkuchen mit Zwetschen

Der Teig muß etwa 1 Stunde ruhen

- Für den Teig die Kartoffeln waschen und ungeschält in wenig Wasser weich kochen. Abgießen, kalt abschrecken, schälen, mit einer Gabel fein zerdrücken und in einer Schüssel lauwarm abkühlen lassen.
- Mehl unter Kartoffeln mischen und eine Mulde hineindrücken. Hefe zerkrümeln und in die Mulde geben. 1 Teelöffel Zuckerrohrgranulat dazugeben. Milch mit Wasser vermischen, etwa 4 Eßlöffel davon zur Hefe geben und alles mit etwas Mehl vom Rand zum Vorteig verrühren.
- Vorteig zugedeckt bei Zimmertemperatur 15 Minuten ruhenlassen, bis er sichtbar aufgegangen ist. Salz, abgeriebene Schale von 1/2 Zitrone und die Milchmischung zugeben. Mit den Knethaken des Handrührgerätes 5 Minuten rühren, bis der Teig Blasen bildet.
- Zugedeckt bei Zimmertemperatur etwa 45 Minuten ruhenlassen, bis sich sein Volumen verdoppelt hat.
- Die Schale von 1 Zitrone abreiben. Beide Zitronen auspressen. Die Äpfel vierteln, schälen, vom Kerngehäuse befreien und in kleine Stücke schneiden. In einer Schüssel mit Zitronensaft und Korinthen vermischen.
- Quark mit restlichem Zuckerrohrgranulat, abgeriebener Zitronenschale, Eiern, saurer Sahne, Nußmus, Zimt, dem Ingwer und der Vanille verrühren.
- Teig auf ein gefettetes Backblech streichen. Quarkcreme auf dem Teig glattstreichen, die Äpfel darauf verteilen. Die Butter schmelzen und über die Äpfel träufeln.
- Den Kuchen in den kalten Backofen (mittlere Schiene) schieben und bei 180 Grad (Umluft: 160 Grad, Gas: Stufe 2) etwa 50 Minuten backen. Etwa 10 Minuten auskühlen lassen, in Stücke schneiden und lauwarm servieren.

Dauert etwa 2 3/4 Stunden
Arbeiten müssen Sie etwa 1 Stunde 10 Minuten
1 Stück = 204 kcal/ 22 mg Cholesterin
8 g Fett/ 6 g Eiweiß/ 27 g Kohlenhydrate

Dazu paßt: Schlagsahne, Eis oder Kompott

Für 20 Stücke

350 g Kartoffeln (mehlige Sorte)
200 g Mehl
40 g frische Hefe
75 g Zucker
1/4 l Milch
1/4 l heißes Wasser
1 Prise Salz
2 unbehandelte Zitronen
1,5 kg Zwetschen
100 g Korinthen
500 g Sahnequark
2 Eier
2 EL Crème double
1 EL Erdnußmus
1 TL Zimtpulver
1/2 TL Ingwerpulver
1/4 TL gemahlene Vanille
50 g Butter
Fett für das Blech

Zur Abwechslung

- **Den Kuchen je nach Jahreszeit mit Birnen, Zwetschen, Kirschen, Stachelbeeren oder Pfirsichen zubereiten.**
- **Korinthen weglassen, flüssige Butter mit 3 Eßlöffeln Apfel- oder Birnenkraut und 3 Eßlöffeln ungesüßtem Apfelsaft verrühren und über das Obst träufeln.**

Schmeckt lauwarm oder
gerade eben abgekühlt

Für 12 Stück	
Teig:	
200 g Weizenvollkornmehl	
50 g Zuckerrohrgranulat	
1 Prise Salz	
100 g Butter	
1 Ei	
Füllung:	
500 g Kürbisfleisch	
3 EL Zitronensaft	
3 EL ungesüßter Apfelsaft	
2 Eier	
75 g Zuckerrohrgranulat	
1 Prise Salz	
je 1 TL Ingwer- und Zimtpulver	
1/2 TL Piment	
je 1 kräftige Prise Kardamom-	
pulver und geriebene Muskatnuß	
200 g Crème fraîche	
200 g süße Sahne	

Kürbispie

• Für den Teig alle Zutaten zu einem Mürbeteig verkneten. Springform von 26 Zentimeter Durchmesser damit auslegen und einen etwa 3 Zentimeter hohen Rand formen. Teigboden mehrmals mit einer Gabel einstechen und 1 Stunde kühlen.
• Kürbis in kleine Stücke schneiden, mit Zitronen- und Apfelsaft aufkochen. Zugedeckt bei schwächster Hitze dünsten, bis er weich und die Flüssigkeit aufgesogen ist.
• Kürbis lauwarm abkühlen lassen und pürieren. Eier mit Zuckerrohrgranulat, Salz, Gewürzen, Crème fraîche und Sahne verrühren. Kürbispüree untermischen.
• Den Teigboden in den kalten Backofen (mittlere Schiene) stellen und bei 200 Grad (Umluft: 180 Grad, Gas: Stufe 3) etwa 15 Minuten vorbacken.
• Füllung darauf glattstreichen. Pie wieder in den Ofen stellen und weitere 50 Minuten bis 1 Stunde backen.

Dauert etwa 2 1/2 Stunden
Arbeiten müssen Sie etwa 45 Minuten
1 Stück = 298 kcal/ 143 mg Cholesterin
19 g Fett/ 5 g Eiweiß/ 24 g Kohlenhydrate

Für 8 Portionen	
125 g Mehl	
1 Prise Salz	
3 EL Zucker	
60 g weiche Butter	
2 EL kaltes Wasser	
1 kg gemischtes frisches Obst	
wie Äpfel, Birnen und Zwetschen	
oder Erdbeeren, Pfirsiche und	
Aprikosen	
75 g Semmelbrösel	
75 g gehackte Haselnußkerne	
1 Ei	
200 g Crème fraîche	
Mehl für die Arbeitsfläche	
1 Eigelb	
1 TL Milch	

Obstpie

• Aus Mehl, Salz, 1 Eßlöffel Zucker, Butter und Wasser einen Mürbeteig kneten und 40 Minuten kühlen.
• Obst vorbereiten, zerkleinern und in eine flache Gratinform geben. Semmelbrösel und gehackte Haselnußkerne mischen, Obst damit bestreuen. Restlichen Zucker mit Ei und Crème fraîche verquirlen und darübergießen.
• Den Teig auf der bemehlten Arbeitsfläche zu einer Platte ausrollen, die etwas größer als die Form sein sollte. Ein Loch als »Kamin« einstechen. Platte um das Nudelholz wickeln, über der Form abrollen und leicht andrücken.
• Eigelb mit Milch verrühren, Teigdeckel damit bestreichen. Pie in den kalten Backofen stellen und bei 220 Grad (Umluft: 200 Grad, Gas: Stufe 4) etwa 40 Minuten backen.

Dauert etwa 1 1/2 Stunden
Arbeiten müssen Sie etwa 50 Minuten
1 Portion = 386 kcal/ 140 mg Cholesterin
22 g Fett/ 7 g Eiweiß/ 38 g Kohlenhydrate

Quarkschnitten

- Blätterteigplatten auftauen, Schichtkäse abtropfen lassen.
- Für die Füllung Butter mit Zucker schaumig rühren. 2 Eigelbe, Zitronenschale und Saft unterrühren. Eßlöffelweise die Crème fraîche und Schichtkäse untermischen.
- Backofen auf 220 Grad (Umluft: 200 Grad, Gas: Stufe 4) vorheizen. Blätterteigplatten auf wenig Mehl dünn ausrollen und halbieren. Füllung auf den Teigquadraten verteilen, dabei am Rand rundherum etwa einen Fingerbreit frei lassen. Die Ecken der Blätterteigquadrate zur Mitte einschlagen.
- Schnitten auf ein mit kaltem Wasser abgespültes Backblech legen. Das restliche Eigelb mit Sahne verquirlen und die Schnitten damit bestreichen. In den heißen Backofen (mittlere Schiene) schieben und etwa 20 Minuten backen.

Dauert etwa 50 Minuten
Arbeiten müssen Sie etwa 30 Minuten
1 Portion = 682 kcal/ 467 mg Cholesterin
48 g Fett/ 16 g Eiweiß/ 46 g Kohlenhydrate

Schmecken mit Kirsch- oder Zwetschenkompott

Für 4 Portionen

1 Paket tiefgefrorener Blätterteig mit Vollkorn (300 g)
250 g Schichtkäse oder Magerquark
50 g Butter
50 g Zucker
3 Eigelbe
100 g Crème fraîche
abgeriebene Schale von 1/2 unbehandelten Zitrone
2 EL Zitronensaft
1 El Sahne
Mehl für die Arbeitsfläche

Gebackene Aprikosenklöße

- Quark auf ein Sieb geben und etwa 10 Minuten abtropfen lassen. Mit Zitronenschale, Vanille, Salz, Mehl, Semmelbröseln und Ei zu einem glatten Teig verrühren, der sich mit den Händen formen läßt, ohne zu kleben.
- Aprikosen waschen, trocknen und halbieren, aber nicht ganz durchschneiden. Die Steine entfernen. 1 Stück Teig auf dem Handballen flach drücken, 1 Aprikose darauflegen und mit dem Teig umhüllen. Alle Klöße so formen.
- Butter in einem großen Bräter erhitzen. Klöße nebeneinander in die Butter legen. Zugedeckt in den kalten Backofen (mittlere Schiene) schieben. Bei 180 Grad (Umluft: 160 Grad, Gas: Stufe 2) 20 Minuten backen. Deckel entfernen und die Klöße weitere 30 Minuten backen, bis sie leicht gebräunt sind. Zucker und Zimt mischen, die heißen Klöße damit bestreuen und sofort servieren.

Dauert etwa 1 Stunde 50 Minuten
Arbeiten müssen Sie etwa 1 Stunde
1 Portion = 488 kcal/ 119 mg Cholesterin
19 g Fett/ 20 g Eiweiß/ 56 g Kohlenhydrate

Für 5 Portionen

500 g Magerquark
abgeriebene Schale von 1/4 unbehandelten Zitrone
1 Messerspitze gemahlene Vanille
1 Prise Salz
150 g Mehl
50 g Semmelbrösel
1 Ei
10 reife Aprikosen
100 g Butter
75 g Zucker
1–2 TL Zimtpulver

Apfelpfannkuchen

Für 4 Portionen
250 g Mehl
Salz
1/2 l Buttermilch
3 Eier
1/2 Zitrone
500 g säuerliche Äpfel
(Glockenapfel, Boskoop oder
Gravensteiner)
4 EL Zucker
2 EL gemahlene Mandeln
2 TL Zimtpulver
eventuell Mineralwasser
knapp 4 EL Butterschmalz

Zur Abwechslung
• Den Teig mit Milch rühren.
• Eierkuchen mit halbierten
Zwetschen oder geviertelten
Aprikosen belegen.
• Aprikosen- oder
Orangenkonfitüre erwärmen,
bis sie flüssig ist, und die
fertigen Eierkuchen damit
bestreichen.
• Nußeis oder Schlagsahne
zu den Eierkuchen servieren.

• Mehl mit Salz, Buttermilch und Eiern verrühren. Den Teig zugedeckt 30 Minuten ruhenlassen.
• Inzwischen Zitrone auspressen. Äpfel vierteln, vom Kerngehäuse befreien, schälen und auf dem Gurkenhobel fein aufschneiden oder mit einem Messer in ganz dünne Spalten schneiden. Äpfel mit Zitronensaft beträufeln, Zucker mit Mandeln und Zimtpulver mischen.
• Teig nach der Ruhezeit noch einmal durchrühren. Falls er zu dickflüssig ist, noch etwas Mineralwasser dazugeben.
• Pro Pfannkuchen 1 knapp gefüllte Schöpfkelle Teig in eine Pfanne mit heißem Butterschmalz geben und durch Schwenken verteilen, so daß der Teig den Pfannenboden vollkommen bedeckt.
• Kuchen mit Apfelspalten belegen und mit der Zucker-Mandel-Mischung bestreuen. Zugedeckt bei mittlerer Hitze etwa 5 Minuten backen, bis er sich vom Pfannenboden löst. Temperatur zurückschalten, Pfannkuchen wenden und bei schwacher Hitze fertigbacken. Im Backofen bei 50 Grad (Gas: Stufe 1/2) warm halten, bis alle Pfannkuchen gebacken sind.

Dauert etwa 1 Stunde
1 Portion = 657 kcal/ 335 mg Cholesterin
29 g Fett/ 18 g Eiweiß/ 75 g Kohlenhydrate

Eierkuchen wenden
Üppig belegte Eierkuchen kann man so wenden: Kuchen mit dem Pfannenmesser lösen und aus der sanft geneigten Pfanne auf einen Teller schieben. Einen zweiten Teller darüberlegen, das Ganze umdrehen und den Eierkuchen so gewendet wieder in die Pfanne schieben.

Zum Warmhalten ...
... zwischen die einzelnen Apfelpfannkuchen ein Stück Pergamentpapier legen, damit sie nicht zusammenkleben und sich gut anrichten lassen.

Äpfel ...
... sind sehr gesund: Sie enthalten mehr als 20 Mineralstoffe, darunter Eisen für das Blut und Kalzium für Knochen und Zähne. Ein vitaminreicher Apfel deckt etwa 60 Prozent des Vitamin-C-Bedarfs. Wenn Sie regelmäßig rohe Äpfel essen, halten Sie den Cholesterinspiegel auf dem gesunden Maß und können sogar erhöhte Blutfettwerte senken.

Schaumomelett mit Apfelfüllung

- Äpfel vierteln, schälen, vom Kerngehäuse befreien und raspeln. Mit Ahornsirup, Preiselbeerkompott und Crème fraîche verrühren.
- Mehl mit Salz und Milch verrühren. Eier trennen. Zuerst nacheinander die Eigelbe, dann den steif geschlagenen Eischnee unter den Teig ziehen.
- Pfanne erhitzen, mit etwas Butterschmalz oder Öl auspinseln und etwa 1 Schöpfkelle Teig hineingeben. Omelett gut zugedeckt bei mittlerer bis schwacher Hitze 5 Minuten backen. Während dieser Zeit die Pfanne nicht öffnen, sonst fällt das Omelett zusammen.
- Das Omelett wenden und ohne Deckel in etwa 2 Minuten fertigbacken. Nacheinander 3 weitere Omeletts backen und jeweils warm halten.
- Die Omeletts mit der Apfelfüllung bestreichen, einmal zusammenklappen und mit Zimtzucker bestreut servieren.

Dauert etwa 1 Stunde
1 Portion = 357 kcal/ 192 mg Cholesterin
19 g Fett/ 9 g Eiweiß/ 35 g Kohlenhydrate

Für 4 Portionen

Füllung:	
200 g Äpfel	
1–2 EL Ahornsirup	
2 EL ungesüßtes Preiselbeerkompott	
2 EL Crème fraîche	
Teig:	
100 g Mehl	
1 Prise Salz	
1/4 l Milch	
2 Eier	
Butterschmalz oder Öl zum Backen	
Zucker und Zimt zum Bestreuen	

Apfelbeignets

- Butterschmalz schmelzen, mit Mehl mischen. Salz, Eier und Bier zugeben und zu einem dicken Teig verrühren.
- Äpfel schälen, Kerngehäuse mit einem Apfelausstecher entfernen. Äpfel in Scheiben von knapp 1 Zentimeter Dicke schneiden. Das Fett zum Fritieren in einem hohen Topf oder in der Friteuse erhitzen.
- Die Apfelscheiben portionsweise in den Teig tauchen und bei mittlerer bis schwacher Hitze in etwa 5 Minuten goldbraun backen. Dabei einmal wenden.
- Die fertigen Beignets herausnehmen, auf Küchenpapier abtropfen lassen und im Backofen bei 50 Grad (Gas: Stufe 1/2) warm halten, bis alle Beignets gebacken sind. Mit Zimt bestreuen, mit Honig beträufeln und heiß servieren.

Dauert etwa 1 Stunde
1 Portion = 483 kcal/ 192 mg Cholesterin
29 g Fett/ 7 g Eiweiß/ 45 g Kohlenhydrate

Dazu paßt: *Vanilleeis und/oder Schlagsahne*

Für 4 Portionen

1 EL Butterschmalz	
100 g Mehl	
1 Prise Salz	
2 Eier	
1/8 l Bier oder Mineralwasser	
4 säuerliche Äpfel (Boskoop oder Ingrid Marie; etwa 600 g)	
Butterschmalz, Kokosfett oder Öl zum Fritieren	
1 TL Zimtpulver	
50 g Honig	

Heidelbeerpfannkuchen

Für 6 Portionen

250 g	Mehl
1 Prise	Salz
250 g	Dickmilch
1/4 l	Milch
2	Eier
600 g	frische Heidelbeeren
50 g	Butterschmalz
50 g	flüssiger Honig

Beeren kann man im Kühlschrank höchstens 2 Tage aufbewahren.

• Mehl mit Salz, Dickmilch, Milch und Eiern zu einem dicken Eierkuchenteig verrühren. Zugedeckt bei Zimmertemperatur ruhenlassen, bis die Beeren vorbereitet sind.
• Heidelbeeren verlesen, aber möglichst nicht waschen.
• Butterschmalz in einer Pfanne erhitzen. Etwa 1 Schöpfkelle Teig hineingeben, verteilen und bei mittlerer Hitze etwa 3 Minuten backen.
• Pfannkuchen mit Beeren bestreuen, mit Honig beträufeln und in etwa 3 Minuten fertigbacken. Kuchen warm stellen. Aus den restlichen Zutaten 5 weitere Pfannkuchen backen.

Dauert etwa 1 1/4 Stunden
Arbeiten müssen Sie etwa 45 Minuten
1 Portion = 424 kcal/ 155 mg Cholesterin
15 g Fett/ 11 g Eiweiß/ 60 g Kohlenhydrate

Beeren ...

... aus heimischem Anbau sind am besten. Denn auf langen Transportwegen können die empfindlichen Früchte schimmeln, Aroma und Vitamine verlieren. Heidelbeeren, Himbeeren und Brombeeren sollte man nur sorgfältig verlesen; beim Waschen werden sie matschig.

Obströsti

Für 4 Portionen

300 g	altbackenes Vollkorntoastbrot
60 g	Butter
300 g	feste Birnen
400 g	Zwetschen
1	unbehandelte Zitrone
75 g	Zuckerrohrgranulat
1 TL	Zimtpulver
1 TL	gemahlene Vanille
75 g	Korinthen
1/8 l	ungesüßter Apfelsaft

• Toastbrot in kleine Würfel schneiden und portionsweise in etwa 2/3 der Butter bei schwacher Hitze rösten.
• Birnen vierteln, schälen, vom Kerngehäuse befreien und in Scheiben schneiden. Zwetschen waschen, trockentupfen, vierteln und dabei die Kerne entfernen. Das Obst mit dem Zitronensaft mischen.
• Die restliche Butter in der Pfanne erhitzen und das Obst darin unter Wenden anbraten. Zuckerrohrgranulat, Zimt und Vanille gemischt und die Korinthen darüberstreuen, den Apfelsaft an den Seiten zugießen.
• Die Pfanne schließen und das Obst bei schwacher Hitze 5 Minuten garen. Die Brotwürfel mit dem Obst mischen und die Rösti sofort servieren.

Dauert etwa 45 Minuten
1 Portion = 537 kcal/ 36 mg Cholesterin
16 g Fett/ 7 g Eiweiß/ 89 g Kohlenhydrate

Kaiserschmarren

• Rosinen mit Saft vermischen und zugedeckt 20 Minuten ziehen lassen. Dinkel mit Milch und Sahne verrühren und zugedeckt ebenso lange quellen lassen.
• Backofen auf 50 Grad (Gas: Stufe 1/2) vorheizen und eine Schüssel darin wärmen.
• Die Butter schmelzen, aber nicht bräunen. Eier trennen. Eigelb, flüssige Butter, Salz, Zitronenschale, Vanille und Rosinen unter den Teig mischen. Eiweiß steif schlagen und mit einem Schneebesen unterziehen.
• Die Hälfte des Butterschmalzes in einer großen Pfanne erhitzen. Die Hälfte des Teiges hineingießen und zugedeckt bei schwacher Hitze etwa 10 Minuten backen, bis er an der Unterseite fest ist. Schmarren in der Pfanne mit einer Gabel in Stücke teilen und bei mittlerer Hitze unter häufigem Wenden goldbraun backen.
• Schmarren aus der Pfanne in die Schüssel geben, mit der Hälfte des Puderzuckers mischen und zugedeckt im Backofen warm halten.
• Den Rest des Teiges im restlichen Butterschmalz backen, mit dem Rest des Puderzuckers mischen und im warmen Backofen einige Minuten ziehen lassen.

Dauert etwa 45 Minuten
1 Portion = 755 kcal/ 543 mg Cholesterin
42 g Fett/ 20 g Eiweiß/ 70 g Kohlenhydrate

Zur Abwechslung
• **Grieß statt Dinkel nehmen.**
• **8 Weizenbrötchen in feine Scheiben schneiden und in 3/8 Liter Milch einweichen. 4 Eier und 1 Teelöffel Zucker mit einem Kochlöffel oder mit den Händen unterkneten. Schmarren backen und mit Puderzucker bestreuen.**

Schmarren ...
... ist ein sehr altes Gericht, entstanden aus dem Getreidebrei, dem eingeweichten Brot oder dem Hirsemus, das die Bauern einst jeden Tag aßen. Hausfrauen, die nicht sparen mußten, machten den dicken Brei mit Eiern nahrhafter und buken ihn in reichlich Schmalz oder Butter – das Wort »Schmarren« ist verwandt mit dem mittelhochdeutschen »smer« für »Fett«; noch heute sagen wir, daß wir eine Türe »schmieren«, wenn wir sie ölen, damit sie nicht quietscht.
Der »Urschmarren« war nicht süß – Zucker und Honig konnten sich nur die Reichen leisten –, sondern ein herzhaftes Essen für Leute, die so schwere Arbeit leisten mußten wie die Bauern: für Senn und Sennerin auf der Alm, für Holzfäller und Tagelöhner.

Für 4 Portionen

75 g Rosinen
3 EL Orangensaft
200 g feingemahlener Dinkel
3/8 l Milch
150 g süße Sahne
1 EL Butter
5 Eier
1 Prise Salz
abgeriebene Schale von
1/2 unbehandelten Zitrone
1 Prise gemahlene Vanille
50 g Butterschmalz
75 g Puderzucker

Der Klassiker der österreichischen Mehlspeisenküche schmeckt gut mit Dinkel statt weißem Weizenmehl. Der Puderzucker muß sein: Er schmilzt auf dem heißen Schmarren und gibt ihm appetitlich schönen Glanz.

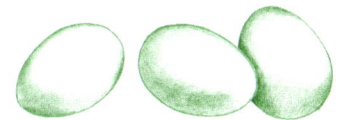

Zwetschenschmarren

Für 2 Portionen
200 g Weizenvollkornmehl
300 ml Milch
300 g Zwetschen
1 Prise Salz
abgeriebene Schale von
1/2 unbehandelten Zitrone
2 Eier
30 g Butterschmalz
100 g Zucker
1/2 TL Zimtpulver

• Weizenvollkornmehl mit Milch verrühren und zugedeckt quellen lassen, bis die Zwetschen vorbereitet sind.
• Zwetschen waschen, trockentupfen, in Stücke schneiden und dabei entsteinen.
• Teig mit Salz, der Zitronenschale und Eiern verrühren. Zwetschenstücke daruntermischen.
• Butterschmalz in einer großen Pfanne erhitzen. Den Teig hineingießen und zugedeckt bei schwacher Hitze etwa 10 Minuten backen, bis er an der Unterseite fest ist. In der Pfanne mit einer Gabel in Stücke teilen. Die Stücke bei mittlerer Hitze unter häufigem Wenden goldbraun backen.
• Schmarren mit Zucker bestreuen, einige Male wenden und zugedeckt neben der Kochstelle kurz ziehen lassen.

Dauert etwa 45 Minuten
1 Portion = 944 kcal/ 418 mg Cholesterin
29 g Fett/ 26 g Eiweiß/ 139 g Kohlenhydrate

Salbeimäuschen

Für 4 Portionen
100 g Mehl
Salz
1/8 l Milch
1 Ei
1 TL Öl
40 g große Salbeiblätter
Butterschmalz, Öl oder Kokosfett
zum Fritieren
2 EL Zucker
1 TL Zimtpulver

Fritierfett ist heiß genug, wenn an einem Holzlöffel, den man hineintaucht, kleine Bläschen aufsteigen.

• Mehl mit Salz und Milch verrühren. Ei und Öl untermischen. Salbeiblättchen waschen und trockentupfen.
• Fett in einem hohen Topf oder einer Friteuse erhitzen. Salbeiblättchen an den Stielen festhalten, in den Teig tauchen und portionsweise ins heiße Fett gleiten lassen. Etwa 2 Minuten backen, bis sie goldbraun sind.
• Mit einem Schaumlöffel herausnehmen und auf Küchenpapier abtropfen lassen.
• Zucker mit Zimt mischen, Salbeimäuschen damit bestreuen und servieren.

Dauert etwa 1 Stunde
1 Portion = 259 kcal/ 91 mg Cholesterin
14 g Fett/ 6 g Eiweiß/ 25 g Kohlenhydrate

Zur Abwechslung
Die würzigen Kräuterblättchen, in leichten Teig getaucht und knusprig ausgebacken, schmecken ohne Zimt und Zucker auch als Imbiß zu Bier und Wein.

Polentaschnitten mit Rhabarberkompott

Die Schnitten brauchen etwa 3 Stunden Vorbereitung

- Milch mit Salz, abgeriebener Zitronenschale und Zimt aufkochen. Polenta einrühren, erneut aufkochen und zugedeckt bei schwächster Hitze etwa 45 Minuten garen.
- Etwas abkühlen lassen. Zuckerrohrgranulat und Ei unterrühren. Den Brei fingerdick auf ein kalt abgespültes Brett streichen und 2 Stunden trocknen lassen.
- Rhabarber putzen, waschen und in Stücke schneiden. Mit Saft, Korinthen und Granulat aufkochen und zugedeckt bei schwacher Hitze 5 Minuten garen. Erkalten lassen.
- Erdbeeren waschen, trockentupfen, von den Stielen zupfen und unter den Rhabarber mischen.
- Polentabrei in etwa 5 mal 10 Zentimeter große Stücke schneiden und portionsweise im heißen Fett auf beiden Seiten goldbraun braten. Auf vorgewärmten Tellern anrichten. Kompott dazu servieren.

Dauert etwa 1 Stunde
1 Portion = 551 kcal/ 109 mg Cholesterin
15 g Fett/ 13 g Eiweiß/ 88 g Kohlenhydrate

Für 4 Portionen

Polentaschnitten:
3/4 l Milch
1 Prise Salz
1/2 unbehandelte Zitrone
1 TL Zimtpulver
150 g Polenta
30 g Zuckerrohrgranulat
1 Ei

Kompott:
500 g Rhabarber
1/8 l ungesüßter Fruchtsaft
100 g Korinthen
75 g Zuckerrohrgranulat
250 g Erdbeeren
Öl oder Pflanzenfett zum Braten

Rhabarber ...

... soll in seiner Heimat Ostasien schon vor etwa 4000 Jahren genutzt worden sein. Anders dagegen in Europa. Erst Mitte des 18. Jahrhunderts begannen die Engländer, die fleischigen Stiele des Rhabarbers als Gemüse zu kochen. In Deutschland wurde Rhabarber dann etwa 100 Jahre später angebaut. Heute ist er neben Erdbeeren unser beliebtestes Frühjahrsobst: als Kompott, Grütze und Kuchenbelag. Rhabarber wirkt blutreinigend, verdauungsfördernd und liefert Vitamin C. Seine wenigen Kalorien nützen uns nicht viel, denn Rhabarber schmeckt nur mit viel Zucker. Und das Kalzium, das er enthält, kann unser Körper ebenfalls nicht nutzen, weil es durch die ebenfalls vorhandene Oxalsäure gleichsam festgehalten wird. An der Oxalsäure liegt auch, daß Menschen mit Nierenproblemen auf Rhabarber verzichten müssen, daß man nicht zuviel Rhabarber essen sollte und daß es Freilandrhabarber aus heimischer Ernte nur von April bis Mitte Juni gibt. Danach reichert sich in den Stielen zuviel Oxalsäure an. Vorsicht: Rhabarberblätter darf man überhaupt nicht essen – für Erwachsene sind sie gesundheitsschädlich, für Kinder giftig.

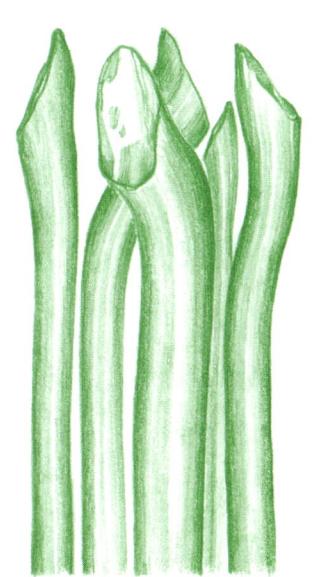

Der Teig muß 1 Stunde
gehen

Hirsefrikadellen

Für 6 Portionen

400 g Hirse
40 g frische Hefe
knapp 3/8 l lauwarme Milch
3 zimmerwarme Eier
100 g weiche Butter
2 EL Rübenkraut
1 EL Vanillezucker
Salz
abgeriebene Schale von
1/2 unbehandelten Orange
Öl oder Pflanzenfett zum Backen

Tip

Das Öl darf nicht zu heiß sein,
sonst brechen die Frikadellen beim
Wenden. Die richtige Temperatur
erkennen Sie daran, daß die
Frikadellen beim Backen noch
etwas aufgehen.

• Hirse in der Getreidemühle mehlfein mahlen. Zerbröckelte Hefe, Milch, Eier, Butter, Rübenkraut, Vanillezucker, Salz und Orangenschale dazugeben. Mit den Knethaken des Handrührgerätes etwa 5 Minuten rühren, bis der Teig Blasen bildet. Zugedeckt bei Zimmertemperatur etwa 1 Stunde gehen lassen.
• Fett in einer Pfanne erhitzen. Pro Frikadelle etwa 2 Eßlöffel Teig darin bei mittlerer bis schwacher Hitze auf der Unterseite etwa 5 Minuten backen, bis die Frikadellen braun sind und sich vom Pfannenboden lösen. Wenden und auf der zweiten Seite weitere 3 bis 4 Minuten backen. Bei 50 Grad (Gas: Stufe 1/2) warm halten.

Dauert etwa 1 3/4 Stunden
Arbeiten müssen Sie etwa 45 Minuten
1 Portion = 507 kcal/ 222 mg Cholesterin
27 g Fett/ 14 g Eiweiß/ 48 g Kohlenhydrate

Dazu paßt: *Heidelbeer-, Zwetschen- oder Kirschkompott*

Schmecken mit Blaubeer-
oder Kirschkompott

Brandteignocken

Für 4 Portionen

1/8 l Wasser
1 Prise Salz
30 g Butter
75 g Weizenvollkornmehl
2 kleine Eier
1 Prise gemahlene Vanille
abgeriebene Schale von
1/2 unbehandelten Zitrone
1 Messerspitze Backpulver
Fett zum Braten

• Wasser mit Butter und Salz in einem Topf aufkochen und kochen lassen, bis die Butter geschmolzen ist. Das gesamte Mehl unter Rühren hinzugeben.
• Bei schwächster Hitze so lange weiterrühren, bis sich der Teig zu einem Kloß zusammenballt und sich am Boden des Topfes eine weiße Schicht bildet. Teig in eine Rührschüssel geben. 1 Ei mit den Knethaken des Handrührgerätes unter den heißen Teig mischen. Den Teig lauwarm abkühlen lassen, dann das zweite Ei mit Vanille, abgeriebener Zitronenschale und Backpulver untermischen.
• Reichlich Fett in einer Pfanne erhitzen. Vom Teig mit Eßlöffeln Klößchen abstechen und bei mittlerer Hitze in etwa 5 Minuten rundherum goldbraun braten. Herausnehmen, auf Küchenpapier abtropfen lassen und heiß servieren.

Dauert etwa 1 Stunde
1 Portion = 666 kcal/ 223 mg Cholesterin
33 g Fett/ 10 g Eiweiß/ 79 g Kohlenhydrate

Süße Eierkuchentorte

• Für die Eierkuchen Mehl und Hirse mit Salz mischen. Wasser zugießen und mit dem Schneebesen kräftig rühren, bis sich das Mehl gelöst hat. Die Eier nacheinander untermischen.

• Pro Eierkuchen 1 knapp gefüllte Schöpfkelle Teig in eine Pfanne mit heißem Fett geben und durch Schwenken verteilen, so daß der Teig den Pfannenboden vollkommen bedeckt. Zugedeckt bei mittlerer bis schwacher Hitze backen, bis der Eierkuchen oben fest ist. Wenden und in etwa 1 Minute fertigbacken. Nacheinander 16 bis 20 Eierkuchen backen und abkühlen lassen.

• Die Pflaumen im Fruchtsaft 2 Stunden einweichen.

• Mit abgetropftem Tofu, Joghurt und Honig pürieren. Die Sahne steif schlagen und unter die Pflaumencreme ziehen.

• Die Eierkuchen jeweils mit Creme bestreichen und wie Tortenböden aufeinanderschichten. Den Rest der Pflaumencreme auf die Torte streichen. Die Eierkuchentorte im Kühlschrank 1 Stunde ziehen lassen.

• Abgetropftes Preiselbeerkompott auf die Torte geben. Mit den Kokosflocken bestreuen und servieren.

Dauert etwa 1 1/2 Stunden
1 Portion = 839 kcal/ 396 mg Cholesterin
43 g Fett/ 23 g Eiweiß/ 84 g Kohlenhydrate

Zur Abwechslung
• **Statt Tofu Sahnequark oder abgekühlten Vanillepudding aus 1/2 Liter Milch nehmen.**
• **Pflaumen durch 500 Gramm Apfelkompott ersetzen.**
• **Statt Preiselbeerkompott und Kokosflocken abgetropfte Sauerkirschen aus dem Glas und Raspelschokolade nehmen.**

Braucht 2 Stunden Vorbereitung

Für 5 Portionen

Eierkuchen:
150 g Weizenvollkornmehl
150 g feingemahlene Hirse
1 Prise Salz
3/4 l Wasser
5 Eier
Fett zum Backen
Füllung:
250 g entsteinte Trockenpflaumen
1/8 l ungesüßter Fruchtsaft
250 g Tofu
125 g Joghurt
2 EL Honig
200 g süße Sahne
1 Glas ungesüßtes Preiselbeerkompott (ca. 250 g)
100 g Kokosflocken

Kartäuserklöße

Für 4 Portionen
4 altbackene
Weizenvollkornbrötchen
ca. 300 ml Milch
1 Prise Salz
1/2 TL abgeriebene
Zitronenschale
2 kleine Eier
50 g Semmelbrösel
2 EL Butterschmalz oder Öl
3 EL Zuckerrohrgranulat
1 TL Zimtpulver

Kartäuserklöße sind ein altes Fastengericht. Früher hat man sie herzhaft zubereitet: ohne Zucker und Zimt, dafür mit Pfeffer und Muskat. Solche Kartäuserklöße schmecken zu Salat. Zu den süßen im Rezept hier passen Vanillesauce und Kompott.

• Die Rinde der Brötchen rundherum abreiben. Brötchen längs halbieren und in eine flache Schüssel legen.
• Milch mit Salz und Zitronenschale bis knapp unter den Siedepunkt erhitzen und über die Brötchen gießen. Die Brötchen etwa 2 Minuten darin ziehen lassen, bis sie sich gerade eben vollgesogen haben.
• Eier auf einem flachen Teller verquirlen. Semmelbrösel auf einem anderen Teller bereitstellen.
• Die Brötchen zuerst in den Eiern, dann in den Semmelbröseln wenden und im heißen Öl bei mittlerer Hitze pro Seite etwa 5 Minuten braten, bis sie goldbraun sind.
• Auf vorgewärmten Portionstellern anrichten. Zuckerrohrgranulat und Zimt mischen und über die Kartäuserklöße streuen. Klöße heiß servieren.

Dauert etwa 40 Minuten
1 Portion = 364 kcal/ 217 mg Cholesterin
17 g Fett/ 11 g Eiweiß/ 39 g Kohlenhydrate

Zubereitungs-Tip

Die Brötchenhälften dürfen nicht zu lange in der Milch liegen. Sonst werden sie so weich, daß sie beim Herausnehmen zerfallen oder zu feucht zum Panieren sind.

Quarkfrikadellen mit Erdbeeren

Für 4 Portionen
750 g Erdbeeren
125 g Joghurt
2 EL ungesüßter Sanddornsirup
1–2 EL Honig
Frikadellen:
500 g Magerquark
125 g Weizenvollkorngrieß
2 Eier
1 EL Zuckerrohrgranulat
1/2 unbehandelte Zitrone
1 Prise gemahlene Vanille
Fett zum Braten

• Erdbeeren waschen, abzupfen, zerkleinern und in Dessertschälchen verteilen. Joghurt mit Sirup und Honig schaumig schlagen und darübergießen.
• Quark mit Grieß, Eiern, Zuckerrohrgranulat, abgeriebener Zitronenschale und Vanille zu einem Teig verrühren.
• Aus dem Teig mit zwei Eßlöffeln Frikadellen formen und portionsweise im heißen Fett bei schwacher Hitze etwa 5 Minuten braten, bis sie sich vom Pfannenboden lösen lassen. Wenden und in weiterer 5 Minuten fertigbacken. Bei 50 Grad (Gas: Stufe 1/2) warm halten.

Dauert etwa 1 Stunde
1 Portion = 437 kcal/ 179 mg Cholesterin
13 g Fett/ 27 g Eiweiß/ 49 g Kohlenhydrate

Hefeplinsen mit Birnenkompott

• Dinkel mit Gerste, Hefe, Milch, Eiern, geschmolzener Butter, Granulat, Salz, abgeriebener Zitronenschale und Vanille mischen. Mit den Knethaken des Handrührgerätes etwa 5 Minuten rühren, bis der Teig Blasen bildet. Zugedeckt bei Zimmertemperatur etwa 1 Stunde gehen lassen.
• Birnen schälen, vierteln, vom Kerngehäuse befreien und in Schnitze teilen. Preiselbeeren waschen und abtropfen lassen. Obst mit Dicksaft und Holunderbeersaft aufkochen. Bei schwacher Hitze zugedeckt in etwa 10 Minuten weich garen. Mit Zimt würzen und abkühlen lassen.
• Teig portionsweise als flache Küchlein in eine Pfanne mit heißem Fett setzen und bei mittlerer bis schwacher Hitze etwa 5 Minuten backen, bis sie sichtbar aufgegangen sind. Wenden und weitere 3 bis 4 Minuten backen. Im Backofen bei 50 Grad (Gas: Stufe 1/2) warm halten, bis alle Plinsen gebacken sind.

Dauert etwa 2 Stunden
1 Portion = 596 kcal/ 219 mg Cholesterin
31 g Fett/ 14 g Eiweiß/ 61 g Kohlenhydrate

Teig muß 1 Stunde ruhen

Für 6 Portionen
Hefeplinsen:
200 g feingemahlener Dinkel
200 g feingemahlene Gerste
1 Päckchen Trockenhefe
ca. 1/4 l lauwarme Milch
3 Eier
100 g Butter
2 EL Zuckerrohrgranulat
1 Prise Salz
1/2 unbehandelte Zitrone
1 TL gemahlene Vanille
Kompott:
500 g feste Birnen
150 g Preiselbeeren
50 g Birnendicksaft
1/8 l Holunderbeersaft
Zimtpulver
Fett zum Backen

Ausgebackene Dörrpflaumen

• Trockenpflaumen mit einem spitzen Messer einschneiden und jeweils mit etwas Marzipan und 1 Mandel füllen. Pflaumen auf eine Platte legen, mit Orangensaft beträufeln und etwa 30 Minuten ziehen lassen.
• Inzwischen Mehl mit Salz und Zitronenschale mischen. Weißwein langsam dazugießen und kräftig unterrühren. Ei trennen. Zuerst das Eigelb, dann das steif geschlagene Eiweiß unter den Teig ziehen.
• Öl oder Fett in einem hohen Topf oder der Friteuse erhitzen. Die Hälfte der Pflaumen in den Teig tauchen und im heißen Fett 1 bis 2 Minuten backen. Mit zwei Gabeln wenden und fertigbacken, bis sie goldbraun sind. Gebackene Pflaumen auf Küchenpapier abtropfen lassen.
• Pflaumen auf Desserttellern anrichten und mit Raspelschokolade bestreut servieren.

Dauert etwa 1 Stunde
1 Portion = 426 kcal/ 87 mg Cholesterin
26 g Fett/ 7 g Eiweiß/ 38 g Kohlenhydrate

Schmecken mit Schlagsahne und Eis

Für 4 Portionen
20 große entsteinte
Trockenpflaumen
50 g Marzipanrohmasse
20 ganze, geschälte Mandeln
2 EL Orangensaft
40 g Mehl
1 Prise Salz
abgeriebene Schale von
1/2 unbehandelten Zitrone
75 ml trockener Weißwein oder
Mineralwasser
1 Ei
Öl oder Pflanzenfett zum Fritieren
2 EL Raspelschokolade

Mandelpudding mit Vanillesauce

Für 4 Portionen
Pudding:
100 g ungeschälte Mandeln
150 g Vollmilchschokolade
50 g Weizenvollkornmehl
1 TL Instant-Kaffee
6 Eier
80 g Butter
75 g Zucker
1 Prise Salz
abgeriebene Schale von
1/2 unbehandelten Orange
1 TL Vanillezucker
Vanillesauce:
1/2 l Milch
1 gehäufter EL Speisestärke
1 Vanilleschote
250 g süße Sahne
Butter und Semmelbrösel
für die Form

• Mandeln fein mahlen, Schokolade fein reiben. Beide Zutaten mit Mehl und Instant-Kaffee mischen. Eier trennen.
• Eigelb mit der weichen Butter, etwa 2/3 des Zuckers, Salz, Orangenschale und Vanillezucker schaumig rühren, bis die Masse dick und elfenbeinfarben ist. Eiweiß steif schlagen und auf die Eiercreme geben. Mandelmischung darüberstreuen und alles mischen.
• Eine Puddingform mit Deckel mit reichlich Butter ausstreichen und mit Semmelbröseln ausstreuen. Den Teig darin glattstreichen und die Form schließen.
• In einem großen Topf so viel Wasser zum Kochen bringen, daß die Puddingform zu etwa 2/3 ihrer Höhe darin steht. Form in den Topf stellen, Topf schließen und Pudding bei schwacher Hitze etwa 1 Stunde garen. Dabei soll das Wasser immer sanft kochen.
• Während der Pudding gart, die Vanillesauce zubereiten: Von der Milch 4 Eßlöffel in eine Tasse geben. Speisestärke unterrühren, bis sie sich in der Milch aufgelöst hat. Die Vanilleschote mit einem kleinen spitzen Messer der Länge nach aufschneiden und das Mark herauskratzen.
• Die restliche Milch mit Vanillemark, Schote und dem Rest des Zuckers in einem Topf aufkochen. Angerührte Speisestärke daruntermischen und unter Rühren aufkochen, bis die Sauce dickflüssig ist.
• Topf von der Kochstelle nehmen und in eine Schüssel mit kaltem Wasser stellen. Sauce unter häufigem Umrühren erkalten lassen. Vanilleschote entfernen. Sahne halb steif schlagen und unter die Sauce ziehen.
• Fertigen Pudding in der Form 10 Minuten stehenlassen. Auf eine Platte stürzen, wie einen Kuchen aufschneiden und auf Tellern anrichten. Mit Vanillesauce servieren.

Dauert etwa 1 3/4 Stunden
1 Portion = 740 kcal/ 441 mg Cholesterin
52 g Fett/ 18 g Eiweiß/ 43 g Kohlenhydrate

Dazu paßt: Zwetschen-, Kirsch- oder Preiselbeerkompott

Einen Pudding aus der Form lösen
Den garen Pudding am oberen Rand mit einer Messerspitze ablösen. Ein Küchentuch in kaltes Wasser tauchen und leicht auswringen. Das Tuch einige Sekunden um die Form legen und den Pudding dann stürzen.

Ingwerpudding

• Ingwer abtropfen lassen und möglichst fein hacken. Eier trennen. Das Zuckerrohrgranulat mit Vanille, das Mehl mit Salz, Nelken, Backpulver und Orangenschale mischen.

• Eigelb, etwa 2/3 des Zuckerrohrgranulats und Butter schaumig rühren. Eiweiß halb steif schlagen. Restliches Granulat einstreuen und den Eischnee ganz aufschlagen, bis er steif, aber noch cremig ist. Auf den Teig geben, Mehlmischung und zerkleinerten Ingwer daraufstreuen.

• Alles mischen und dabei den Ingwersirup und die Milch unterrühren. Eine verschließbare Puddingform von etwa 1 1/2 Liter Inhalt fetten und dünn mit Semmelbröseln ausstreuen. Teig einfüllen, die Form schließen.

• In einem Topf so viel Wasser zum Kochen bringen, daß die Puddingform zu etwa 2/3 ihrer Höhe darin steht. Topf ebenfalls schließen. Pudding bei schwacher Hitze etwa 1 1/2 Stunden garen.

• Für die Garprobe ein Holzstäbchen in die Mitte des Puddings stechen. Wenn daran nur ein paar Krümel, aber keine feuchten Teigreste mehr haften, ist der Pudding gar.

• Form herausnehmen, Pudding darin 10 Minuten ruhenlassen. Den Deckel abnehmen, den oberen Rand des Puddings mit einer Messerspitze ablösen. Ein nasses Küchentuch einige Sekunden um die Form wickeln und den Pudding auf eine Platte stürzen.

Dauert etwa 2 1/4 Stunden
Arbeiten müssen Sie etwa 45 Minuten
1 Portion = 471 kcal/ 235 mg Cholesterin
25 g Fett/ 9 g Eiweiß/ 50 g Kohlenhydrate

Dazu paßt: Weinschaumsauce oder Schlagsahne

Für 4 Portionen

125 g eingelegter Ingwer
2 kleine Eier
90 g Zuckerrohrgranulat
1/4 TL gemahlene Vanille
125 g Mehl
1 Prise Salz
1 Prise gemahlene Nelken
1/2 TL Backpulver
abgeriebene Schale von 1/2 unbehandelten Orange
90 g weiche Butter
1 TL Ingwersirup
2–3 EL Milch
Butter und Semmelbrösel für die Form

Der Ingwerpudding aus England schmeckt warm als süßes Hauptgericht nach einer feinen Suppe oder kalt zum Fünfuhrtee.

Ingwer ...

... stammt von einem Liliengewächs gleichen Namens mit irisähnlichen Blüten und Blättern wie Schilfrohr. Sobald die Pflanze zu welken beginnt, erntet man ihre weißen bis gelblichen Wurzelknollen. Angebaut wird Ingwer seit rund 4000 Jahren – zuerst in seiner Heimat Südostasien, später in Indien und Ostafrika. Schon immer verwendete man ihn als Gewürz und als Heilmittel – er regt die Verdauung an und bringt den Kreislauf in Schwung. Zu kaufen gibt es Ingwer als frische Wurzel, scharfes Pulver, getrocknete Stücke, kandiert wie Konfekt oder in Sirup eingelegt.

Pudding mit Pistazien

Für 6 Portionen

100 g gemischtes Trockenobst
100 g ungesalzene Pistazienkerne
2 EL Orangenlikör
Butter und Semmelbrösel für die Puddingform
1/2 unbehandelte Orange
100 g weiche Butter
1 EL Honig
je 1/4 TL gemahlene Nelken und Kardamompulver
1/2 TL Zimtpulver
1 Prise geriebene Muskatnuß
Salz
2 EL Vanillezucker
6 Eier
30 g Speisestärke

• Trockenobst und Pistazien fein hacken, mit Orangenlikör mischen und zugedeckt 30 Minuten ziehen lassen.

• Inzwischen eine verschließbare Puddingform fetten und mit Semmelbrösel ausstreuen. Die Orange heiß waschen, abtrocknen und die Schale fein abreiben.

• Die Butter mit dem Honig schaumig rühren. Nelken, Kardamom, Zimt und Muskat, abgeriebene Orangenschale, eine Prise Salz und Vanillezucker untermischen.

• Eier trennen. Die Eigelbe nacheinander unter die Butter rühren. Trockenfrüchte und Pistazien untermischen. Eiweiß steif schlagen und auf den Teig geben.

• Speisestärke darübersieben und alles vorsichtig unterheben. Teig in die Puddingform füllen, Form schließen.

• In einem Topf so viel Wasser zum Kochen bringen, daß die Puddingform zu etwa 2/3 ihrer Höhe darin steht. Pudding bei schwacher bis mittlerer Hitze im Wasserbad etwa 1 Stunde und 10 Minuten garen. Die Garprobe wie bei einem Kuchen machen, garen Pudding herausnehmen und in der Form 10 Minuten ruhenlassen. Auf eine Platte stürzen und wie einen Kuchen aufschneiden.

Dauert etwa 2 Stunden
Arbeiten müssen Sie etwa 50 Minuten
1 Portion = 444 kcal/ 393 mg Cholesterin
31 g Fett/ 12 g Eiweiß/ 24 g Kohlenhydrate

Dazu paßt: Vanillesauce (Seite 318), vermischt mit feingeschnittener, unbehandelter Orangenschale

Pudding oder Flammeri

Der richtige, klassische Pudding sieht aus und schmeckt wie Kuchen, wird im Wasserbad gegart und kann warm als Dessert und kalt zum Kaffee serviert werden (siehe auch Seite 313, Ingwerpudding).

Der »Pudding« in der Tüte dagegen, den man mit kalter oder kochender Milch zubereitet, heißt in der klassischen Dessertküche Flammeri. Sie können diese stichfeste oder sturzfeste Creme auch selber aus Eiern, Milch und Mehl, Reis oder Grieß kochen (Seite 336).

Süße Couscoustörtchen

• Milch und Salz in einem Topf aufkochen. Das Couscous einrühren, erneut aufkochen und zugedeckt auf der abgeschalteten Kochstelle 10 Minuten quellen lassen. Lauwarm abkühlen lassen.

• Eier trennen. Die Eigelbe, gemahlene Vanille, Zucker, etwas Zitronenschale und Zitronensaft mit einer Gabel unter den Couscousbrei rühren. Eiweiß sehr steif schlagen und ebenfalls mit der Gabel unter die Masse ziehen.

• In einem großen flachen Topf etwa 2 Finger hoch Wasser aufkochen. 4 große Tassen oder Suppentassen von je etwa 1/4 Liter Inhalt mit Butter ausstreichen.

• Tassen mit dem Couscous füllen, mit Alufolie schließen und in den Topf stellen. Den Deckel auf den Topf legen und die Törtchen bei schwacher Hitze im Wasserbad etwa 30 Minuten garen.

• Törtchen herausnehmen und in den Tassen 10 Minuten stehenlassen. Couscous mit einem spitzen Messer rundherum vom Rand der Tassen lösen und die Törtchen auf Dessertteller stürzen.

Dauert etwa 1 1/4 Stunden
Arbeiten müssen Sie etwa 20 Minuten
1 Portion = 162 kcal/ 182 mg Cholesterin
6 g Fett/ 8 g Eiweiß/ 18 g Kohlenhydrate

Dazu paßt: Kompott, Obstsalat oder Himbeersirup

Für 4 Portionen

1/4 l Milch
1 Prise Salz
75 g Couscous
2 Eier
1/2 TL gemahlene Vanille
1 EL Zucker
etwas abgeriebene Schale und Saft von 1/2 unbehandelten Zitrone

Zur Abwechslung

• **Törtchen mit Grieß, Hirse oder Bulgur zubereiten.**

• **Couscousbrei mit Rosinen oder feingehackten Mandeln mischen.**

• **Couscous mit Lebkuchengewürz und abgeriebener Orangenschale abschmecken.**

Unbehandelte Zitrusfrüchte ...

... brauchen Sie unbedingt, wenn Sie die Schale zum Kochen und Bakken verwenden. Unbehandelte Zitronen gibt es überall, bei Orangen muß man gewöhnlich noch nachfragen. Doch das Angebot nimmt zu, und in Naturkostläden bekommen Sie die Früchte während der Saison auf jeden Fall.

Behandelte Zitrusfrüchte müssen gut sichtbar gekennzeichnet sein, zum Beispiel durch ein Schild »Behandelt mit Diphenyl«. Als Konservierungsmittel sind außerdem »Orthophenylphenol« und »Thiabendazol« zugelassen. Im Zweifelsfall nachfragen und den Laden wechseln, wenn man Ihnen keine Auskunft geben kann oder will.

Grießklöße mit Kirschen

Für 4 Portionen
1/4 l Milch
Salz
250 g Grieß
32 Kirschen
2 Eier
2 EL Mehl
60 g Butter
1–2 EL Semmelbrösel
1–2 EL flüssiger Honig zum
Beträufeln

• Milch mit Salz aufkochen. Grieß einrühren und erneut aufkochen. Auf der abgeschalteten Kochstelle zugedeckt 5 Minuten ziehen und erkalten lassen.
• Die Kirschen waschen, abzupfen und entsteinen.
• Eier und Mehl mit den Quirlen des Handrührgerätes unter den Grießbrei mischen. Aus dem Brei mit angefeuchteten Händen 16 Klöße formen und mit je 2 Kirschen füllen.
• In einem großen Topf reichlich Wasser mit Salz zum Kochen bringen. Klöße darin bei mittlerer bis schwacher Hitze etwa 5 Minuten sanft kochen, bis sie an die Oberfläche steigen. Bei schwacher Hitze weitere 20 Minuten knapp unter dem Siedepunkt ziehen lassen. Dabei den Topf nicht ganz zudecken.
• Butter schmelzen. Semmelbrösel darin hellbraun rösten.
• Klöße hernehmen, abtropfen lassen und auf einer vorgewärmten Platte anrichten. Honig darüberträufeln. Die gerösteten Semmelbrösel darüber verteilen.

Dauert etwa 1 1/4 Stunden
1 Portion = 474 kcal/ 218 mg Cholesterin
19 g Fett/ 14 g Eiweiß/ 59 g Kohlenhydrate

Sahnereis mit Kompott

Für 3 Portionen
125 g Naturrundkornreis
3/4 l Milch
1 Prise Salz
50 g Zuckerrohrgranulat
1/2 unbehandelte Zitrone
300 g Zwetschen
300 g feste, vollreife Birnen
100 ml Zwetschensaft
1 kräftige Prise Ingwerpulver
1 TL Honig
100 g süße Sahne
2 EL gehackte Cashewnußkerne

• Reis mit Milch, Salz, Zuckerrohrgranulat und abgeriebener Zitronenschale zum Kochen bringen. Zugedeckt bei schwächster Hitze in etwa 45 Minuten ausquellen lassen.
• Während der Reis gart, Zwetschen waschen, halbieren und entsteinen. Birnen vierteln, schälen, vom Kerngehäuse befreien und in Stücke teilen.
• Das Obst mit dem Zwetschensaft und Ingwer aufkochen und 5 Minuten auf der abgeschalteten Kochstelle ziehen lassen. Den Honig untermischen.
• Die Sahne halb steif schlagen und unter den Reis rühren. Reis auf Tellern anrichten und das Kompott daraufgeben. Mit den Nüssen bestreut sofort servieren.

Dauert etwa 50 Minuten
1 Portion = 645 kcal/ 66 mg Cholesterin
24 g Fett/ 25 g Eiweiß/ 90 g Kohlenhydrate

Hefekloß mit Aprikosenkompott

• Für den Teig das Mehl mit der Hefe und 1 Teelöffel Zucker vermischen. Lauwarme Milch, die zimmerwarmen Eier, die abgeriebene Zitronenschale und eine Prise Salz zugeben. Mit den Knethaken des Handrührgerätes etwa 5 Minuten durchrühren, bis der Teig Blasen bildet.
• Zugedeckt bei Zimmertemperatur etwa 1 Stunde gehen lassen, bis sich sein Volumen verdoppelt hat. Mit einem Kochlöffel noch einmal kräftig durchrühren.
• Ein Küchentuch in heißes Wasser tauchen, gut auswringen, mit Butter bestreichen und mit Mehl bestäuben. Den Teig als Kloß daraufgeben und weitere 15 Minuten gehen lassen. In einem großen Topf reichlich Salzwasser zum Kochen bringen.
• Das Küchentuch locker über dem Hefekloß zusammenbinden und einen Kochlöffel durch die verknoteten Tuchenden stecken. Den Kochlöffel so über den Topf legen, daß der Kloß ganz im Wasser hängt. Den Kloß zugedeckt bei mittlerer bis schwacher Hitze etwa 45 Minuten garen.
• Kirschen waschen, abzupfen und entsteinen. Aprikosen ebenfalls waschen, halbieren, entsteinen und mit dem Saft in einem Topf aufkochen. Zugedeckt bei schwacher Hitze 5 Minuten kochen lassen.
• Die abgelösten Aprikosenschalen entfernen. Kirschen, Honig und Crème fraîche mit den Aprikosen mischen.
• Den Hefekloß aus dem Wasser nehmen, abtropfen lassen und auf eine Platte legen. Das Tuch entfernen. Den Kloß in Portionen schneiden und auf Tellern verteilen.

Dauert etwa 2 1/2 Stunden
Arbeiten müssen Sie etwa 30 Minuten
1 Portion = 559 kcal/ 198 mg Cholesterin
12 g Fett/ 17 g Eiweiß/ 94 g Kohlenhydrate

Zubereitungs-Tip
Aprikosen oder Pfirsiche brauchen Sie vor dem Kochen nicht abzuziehen; die Schalen lösen sich beim Kochen ab.

Für 4 Portionen

Hefekloß:
300 g Mehl
1/2 Päckchen Trockenhefe
30 g Zucker
1/4 l Milch
2 zimmerwarme Eier
abgeriebene Schale von
1/2 unbehandelten Zitrone
Salz
Butter und Mehl zum Garen

Kompott:
300 g Kirschen
500 g reife Aprikosen
1/8 l weißer Fruchtsaft
1–2 EL Honig
2 EL Crème fraîche

Als Dessert reicht der Hefekloß mit Kompott für 6 Personen.

Dampfnudeln mit Vanillesauce

Für 6 Portionen

Teig:
500 g Mehl
1 Päckchen Trockenhefe
1 TL Zucker
1/2 l Milch
25 g Butter
1 zimmerwarmes Ei
Schale von 1/2 Zitrone
1 Prise Salz
Mehl zum Formen

zum Garen:
50 g Butter
1 1/2 EL Zucker

Vanillesauce:
1/2 l Milch
1 EL Zucker
1/2 Vanilleschote
1/2 EL Speisestärke
abgeriebene Schale von
1/4 Zitrone

Dampfnudeln, eine der berühmtesten bayerischen Süßspeisen, müssen im festgeschlossenen Topf garen. So gehen sie hoch auf, werden schön locker und bekommen eine Karamelkruste.

• Für den Teig Mehl mit Hefe und 1 Teelöffel Zucker vermischen. Die Hälfte der Milch lauwarm erhitzen, etwa 1/3 der Butter darin schmelzen lassen. Diese Mischung, Ei, Zitronenschale und Salz dem Mehl hinzufügen. Alles mit den Knethaken des Handrührgerätes 5 Minuten durchrühren, bis der Teig Blasen bildet und sich vom Schüsselrand löst. Zugedeckt bei Zimmertemperatur etwa 1 Stunde gehen lassen, bis sich sein Volumen verdoppelt hat.

• Die Hände in Mehl tauchen und 8 Kugeln aus dem Teig formen, auf die mit Mehl bestreute Arbeitsfläche legen und zugedeckt weitere 30 Minuten gehen lassen.

• Zum Garen einen gut schließenden Topf nehmen, in dem die Kugeln so dicht nebeneinander liegen, daß sie sich berühren. Butter und Zucker darin erhitzen, bis die Butter geschmolzen, aber nicht gebräunt ist. Die restliche Milch zugießen. Teigkugeln nebeneinander in die Milch legen. Den Topf schließen, die Milch bei mittlerer bis starker Hitze langsam zum Sieden bringen.

• Die Temperatur zurückschalten. Die Dampfnudeln bei schwacher Hitze 30 Minuten fest zugedeckt garen.

• Für die Vanillesauce etwa 3/4 der Milch mit Zucker und dem ausgekratzten Mark der Vanilleschote aufkochen. Die Speisestärke mit der restlichen Milch glattrühren und in die kochende Milch mischen. Unter weiterem Rühren aufkochen, bis die Sauce dickflüssig wird. Mit Zitronenschale würzen und lauwarm abkühlen lassen.

• Die Dampfnudeln mit einer Backschaufel vom Topfboden lösen und so auf vorgewärmten Tellern anrichten, daß die Karamelschicht, die sich im Topf gebildet hat, nach oben zeigt. Kühle Vanillesauce zu den heißen Nudeln servieren.

Dauert etwa 3 Stunden
Arbeiten müssen Sie etwa 1 Stunde
1 Portion = 557 kcal/ 108 mg Cholesterin
18 g Fett/ 17 g Eiweiß/ 78 g Kohlenhydrate

Dampfnudeln garen

Während der Garzeit den Deckel nicht abnehmen, sondern ab und zu mal horchen: Wenn es leise im Topf knistert, ist die Temperatur richtig und genügend Flüssigkeit im Topf.

Süße Maultaschen

• Trockenpflaumen in Stücke schneiden, mit Rotwein oder Saft übergießen und 1 Stunde ziehen lassen.

• Zucker hinzufügen, Pflaumen zum Kochen bringen und in 15 Minuten zugedeckt bei schwacher Hitze weich kochen. Nun bei starker Hitze unter ständigem Rühren noch so lange kochen, bis der Wein völlig verdampft ist.

• Schale der Orange abreiben, Orange auspressen. Schale und Saft, Zimtpulver, Nelkenpfeffer und Ingwerpulver unter das Pflaumenmus mischen und erkalten lassen.

• Inzwischen für den Teig das Mehl mit einer Prise Salz in einer Schüssel mischen. Eier, Öl und die Eigelbe zugeben. Mit den Knethaken des Handrührgerätes oder einer Gabel zu einem bröckeligen Teig vermischen.

• Teig auf der Arbeitsfläche kneten, bis er geschmeidig ist. Dabei nach Bedarf tropfenweise Wasser unterkneten. Den Teig in Pergamentpapier wickeln und etwa 1 Stunde bei Zimmertemperatur ruhenlassen.

• Teig in 2 Portionen teilen, auf Mehl dünn ausrollen oder durch die Nudelmaschine drehen. Die Teigplatten auf wenig Mehl 10 Minuten trocknen lassen.

• 1 Teigplatte im Abstand von etwa 10 Zentimetern mit je 1 Eßlöffel Füllung belegen. Teig zwischen den Häufchen mit Wasser bestreichen, damit die Teigschichten beim Garen gut zusammenhalten. Die zweite Teigplatte auf die erste legen und die Teigschichten zwischen der Füllung mit den Fingern etwas andrücken. Maultaschen mit einem Teigrädchen ausschneiden.

• In einem großen Topf reichlich Wasser mit Salz zum Kochen bringen. Die erste Portion Maultaschen darin einmal kurz aufkochen und im halboffenen Topf bei mittlerer bis schwacher Hitze sanft kochen, bis sie an die Oberfläche steigen. Mit einem Schaumlöffel herausnehmen und auf einer vorgewärmten Platte im Backofen bei 50 Grad (Gas: Stufe 1/2) warm halten, während die zweite Portion gart.

• Butter erhitzen und dabei leicht bräunen. Semmelbrösel darin goldbraun rösten und über die Maultaschen geben. Den Puderzucker mit dem Zimt mischen, die Maultaschen damit bestreuen und heiß servieren.

Dauert etwa 3 1/4 Stunden
Arbeiten müssen Sie etwa 2 1/4 Stunden
1 Portion = 831 kcal/ 411 mg Cholesterin
22 g Fett/ 16 g Eiweiß/ 139 g Kohlenhydrate

Für 4 Portionen

Füllung:
500 g entsteinte Trocken-
pflaumen
1/4 l trockener Rotwein oder
roter Fruchtsaft
50 g Zucker
abgeriebene Schale und Saft von
1/2 unbehandelten Orange
1/2 TL gemahlener Zimt
je 1 Prise Nelkenpfeffer und
gemahlener Ingwer

Teig:
250 g Mehl
Salz
2 Eier
1 EL Öl
2 Eigelbe
eventuell kaltes Wasser
Mehl für die Arbeitsfläche

außerdem:
50 g Butter
1 EL Semmelbrösel
1 EL Puderzucker
1 TL gemahlener Zimt

Quarktaschen mit Mohnbutter

Für 4 Portionen
Teig:
250 g Weizenvollkornmehl
1 Prise Salz
2 Eier
1 EL Öl
1–3 Eigelbe
Füllung:
250 g Magerquark
1 Ei
2 EL Crème fraîche
25 g Zuckerrohrgranulat oder
Vollzucker
1 unbehandelte Zitrone
1/4 TL Lebkuchengewürz
100 g grobgeriebenes
altbackenes Vollkornbrot
100 g Rosinen
75 g gehackte Walnußkerne
Mehl zum Ausrollen
Mohnbutter:
1 unbehandelte Orange
2 EL Zitronensaft
50 g Butter
1 EL gemahlener Mohn
1 EL Honig

• Für den Teig Mehl mit Salz, Eiern, Öl und zunächst 1 Eigelb verkneten. Wenn der Teig bröckelig und trocken ist, nach und nach restliche Eigelbe unterkneten. Sollte er zu weich sein und an den Händen kleben, teelöffelweise Mehl unterkneten. In Pergamentpapier gewickelt 1 Stunde bei Zimmertemperatur ruhenlassen.

• Für die Füllung Quark mit Ei, Crème fraîche und Zuckerrohrgranulat oder Vollzucker glattrühren. Abgeriebene Zitronenschale, Lebkuchengewürz, Vollkornbrot, Rosinen und Nüsse untermischen.

• Teig in 2 Portionen teilen. Jede Portion auf der bemehlten Arbeitsfläche dünn ausrollen oder durch die Nudelmaschine zu dünnen Platten verarbeiten. Auf Mehl 10 Minuten trocknen lassen.

• 1 Teigplatte im Abstand von etwa 10 Zentimetern mit je 1 Eßlöffel Füllung belegen. Teig zwischen der Füllung mit etwas Wasser bestreichen, damit die Taschen beim Garen zusammenhalten. Die zweite Teigplatte auf die erste legen, Teigschichten zwischen der Füllung leicht andrücken. Quarktaschen mit Teigrädchen ausschneiden.

• Reichlich Salzwasser zum Kochen bringen. Quarktaschen in 2 Portionen darin garen, bis sie an die Oberfläche steigen. Herausnehmen und warm halten.

• Orange waschen und abtrocknen. Die Schale abreiben, den Saft auspressen. Beide Zutaten mit Zitronensaft, Butter und Mohn unter Rühren erhitzen, bis die Butter schäumt. Honig unter die Mohnbutter rühren.

• Quarktaschen auf vorgewärmten Tellern anrichten und mit der Mohnbutter beträufeln.

Dauert etwa 2 1/4 Stunden
1 Portion = 836 kcal/ 406 mg Cholesterin
38 g Fett/ 30 g Eiweiß/ 89 g Kohlenhydrate

Mohn

Schon lange nutzen die Menschen ihn zweifach: Aus dem Milchsaft der unreifen Samenkapseln wird Opium gewonnen. Die reifen Samenkörnchen enthalten keinerlei Rauschmittel mehr, dafür reichlich Fett und Würze. In der Türkei, in Rußland und auf dem Balkan ist Schlafmohn deshalb Ölpflanze. Bei uns nimmt man die schwarzen Körner nur für Brötchen und für Traditionsgerichte wie die Quarktaschen oben oder den Kleckerkuchen auf Seite 354.

Obstsuppe mit Grießklößchen

• Grieß mit einer Prise Salz in einer Schüssel mischen. Milch erhitzen und kochend heiß darübergießen. Zugedeckt 10 Minuten quellen lassen.

• Mehl, Ei, Vanille, abgeriebene Zitronenschale, 1 Eßlöffel ausgepreßten Zitronensaft und Zuckerrohrgranulat mit den Quirlen des Handrührgerätes untermischen.

• Mit zwei in kaltes Wasser getauchten Teelöffeln etwa 16 Klößchen abstechen und in reichlich kochendes Salzwasser geben. Bei mittlerer bis schwacher Hitze etwa 5 Minuten sanft kochen lassen, bis sie an die Oberfläche steigen.

• Bei schwacher Hitze weitere 20 Minuten knapp unter dem Siedepunkt ziehen lassen. Dabei den Topf nicht ganz zudecken. Klößchen herausnehmen und warm halten.

• Während die Klößchen garen, Vanilleschote der Länge nach aufschneiden und das Mark herauskratzen.

• Für die Obstsuppe das Wasser mit dem ausgekratzten Vanillemark, Vanilleschote, Zitronenschale, Zimt und Gewürznelken aufkochen. Diesen Sud etwa 15 Minuten bei schwächster Hitze ziehen lassen.

• Die Sauerkirschen waschen, abzupfen und entsteinen. Pfirsiche abziehen und in Stücke schneiden, Steine entfernen. Himbeeren verlesen und mit etwa 1/4 der Pfirsiche auf Portionstellern verteilen.

• Den Sud durch ein Sieb gießen, die festen Bestandteile mit einem Löffel ausdrücken und wegwerfen. Die Sauerkirschen, die restlichen Pfirsiche und das Zuckerrohrgranulat oder den Vollzucker im Sud aufkochen und zugedeckt 5 Minuten ziehen lassen.

• Die heiße Suppe in die Portionsteller mit dem Obst geben, die Klößchen darauf verteilen.

Dauert etwa 1 Stunde
1 Portion = 305 kcal/ 92 mg Cholesterin
4 g Fett/ 9 g Eiweiß/ 56 g Kohlenhydrate

Auch herzhaft gut
Ohne Vanille und Zuckerrohrgranulat und so groß wie Tischtennisbälle geformt schmecken die Klößchen als Beilage zu Sauerkraut, Gemüse und Pilzen in Sahnesauce.

Für 4 Portionen

Klößchen:
75 g Weizenvollkorngrieß
1 Prise Salz
150 ml Milch
75 g Weizenvollkornmehl
1 Ei
1/2 TL gemahlene Vanille
1/2 unbehandelte Zitrone
1 1/2 EL Zuckerrohrgranulat

Suppe:
1 Vanilleschote
1/2 l Wasser
1 Stück unbehandelte Zitronenschale
1 Zimtstange
2 Gewürznelken
300 g Sauerkirschen
2 reife Pfirsiche
300 g Himbeeren
40 g Zuckerrohrgranulat oder Vollzucker

DESSERTS

Wie süßen?

Für die Gesundheit spielt es keine Rolle, ob Sie Zucker oder Honig, Sirup, Obstdicksäfte (Seite 348), Zuckerrohrgranulat (Seite 41) oder Vollzucker (Seite 41) verwenden – keines ist »gesünder« als das andere. Alle Süßmittel bestehen zum größten Teil aus Zucker – »normaler« weißer Haushaltszucker zu 100, Honig zu etwa 80 Prozent. Der Rest ist Wasser – zum Beispiel bei Honig, Sirup oder Obstdicksaft. Andere Inhaltsstoffe wie Vitamine, Mineralstoffe, Pollen oder enzymatische Säuren sind nur in Spuren vorhanden.

Welches Süßmittel wozu?

Am einfachsten kann man »normalen« weißen Zucker verarbeiten: Er läßt sich exakt dosieren, gut schmelzen für Karamel und Krokant, löst sich gleichmäßig in warmen und kalten Süßspeisen. Zuckerrohrgranulat und Vollzucker lassen sich genauso gut verarbeiten, schmecken ziemlich neutral und fast so süß wie weißer Zucker. Nur schmelzen kann man sie nicht so gut. Honig eignet sich am besten für kalte Desserts, Müsli, Kuchenglasuren und Tortencremes. Denn dabei bleibt sein typischer Geschmack erhalten. Ahornsirup besteht wie Honig zum größten Teil aus Zukker, ist ziemlich teuer und nur begrenzt haltbar. Sie können ihn durch Honig ersetzen. Obstkraut oder Dicksaft – der eingedickte Saft von Äpfeln oder Birnen – schmeckt als Brotaufstrich und am Müsli.

Honig und Sirup abwiegen

Das Glas auf die Waage stellen und die Menge, die Sie für das Rezept brauchen, vom Gesamtgewicht abziehen. Nun so viel Honig oder Sirup abnehmen, bis die Waage das errechnete Gewicht anzeigt. Damit Honig leichter rutscht, taucht man den Löffel zuerst in kaltes Wasser oder Speiseöl.

Reif im Vorrat

Äpfel, Aprikosen, Bananen, Birnen, Feigen, Kiwis, Mangos, Nektarinen, Papayas, Pfirsiche, Pflaumen und Melonen reifen bei Zimmertemperatur nach und halten sich deshalb ein paar Tage länger als vollreifes Obst. Wenn diese Obstsorten auch bei längerem Liegen hart bleiben, sind sie zu früh gepflückt worden.

Nur reif kaufen

Unreife Ananas, Erdbeeren, Granatäpfel, Kirschen, Weintrauben und Zitrusfrüchte bleiben auch beim Lagern unreif. Deshalb kauft man möglichst nur reife Früchte.

Bananen, Weintrauben, Zitronen, Orangen, Mandarinen, Clementinen und Grapefruits verlieren im Kühlschrank Aroma und/oder Farbe.

Nicht in den Kühlschrank

Äpfel, Birnen, Bananen und Avocados verfärben sich beim Schneiden oder Pürieren. Dagegen hilft Orangen- oder Zitronensaft. Deshalb mischt man in den Obstsalat immer ein paar Orangenstücke, püriert Bananen- und Avocadocreme gleich mit etwas Zitronensaft.

Schöner mit Saft

Walnüsse, Pistazien und Haselnüsse sehen ohne braune Haut schöner aus. Zum Abziehen röstet man die Nußkerne in einer Pfanne ohne Fettzugabe bei mittlerer bis schwacher Hitze etwa 5 Minuten. Dabei häufig wenden oder die Pfanne kräftig rütteln. Nüsse etwas abkühlen lassen, in ein Küchentuch geben und behutsam, aber kräftig rubbeln. Dabei geht der größte Teil der Häutchen ab. Den Rest muß man mit den Fingern entfernen.

Nüsse ohne Haut

Wenn Sie den Backofen für Auflauf oder Gratin brauchen, können Sie Maronen fürs Dessert darin rösten, während Sie das Hauptgericht essen. Die Maronenschale an der gewölbten Seite kreuzweise einschneiden, Maronen auf ein Backblech legen und etwa 15 Minuten bei 250 Grad (Umluft: 220 Grad, Gas: Stufe 5) rösten. Bei Tisch aus den Schalen lösen und mit Obstsalat essen.

Schnelles Dessert

Viele Süßspeisen kann man gut vorbereiten, weil sie nach ein paar Stunden Ruhezeit richtig aromatisch schmecken: zum Beispiel rote Grütze, Pfirsiche mit Quarkcreme, Weißweinfeigen, westfälische Götterspeise, Milchkaltschale oder Frischkäsecreme mit Früchten.

Desserts zum Vorbereiten

• Johannisbeeren lassen sich mit einer Gabel am besten von den Stielen streifen.
• Selbstgemachtes Eis soll man höchstens 1 Monat im Tiefkühlgerät lagern.
• Grütze und Flammeri zum Stürzen füllt man in kalt ausgespülte Formen.
• Cremes kann man gut stürzen, wenn man die Form kurz in heißes Waser taucht.
• Ein Klecks Crème fraîche oder Crème double schmeckt gut auf süßem Kompott oder süßer Obstgrütze.
• Spirituosen zum Flambieren sollten mindestens 40 Prozent Alkohol haben, damit sie gut brennen.

Tips und Tricks

Beeren mit zwei Saucen

Für 4 Portionen
1 reifer gelber Pfirsich
1 EL Zucker
125 g saure Sahne
1 EL Crème fraîche
300 g Vanilleeis
600 g Johannisbeeren,
Brombeeren, Stachelbeeren,
Blaubeeren und Himbeeren
gemischt
3 EL trockener Rotwein oder roter
Fruchtsaft
12 schöne Blättchen von
Zitronenmelisse
Puderzucker zum Bestreuen

• Pfirsich mit kochendem Wasser übergießen, kurz darin ziehen lassen, kalt abschrecken, abziehen und halbieren. Den Stein entfernen. Pfirsich mit Zucker, saurer Sahne und Crème fraîche pürieren. Vanilleeis antauen lassen und mit dem Schneebesen cremig rühren.
• Beeren verlesen und in einer Schüssel mit kaltem Wasser kurz waschen. Mit Rotwein oder Saft erhitzen.
• Die heißen Beeren auf Portionstellern verteilen. Pfirsich- und Eissauce um die Beeren gießen und mit einer Gabel ein dekoratives Muster ziehen. Mit Zitronenmelisse garnieren und dünn mit Puderzucker bestreuen.

Dauert etwa 30 Minuten
1 Portion = 361 kcal/ 54 mg Cholesterin
17 g Fett/ 6 g Eiweiß/ 45 g Kohlenhydrate

Mandellikörcreme mit Nektarinen

Für 6 Portionen
8 Löffelbiskuits
8 EL Mandellikör
4 reife Nektarinen
2 EL Butter
75 g gehackte Mandeln
1/8 l Milch
1 Stück unbehandelte
Zitronenschale
1/2 Vanilleschote
4 frische Eigelbe
40 g Puderzucker
2 TL Speisestärke
125 g süße Sahne

• Löffelbiskuits in Stücke brechen, auf Dessertschalen verteilen und mit 2/3 des Mandellikörs beträufeln. Nektarinen in Schnitze schneiden und auf die Biskuits legen.
• Butter erhitzen, Mandeln darin unter Rühren goldgelb rösten und erkalten lassen.
• Milch mit Zitronenschale und ausgekratztem Mark der Vanilleschote erhitzen und heiß halten. Eigelb mit Puderzucker und Speisestärke in einer Schüssel verrühren und über dem warmen Wasserbad dick schaumig schlagen.
• Zitronenschale aus der Milch nehmen. Heiße Milch langsam in die Eigelbcreme gießen und weiterschlagen, bis die Creme dickflüssig ist. Unter Rühren abkühlen lassen. Die Mandeln, restlichen Mandellikör und steif geschlagene Sahne untermischen. Creme über die Nektarinen geben.

Dauert etwa 45 Minuten
1 Portion = 405 kcal/ 335 mg Cholesterin
25 g Fett/ 7 g Eiweiß/ 27 g Kohlenhydrate

Bananensplit

• Für die Schokoladensauce die Vanilleschote längs aufschneiden und das Mark herauskratzen. Kakaopulver mit 3 Eßlöffeln Milch glattrühren. Restliche Milch mit Vanillemark und angerührtem Kakaopulver bis knapp unter dem Siedepunkt erhitzen.
• Eigelb mit Zucker in einen zweiten Topf geben und zu einer schaumigen Creme aufschlagen. Mehl daruntermischen. Heiße Kakaomilch unter ständigem Schlagen langsam dazugießen und erhitzen, bis sie dickflüssig ist. Topf von der Kochstelle nehmen, Sauce rühren, bis sie kalt ist.
• Sahne steif schlagen. Etwa 1/3 davon unter die Schokoladensauce ziehen, den Rest in einen Spritzbeutel füllen.
• Die Bananen schälen, längs halbieren und auf Dessertteller legen. Mit Schokoladensauce überziehen. Vanilleeis neben den Bananen anrichten. Bananensplit mit der restlichen Sahne und Schokostreuseln garnieren.

Dauert etwa 40 Minuten
1 Portion = 716 kcal/ 259 mg Cholesterin
49 g Fett/ 11 g Eiweiß/ 55 g Kohlenhydrate

Für 4 Portionen

1 Vanilleschote
1 EL Kakaopulver
1/4 l Milch
1 Eigelb
1 EL Zucker
1 gehäufter TL Mehl
400 g süße Sahne
4 reife, feste Bananen
400 g Vanilleeis
2 EL Schokostreusel

Für ein schnelles Dessert die Schokoladensauce fertig kaufen: Dessertsaucen stehen in Supermärkten meist bei den Tiefkühltruhen für Eis.

Pfirsich mit Quarkcreme

• Butter erhitzen und Mandelblättchen darin unter Wenden goldgelb rösten. Pfirsiche mit kochendem Wasser übergießen, abziehen, halbieren und entsteinen.
• Quark mit Eigelb, Vanillezucker, Zuckerrohrgranulat, Zitronenschale und Saft glattrühren.
• 4 Pfirsichhälften mit dem Johannisbeersaft pürieren und unter den Quark mischen. Sahne steif schlagen und ebenfalls unter den Quark ziehen.
• Restliche Pfirsichhälften auf Desserttellern verteilen, mit Quarkcreme überziehen und mit Tupfen vom Preiselbeerkompott garnieren. Mandelblättchen darüberstreuen.

Dauert etwa 30 Minuten
1 Portion = 460 kcal/ 245 mg Cholesterin
21 g Fett/ 40 g Eiweiß/ 15 g Kohlenhydrate

Für 4 Portionen

1 TL Butter
40 g Mandelblättchen
4 reife Pfirsiche
250 g Magerquark
2 Eigelbe
1 EL Vanillezucker
50 g Zuckerrohrgranulat
etwas abgeriebene Schale von
1 unbehandelten Zitrone
1–2 EL Zitronensaft
8 EL Johannisbeersaft
125 g süße Sahne
8 EL Preiselbeerkompott

Äpfel mit Vanillecreme

Für 6 Portionen

150 g altbackenes
Roggenvollkornbrot

75 g gemahlene Mandeln

50 g Zuckerrohrgranulat

20 g Butter

1 unbehandelte Zitrone

600 g säuerliche Äpfel

1/4 l ungesüßter Apfelsaft

1/4 l Milch

1 Prise Salz

1/4 TL gemahlene Vanille

2 Eier

40 g Weizenvollkornmehl

125 g süße Sahne

75 g gehackte Haselnußkerne

*Schneller ist die Creme mit
Vanillepudding aus der Tüte
zubereitet.*

• Brot fein reiben, mit Mandeln und 1 Eßlöffel Zuckerrohr-granulat in der heißen Butter unter Rühren rösten und wieder erkalten lassen. Zitrone waschen, abtrocknen und etwa 1/4 der Schale abreiben. Saft auspressen.
• 1 Apfel beiseite legen. Die anderen vierteln, schälen, vom Kerngehäuse befreien und in Stücke schneiden. Mit etwas Zitronenschale, 2 Eßlöffeln Zitronensaft und Apfelsaft aufkochen und zugedeckt bei schwacher Hitze 10 Minuten kochen lassen. Mit einem Kochlöffel kräftig durchrühren, damit die Äpfel musig werden. Ebenfalls erkalten lassen.
• Milch mit Salz, der restlichen Zitronenschale und der Vanille bis knapp unter den Siedepunkt erhitzen.
• Eier trennen, die Eigelbe mit dem restlichen Zuckerrohr-granulat in einem Topf zu einer schaumigen Creme aufschlagen. Mehl untermischen. Milch unter ständigem Weiterschlagen zugießen und aufkochen, bis sie dick wie Pudding ist. Unter häufigem Rühren erkalten lassen.
• Eiweiß und Sahne getrennt steif schlagen und unter die Creme ziehen. Schichtweise die Brotmischung, Apfelmus und Creme in eine Schüssel füllen und 30 Minuten kühlen.
• Den restlichen Apfel schälen und raspeln. Mit dem Rest des Zitronensaftes und den Nüssen mischen und auf der Creme verteilen.

Dauert etwa 1 Stunde
1 Portion = 489 kcal/ 152 mg Cholesterin
28 g Fett/ 12 g Eiweiß/ 43 g Kohlenhydrate

Avocadocreme

Für 4 Portionen

2 reife Avocados (ca. 500 g)

1 Zitrone

100 g Rahmfrischkäse

100 g süße Sahne

2–3 EL Honig

1 EL ungesalzene, gehackte
Pistazien (ersatzweise Walnuß-
oder Haselnußkerne)

• Avocados halbieren, Kerne herauslösen. Avocadohälften schälen, mit Zitronensaft, Frischkäse, Sahne und Honig im Mixer oder mit dem Schneidestab des Handrührgerätes pürieren.
• Die Creme auf gut gekühlte Gläser verteilen und mit den Pistazien bestreut servieren.

Dauert etwa 15 Minuten
1 Portion = 415 kcal/ 47 mg Cholesterin
37 g Fett/ 6 g Eiweiß/ 11 g Kohlenhydrate

Birnen mit Makronensahne

• Birnen schälen, vierteln, vom Kerngehäuse befreien und in Stücke schneiden. Mit Zitronensaft und Likör mischen und bei Zimmertemperatur 15 Minuten ziehen lassen.
• Sahne steif schlagen. Makronen und Schokolade in einen Gefrierbeutel geben, mit der Nudelrolle fein zerkleinern und unter die Sahne mischen.
• Birnen und Makronensahne in Dessertschalen anrichten.

Dauert etwa 45 Minuten
1 Portion = 418 kcal/ 68 mg Cholesterin
28 g Fett/ 5 g Eiweiß/ 29 g Kohlenhydrate

Für Kinder ersetzt man den Likör durch Fruchtsaft

Für 4 Portionen

2 feste, saftige Birnen (ca. 400 g)
1 EL Zitronensaft
4 EL schwarzer Johannisbeerlikör oder roter Fruchtsaft
250 g süße Sahne
40 g Mandelmakronen
70 g Borkenschokolade

Joghurtcreme auf Himbeeren

• Himbeeren verlesen, auf Dessertschälchen verteilen und mit 2 Eßlöffeln Zuckerrohrgranulat bestreuen.
• Agar-Agar mit der Milch und dem restlichen Zuckerrohrgranulat verrühren und aufkochen.
• Mit Sahnejoghurt und Zitronensaft verrühren. Die Creme über den Himbeeren verteilen und etwa 3 Stunden zugedeckt kühlen, bis sie halb fest ist.

Dauert etwa 20 Minuten
1 Portion = 198 kcal/ 41 mg Cholesterin
11 g Fett/ 5 g Eiweiß/ 17 g Kohlenhydrate

Die Creme muß 3 Stunden kühlen

Für 4 Portionen

300 g Himbeeren
3 EL Zuckerrohrgranulat
1 TL Agar-Agar
1/8 l Milch
400 g Sahnejoghurt
1 TL Zitronensaft

Agar-Agar

Das weiße Pulver ist ein rein pflanzliches Gelierungsmittel aus einer bestimmten Algensorte und hat etwa die dreifache Gelierkraft von Gelatine. Sie bekommen es in Reformhäusern und Naturkostläden zu kaufen.
Zum Gelieren Agar-Agar 1 bis 2 Minuten kochen – in Milch, Wasser oder Fruchtsaft. Bei kalten Speisen nehmen Sie etwas von der angegebenen Flüssigkeitsmenge ab, rühren Agar-Agar darin an, lassen es kochen und mischen es lauwarm unter die kalte Creme oder Schlagsahne.

Obstsalat

Für 4 Portionen
1 Orange
1 Kiwi
2 Birnen
1 Apfel
100 g frische Litschis
1 Granatapfel
2 EL schwarzer Johannisbeerlikör
oder roter Fruchtsaft
1 EL Ahornsirup oder Honig
75 g beliebige Nußkerne

Nehmen Sie Obst, das zur Jahreszeit gehört, weil es dann besonders aromatisch ist: statt der typischen Winterfrüchte im Rezept also zum Beispiel Erdbeeren und Kirschen im Frühsommer, Weintrauben, Zwetschen und Birnen im Herbst.

• Orange schälen, in Schnitze teilen und in Stücke schneiden. Kiwi schälen, längs halbieren und in Scheiben schneiden. Birnen und Apfel vierteln, vom Kerngehäuse befreien und in Stücke schneiden. Obst in einer Schüssel mischen.
• Litschis aus den Schalen lösen, Kerne mit einem kleinen spitzen Messer entfernen, Früchte einmal durchschneiden. Ebenfalls zum Obst geben.
• Granatapfel quer halbieren. Kerne mit einem Löffel herausholen und zum Obst geben.
• Obstsalat mit Likör, Ahornsirup oder Honig und Nüssen mischen.

Dauert etwa 30 Minuten
1 Portion = 289 kcal/ 0 mg Cholesterin
12 g Fett/ 4 g Eiweiß/ 36 g Kohlenhydrate

Granatapfel

Spanien trägt ihn im Wappen, Städte sind nach ihm benannt, er gilt als Symbol für Liebe, Blut, Leben und Tod – offenbar hat kaum eine Frucht die Menschen so zum Nachdenken angeregt wie der Granatapfel.
Das weiße bis hellrote Fruchtfleisch kann man nur bei ganz frischen Früchten essen. Immer verwendet man Kerne und soviel ausgepreßten Saft wie möglich – für süße und herzhafte Gerichte. Vorsicht: Der Saft macht auf Kleidung, Servietten und Tischdecken hartnäckige Flecken.

Himbeersorbet

Für 4 Portionen
600 g tiefgefrorene Himbeeren
1/8 l trockener Weißwein
1/8 l Sekt oder Proseco
1 EL schwarzer Johannisbeerlikör
(Cassis)
einige Minzeblättchen

• Gefrorene Beeren mit Wein im Mixer oder Blitzhacker pürieren und in eisgekühlte hohe Gläser geben.
• Mit Sekt oder Prosecco aufgießen. Cassis in die Gläser träufeln. Sorbet mit Minze garnieren und sofort servieren.

Dauert etwa 5 Minuten
1 Portion = 103 kcal/ 0 mg Cholesterin
0 g Fett/ 2 g Eiweiß/ 11 g Kohlenhydrate

Zur Abwechslung
• **Alkoholfreies Sorbet mit weißem Fruchtsaft, Himbeersirup und Zitronenlimonade zubereiten.**
• **Apfelmus einfrieren und wie die Beeren verarbeiten.**

Rote Grütze

- Sauerkirschen waschen, von den Stielen zupfen und entsteinen. Beeren verlesen und gegebenenfalls waschen.
- Beeren und Kirschen in einem Topf mit dem Zucker vermischen. Zitronenschale zugeben. Speisestärke mit Saft verrühren und zum Obst gießen.
- Alles unter Rühren aufkochen, bis die Grütze dickflüssig ist. Zitronenschale entfernen. Grütze in Portionsschälchen geben, erkalten lassen und vor dem Servieren mindestens 5 Stunden kühlen.

Dauert etwa 50 Minuten
1 Portion = 170 kcal/ 0 mg Cholesterin
1 g Fett/ 2 g Eiweiß/ 38 g Kohlenhydrate

Dazu paßt: *Vanillesauce oder Schlagsahne*

Muß 5 Stunden kühlen

Für 4 Portionen

300 g Sauerkirschen
300 g gemischte Beeren
50 g Zucker
1 Stück unbehandelte Zitronenschale
1 EL Speisestärke
1/4 l roter Fruchtsaft

Diese rote Grütze ist weich und nicht zum Stürzen geeignet. Wer sie lieber stichfest mag, nimmt die doppelte Menge Speisestärke. Oder er kocht die Grütze mit 30 Gramm Sago etwa 30 Minuten.

Westfälische Götterspeise

- Sauerkirschen waschen, abzupfen, entsteinen und mit der Hälfte des Zuckers mischen. Pumpernickel toasten, abkühlen lassen und fein zerkleinern. Die Baisertörtchen fein zerkrümeln, die Nüsse grob hacken.
- Quark mit dem restlichen Zucker, Zitronensaft und Zitronenschale verrühren. Die Sahne mit dem Vanillezucker steif schlagen und unterziehen.
- Quarkcreme, Sauerkirschen, Pumpernickel, Baiserbrösel und Nüsse schichtweise in eine Schüssel geben und zugedeckt im Kühlschrank mindestens 5 Stunden ziehen lassen. Zum Servieren mit der Raspelschokolade bestreuen.

Dauert etwa 50 Minuten
1 Portion = 575 kcal/
63 mg Cholesterin
30 g Fett/
13 g Eiweiß/
60 g Kohlenhydrate

Muß etwa 5 Stunden kühlen

Für 4–5 Portionen

500 g Sauerkirschen
100 g Zucker
3 Scheiben Pumpernickel
50 g Baisertörtchen
75 g Haselnußkerne
250 g Speisequark (20 %)
Saft und abgeriebene Schale von 1/2 unbehandelten Zitrone
250 g Schlagsahne
1 EL Vanillezucker
2–3 EL Raspelschokolade

In der klassischen Küche ist eine Götterspeise kein bunter Wackelpudding, sondern eine delikate Mischung aus Quark, Schlagsahne, Kirschen und Schokolade.

Bananencreme

Für 3 Portionen

2 EL ungeschälte Sesamkörner
1 kleine unbehandelte Zitrone
2 reife Bananen
2 EL Erdnußmus
1 feste Banane

Bananen ...

... stammen aus Asien und wachsen heute überall, wo es heiß und feucht ist. Sie gehören zu den Früchten, die nachreifen: Grüne Bananen legt man an einen warmen Platz, bis sie appetitlich gelb sind. Kühlschrankkälte vertragen sie nicht.

• Sesamkörner in einer Pfanne ohne Fettzugabe bei schwacher bis mittlerer Hitze unter ständigem Rühren so lange rösten, bis sie einen zarten Duft ausströmen.
• Zitrone waschen und abtrocknen. Ein etwa 2 Zentimeter langes Stück Schale dünn abschneiden und fein zerkleinern. Zitrone auspressen.
• Die reifen Bananen schälen und mit einer Gabel ganz fein zerdrücken oder im Mixer pürieren. Bananenmus mit Zitronenschale und dem Zitronensaft – bis auf etwa 1 Teelöffel – mischen. Bananencreme mit dem Erdnußmus verrühren und auf Dessertschälchen verteilen.
• Feste Banane ebenfalls schälen und schräg in Scheiben schneiden, auf der Creme anrichten und mit dem restlichen Zitronensaft beträufeln. Sesam darüberstreuen.

Dauert etwa 15 Minuten
1 Portion = 208 kcal/ 0 mg Cholesterin
10 g Fett/ 6 g Eiweiß/ 24 g Kohlenhydrate

Tip
Beim Rösten bekommen Sesamkörner noch mehr Aroma und schmecken angenehm nußartig.

Creme muß 1 Stunde kühlen

Zitronencreme mit Blüten

Für 4 Portionen

2 unbehandelte Zitronen
2 Eier
1/4 l Wasser
30 g Speisestärke
80 g Zucker
100 g süße Sahne
5 Zitronenmelisseblätter
Blüten von Gundermann, Gänseblümchen oder Borretsch zum Garnieren

• 1 Zitrone waschen und abtrocknen. Die Schale etwa zur Hälfte abreiben. Beide Zitronen auspressen. Eier trennen.
• Wasser mit Speisestärke in einem Topf verrühren. Eigelb, Zucker, Zitronenschale und Zitronensaft untermischen.
• Alles erhitzen und dabei mit den Quirlen des Handrührgerätes rühren, bis die Creme dick wird. Von der Kochstelle nehmen und unter Rühren erkalten lassen.
• Eiweiß und Sahne getrennt steif schlagen. Mit fein zerkleinerter Zitronenmelisse unter die Creme ziehen.
• Creme 1 Stunde kühlen. Mit Blüten garniert anrichten.

Dauert etwa 30 Minuten
1 Portion = 243 kcal/ 202 mg Cholesterin
11 g Fett/ 5 g Eiweiß/ 25 g Kohlenhydrate

Carobcreme

• Milch mit Vanille und Salz erhitzen. Eier trennen. Die Eigelbe mit Zuckerrohrgranulat oder Vollzucker in einem Kochtopf sehr schaumig schlagen. Das Mehl daruntermischen.
• Vanillemilch unter ständigem Weiterschlagen zugießen. Alles unter Rühren aufkochen, bis die Masse dick ist. Den Topf in kaltes Wasser mit einigen Eiswürfeln stellen und die Creme rühren, bis sie kalt ist.
• Carobpulver, Kakao und Joghurt daruntermischen. Eiweiß und Sahne getrennt steif schlagen und nacheinander unter die Creme ziehen.
• Die Pfirsiche mit kochendem Wasser übergießen, kurz ziehen lassen, abgießen, kalt abschrecken und abziehen. Früchte halbieren, in Schnitze teilen und entsteinen.
• Die Creme und die Pfirsiche schichtweise in Dessertschälchen geben. Mit gehackten Pistazien und Carobtafel bestreut servieren.

Dauert etwa 1 Stunde
1 Portion = 394 kcal/ 287 mg Cholesterin
18 g Fett/ 15 g Eiweiß/ 39 g Kohlenhydrate

Carob ...

... wird aus den Schoten des Johannisbrotbaumes hergestellt. Carob ist gesünder als Kakao, weil es weder Theobromin noch Koffein enthält, viel weniger Fett und Eiweiß, dafür aber Ballaststoffe liefert. Das Pulver gibt es in Naturkostläden und Reformhäusern zu kaufen. Die unterschiedlichen Geschmacksnuancen erkennen Sie an der Farbe: Hellbraunes Carob schmeckt ähnlich wie Karamel, dunkleres etwa wie Malz und dunkelbraunes wie Kakao. Außerdem gibt es Carob auch zu schokoladenähnlichen Tafeln und Raspeln (siehe Seite 38) verarbeitet. Verwenden kann man alle Carobprodukte genauso wie »normale« Schokolade. Besonders fein schmecken sie in Gebäck: Die zerkleinerte Carobtafel oder die Raspel unter Rührteig für Kuchen oder Mürbeteig für Kekse mischen.

Für 4 Portionen

3/8 l Milch
1/2 TL gemahlene Vanille
1 Prise Salz
3 Eier
60 g Zuckerrohrgranulat oder Vollzucker
30 g Weizenvollkornmehl
30 g Carobpulver
1 TL Kakaopulver
125 g Magerjoghurt
50 g süße Sahne
500 g Pfirsiche
2 EL ungesalzene Pistazienkerne
1 EL geriebene Carobtafel

Zur Abwechslung
• Die Creme mit Kakao zubereiten und mit Zartbitterschokolade bestreuen.
• Kirschen, Nektarinen, Mirabellen oder Zwetschen statt der Pfirsiche nehmen.

Nußcreme

Für 4 Portionen

1/2 Vanilleschote

3/8 l Milch

1 Prise Salz

4 Eier

1–2 EL Zuckerrohrgranulat

50 g Weizenvollkornmehl

2 EL Nußmus

125 g süße Sahne

1 EL gehackte Nußkerne

Erdnußmus bekommt man in jedem Supermarkt, Mus aus anderen Nüssen gibt es in Reformhäusern und Naturkostläden zu kaufen.

• Die Vanilleschote mit einem kleinen Messer längs aufschneiden und das Mark herauskratzen. Milch mit Vanillemark und Salz bis knapp unter den Siedepunkt erhitzen.

• Eier trennen. Die Eigelbe mit Zuckerrohrgranulat in einem Kochtopf sehr schaumig schlagen. Mehl daruntermischen. Vanillemilch unter ständigem Weiterschlagen langsam dazugießen. Alles unter Rühren einmal aufkochen, bis die Masse dick wie Pudding ist.

• Den Topf von der Kochstelle nehmen und die Creme so lange rühren, bis sie kalt ist. Nußmus daruntermischen.

• Eiweiß und Sahne getrennt steif schlagen und unter die Nußcreme ziehen. Creme auf Schälchen verteilen, mit Nüssen bestreuen und bis zum Servieren kühl stellen.

Dauert etwa 40 Minuten
1 Portion = 398 kcal/ 394 mg Cholesterin
28 g Fett/ 15 g Eiweiß/ 18 g Kohlenhydrate

Zur Abwechslung
• **Creme mit Orangen- oder Aprikosenlikör würzen.**
• **Die Creme mit Vanillepudding aus der Tüte zubereiten, mit je 3 Eßlöffeln Joghurt und Nußeiscreme verrühren und mit gerösteten Mandeln oder Nüssen bestreuen.**
• **Creme mit Grieß, 1 Ei und 200 Gramm Sahne zubereiten.**

Erdbeercreme

Für 4 Portionen

300 g Joghurt

50 g feingemahlene Hirse

75 g Honig

1/2 TL gemahlene Vanille

1 EL Sanddornsirup

200 g süße Sahne

500 g Erdbeeren

50 g Carobtafel oder
Borkenschokolade

• Joghurt in einem Kochtopf mit Hirse, Honig und Vanille kräftig verrühren. Auf die Kochstelle setzen und unter ständigem Rühren erhitzen und aufkochen, bis der Joghurt dick wie Pudding wird. Von der Kochstelle nehmen und unter Rühren abkühlen lassen.

• Sanddornsirup und steif geschlagene Sahne unterziehen.

• Erdbeeren waschen und abzupfen. Die Hälfte davon mit einer Gabel zerdrücken und unter die Creme mischen.

• Creme auf Dessertschalen verteilen, mit restlichen Erdbeeren belegen und mit geraspelter Carobtafel oder zerbröckelter Borkenschokolade bestreuen.

Dauert etwa 40 Minuten
1 Portion = 424 kcal/ 64 mg Cholesterin
24 g Fett/8 g Eiweiß/ 43 g Kohlenhydrate

Teecreme

• Tee mit dem kochenden Wasser aufgießen und zugedeckt 3 Minuten ziehen lassen. Abgießen, mit Milch und Vanille in einen Topf geben, bis knapp unter den Siedepunkt erhitzen und heiß halten.
• Eier trennen. Die Eigelbe in einem anderen Topf mit dem Zuckerrohrgranulat sehr schaumig schlagen. Mehl mit Speisestärke gemischt unterrühren.
• Topf mit der Eiercreme auf die Kochstelle setzen, Teemilch unter ständigem Weiterschlagen zugießen. Creme unter Rühren aufkochen.
• Den Topf in eine Schüssel mit kaltem Wasser und Eiswürfeln stellen und Creme rühren, bis sie kalt ist.
• Eiweiß und Sahne getrennt steif schlagen und unter die Teecreme ziehen. Vor dem Servieren 2 Stunden kühlen.

Dauert etwa 40 Minuten
1 Portion = 329 kcal/ 391 mg Cholesterin
19 g Fett/ 11 g Eiweiß/ 25 g Kohlenhydrate

Muß 2 Stunden kühlen

Für 4 Portionen

3 EL schwarzer Tee	
1/8 l Wasser	
1/4 l Milch	
1/2 TL gemahlene Vanille	
4 Eier	
60 g Zuckerrohrgranulat	
30 g Mehl	
1 TL Speisestärke	
125 g Schlagsahne	

Wer die Teecreme besonders kräftig mag, nimmt Assamtee. Milder schmeckt sie mit Darjeelingtee aus der ersten Pflückung, dem »First flush«. Die besten Sorten bekommen Sie in Teefachgeschäften.

Himbeersahne

• Die Himbeeren verlesen und mit einer Gabel fein zerdrücken. Mit Crème de Cassis oder dem roten Fruchtsaft, Orangensaft und dem Zucker mischen.
• Sahne steif schlagen und mit den Kokosflocken unter das Himbeermus ziehen. Himbeersahne in Dessertschalen geben und mit der Raspelschokolade bestreut servieren.

Dauert etwa 15 Minuten
1 Portion = 335 kcal/ 68 mg Cholesterin
25 g Fett/ 4 g Eiweiß/ 20 g Kohlenhydrate

Für 4 Portionen

500 g Himbeeren	
2 cl Crème de Cassis (schwarzer Johannisbeerlikör) oder roter Fruchtsaft	
1 EL Orangensaft	
2 EL Zucker	
250 g süße Sahne	
2 EL Kokosflocken	
2 EL Raspelschokolade	

Sahne schlagen

Sahne muß man ganz kalt schlagen, am besten direkt aus dem Kühlschrank. Im Sommer kühlt man auch Schüssel und Quirle oder Sahnebesen vor dem Schlagen. Dann schmelzen die Fettmoleküle selbst bei heißen Temperaturen nicht, und die Sahne wird steif – beim Herausziehen der Quirle bildet sie Spitzen, die leicht geneigt stehenbleiben. Sehr fest geschlagene Sahne wird flockig und eignet sich besser zum Garnieren als zum Mischen, weil sie sich nicht so gut mit einer Creme verbindet.

Erdbeerbecher

Für 4 Portionen

600 g frische Erdbeeren

2 EL Zucker

2 Baiserböden (fertig gekauft)

125 g süße Sahne

250 g Eiscreme

(Seite 338, Schokoladeneis,

Kirschsauce weglassen)

• Erdbeeren verlesen, waschen und abzupfen. Die Hälfte davon halbieren, mit Zucker bestreuen und zugedeckt ziehen lassen, bis die anderen Zutaten vorbereitet sind.

• Von den Baiserböden die tupfenförmigen Ränder vorsichtig zum Garnieren abheben. Die Böden zerbröckeln und auf hohe Dessertgläser verteilen. Erdbeeren mit einer Gabel zerdrücken und auf das Baiser geben.

• Sahne steif schlagen. Eis portionieren und auf das Erdbeermus geben. Schlagsahne darüber verteilen. Mit den restlichen Erdbeeren und den Baiser-»Tupfen« belegen.

Dauert etwa 20 Minuten

1 Portion = 504 kcal/ 59 mg Cholesterin

18 g Fett/ 8 g Eiweiß/ 74 g Kohlenhydrate

Frischkäsecreme mit Früchten

Für 4 Portionen

250 g Zwetschen und weiße

Trauben gemischt

1 frisches Eigelb

2 EL Ahornsirup oder Honig

250 g Mascarpone

etwas abgeriebene Schale von

1 unbehandelten Zitrone

1–2 TL Zimtpulver

125 g süße Sahne

1 EL ungesalzene Pistazien

• Zwetschen und Trauben waschen. Zwetschen vierteln und entsteinen. Trauben abzupfen und halbieren. Obst auf Dessertteller verteilen.

• Eigelb und Sirup mit dem Schneebesen oder den Quirlen des Handrührgerätes sehr schaumig schlagen. Nach und nach Mascarpone hinzufügen und weiterrühren, bis die Creme dick und locker ist.

• Zitronenschale und Zimt daruntermischen. Sahne steif schlagen und ebenfalls darunterziehen. Creme auf dem Obst verteilen und mit den gehackten Pistazien bestreuen.

Dauert etwa 30 Minuten

1 Portion = 452 kcal/ 212 mg Cholesterin

40 g Fett/ 5 g Eiweiß/ 16 g Kohlenhydrate

Dazu passen: Löffelbiskuits oder Vollkornkekse

Mascarpone

Den italienischen Frischkäse aus fetter Sahne nimmt man vor allem für Desserts und Tortenfüllungen. Tiramisu zum Beispiel wird mit Mascarponecreme zubereitet. Guter Ersatz ist »normaler« Rahmfrischkäse.

Wichtig

Das Ei für die Creme muß ganz frisch sein, weil es nicht gekocht wird. Wenn Sie nicht ganz sicher sind: Ei weglassen und etwas mehr Sahne nehmen.

Crêpes mit Kirschen und Eis

• Die Sauerkirschen waschen, trockentupfen, von Stielen zupfen und entsteinen. Die Butter in einem Topf bei schwacher Hitze schmelzen, aber nicht bräunen.

• Milch und Sahne in eine Schüssel gießen. Mehl darübersieben, Salz zugeben und mit einem Schneebesen glattrühren. Zuerst die Eier, dann 2 Eßlöffel flüssige Butter daruntermischen.

• Eine kleine Pfanne von 16 Zentimeter Durchmesser erhitzen. Mit etwas flüssiger Butter auspinseln und etwa 1/2 Schöpfkelle Teig hineingeben.

• Crêpe zugedeckt bei schwacher Hitze etwa 2 Minuten backen, bis sie sich leicht vom Pfannenboden löst. Wenden und in der offenen Pfanne in etwa 1 Minute fertigbacken. Die restlichen Crêpes ebenso backen, dabei Pfanne hin und wieder mit etwas Butter auspinseln.

• Für den Sud die restliche flüssige Butter – etwa 1 Eßlöffel sollte noch übrig sein – und Zucker in die Pfanne geben. Die Zitronenhälfte auf eine Gabel spießen und damit die Mischung in der Pfanne durchrühren. Zuckermischung erhitzen, bis sich der Zucker aufgelöst hat.

• Orangensaft und Sauerkirschen zugeben und heiß werden lassen. Kirschen auf heißen Desserttellern verteilen.

• Crêpes im Sud wenden und auf die Kirschen legen. Das Schokoladeneis portionieren und daneben anrichten. Die Crème fraîche mit Eierlikör oder Sanddornsirup mischen und darüberträufeln.

Dauert etwa 1 Stunde
1 Portion = 486 kcal/ 265 mg Cholesterin
32 g Fett/ 10 g Eiweiß/ 36 g Kohlenhydrate

Mit der Zitronenschale rühren
An einer Gabel bleibt die Zuckermischung beim Erhitzen haften. Deshalb rührt man sie lieber mit einer Zitronen- oder Orangenhälfte um. Saft und Fruchtöle aus der Schale, die dabei frei werden, machen den Zuckersud aromatisch.

Für 4 Portionen

200 g Sauerkirschen	
60 g Butter	
150 ml Milch	
50 g süße Sahne	
75 g Mehl	
1 Prise Salz	
2 Eier	
2 EL Zucker	
1/2 unbehandelte Zitrone	
1/8 l Orangensaft	
100 g Schokoladeneis	
100 g Crème fraîche	
1–2 EL Eierlikör oder Sanddornsirup	

Mit Stiel bleiben Kirschen länger frisch. Deshalb erst nach dem Waschen und unmittelbar vor dem Essen oder Zubereiten abzupfen.

Das Dessert muß 3 Stunden
kühlen

Für 4 Portionen

1 gehäufter TL Speisestärke
3/4 l Milch
50 g Zucker
1 EL Vanillezucker
abgeriebene Zitronenschale
600 g gemischte Beeren
1 EL Honig
50 Vollkornkekse
125 g süße Sahne
2 EL Raspelschokolade

Milchkaltschale mit Beeren

• Speisestärke mit 2 Eßlöffeln Milch glattrühren. Restliche Milch mit Zucker, Vanillezucker und Zitronenschale aufkochen. Speisestärke einrühren und aufkochen, bis die Milch bindet. In tiefe Teller gießen und 3 Stunden kühlen.
• Beeren verlesen und mit dem Honig mischen. Die Kekse fein zerbröckeln und auf die Kaltschale streuen, die Beeren darauf verteilen.
• Die Sahne steif schlagen, in dicken Tupfen auf die Beeren setzen und mit der Raspelschokolade bestreuen.

Dauert etwa 30 Minuten
1 Portion = 436 kcal/ 61 mg Cholesterin
20 g Fett/ 10 g Eiweiß/ 52 g Kohlenhydrate

Muß 2 Stunden kühlen

Für 4 Portionen

3/4 l Milch
125 g zarte Haferflocken
75 g Zucker
1 Prise Salz
abgeriebene Schale von
1 unbehandelten Zitrone
1/2 TL Lebkuchengewürz
2 Eier
100 g Korinthen
100 g gemahlene Mandeln

Flockenflammeri mit Mandeln

• Milch mit Haferflocken, etwa 2/3 des Zuckers, Salz, Zitronenschale und Lebkuchengewürz in einen Topf geben. Unter ständigem Rühren einmal aufkochen und bei schwacher Hitze 10 Minuten garen. Dabei häufig umrühren, damit nichts am Topfboden anliegt. Den Brei lauwarm abkühlen lassen.
• Eier trennen, Eigelb und Korinthen unter den Brei mischen. Eiweiß steif schlagen, dabei den Rest des Zuckers zugeben. Den Eischnee auf den Brei geben, Mandeln darüberstreuen. Alles mischen, bis sich die Zutaten miteinander verbunden haben.
• Flammeri in kalt ausgespülte Portionsschalen füllen und zugedeckt vor dem Servieren 2 Stunden kühlen. Zum Servieren die Flammeris am Rand der Schalen mit einer Messerspitze lockern, Schalen kurz in heißes Wasser tauchen und die Flammeris auf einen Teller stürzen.

Dauert etwa 30 Minuten
1 Portion = 536 kcal/ 197 mg Cholesterin
12 g Fett/ 15 g Eiweiß/ 88 g Kohlenhydrate

*Dazu paßt: Himbeersaft
oder Kompott*

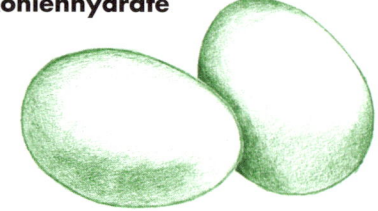

Weißweinfeigen

• Feigen waschen und abtrocknen. Vanilleschote der Länge nach aufschneiden.
• Wein mit Vanilleschote, Zimtstange, Honig, Zitronensaft und Schale aufkochen. Mit Feigen darin erneut aufkochen und bei schwacher Hitze 1 Minute ziehen lassen. Mit dem Sud in eine Schüssel geben und etwa 2 Stunden kühlen.
• Sahne mit Vanillezucker steif schlagen und zu den Feigen servieren.

Dauert etwa 15 Minuten
1 Portion = 301 kcal/ 55 mg Cholesterin
17 g Fett/ 4 g Eiweiß/ 33 g Kohlenhydrate

Feigen

Frisch und getrocknet gibt es sie das ganze Jahr über – im Winter werden sie aus Südamerika importiert, im Sommer und Herbst aus Spanien, Italien und Frankreich.
Die besten Früchte sind weich, saftig und groß mit feiner, zarter Haut. Feigen enthalten ziemlich viel Kalzium und Eisen – Mineralstoffe, die wir sonst vor allem mit Milchprodukten oder Fleisch bekommen.

Die Feigen müssen
2 Stunden kühlen

Für 4 Portionen

750 g frische Feigen
1/2 Vanilleschote
1/4 l trockener Weißwein
1 Stück Zimtstange
(ca. 2 cm lang)
1 EL Honig
2 EL Zitronensaft
1 Stück unbehandelte
Zitronenschale
200 g süße Sahne
1 TL Vanillezucker

Teepflaumen mit Baisersahne

• Pflaumen mit Honig, Orangen- und Zitronensaft, Orangenschale und Wasser in einem Topf aufkochen. Teebeutel in die Flüssigkeit hängen. Pflaumen auf der abgeschalteten Kochstelle 5 Minuten ziehen lassen.
• Teebeutel entfernen, Pflaumen abkühlen lassen.
• Sahne steif schlagen. Baisertörtchen zerbröckeln und locker untermischen.
• Pflaumen auf Portionstellern verteilen. Sahne daneben anrichten und jeweils mit einigen Tropfen Pflaumensud beträufeln. Sofort servieren.

Dauert etwa 30 Minuten
1 Portion = 250 kcal/ 45 mg Cholesterin
14 g Fett/ 2 g Eiweiß/ 29 g Kohlenhydrate

Tip
Pflaumen aus dem Sud nehmen, Sud dick wie Sirup einkochen und um die Sahne träufeln.

Für 6 Portionen

250 g entsteinte
Trockenpflaumen
1 EL Honig
3 EL Orangensaft
1 EL Zitronensaft
1 Stück unbehandelte Orangen-
schale (ca. 3 cm lang)
200 ml Wasser
1 Teebeutel (Assam, Jasmintee
oder Earl Grey)
250 g süße Sahne
1 Baisertörtchen

Frischkäsetörtchen

In Briocheförmchen
gebacken

Für 6 Stück
Teig:
120 g Mehl
60 g weiche Butter
50 g Zucker
1 Prise Salz
1 Prise abgeriebene
Zitronenschale
1 1/2–2 EL kaltes Wasser
Fett für die Förmchen
Füllung:
200 g körniger Frischkäse
1 Prise Salz
2 Eier
3 EL flüssige Butter
1 EL Speisestärke
1 TL Backpulver

• Mehl, Butter, Zucker, Salz, Zitronenschale und 1 1/2 Eßlöffel Wasser zu einem glatten Teig verkneten. Falls der
Teig bröckelt, tropfenweise Wasser unterkneten.
• Gefettete Brioheförmchen mit dem Teig auskleiden und
dabei einen hohen Rand formen. Teig 1 Stunde kühlen.
• Backofen auf 180 Grad (Umluft: 180 Grad, Gas: Stufe 2)
vorheizen. Frischkäse mit Salz, Eiern und Butter verrühren. Speisestärke und Backpulver untermischen.
• Förmchen zu etwa 3/4 ihrer Höhe mit der Käsecreme
füllen. Im heißen Backofen (mittlere Schiene) etwa
25 Minuten backen.

Dauert etwa 2 Stunden 50 Minuten
Arbeiten müssen Sie etwa 25 Minuten
1 Portion = 308 kcal/ 157 mg Cholesterin
18 g Fett/ 9 g Eiweiß/ 26 g Kohlenhydrate

*Dazu passen: Kompott und Schlagsahne oder Obstsalat
und Eis*

*Die Törtchen schmecken am
besten gerade eben abgekühlt.*

Schokoladeneis auf Kirschsauce

Das Eis braucht etwa
4 Stunden zum Festwerden

Für 6 Portionen
2 Eier
50 g Zucker
1 EL Kakaopulver
etwas abgeriebene Schale von
1 unbehandelten Zitrone
250 g süße Sahne
200 g Kirschen
Saft von 1 kleinen Orange
100 g Crème fraîche
1 TL Zucker

• Eier, Zucker, Kakaopulver und abgeriebene Zitronenschale in einer Schüssel über dem Wasserbad zu einer
dicken, schaumigen Creme aufschlagen. In kaltes Wasser
mit einigen Eiswürfeln stellen und rühren, bis sie kalt ist.
• Sahne steif schlagen und unter die Creme ziehen. Eis zugedeckt im Tiefkühler oder Gefrierfach des Kühlschranks
in etwa 4 Stunden fest werden lassen. Dabei immer wieder
durchrühren, damit es geschmeidig wird.
• Kirschen waschen, abzupfen, entsteinen und mit dem
Orangensaft pürieren. Crème fraîche und Zucker zugeben
und mit einer Gabel locker mischen.
• Flache Dessertteller mit der Sauce ausgießen. Eis portionieren und darauf anrichten.

Dauert etwa 30 Minuten
1 Portion = 279 kcal/ 179 mg Cholesterin
21 g Fett/ 5 g Eiweiß/ 16 g Kohlenhydrate

Broteis mit Portwein

Braucht 1/2 Tag Vorbereitung

• Brot in der Kaffee- oder Mandelmühle ganz fein reiben, mit Portwein beträufeln und etwa 3 Stunden zugedeckt ziehen lassen.

• Inzwischen die Eigelbe mit Honig, Zimt, Vanille und Lebkuchengewürz über dem warmen Wasserbad zu einer dicken, schaumigen Creme aufschlagen. Die Creme in Eiswasser unter Rühren erkalten lassen.

• Sahne steif schlagen und unterziehen. Creme zugedeckt in den Tiefkühler oder in das Gefrierfach des Kühlschranks stellen und in etwa 2 Stunden halb fest werden lassen.

• Brot mit Pflaumenmus verrühren und unter das Halbgefrorene mischen. In weiteren 2 Stunden ganz fest werden lassen. Dabei immer wieder durchrühren, damit das Eis geschmeidig wird.

Dauert etwa 30 Minuten
1 Portion = 404 kcal/ 481 mg Cholesterin
28 g Fett/ 7 g Eiweiß/ 22 g Kohlenhydrate

Für 4 Portionen

2 Scheiben altbackenes, trockenes Weizenvollkornbrot
4 cl Portwein
4 Eigelbe
50 g flüssiger Honig
je 1/2 TL Zimtpulver, gemahlene Vanille und Lebkuchengewürz
250 g süße Sahne
1 EL Pflaumenmus

Zur Abwechslung
Das Eis mit Lebkuchen, Makronen, Löffelbiskuits oder Resten von Sandkuchen zubereiten.

Zubereitungs-Tip
Für das Eis brauchen Sie mildes Brot ohne Kümmel, Koriander oder andere kräftige Gewürze.

Eisdessert mit Brombeeren

• Kekse in Stücke brechen, auf Dessertteller verteilen und mit Orangenlikör oder Orangensaft beträufeln.

• Brombeeren verlesen, waschen und trockentupfen.

• Vanilleeis antauen lassen, mit einem Schneebesen cremig rühren, mit Brombeeren mischen und auf die Kekse geben.

• Sahne steif schlagen. Das Dessert mit Sahnetupfen und Mandelblättchen garnieren.

Dauert etwa 25 Minuten
1 Portion = 476 kcal/ 75 mg Cholesterin
24 g Fett/ 8 g Eiweiß/ 50 g Kohlenhydrate

Für 4 Portionen

12 Vollkornkekse (fertig gekauft)
4 cl Orangenlikör oder Orangensaft
200 g Brombeeren
300 g Vanilleeis
125 g süße Sahne
1 EL Mandelblättchen

Das Eis braucht etwa
4 Stunden zum Festwerden

Für 6 Portionen

100 g Honig

2 Eier

1 Prise Ingwerpulver

abgeriebene Schale von

1/2 unbehandelten Orange

200 g süße Sahne

500 g Orangen

3 Kiwis

4 cl Orangenlikör oder

Orangensaft

3 EL ungesalzene Pistazienkerne

Tip

Heiße Eiercreme muß man rasch
abkühlen und dabei ständig rühren,
damit sie cremig und locker bleibt.

Honigeis mit Orangen

• Honig über dem Wasserbad flüssig werden lassen. Eier, Ingwerpulver und Orangenschale zugeben und mit dem Schneebesen zu einer dicken Creme aufschlagen.
• Die Schüssel mit der Creme in kaltes Wasser mit einigen Eiswürfeln stellen und rühren, bis sie wieder kalt ist.
• Sahne steif schlagen und unter die Honigcreme ziehen.
• Schüssel zugedeckt in den Gefrierschrank stellen und das Honigeis in etwa 4 Stunden fest werden lassen. Dabei immer wieder mit dem Schneebesen kräftig durchrühren, damit es geschmeidig wird.
• Orangen schälen, von allen weißen Häutchen befreien und vom Blütenansatz her in dünne Scheiben schneiden. Kerne entfernen und den Saft auffangen. Kiwis schälen und ebenfalls in Scheiben schneiden.
• Früchte auf Tellern verteilen. Mit Orangensaft oder Likör beträufeln, mit den gehackten Pistazien bestreuen. Das Honigeis portionieren und daneben anrichten.

Dauert etwa 30 Minuten
1 Portion = 291 kcal/ 153 mg Cholesterin
16 g Fett/ 6 g Eiweiß/ 27 g Kohlenhydrate

Für 4 Portionen

300 g Zwetschen

2 feste, saftige Birnen

(ca. 300 g)

300 ml Holunderbeersaft

50 g Zuckerrohrgranulat

1 Stück Zimtstange

1/2 TL abgeriebene

Zitronenschale

1 TL Speisestärke

1 EL kaltes Wasser

Holunderbeersaft ...

... gibt es in Reformhäusern
und Naturkostläden. Der
heiße Saft mit Honig ist ein
ausgezeichnetes Mittel gegen
Erkältung.

Herbstliches Kompott

• Zwetschen waschen, halbieren und entsteinen. Birnen vierteln, schälen, vom Kerngehäuse befreien und in Stücke schneiden.
• Obst mit Holunderbeersaft, Zuckerrohrgranulat, Zimtstange und Zitronenschale in einem Topf aufkochen und zugedeckt bei schwacher Hitze etwa 3 Minuten garen.
• Speisestärke mit Wasser glattrühren, unter das Kompott mischen und einmal aufkochen.

Dauert etwa 45 Minuten
1 Portion = 149 kcal/ 0 mg Cholesterin
0 g Fett/ 2 g Eiweiß/ 34 g Kohlenhydrate

Dazu passen: Eierkuchen (Seite 309), Quarkklößchen (Seite 292) und Eis

Eistorte

• Schokolade in Stücke brechen und schmelzen. Nüsse daruntermischen. Eine ganz flache Tortenplatte kalt abspülen. Nur den Rand einer Springform von 18 Zentimeter Durchmesser darauflegen. Dickflüssige Schokolade hineingießen, mit dem Pfannenmesser wie einen Tortenboden glattstreichen und erkalten lassen.
• Für das Eis den Zucker, Ei und Mandellikör in eine Schüssel geben und mit den Quirlen des Handrührgerätes zu einer dicken, schaumigen Creme aufschlagen.
• Sahne steif schlagen und unterziehen. Auf dem Schokoladenboden glattstreichen und im Tiefkühlgerät in etwa 4 Stunden fest werden lassen.
• Kirschen waschen, abzupfen und entsteinen. Mit Zucker mischen und auf dem Eis verteilen. Sahne steif schlagen und als Tupfen auf die Torte spritzen.
• Die Eistorte mit einem Messer vom Springformrand lösen und sofort servieren.

Dauert etwa 45 Minuten
1 Stück = 180 kcal/ 71 mg Cholesterin
12 g Fett/ 3 g Eiweiß/ 12 g Kohlenhydrate

Das selbstgemachte Eis
braucht etwa 4 Stunden

Für 8 Stücke

70 g Zartbitterschokolade
1 EL feingehackte Haselnußkerne
Eis:
1 1/2 EL Zucker
1 Ei
2 EL Mandellikör oder
Orangensaft
100 g süße Sahne
Belag:
150 g Kirschen
1 1/2 EL Zucker
100 g süße Sahne

Schokolade behält ihren schönen Glanz, wenn man sie im Wasserbad ganz langsam schmilzt. Bei zu hoher Temperatur wird sie stumpf.

Apfelsoufflé

• Lebkuchen in Stücke scheiden und in einer Schüssel mit der Milch übergießen. Zugedeckt etwa 30 Minuten ziehen lassen, bis sie ganz weich sind.
• Inzwischen die Orange waschen und abtrocknen. Die Schale etwa zur Hälfte dünn abreiben. Den Saft auspressen. Äpfel vierteln, schälen, vom Kerngehäuse befreien und grob raspeln. Mit Orangensaft und Schale vermischen.
• Eier trennen. Die Eigelbe unter die Lebkuchen rühren. Äpfel untermischen. Eiweiß steif schlagen und unter den Teig ziehen. In einer gefetteten Auflaufform glattstreichen.
• Auflauf in den kalten Backofen (untere Schiene) schieben und bei 200 Grad (Umluft: 180 Grad, Gas: Stufe 3) etwa 45 Minuten backen.

Dauert etwa 1 3/4 Stunden
Arbeiten müssen Sie etwa 30 Minuten
1 Portion = 331 kcal/ 194 mg Cholesterin
10 g Fett/ 9 g Eiweiß/ 50 g Kohlenhydrate

Für 6 Portionen

3 Nuß- oder Mandellebkuchen
(ohne Guß; ca. 240 g)
1/4 l Milch
1 unbehandelte Orange
4 mittelgroße säuerliche Äpfel
3 Eier

Zum heißen Soufflé schmecken Vanillesauce, Eis oder Schlagsahne.

Bratäpfel mit Müslifüllung

Für 4 Portionen

50 g Butter

4 große säuerliche Äpfel
(Boskoop oder Glockenapfel)

6 entsteinte Trockenpflaumen

4 getrocknete Aprikosen

2 EL Korinthen

6 EL Müslimischung

3 EL Zuckerrohrgranulat

1/2 TL Lebkuchengewürz

3 EL Honig

*Schmecken mit Schlagsahne
oder Vanillesauce.*

• Die Butter schmelzen, aber nicht bräunen.
• Die Äpfel waschen und abtrocknen. Kerngehäuse mit einem Ausstecher entfernen, dabei die Äpfel nicht ganz durchstechen, damit sie unten geschlossen sind. Die Öffnung mit einem kleinen spitzen Messer vergrößern, so daß man sie leichter füllen kann. Äpfel nebeneinander in eine flache Gratinform setzen.
• Das herausgeschnittene Apfelfleisch, die Trockenpflaumen und die Aprikosen fein hacken. Mit Korinthen, Müslimischung, 4 Eßlöffeln flüssiger Butter, 2 Eßlöffeln Zuckerrohrgranulat und dem Lebkuchengewürz mischen.
• Äpfel damit füllen. Restliche Butter über die Äpfel geben, mit dem Rest des Zuckergranulats bestreuen.
• Äpfel in den kalten Backofen (mittlere Schiene) schieben und bei 200 Grad (Umluft: 180 Grad, Gas: Stufe 3) 30 bis 35 Minuten backen. Mit Honig beträufelt servieren.

Dauert etwa 1 Stunde 5 Minuten
Arbeiten müssen Sie etwa 30 Minuten
1 Portion = 378 kcal/ 30 mg Cholesterin
13 g Fett/ 3 g Eiweiß/ 62 g Kohlenhydrate

Heiße Sahneäpfel

Für 4 Portionen

750 g Äpfel

1 Vanilleschote

1/8 l Apfelsaft

1 Stück Zimtstange
(ca. 2 cm lang)

1 Stück unbehandelte
Zitronenschale

2 EL Rübenkraut

150 g Studentenfutter (Korinthen
oder Rosinen und verschiedene
Nüsse, gemischt)

200 g Crème fraîche

2 EL süße Sahne

• Äpfel vierteln, schälen, vom Kerngehäuse befreien und in Stücke schneiden. Vanilleschote längs aufschneiden, das Mark herauskratzen.
• Apfelstücke mit Vanillemark, der Schote, Apfelsaft, Zimtstange, Zitronenschale und Rübenkraut in einen Topf geben, einmal aufkochen und zugedeckt bei schwacher Hitze etwa 10 Minuten garen, bis die Apfelstücke halb weich sind. Vanilleschote, Zimt und Zitronenschale entfernen.
• Studentenfutter auf ein Brett geben und mit einem großen Messer grob hacken. Crème fraîche mit Sahne verrühren. Mit dem Studentenfutter locker unter die Äpfel mischen. Dessert auf Tellern verteilen und sofort servieren.

Dauert etwa 15 Minuten
1 Portion = 468 kcal/ 58 mg Cholesterin
29 g Fett/ 5 g Eiweiß/ 45 g Kohlenhydrate

Dazu passen: *Vollkornkekse oder Waffeln (Seite 384 und 50)*

Vollkornsavarin mit Pflaumen und Nüssen

• Das Mehl in eine Schüssel geben. In die Mitte eine Mulde drücken. Hefe zerbröckeln und in der Mulde mit 2 Eßlöffeln Milch, 1 Teelöffel Zuckerrohrgranulat und etwas Mehl vom Rand verrühren, bis sie sich aufgelöst hat. Vorteig zugedeckt bei Zimmertemperatur 15 Minuten ruhenlassen, bis er sichtbar aufgegangen ist.

• Inzwischen die Butter in der restliche Milch schmelzen.

• Den Vorteig mit dem gesamten Mehl verrühren. Die Milch-Butter-Mischung, das restliche Zuckerrohrgranulat, Vanille, Salz, abgeriebene Orangenschale und Eier zugeben. Alles mit den Knethaken des Handrührgerätes 5 Minuten durchrühren, bis der Teig Blasen wirft.

• Zugedeckt bei Zimmertemperatur etwa 45 Minuten gehen lassen, bis sich das Teigvolumen verdoppelt hat.

• Teig in eine gefettete, mit Mehl ausgestreute Kranzform geben und zugedeckt weitere 15 Minuten gehen lassen.

• Kuchen in den kalten Backofen (untere Schiene) stellen und bei 200 Grad (Umluft: 180 Grad, Gas: Stufe 3) etwa 40 Minuten backen.

• Inzwischen für den Sirup die Orange waschen und abtrocknen. Etwa die Hälfte der Schale dünn abschneiden und ganz fein hacken. Orangensaft auspressen. Orangenschale mit Honig, Orangensaft und Weinbrand unter Rühren lauwarm erhitzen, bis sie ganz flüssig ist.

• Kuchen herausnehmen, in der Form 10 Minuten stehenlassen. Auf eine Platte stürzen und mit einem Zahnstocher rundherum sehr oft einstechen. Sirup teelöffelweise über den Kuchen geben, so daß dieser damit getränkt wird. Den Kuchen abkühlen lassen.

• Nüsse hacken. Korinthen mit dem Fruchtsaft mischen und ziehen lassen, bis der Savarin kalt ist.

• Zum Füllen die Pflaumen waschen, in Stücke schneiden und entsteinen. Mit Nüssen und Korinthen mischen.

• Die Sahne steif schlagen, dabei Zuckerrohrgranulat nach und nach zugeben. Die Sahne zum Obst geben und alles vermischen. Obstsahne in die Mitte des Kuchens füllen.

Dauert etwa 3 Stunden 40 Minuten
Arbeiten müssen Sie etwa 1 1/2 Stunden
1 Portion = 632 kcal/ 153 mg Cholesterin
32 g Fett/ 11 g Eiweiß/ 68 g Kohlenhydrate

Für 8 Portionen

Teig:
300 g Weizenvollkornmehl
20 g Hefe
knapp 1/8 l Milch
30 g Zuckerrohrgranulat
100 g Butter
1 TL gemahlene Vanille
1 Prise Salz
abgeriebene Schale von
1/2 unbehandelten Orange
2 zimmerwarme Eier
Fett und Mehl für die Form

Glasur:
1 unbehandelte Orange
100 g Honig
4 EL Weinbrand oder Apfelsaft

Füllung:
100 g beliebige Nußkerne
100 g Korinthen
4 EL Apfelsaft
700 g Pflaumen
250 g süße Sahne
50 g Zuckerrohrgranulat

Servier-Tip

Savarin, der Hefekranz mit Sirup und Obstsahne, schmeckt als festliches Dessert und zum Kaffee.

BACKEN

Verschiedene Getreidesorten

• Weizen oder Dinkel hat genügend Kleber und eignt sich für jedes Gebäck.

• Roggen braucht Säure, damit sich der Kleber entwickeln kann. Deshalb etwas Zitronensaft oder fertig gekauften Sauerteig unter den Teig rühren. Sauerteig gibt es flüssig oder als Pulver im Natur- und Reformkosthandel.

• Gersten- und Hafermehl muß man zur Hälfte mit Weizenmehl mischen.

• Mais, Reis und Hirse enthalten keinen Kleber, aber viel Stärke. Zum Backen nimmt man sie statt Speisestärke: Sie machen Biskuit besonders feinporig, Hefe- und Mürbeteig knusprig. In Sandkuchen (Seite 347) und Shortbread (Seite 386) sorgen sie für die trockene, »sandige« Krume.

• Grünkern wird unreif geerntet und bildet keinen Kleber. Deshalb kann man ihn nicht für Kuchenteig verwenden.

Vollkornmehl braucht mehr Flüssigkeit

Es enthält noch die Schale des Getreidekorns und damit auch bestimmte Substanzen, die den Wasserhaushalt der Pflanze regulieren. Im Teig quellen diese Stoffe stark auf. Deshalb: Je dunkler das Mehl, desto mehr Flüssigkeit brauchen Sie, damit der Teig gelingt. Auch zwischen den einzelnen Mehlsorten gibt es Unterschiede: Roggenmehl bindet mehr Flüssigkeit als Weizenmehl.

Ganz exakt läßt sich die Flüssigkeitsmenge nicht angeben; meist schadet es aber nicht, wenn Ihnen der Teig etwas zu weich gerät. Der Kuchen gelingt viel besser als mit zu trockenem Teig. Ob die Flüssigkeitsmenge stimmt, können Sie leicht erkennen.

So stimmt der Teig

• Hefeteig kann man erst nach dem »Gehen« mit der Hand kneten; vorher muß er bei Berührung am Finger haftenbleiben. Vollkornblechkuchen schmeckt am besten, wenn der Hefeteig so weich ist, daß Sie ihn nicht ausrollen können, sondern aufs Blech streichen müssen.

• Rührteig reißt in langen Zapfen von den Quirlen des Handrührgerätes ab; bleibt er daran hängen, ist er zu fest.

• Mürbeteig muß nach dem Kneten geschmeidig und gut formbar sein; Teig, der krümelt, ist zu trocken.

• Brandteig muß etwa so wie Mayonnaise glänzen.

• Biskuitteig enthält der vielen Eier wegen immer genügend Flüssigkeit.

Zwetschen und Birnen geben manchmal so viel Saft ab, daß der Kuchen nach dem Backen sehr feucht und kaum aus der Form zu lösen ist. Am besten kosten Sie das Obst vorher und streuen eine Schicht Zwieback-, Semmel- oder Keksbrösel auf den Teig. Andere Möglichkeit: Teigboden mit Eiweiß bestreichen, vorbacken und mit Obst belegen.

Viel Saft im Obst

• 405: »normales« weißes Weizenmehl
• 550: Weizenmehl für jedes süße Gebäck
• 1050: dunkleres Weizenmehl; eignet sich für jedes Gebäck und ist ein guter »Einstieg« in die Vollkornbäckerei. Vollkornmehl hat keine eigenen Typenbezeichnungen. Abgepackt bekommen Sie es in Supermärkten, Naturkostläden und Reformhäusern, frisch gemahlen in einigen Naturkost- und Reformhäusern.

Die Mehltypen

Backformen kann man nur bis zu etwa 2/3 ihrer Höhe füllen, sonst läuft der Kuchenteig über. Backrezepte sind meist für die 24-Zentimeter-Napfkuchenform mit 2 1/2 Liter Inhalt, die 26-Zentimeter-Springform mit 2 Liter oder die 30-Zentimeter-Kastenform mit 2 Liter berechnet.

Die richtige Größe

Gebäck gelingt am besten, wenn es möglichst genau in der Mitte des Backofens steht. Deshalb schiebt man Kuchen in hohen oder halbhohen Formen – Napfkuchen, Sandkuchen und Biskuitböden – mit dem Rost auf die untere Schiene. Auf die zweite Schiene von unten kommt Gebäck auf dem Blech, das beim Backen aufgeht wie Brot, Stollen und Zopf. Flache Blechkuchen, Biskuitplatten, Strudel und Kekse schieben Sie in die Mitte des Ofens. Auf der oberen Schiene werden Kuchen bei starker Oberhitze rasch überbacken – zum Beispiel Obstkuchen mit Baiserhaube.

Die richtige Einschubhöhe

Bei hohem weichem, Kuchen in der Form – Biskuitboden, Napfkuchen oder Kastenkuchen – stecken Sie nach der angegebenen Backzeit ein Holzstäbchen in die Mitte des Kuchens und ziehen es sofort wieder heraus. Wenn nur ein paar Krümel daran haften, ist der Kuchen gar. Wenn noch feuchte oder nasse Teigreste am Stäbchen kleben, geben Sie 10 Minuten Backzeit zu und prüfen dann erneut.

Garprobe in der Kuchenform

Biskuitplatten für Rollen sollen gerade durchgebacken sein. Hier prüfen Sie mit dem Finger: Tupfen Sie mit der Fingerspitze auf das Gebäck. Wenn nichts haftenbleibt, ist der Biskuit gar, aber noch elastisch genug zum Aufrollen.

Garprobe bei Biskuitplatten

Muß etwa 12 Stunden kühlen

Käsekuchen

Für 12 Stücke

Teig:

100 g Butter

300 g Sesamknäckebrot

75 g ungeschälte Mandeln

2 EL Zuckerrohrgranulat oder Vollzucker

1 TL Zimtpulver

Fett für die Form

Belag:

50 g Reis

4 Eier

1/2 unbehandelte Orange

700 g Magerquark

250 g saure Sahne

1/4 TL gemahlene Muskatblüte (Macis)

1 Prise Salz

125 g Zuckerrohrgranulat oder Vollzucker

250 g süße Sahne

Nach dem Backen kann man den Kuchen nicht aus der Form lösen, weil die Käsefüllung noch zu weich ist. Deshalb mit der Form in den Kühlschrank stellen und 12 Stunden ruhenlassen.

• Die Butter schmelzen, aber nicht bräunen. Das Knäckebrot mit Mandeln, Zuckerrohrgranulat oder Vollzucker und Zimtpulver im Blitzhacker fein zerkleinern. In eine Schüssel geben, Butter zufügen, alles mit einer Gabel verkneten.

• Die Masse in einer gefetteten Springform von 26 Zentimeter Durchmesser verteilen und einen etwa 3 Zentimeter hohen Rand formen.

• Den Kuchenboden in den kalten Backofen (mittlere Schiene) stellen und bei 180 Grad (Umluft: 160 Grad, Gas: Stufe 2) etwa 15 Minuten backen, bis er leicht gebräunt ist.

• Inzwischen für den Belag den Reis fein mahlen. Die Eier trennen. Orangenschale abreiben, Saft auspressen.

• Quark mit den Eigelben, saurer Sahne, Orangenschale und 2 Eßlöffeln ausgepreßtem Saft, Muskatblüte, Salz und Zuckerrohrgranulat oder Vollzucker verrühren.

• Eiweiß und Sahne getrennt steif schlagen und auf die Quarkcreme geben. Reis darüberstreuen. Mit dem Schneebesen mischen und auf dem Kuchenboden glattstreichen.

• Kuchen wieder in den Backofen schieben. Etwa 1 Stunde und 10 Minuten backen. Für die Garprobe die Form etwas rütteln. Wenn sich die Mitte des Kuchens nicht mehr bewegt, ist er gar.

• Kuchen herausnehmen und in der Form 10 Minuten stehenlassen. Mit einem Messer vom Rand der Form lockern und etwa 12 Stunden in den Kühlschrank stellen.

Dauert etwa 2 1/4 Stunden
Arbeiten müssen Sie etwa 1 Stunde
1 Stück = 436 kcal/ 172 mg Cholesterin
24 g Fett/ 16 g Eiweiß/ 35 g Kohlenhydrate

Zur Abwechslung

• **Den Kuchenboden mit Vollkornzwieback oder Vollkornkeksen zubereiten.**

• **Als Kuchenboden einen Mürbeteig aus 200 Gramm Weizenvollkornmehl oder feingemahlenem Dinkel, 50 Gramm Zucker, einer Prise Salz, abgeriebener Zitronenschale, 3 bis 4 Eßlöffeln kaltem Wasser und 100 Gramm weicher Butter oder Margarine kneten.**

• **Den Reis im Belag durch normale Speisestärke ersetzen.**

Sandkuchen

- Die Butter schmelzen, aber nicht bräunen und wieder lauwarm abkühlen lassen.
- Eier und Zuckerrohrgranulat mit den Quirlen des Handrührgerätes sehr schaumig rühren, bis die Masse hellbraun und locker ist. Vanille, Salz, Zitronenschale und Weinbrand unterrühren.
- Mehl, Reis und Backpulver mischen und abwechselnd mit der flüssigen Butter unter den Teig rühren.
- Eine Kastenform von 30 Zentimeter Länge fetten. Teig darin glattstreichen. Den Kuchen in den kalten Backofen (untere Schiene) stellen. Bei 180 Grad (Umluft: 160 Grad, Gas: Stufe 2) etwa 1 1/4 Stunden backen.
- Die Garprobe machen, Kuchen herausnehmen und nach etwa 10 Minuten so auf ein Kuchengitter geben, daß er mit der Wölbung nach oben liegt. Sandkuchen erkalten lassen.
- Die Glasur nach Packungsaufschrift schmelzen, den Sandkuchen damit überziehen.

Dauert etwa 1 3/4 Stunden
Arbeiten müssen Sie etwa 30 Minuten
1 Stück = 252 kcal/ 100 mg Cholesterin
17 g Fett/ 3 g Eiweiß/ 20 g Kohlenhydrate

Zur Abwechslung

- **Für Königskuchen zusätzlich je 50 Gramm gehacktes Zitronat und Orangeat, je 100 Gramm Rosinen und Korinthen, 75 Gramm grobgehackte Haselnußkerne und 2 Eßlöffel Rum mit Mehl und Butter unter den Teig mischen. In einer Kastenform etwa 1 1/2 Stunden backen. Nach dem Erkalten mit Puderzucker bestäuben.**
- **Für Mandeltorte das Mehl mit 25 Gramm Stärkemehl, 300 Gramm gemahlenen Mandeln, 75 Gramm feingehackter Schokolade und 1/2 Päckchen Backpulver mischen. Die Torte mit Schlagsahne, Kirschen, Erdbeeren und/oder Pfirsichstückchen oder einer beliebigen Creme füllen.**

Für 20 Stücke

250 g Butter
4 Eier
125 g Zuckerrohrgranulat
1 TL gemahlene Vanille
1 Prise Salz
abgeriebene Schale von
1/2 unbehandelten Zitrone
2 EL Weinbrand oder Zitronensaft
125 g Weizenvollkornmehl
125 g feingemahlener Naturreis
1 TL Backpulver
Fett für die Form
200 g Schokoladenglasur

Der feinste Rührkuchen ist der Sandkuchen: Flüssige Butter und reichlich Zitrusschale geben ihm ein zartes Aroma. Die Speisestärke ist hier durch feingemahlenen Reis ersetzt: Genau wie Stärke enthält Reis keinen Kleber und gibt dem Kuchen die lockere, »sandige« Krume.

Nußkuchen vom Blech

• Nüsse und Sonnenblumenkerne hacken. Orangen und Zitrone waschen und abtrocknen. Die Schale der Früchte rundherum dünn abschneiden und grob hacken. Eine Orange auspressen (den Saft der zweiten Orange und der Zitrone brauchen Sie zum Bestreichen des Kuchens). Die entkernten Datteln, die Pflaumen und die Aprikose fein hacken. Alle diese Zutaten mit Mehl, Kokosraspel, Kakaopulver und Backpulver vermischen.

• Weiche Butter und Zucker schaumig rühren. Nacheinander die Eier, den Orangensaft, Vanille, Zimt, Ingwer und Salz daruntermischen.

• Die Nuß-Mehl-Mischung in 2 oder 3 Portionen unterrühren. Zum Schluß die Milch untermischen.

• Den Teig auf einem gefetteten Backblech glattstreichen und in den kalten Backofen (mittlere Schiene) schieben. Bei 180 Grad (Umluft: 160 Grad, Gas: Stufe 2) etwa 40 Minuten backen, bis er leicht gebräunt ist.

• Inzwischen Sahne, Apfeldicksaft und Butter in einem Topf bei schwacher Hitze unter Rühren erwärmen, bis sich alles miteinander verbunden hat. Die zweite Orange und die Zitrone auspressen, Saft mischen.

• Zuerst die Saftmischung mit einem Teelöffel über dem heißen Kuchen verteilen. Den Kuchen nun mit der Sahnemischung bestreichen und auf dem Blech noch etwa 20 Minuten ruhenlassen. In Stücke schneiden, vom Blech lösen und auf einem Kuchengitter abkühlen lassen.

Dauert etwa 1 1/2 Stunden
Arbeiten müssen Sie etwa 1 Stunde
1 Stück = 237 kcal/ 56 mg Cholesterin
15 g Fett/ 5 g Eiweiß/ 19 g Kohlenhydrate

Obstdicksaft ...

... heißt auch Obstkraut und ist der sirupartig eingekochte Saft von Äpfeln oder Birnen; Rübenkraut wird aus Zuckerrüben hergestellt. Dicksäfte schmecken aromatischer und etwas weniger süß als Zucker. Sie passen zu kräftigen Süßspeisen und Kuchen mit Obst und Nüssen, zum Müsli und wie Honig zum Butterbrot als Aufstrich.

Pinienkuchen mit Anislikör

• Fein zerkleinerten Zwieback und Butter mit einer Gabel
verkneten. In eine gefettete Springform von 26 Zentimeter
Durchmesser drücken und einen etwa 1 Zentimeter hohen
Rand formen. Teigboden kühlen, bis der Belag fertig ist.
• Anissamen im Mörser zerreiben. Die Butter schmelzen.
• Honig mit Zucker, Ei, Anislikör, Anissamen, abgeriebener
Zitronenschale und ausgepreßtem Saft, Vanille, Bitterman-
delöl und Salz verrühren. Butter und Pinienkerne unter-
rühren. Belag auf dem Kuchenboden glattstreichen.
• Kuchen in den kalten Backofen (mittlere Schiene) stellen
und bei 200 Grad (Umluft: 180 Grad, Gas: Stufe 3) etwa
45 Minuten backen. In der Form auskühlen lassen.

Dauert etwa 1 1/4 Stunden
Arbeiten müssen Sie etwa 30 Minuten
1 Stück = 295 kcal/ 55 mg Cholesterin
18 g Fett/ 6 g Eiweiß/ 23 g Kohlenhydrate

Schmeckt mit Schlagsahne
und Obstsalat

Für 12 Stücke

Teig:
200 g Vollkornzwieback
80 g weiche Butter
Fett für die Form
Belag:
1 TL Anissamen
50 g Butter
100 g Honig
2 EL Zucker
1 Ei
4 cl Anislikör oder Weinbrand
1/2 unbehandelte Zitrone
1 TL gemahlene Vanille
einige Tropfen Bittermandelöl
1 Prise Salz
175 g Pinienkerne

Haselnußkuchen

• Mehl, Nüsse, Zucker, Fett, Eier, Salz, Vanillezucker, Zimt,
Orangensaft und abgeriebene Schale zum Teig verkneten.
• Teig in 2 Portionen teilen. Mit der ersten Portion eine
Springform von 26 Zentimeter Durchmesser auslegen. Den
Teigboden mit einer Gabel mehrmals einstechen und etwa
1 Stunde kühlen. Die zweite Portion zwischen zwei Blät-
tern Pergamentpapier zu einer Platte in Springformgröße
ausrollen und ebenfalls kühlen.
• Für die Füllung die Johannisbeerkonfitüre mit den Man-
deln vermischen und den Teigboden damit bestreichen.
Die Teigplatte auf den Teigboden legen, das Pergament-
papier dabei abziehen.
• Den Kuchen in den kalten Backofen (mittlere Schiene)
schieben. Bei 180 Grad (Umluft: 160 Grad, Gas: Stufe 2)
etwa 1 Stunde backen.
• Puderzucker mit Orangensaft glattrühren, den heißen
Kuchen damit bestreichen und abkühlen lassen.

Dauert etwa 2 1/2 Stunden
Arbeiten müssen Sie etwa 30 Minuten
1 Stück = 502 kcal/ 98 mg Cholesterin
32 g Fett/ 7 g Eiweiß/ 42 g Kohlenhydrate

Der Kuchen sollte vor dem
Anschneiden 1 Tag ruhen

Für 12 Stücke

Teig:
150 g Weizenvollkornmehl
300 g gemahlene Haselnußkerne
200 g Zucker
200 g weiche Butter oder
Margarine
2 Eier
1 Prise Salz
1 EL Vanillezucker
1 TL Zimt
1/2 Orange
Mehl für die Arbeitsfläche
Fett für die Form
Füllung:
125 g Johannisbeerkonfitüre
2 EL abgezogene, gehackte
Mandeln
60 g Puderzucker
2 EL Orangensaft

Hefeguglhupf

Für 20 Stücke

500 g Weizenvollkornmehl

1 Würfel Hefe (40 g)

300 ml lauwarme Milch

1 EL Zucker

50 g weiche Butter oder
Margarine

50 g Zartbitterschokolade

50 g Nußkerne

1 Prise Salz

1 TL gemahlene Vanille

50 g Rosinen

50 g gehacktes Orangeat

Fett und Mehl für die Form

Puderzucker zum Bestreuen

• Das Mehl in eine Schüssel geben. In die Mitte eine Mulde drücken. Hefe in die Mulde bröckeln, mit 6 Eßlöffeln Milch, Zucker und etwas Mehl vom Rand verrühren, bis sie sich aufgelöst hat. Vorteig zugedeckt bei Zimmertemperatur 15 Minuten ruhenlassen, bis er sichtbar aufgegangen ist.

• Die restliche Milch mit dem Fett erwärmen, bis das Fett darin geschmolzen ist. Schokolade und Nüsse hacken.

• Den Vorteig mit dem gesamten Mehl verrühren. Milchmischung, Salz und Vanille zugeben. Alles mit den Knethaken des Handrührgerätes 5 Minuten durchrühren, bis der Teig Blasen wirft und sich vom Schüsselrand löst. Zugedeckt bei Zimmertemperatur etwa 1 Stunde ruhenlassen, bis sich sein Volumen verdoppelt hat.

• Schokolade, Nüsse, Rosinen und Orangeat mischen und mit den Händen unter den aufgegangenen Teig kneten.

• Teig in eine gefettete, mit Mehl ausgestreute Napfkuchenform geben. Zugedeckt weitere 15 Minuten gehen lassen.

• Kuchen in den kalten Backofen (untere Schiene) stellen und bei 180 Grad (Umluft: 160 Grad, Gas: Stufe 2) etwa 1 Stunde backen. Eventuell nach 45 Minuten mit Alufolie abdecken, damit er nicht zu dunkel wird.

• Herausnehmen, in der Form 10 Minuten stehenlassen, auf ein Kuchengitter stürzen und gerade eben abgekühlt mit Puderzucker bestreut servieren.

Dauert etwa 2 Stunden
Arbeiten müssen Sie etwa 1 Stunde
1 Stück = 172 kcal/ 8 mg Cholesterin
6 g Fett/ 5 g Eiweiß/ 24 g Kohlenhydrate

Mehl in der Form ...

... brauchen Sie bei allen Kuchen, die aus einer Form gestürzt werden – aus einer Napfkuchen- oder Kranzform, aus Tassen oder Brocheförmchen. Denn das Mehl zeigt Ihnen, ob die Form auch gründlich gefettet ist: Wo es nicht haftet, ist auch kein Fett.

Weihnachtskuchen

• Die Trockenpflaumen fein zerkleinern. Mit Korinthen, Sultaninen, Rosinen, Zitronat und Orangeat und Whisky oder Weinbrand in einer Schüssel mischen und zugedeckt bei Zimmertemperatur 24 Stunden ziehen lassen.
• Am nächsten Tag für den Teig Mehl mit Mandeln und allen Gewürzen mischen. Butter mit Zuckerrohrgranulat schaumig rühren, bis alles ganz locker und hellbraun ist.
• Abwechselnd die Eier und portionsweise die Mehlmischung unterrühren. Zum Schluß die Fruchtmischung mit den Händen unterkneten.
• 2 Springformen von je 18 Zentimeter Durchmesser fetten und so mit Pergamentpapier auslegen, daß das Papier rundherum am Rand etwas übersteht. Teig in die Formen füllen. In die Mitte der Kuchen eine Mulde drücken, damit sie beim Backen flach bleiben.
• Den ersten Kuchen in den kalten Backofen schieben und bei 140 Grad (Gas: Stufe 1) 2 bis 2 1/2 Stunden backen. Den zweiten Kuchen etwa 2 Stunden backen. Im Umluftherd beide Kuchen einschieben und bei 135 Grad insgesamt etwa 2 1/2 Stunden backen.
• Kuchen herausnehmen, 1 Stunde in den Formen stehenlassen, stürzen und auf einem Kuchengitter ganz abkühlen lassen. Das Papier dabei nicht abziehen.
• Die Kuchen ganz in Pergament wickeln und in Blechdosen legen. Oder fest in Alufolie wickeln und bis zum Anschneiden in einem kühlen Raum, aber nicht im Kühlschrank aufheben.

Dauert etwa 4 Stunden
Arbeiten müssen Sie etwa 1 Stunde
1 Stück = 345 kcal/ 114 mg Cholesterin
14 g Fett/ 5 g Eiweiß/ 46 g Kohlenhydrate

Muß vor dem Anschneiden mindestens 1 Monat ruhen

Für 20 Stücke

100 g entsteinte Trockenpflaumen
400 g Korinthen
200 g Sultaninen
100 g Rosinen
100 g Zitronat und Orangeat gemischt
1/8 l Whisky oder Weinbrand
225 g Weizenvollkornmehl
60 g gemahlene Mandeln
1 gehäufter TL Ingwerpulver
1 TL Zimtpulver
1 TL gemahlene Nelken
1 TL gemahlener Koriander
1 TL gemahlenes Piment
225 g Butter
175 g Zuckerrohrgranulat
5 Eier
Fett für die Form

Der Kuchen schmeckt am besten, wenn Sie sich 2 Tage Zeit zum Vorbereiten und Backen nehmen: Die Früchte sollten richtig im Alkohol ziehen, der Kuchen muß bei kleiner Hitze langsam backen.

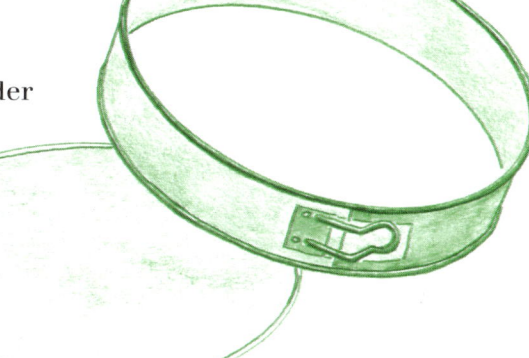

Napfkuchen

Für 20 Stücke

250 g weiche Butter
180 g Zucker
1 TL gemahlene Vanille
abgeriebene Schale von 1/2
Zitrone
4 EL Orangensaft
1 Prise Salz
4 Eier
500 g Weizenvollkornmehl
1 Päckchen Backpulver
ca. 1/4 l kaltes Wasser
Fett für die Form
Puderzucker zum Bestreuen

• Butter, Zucker, Vanille, Zitronenschale, Orangensaft und Salz mit den Quirlen des Handrührgerätes schaumig rühren. Eier nacheinander unterrühren. Mehl und Backpulver mischen und in 2 oder 3 Portionen darunterrühren. So viel Wasser untermischen, daß sich alles zu einem cremigen Teig verbindet, der in langen Zapfen von den Quirlen fällt.
• Eine Napfkuchenform von 24 Zentimeter Durchmesser sehr gut fetten und den Teig einfüllen. Kuchen in den kalten Backofen (untere Schiene) stellen und bei 180 Grad (Umluft: 150 Grad, Gas: Stufe 2) etwa 1 1/2 Stunden backen.
• Die Stäbchenprobe machen, den garen Napfkuchen herausnehmen und in der Form 10 Minuten stehenlassen. Auf ein Kuchengitter stürzen und erkalten lassen. Unmittelbar vor dem Servieren mit Puderzucker bestreuen.

Dauert etwa 2 Stunden
Arbeiten müssen Sie etwa 30 Minuten
1 Stück = 241 kcal/ 100 mg Cholesterin
13 g Fett/ 5 g Eiweiß/ 26 g Kohlenhydrate

Sesamkuchen

Für 16 Stücke

150 g weiche Butter
75 g Zuckerrohrgranulat
1 Prise Salz
4 Eier
350 g Magerquark
200 g Weizenvollkornmehl
200 g feingemahlener Dinkel
1/2 Päckchen Backpulver
Fett für die Form
350 g Fruchtaufstrich oder
beliebige Konfitüre
100 g Sesamsamen

Fruchtaufstriche aus Reformhaus oder Naturkostladen enthalten keinen Zucker, sondern meist Honig, Sirup, Vollzucker oder Zuckerrohrgranulat.

• Für den Teig Butter, Zuckerrohrgranulat, Salz, Vanille, Schale und Saft der Zitrone mit den Quirlen des Handrührgerätes schaumig rühren. Zuerst nacheinander die Eier, dann eßlöffelweise Quark darunterrühren.
• Die beiden Mehlsorten sieben und mit dem Backpulver mischen. Die Hälfte davon unter den Teig rühren. Etwa 2/3 des Teiges in eine gefettete Springform von 26 Zentimeter Durchmesser füllen und mit dem Fruchtaufstrich oder der Konfitüre bestreichen.
• Den Rest von Teig und Mehl und die Sesamsamen mit einer Gabel zu einer krümeligen Masse vermischen und über den Fruchtaufstrich streuen.
• Kuchen in den kalten Backofen (untere Schiene) stellen und bei 180 Grad (Umluft: 160 Grad, Gas: Stufe 2) etwa 1 1/4 Stunden backen.

Dauert etwa 2 Stunden
Arbeiten müssen Sie etwa 45 Minuten
1 Stück = 313 kcal/ 110 mg Cholesterin
14 g Fett/ 9 g Eiweiß/ 36 g Kohlenhydrate

Quarkhörnchen

• Mehl, Hefe, Zucker und Salz vermischen. Milch mit dem Fett erwärmen, bis es gerade eben geschmolzen ist. Quark, Ei und Orangenschale zugeben.

• Den Teig mit den Knethaken des Handrührgerätes etwa 5 Minuten durchrühren, bis er Blasen bildet und sich vom Schüsselrand löst. Zugedeckt bei Zimmertemperatur etwa 1 Stunde gehen lassen, bis sich das Volumen des Teiges verdoppelt hat.

• Die Arbeitsfläche mit Mehl bestäuben. Den Teig daraufgeben, mit den Händen noch einmal kräftig durchkneten und dabei die Rosinen unterkneten. Teig zu einer Rolle formen und in 15 Stücke schneiden.

• Jedes Stück zu einem Strang rollen und zu Hörnchen biegen. Hörnchen auf einem gefetteten Backblech zugedeckt weitere 15 Minuten gehen lassen.

• Butter schmelzen, aber nicht bräunen. Hörnchen mit etwa der Hälfte der Butter bestreichen, in den kalten Backofen (mittlere Schiene) schieben und bei 180 Grad (Umluft: 160 Grad, Gas: Stufe 2) etwa 25 Minuten backen. Nach der halben Backzeit erneut mit etwas Butter bestreichen und mit dem Zucker bestreuen.

Dauert etwa 2 Stunden 10 Minuten
Arbeiten müssen Sie etwa 1 Stunde 10 Minuten
1 Stück = 234 kcal/ 40 mg Cholesterin
7 g Fett/ 8 g Eiweiß/ 33 g Kohlenhydrate

Beschichtet ohne Fett?

Auch beschichtete Backbleche und Formen muß man fetten, damit sich Gebäck und Kuchen lösen lassen. Die Beschichtung erleichtert nur die Reinigung der Form.

Für 15 Stück

500 g Weizenvollkornmehl
1 Päckchen Trockenhefe
50 g Zucker
1 Prise Salz
3 EL Milch
50 g Butter oder Margarine
250 g Magerquark
1 Ei
abgeriebene Schale von
1 unbehandelten Orange
Mehl für die Arbeitsfläche
100 g Rosinen
Fett für das Blech
50 g Butter zum Bestreichen
2 EL Zucker zum Bestreuen

Am schnellsten geht der Hefeteig auf, wenn die Zutaten zimmerwarm sind. Deshalb Quark und Ei rechtzeitig aus dem Kühlschrank nehmen.

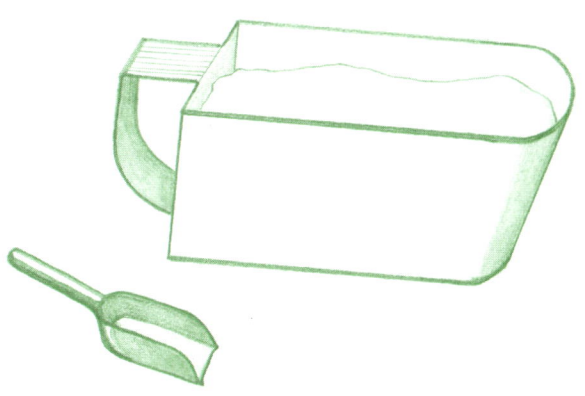

Kleckerkuchen

Für 20 Stücke

Teig:

500 g Weizenvollkornmehl

40 g frische Hefe

40 g Zuckerrohrgranulat

1/8 l Wasser

1/4 l Milch

60 g Butter

1 Ei

1/2 TL Salz

abgeriebene Schale von

1/2 unbehandelten Zitrone

Belag:

3/8 l Milch

200 g gemahlener Mohn

125 g Zuckerrohrgranulat

200 g Quark (40 %)

1 Ei

abgeriebene Schale und Saft von

1 unbehandelten Orange

200 g Pflaumenmus

100 g gemahlene Mandeln

1 TL Zimtpulver

Fett für das Backblech

• Für den Teig Mehl in eine Schüssel geben und in die Mitte eine Mulde drücken. Hefe in die Mulde krümeln. 1 Teelöffel Zuckerrohrgranulat darüberstreuen. Wasser und Milch lauwarm erwärmen und etwa 4 Eßlöffel davon über die Hefe geben. Alles mit etwas Mehl vom Rand verrühren, bis sich die Hefe aufgelöst hat und ein glatter Vorteig entstanden ist.

• Vorteig zugedeckt bei Zimmertemperatur etwa 15 Minuten ruhenlassen, bis er sichtbar aufgegangen ist.

• Inzwischen Butter in restlichem Wasser-Milch-Gemisch bei schwacher Hitze schmelzen. Diese Mischung, das restliche Zuckerrohrgranulat, Ei, Salz und Zitronenschale zum Teig geben und mit den Knethaken des Handrührgerätes etwa 10 Minuten rühren, bis der Teig Blasen bildet. Zugedeckt bei Zimmertemperatur etwa 50 Minuten gehen lassen, bis sich sein Volumen verdoppelt hat.

• Für den Mohnbelag die Milch aufkochen. Mohn und etwa 1/3 des Zuckerrohrgranulats einrühren und erneut aufkochen. Topf von der Kochstelle nehmen und den Mohn quellen lassen, bis die anderen Zutaten vorbereitet sind.

• Für den Quarkbelag den Quark mit Ei, Orangensaft, dem zweiten Drittel des Zuckerrohrgranulats und der Hälfte der Orangenschale verrühren.

• Für den dritten Belag das Pflaumenmus mit dem Rest von Zuckerrohrgranulat und Orangenschale und mit den Mandeln und dem Zimt mischen.

• Teig auf einem gefetteten Backblech ausrollen. Abwechselnd Mohn-, Quark- und Pflaumenbelag nebeneinander in kleinen Häufchen auf dem Teig verteilen.

• Kuchen in den kalten Backofen (mittlere Schiene) schieben und bei 180 Grad (Umluft: 160 Grad, Gas: Stufe 2) etwa 1 Stunde backen.

• Garprobe mit einem Holzstäbchen machen. Den fertigen Kuchen herausnehmen und 10 Minuten abkühlen lassen. In Stücke schneiden, vom Blech lösen und zum Erkalten auf ein Kuchengitter legen.

Dauert etwa 2 1/2 Stunden
Arbeiten müssen Sie etwa 1 1/2 Stunden
1 Stück = 296 kcal/ 49 mg Cholesterin
13 g Fett/ 9 g Eiweiß/ 33 g Kohlenhydrate

Grießkuchen mit Johannisbeeren

• Milch mit Salz zum Kochen bringen. Grieß zugeben, aufkochen und von der Kochstelle nehmen. Unter häufigem Rühren 10 Minuten quellen und abkühlen lassen. Eier trennen. Beeren waschen und von den Stielen streifen.
• Für den Teig Butter, Granulat, Vanille, Zitronenschale und Saft schaumig rühren. Die Eigelbe nacheinander unterrühren. Grießbrei und Quark eßlöffelweise untermischen.
• Beeren auf den Teig geben. Eiweiß steif schlagen und auf die Beeren geben. Mehl und Backpulver gemischt daraufsieben und alles mischen.
• Teig in einer gefetteten Springform von 26 Zentimeter Durchmesser glattstreichen, in den kalten Backofen (mittlere Schiene) stellen und bei 180 Grad (Umluft: 160 Grad, Gas: Stufe 2) etwa 1 1/4 Stunden backen.
• Den Kuchen nach dem Abkühlen aus der Form lösen.

Für 12 Stücke

3/8 l Milch
1 Prise Salz
100 g Weizenvollkorngrieß
3 Eier
750 g rote und schwarze Johannisbeeren gemischt
50 g weiche Butter
125 g Zuckerrohrgranulat
1 TL gemahlene Vanille
abgeriebene Schale und Saft von 1/2 unbehandelten Zitrone
300 g Magerquark
50 g Weizenvollkornmehl
1 TL Backpulver
Fett für die Form

Dauert etwa 2 1/2 Stunden
Arbeiten müssen Sie etwa 1 1/4 Stunden
1 Stück = 213 kcal/ 101 mg Cholesterin
7 g Fett/ 8 g Eiweiß/ 27 g Kohlenhydrate

Kirschkuchen

• Die Kirschen waschen, abzupfen und entsteinen.
• Butter, Zuckerrohrgranulat, Vanille, Salz, abgeriebene Zitronenschale und ausgepreßten Zitronensaft mit den Quirlen des Handrührgerätes schaumig rühren.
• Eier nacheinander unterrühren. Weizenmehl, Maismehl und Backpulver gemischt darübersieben und unterrühren.
• Eine Springform von 26 Zentimeter Durchmesser fetten. Den Teig darin glattstreichen. Kirschen darauf verteilen.
• Kuchen in den kalten Backofen (untere Schiene) stellen und bei 180 Grad (Umluft: 160 Grad, Gas: Stufe 2) etwa 50 Minuten backen.
• Den garen Kuchen herausnehmen und in der Form etwa 10 Minuten stehenlassen. Herauslösen und auf einem Kuchengitter abkühlen lassen. Mit Puderzucker bestreuen.

Für 20 Stücke

750 g Sauerkirschen
200 g weiche Butter oder Margarine
150 g Zuckerrohrgranulat
1 TL gemahlene Vanille
1 Prise Salz
1/2 unbehandelte Zitrone
3 Eier (ca. 200 g)
100 g Weizenvollkornmehl
100 g Maismehl
1 Prise Backpulver
Fett für die Form
Puderzucker zum Bestreuen

Dauert etwa 1 1/2 Stunden
Arbeiten müssen Sie etwa 40 Minuten
1 Stück = 182 kcal/ 76 mg Cholesterin
10 g Fett/ 3 g Eiweiß/ 19 g Kohlenhydrate

Ananaskuchen mit Zimtcreme und Nußstreuseln

Für 20 Stücke

Teig:
250 g Tofu
10 EL Milch (150 ml)
10 EL Öl (100 g)
75 g Zuckerrohrgranulat
450 g Weizenvollkornmehl
1/2 Päckchen Backpulver
Fett für das Backblech

Creme:
3/8 l Milch
1 Prise Salz
2 Eier
25 g Zuckerrohrgranulat
50 g Weizenvollkornmehl
abgeriebene Schale von
1/2 unbehandelten Orange
Saft von 1 Orange
2 TL Zimtpulver
1/4 TL Ingwerpulver
150 g süße Sahne

Streusel:
100 g Butter
100 g gemahlene Haselnußkerne
75 g feingemahlener Grünkern
75 g Zuckerrohrgranulat
1 TL gemahlene Vanille

Belag:
1 Ananas (ca. 1,2 kg)
100 g entsteinte
Trockenpflaumen
Saft von 1/2 Orange

• Für den Teig Tofu mit Milch pürieren. Püree, Öl, Zuckerrohrgranulat und die Hälfte des Mehls mit den Knethaken des Handrührgerätes verrühren. Restliches Mehl mit dem Backpulver mischen und mit den Händen unter den Teig kneten. Ein gefettetes Backblech mit dem Teig auslegen.

• Für die Zimtcreme Milch mit Salz bis knapp unter den Siedepunkt erhitzen. Eier mit Granulat in einem anderen Topf zu einer dicken Creme aufschlagen. Mehl untermischen. Milch unter ständigem Schlagen dazugeben und Masse aufkochen, bis sie dick wie Pudding ist.

• Creme von der Kochstelle nehmen und unter häufigem Umrühren abkühlen lassen. Zuerst Orangenschale und Saft, Zimt- und Ingwerpulver, dann die steif geschlagene Sahne unterziehen. Auf den Teigboden streichen.

• Für die Streusel Butter schmelzen. Nüsse, Grünkern, Zuckerrohrgranulat und Vanille mischen. Butter darüberträufeln und alles mit einer Gabel zu Streuseln verkneten.

• Für den Belag die Ananas in Scheiben schneiden, schälen und in kleine Würfel schneiden. Pflaumen fein zerkleinern, mit Ananas und Orangensaft mischen. Auf der Creme verteilen und mit Streuseln bestreuen.

• Kuchen in den kalten Backofen (mittlere Schiene) schieben und bei 180 Grad (Umluft: 160 Grad, Gas: Stufe 2) etwa 1 Stunde backen.

• Herausnehmen, auf dem Blech etwa 10 Minuten ruhenlassen, in 20 Stücke schneiden und zum Abkühlen auf ein Kuchengitter legen.

Dauert etwa 3 Stunden
1 Stück = 346 kcal/ 58 mg Cholesterin
18 g Fett/ 7 g Eiweiß/ 37 g Kohlenhydrate

Das Blech mit Teig auslegen

Am besten geht es so: Den Teigkloß in die Mitte des Bleches legen und zuerst mit dem Nudelholz so gut wie möglich ausrollen. Nun mit Handballen und Fingerspitzen auch an die Kanten und in die Ecken des Bleches drücken.

Kuchenschalen mit Beerensahne

• Butter, Puderzucker, Vanillezucker, Salz, Ei und Mehl mit den Quirlen des Handrührgerätes zu einem glatten Teig verrühren. So viel Milch unterrühren, daß sich der Teig gut verstreichen läßt, aber nicht flüssig ist.
• 2 Backbleche fetten und mit Mehl bestäuben. 2 Teigkreise von etwa 16 Zentimeter Durchmesser auf das eine Blech streichen. Blech in den kalten Backofen (mittlere Schiene) schieben. Teigkreise bei 200 Grad (Umluft: 180 Grad, Gas: Stufe 3) in etwa 20 Minuten goldbraun backen. Vom Blech lösen und über einem Glas formen.
• Die zweite Portion Teig auf dem zweiten, die dritte auf dem abgekühlten ersten Blech backen.
• Für die Füllung Himbeeren verlesen. Einige Früchte zum Garnieren beiseite legen. Den Rest zerdrücken.
• Sahne mit Vanillezucker steif schlagen. Zerdrückte Beeren damit mischen und in die kalten Kuchenschalen füllen. Schalen mit den Himbeeren garniert sofort servieren.

Dauert etwa 1 Stunde 50 Minuten
Arbeiten müssen Sie etwa 1 Stunde
1 Stück = 326 kcal/ 115 mg Cholesterin
21 g Fett/ 5 g Eiweiß/ 29 g Kohlenhydrate

Für 6 Stück

Teig:
50 g weiche Butter
50 g Puderzucker
1/4 TL Vanillezucker
1 Prise Salz
1 mittelgroßes Ei
100 g Mehl
1–2 EL Milch
Fett und Mehl für das Blech

Füllung:
200 g frische Himbeeren oder Erdbeeren
200 g süße Sahne
2 EL Vanillezucker

Wichtig
Die gebackenen Teigkreise muß man sehr rasch ablösen und formen, denn nur heiß sind sie biegsam genug. Beim Abkühlen werden sie knusprig.

Bananenkuchen

• Geschälte Bananen mit Zitronensaft fein zerdrücken. Eier trennen. Eiweiß mit Zucker steif schlagen. Die Eigelbe und Joghurt unterrühren.
• Mehl mit Nüssen, Schokolade und Backpulver mischen. Abwechselnd mit dem Bananenmus unter den Teig ziehen.
• Den Teig in eine gefettete, mit Pergamentpapier ausgelegte Springform von 26 Zentimeter Durchmesser füllen, in den kalten Backofen (untere Schiene) schieben und bei 180 Grad (Umluft: 160 Grad, Gas: Stufe 2) etwa 45 Minuten backen. Garen Kuchen 10 Minuten in der Form ruhenlassen. Zum Abkühlen auf ein Kuchengitter legen.

Dauert etwa 1 1/4 Stunden
Arbeiten müssen Sie etwa 30 Minuten
1 Stück = 242 kcal/ 116 mg Cholesterin
14 g Fett/ 7 g Eiweiß/ 21 g Kohlenhydrate

Schmeckt gut mit Schlagsahne und/oder Eis

Für 12 Stücke

2 reife Bananen
1 Zitrone
4 mittelgroße Eier
100 g Zucker
2 EL Magerjoghurt
100 g Weizenvollkornmehl
200 g gemahlene Haselnußkerne
4 EL Raspelschokolade
1 TL Backpulver

Gedeckter Apfelkuchen

Für 12 Stücke

Teig:
250 g Weizenvollkornmehl
100 g Zucker
etwas unbehandelte
Zitronenschale
1 Prise Salz
1 Ei
2 EL kaltes Wasser
100 g weiche Butter

Füllung:
800 g säuerliche Äpfel
50 g Zucker
2 EL Wasser
Saft von 1/2 Zitrone
1 Stück unbehandelte
Zitronenschale
100 g abgezogene Mandeln
100 g Rosinen
1 TL Zimtpulver
1 Prise gemahlene Nelken

zum Bestreichen:
1 Eigelb
1 EL Milch
Puderzucker zum Bestreuen

Nehmen Sie Gravensteiner, Boskoop- oder Cox-Orange-Äpfel für den Kuchen. Alle diese Sorten schmecken säuerlich aromatisch und werden beim Kochen weich, aber nicht zu Mus.

• Für den Teig Mehl, Zucker, Zitronenschale, Salz, Ei, Wasser und Butter in einer Schüssel vermischen, bis alles krümelig ist. Auf der Arbeitsfläche mit den Händen rasch zu einem glatten Teig zusammenkneten. Falls der Teig nicht bindet, tropfenweise kaltes Wasser unterkneten.
• Eine Springform von 26 Zentimeter Durchmesser mit 2/3 des Teiges auskleiden und einen 3 Zentimeter hohen Rand hochdrücken. Teigboden 1 Stunde kühlen.
• Den Rest des Teiges zwischen 2 Blättern Pergamentpapier zu einer dünnen Platte ausrollen, die etwas größer als die Springform sein soll. Platte mit dem Pergament ebenfalls kühlen.
• Für die Füllung Äpfel vierteln, schälen und vom Kerngehäuse befreien. Mit Zucker, Wasser, Zitronensaft und Zitronenschale in einem Topf aufkochen und zugedeckt 10 Minuten dünsten.
• Zitronenschale herausnehmen, Äpfel grob zerdrücken. Mandeln, Rosinen, Zimt und Nelken untermischen. Die Füllung lauwarm abkühlen lassen.
• Teigboden in den kalten Backofen (mittlere Schiene) stellen und bei 200 Grad (Umluft: 180 Grad, Gas: Stufe 4) 10 Minuten vorbacken.
• Füllung auf dem Teigboden verteilen. Teigplatte ohne das Pergament darauflegen und rundherum am Rand festdrücken. Eigelb mit Milch verrühren, Kuchen damit bestreichen und bei 180 Grad (Umluft: 160 Grad, Gas: Stufe 3) in etwa 35 Minuten fertigbacken.
• Kuchen etwa 20 Minuten in der Form stehenlassen, herauslösen und auf einem Kuchengitter abkühlen lassen. Mit Puderzucker bestreut servieren.

Dauert etwa 1 3/4 Stunden
Arbeiten müssen Sie etwa 1 Stunde
1 Stück = 315 kcal/ 84 mg Cholesterin
13 g Fett/ 6 g Eiweiß/ 42 g Kohlenhydrate

Beim Ausrollen ...
... bleibt Pergamentpapier auf der Arbeitsfläche gut haften, wenn man ein feuchtes Tuch unterlegt.

Birnenkuchen

• Butter, Granulat, alle Gewürze, Salz, Zitronenschale und Saft schaumig rühren. Eier nacheinander darunterrühren.
• Mehl mit Nüssen und Backpulver gemischt hinzufügen. So viel Milch darunterrühren, daß sich alle Zutaten zu einem cremigen Teig verbinden, der in langen Zapfen vom Rührgerät fällt. In einer gefetteten Springform von 26 Zentimeter Durchmesser glattstreichen.
• Die Birnen halbieren, schälen, vom Kerngehäuse befreien und mit der Höhlung nach unten auf den Teig legen. Den Zitronensaft mit dem Birnenkraut verrühren und die Birnen damit bestreichen.
• Kuchen in den kalten Backofen (untere Schiene) stellen und bei 180 Grad (Umluft: 160 Grad, Gas: Stufe 2) etwa 1 1/2 Stunden backen. Eventuell mit Alufolie abdecken.

Dauert etwa 2 Stunden 10 Minuten
Arbeiten müssen Sie etwa 40 Minuten
1 Stück = 264 kcal/ 89 mg Cholesterin
16 g Fett/ 5 g Eiweiß/ 24 g Kohlenhydrate

Für 12 Stücke

150 g weiche Butter
100 g Zuckerrohrgranulat
je 1 TL gemahlene Vanille, Zimt- und Ingwerpulver
je 1/2 TL gemahlenes Piment und Macis (Muskatblüte)
1 Prise Salz
abgeriebene Schale und Saft von 1/2 unbehandelten Zitrone
2 Eier
100 g Weizenvollkornmehl
75 g gemahlene Erdnußkerne
1 TL Backpulver
ca. 5 EL Milch (ca. 75 ml)
Fett für die Form
750 g feste, saftige Birnen
Saft von 1 kleinen Zitrone
50 g Birnenkraut

Zwetschenkuchen mit Streuseln

• Für den Teig Schichtkäse, Milch, Öl, Zucker und die Hälfte des Dinkels verrühren. Restlichen Dinkel mit Zimt und Backpulver gemischt unterkneten. Ein gefettetes Backblech mit dem Teig auskleiden.
• Quark, Crème fraîche, 1 Eßlöffel Zucker und Zimt verrühren. Auf den Teigboden streichen und mit den halbierten, entsteinten Zwetschen belegen.
• Für die Streusel die Butter schmelzen. Mehl und den Rest des Zuckers in einer Schüssel mischen. Flüssige Butter zugießen, alles mit einer Gabel zu Streuseln verarbeiten und auf den Zwetschen verteilen.
• Kuchen in den kalten Backofen (mittlere Schiene) schieben und bei 180 Grad (Umluft: 160 Grad, Gas: Stufe 2) etwa 50 Minuten backen, bis sich die Streusel bräunlich färben.

Dauert etwa 2 Stunden
Arbeiten müssen Sie etwa 1 Stunde 10 Minuten
1 Stück = 319 kcal/ 30 mg Cholesterin
16 g Fett/ 7 g Eiweiß/ 35 g Kohlenhydrate

Für 20 Stücke

Teig:
250 g Schichtkäse
10 EL Milch (150 g)
10 EL Öl (100 g)
75 g Zucker
450 g feingemahlener Dinkel
1 TL Zimtpulver
1/2 Päckchen Backpulver
Fett für das Backblech
Belag und Streusel:
250 g Quark (20 %)
200 g Crème fraîche
100 g Zucker
1,5 kg Zwetschen
1 TL Zimtpulver
125 g Butter
175 g Weizenvollkornmehl

Nußkranz

Für 20 Stücke
Hefeteig:
400 g Weizenvollkornmehl
1/2 Päckchen Trockenhefe
1 EL Zucker
180 ml lauwarme Milch
150 g Butter oder Margarine
2 Eigelbe
abgeriebene Schale und Saft
von 1 unbehandelten Zitrone
Füllung:
200 g gemahlene Haselnußkerne
100 g Zucker
1 EL Vanillezucker
5 EL Schlagsahne
1 TL Zimtpulver
2 Eiweiße
25 g Butter
Mehl zum Ausrollen
Fett für die Form
100 g Aprikosenkonfitüre
2 EL Aprikosenlikör oder
Apfelsaft

Der klassische Hefekuchen mit feiner Füllung ist wandlungsfähig: Statt Nüssen schmecken Konfitüre, Rosinen und Mandeln oder gemahlener Mohn, mit Butter und Milch zu einem streichfähigen Brei gekocht.

• Mehl, Hefe, Zucker und Salz vermischen. Milch mit dem Fett erwärmen, bis es gerade eben geschmolzen ist. Eigelb und reichlich abgeriebene Zitronenschale zugeben.
• Den Teig mit den Knethaken des Handrührgerätes etwa 5 Minuten durchrühren, bis er Blasen bildet und sich vom Schüsselrand löst. Zugedeckt bei Zimmertemperatur etwa 1 Stunde gehen lassen, bis sich das Volumen des Teiges etwa verdoppelt hat.
• Inzwischen für die Füllung Nüsse, Zucker, Vanillezucker, Sahne, restliche Zitronenschale, 3 Eßlöffel Zitronensaft, Zimt und steif geschlagenes Eiweiß zu einer streichfähigen Paste vermischen.
• Butter zerlassen. Ein Küchentuch mit Mehl bestreuen, Teig darauf mit den Händen noch einmal kräftig durchkneten. Mit den Handballen zu einer Platte auseinanderdrücken, mit wenig Mehl bestreuen und knapp fingerdick zu einem Rechteck ausrollen.
• Teig mit flüssiger Butter bestreichen. Nußfüllung darauf verteilen, Teigplatte mit Hilfe des Küchentuchs aufrollen, hochheben und in eine gefettete Kranzform gleiten lassen. Nußkranz zugedeckt weitere 15 Minuten gehen lassen.
• Nußkranz mit Butter bestreichen, in den kalten Backofen (mittlere Schiene) stellen und bei 160 Grad (Umluft: 150 Grad, Gas: Stufe 1) etwa 40 Minuten backen, dabei nach etwa der Hälfte der Backzeit mit der restlichen Butter bestreichen.
• Aprikosenkonfitüre mit dem Likör oder Saft verrühren. Den heißen Nußkranz damit bestreichen.

Dauert etwa 1 1/2 Stunden
Arbeiten müssen Sie etwa 50 Minuten
1 Stück = 278 kcal/ 66 mg Cholesterin
16 g Fett/ 5 g Eiweiß/ 25 g Kohlenhydrate

Der schöne Glanz
Hefegebäck bekommt appetitlichen Glanz, wenn man es mit Milch, Sahne, Butter und/oder verquirltem Eigelb bestreicht, sobald es sich zartbraun färbt. Nach dem Backen gibt Honig oder Sirup, vermischt mit flüssiger Butter, schönen Glanz.

Gefüllte Hefeschnecken

• Mehl in eine Schüssel geben. In die Mitte eine Mulde drücken. Darin die zerbröckelte Hefe mit 2 Eßlöffeln lauwarmer Milch, 1 Teelöffel Zucker und etwas Mehl vom Rand verrühren. Diesen Vorteig zugedeckt bei Zimmertemperatur 15 Minuten ruhenlassen.

• Butter in der restlichen Milch schmelzen lassen. Vorteig mit dem gesamten Mehl verrühren. Milchmischung, Salz, Eier und Zitronenschale zugeben. Mit den Knethaken des Handrührgerätes etwa 5 Minuten durchrühren, bis der Teig Blasen bildet und sich vom Schüsselrand löst. Zugedeckt etwa 1 Stunde gehen lassen, bis sich sein Volumen etwa verdoppelt hat.

• Inzwischen für die Füllung das Puddingpulver mit 3 Eßlöffeln Milch glattrühren. Die restliche Milch mit dem Zucker aufkochen. Pudding einrühren und aufkochen, bis er dick ist. Unter häufigem Umrühren abkühlen lassen. Das Ei und 3 Eßlöffel Sahne daruntermischen.

• Butter mit Nüssen, Honig und der restlichen Sahne in einem Topf unter Rühren aufkochen und abkühlen lassen.

• Arbeitsfläche mit Mehl bestäuben. Den Teig darauf mit der bemehlten Nudelrolle zu einer Platte von etwa 1/2 Zentimeter Dicke ausrollen und mit der Nußmischung bestreichen. Die Platte von der breiten Seite her aufrollen und in 12 Scheiben schneiden. Teigscheiben auf ein gefettetes Backblech legen und zugedeckt 15 Minuten gehen lassen.

• Äpfel vierteln, schälen, vom Kerngehäuse befreien, grob raspeln und mit dem Zitronensaft vermischen. Die Teigscheiben in der Mitte mit einem Löffel etwas eindrücken. Die Vanillecreme und die Apfelraspel in die Mulden füllen.

• Hefeschnecken in den kalten Backofen (mittlere Schiene) schieben. Bei 200 Grad (Umluft: 180 Grad, Gas: Stufe 3) etwa 25 Minuten backen.

Dauert etwa 2 1/4 Stunden
Arbeiten müssen Sie etwa 1 Stunde
1 Stück = 351 kcal/ 121 mg Cholesterin
20 g Fett/ 8 g Eiweiß/ 33 g Kohlenhydrate

Nach dem Gehen
Die Oberfläche eines gut aufgegangenen Hefeteiges ist glatt; die lockere Struktur erkennen Sie an den unterschiedlich großen Poren.

Schmecken gerade eben abgekühlt am besten

Für 12 Stück

Teig:
300 g Weizenvollkornmehl
1/2 Würfel Hefe (ca. 20 g)
200 ml Milch
30 g Zucker
75 g Butter
1 Prise Salz
2 zimmerwarme Eier
abgeriebene Schale von
1/2 unbehandelten Zitrone
Mehl zum Ausrollen

Füllung:
1/2 Päckchen Vanille-puddingpulver
200 ml Milch
1 EL Zucker
1 kleines Ei
5 EL süße Sahne
50 g Butter
100 g gehackte Haselnußkerne
50 g Honig
500 g säuerliche Äpfel
2 EL Zitronensaft
Fett für das Blech

Gefüllt sind die Schnecken mit einer Mischung aus Nüssen, Honig und Butter, belegt werden sie mit Vanillecreme und geraspelten Äpfeln.

Zwetschentorte mit Hirse

Für 12 Stücke

Teig:

200 g Weizenvollkornmehl

50 g Zucker

abgeriebene Schale von

1/2 unbehandelten Zitrone

1 Prise Salz

4 EL kaltes Wasser

100 g weiche Butter

Belag:

125 g Hirse

3/8 l Milch

75 g Zucker

1 EL Vanillezucker

abgeriebene Schale und Saft von

1/2 unbehandelten Zitrone

1 EL Sauerkirschkonfitüre

800 g Zwetschen

2 Eier

200 g süße Sahne

• Mehl, Zucker, Zitronenschale, Salz, Wasser und Butter vermischen und zu einem Mürbeteig kneten.

• Eine Springform von 26 Zentimeter Durchmesser mit dem Teig auskleiden, dabei einen etwa 3 Zentimeter hohen Rand formen. Den Teigboden einstechen und kühlen, bis der Belag zubereitet ist.

• Die Hirse mit Milch, Zucker, Vanillezucker und Zitronenschale aufkochen und zugedeckt bei schwacher Hitze 30 Minuten garen. Zitronensaft und Konfitüre daruntermischen. Die Zwetschen waschen, halbieren, entsteinen und in kleine Stücke schneiden.

• Tortenboden in den kalten Backofen (mittlere Schiene) stellen und bei 200 Grad (Umluft: 180 Grad, Gas: Stufe 3) 10 Minuten vorbacken.

• Die Eier trennen. Eigelb unter die Hirse rühren. Eiweiß und Sahne getrennt steif schlagen und unterziehen. Zum Schluß die Hälfte der Zwetschenstücke untermischen.

• Den Rest der Zwetschenstücke auf den Teigboden legen. Den Hirsebrei darüber verteilen. Torte bei 180 Grad (Umluft: 160 Grad, Gas: Stufe 2) in etwa 50 Minuten fertigbacken.

Dauert etwa 2 Stunden
Arbeiten müssen Sie etwa 1 Stunde
1 Stück = 326 kcal/ 100 mg Cholesterin
15 g Fett/ 6 g Eiweiß/ 39 g Kohlenhydrate

Teig erst formen, dann kühlen

Es geht viel einfacher, Mürbeteig in die Form zu drücken oder auszurollen, solange er noch weich ist. Gekühlt wird er dann in der Form. Kalter Teig ist sehr fest und müßte zum Formen erst wieder Zimmertemperatur annehmen.

Das Kaltstellen des Teiges ist aber sehr wichtig: Dabei erstarren die feinen Fettklümpchen im Teig und machen ihn beim Backen locker und knusprig. Das dauert etwa 1 Stunde. Sie können einen Kuchenboden oder geformtes Mürbeteiggebäck aber auch bis zu 12 Stunden im Kühlschrank stehenlassen.

Apfeltorte mit Orangenlikör

• Dinkel, Zuckerrohrgranulat oder Vollzucker, Zitronen-schale, Salz, Wasser und Butter mischen und zu einem glatten Mürbeteig kneten.
• Eine Springform von 26 Zentimeter Durchmesser damit auskleiden, dabei einen etwa 3 Zentimeter hohen Rand formen. Den Teigboden mehrmals einstechen und kühlen, bis der Belag vorbereitet ist.
• Butter schmelzen. Mandeln darin bei schwacher Hitze goldbraun rösten. In einer Schüssel mit Zuckerrohrgranu-lat oder Vollzucker, Vanille und Zimt mischen.
• Die Äpfel vierteln, schälen, vom Kerngehäuse befreien und in Stücke schneiden. Ingwer schälen und fein reiben. Zitronenschale abreiben, Saft auspressen. Alles mit den Äpfeln mischen.
• Teigboden in den kalten Backofen (mittlere Schiene) stellen und bei 200 Grad (Umluft: 180 Grad, Gas: Stufe 4) 10 Minuten vorbacken. Mandelmischung und Äpfel darauf verteilen. Torte in etwa 45 Minuten fertigbacken.
• Den Apfeldicksaft leicht erwärmen, mit Orangenlikör verrühren und auf den heißen Kuchen streichen.

Dauert etwa 1 3/4 Stunden
Arbeiten müssen Sie etwa 1 1/4 Stunden
1 Stück = 275 kcal/ 24 mg Cholesterin
14 g Fett/ 4 g Eiweiß/ 31 g Kohlenhydrate

Die Form mit Teig auskleiden

Dazu brauchen Sie den Teig nicht unbedingt auszurollen. Es geht auch so: Den Teigkloß in die Mitte der Springform legen und mit dem Handballen flach drücken. Nun mit den Fingerspitzen auseinanderdrücken, bis er den Boden der Form ganz bedeckt. Schließlich mit dem Daumen rund-herum einen etwa 3 Zentimeter hohen Rand hochdrücken.

Zur Abwechslung
• **Torte mit Zwetschen, Birnen oder Apriko-sen zubereiten.**
• **Statt Apfelkraut und Orangenlikör je 3 Eßlöffel Ahornsirup und süße Sahne nehmen.**

Schmeckt mit Schlagsahne oder Vanilleeis

Für 12 Stücke	
Teig:	
200 g feingemahlener Dinkel	
50 g Zuckerrohrgranulat oder Vollzucker	
abgeriebene Schale von 1/2 Zitrone	
1 Prise Salz	
3–4 EL kaltes Wasser	
100 g weiche Butter	
Belag:	
1 EL Butter	
100 g gemahlene Mandeln	
50 g Zuckerrohrgranulat oder Vollzucker	
1 TL gemahlene Vanille	
1 TL Zimtpulver	
750 g säuerliche Äpfel (Cox Orange oder Boskoop)	
1 Stück frische Ingwerwurzel (ca. 1 cm lang)	
1/2 unbehandelte Zitrone	
50 g Apfeldicksaft	
5 EL Orangenlikör	

Die Torte müssen Sie nach etwa 30 Minuten Backzeit mit Alufolie abdecken, sonst wird der Belag zu dunkel.

Die Torte schmeckt warm
oder kalt

Für 6 Stücke
300 g Vollkorn-Tiefkühl-blätterteig
Mehl für die Arbeitsfläche
Belag:
100 g süße Sahne
2 Eigelbe
50 g Zucker
1 Prise gemahlene Vanille
1 TL Orangenlikör
1 EL Mehl
3 reife Pfirsiche
20 g ungesalzene Pistazienkerne
1 EL Aprikosenkonfitüre

Pfirsichtorte mit Pistazien

• Blätterteigplatten auftauen lassen. Auf Mehl zu einem Viereck legen, zu einem Quadrat von etwa 30 Zentimetern ausrollen und auf ein kalt abgespültes Backblech legen. Die Teigränder nach innen schlagen.

• Für die Creme Sahne, Eigelb, Zucker, Vanille, Likör und Mehl bei mittlerer Hitze aufkochen, dabei mit den Quirlen des Handrührgerätes rühren. Die Pfirsiche mit kochendem Wasser übergießen, abziehen, halbieren und entsteinen.

• Kalte Creme auf den Teigboden streichen, mit Pfirsichen belegen und mit Pistazien bestreuen.

• Kuchen in den kalten Backofen (mittlere Schiene) schieben und bei 200 Grad (Umluft: 180 Grad, Gas: Stufe 3) etwa 30 Minuten backen. Heiß mit Konfitüre bestreichen.

Dauert etwa 1 1/4 Stunden
Arbeiten müssen Sie etwa 45 Minuten
1 Stück = 390 kcal/ 216 mg Cholesterin
23 g Fett/ 6 g Eiweiß/ 38 g Kohlenhydrate

Der Teig muß 1 1/2 Stunden
ruhen

Für 12 Stücke
Teig:
200 g Weizenvollkornmehl
50 g Zuckerrohrgranulat oder Vollzucker
1 Prise Salz
abgeriebene Schale von 1/2 unbehandelten Zitrone
1 Ei
100 g weiche Butter
1–2 EL kaltes Wasser
Pergamentpapier und ca. 150 g beliebige Hülsenfrüchte
Belag:
500 g reife Pfirsiche
250 g Tofu
1 EL Honig
1 EL Zitronensaft
200 g süße Sahne
600 g Erdbeeren

Erdbeertorte mit Pfirsichcreme

• Mehl, Granulat oder Vollzucker, Salz, Zitronenschale, Ei, Butter und 1 Eßlöffel Wasser zu einem glatten Teig kneten. Falls er zu trocken ist, das restliche Wasser unterkneten.

• Springform von 26 Zentimeter Durchmesser damit auskleiden, dabei einen 3 Zentimeter hohen Rand formen. Teigboden einstechen und 30 Minuten kühlen.

• Den Teigboden zum Blindbacken mit Pergamentpapier und Hülsenfrüchten füllen, in den kalten Backofen (mittlere Schiene) schieben und bei 180 Grad (Umluft: 160 Grad, Gas: Stufe 2) etwa 40 Minuten backen. Das Pergamentpapier mit den Hülsenfrüchten entfernen.

• Pfirsiche mit kochendem Wasser übergießen, abziehen, halbieren, entsteinen und mit Tofu, Honig und Zitronensaft pürieren. Steif geschlagene Sahne unterziehen.

• Die Creme auf den kalten Kuchenboden streichen und mit den Erdbeeren belegen.

Dauert etwa 1 1/2 Stunden
Arbeiten müssen Sie etwa 1 Stunde
1 Stück = 249 kcal/ 67 mg Cholesterin
14 g Fett/ 5 g Eiweiß/ 24 g Kohlenhydrate

Cremetorte mit Obst

• Die Eier trennen. Eiweiß mit Wasser und Salz mit den Quirlen des Handrührgerätes halb steif schlagen. Zucker zugeben, Eischnee aufschlagen, bis er steif und cremig ist.

• Die Eigelbe nacheinander unterrühren, bis die Creme gleichmäßig gelb ist. Mehl mit gemahlenem Reis und Backpulver vermischen, sieben, auf die Eiercreme streuen und mit einem Schneebesen unterrühren.

• Eine Springform von 26 Zentimeter Durchmesser fetten. Den Boden der Form mit Pergamentpapier auslegen (siehe Seite 366). Den Biskuitteig darin glattstreichen.

• Tortenboden in den kalten Backofen (untere Schiene) stellen und bei 180 Grad (Umluft: 160 Grad, Gas: Stufe 2) etwa 40 Minuten backen. Garprobe machen, Tortenboden herausnehmen, nach etwa 10 Minuten aus der Form lösen und auf einem Kuchengitter erkalten lassen.

• Für die Creme die Vanilleschote mit spitzem Messer der Länge nach aufschneiden, das Mark herauskratzen. Milch mit Vanillemark und Salz aufkochen. Eier trennen. Eigelb und Zucker in einem Kochtopf mit den Quirlen des Handrührgerätes schaumig schlagen. Den Reis untermischen. Die heiße Milch unter Rühren zur Eiercreme gießen. Den Topf auf die Kochstelle setzen. Creme mit einem Kochlöffel kräftig rühren und erhitzen, bis sie dickflüssig ist. In eine Schüssel mit kaltem Wasser und einigen Eiswürfeln stellen und unter häufigem Umrühren abkühlen lassen.

• Den Joghurt, die Orangenmarmelade und zum Schluß den steif geschlagenen Eischnee unter die Creme ziehen.

• Tortenboden waagerecht ein- oder zweimal durchschneiden, mit der Orangencreme füllen und zusammensetzen.

• Das Obst waschen oder schälen und zerkleinern. Den obersten Tortenboden damit belegen. Die Sahne steif schlagen, in einen Spritzbeutel füllen und Torte üppig mit Sahnetupfen oder Kringeln verzieren. Die Pistazienkerne hacken und darüberstreuen.

Dauert etwa 2 1/4 Stunden
Arbeiten müssen Sie etwa 1 1/4 Stunden
1 Stück = 244 kcal/ 256 mg Cholesterin
12 g Fett/ 8 g Eiweiß/ 25 g Kohlenhydrate

Für 12 Stücke

Teig:
6 Eier
3 EL kaltes Wasser
1 Prise Salz
100 g Zucker
2 TL Vanillezucker
80 g Weizenvollkornmehl
40 g feingemahlener Reis
1 TL Backpulver

Creme:
1/2 Vanilleschote
1/8 l Milch
1 Prise Salz
2 frische Eier
1 EL Zucker
2 TL feingemahlener Reis
125 g Sahnejoghurt
2 EL Orangenmarmelade

Belag:
300 g gemischtes frisches Obst der Saison wie Pfirsiche, Heidelbeeren und Kirschen oder Zwetschen und Trauben oder Orangen, Äpfel und Bananen
200 g süße Sahne
1 EL ungesalzene Pistazienkerne

Zur Abwechslung
• Den Biskuitboden mit Mehl, Reis und 1 gehäuften Eßlöffel Kakaopulver zubereiten.
• Creme mit 1 Tüte Vanillepudding und nur 300 Milliliter Milch kochen. Eier weglassen und statt dessen 250 Gramm Sahne nehmen.

Nußtorte

Zur Abwechslung

**• Den Tortenboden einmal quer durchschneiden und mit Schlagsahne füllen.
• Torte mit Nußcreme (Seite 332), Bananencreme (Seite 330) oder Frischkäsecreme mit Früchten (Seite 334) füllen. Von allen Cremes nur die halbe Menge zubereiten.**

• Für den Teig Butter schmelzen, aber nicht bräunen und wieder lauwarm abkühlen lassen.
• Eier und Zucker mit den Quirlen des Handrührgerätes zu einer dicken Creme aufschlagen. Salz, Vanille, Orangenschale und Zitronensaft daruntermischen.
• Walnuß- und Pistazienkerne mit Schokolade, Weizenmehl, gemahlenem Reis und Backpulver mischen. Abwechselnd mit flüssiger Butter und Buttermilch bei niedrigster Schaltstufe unter die Eiermasse rühren, bis sich alle Zutaten zu einem cremigen Teig verbunden haben.
• Den Teig in einer gefetteten, mit Pergamentpapier ausgelegten Springform von 26 Zentimeter Durchmesser glattstreichen.
• Tortenboden in den kalten Backofen (untere Schiene) stellen und bei 180 Grad (Umluft: 160 Grad, Gas: Stufe 2) etwa 1 Stunde und 10 Minuten backen.
• Garen Tortenboden herausnehmen, nach etwa 10 Minuten aus der Form lösen und zum Abkühlen auf ein Kuchengitter geben.
• Torte mit einem Holzstäbchen mehrere Male einstechen. Orangensaft, Zitronensaft und Honig verrühren, teelöffelweise über die Torte geben und jeweils einziehen lassen.
• Nußmus mit Sahne glattrühren und die abgekühlte Torte rundherum damit bestreichen. Nüsse darüberstreuen.

Dauert etwa 2 Stunden
Arbeiten müssen Sie etwa 1 Stunde
1 Stück = 407 kcal/ 129 mg Cholesterin
33 g Fett/ 8 g Eiweiß/ 17 g Kohlenhydrate

Die Backform mit Papier auslegen

Biskuitteig läßt sich leicht aus der Form lösen, wenn man ihn auf Pergamentpapier backt: Den Boden der Springform leicht fetten, einen Bogen Pergamentpapier darauflegen und glattstreichen. Die Form zusammensetzen und das Papier mit dem Springformrand festklemmen.
Das Pergament braucht man nicht zu fetten; nach dem Backen kann man es gut abziehen.

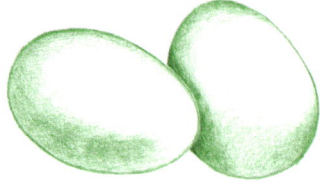

Makronentorte

• Für den Teig Makronen in einen Gefrierbeutel geben und mit dem Nudelholz fein zerkleinern. Eier trennen.

• Eiweiß und Wasser mit den Quirlen des Handrührgerätes halb steif schlagen. Den Zucker langsam zugeben und weiterschlagen, bis der Eischnee fest und cremig ist. Die Eigelbe nacheinander unterziehen. Makronen, Zitronen-schale, Reis und Backpulver mischen, auf die Eiercreme geben und mit dem Schneebesen unterheben.

• Den Teig in einer gefetteten, mit Pergamentpapier aus-gelegten Springform von 26 Zentimeter Durchmesser glattstreichen, in den kalten Backofen (untere Schiene) stellen und bei 180 Grad (Umluft: 160 Grad, Gas: Stufe 2) etwa 1 Stunde backen.

• Tortenboden herausnehmen, nach 10 Minuten aus der Form lösen und auf einem Kuchengitter erkalten lassen.

• Trauben waschen und abzupfen. Sahne mit Vanillezucker steif schlagen und 1/3 davon mit den Trauben mischen.

• Tortenboden waagerecht einmal durchschneiden, mit der Traubensahne füllen und wieder zusammensetzen. Torte rundherum mit der restlichen Sahne bestreichen und mit Pistazien oder Raspelschokolade bestreuen.

Dauert etwa 2 Stunden
Arbeiten müssen Sie etwa 1 Stunde
1 Stück = 219 kcal/ 131 mg Cholesterin
12 g Fett/ 5 g Eiweiß/ 20 g Kohlenhydrate

Abkühlen lassen

Nach dem Backen läßt man Kuchen und Tortenboden etwa 10 Minuten in der Form ruhen. In dieser Zeit stabilisiert sich der gare Teig. Das Volumen des Gebäcks wird geringer, weil etwas Feuchtigkeit verdampft. Zwischen Kuchen und Form bildet sich eine Luftschicht, so daß man das Gebäck besser herauslösen kann.

Sahnefestiger

Das Pulver besteht aus einer bestimmten Stärke, die auch in kalter Flüssigkeit so gut aufquillt wie »normale« Speise-stärke, die man in heißer Milch oder Brühe kocht. Deshalb bleibt die Sahne mit dem »Festiger« lange steif – praktisch bei Torten, die vor dem Servieren gut durchziehen sollten. Wichtig: Das Pulver beim Sahneschlagen langsam ein-rieseln lassen und nicht auf einmal zugeben.

Schmeckt frisch gefüllt am besten

Für 6 Stücke

Teig:

200 g Makronen (zum Beispiel Reste von Weihnachtskeksen)

5 Eier (Gewichtsklasse 3)

3 EL kaltes Wasser

60 g Zucker

abgeriebene Schale von 1/2 Zitrone

80 g feingemahlener Reis

2 TL Backpulver

Butter und Pergamentpapier für die Form

Füllung:

500 g kernlose Weintrauben

300 g süße Sahne

1 TL Vanillezucker

2 EL gehackte, ungesalzene Pistazien oder Raspelschokolade

Zur Abwechslung

• Einen Mürbeteigboden (Rezept Seite 364: Erdbeer-torte) backen und mit der Traubensahne füllen.

• Als Füllung beliebige Beeren, Kirschen und 1 zer-krümeltes Baisertörtchen mit der Schlagsahne mischen.

Der Tortenboden muß
4 Stunden ruhen

Für 16 Stücke

Teig:

100 g altbackenes
Weizenvollkornbrot

150 g getrocknete Feigen

60 g vollfettes Sojamehl

knapp 1/4 l kaltes Wasser

2 Eier

50 g Zuckerrohrgranulat oder
Vollzucker

abgeriebene Schale von
1 unbehandelten Zitrone

150 g gemahlene Mandeln

1 TL gemahlene Vanille

1 TL Zimtpulver

1 EL Carobpulver
(siehe Seite 331)

1/2 Päckchen Backpulver

Butter und Pergamentpapier
für die Form

Saft von 1 großen Orange

Creme:

1/2 l Milch

1 Prise Salz

2 Eier

1 TL gemahlene Vanille

50 g Zucker

120 g Weizenvollkornmehl

etwas abgeriebene Schale und
Saft von 2 unbehandelten
Zitronen

2 große reife Bananen

100 g getrocknete Datteln

200 g süße Sahne

300 g Magerjoghurt

100 g ungesalzene Pistazienkerne

Brottorte mit Bananencreme

• Das Vollkornbrot fein reiben. Die Feigen in kleine Stücke schneiden. Sojamehl mit Wasser verrühren. Eier trennen.
• Eiweiß mit den Quirlen des Handrührgerätes steif schlagen. Zuckerrohrgranulat oder Vollzucker und abgeriebene Zitronenschale gemischt unterschlagen.
• Die Eigelbe nacheinander unterrühren. Eßlöffelweise das angerührte Sojamehl daruntermischen. Brot mit Mandeln, Vanille, Zimt, Carob und Backpulver gemischt auf die Eiercreme streuen und darunterziehen. Feigen untermischen.
• Teig in eine gefettete, mit Pergamentpapier ausgelegte Springform von 26 Zentimeter Durchmesser füllen. In den kalten Backofen (untere Schiene) stellen und bei 180 Grad (Umluft: 160 Grad, Gas: Stufe 2) etwa 1 1/2 Stunden backen.
• Tortenboden herausnehmen, nach 10 Minuten aus der Form lösen und auf einem Kuchengitter erkalten lassen.
• Für die Vanillecreme Milch mit Salz erhitzen, aber nicht aufkochen. Ei mit Vanille und Zucker in einem Topf zu einer dicken Creme aufschlagen. Mehl und Zitronenschale daruntermischen. Heiße Milch unterrühren. Topf auf die Kochstelle setzen und alles unter Rühren erhitzen, bis die Creme dick wie Pudding ist. Abkühlen lassen.
• Die Bananen fein zerdrücken und mit Zitronensaft vermischen, damit sie sich nicht verfärben. Die Datteln entkernen und hacken. Die Sahne steif schlagen.
• Die Hälfte der Vanillecreme mit Bananen, Datteln, Joghurt und etwa der Hälfte der Sahne vermischen. Torte einmal waagerecht durchschneiden, mit der Bananencreme füllen und wieder zusammensetzen.
• Die restliche Vanillecreme mit dem Rest der Sahne vermischen und Torte damit bestreichen. Die Pistazienkerne hacken und auf die Torte streuen.

Dauert etwa 3 Stunden
Arbeiten müssen Sie etwa 2 Stunden
1 Stück = 330 kcal/ 106 mg Cholesterin
17 g Fett/ 11 g Eiweiß/ 31 g Kohlenhydrate

Sojamehl ...

... ist ein goldgelbes Mehl aus gerösteten, gemahlenen Sojabohnen mit mehr Eiweiß und Fett, aber weniger Kohlenhydraten als Weizenvollkornmehl. Im Teig für Kuchen, Nudeln oder Eierkuchen ersetzt es die Eier. Sojamehl gibt es in Reformhäusern und Naturkostläden.

Carobtorte

• Carobtafel fein reiben. Mit 3/4 des Zuckers und dem Carobpulver mischen. Wasser zugießen und mit den Quirlen des Handrührgerätes glattrühren. Die Eigelbe, Orangensaft und Korinthen unterrühren.
• Eiweiß mit dem restlichen Zucker steif schlagen. Auf die Carobcreme geben, Mandeln und Mehl darüberstreuen und mit einem Schneebesen vermischen.
• Teig in einer gefetteten, mit Papier ausgelegten Springform von 26 Zentimeter Durchmesser glattstreichen. Den Tortenboden in den kalten Backofen (mittlere Schiene) schieben und bei 180 Grad (Umluft: 160 Grad, Gas: Stufe 2) etwa 45 Minuten backen. Auf einem Kuchengitter abkühlen lassen und mit Puderzucker bestreut servieren.

Dauert etwa 1 3/4 Stunden
Arbeiten müssen Sie etwa 1 Stunde
1 Stück = 197 kcal/ 103 mg Cholesterin
9 g Fett/ 6 g Eiweiß/ 21 g Kohlenhydrate

Für 12 Stücke

100 g Carobtafel oder Zartbitterschokolade
100 g Zucker
75 g dunkles Carobpulver
1/8 l kochendes Wasser
3 Eigelbe
2 EL Orangensaft
50 g Korinthen
5 Eiweiße
50 g gemahlene Mandeln
40 g Weizenvollkornmehl
Fett und Pergamentpapier für die Form
Puderzucker zum Bestreuen

Kaffeetorte

• Nüsse und Carobtafel im Blitzhacker fein zerkleinern. Mit Mehl und Backpulver mischen.
• Fett, Zuckerrohrgranulat, Eier, Zimt und Nelken schaumig rühren. Mehlmischung und Weinbrand unterrühren.
• Teig in einer gefetteten Springform von 26 Zentimeter Durchmesser glattstreichen, in den kalten Backofen (untere Schiene) schieben und bei 180 Grad (Umluft: 160 Grad, Gas: Stufe 2) etwa 50 Minuten backen.
• Torte auf einem Kuchengitter abkühlen lassen, einmal quer durchschneiden und mit Konfitüre bestreichen. Sahne steif schlagen, Torte damit füllen und wieder zusammensetzen. Für den Guß das Kaffeepulver mit Wasser und Puderzucker verrühren. Torte damit bestreichen und mit Mokkabohnen belegen.

Dauert etwa 2 Stunden
Arbeiten müssen Sie etwa 1 Stunde
1 Stück = 355 kcal/ 84 mg Cholesterin
22 g Fett/ 5 g Eiweiß/ 31 g Kohlenhydrate

Die Torte muß vor dem Füllen etwa 6 Stunden ruhen

Für 16 Stücke

125 g Walnußkerne
100 g Carobtafel oder Zartbitterschokolade
250 g Weizenvollkornmehl
1 TL Backpulver
200 g weiche Butter oder Margarine
100 g Zuckerrohrgranulat
2 Eier
1 TL Zimtpulver
1/2 TL gemahlene Nelken
2 EL Weinbrand oder Orangensaft
Fett für die Form
4 EL Aprikosenkonfitüre
150 g süße Sahne
1 TL Instant-Kaffeepulver
1 EL heißes Wasser
100 g Puderzucker
16 Mokkabohnen

Obsttorte

Für 12 Stücke

Teig:

2 Eier

1 EL kaltes Wasser

50 g Zuckerrohrgranulat oder Vollzucker

abgeriebene Schale von 1/2 unbehandelten Zitrone

40 g Weizenvollkornmehl

40 g feingemahlene Hirse

1/2 TL Backpulver

Butter für die Form

Belag:

1 gehäufter TL Agar-Agar (3 g)

1/8 l Milch

150 g Magerjoghurt

25 g Zuckerrohrgranulat oder Vollzucker

1 EL Zitronensaft

125 g süße Sahne

je 1 Banane, Orange und Apfel (ca. 900 g)

100 g frische Datteln

25 g Mandelstifte

• Für den Teig die Eier trennen. Eiweiß und Wasser mit den Quirlen des Handrührgerätes steif schlagen. Zuckerrohrgranulat oder Vollzucker zugeben und weiterschlagen, bis der Eischnee glänzt.

• Zitronenschale und die Eigelbe auf niedriger Schaltstufe nacheinander unterrühren. Mehl und Hirse mit Backpulver gemischt auf den Eischnee sieben und mit einem Schneebesen darunterziehen.

• Den Teig in einer gefetteten Obstkuchenform von 28 Zentimeter Durchmesser glattstreichen. In den kalten Backofen (mittlere Schiene) stellen und bei 180 Grad (Umluft: 160 Grad, Gas: Stufe 2) etwa 35 Minuten backen.

• Tortenboden nach etwa 10 Minuten aus der Form lösen und auf einem Kuchengitter erkalten lassen.

• Für den Belag Agar-Agar mit 2 Eßlöffeln Milch glattrühren. Die restliche Milch aufkochen, Agar-Agar daruntermischen und unter ständigem Rühren 1 Minute kochen lassen. Etwas abkühlen lassen. Joghurt, Zuckerrohrgranulat oder Vollzucker und den Zitronensaft zugeben und mit einem Schneebesen kräftig verrühren. Die Sahne steif schlagen und unterziehen.

• Obst schälen und zerkleinern. Datteln in Stifte schneiden, Kerne entfernen. Obst, Datteln und Mandelstifte mischen und auf den Tortenboden geben. Joghurtcreme darüber verteilen. Torte vor dem Servieren 30 Minuten kühlen.

Dauert etwa 2 Stunden
Arbeiten müssen Sie etwa 1 Stunde
1 Stück = 174 kcal/ 73 mg Cholesterin
7 g Fett/ 4 g Eiweiß/ 23 g Kohlenhydrate

Datteln ...

... sind bei uns Winterfrüchte: Von Oktober bis Januar gibt es sie frisch – meist aus Israel. Sie enthalten viel Vitamin C, Eisen und Kalzium. Wie jedes andere Obst muß man die frischen oder getrockneten Früchte vor dem Essen oder Zubereiten gut waschen.

Käsesahnetorte

- Für den Teig die Eier trennen. Eiweiß und Wasser mit Quirlen des Handrührgerätes steif schlagen. Zucker und abgeriebene Orangenschale unterschlagen. Die Eigelbe nacheinander unter den Eischnee rühren. Mehl mit Backpulver mischen, auf die Eiercreme sieben und unterziehen.
- Teig in einer gefetteten, mit Pergamentpapier ausgelegten Springform von 26 Zentimeter Durchmesser glattstreichen. In den kalten Backofen (untere Schiene) stellen und bei 180 Grad (Umluft: 160 Grad, Gas: Stufe 2) etwa 45 Minuten backen. Tortenboden herausnehmen, nach etwa 10 Minuten aus der Form lösen, auf ein Kuchengitter legen und erkalten lassen.
- Für die Füllung gemischtes Trockenobst und getrocknete Aprikosen waschen, trockentupfen und fein zerkleinern. Vanilleschote längs aufschneiden, Mark herauskratzen. Eier trennen. Eiweiß mit 1/3 des Zuckers steif schlagen. Sahne mit 1 Eßlöffel Zucker steif schlagen. Eischnee und Sahne in den Kühlschrank stellen.
- Agar-Agar mit 3 Eßlöffeln Milch verrühren. Restliche Milch aufkochen. Agar-Agar hineinrühren und bei schwacher Hitze unter Rühren 1 Minute kochen lassen.
- Eigelb mit dem Rest des Zuckers, Vanille, Orangensaft und Orangenschale in eine Schüssel geben und mit den Quirlen des Handrührgerätes zu einer dicken Creme aufschlagen. Die Agar-Agar-Mischung und eßlöffelweise den Quark darunterrühren.
- Eischnee und die Hälfte der Sahne unter die Quarkcreme mischen. Etwa 1/3 der Quark-Creme zum Bestreichen der Torte abnehmen. Die restliche Creme mit dem zerkleinerten Trockenobst mischen.
- Den Tortenboden zweimal waagerecht durchschneiden, mit Obst-Quark-Creme füllen und zusammensetzen. Torte rundherum mit dem Rest der Quarkcreme bestreichen.
- Den Rest der Sahne in einen Spritzbeutel füllen und Torte damit verzieren. Mit Raspelschokolade und den gehackten Pistazienkernen bestreuen.
- Die Torte vor dem Servieren etwa 4 Stunden kühlen, damit sie sich gut aufschneiden läßt.

Dauert etwa 2 1/2 Stunden
Arbeiten müssen Sie etwa 1 3/4 Stunden
1 Stück = 279 kcal/ 173 mg Cholesterin
10 g Fett/ 14 g Eiweiß/ 30 g Kohlenhydrate

Die Torte muß 4 Stunden kühlen

Für 16 Stücke

Teig:

4 Eier

2 EL kaltes Wasser

80 g Zucker

abgeriebene Schale von

1/2 unbehandelten Orange

160 g Weizenvollkornmehl

1 TL Backpulver

Butter und Pergamentpapier für die Form

Füllung:

200 g gemischtes Trockenobst (Pflaumen, Feigen, Rosinen, Datteln)

2 getrocknete Aprikosen

1 Vanilleschote

3 Eier

100 g Zucker

250 g süße Sahne

10 g Agar-Agar

1/8 l Milch

1/4 TL gemahlene Vanille

Saft und abgeriebene Schale von 1/2 unbehandelten Orange

1 kg Magerquark

außerdem:

2 EL Raspelschokolade

2 EL ungesalzene Pistazienkerne

Trockenobst

Frische Früchte bestehen zu rund 80 Prozent aus Wasser. Beim Dörren schrumpfen sie, weil der Wassergehalt bis auf etwa 20 Prozent verdunstet. Übrig bleibt ein Konzentrat aus Fruchtsäuren, Vitaminen, Mineral- und Ballaststoffen. Außerdem enthält Trockenobst eine Menge Zucker; deshalb kann man es – eingeweicht und püriert – zum Süßen von Kuchenteig und Creme verwenden.

Kürbistorte

Für 16 Stücke

Teig:
250 g Kürbisfleisch
(geputzt gewogen)
1 Stück frische Ingwerwurzel
(ca. 2 cm lang)
1/2 unbehandelte Orange
5 Eier
1 EL kaltes Wasser
90 g Zucker
1 TL Zimtpulver
100 g Weizenvollkornmehl
50 g feingemahlene Hirse
100 g gemahlene Haselnußkerne
100 g ungesalzene, gemahlene
Erdnußkerne
1 TL Backpulver
Butter und Pergamentpapier
für die Form
25 g Birnenkraut
20 g Butter

Füllung und Belag:
200 g Kürbisfleisch
(geputzt gewogen)
50 g Honig
abgeriebene Schale und Saft von
1/2 unbehandelten Zitrone
200 g süße Sahne
2 EL Kokosflocken

• Kürbis auf der Rohkostreibe fein raspeln. Ingwer schälen und fein zerkleinern. Orangenschale dünn abreiben, Saft auspressen. Alle diese Zutaten mischen.

• Eier trennen. Eiweiß und Wasser mit den Quirlen des Handrührgerätes sehr steif schlagen. Zucker und Zimt gemischt unterschlagen, bis der Eischnee glänzt. Die Eigelbe auf niedriger Schaltstufe nacheinander unterrühren.

• Kürbisraspel auf den Teig geben. Weizenmehl und Hirse sieben, mit Nüssen und Backpulver mischen und darüberstreuen. Alles mit einem Schneebesen vorsichtig mischen.

• Den Teig in einer gefetteten, mit Pergamentpapier ausgelegten Springform von 26 Zentimeter Durchmesser glattstreichen.

• Tortenboden in den kalten Backofen (untere Schiene) stellen und bei 180 Grad (Umluft: 160 Grad, Gas: Stufe 2) etwa 1 Stunde und 10 Minuten backen.

• Birnenkraut mit Butter erwärmen und glattrühren. Tortenboden damit bestreichen und weitere 10 Minuten im abgeschalteten Ofen bei geschlossener Backofentüre ziehen lassen. Tortenboden herausnehmen, nach etwa 10 Minuten aus der Form lösen, auf ein Kuchengitter legen und erkalten lassen.

• Für die Füllung den Kürbis raspeln, mit Honig, Zitronenschale und Saft aufkochen und bei schwächster Hitze dünsten, bis die Flüssigkeit eingekocht ist. Abkühlen lassen und mit der steif geschlagenen Sahne vermischen.

• Tortenboden einmal waagerecht durchschneiden, mit etwa 1/3 der Kürbissahne füllen und wieder zusammensetzen. Die Torte rundherum mit der restlichen Kürbissahne bestreichen. Mit den Kokosflocken bestreuen.

Dauert etwa 2 1/2 Stunden
Arbeiten müssen Sie etwa 1 1/2 Stunden
1 Stück = 248 kcal/ 127 mg Cholesterin
16 g Fett/ 7 g Eiweiß/ 18 g Kohlenhydrate

Aprikosentorte mit Schokoladenschnee

• Für den Teig Mehl, Zucker, Salz, Ei, weiche Butter und zunächst 1 Eßlöffel Wasser in einer Schüssel mit den Knethaken des Handrührgerätes vermischen, bis die Masse krümelig ist. Alles mit den Händen zu einem glatten Teig zusammenkneten. Falls er nicht zusammenhält, das restliche Wasser unterkneten.

• Eine Springform von 26 Zentimeter Durchmesser einfetten und mit dem Teig auskleiden, dabei einen etwa 2 Zentimeter hohen Rand formen. Teigboden mit einer Gabel mehrmals einstechen und 30 Minuten kühlen.

• Teigboden in den kalten Backofen (mittlere Schiene) schieben und bei 200 Grad (Umluft: 180 Grad, Gas: Stufe 3) 20 Minuten vorbacken.

• Für den Belag die Aprikosen abziehen, halbieren und entsteinen. Haselnußkerne und Schokolade mittelfein hacken. Eiweiß mit Zitronensaft steif schlagen. Zucker unter ständigem Schlagen zugeben. Nüsse und Schokolade unterheben.

• Vorgebackenen Kuchenboden mit den Aprikosenhälften belegen. Schokoladenschnee darauf glattstreichen.

• Kuchen wieder in den Ofen schieben und bei 180 Grad (Umluft: 160 Grad, Gas: Stufe 2) weitere 25 Minuten backen, bis der Schokoladenschnee fest ist.

• Kuchen in der Form 10 Minuten stehenlassen, herauslösen und auf einem Kuchengitter kalt werden lassen.

Dauert etwa 1 1/2 Stunden
Arbeiten müssen Sie etwa 1 Stunde
1 Stück = 337 kcal/ 74 mg Cholesterin
18 g Fett/ 7 g Eiweiß/ 33 g Kohlenhydrate

Eischnee für Baiser schlagen

Richtig geschlagener Eischnee ist gerade eben so fest, daß er nicht mehr von den Quirlen des Rührers rutscht. Beim Herausziehen der Quirle bildet der Schnee lange Spitzen, die sich leicht neigen. Nun den Zucker langsam zugeben und weiterschlagen, bis der Schnee cremig ist und glänzt. Zum Schluß zieht man die anderen Zutaten – Schokolade, Nüsse oder Mandeln – mit dem Schneebesen unter.

Für 8 Stücke

Teig:
200 g Weizenvollkornmehl
50 g Zucker
Salz
1 Ei
100 g Butter
1–2 EL kaltes Wasser
Fett für die Form
Belag:
500 g Aprikosen
50 g Haselnußkerne
40 g Zartbitterschokolade
3 Eiweiße
2 EL Zitronensaft
1 EL Puderzucker

Zur Abwechslung

Den Kuchenboden mit Zwetschen oder Kirschen belegen. Den Eischnee mit 1 Eßlöffel Orangenlikör und 100 Gramm gemahlenen Mandeln mischen.

Die Torte muß insgesamt
1 1/2 Stunden ruhen

Für 16 Stücke

Teig:

150 g Weizenvollkornmehl

60 g Zucker

abgeriebene Schale von

1/2 unbehandelten Zitrone

1 Prise Salz

ca. 1 1/2 EL kaltes Wasser

75 g weiche Butter

Belag:

500 g Quitten

1/8 l Apfelsaft

30 g Zucker

1 Stück Schale und Saft von

1/2 unbehandelten Orange

100 g Mandelstifte

2 Eier

2 EL Crème fraîche

1 EL Honig

1 TL Zimtpulver

Wichtig

*Quitten schmecken nur
gekocht als Kompott, Mus,
Gelee oder in herzhaften
Ragouts mit Fleisch.*

Quittentorte

• Mehl, Zucker, Zitronenschale, Salz, Wasser und Butter
mit den Knethaken des Handrührgerätes vermischen, bis
die Masse krümelig ist. Auf der Arbeitsfläche mit den
Händen zu einem glatten Teig zusammenkneten. Falls der
Teig zu trocken ist, tropfenweise Wasser unterkneten.
• Eine Springform von 26 Zentimeter Durchmesser mit
dem Teig auskleiden, dabei einen etwa 3 Zentimeter
hohen Rand formen. Teigboden mit einer Gabel mehrmals
einstechen und kühlen, bis der Belag zubereitet ist.
• Quitten vierteln, schälen, waschen, vom Kerngehäuse
befreien und in 1 Zentimeter dicke Spalten schneiden.
• Apfelsaft mit Zucker, Orangenschale und Saft aufkochen.
Quitten darin zugedeckt bei schwacher Hitze etwa 5 Minuten dünsten. Abgießen und abtropfen lassen. Den Sud auffangen und abkühlen lassen. Orangenschale entfernen.
• Den Tortenboden mit den Mandelstiften bestreuen, in
den kalten Backofen (mittlere Schiene) stellen und bei
200 Grad (Umluft: 180 Grad, Gas: Stufe 3) 15 Minuten vorbacken. Die Quitten schuppenförmig auf den Teigboden
legen. Den aufgefangenen Sud mit den Eiern und Crème
fraîche verquirlen und darübergießen.
• Torte wieder in den Ofen stellen und bei 180 Grad (Umluft: 160 Grad, Gas: Stufe 2) in etwa 30 Minuten fertigbacken.
• Honig mit Zimt verrühren, die Torte damit bestreichen
und noch etwa 10 Minuten im abgeschalteten Ofen bei
geöffneter Backofentür stehenlassen.
• Die Torte aus dem Ofen nehmen. Nur den Rand der
Springform entfernen. Kuchen auf dem Springformboden
abkühlen lassen, dann erst auf eine Kuchenplatte geben.

Dauert etwa 1 1/4 Stunden
Arbeiten müssen Sie etwa 45 Minuten
1 Stück = 168 kcal/ 58 mg Cholesterin
9 g Fett/ 4 g Eiweiß/ 17 g Kohlenhydrate

Quitten

Die schönen gelben Herbstfrüchte gibt es von September
bis November – besonders gute Früchte bekommen Sie von
freundlichen Gartenbesitzern und Biobauern. Birnen-
quitten schmecken noch besser als Apfelquitten, enthalten
etwas mehr Zucker und genau die herbe Fruchtsäure, die
Kuchen, Torten und herzhafte Gerichte mit den unge-
wöhnlichen Früchten so aromatisch macht.

Kirschtorte

• Die Eier trennen. Eiweiß mit den Quirlen des Handrührgerätes steif schlagen. Zucker und Zitronenschale vermischt darunterschlagen. Die Eigelbe nacheinander unter den Eischnee rühren. Mehl mit Carob, Kakao und Backpulver vermischen, auf die Eiercreme sieben, darunterziehen.
• Den Teig in einer gefetteten, mit Pergamentpapier ausgelegten Springform von 26 Zentimeter Durchmesser glattstreichen, in den kalten Backofen (untere Schiene) stellen und bei 180 Grad (Umluft: 160 Grad, Gas: Stufe 2) etwa 40 Minuten backen. Fertigen Tortenboden herausnehmen, in der Form 10 Minuten ruhenlassen, herauslösen und zum Abkühlen auf ein Kuchengitter legen.
• Kirschen und Sauerkirschen waschen, abzupfen und entsteinen. 16 Kirschen zum Garnieren beiseite legen. Den Rest mit Sauerkirschen und Zucker mischen.
• Agar-Agar mit 2 Eßlöffeln Kirschsaft verrühren. Den restlichen Saft aufkochen, Agar-Agar zugeben und unter Rühren etwa 1 Minute kochen. Mit den Kirschen und den Sauerkirschen mischen und abkühlen lassen. Die Sahne mit dem Vanillezucker steif schlagen.
• Den Tortenboden zweimal waagerecht durchschneiden. Den unteren Boden dünn mit Sahne bestreichen und die eingekochten Kirschen darauf verteilen. Den zweiten Boden darauflegen. Den Kirschsaft mit dem Honig verrühren und den zweiten Tortenboden mit etwa der Hälfte dieser Mischung tränken. 2/3 der Schlagsahne daraufstreichen und mit dem oberen Tortenboden abdecken. Mit der restlichen Saftmischung tränken.
• Torte mit Schlagsahne überziehen und mit 16 Sahnetupfen garnieren. Die Kirschen auf die Tupfen legen. Die Torte mit der Raspelschokolade bestreuen.

Dauert etwa 2 Stunden
Arbeiten müssen Sie etwa 1 Stunde 20 Minuten
1 Stück = 276 kcal/ 167 mg Cholesterin
15 g Fett/ 6 g Eiweiß/ 27 g Kohlenhydrate

Kirschen entsteinen

Im Haushaltwarengeschäft gibt es Kirschenentsteiner zu kaufen. Andere Möglichkeit: Eine gebogene, dünne Haarnadel in einen Weinkorken stecken. Die Nadel mit der Rundung in den Stielansatz der Kirsche stecken und den Kern herausholen.

Der fertige Torte muß
2 Stunden kühlen

Für 16 Stücke
Teig:
6 Eier
90 g Zucker
abgeriebene Schale von
1 unbehandelten Zitrone
150 g Weizenvollkornmehl
30 g Carobpulver
1 TL Kakaopulver
1 TL Backpulver
Butter und Pergamentpapier
für die Form
Füllung:
500 g Kirschen
200 g Sauerkirschen
50 g Zucker
4 TL Agar-Agar (8 g)
1/4 l ungesüßter Kirschsaft
500 g süße Sahne
1/2 EL Vanillezucker
außerdem:
150 ml ungesüßter Kirschsaft
1 EL Honig
50 g Raspelschokolade

Biskuitrolle mit Pfirsichsahne

Für 12 Stücke

Teig:

4 Eier

1 EL kaltes Wasser

60 g Zucker

2 TL Vanillezucker

100 g Weizenvollkornmehl

Füllung:

500 g reife Pfirsiche

1 EL Zitronensaft

1/2 Vanilleschote

200 g süße Sahne

etwas abgeriebene Schale von

1 unbehandelten Zitrone

50 g Honig

Richtig reife Pfirsiche braucht man zum Abziehen nicht mit kochendem Wasser über- brühen – die Haut läßt sich auch so ganz leicht entfernen.

• Eier trennen. Eiweiß und Wasser mit den Quirlen des Handrührgerätes halb steif schlagen. Zucker und Vanille- zucker gemischt langsam zugeben und weiterschlagen, bis der Schnee steif, aber elastisch ist.

• Alle Eigelbe nacheinander auf niedriger Schaltstufe unterrühren, bis der Teig gleichmäßig gelb ist. Mehl mit einem Schneebesen unterziehen.

• Ein Backblech mit gefettetem Pergamentpapier auslegen. Teig darauf glattstreichen. Kuchenplatte in den kalten Backofen (untere Schiene) schieben und bei 180 Grad (Umluft: 160 Grad, Gas: Stufe 2) 15 bis 20 Minuten backen.

• Biskuitplatte so auf ein feuchtes Küchentuch stürzen, daß das Pergamentpapier oben ist. Platte mit einem zweiten feuchten Tuch bedeckt ganz abkühlen lassen.

• Pfirsiche abziehen, halbieren und in Stücke schneiden. Steine entfernen. Mit Zitronensaft mischen. Vanilleschote der Länge nach aufschneiden, das Mark herauskratzen.

• Sahne mit Vanillemark und Zitronenschale steif schlagen. Die Pfirsiche und 1 Eßlöffel Honig locker daruntermischen.

• Das Küchentuch von der Biskuitplatte nehmen, Perga- ment abziehen. Etwa 2/3 der Pfirsichsahne auf die Platte streichen. Platte aufrollen und mit dem Rest der Sahne bestreichen. Den restlichen Honig darüberträufeln. Biskuit- rolle vor dem Servieren etwa 30 Minuten ziehen lassen.

Dauert etwa 1 Stunde
Arbeiten müssen Sie etwa 40 Minuten
1 Stück = 165 kcal/ 135 mg Cholesterin
8 g Fett/ 4 g Eiweiß/ 18 g Kohlenhydrate

Eigelb macht elastisch

Durch die zusätzlichen Eigelbe wird der Biskuitteig so biegsam, daß man die Teigplatte gut aufrollen kann, ohne daß sie bricht.

Zur Abwechslung
Pflaumen statt der Pfirsiche entsteinen und mit 1 Eßlöffel Zucker dünsten, bis sie gerade eben zerfallen sind. Abge- kühlt mit Schlagsahne und Honig mischen und in die Biskuitrolle füllen. Mit gehackten Pistazienkernen bestreuen.

Stachelbeertorte

• Butter, Zucker, Vanille, Zitronenschale und Salz schaumig rühren. Zuerst die Eier, dann Mehl und Backpulver gemischt und zuletzt die Milch unterrühren.
• Eine Obstkuchenform von 28 Zentimeter Durchmesser fetten, den Teig einfüllen. In den kalten Backofen (untere Schiene) stellen und den Tortenboden bei 180 Grad (Umluft: 150 Grad, Gas: Stufe 2) etwa 35 Minuten backen. Herausnehmen und erkalten lassen.
• Stachelbeeren waschen und abtropfen lassen. Marzipan mit Rum und der Hälfte des Puderzuckers verkneten. In kleine Stücke schneiden. Sahne mit dem restlichen Puderzucker steif schlagen. Mit Stachelbeeren und Marzipanstücken mischen und auf dem Tortenboden verteilen.

Dauert etwa 1 3/4 Stunden
Arbeiten müssen Sie etwa 1 Stunde
1 Stück = 262 kcal/ 80 mg Cholesterin
15 g Fett/ 4 g Eiweiß/ 25 g Kohlenhydrate

Für 16 Stücke

125 g weiche Butter
75 g Zucker
1/2 TL gemahlene Vanille
abgeriebene Schale von
1/4 Zitrone
1 Prise Salz
2 Eier
250 g Weizenvollkornmehl
1/2 Päckchen Backpulver
1/8 l Milch
Fett für die Form
500 g Stachelbeeren
100 g Marzipanrohmasse
1 EL Rum oder Zitronensaft
50 g Puderzucker
250 g süße Sahne

Möhrentorte

• Etwa die Hälfte der Orangenschale abreiben. Saft auspressen. Möhren schälen und fein reiben. Mit Orangenschale und Saft mischen.
• Eier trennen. Eiweiß mit Wasser halb steif schlagen. Zukkerrohrgranulat oder Vollzucker, Vanille, Salz, Zimt und Ingwer gemischt zugeben und schlagen, bis der Eischnee cremig ist und glänzt. Zuerst Eigelb, dann Möhren unterrühren. Mehl mit Nüssen und Backpulver vermischt darüberstreuen und unterziehen.
• Teig in einer gefetteten, mit Pergamentpapier ausgelegten Springform von 26 Zentimeter Durchmesser glattstreichen, in den kalten Backofen (untere Schiene) stellen und bei 200 Grad (Umluft: 180 Grad, Gas: Stufe 3) etwa 50 Minuten backen.
• Heiße Torte mit der Aprikosenkonfitüre bestreichen, abgekühlt mit der Glasur überziehen.

Dauert etwa 2 Stunden
Arbeiten müssen Sie etwa 1 1/4 Stunden
1 Stück = 306 kcal/ 109 mg Cholesterin
20 g Fett/ 6 g Eiweiß/ 24 g Kohlenhydrate

Vor dem Anschneiden möglichst 1 Tag ziehen lassen

Für 16 Stücke

1/2 unbehandelte Orange
300 g Möhren
5 Eier
1 EL kaltes Wasser
100 g Zuckerrohrgranulat oder
Vollzucker
1 TL gemahlene Vanille
1 Prise Salz
1/2 TL Zimtpulver
1/2 TL Ingwerpulver
60 g Weizenvollkornmehl
300 g gemahlene Haselnußkerne
1 TL Backpulver
Fett und Pergamentpapier
für die Form
150 g Aprikosenkonfitüre
200 g dunkle Schokoladenglasur

Schmeckt ganz frisch
am besten

Für 8 Stücke

50 g Tofu
50 g Sojamilch
100 g weiche Butter oder Margarine
100 g Zuckerrohrgranulat oder Vollzucker
1 Prise Salz
knapp 300 ml Milch
abgeriebene Schale von 1 unbehandelten Zitrone
100 g Weizenvollkornmehl
1/2 TL Backpulver
Fett für die Form
5 g Agar-Agar
1 1/2 EL kaltes Wasser
1–2 TL gemahlene Naturvanille
150 g süße Sahne
600 g gemischte Beeren

Beeren sind gesund

Johannisbeeren und Stachelbeeren enthalten besonders viel Kalium, das gegen Bluthochdruck hilft; Heidelbeeren wirken beruhigend auf den Darm; Erdbeeren liefern noch mehr Vitamin C als Orangen; Himbeeren und Brombeeren enthalten den Ballaststoff Pektin, der gut für den Cholesterinspiegel ist.

Beerentorte mit Vanillecreme

• Tofu mit der Sojamilch pürieren. Fett, die Hälfte des Zuckerrohrgranulats oder des Vollzuckers und das Salz mit den Quirlen des Handrührgerätes schaumig rühren. 2 Eßlöffel Milch, die Hälfte der Zitronenschale und eßlöffelweise das Tofupüree daruntermischen. Mehl und Backpulver mischen und unter den Teig rühren.

• Eine Obstkuchenform von 28 Zentimeter Durchmesser fetten, Teig darin glattstreichen. In den kalten Backofen (mittlere Schiene) stellen und bei 180 Grad (Umluft: 160 Grad, Gas: Stufe 2) etwa 40 Minuten backen. Tortenboden abkühlen lassen.

• Für die Creme das Agar-Agar mit dem Wasser glattrühren. Die restliche Milch mit Vanille, dem Rest von Zuckerrohrgranulat oder Vollzucker und Zitronenschale in einen Topf geben und aufkochen.

• Das angerührte Agar-Agar untermischen. Die Creme bei schwacher Hitze unter Rühren etwa 1 Minute kochen. Den Topf von der Kochstelle nehmen, Creme unter häufigem Umrühren lauwarm abkühlen lassen.

• Mit der steif geschlagenen Sahne vermischen und auf den Tortenboden streichen. Mit den Beeren belegen.

Dauert etwa 2 1/4 Stunden
Arbeiten müssen Sie etwa 1 1/2 Stunden
1 Stück = 327 kcal/ 55 mg Cholesterin
20 g Fett/ 5 g Eiweiß/ 30 g Kohlenhydrate

Vollwertig backen

Die ungewöhnliche Beerentorte wird mit lauter Lebensmitteln zubereitet, die es im Reformhaus und Naturkostladen zu kaufen gibt: Vollkornmehl, Granulat aus Zuckerrohrsaft oder Zuckerrüben (Seite 41) und Agar-Agar (Seite 327). Statt der Eier kommen Tofu (Seite 148) und Sojamilch (Seite 248) an den Teig. Natürlich kann man den Tortenboden auch mit weißem Mehl, Zucker und Eiern backen, die Vanillecreme mit Puddingpulver aus der Tüte kochen.

Kokosnußtorte

• Die Butter schmelzen, aber nicht bräunen und lauwarm abkühlen lassen. Die Carobtafel fein hacken.

• Eier und Zuckerrohrgranulat mit den Quirlen des Handrührgerätes etwa 5 Minuten auf höchster Schaltstufe verrühren, bis sich das Granulat aufgelöst hat.

• Abgeriebene Orangenschale, ausgepreßten Saft, Salz und Lebkuchengewürz daruntermischen. Kokosraspel mit der Carobtafel, Mehl und Backpulver vermischen. Abwechselnd mit flüssiger Butter und Milch unter den Teig rühren, bis sich alle Zutaten miteinander verbunden haben.

• Eine Springform von 26 Zentimeter Durchmesser fetten und mit Pergamentpapier auslegen. Den Teig darin glattstreichen, in den kalten Backofen (untere Schiene) stellen und bei 180 Grad (Umluft: 160 Grad, Gas: Stufe 2) etwa 1 1/4 Stunden backen.

• Tortenboden herausnehmen, nach 10 Minuten aus der Form lösen und auf einem Kuchengitter erkalten lassen.

• Trockenpflaumen mit dem Fruchtsaft, reichlich abgeriebener Orangenschale und dem ausgepreßten Orangen- und Zitronensaft mischen und 3 Stunden ziehen lassen.

• Die Pflaumen mit dem Saft, der noch nicht aufgesogen ist, pürieren. Das Püree mit Quark und Honig vermischen. Die Sahne steif schlagen und etwa 1/3 davon unter die Pflaumencreme ziehen.

• Den Tortenboden zweimal quer durchschneiden, mit der Creme füllen, mit der restlichen Sahne bestreichen und mit Kokosraspel bestreuen.

Dauert etwa 2 1/4 Stunden
Arbeiten müssen Sie etwa 1 Stunde
1 Stück = 442 kcal/ 121 mg Cholesterin
28 g Fett/ 10 g Eiweiß/ 33 g Kohlenhydrate

Für 16 Stücke

Teig:

100 g Butter

50 g Carobtafel

4 Eier

100 g Zuckerrohrgranulat

Schale und Saft von

1/2 unbehandelten Orange

1 Prise Salz

1 TL Lebkuchengewürz

300 g Kokosraspel

150 g Weizenvollkornmehl

1/2 Päckchen Backpulver

1/4 l Milch

Fett und Pergamentpapier

für die Form

Creme:

300 g entsteinte

Trockenpflaumen

1/8 l ungesüßter Fruchtsaft

abgeriebene Schale und den Saft

von 1 unbehandelten Orange

2 EL Zitronensaft

500 g Magerquark

1 EL Honig

eventuell 2 EL Orangenlikör

250 g Schlagsahne

50 g Kokosraspel

Zur Abwechslung

Tortenboden mit Zartbitterschokolade statt Carobtafel, Mandeln statt Kokosflocken und Zucker zubereiten, die Creme statt der Trockenpflaumen mit püriertem Erdbeeren mischen.

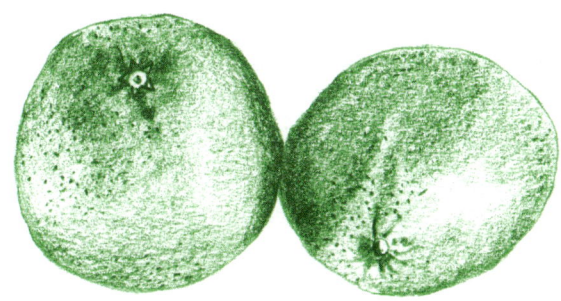

Erdnußkekse

Für 100 Stück

100 g weiche Butter oder Margarine

100 g Erdnußmus

80 g Puderzucker

20 g Zuckerrohrgranulat

1/4 TL gemahlene Vanille

1 Prise Salz

Schale von 1/2 unbehandelten Orange

1 Ei

125 g Weizenvollkornmehl

1/2 TL Backpulver

Die Kekse bräunen sehr rasch. Deshalb nach etwa 12 Minuten Backzeit aufpassen, daß sie nicht zu dunkel werden.

- Butter, Erdnußmus, Puderzucker und Zuckerrohrgranulat mit den Quirlen des Handrührgerätes rühren, bis die Masse dick und sehr locker ist.
- Vanille, Salz, Orangenschale und Ei untermischen.
- Mehl mit Backpulver mischen und unterrühren. Teig 1 Stunde zugedeckt kühlen.
- Vom Teig mit einem Teelöffel etwa haselnußgroße Stücke abstechen und zu Kugeln rollen. In weiten Abständen auf 3 gefettete Backbleche legen und flach drücken.
- Erstes Blech in den kalten Backofen (mittlere Schiene) schieben und bei 180 Grad (Umluft: 160 Grad, Gas: Stufe 2) etwa 15 Minuten backen. Kekse auf den folgenden Blechen etwa 12 Minuten backen.

Dauert etwa 2 Stunden
Arbeiten müssen Sie etwa 40 Minuten
1 Stück = 23 kcal/ 6 mg Cholesterin
1 g Fett/ 1 g Eiweiß/ 2 g Kohlenhydrate

Gewürzkekse

Der Teig muß 2 Stunden kühlen

Für 35 Stück

225 g Weizenmehl Type 1050

100 g brauner Zucker

100 g Butter oder Margarine

1 Prise Salz

1 TL Zimt

je 1/4 TL gemahlene Nelken und geriebene Muskatnuß

1 Prise gemahlener Kümmel

1 Ei

Fett für das Blech

2 EL süße Sahne

- Für den Teig Mehl, Zucker, weiches Fett, Salz, Zimt, Nelken, Muskatnuß, Kümmel und Ei in eine Schüssel geben. Mit den Knethaken des Handrührgerätes kurz vermischen und mit den Händen schnell zu einem glatten Teig formen. In Pergamentpapier gewickelt 2 Stunden kühlen.
- Walnußgroße Bällchen aus dem Teig formen, auf ein gefettetes Backblech legen, flach drücken und mit Sahne bestreichen. Die Kekse in den kalten Backofen (mittlere Schiene) schieben und bei 180 Grad (Umluft: 160 Grad, Gas: Stufe 2) etwa 25 Minuten backen. Vom Blech lösen und auf einem Kuchengitter auskühlen lassen.

Dauert etwa 1 Stunde
Arbeiten müssen Sie etwa 30 Minuten
1 Stück = 62 kcal/ 17 mg Cholesterin
3 g Fett/ 1 g Eiweiß/ 7 g Kohlenhydrate

Bald ablösen

Kekse sollen nur kurz auf dem Blech abkühlen. Die Feuchtigkeit, die sich nach dem Backen zwischen Gebäck und Blech bildet, verdunstet ziemlich rasch wieder, und die Kekse lassen sich schwer ablösen.

Knabberplätzchen

- Aprikosen, Rosinen, Belegkirschen und Walnußkerne mit dem Wiegemesser fein hacken oder im Blitzhacker zerkleinern. Mit dem Orangensaft mischen und zugedeckt etwa 2 Stunden ziehen lassen.
- Fett, Zucker, Vanillezucker und Salz mit den Quirlen des Handrührgerätes verrühren. Eigelb unterrühren.
- Fruchtmischung, Mehl, Backpulver und Wasser zufügen und weiterrühren, bis sich alle Zutaten miteinander verbunden haben.
- Walnußgroße Kugeln formen und auf ein gefettetes Backblech setzen. Knabberplätzchen in den kalten Backofen (mittlere Schiene) schieben und bei 180 Grad (Umluft: 160 Grad, Gas: Stufe 2) etwa 15 Minuten backen. Vom Blech lösen und auf einem Kuchengitter abkühlen lassen.

Dauert etwa 1 Stunde
1 Stück = 75 kcal/ 18 mg Cholesterin
4 g Fett/ 1 g Eiweiß/ 9 g Kohlenhydrate

Brauchen 2 Stunden
Vorbereitung

Für 30 Stück

50 g getrocknete Aprikosen
50 g Rosinen
50 g rote Belegkirschen
75 g Walnußkerne
2 EL Orangensaft
50 g weiche Butter oder Margarine
50 g Zucker
1 TL Vanillezucker
1 Prise Salz
1 Eigelb
150 g Weizenvollkornmehl
1 TL Backpulver
1 EL kaltes Wasser
Fett für das Blech

Müsliplätzchen

- Die Müslimischung mit der Buttermilch übergießen und im Kühlschrank zugedeckt 2 Stunden quellen lassen.
- Butter, Zucker, Salz, Orangenschale und Vanille schaumig rühren. Müslimischung eßlöffelweise darunterrühren. Mehl mit Backpulver gemischt unterkneten.
- 3 Backbleche fetten und dünn mit Mehl bestäuben. Den Teig in kleinen Häufchen daraufsetzen.
- Plätzchen auf dem ersten Blech in den kalten Backofen (mittlere Schiene) schieben und bei 180 Grad (Umluft: 160 Grad, Gas: Stufe 2) etwa 20 Minuten, Plätzchen auf den folgenden Blechen etwa 15 Minuten backen, bis sie goldgelb sind. Vom Blech lösen und auf ein Kuchengitter legen.
- Honig mit Orangensaft verrühren und die heißen Plätzchen damit bestreichen.

Dauert etwa 1 Stunde 35 Minuten
1 Stück = 40 kcal/ 5 mg Cholesterin
2 g Fett/ 1 g Eiweiß/ 5 g Kohlenhydrate

Zur Abwechslung
Die Plätzchen mit hellem Schokoladenguß überziehen.

Die Müslimischung muß
2 Stunden quellen

Für 90 Stück

200 g Müslimischung
200 g Buttermilch
175 g weiche Butter
100 g Zucker
1 Prise Salz
abgeriebene Schale von
1/2 unbehandelten Orange
1 TL gemahlene Naturvanille
250 g feingemahlener Dinkel
1/2 Päckchen Backpulver
Fett für die Backbleche
1 EL Honig
2 EL Orangensaft

Für 45 Stück

125 g Butter oder Margarine

125 g Zucker

1 EL Zuckerrübensirup

1 Ei

250 g Weizenvollkornmehl

1/2 Päckchen Backpulver

2 TL Ingwerpulver

je 1 TL gemahlene Nelken und
Zimt

1 Prise geriebene Muskatnuß

Fett für die Backbleche

Hagelzucker zum Bestreuen

*Bei Ingwerkeksen darf man
mit dem Ablösen überhaupt
nicht warten, sonst sind sie so
knusprig, daß sie zerbrechen.*

Ingwerkekse

• Für den Teig weiches Fett, Zucker und Sirup mit den Quirlen des Handrührgerätes verrühren. Ei unterrühren.
• Mehl mit Backpulver, Ingwer, gemahlenen Nelken, Zimt und Muskat gemischt unterrühren.
• Den Teig in Pergamentpapier gewickelt 30 Minuten kühlen. Zu etwa walnußgroßen Kugeln formen und in weiten Abständen – die Kekse fließen beim Backen auseinander – auf 2 gefettete Backbleche legen. Die Kugeln flach drücken und mit Hagelzucker bestreuen.
• Kekse auf dem ersten Blech in den kalten Backofen schieben und bei 180 Grad (Umluft: 160 Grad, Gas: Stufe 2) etwa 25 Minuten backen. Sofort vom Blech lösen und auf ein Kuchengitter legen. Die Kekse auf dem zweiten Blech etwa 20 Minuten backen.

Dauert etwa 2 1/2 Stunden
1 Stück = 59 kcal/
14 mg Cholesterin
3 g Fett/ 1 g Eiweiß/
7 g Kohlenhydrate

Für 20 Stück

25 g Haselnußkerne

25 g rote Belegkirschen

1 kleines Eiweiß

1 TL Zitronensaft

40 g Zucker

40 g Weizenvollkornmehl

1/2 TL Backpulver

2 EL Gersten- oder Haferflocken

Knusperchen

• Haselnußkerne und Belegkirschen fein hacken. Eiweiß mit Zitronensaft steif schlagen. Zucker unter ständigem Weiterschlagen einrieseln lassen.
• Mehl mit Backpulver gemischt darüberstreuen, Gerstenflocken, Nüsse und Kirschen zugeben und alles mischen.
• Mit zwei Teelöffeln kleine Häufchen auf ein gefettetes Backblech setzen und in den kalten Backofen schieben. Knusperchen bei 150 Grad (Umluft: 130 Grad, Gas: Stufe 1) etwa 25 Minuten backen; sie sollen nicht braun werden.

Dauert etwa 1 Stunde
Arbeiten müssen Sie etwa 35 Minuten
1 Stück = 32 kcal/ 0 mg Cholesterin
1 g Fett/ 1 g Eiweiß/ 5 g Kohlenhydrate

Anisplätzchen

• Eier mit Zitronensaft und Zucker sehr schaumig schlagen. Dinkel, Anis, Vanille und Zitronenschale unterrühren.
• Den Teig in einen Spritzbeutel mit großer Sterntülle füllen. Als Kringel oder Tupfen auf 2 gefettete, dünn mit Mehl bestreute Backbleche spritzen. Über Nacht bei Zimmertemperatur stehenlassen.
• Am nächsten Tag das erste Blech in den kalten Backofen (mittlere Schiene) schieben. Plätzchen bei 150 Grad (Umluft: 100 Grad, Gas: Stufe 1) etwa 50 Minuten backen, bis sie hellbraun sind. Sofort ablösen und auf einem Kuchengitter abkühlen lassen. Die Plätzchen auf dem zweiten Blech nur etwa 40 Minuten backen.

Dauert etwa 1 3/4 Stunden
Arbeiten müssen Sie etwa 1 Stunde
1 Stück = 42 kcal/ 23 mg Cholesterin
1 g Fett/ 1 g Eiweiß/ 9 g Kohlenhydrate

Aufbewahrungs-Tip
Anisplätzchen halten sich in einer fest schließenden Blechdose etwa 4 Wochen frisch.

Für 45 Stück

3 Eier
1 TL Zitronensaft
200 g Zucker
200 g feingemahlener Dinkel
1 TL Anispulver
1/2 TL gemahlene Vanille
abgeriebene Schale von
1 unbehandelten Zitrone
Fett und Mehl für die Backbleche

Beim Ruhen über Nacht trocknet der Eiweißteig, und die Plätzchen bekommen beim Backen dekorative Spitzen.

Zimtstangen

• Mehl mit 2 Teelöffeln Zimt und dem Zucker vermischen. Butter in Stücke schneiden und mit den Knethaken des Handrührgerätes mischen, bis der Teig wie feine Brotkrumen aussieht. Auf der Arbeitsfläche mit den Händen kneten, bis er glatt ist.
• Ein Backblech von etwa 30 mal 40 Zentimetern gut fetten. Den Teig darauf ausrollen. Restlichen Zimt mit Mandeln und Puderzucker mischen und auf die Teigplatte streuen.
• Blech in den kalten Backofen (mittlere Schiene) schieben. Teig bei 180 Grad (Umluft: 160 Grad, Gas: Stufe 2) in 20 bis 25 Minuten hellbraun backen.
• Heiß in Streifen oder Rauten schneiden. Vom Blech lösen und auf einem Kuchengitter abkühlen lassen.

Dauert etwa 1 Stunde
Arbeiten müssen Sie etwa 30 Minuten
1 Stück = 98 kcal/ 12 mg Cholesterin
6 g Fett/ 2 g Eiweiß/ 9 g Kohlenhydrate

Für 40 Stück

350 g Weizenvollkornmehl
3 TL Zimtpulver
100 g Zucker
200 g weiche Butter
100 g Mandelblättchen
Fett für das Backblech
2 1/2 EL Puderzucker

Mürbe Kekse

Für 60 Stück

50 g weiche Butter

1 TL gemahlene Vanille

100 g Zuckerrohrgranulat

2 EL Zitronensaft

2 EL Wasser

200 g Weizenvollkornmehl

1/2 TL Backpulver

Mehl zum Ausrollen

Fett für die Backbleche

1 kleines Eigelb

1/2 EL süße Sahne

Schokostreusel, Hagelzucker und gehackte Mandeln zum Bestreuen

Für den Vorrat
Nach 8 Tagen Ruhezeit in einer Blechdose schmecken die Kekse am besten.

• Butter, Vanille, Zuckerrohrgranulat, Zitronensaft und Wasser mit den Quirlen des Handrührgerätes etwa 3 Minuten verrühren. Mehl mit Backpulver vermischt unterrühren.

• Die Arbeitsfläche dünn mit Mehl bestäuben. Den Teig darauf etwa messerrückendick ausrollen und zu beliebigen Formen ausstechen.

• Kekse auf gutgefettete Bleche legen. Eigelb mit Sahne verrühren, Kekse damit bestreichen. Mit Schokostreusel, Hagelzucker oder Mandeln bestreuen.

• Erstes Blech in den kalten Backofen (mittlere Schiene) schieben. Kekse bei 200 Grad (Umluft: 180 Grad, Gas: Stufe 3) etwa 15 Minuten, die Kekse auf den folgenden Blechen etwa 10 Minuten backen, bis sie leicht gebräunt sind.

• Heiß ablösen und auf einem Kuchengitter erkalten lassen.

Dauert etwa 1 3/4 Stunden
Arbeiten müssen Sie etwa 1 Stunde
1 Stück = 40 kcal/ 9 mg Cholesterin
2 g Fett/ 1 g Eiweiß/ 5 g Kohlenhydrate

Haferflockenschnitten

Für 36 Stück

250 g weiche Butter

150 g Zucker

1 Prise Salz

1 TL Lebkuchengewürz

abgeriebene Schale und Saft von 1/2 unbehandelten Zitrone

200 g Weizenvollkornmehl

175 g kernige Hafervollkornflocken

100 g Kokosflocken

50 g Korinthen

50 g Carobpulver oder Kakao

40 g vollfettes Sojamehl

1 Päckchen Backpulver

ca. 200 ml Milch

Fett für das Backblech

50 g Birnendicksaft

Saft von 1/2 Zitrone

• Butter, Zucker, Salz, Lebkuchengewürz, Zitronenschale und Saft schaumig rühren. Mehl mit Haferflocken, Kokosflocken, Korinthen, Carob, Sojamehl und Backpulver gemischt unterrühren. So viel Milch daruntermischen, daß der Teig cremig ist.

• Auf ein gefettetes Backblech streichen, in den kalten Backofen (mittlere Schiene) schieben und bei 180 Grad (Umluft: 160 Grad, Gas: Stufe 2) etwa 30 Minuten backen.

• Den Birnendicksaft in einem Topf mit dem Zitronensaft verrühren und dabei leicht erwärmen, damit der Guß geschmeidig wird.

• Die gebackene Kuchenplatte damit bestreichen und in Rechtecke schneiden. Die Schnitten vom Blech lösen und auf einem Kuchengitter abkühlen lassen.

Dauert etwa 1 Stunde
Arbeiten müssen Sie etwa 30 Minuten
1 Stück = 149 kcal/ 17 mg Cholesterin
9 g Fett/ 2 g Eiweiß/ 13 g Kohlenhydrate

Quittenschnitten

• Den Zwieback fein zerkleinern. Quitten fein reiben und mit Zitronensaft vermischen. Eier trennen.
• Eiweiß mit Wasser steif schlagen. Zuckerrohrgranulat oder Vollzucker unter ständigem Schlagen zugeben. Die Eigelbe unterrühren.
• Zwieback, Quitten, Cashewnußkerne, Reis, Zimt und Vanille auf den Teig geben und darunterziehen.
• Ein Backblech mit gefettetem Pergamentpapier auslegen und den Teig darauf glattstreichen. In den kalten Backofen (mittlere Schiene) schieben und bei 180 Grad (Umluft: 160 Grad, Gas: Stufe 2) 20 bis 25 Minuten backen.
• Kuchenplatte heiß zuerst mit Sahne, dann mit Honig bestreichen. Auf ein Kuchengitter stürzen, Papier abziehen. Die Kuchenplatte in Rauten schneiden und mit Mandelstiften bestreuen. Vom Blech lösen und auf ein Kuchengitter zum Abkühlen geben.

Dauert etwa 1 1/4 Stunden
Arbeiten müssen Sie etwa 45 Minuten
1 Stück = 61 kcal/ 30 mg Cholesterin
3 g Fett/ 2 g Eiweiß/ 6 g Kohlenhydrate

Trockenes fein zerkleinern

Beim Backen mit Vollkorn braucht man oft Knäckebrot oder Zwieback statt Semmelbrösel. Beides kann man im Blitzhacker zerkleinern. Andere Möglichkeit: Die Scheiben in Stücke brechen und in einen Gefrierbeutel geben. Den Beutel verschließen und dabei flach drücken, damit die Luft entweicht. Mit dem Nudelholz darüberrollen, bis Zwieback oder Brot fein zerbröselt ist.

Backtrennpapier ...

... ist nicht notwendig, nur teuer: Selbst bei mehrmaligem Gebrauch kostet es erheblich mehr als das Stückchen Butter oder Margarine zum Einfetten des Blechs. Selbst beim weihnachtlichen Keksebacken braucht man es nicht. Denn Sie müssen das Blech ja nicht spülen; wenn nichts eingebrannt ist, genügt das Abwischen mit einem Tuch.

Für 60 Stück

6 Scheiben Vollkornzwieback
250 g Quitten (geputzt gewogen)
Saft von 1 kleinen Zitrone
5 Eier
2 EL kaltes Wasser
120 g Zuckerrohrgranulat oder Vollzucker
300 g gemahlene Cashewnußkerne
50 g feingemahlener Reis
1 TL Zimtpulver
1 TL gemahlene Vanille
Fett und Pergamentpapier für das Backblech
3 EL süße Sahne
2 EL Honig
1 EL Mandelstifte

Die Schnitten halten sich in einer Blechdose kühl aufbewahrt etwa 2 Wochen. Beim Aufeinanderschichten Pergamentpapier zwischen die Schnitten legen, damit sie nicht zusammenkleben.

Der Teig muß mindestens
1 1/2 Stunden kühlen

Für 60 Stück

150 g feines Weizenvollkornmehl
100 g feingemahlene Hirse
50 g gemahlene Mandeln
100 g Puderzucker
200 g weiche Butter
1 Prise Salz

*Shortbread ist ein mürbes,
knuspriges Teegebäck aus
Schottland. Originalgetreu
wird es in Formen, ähnlich
wie Backmodel (siehe rechts),
gepreßt und ausgeschnitten.
Bei uns gibt es diese Formen
nicht, und das Gebäck ist im
Rezept nur mit dem typischen
Muster versehen.*

Shortbread

• Alle Zutaten zuerst in einer Schüssel mit einer Gabel vermischen, bis der Teig krümelig ist.
• Auf der leicht mit Mehl bestäubten Arbeitsfläche rasch zu einem glatten Teig kneten. In Pergamentpapier gewickelt 30 Minuten kühlen.
• Teig in 2 Portionen teilen, jeweils zu einer fingerdicken Platte von 20 mal 24 Zentimetern ausrollen und auf 2 Blätter Pergamentpapier legen.
• Auf jeder Platte mit einem Messer Stücke von 2 Zentimeter Breite und 8 Zentimeter Länge markieren. Die Teigplatten mit einer Gabel in dichten, gleichmäßigen Abständen leicht einstechen. Shortbread 2 Stunden kühlen.
• Das Blech in den kalten Backofen (mittlere Schiene) schieben. Shortbread bei 180 Grad (Umluft: 160 Grad, Gas: Stufe 2) etwa 30 Minuten backen, bis es leicht gebräunt ist.
• 15 Minuten auf dem Blech ruhenlassen, mit dem Pfannenmesser ablösen und auf einem Kuchengitter abkühlen lassen. Zum Essen werden die Shortbreadstücke an den markierten Stellen auseinandergebrochen.

Dauert etwa 45 Minuten
1 Stück = 51 kcal/ 8 mg Cholesterin
3 g Fett/ 1 g Eiweiß/ 4 g Kohlenhydrate

Shortbread ...

... gibt es in vielen verschiedenen Varianten: zum Beispiel mit Ingwer, starkem Mandelaroma oder Alkohol gewürzt und natürlich mit weißem Mehl zubereitet. Mit Vollkornmehl und feingemahlenem Reis, Hirse oder Mais wird es besonders knusprig. Wichtig: Das gemahlene Getreide durch ein feines Sieb laufen lassen, damit es nicht zuviel Kleie enthält. Immer müssen Sie den Teig vor dem Backen mindestens 1 1/2 Stunden kühlen; dann behält Shortbread seine Form und wird schön mürbe.

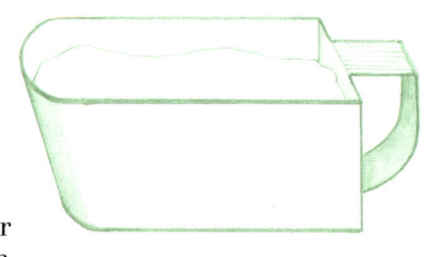

Für den Vorrat

Gut verschlossen in einer Blechdose, aufbewahrt in einem kühlen Raum, hält sich Shortbread etwa 4 Wochen.

Spekulatius

• Für den Teig Mehl, Mandeln, Lebkuchengewürz, Zucker, Salz, Ei und Butter zu einem glatten Mürbeteig verkneten. In Pergamentpapier gewickelt 1 Stunde kühlen.

• Teig auf Mehl etwa messerrückendick ausrollen und mit Modeln formen oder mit beliebigen Formen ausstechen. Spekulatius auf ungefettete Backbleche legen, mit Milch bestreichen und mit Mandelblättchen bestreuen.

• Erstes Backblech in den kalten Backofen (mittlere Schiene) schieben. Spekulatius bei 180 Grad (Umluft: 160 Grad, Gas: Stufe 2) etwa 15 Minuten backen. Die Spekulatius auf dem zweiten Blech etwa 10 Minuten backen, bis die Mandelblättchen goldgelb sind. Sofort vom Blech lösen und zum Abkühlen auf ein Kuchengitter legen.

Dauert etwa 2 1/2 Stunden
Arbeiten müssen Sie etwa 1 1/2 Stunden
1 Stück = 48 kcal/ 12 mg Cholesterin
3 g Fett/ 1 g Eiweiß/ 5 g Kohlenhydrate

Bilder backen

Spekulatius sind wie Frankfurter Brenten, Schwäbische Springerle und viele Lebkuchen aus Honigteig eigentlich ein Modelgebäck: Der Teig wird in Formen mit eingeschnitzten Bildern gepreßt, die sich auf dem fertigen Gebäck abdrücken – Ornamente oder Blumen, Tiere oder Menschen. Der Spekulatius – früher ein typisches Gebäck für den Nikolaustag – verdankt einem solchen Bild auch seinen Namen: Die Models zeigten immer das Bild – das »speculum« – eines Bischofs. Darin erkannten die Leute natürlich ihren liebsten Bischof, den heiligen Nikolaus. Die Niederländer nannten ihn Speculaas, und die Deutschen blieben bei Spekulatius, obwohl diese Gewürzkekse heute alle möglichen Bilder tragen.

Viele Jahrhunderte lang war Modelgebäck übrigens nicht zum Essen, sondern zum Verschenken und Aufheben bestimmt: Wie die Künstler ihre Holzschnitte schufen die Modelstecher ihr Kunsthandwerk: Sie arbeiteten für die Bäcker, fertigten aber auch Siegel und Petschaften an, schnitten Prägestempel für Münzen und Formen für Ofenkacheln. Gebäck aus dem Model wurde bunt bemalt und teuer verkauft.

Der Teig muß 1 Stunde ruhen

Für 50 Stück
200 g Weizenvollkornmehl
25 g gehackte Mandeln
1 Päckchen Lebkuchengewürz
75 g Zucker
1 Prise Salz
1 Ei
100 g weiche Butter
Mehl für die Arbeitsfläche
3 EL Milch
50 g Mandelblättchen

Wo gibt es Gebäckmodel?

In Haushaltwarengeschäften, Geschenke- und Krimskramsläden. Besonders praktisch ist ein Nudelholz mit eingeschnitzten Motiven, das man einfach über die Teigplatte rollt, so daß sich die Bilder im Teig abdrücken.

Mit dem Model arbeiten

Das Model mit Mehl ausstreuen, kräftig auf den ausgerollten Teig drücken und wieder abheben. Teig am Rand des Models abschneiden. Das geformte Gebäck vorsichtig aus dem Model klopfen und auf das vorbereitete Backblech legen.

Vanillekipferl

Für 100 Stück

200 g Butter

70 g Zucker

100 g ungeschälte, gemahlene Mandeln

250 g feingemahlener Dinkel

1 Prise Salz

1 EL Milch

50 g Puderzucker

1 TL gemahlene Vanille

Fett für die Bleche

Kipferl heißen kleine Hörnchen in Süddeutschland und Österreich – egal, ob süß oder salzig. Das Wort stammt vom lateinischen »cippus«, das Pfahl bedeutet. Die mürben Hörnchen mit Vanillezucker gehören zu den bekanntesten Weihnachtskeksen.

• Butter und Zucker schaumig rühren. Mandeln, Dinkel und Salz vermischen und mit der Milch darunterrühren.
• Den Teig in Folie gewickelt 30 Minuten kühlen. Puderzucker mit Vanillezucker auf einem Teller mischen.
• Teig auf wenig Mehl zu einer etwa 4 Zentimeter dicken Rolle formen. Die Rolle in knapp fingerdicke Scheiben schneiden. Scheiben zu kleinen »Würstchen« rollen, zu Hörnchen biegen und nebeneinander auf gefettete Backbleche legen.
• Das erste Blech in den kalten Backofen (mittlere Schiene) schieben. Kipferl bei 200 Grad (Umluft: 180 Grad, Gas: Stufe 3) 15 bis 20 Minuten backen, bis sie leicht gebräunt sind. Die Kipferl auf den folgenden Blechen 10 bis 15 Minuten backen.
• Vanillekipferl so heiß wie möglich vom Blech lösen und sofort im Vanillezucker wälzen. Auf dem Kuchengitter abkühlen lassen.

Dauert etwa 2 Stunden
1 Stück = 36 kcal/ 5 mg Cholesterin
2 g Fett/ 1 g Eiweiß/ 3 g Kohlenhydrate

Pfeffernüsse

Für 40 Stück

100 g Haselnußkerne

275 g gemahlener Dinkel

1/4 TL Hirschhornsalz

1/4 TL feingemahlener weißer Pfeffer

1/4 TL Kardamompulver

1 Prise gemahlene Muskatblüte (Macis)

2 Eier

200 g Zucker

Fett für die Bleche

Früher war »Pfeffer« das Wort für alle exotischen Gewürze. Pfeffersäcke nannte man die Kaufleute, die mit dem Gewürzhandel reich wurden.

• Die Haselnüsse hacken. Mit Dinkel, Hirschhornsalz, Pfeffer, Kardamom und Muskatblüte mischen.
• Die Eier und den Zucker mit den Quirlen des Handrührgerätes schaumig schlagen. Nußmischung unterrühren.
• Aus dem Teig Kugeln formen und auf gefettete Backbleche setzen. Das erste Blech in den kalten Backofen (mittlere Schiene) schieben. Die Pfeffernüsse bei 180 Grad (Umluft: 160 Grad, Gas: Stufe 2) etwa 20 Minuten backen.
• Pfeffernüsse auf dem zweiten Blech nur etwa 15 Minuten backen.

Dauert etwa 1 3/4 Stunden
Arbeiten müssen Sie etwa 1 Stunde
1 Stück = 67 kcal/ 17 mg Cholesterin
2 g Fett/ 2 g Eiweiß/ 10 g Kohlenhydrate

Zimtsterne

• Das Eiweiß mit den Quirlen des Handrührgerätes steif schlagen. Puderzucker unter ständigem Schlagen zugeben. Etwa 6 Eßlöffel davon zum Bestreichen beiseite stellen.
• Den Rest der Eiweißmasse mit Zimt und Mandeln verrühren. Portionsweise zwischen Klarsichtfolie etwa 1 Zentimeter dick ausrollen. Sterne ausstechen und mit der Eiweißmasse bestreichen.
• Zimtsterne auf 2 gefettete, dünn mit Mehl bestreute Backbleche legen. Das erste Blech in den kalten Backofen (mittlere Schiene) schieben. Zimtsterne bei 150 Grad (Umluft: 100 Grad, Gas: Stufe 1) etwa 30 Minuten backen. Die Zimtsterne auf den folgenden Blechen brauchen etwa 25 Minuten. Vom Blech lösen und zum Erkalten auf ein Kuchengitter legen.

Dauert etwa 1 3/4 Stunden
1 Stück = 86 kcal/ 0 mg Cholesterin
6 g Fett/ 2 g Eiweiß/ 6 g Kohlenhydrate

Für 50 Stück

3 Eiweiße
250 g Puderzucker
3 TL Zimt
500 g ungeschälte, gemahlene Mandeln
Fett und Mehl für die Backbleche

Die meisten Kekse, die wir zu Weihnachten backen, waren ursprünglich gar nicht fürs Fest bestimmt. Man knabberte sie zum Nachmittagstee, der im 19. Jahrhundert von England aus in ganz Europa Mode wurde.

Schokoladenschnitten

• Für den Teig weiches Fett, Zucker und Salz mit den Quirlen des Handrührgerätes verrühren. Eier trennen, die Eigelbe nacheinander unterrühren.
• Eiweiß steif schlagen und auf den Teig geben. Mehl, Mandeln und Schokolade mischen und darüberstreuen. Alles mit einem Kochlöffel mischen.
• Teig auf ein gefettetes Backblech streichen und in den kalten Backofen (mittlere Schiene) schieben. Kuchenplatte bei 200 Grad (Umluft: 180 Grad, Gas: Stufe 3) etwa 25 Minuten backen. Die fertige Kuchenplatte herausnehmen und heiß mit dem Johannisbeergelee bestreichen.
• Lauwarm abkühlen lassen, mit der Schokoladenkuvertüre bestreichen und in etwa 5 mal 5 Zentimeter große Schnitten teilen. Die Schokoladenschnitten vom Blech lösen und auf einem Kuchengitter auskühlen lassen.

Dauert etwa 1 Stunde
Arbeiten müssen Sie etwa 35 Minuten
1 Stück = 542 kcal/ 216 mg Cholesterin
36 g Fett/ 8 g Eiweiß/ 44 g Kohlenhydrate

Halten sich im Kühlschrank etwa 4 Wochen

Für 50 Stück

250 g Butter
175 g Zucker
1 Prise Salz
6 kleine Eier
100 g Weizenvollkornmehl
100 g abgezogene, gemahlene Mandeln
200 g geriebene Zartbitterschokolade
Fett für das Blech
125 g Johannisbeergelee
200 g dunkle Schokoladenglasur

Die Schnitten erinnern an die berühmte Sachertorte und schmecken mit Schlagsahne zum Kaffee.

Mandelschnitten

Für 40 Stück

200 g weiche Butter
75 g Zucker
1 TL gemahlene Vanille
300 g feingehackte Walnußkerne
75 g Weizenvollkornmehl
125 g feingemahlener Hafer
Fett für das Backblech
1 Ei
3 EL süße Sahne
150 g Mandelstifte
50 g Honig

• Butter mit Zucker und Vanille schaumig rühren. Nüsse mit den beiden Mehlsorten mischen und darunterkneten.
• Teig auf einem gefetteten Backblech ausrollen. Ei mit Sahne verquirlen. Teigplatte damit bestreichen und mit Mandeln bestreuen.
• Kuchenplatte in den kalten Backofen (mittlere Schiene) schieben und bei 200 Grad (Umluft: 180 Grad, Gas: Stufe 3) etwa 15 bis 20 Minuten backen. Herausnehmen, heiß mit Honig beträufeln und in Schnitten teilen.

Dauert etwa 50 Minuten
1 Stück = 150 kcal/ 22 mg Cholesterin
12 g Fett/ 3 g Eiweiß/ 7 g Kohlenhydrate

Der Teig muß 2 Stunden kühlen

Für 35 Stück

100 g weiche Butter
125 g Zucker
1 Prise Salz
1 TL gemahlener Kümmel
abgeriebene Schale von 1 unbehandelten Orange
1 EL Orangensaft
1 Ei
250 g Weizenvollkornmehl
100 g gemahlene Erdnußkerne
1/4 TL Backpulver

Schwere Orangen enthalten mehr Vitamine und Mineralstoffe, schmecken besser und sind saftiger.

Kümmel-Orangen-Kekse

• Butter, Zucker, Salz, Kümmel, Orangenschale und Saft mit den Quirlen des Handrührgerätes schaumig rühren. Ei daruntermischen. Mehl sieben, mit Nüssen und Backpulver vermischt darunterrühren.
• Teig in 2 Portionen teilen, in Pergamentpapier wickeln, zu Rollen von je etwa 5 Zentimeter Durchmesser formen und 2 Stunden kühlen.
• Teigrollen in fingerdicke Scheiben schneiden und auf 2 ungefettete Backbleche legen. Erstes Backblech in den kalten Backofen (mittlere Schiene) schieben. Kekse bei 200 Grad (Umluft: 180 Grad, Gas: Stufe 3) etwa 20 Minuten backen. Die Kekse auf dem zweiten Blech etwa 15 Minuten backen, bis sie leicht gebräunt sind. Vom Blech lösen und auf einem Kuchengitter abkühlen lassen.

Dauert etwa 1 Stunde
1 Stück = 80 kcal/
17 mg Cholesterin
4 g Fett/ 2 g Eiweiß/
8 g Kohlenhydrate

Rosinenkekse

• Butter und Zucker schaumig rühren. Ei trennen, Eigelb untermischen. Eiweiß mit 1 oder 2 Tropfen kaltem Wasser verquirlen und zum Bestreichen beiseite stellen.
• Das Mehl mit Salz, Piment, Zitronenschale und Rosinen mischen, zugeben und alles mit einer Gabel mischen. Mit den Händen zu einem glatten Teig verkneten.
• Teig auf die mit Mehl bestreute Arbeitsfläche geben und zu etwa 1 Zentimeter dicken Rollen formen. In 1/2 Zentimeter dicke Scheiben schneiden und flach drücken.
• Rosinenkekse auf gefettete Backbleche legen und mit der Gabel mehrmals einstechen.
• Erstes Blech in den kalten Backofen (mittlere Schiene) schieben. Kekse bei 180 Grad (Umluft: 160 Grad, Gas: Stufe 2) in 15 Minuten hellgelb backen.
• Kekse herausnehmen, mit dem Eiweiß bestreichen und mit dem Puderzucker bestreuen. Wieder in den Ofen schieben und weitere 5 Minuten backen. Herausnehmen, 5 Minuten ruhenlassen und vom Blech lösen.
• Die Kekse auf dem zweiten Blech vor dem Bestreichen nur etwa 10 Minuten backen.

Dauert etwa 1 Stunde
1 Stück = 79 kcal/ 22 mg Cholesterin
4 g Fett/ 1 g Eiweiß/ 9 g Kohlenhydrate

Für 30 Stück

125 g weiche Butter
75 g Zuckerrohrgranulat
1 Ei
200 g Weizenvollkornmehl
1 Prise Salz
1/2 TL gemahlenes Piment
abgeriebene Schale von
1/4 unbehandelten Zitrone
50 g Rosinen
Mehl zum Ausrollen
Fett für das Backblech
1–2 EL Puderzucker

Zubereitungs-Tip

Die Mehlmischung muß man mit den Händen unter den Teig kneten. Quirle oder Knethaken des Handrührgerätes zerquetschen die Rosinen, und der Teig färbt sich dunkel.

Zitrusschalen für den Vorrat

Unbehandelte Zitronen und Orangen gut waschen und abtrocknen. Die Schalen mit einer feinen Reibe abreiben, mit Zucker, Zuckerrohrgranulat oder Vollzucker vermischen und in einem Schraubglas im Kühlschrank aufbewahren. Das Aroma hält sich etwa 1 Jahr, und Sie können immer wieder »nachfüllen«.

Honiglebkuchen

Der rohe Teig sollte über Nacht ruhen

Für 20 Stück

150 g Honig
25 g Zuckerrohrgranulat oder Vollzucker
1 EL Butter
1 unbehandelte Orange
50 g Zitronat
250 g Weizenvollkornmehl
1 Prise Salz
1 Päckchen Lebkuchengewürz
100 g gemahlene Haselnußkerne
1/2 Päckchen Backpulver
2 Eier
3 EL Orangensaft
Fett und Mehl für das Blech
zum Bestreichen:
1 Eigelb
2 EL süße Sahne
2 EL Honig
2 EL Zitronensaft

Ruhenlassen

Die Lebkuchen am besten mit einem Apfel in einer Blechdose mindestens 2 Wochen ziehen lassen. Dann sind sie schön weich und schmecken richtig aromatisch.

• Honig, Zuckerrohrgranulat und Butter unter Rühren erwärmen, bis die Butter geschmolzen und das Zuckerrohrgranulat oder Vollzucker gelöst ist. Die Mischung beim Erhitzen nicht aufkochen. Lauwarm abkühlen lassen.

• Orange waschen und abtrocknen. Die Schale dünn abschneiden und fein hacken. Das Zitronat fein zerkleinern. Beide Zutaten mit dem Mehl, Salz, dem Lebkuchengewürz, den Nüssen und dem Backpulver mischen.

• Eier, Orangensaft und die Honigmischung zugeben und mit den Knethaken des Handrührgerätes etwa 5 Minuten rühren, bis der Teig ganz glatt ist. Teig zugedeckt bei Zimmertemperatur über Nacht ruhenlassen.

• Teig auf ein gefettetes, mit Mehl bestäubtes Backblech streichen. Eigelb mit Sahne verrühren und den Teig damit bestreichen. Das Blech in den kalten Backofen (mittlere Schiene) schieben. Den Lebkuchen bei 180 Grad (Umluft: 160 Grad, Gas: Stufe 2) etwa 30 Minuten backen.

• Flüssigen Honig mit Zitronensaft vermischen und den heißen Kuchen damit bestreichen. Etwa 10 Minuten auf dem Blech abkühlen lassen, in Stücke schneiden, ablösen und auf einem Kuchengitter ganz erkalten lassen.

Dauert etwa 1 1/4 Stunden
Arbeiten müssen Sie etwa 45 Minuten
1 Stück = 149 kcal/ 59 mg Cholesterin
6 g Fett/ 3 g Eiweiß/ 19 g Kohlenhydrate

Statt Backpulver

Für flaches Gebäck, das vor dem Backen einige Zeit ruhen muß, kann man auch Pottasche oder Hirschhornsalz nehmen. Die beiden Treibmittel bekommt man während der vorweihnachtlichen »Backzeit« in Supermärkten. Sonst fragt man in der Apotheke nach.

Nußlebkuchen

• Pflaumen und Schokolade fein zerkleinern. Kürbiskerne und Erdnüsse mahlen. Alles mit dem Mehl vermischen.
• Eier mit Zucker, den Gewürzen, Salz und Zitronenschale zu einer schaumigen Creme aufschlagen. Die Pflaumenmischung darunterrühren.
• Teig auf die Backoblaten setzen und auf die Bleche legen.
• Lebkuchen auf dem ersten Backblech in den kalten Backofen (mittlere Schiene) schieben und bei 160 Grad (Umluft: 140 Grad, Gas: Stufe 1) etwa 30 Minuten, die auf dem zweiten Blech etwa 20 Minuten backen.

Dauert etwa 1 Stunde 35 Minuten
Arbeiten müssen Sie etwa 40 Minuten
1 Stück = 151 kcal/ 56 mg Cholesterin
8 g Fett/ 6 g Eiweiß/ 13 g Kohlenhydrate

Macis ...
... ist das Samenhäutchen über der Muskatnuß. Frisch ist es feuerrot, getrocknet wird es orangefarben. Macis gibt es ganz oder gemahlen. Es schmeckt noch feiner als Muskatnuß und wird genauso verwendet.

Für 25 Stück
275 g entsteinte Trockenpflaumen
50 g Zartbitterschokolade
200 g Kürbiskerne
125 g Erdnußkerne
50 g Weizenvollkornmehl
4 Eier
75 g Zucker
1/2 EL Zimtpulver
1 TL gemahlene Vanille
je 1/2 TL Macis-, Kardamom- und Pimentpulver
1 kräftige Prise geriebene Muskatnuß
1 Prise Salz
abgeriebene Schale von 1 kleinen unbehandelten Zitrone
25 runde Backoblaten

Nußprinten

• Honig mit Zuckerrohrgranulat oder Vollzucker und Butter erwärmen, bis die Butter geschmolzen ist. Lauwarm abgekühlte Mischung mit Ei schaumig rühren. Haselnüsse, Gewürze, Mehl und Backpulver gemischt unterkneten. Teig über Nacht zugedeckt stehenlassen.
• Teig noch einmal durchkneten, auf reichlich Mehl etwa 1/2 Zentimeter dick ausrollen und in Stücke von etwa 3 mal 4 Zentimetern schneiden. Auf 2 gefettete Backbleche legen, mit Milch bestreichen und mit je 1 Nuß belegen.
• Printen auf dem ersten Backblech in den kalten Backofen (mittlere Schiene) schieben und bei 180 Grad (Umluft: 160 Grad, Gas: Stufe 2) etwa 15 Minuten backen. Printen auf dem zweiten Blech etwa 10 Minuten backen. Sofort ablösen und auf ein Kuchengitter geben.

Dauert etwa 2 1/2 Stunden
Arbeiten müssen Sie etwa 1 1/2 Stunden
1 Stück = 45 kcal/ 6 mg Cholesterin
3 g Fett/ 1 g Eiweiß/ 4 g Kohlenhydrate

Der Teig muß über Nacht ruhen

Für 70 Stück
100 g Honig
50 g Zuckerrohrgranulat oder Vollzucker
40 g Butter
1 Ei
150 g gemahlene Haselnußkerne
1 TL Zimtpulver
je 1/2 TL Macis-, Kardamom- und Pimentpulver
175 g Weizenvollkornmehl
1/2 Päckchen Backpulver
Mehl für die Arbeitsfläche
Fett für die Backbleche
3 EL Milch
70 Haselnußkerne

Mandelsternchen

Für 55 Stück

Teig:

100 g Weizenvollkornmehl

100 g gemahlene Haselnußkerne

abgeriebene Schale von 1/4
unbehandelten Zitrone

1 Prise Salz

100 g Butter

1 1/2 EL kaltes Wasser

Füllung:

50 g Birnenkraut

75 g gemahlene Mandeln

abgeriebene Schale und Saft von
1/2 unbehandelten Zitrone

1/2 TL Zimtpulver

1 Prise gemahlene Vanille

Mehl für die Arbeitsfläche

1 Eigelb

2 EL süße Sahne

• Für den Teig alle Zutaten zu einem glatten Mürbeteig verkneten. In Pergamentpapier gewickelt 1 Stunde kühlen. Den Teig aus dem Kühlschrank nehmen, bevor die Füllung zubereitet wird.
• Für die Füllung alle Zutaten mit einer Gabel vermischen.
• Teig auf wenig Mehl etwa messerrückendick ausrollen und zu Sternchen von etwa 5 Zentimeter Durchmesser ausstechen.
• Jeweils 1 Sternchen mit etwas Füllung belegen, ein zweites Sternchen darauflegen und Ränder festdrücken.
• Sternchen auf ein ungefettetes Backblech legen. Eigelb mit Sahne verrühren und Sternchen damit bestreichen.
• In den kalten Backofen (mittlere Schiene) schieben und bei 180 Grad (Umluft: 160 Grad, Gas: Stufe 2) etwa 20 Minuten backen, bis sie goldgelb gebräunt sind.

Dauert etwa 2 1/2 Stunden
Arbeiten müssen Sie etwa 1 1/2 Stunden
1 Stück = 48 kcal/ 12 mg Cholesterin
4 g Fett/ 1 g Eiweiß/ 2 g Kohlenhydrate

Husarenkrapfen

Für 60 Stück

125 g weiche Butter

60 g Zucker

abgeriebene Schale von
1/4 unbehandelten Zitrone

1 Ei

200 g Weizenvollkornmehl

Fett für das Blech

75 g Johannisbeergelee

eventuell Puderzucker zum
Bestreuen

Nicht zuviel Gelee in die Husarenkrapfen geben, sonst läuft es beim Backen aus, und die Kekse bleiben am Blech haften.

• Butter und Zucker mit den Quirlen des Handrührgerätes schaumig rühren. Abgeriebene Zitronenschale und das Ei untermischen. Mehl unter den Teig rühren.
• Teig zu kleinen Kugeln formen und auf 2 gefettete Backbleche legen. In die Mitte der Teigkugeln mit einem Kochlöffelstiel kleine Mulden drücken und mit dem Johannisbeergelee füllen.
• Husarenkrapfen auf dem ersten Blech in den kalten Backofen (mittlere Schiene) schieben und bei 200 Grad (Umluft: 180 Grad, Gas: Stufe 4) in etwa 20 Minuten goldbraun backen. Die Kekse auf dem zweiten Blech 10 bis 15 Minuten backen.
• Herausnehmen, kurz auf dem Blech ruhenlassen, ablösen und zum Erkalten auf ein Kuchengitter legen. Nach Wunsch zum Servieren mit Puderzucker bestreuen.

Dauert etwa 1 Stunde
1 Stück = 38 kcal/ 11 mg Cholesterin
2 g Fett/ 0 g Eiweiß/ 4 g Kohlenhydrate

Florentiner

- Für den Teig Mandelstifte, Zitronat, Orangeat, Fett, Zucker, Honig, Milch und Mehl in einen Topf geben.
- Bei starker bis mittlerer Hitze unter ständigem Rühren so lange erhitzen, bis sich alle Zutaten zu einem Kloß verbunden haben und am Topfboden ein dünner, heller Belag zu sehen ist.
- Teig herausnehmen und lauwarm abkühlen lassen.
- Ein Backblech leicht fetten, mit Pergamentpapier auslegen und das Papier mit Öl bestreichen.
- Den Teig mit 2 Teelöffeln als Häufchen auf das Blech setzen. Die Häufchen flach drücken und jeweils mit 1/2 Belegkirsche verzieren.
- Florentiner in den kalten Backofen (mittlere Schiene) schieben und bei 180 Grad (Umluft: 160 Grad, Gas: Stufe 2) etwa 25 Minuten backen. Sofort vom Papier lösen und auf einem Kuchengitter erkalten lassen.
- Kuvertüre im Wasserbad schmelzen und die Unterseite der Florentiner dick damit bestreichen.

Dauert etwa 1 1/4 Stunden
Arbeiten müssen Sie etwa 45 Minuten
1 Stück = 128 kcal/ 7 mg Cholesterin
8 g Fett/ 2 g Eiweiß/ 11 g Kohlenhydrate

Zitronat und Orangeat

Es wird aus der Cedrat- oder Zitronatzitrone gewonnen, einer Mittelmeerfrucht mit dicken Schalen und dem stattlichen Gewicht von 1 bis 2 Kilogramm. Man legt die frischen Schalen zuerst in ein Salzbad, dann werden sie mehrmals in Zuckersirup kandiert. Zum Schluß trocknet man sie und bringt sie in großen Stücken oder gewürfelt in den Handel. Orangeat wird ähnlich hergestellt: aus den Schalen der Bitterorange oder Pomeranze, die wie eine »normale« Orange aussieht.

Halten sich etwa 4 Wochen

Für 20 Stück

125 g Mandelstifte
50 g gehacktes Zitronat und Orangeat gemischt
60 g Butter oder Margarine
50 g Zucker
30 g Honig
1 EL Milch
50 g Weizenvollkornmehl
Fett, Pergamentpapier und Öl für das Backblech
10 rote Belegkirschen
100 g dunkle Schokoladen-kuvertüre

Wichtig

Florentiner lassen sich nur heiß gut lösen; einmal erkaltet, bleiben sie an der Unterlage haften. Deshalb die Kekse nicht direkt auf dem Backblech backen: Vom Papier können Sie mit etwas Mühe auch bereits lauwarme Florentiner abziehen; vom Blech dagegen nicht.

Garzeiten im Überblick

Am nährstoffreichsten bleibt Gemüse, wenn Sie es so kurz wie möglich garen. Hier einige Richtwerte für (zerkleinerte) Gemüseportionen von etwa 500 Gramm, jeweils nach dem Aufkochen gerechnet. Größere Portionen brauchen etwas länger.

Blumenkohlröschen und -stiele	**5 bis 15 Minuten, dabei zwischendurch kosten**
Brokkoli	**Stiele 5 bis 10 Minuten, Röschen etwa 5 Minuten**
grüne Bohnen	**mindestens 15 Minuten**
Kohlrabi	**5 bis 10 Minuten**
Möhren	**3 bis 5 Minuten**
Lauch, Lauchzwiebeln	**3 Minuten**
Rotkohl, Weißkohl, Wirsing	**zerkleinerte Rippen etwa 5 Minuten, Blätter 2 bis 3 Minuten**
Spargel (grün und weiß), Schwarzwurzeln	**10 bis 20 Minuten**
Spinat, Grünkohl, Mangold	**bis die Blätter weich und intensiv grün sind**
Steckrüben	**20 bis 25 Minuten**
Zucchini	**nur aufkochen und erhitzen**
Auberginenscheiben braten:	**etwa 20 Minuten bei schwacher Hitze**

Garzeiten für Hülsenfrüchte, die nicht quellen müssen

Linsen und geschälte Hülsenfrüchte sind auch ohne Einweichen gut verdaulich, wenn man sie ausreichend gart. Frische Hülsenfrüchte gart man genauso wie jedes andere Gemüse.

Wichtig!

Bohnen dürfen Sie nicht roh essen. Denn manche Sorten enthalten einen Giftstoff, der erst beim Garen unschädlich wird.

geschälte grüne und gelbe Erbsen	**brauchen 1 1/2 Stunden**
frische dicke Bohnen	**sind in 45 Minuten gar**
tiefgekühlte dicke Bohnen	**sind nach dem Auftauen in 15 bis 20 Minuten gar**
braune Tellerinlinsen	**brauchen je nach Frische 45 bis 60 Minuten**
kleine Linsen	**brauchen 40 bis 60 Minuten**
rote (geschälte) Linsen	**sind in 20 Minuten gar**
frische grüne Bohnen	**brauchen etwa 10 bis 20 Minuten zum Garen.**

Die Garzeiten hängen vom Alter der Hülsenfrüchte ab: Je länger Ersen, Bohnen und Kichererbsen aufbewahrt werden, desto länger ist auch die Garzeit.

grüne und gelbe Trockenerbsen	**1 1/2 bis 2 Stunden**
getrocknete Bohnensamen	**1 1/2 bis 2 Stunden**
Kichererbsen	**1 bis 1/2 Stunden**

Garzeiten für getrocknete Hülsenfrüchte

Wenn Sie nicht vorplanen wollen, geht es auch so: Hülsenfrüchte mit der im Rezept angegebenen Flüssigkeitsmenge aufkochen, 2 Minuten sprudelnd kochen und dann 1 Stunde quellen lassen. Erneut aufkochen und wie gewohnt garen.

Die meisten Getreidesorten werden durch Einweichen gut verdaulich – ob vor oder nach dem Garen, spielt keine Rolle. Wenn Sie das Getreide mittags essen wollen, weichen Sie es am besten schon am Vorabend in der doppelten Menge Wasser oder Gemüsebrühe ein und stellen den Topf zugedeckt in den Kühlschrank. Für das Abendessen werden die Körner morgens eingeweicht. Getreide, das Sie kalt essen – zum Beispiel als Salat – oder einfrieren wollen, garen Sie zuerst und lassen es dann eine Stunde quellen. In dieser Zeit kühlt es auch ab. Zum Garen braucht:

Garzeiten von vorgeweichtem Getreide

Roggen	**1 1/2 Stunden**
Weizen, Dinkel, Gerste	**1 Stunde**
Grünkern	**40 Minuten**
Thermogetreidegrütze	**etwa 10 Minuten**
Couscous	**kann nach einer Quellzeit von 30 Minuten roh gegessen oder gedämpft werden**

Hafer kann beim Einweichen bitter werden, bei anderen Getreidesorten ist Einweichen nicht notwendig:

Garzeiten von Getreide, das Sie nicht einweichen müssen

Hafer	**1 Stunde kochen und danach 1 Stunde quellen lassen**
Hirse	**30 bis 40 Minuten**
Bulgur, Buchweizen	**20 bis 30 Minuten**
Gerstengraupen	**25 Minuten**
Naturreis	**30 bis 45 Minuten**
Milchreis	**25 bis 30 Minuten**
Risottoreis	**30 bis 40 Minuten**
Grieß	**10 Minuten**

Mengen und Maße

1 Kilogramm	1000 Gramm
1 Pfund	500 Gramm
1 Liter	1000 Milliliter (ml)
3/4 Liter	750 Milliliter (ml)
1/2 Liter	500 Milliliter (ml)
1/4 Liter	250 Milliliter (ml)
1/8 Liter	125 Milliliter (ml)

Kleine Flüssigkeitsmengen kann man am besten mit einer Babyflasche abmessen.

Gemüse wiegt ungeputzt und ungeschält

Artischocke	klein schmal: 60 g	groß rund: 450 g	
Aubergine	klein: 100 g	mittel: 200 g	groß 300 g
Avocado		mittel: 300 g	
Blumenkohl	klein: 500 g	mittel: 750 g	groß: 1000 g
Chicorée		mittel: 125 g	
Chinakohl	klein: 200 g	mittel: 500 g	
Eisbergsalat		mittel: 375 g	
Fenchelknolle	klein: 150 g	mittel: 220 g	groß: 300 g
Gartenkresse	1 Kästchen: 15 g		
Grünkohl	1 Strunk: 750 g		
Kartoffel, Kohlrabi, rote Bete	klein: 90 g	mittel: 150 g	groß: 250 g
Knollensellerie	klein: 375 g	mittel: 600 g	
Kopfsalat	mittel: 125 g	groß: 250 g	
Lauchstange	klein: 60 g	mittel: 150 g	groß: 250 g
Lauchzwiebeln	1 Stück: 60 g	1 Bund: 200 g	
Möhre	klein: 40 g	mittel: 70 g	groß: 100 g
Paprikaschote	klein: 100 g	mittel: 200 g	groß: 300 g
Radieschen	1 Stück: 13 g	1 Bund: 125 g	
Rotkohl, Weißkohl, Wirsingkohl	klein: 500 g	mittel: 1000 g	groß: 1500 g
Salatgurke	klein: 350 g	groß: 600 g	
Schnittlauch	1 Bund: 20 g		
Spinat, Feldsalat, Kräuter	1 Handvoll: 50 g		
Stangensellerie	1 Stange: 90 g	1 Strunk klein: 250 g	1 Strunk groß: 500 g
Steckrübe	1 kg		
Tomate, Zucchino	klein: 80 g	mittel: 100 bis 125 g	groß: 150 bis 175 g
Zwiebel	klein: 30 g	mittel: 50 g	groß: 100 g

Apfel, Birne, Pfirsich, Nektarine	klein: 120 g	mittel: 150 g	groß: 200 g
Aprikose	frisch: 50 g	getrocknet: 7 g	
Banane	klein: 125 g	mittel: 150 g	groß: 200 g
Dattel	frisch: 15 g	getrocknet: 8 g	
Feige	frisch: 60 g	getrocknet: 20 g	
Grapefruit	mittel: 380 g		
Kiwi	mittel: 50 g		
Pflaume	frisch: 35 g	getrocknet: 8 g	
Orange	klein: 140 g	mittel: 175 g	groß: 250 g
Zitrone	mittel: 150 g	Saft: 5 bis 7 EL	
Zwetsche	20 g		

Obst wiegt ungeputzt und ungeschält

Beim Putzen geht ein Teil des Gewichtes verloren – mal eine ganze Menge, mal ein paar Gramm: Vom Grünkohl z.B. nimmt man nur die Blätter, aber nicht den Strunk, Zucchini dagegen kann man fast ganz verwenden.
Von 1 Kilo (1000 g) bleiben ungefähr übrig

Wieviel bleibt übrig?

Artischocken	500 g
Auberginen	800 g
Blumenkohl	700 g
grüne Bohnen	950 g
Brokkoli	600 g
Chicorée	900 g
grüne Erbsen in den Schoten	400 g
Fenchel	900 g
Kohlrabi	600 bis 700 g
Kopfsalat	700 g
Knollensellerie	650 g
Lauch (Porree)	700 g
Möhren	850 g
Paprikaschoten	750 g
Rosenkohl	800 g
Rote Beten	800 g
Rotkohl, Weißkohl, Wirsing	750 g
Schwarzwurzeln	600 g
Stangensellerie	650 g
Spargel, weiß	700 g
Spargel, grün	850 g
Spinat, Blatt	900 g
Spinat, Wurzel	650 g
Zucchini	900 g

Wie lange dauert es?

Gemüse und Salat putzen kostet Zeit – vor allem bei den größeren Mengen, die Sie in der vegetarischen Küche brauchen. Zum Waschen oder Schälen, Putzen und Zerkleinern von 1 Kilo (1000 g) müssen Sie etwa einplanen:

Blumenkohl	15 Minuten
Brokkoli	20 Minuten
Erbsen, dicke Bohnen aus den Schoten lösen	20 Minuten
Feldsalat	20 Minuten
grüne Bohnen	20 Minuten
Grünkohl	10 Minuten
Kohlkopf	15 Minuten
Lauch	15 Minuten
rohe Kartoffeln schälen	5 Minuten
Rosenkohl	25 Minuten
Salatkopf	10 bis 20 Minuten
Spargel, weiß	10 bis 20 Minuten
Spargel, grün	10 Minuten
Spinat	20 bis 30 Minuten
Tomaten abziehen	10 Minuten
Zwiebeln abziehen und hacken	15 Minuten

Mit Löffeln messen

Kleine Mengen kann man am schnellsten mit Teelöffel oder Eßlöffel abmessen. Die Gewichtsangaben beziehen sich jeweils auf einen gestrichenen Löffel.

Produkt	TL	EL
Backpulver	3 g	10 g
Brühe: Instant-Pulver	3 g	8 g
Butter	4 g	10 g
Crème fraîche, Crème double	5 g	15 g
Dickmilch (10 %)	5 g	17 g
Frischkäse	7 g	20 g
Fruchtzucker	4 g	12 g
Getreidekörner (roh)	5 g	15 g
Graupen, Grütze (roh)	10 g	
Grieß (roh)	7 g	10 g
Haferflocken, blütenzart (roh)	3 g	
Haferflocken, kernig (roh)	8 g	
Haselnußkerne, gemahlen	2 g	5 g
Honig	10 g	20 g
Joghurt	6 g	17 g
Käse, gerieben	3 g	8 g
Kaffeepulver	2 g	6 g
Kaffeesahne	5 g	15 g

Kakaopulver	2 g	5 g
Kapern	4 g	12 g
Kefir		30 g
Kokosfett, weich/soft		10 g
Kokosraspeln	5 g	10 g
Konfitüre, Marmelade	6 g	18 g
Kräuter, gehackt	2 g	4 g
Kümmel	5 g	
Kürbiskerne	10 g	
Leinsamen	4 g	10 g
Maiskörner (Dose)		25 g
Mandeln, gemahlen	3 g	8 g
Mandeln, gehackt	40 g	
Margarine	4 g	10 g
Mayonnaise	4 g	12 g
Meerrettich, gerieben	6 g	20 g
Mehl	3 g	10 g
Milch	5 g	15 g
Nudeln (roh)		10 g
Öl	3 g	10 g
Pistazienkerne, gehackt	8 g	
Polenta (Maisgrieß, roh)	4 g	12 g
Puddingpulver	3 g	10 g
Puderzucker	3 g	10 g
Quark	10 g	20 g
Reis (roh)	5 g	15 g
Rosinen	7 g	20 g
Sahne, sauer	5 g	13 g
Salz	5 g	15 g
Schlagsahne, flüssig	5 g	13 g
Schlagsahne, geschlagen	10 g	
Semmelbrösel	3 g	8 g
Senf	5 g	15 g
Sesamsamen	3 g	6 g
Sonnenblumenkerne	10 g	
Speisestärke	3 g	9 g
Tomatenketchup	5 g	15 g
Tomatenmark	5 g	15 g
Traubenzucker	2 g	5 g
Zucker	5 g	15 g

Nudeln, Reis und Getreide verdoppeln beim Garen ihr Gewicht. Getrocknete Hülsenfrüchte quellen beim Garen noch stärker: 100 Gramm Bohnen, Erbsen und Linsen wiegen gekocht etwa 220 Gramm.

Gemüse	Jan.	Feb.	März	April	Mai	Juni	Juli	Aug.	Sep.	Okt.	Nov.	Dez.
Artischocken	●	●	●	●	●			●	●	●	●	●
Auberginen	●	●	●	●	●	●	●	●	●	●	●	●
Batavia	●	●	●	●	●	●	●	●	●	●	●	●
Bleichsellerie/ Staudensellerie	●	●	●	●	●	●	●	●	●	●	●	●
Blumenkohl	●	●	●	●	●	●	●	●	●	●	●	●
Bohnen, grün				●	●	●	●	●	●	●	●	●
Brokkoli/ Spargelkohl		●	●	●	●	●	●	●	●	●	●	
Champignons	●	●	●	●	●	●	●	●	●	●	●	●
Chicorée	●	●	●	●	●				●	●	●	●
Chinakohl	●	●	●	●	●	●	●		●	●	●	●
Eichblattsalat				●	●	●	●	●	●	●	●	
Einlegegurken						●	●	●	●	●	●	
Eisbergsalat	●	●	●	●	●	●	●	●	●	●	●	●
Endiviensalat/ Eskariol	●	●	●	●			●	●	●	●	●	●
Erbsen, grün					●	●	●	●	●			
Feldsalat/ Rapunzel	●	●	●					●	●	●	●	●
Fenchel	●	●	●	●	●	●	●	●	●	●	●	●
Grünkohl	●	●	●	●						●	●	●
Kartoffeln	●	●	●	●	●	●	●	●	●	●	●	●
Kohlrabi		●	●	●	●	●	●	●	●	●	●	
Kopfsalat	●	●	●	●	●	●	●	●	●	●	●	●
Kürbis							●	●	●	●	●	●
Lollo Rosso	●	●	●	●	●	●	●	●	●	●	●	●

Gemüse	Jan.	Feb.	März	April	Mai	Juni	Juli	Aug.	Sep.	Okt.	Nov.	Dez.
Meerrettich												
Wasser-/Zucker-Melonen												
Möhren												
Paprika												
Petersilie												
Porree/Lauch												
Radieschen												
Rettich												
Rhabarber												
Rosenkohl												
Rote Bete / -Rüben												
Rotkohl												
Salatgurken												
Schwarzwurzeln												
Sellerieknollen												
Spargel												
Spinat												
Tomaten												
Weißkohl												
Wirsing												
Zucchini												
Zwiebeln												

Zeichenerklärung: Monate geringerer Angebote – höhere Preise   Monate starker Angebote – günstigere Preise   Aus einheimischem Freilandanbau

Obst	Jan.	Feb.	März	April	Mai	Juni	Juli	Aug.	Sep.	Okt.	Nov.	Dez.
Ananas												
Äpfel												
Apfelsinen												
Aprikosen												
Avocados												
Bananen												
Birnen												
Brombeeren												
Clementinen/ Satsumas												
Erdbeeren												
Grapefruits												
Heidelbeeren												
Himbeeren												
Holunder- beeren												
Johannis- beeren												

Obst	Jan.	Feb.	März	April	Mai	Juni	Juli	Aug.	Sep.	Okt.	Nov.	Dez.
Kirschen, süß					🍒	🍒	🍒	🍒				
Kirschen, sauer						🍒	🍒	🍒	🍒			
Kiwis	🥝	🥝	🥝	🥝	🥝	🥝	🥝	🥝	🥝	🥝	🥝	🥝
Mirabellen/ Renekloden						🟡	🟡	🟡	🟡			
Pfirsiche/ Nektarinen					🍑	🍑	🍑	🍑	🍑	🍑	🍑	
Pflaumen/ Zwetschen						🫐	🫐	🫐	🫐	🫐		
Preiselbeeren					🔴	🔴	🔴	🔴	🔴	🔴	🔴	
Quitten									🍐	🍐	🍐	
Stachelbeeren						🟢	🟢	🟢				
Weintrauben	🍇	🍇	🍇	🍇	🍇	🍇	🍇	🍇	🍇	🍇	🍇	🍇
Zitronen	🍋	🍋	🍋	🍋	🍋	🍋	🍋	🍋	🍋	🍋	🍋	🍋
Walnüsse	🌰	🌰							🌰	🌰	🌰	🌰
Haselnüsse	🌰	🌰							🌰	🌰	🌰	🌰
Eßkastanien	🌰	🌰							🌰	🌰	🌰	🌰

Zeichenerklärung: 🍓 Monate geringerer Angebote – höhere Preise   🍎 Monate starker Angebote – günstige Preise   🟩 Produkte aus einheimischem Freilandanbau

405

Rezept-register

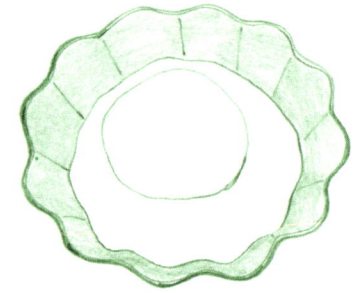

G

Gratins:

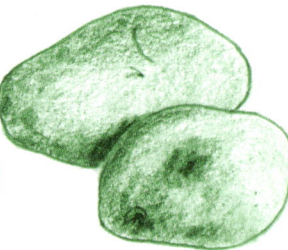

T

U

V

W

Z

Sachregister

Nützliche Bücher

- Elisabeth Lange: 100 Fragen zur Ernährung. München 1992
- Elisabeth Lange: Richtig einkaufen, gesund essen. München 1993
- Günther Liebster: Warenkunde Obst und Gemüse. 2 Bände. Düsseldorf 1988 und 1990
- Cornelia Schinharl: Marinieren und einlegen. München 1994
- Teubner Edition: Das große Buch vom Käse. Füssen 1990

Impressum

© 1995 Südwest Verlag GmbH & Co. KG, München
Alle Rechte vorbehalten
2. durchgesehene Ausgabe

Redaktion: Heike Pressler
Umschlaggestaltung und Layout: Heinz Kraxenberger
Zeichnungen: Anne Strasser, Hamburg
Versuchsküche: Ursula Eicher, Traute Hatterscheid, Renate Jocham, Getrud Röser
Herstellung/DTP: Kraxenberger Kommunikation, München
Produktion: Manfred Metzger
Druck und Bindung: Legoprint, Trento
Printed in Italy

Gedruckt auf chlor- und säurearmem Papier

ISBN 3-517-01655-1